「語」とはなにか・再考
Reconsidering What is the "Word"?

日本語文法と「文字の陥穽」
Japanese Morphology and Pitfall of Writing

宮岡伯人…[著]

三省堂

「語」とはなにか・再考
日本語文法と「文字の陥穽」
Reconsidering *What is the "Word"?*

*

目　次

装丁用写真提供 ＝ SuperStock / PPS 通信社
装丁 ＝ 三省堂デザイン室

「語」とはなにか・再考

*

目　　次

第1章　衰退の一途をたどる世界の言語　3
- 1.1　言語の多様性とその衰退　6
- 1.2　言語と文化をどうみるか　10
  - 1.2.1　文字なき言語の世界　14
- 1.3　文化における言語，言語における文化　18
  - 1.3.1　環境認識と適応戦略　20
  - 1.3.2　言語の原初的(内的)機能―認識と思考　25
    - 1.3.2.1　語彙的範疇化　26
    - 1.3.2.2　2次的な範疇化　27
    - 1.3.2.3　文法範疇　31
  - 1.3.3　言語にこめられた文化　35
- 1.4　間接機能性と高い多様性 vs. 直接機能性と低い多様性　37
  - 1.4.1　言語の間接機能性―伝達の道具　38
  - 1.4.2　言語の直接機能的諸側面　40
    - 1.4.2.1　ことばとものの相通　40
    - 1.4.2.2　表出性(情緒的・美的)，動能性，交話性，紋章性など　42
  - 1.4.3　言語における構造的特性―形態法つまりカタチ性　45
  - 1.4.4　言語の跛行性　48
- 1.5　発想の転換をせまる多様な言語世界　49
  - 1.5.1　言語多様性の背景とその崩壊　49
  - 1.5.2　いま緊急の言語研究　51

第2章　言語はカタチにあり　58
- 2.1　ふれられるものとしてのカタチ　59
  - 2.1.1　本居宣長 vs. フンボルト/サピア　60
  - 2.1.2　「語」は意味ではない　65
- 2.2　山田・松下文法以後　71
  - 2.2.1　意味の偏重　76
  - 2.2.2　文字の偏重と音声の軽視　76

	2.2.3	そして代わりに	80
2.3		姿は似せがたく意は似せやすし	80
2.4		創造性と表出性	85

第3章 カタチとしての「語」　88

3.1		二面結節	90
	3.1.1	話し手にとっての「語」	106
	3.1.2	内容の希薄化:虚辞その他	107
	3.1.3	「ミスマッチ」	111
3.2		語感覚	113
3.3		文字の表語性	116
	3.3.1	表語文字としての漢字	118
	3.3.2	仮名文字の分かち書き	125
		3.3.2.1　會津八一の試み	127
3.4		対照的な文字観と文字の陥穽	129
3.5		文字なき言語でふれるカタチ	137
3.6		複統合語からみえるカタチ―言語類型の4タイプのなかで . .	141
	3.6.1	ふたつのタイプの複統合語	147
	3.6.2	複統合と希薄化	151
3.7		日本語の単語と分類を問う	151

第4章 「語」とその構成：“助動詞”と“助詞”　159

4.1		語構成の手法	161
	4.1.1	テニヲハの周辺	165
	4.1.2	「接語」にちかづく	172
4.2		「語」と「接語」	175
	4.2.1	「垣根越え」	178
	4.2.2	異なる音韻的結節	179
	4.2.3	接辞と接語の比較	182
4.3		用言分割（ひねり）と再立ち上げ―接尾辞をみわける . . .	192
	4.3.1	「≠する-」再立ち上げ	197
	4.3.2	「≠ある-」再立ち上げ	200
	4.3.3	複数の接尾辞の「ひねり」・再立ち上げ	203

	4.3.4 「ひねり」・再立ち上げ vs. 挿入・拡張	205
4.4	派生接尾辞	207
	4.4.1 用言性接尾辞	207
	4.4.1.1 2次的接尾辞	211
	4.4.1.2 相互承接	213
	4.4.2 用言化接尾辞	215
	4.4.2.1 用言化＋体言化	216
	4.4.3 体言性接尾辞	218
	4.4.4 体言化接尾辞	218
4.5	屈折接尾辞	220
	4.5.1 終止法屈折	226
	4.5.1.1 「-た｜-だ」の問題	230
	4.5.2 中断法屈折	236
	4.5.2.1 "ている"など	240
4.6	接尾辞以外	241
	4.6.1 接頭辞	242
	4.6.2 複合法	245
	4.6.3 重複法	247
	4.6.4 象徴法	249
	4.6.5 補充法	249

第5章 「語」をこえた「拘束句」   **251**

5.1	前接語	254
	5.1.1 変化型 vs. 不変化型	256
	5.1.2 準前接語	262
	5.1.3 複合前接語	263
	5.1.4 接語の音声弱化	264
	5.1.5 接語の相対的位置	267
	5.1.6 後接語	269
5.2	用言複合体など	270
5.3	体言複合体など	279
5.4	日本語名詞屈折論を問う	283

第 6 章　言語記述と文法　　　　　　　　　　　　　　　　　　**290**
6.1　辞典と文典 292
6.1.1　ボアズ的伝統 292
6.1.2　大槻文彦 299
6.1.3　「文法はおもしろい」か？ 301
6.1.4　ネブリハ文法 306
6.2　日本語の文法記述 307
6.2.1　「大文法」とその後 308
6.2.2　外から見た日本語の研究 311
6.2.3　母語の文法 313
6.3　宣教師言語学の貢献 317
6.4　海図なき「文法の海」をいく―日本語の海を望見しつつ ... 322
6.4.1　海へのアプローチ 322
6.4.2　ユピック語文法の深みへ 331
6.4.2.1　アクセントと拘束句 332
6.4.2.2　複統語的な語 334
6.4.2.3　30 種の指示詞（こそあ） 341
6.4.2.4　4 種の繋辞―関係動詞 344
6.4.2.5　逆受動詞と被害者動詞 346
6.4.2.6　動詞の分割（ひねり）・再立ち上げと並置法 349
6.4.2.7　数詞:3 項動詞の並置法構文として 352
6.4.2.8　繋辞（関係動詞）からのさらなる拡張 353

図表　**[図1]** 文化の基本的しくみ(24) **[図2]** 北アメリカ言語地図(52〜53)
　　　[表1] 二面結節(94) **[表2]** 接辞と接語の対照表(187〜189)
　　　[表3] ユピック語の指示詞(343)

参考文献　　　　　　　　　　　　　　　　　　　　　　　　　**358**
主要人名索引　　　　　　　　　　　　　　　　　　　　　　　**395**
事項名索引　　　　　　　　　　　　　　　　　　　　　　　　**399**
あとがき　　　　　　　　　　　　　　　　　　　　　　　　　**423**

「語」とはなにか・再考
日本語文法と「文字の陥穽」
　　　　おとしあな

衰退の一途をたどる世界の言語

❖ 第 1 章 ❖

　はなからおおげさな話になるが，「言語」は，自然・社会（人間）・超自然（霊界・幽界・神話）の世界からなる「環境 environment」への適応をはかる人間のもっとも根源的かつ最大の武器あるいは戦略と考えられる。この言語が基本的になりたってこそはじめて，他の動物にはみられない高度な「文化 culture」が誕生し，その急速な発達がおこりえたはずだからである。以下で「文化」というばあい，言語をふくめた文化と言語をふくめない（非言語的）文化を区別している。この点については，1.2「言語と文化をどうみるか」でさらにふれる。

　この言語を人類がことによると数万年前に獲得してこのかた，地球上には数おおくの言語が生まれ，あるものはしだいに規模（話者数）と分布（語域）を広げつつ大言語化するかたわら，おおくは衰退あるいは他言語に吸収され，ついに消滅する，といった盛衰をかさねてきたことが，ひとまず推定される。このような人間の言語の成立（いつ，どこで，いくつ）をはじめとした，言語の過去については，もとより確たる証拠があるわけではない。

　それを踏まえたうえで，あえてひとつの推定にしたがうならば，地球上における言語の数が過去，最大に達したのは，食物革命がはじまる直前の，いまだ人類ひとしなみに小集団の狩猟採集民段階にあった，おおよそ 1 万年前のことではなかったか，そしてその数は現在（6,000–7,000 言語）の 2 倍あるいは 3 倍くらい（12,000–18,000 言語）ではなかったかとされている（Krauss 1996）。ちなみに，最新の統計をもる Summer Institute of Linguisitics（現 SIL International; 6.3〈宣教師言語学〉を参照）の *Ethnologue*（2013 年第 17 版）は，7,105 言語をあげている（2005 年第 15 版 6,912 言語，1996 年第 13 版 6,703 言語）。

　この推定によると，地球上の言語数はその後，人口の増大とは逆方向にむ

かったのだろう，という全体的な流れが含意されている。つまり，狩猟採集から農耕牧畜にいたる，文化の成立と拡散につれて，少数の言語がしだいに大言語化し，それら大言語によって小集団の弱小言語が同化吸収されていった結果，言語数は加速度的に減少し，言語多様性（バラエティ）が縮小していったと考えるのである。これにしたがえば，過去 1 万年で地球上の言語数が 2 分の 1 ないし 3 分の 1 に減少してきたことになる。しかしこの減少は，1 万年間平均した割合ですすんだわけではない。消滅とそれによる多様性の縮小は，おそらく最近数世紀，つまりコロンブス以後の世紀にとくに加速した現象であったと考えられている（ヨーロッパ初の近代語文法は 1492 年刊，6.1.4 を参照）。

　ちなみに，消滅がはるかにおおいのは，予想されるとおり，いまだ文字をもたない，あるいは比較的最近までもたなかった，少数民族の言語である。じじつ いま，そのほとんどが各地域の先住民である世界の少数民族の言語のおおくが，消滅目前という危機的な状況にある。急速にこの世から姿を消そうとしている。その現実を概略すると，おおよそ 6,000 ないし 7,000 とされている世界の言語のうち，約半数は話し手が 6,000 人以下の弱小言語であり，約 450 はわずかに若干の高齢者にしか話し手がのこっていない，風前のともしびのような言語なのである。つまり，それら 6,000–7,000 言語のうちの 90–95% は，①子供がすでに母語として習得しなくなっている「絶滅寸前の，命運すでに定まった moribund」言語（20–50%）と，このあとを追って，しだいにおなじ運命をたどりはじめる，②まだ習得がつづいてはいるが，このままいくと，20 世紀末までに①とおなじグループにはいる可能性のある「消滅の危機に瀕した endangered」言語（40–75%）なのである。とどのつまり，これら①②をのぞく，当面はまだ③「安泰な safe」言語は，わずか 5% にすぎないというのである。

　以上は，とりわけ 1990 年代以降，危機言語問題にたいして世界的におおきな盛りあがりをみせてきた動きの原点となって，ユネスコの国際的な取り組みなどをふくむ，研究者や当該現地社会の人々にひろく読まれてきた，アメリカ言語学会誌 *Language* 所収の M. クラウス氏による透徹した論考「危機に瀕した世界の言語」（Krauss 1992）によっている。この推定数は，危機言語と言語多様性の縮小について語られるとき，いまでももっともよく言及され引用されつづけており，20 年以上を経た今日でも，この予測は悲観的すぎたと考えられる積極的な証拠はないとされる。それどころか現実には，より急速な消滅がすすんできており，③の言語の安泰さも，当面とはいっても，あくまでも近未来とい

うだけのことであって,いずれそのなかのごく少数の言語(筆頭は英語—標準英語というより'World Englishes')が他の「安泰な」言語をつぎつぎと②へ,さらには①へと追いこむことになる蓋然性は低くないと考えられている。

いうまでもなく,言語の過去についての推定とおなじく,現時点での危機度の判断と分類,それによる将来の予測は,容易なことではない。しかし以上の数字は,おおくの専門家にはけっして悲観的にすぎるものではない。推定数にすくなからぬ差はあり,変動も今後,おこりうるにちがいない。たしかに,きわめてむずかしい問題ではあっても,言語の保持はなにをおいてもまず,子供たちが両親・祖父母のことばを習得し,日常的に使いつづけるか否かがおおきな分かれ目になるにちがいない。

とはいえ,これらの数字が意味する地球上の言語多様性の縮小速度は,すでにわたしたちには身近な関心事にさえなっている生物をめぐる現象,つまり生物多様性の縮小とは比較にならない次元(速さと規模)のものであることは,まずわきまえておく必要がある。

より現実的にいえば,③の「安泰な」とされている言語とて,かならずしも安泰とはいえず,むしろその大部分は比較的「安定している stable」といえるだけのことにすぎない。世界のいわゆる大言語も,国際的共通語として独占的な地位を固めてきた英語をのぞくと,他は多かれ少なかれ相対的に国際的(あるいは地域的)な地位を低下させつつあることは,否定できない。③とされている日本語さえ,すでに危機言語の部類にはいっているという認識は,後述のように,すでにおおくの人々がいだいているのである。

1992 年のクラウス論文以後の変化にもとづく修正と,より現実的な提言をふくめたものが,文部科学省特定領域研究(1999–2004)「環太平洋の〈危機に瀕した〉言語にかんする緊急調査研究」にともなう 2000 年秋の京都会議での基調講演になった Krauss(2007)であり,18 名の日本人執筆者の論文などとともに,Miyaoka, Sakiyama, Krauss (eds.) (2007) に収められている。そこでは世界的現実としての言語の危機,いまも話される言語の数,上記「安泰,危機的,消滅寸前」の 3 分類にもとづく言語数,言語サイズと極度の不安定,言語消失をさけようとする言語研究者の役割,その理由,不必要な悲劇,言語記録 documentation と研究者の役割,といった諸問題が綿密に語られている。5 年間の特定領域研究の成果刊行物 *ELPR* (http://repository.tufs.ac.jp/handle/10108/75382)の内容には,本書でもふれるところがあるが,参加者による「大学と科学」公開

シンポジウム講演や討議は宮岡編 (2006) に収められている。

このようなとりわけ先住民言語が世界各地でおかれている危機的状況とさまざまな課題については，すでに日本語で読めるものもすくなくない。たとえば，ネトル・ロメイン (2001)，宮岡・崎山編 (2002)，崎山編 (2003)，クリスタル (2004)，21世紀後半の世界の言語はどうなるのか企画班編 (2005)，エヴァンズ (2013) などである。

[日本語は〈安泰〉か]

さきにもふれたように，危機度の上記分類では，日本語はまだ③の安泰な言語であり，その消滅を予測する人はまずいない。国語の乱れ，疑似外来語の氾濫とか，国語力の低下などへの疑惑の表明はいろいろあっても，日本語が「危機言語」とみなされることはいまだ一般的ではないことかもしれない。しかし今日の国際状況のもとでは，日本語はいわゆる消滅に瀕した①②と本質的には変わらぬ条件のもとにあることは否定できない。きわめて緩慢ではあっても，より巨大な言語に吸収され，いずれ②に，そしてついには①に向かっていく可能性を考えることはできる。おおくの少数民族が衰退・消滅への方向にすこしでも抗する努力をさまざまに講じようとしているのにたいし，どこか日本語は逆に，みずから弱体化・危機化への方向を選択しようとしているかのようにおもわれてならない。つまり，日本語もまた，おおくの弱小言語と実質上，大差のない，いまひとつの危機言語として自覚する必要のある言語ではないのか，すくなくとも，いつまでも日本語を「安泰な」言語にいれつづけておけるかどうかは，はなはだ疑わしい。もちろん日本語が①の部類にはいるころには，世界の大部分の言語はすでに消滅しているという事態はあるかもしれないが，世界における言語の衰退とか危機言語の問題は，けっして日本語に無関係な問題ではないことだけは確かだとおもわれる。

これは，本書の主題とははなれた問題だが，日本語の危機言語性については，1.5.2 の末尾でわずかではあるが言及するとして，この冒頭でしっかりと確認しておきたい。なお，第1章の記述は，基本的に宮岡 (1996b, 2003a)，Miyaoka (2007) にもとづいている。

1.1 言語の多様性とその衰退

危機に瀕した言語についての情報が増大してくるにつれて，しだいに明らか

になってきたのが，それらの弱小言語のなかには，これまでわたしたちがもってきた言語情報（とくに類型論）をこえた音声・文法特徴をもつものがあったことである．人知れず地球の片隅で消滅しつつある弱小言語からのごくかぎられた情報からでも，類型的に異相といえる言語のすくなくないことが知られるが，これはそれなりの理由があってのことである (1.4)．さらに一般的には，言語外の文化は，狩猟採集民のそれのように，比較的斉一であるのにたいし，言語のほうは，類型的にはるかに多様でありうるという事実からも推しはかることができる．

　W. von フンボルト (1767～1835) は，有名な大作『カヴィ語研究』序説のまさしく標題となった「人間の言語構造の相違性と人類の精神的展開に及ぼすその影響」を説いたが（フンボルト［1836］1984），人間言語の多様性は，ながい歴史をもつ，人の関心をひいてやまない知的かつ学問的なテーマであり，つとに真摯な考究の対象とされてきた．

　あらかじめ明確に押さえておきたいのは，漠然と言語の多様性が論じられやすいなか，言語の構造は内部的にけっしてひとしなみに多様というのではないということである．言語はたしかに多様な姿をみせる．それだけに個々の言語の把握と整理，多様な構造の分類を試みるに急なあまり，いまなお「類型論 typology」が一筋縄でいかないのは，その多様性が，「語 word」の構成を中心とする「形態法 morphology」の問題であり，「文 sentence」の構成を対象とする「統語法 syntax」の問題ではない，という明確なちがいがあるからである（1.4.3 を参照）．たとえば，いまだに S-O-V，おなじく A-N を中心とした，たわいもなく単純な語順のタイプをもって類型論の中心課題だとする勘ちがいが流布しているのは，そのわかりやすい一例である．形態法の多様性が，複雑でときに怪奇にさえおもわれる様相をもって立ち現われるのは，もっぱら文法面であるが，たとえば英語の形態法で文法に関係するのは，動詞の -(e)d/-ing と名詞の複数 -(e)s にかかわる部分ぐらいで，そのかぎられた（接尾辞以外の）形態的手法が例示されるのは語彙面だけである．このような言語では，形態法の，さらにいえば言語の複雑さの実感がえられないのは，いたしかたない．統語法は，のちにふれる (1.4) 明確な理由もあって，多様性をもつ可能性は必然的に極度の制約をこうむることになる．

　くわえて，言語の示す形態法的多様性は，言語外的な文化（経済，政治，宗教，芸術など 1.3.1 の図 1〈文化の基本的なしくみ〉を参照）の構造的多様性よ

りもはるかにおおきいことも押さえておく必要がある。これら形態法 vs. 統語法，言語 vs. 言語外的文化という，ふたつの面での多様性には本来的なちがいのあること，つまり，なぜ形態法が言語の他の側面より多様ならざるをえないのかについては，のちに考えることにする (1.4, 1.5.1)。これは日本語の文法を扱う際の，基本的な問題だからである。

［生物多様性との比較］

　上に示した言語の衰退にまつわる数字は，主としてクラウス氏の推定によるものであったが，これはあくまでもひとつの推定にすぎない。人間言語の成立からまもない狩猟採集民時代における小規模言語集団からはじまる，文明の発達にともなった言語規模の拡大，それとは逆の統合・吸収などによる言語数の全体的縮小という，流れの方向には基本的にしたがうにしても，とくに今日にいたる言語衰退についての推定じたいは，提案する研究者によっても対象の地域によっても異なった数字が提出され，それらの間にはかなりの開きがある。この具体的な数字については，さきにあげた諸著作，なかでもエヴァンズ (2013:30–33) などによって知ることができる。

　以後，とくに注目されてきたのは，生物多様性とその急激な縮小との関連である。言語多様性と生物多様性については，とりわけ熱帯地方の実態をもとに，相関あるいは共進化 coevolution が指摘されている（ネトル・ロメイン 2001: 第 2 章）。たしかに，今日問題になっている生物と言語それぞれの多様性が縮小していく傾向についてみると，そこには明らかな相関がみられるようである。いや，むしろ通底した部分があるのではないか。とくに両者の最近の急激な縮小は，おなじルートに由来しているのではないかとおもわれる。しかし，この相関性の仮説にはうなずきにくいところもある。つまり，言語の多様性が形成される重要な背景には，生物にはあてはめがたいものがあったり，言語じたいは生物種ほどにおおくはないものの，系統的ならびに類型的な多様性のきわだった，これこそ真の言語多様性とみなしうるものが，全体として自然条件に恵まれない，生物多様性の乏しい地域にみられたりするのである。このような事実をどう解釈すればよいのだろうか。

　古来，言語が衰退してきた背景には，時代や地域によって異なるさまざまなものがあったのは明らかであろう。古くは自然災害，疫病，集団間の小ぜりあいなどのもたらす言語消滅があったし，ちかくは植民地主義，さらに新しく

は国家主義からくる政治・宗教・社会的諸条件の複合的な組みあわせがあった (ディクソン 2001:第 7 章, ネトル・ロメイン 2001:第 1 章)。そのような社会的な諸条件にかんするくわしい分析はいまの問題ではないが，それらが今日みる言語多様性の急激な縮小要因であることは，おそらくまちがっていない。自然破壊がそのまま言語破壊につながっている実例のひとつは（その結果としての重要な文法特徴の衰退とともに），カラハリ砂漠の例を菅原 (2006—注 137) が報じている。

　ともあれ，人間言語の成立以来，人類が経験したことのない言語多様性の縮小，とりわけ今日いよいよ加速度化してきている縮小は，いわゆるグローバル化と科学技術や経済至上主義の爆発的な進展の負の側面ではあるが，究極的には，生物多様性の縮小とともに，とくに先進諸国・諸民族がかかえている，いわば「内なる環境ホルモン」が生みだしつつある結果だという表現もできるかもしれない。

　人間の文化現象のなかでも，言語は，おそらくもっともおおきな多様性をもつものと考えられる (1.2)。まさにそのために扱いが複雑で，ひろく世界の言語を見渡していっても，正鵠を射た理解（まして一般化など）に達するのは，今日でもまだむずかしいようにおもわれる。その多様性にたいする関心が近年とみに高まりをみせてきているのは，地球上における生物多様性の価値がますます認識されるとともに，人間言語の多様性がこれまでにない急速な速度で消滅の危機にさらされてきているのがおおきな原因となっているにちがいない。

　今日の言語多様性とその縮小の問題については，さまざまな姿勢や意見がある。これはひとつには，歴史的，非言語的要因にくわえて，人間言語のはたらき，つまり言語の機能をどう理解するかにおおいにかかわっているからである。いちばんのありきたりは，言語は文化とか思考とかとは無関係の，なにか思いを伝えたり，口に出したりするだけのものだ，という考えだろう。これはいいかえると，言語というのは，時間と空間をこえた（伝統的な文字や音声・映像メディアによるばあいをふくめ），伝達 communication あるいは「伝え合い」（西江雅之氏の用語）と表現・表出 expression の道具にすぎないという考えかたである。そこから抱かれやすいのは，多言語主義 multilingualism などは不経済そのものであって，コストがかかるやっかいな問題だ，したがって，一国内で複数の言語を存在させておくべきものではない，といった実用主義的な考え方である。さらにもう一歩すすむと，当の地域あるいは世界全体での多様性を犠

性にした単言語主義こそが，情報伝達機構の発達と結びついた貨幣経済の地球規模的拡大のもとでは，歓迎すべき現象である，ということにもなる。しかしこの今日的な問題は，より深くかつ現実的に理解しようとすると，いっそう広い観点から考えてみる必要がでてくる。ただしわたしたちじしんの日本語も，この問題に無縁ではないことには注意しておく必要がある。

1.2 言語と文化をどうみるか

　社会的事実としての言語は，人間集団の生み出してきた「文化 culture」を形づくるいろいろな項目のなかで「もっとも精緻で自己充足的な」(崎山 1989a:1)体系をなしている。しかしそれが，その文化全体の一側面にすぎないものであるとすれば，言語多様性の問題は，言語以外の文化つまり非言語的文化との関連で考えざるをえない。

　言語多様性(1.1)は，しばしば言語以外の文化の多様性をはかる最適な尺度と考えられ，経験的にもそのことはよく知られている。言語と(非言語)文化の両者には，基本的なちがいがあるが，両者は部分的に相関している—環境に敏感に反映する語彙のように—にすぎないものであろう。言語には，文化からは多少とも遅れて跛行的(1.4.4)に変化するにしても，一定の自立性がある。

　その「文化」は，日常的にいっても，あいまいで捕捉しにくい elusive 用語であり，また専門家によるさまざまな定義も試みられてきた。そのなかで，アメリカの言語学・人類学者サピア(Edward Sapir, 1884～1939)は，「ある社会が為し，また考えるところの「もの」であると定義できよう。言語は思惟の特定の「方式」である」と書いている(注1を参照)。ここには今日の人類学に基本的な思潮の鼻祖 harbinger を認めうるとともに，

　① 環境にたいする生態的な「適応戦略 adaptation strategy」(行動)
　② 環境にたいする認識(思考)

という，生態人類学的ならびに認識人類学的な両側面の切りはなしがたいつながりにたいする洞察を読みとることができる。もとよりサピアは，文化と言語のあいだに単純な因果の関係があると信じるような人ではないが，この文の「考える」については，すぐにこれをうけて「言語とは，思考の特定の「方式」である」とあり，また直前の節にも「言語とわれわれの思考の「水路・溝 thought-grooves」とは解けぬまでに織り交ぜられていて，ある意味では，同一

物である」*1 とあることには，あらかじめ注目しておきたい．ちなみにサピアは，この思考とか表現の「水路・溝」ということばをすくなからず用いている．

他方，生態人類学の基本概念としての環境を考えるばあい，その「環境」としては，

① 自然環境をまず思い浮かべやすいが，自然とはいっても，人間（とその集団あるいは社会）にとってリアリティをもつのは，生のままの自然とか周囲をとりまく森羅万象とかではない．人間がそのなかに住んで，対峙しなければならないのは，たんなる生物圏（多様な自然生態系としての）ではなく，当の集団（社会）が選択と解釈を重ね，整理と分類をほどこしてきた（言語がその固定化に与った）世界，まさに言語に彩られた世界なのである．
② 社会環境は，もとより人間みずからが織りなす世界である．親族名称ひとつをとってみても，集団に固有の認識，つまりは整理と分類の産物にちがいない．さらに，
③ 超自然界には，霊界・冥界もあって，閻魔大王・妖怪変化も住まわせているかもしれないし，神話的世界もふくまれるだろう．いずれも，集団みずからがそれぞれ独自のやり方で構築してきた世界にちがいない．

要するに，このような文化との関連でいう環境とは，集団主体的な「環境世界 Umwelt」である．これらを認識し，分類かつ整理するには必然的にその集団・民族の言語がからんでくる．環境を範疇化し，範疇を固定化する認識の言語である（1.3.2 を参照）．認識人類学や文化人類学はとどのつまりは言語人類学にならざるをえないと考えられる理由がここにある．

この「文化」については，よりくわしく 1.3 でのべるとして，話を多様性にもどす．初期のアメリカ人類学では民族学的（文化的）現象の「収斂（輻合）convergence」の概念についての論議が重ねられていくなかで（例，ゴールデンワイザー 1943），文化の基本的な形は，どの文化にも現れる比較的少数のタイプにまとまってくる，という認識がえられ，その一部は「文化の発達における，

---

*1 'Language and our thought-grooves are inextricably interrelated, are, in a sense, one and the same.... Culture may be defined as what a society does and thinks. Language is a particular how of thought.' (Sapir 1921 [1939:232–233], 1933 [1951:217–218]—泉井訳 1957:220)

制限された可能性 limited possibilities in the development of culture」として知られるようになった (Goldenweiser 1913:273)。

この「可能性制限の原理」は，一面では文化の変異をおさえる役割をはたしている。一連のモノや特徴は，起源と発展過程が大幅に異なっていても，でてくる結果に一定の方向と限界がみられるとすれば，そこにはもとの変差の縮小，非類似の減少，類似の増加つまり収斂が考えられる，というのである (Goldenweiser 1933:45-46)。このゴールデンワイザーは，アメリカ人類学の黄金時代 (20世紀前半) を築いたボアズ学派を支えた一人である。「アメリカ人類学の父」とよばれ，サピアの師でもあったボアズ (Franz Boas, 1858〜1942) については，Stocking Jr.(1974b), 宮岡 (1992c) を参照されたい。以下に見るように，可能性制限の原理は，言語を文化と，形態法を統語法と対照的に考えるときとりわけ大切な視点となる。

このような流れのなかで，言語人類学者は，いまだ世界の諸言語がもつ多様性の幅がどれくらいのものであるかを，いまだ突きとめ得てはいないが，構造という点からみると，言語のほうが (非言語的) 文化より多様性の幅がひろい，ということには気づかざるをえなかった。じじつ，文化的類似によってまとめられる，ひとつの「文化領域 cultural (culture) area」(Sapir 1921 [1939:221], Kroeber 1939) のなかにも，言語の (文化よりも) かなりおおきな多様性が存在する (渡辺己 1992 の北洋沿岸文化圏も参照)。つまり，世界の辺境にあって，とくに外部からはいり込んでくる文明によって汚染され平準化されていない，どちらかといえば孤立した民族のあいだでは，文法的—ことに形態法上の—構造に驚くほどの特異性をもつ，あるいは複雑な言語が数多くいり組んだ状態が存在している (いた) という事実が知られている (1.5.1 を参照)。

言語多様性には，さまざまな背景あるいは要因がたがいにからみあっている。文化よりも幅ひろい言語の多様性は，ひとつには言語が人類の他のいかなる文化遺産よりも時代的に先立つ，とほうもなく古くからの遺産 immensely ancient heritage であることからきている—Sapir 1921 [1923:23], 1933 [1951]。さらにまた，古い時代にまでさかのぼる人間の社会・文化史を反映した，言語がさまざまな方向に分かれていく過程 (言語に組みこまれた変化のメカニズム，クレオール化をふくんだ言語接触など) からきている。じじつ，近年になって復活してきた言語多様性にたいする興味は (1.1)，「空間と時間」における言語系譜の分岐にかんする理解を深化させてきている—Nichols 1992, Dixon 1997a

［ディクソン 2001］，Nettle 1999 など。しかし，このような背景を結びつけている現象として古くフンボルトが考えたのは (1836［1984:18］)，「常に新しい形成が続けられ，ときにはその形成の度合が高まってゆくような，人間の精神の力がもつ生産活動」，つまりエネルゲイアとしての言語であった。

　もとよりいまの関心は通時（歴史）ではなく，（非言語的）文化と比較した人間言語の類型的あるいは構造的な多様性である。多様性は，一見するとパラドックスだが，言語じたいの本性あるいは「なにか人類普遍のもの something which is invariant」(Hale 1995:137) と共存している。さらに，言語が経験界を範疇化(1.3.2)する際の相対的な恣意性は，あきらかに多様性を生むが，これについては，のちにみるように (1.4)，「間接機能性 indirect functionality」という観点から (宮岡 1996b, 2002:165–170)，言語のふたつの異なる側面，すなわち，①環境適応からみた，（非言語的）文化とくらべた言語，②人間言語にさけがたい，もっとも基本的な「カタチ」としての「語」を考えてみる必要がある（第 3 章を参照）。

　世界の言語がそれぞれをとりまく，この「環境」についての情報を言葉にまとめる際のおおきな多様性があまり問われることなくきたのは，（派生であれ屈折であれ—4.4, 4.5）なぜ言語の形態法には，対照的に音韻法，統語法，談話・語用法の変異をはるかにこえる目のくらむ多様性と，うんざりさせる特異性〔イディオシンクラシ〕があるのかという問題である。ちなみに，北アメリカの無文字言語（インディアン諸語）にもっとも幅広く，かつ深く通暁したサピアは，簡明に「わたしたちが知っている言語の形態法ほど驚くばかりに変化があり，溢れるばかり委細に満ちたものは，どんな種類の（非言語）文化の様式にも見あたらないようにみえる」とのべている (Sapir 1933［1951:9］) [*2]。

　形態法と統語法のちがいは，のちによりくわしくふれることだが(1.4.3, 3.6)，統語法の多様性は，（非言語的）文化とおなじく形態法のそれよりはるかに小さい。この明白な対照的な事実は，さきに問題とした，直接機能性のちがいを「可能性制限の原理」に照らしあわせるならば，理解しがたいことではないようにおもわれる。言語の重要なはたらきである伝達が実現されるのは，文によってだからである。

[*2] 'there seem to be no types of cultural patterns which vary more surprisingly and with a greater exuberance of detail than the morphologies of the known languages.'

1.2.1 文字なき言語の世界

さて以下，文化との関連で，言語の本性，機能，構造などの問題を考えるにあたって，まず注意しておきたいのは，「文字をもたない言語」の世界からせまっていく姿勢である。文字に先立つ基本というべき「ことばのカタチ・姿と意味」については 2.3 で，「文字観」と「文字の呪縛」については 3.4 でふれるが，文字とりわけ漢字にたいする尊信と権威 (3.3.1) が強いわが国ではそのことに思いをはせることなく，それだけにいっそう文字の否定的な側面に気づかず，文字の言語的機能─つまり「文字論」(2.3, 3.3) の対象─は忘れられて，(方言はべつにすると，もっぱら) 文献学的な国語研究がすすめられていった。そのような一般的な流れとは裏腹に，文字以前の言語 (言語世界)，あるいは言語そのものを深く考えたのが本居宣長 (1730〜1801) であったことは，かつての『國語読本』でも有名な賀茂真淵との「松阪の一夜(ひとや)」以後，35 年を費やした不朽の大著『古事記伝』(寛政 10 [1798] 年完) などによってよく知られている[3]。

---

[3] いうまでもなく，天武天皇が稗田阿礼に「古語の保存」を命じて暗唱させ，「原『古事記』」ともされる語りを文字化したのが『古事記』である。体言や用言の語幹のような実質的な概念の表示は，漢字音訓いずれかの漢字で処理できたとしても，いわゆる"助詞, 助動詞, 活用語尾"のような，日本語に特有の形式的な部分は，仮借(かしゃ)(3.3) による万葉仮名が定着していく前の数世紀，これをいかに漢字で表示するかにはとくに悪戦苦闘があった。重要なのは，「助詞，助動詞を読み添えて，かたちをつくってゆく」(神野志 2007) ことであった─注 54，注 55 を参照。

「古事記における漢字使用」については，まずは，「文字論」の提唱と漢字の表語性の認識からはじまって (3.3)，『古事記』を中心とする上代の記録における漢字の使用を，古代朝鮮における言語状況と漢字受容 (基本的には訓読はない) と対比しつつ論じた河野 (1957 [1980])，亀井 (1957)「古事記は読めるか」に就く必要がある。大野晋「解題」(1968:21-23) は，宣長『古事記伝』の，研究にかんする部分 (一の巻) は「今日でも大体妥当な見解であって」，いわゆる上代特殊仮名遣いの事実を発見していたこともあって「宣長の定めた本文が根本的に，実質的に大きく改訂されるようなことは現在も起こっていない」，「『記傳』の説には誤謬が甚だ少なく，…解釈を訂正する要は極めて少ない」としたのにたいし，小林芳規「解説」(1982a:649-694) は，近時の動向として，訓詁の詳細に厳格にたちむかい，宣長の方法に全面的には依存しなくなった『古事記』の訓みは，かなり宣長のものと異なっている (688-689) という。Wehmeyer (1997:7-8) も参照。

たいするに，「『万葉集』はよめるか」(かめいたかし 1995: 第一部「ことばのすがた」13-28─[成城万葉 1991]) では，「個々の漢字…のそれ自体としてのよみは，すでに奈良時代にも確立され一定のすがたをとって固定していたものと見なされる。…とにかく『万葉集』がよめるのは，すでに奈良時代以前に漢字のよみというものが因襲化したかたちで固定をみていたからである。」(20; 傍点宮岡) と記されている。注 30

1.2 言語と文化をどうみるか

宣長 (2.1) の前にあったのは，漢文体まじりの，すべて漢字表記による『古事記』と，そこにカタチを決めていく作業であった。おそらく前代未聞の，カタチとの格闘をかさねつつ，これを訓詁注釈していく宣長の基本は，「言[音声]を主として，文字[漢字]を僕従として見る」(『石上私淑言(いそのかみささめごと)』巻一) 姿勢であり，その漢字は「異国の文字にて，仮り用ゆるまでのこと也。音声については，随分ぎんみすべし」(排葦小船(あしわけをぶね)) というものであった。歌論にはおのずと文字観と言語観が反映する。助辞のはたらき (係り結びなど) に「いともあやしき言霊のさだまり」をみていた宣長は，漢文風書記法には埋没した助辞がはっきり現われている宣命書 (1.4.2.1, 3.5) に注目し，『古事記伝』の「訓法(ヨミザマ)の事」でとりわけくわしく助辞を説いている。

もとよりそういった宣長や今日にいたるまでの国語学者の訓詁注釈については，わたしなどがふれることも許されない分野であるが，すくなくとも宣長の努力は，漢字を考究の対象とした，たしかに文献学とよびうるものであったにしても，それは表記としての文字のレヴェルをこえた，先人のいまだほとんど手をつけえなかった言語研究であり，フィールドワーク (2.2.2) の心をみずからのものにしえた言語学者のものであった。つまり，稗田阿礼によって文字化された『古事記』をとおして (注3)，文字を知らぬ上代の人々の，口頭によってのみ伝えられたカタチに迫ろうとする宣長には，有徳の文字にたいする覚めた姿勢があった。固有の文字が定着する以前の，いまだたどたどしい漢字表記をたよりに古代の世界にひたりつつ—ということはつまり，古い音声体系を弁別・解読し，閉音節をふくむ中国語のより複雑な子音体系をわきまえたうえで，表語文字としての漢字からのまぎらわしい「借字(かりもじ)」(音仮名なのか訓仮名なのか，前者のばあい，呉音・漢音いずれなのか)，さらには伝本による誤伝，漢文まじりなどにも向かいあいつつ—古代人の肉声に迫り，文字をもたなかったかつての言語世界を敏感にかぎとり，言語の本性を垣間見(かいま)ていったのであろう。その目には，言語の原初的なはたらきのさまが映っていたにちがいなく，文字をふくめた言語の本性については，明治以後の日本語研究者が考えたほどのことはすでに考えていたのではないかとおもわざるをえない (3.5 も参照) [*4]。この，

　　も参照。
[*4] 小林秀雄はおいて，宣長の広大な業績となった言語の問題を語る人のひとりにボチャラリ (1990, 1991—John Boccellari) があり，のちにみるように，とくに無文字言語と結びつく言霊に関心をよせた。しかし，言語のカタチ性にとくに注目した小

文字によってゆがめられる以前の言語の本性と機能をかいま見たおそらくただひとりの人であったこと，つまり文字（文献）と格闘をつづける文献学者はおおいなかで稀有の言語学者であったことは，とくに注目すべきであろう（3.4，注54，99を参照）。これはあらかじめふれておくならば，複合表記体系という日本語独自の土壌のなかで「文字論」をうちたてた河野六郎先生（1912〜1998；3.4）のような例外が，言語の本質であるカタチ性と「語」についてのゆるがぬ理解をえたというのも，文字についての客観視とその呪縛からの脱却が必要であったということを意味する。

宣長の見てとった（文字以前の）言語の世界，これを鋭敏にとりあげ，深く解説したのは，これまた言語的感性の鋭い小林秀雄の『本居宣長』（とくに第48章）と『補記』（第1章）であった。小林はこれに先立って，神話の世界も「まさしくそういう〈カタチ〉の知覚の，今日の人々には思いも及ばぬほど深化された体験だったのだ」（『感想』第14章）と書いている。

『古事記伝』から出発した宣長の，世界の言語学史への位置づけについては，泉井久之助先生（1905〜1983）による略述がある（1976b:298–299）。そこでは，本居春庭（1763〜1828）によって完成された動詞の活用研究にふれるとともに，宣長がほとんど独力でなしとげた『古事記伝』の業績が内にいだくものは，アレクサンドリアの碩学が古代ギリシャの古典作品の校合・校訂，再構・解読につくした業績に匹敵する以上のものがあったことを認めたうえで，「宣長には洞見の才のおおきな存在があった」としめくくられている。

この文献学的研究や文法研究にたいする，国語学でのゆるぎない評価の一方で，『古事記伝』などをつうじて古音を探るなかでこそ築きあげられていった言語観そのものの評価はたなあげにされた感がある。日本語研究をふくむ言語研究の現在にたいしてもつ宣長の，いまこそあらためて振り返るべき意義のおおきさは，言語のカタチ性（formhood—1.4.3, 2.1）への深い理解と，「姿は似せがたく，意は似せやすし」（2.3）にある。宣長がこの重大な認識を文字なきことばの言霊（1.4.2.1）や表出性（2.3）と結びつけて語ったことが，あるいは文字によって曇らされた後世の人々の共感や理解を鈍らせてしまったことは十分考えられるとしても，ともかくも小林秀雄にしておそらくはじめて正当に理解し，言語の基本問題としてふかい理解をもちえた，宣長のスガタ・カタチのもつ意

林の『本居宣長』（1979）をどう読んだのだろうか。

味については，今日までの言語研究はとりたてて興味を示してこなかった事実は否定しがたいようにおもわれる[*5]。

　宣長がかいま見ようとした漢字以前の古代日本語からでは，いささか唐突なはなしかもしれないが，文字をもたない，とくに未開民族の言語にたいしては，さまざまな憶説や謬見が流布してきた。"未分節"な発音，文法（規則性）の欠如，語彙（表現力）の貧困，無秩序な変化などが，信じられてきた。しかし，後述する (6.3)『インディアン語文法研究ことはじめ』(Eliot 1666) がヨーロッパにもたらされたとき，無文字の未開民族（ナティック族 Nattick—北米の東アルゴンキン語）にかくも完全な体系と秩序をそなえた言語がありうるはずはない，という驚きがひろがったという (Trumbull 1903)。初期の素人観察者はもとより，20世紀前半の言語学者にも，チェロキー語 (Cherokee; 南イロコイ語) の抽象能力の欠如を無邪気にわらう人 (Otto Jespersen, Edwards 1788 [1823: 40–42] を参照)，インディアン語にインド・ヨーロッパ語とおなじ比較方法を適用するのはばかげているとする人 (Antoine Meillet, Marcel Cohen, Paul Rivet) がいた。しかし，人間言語としての特性を欠いた，未発達ともいえる類の言語は，旧大陸にも新大陸にも見いだすことはできない。上記のインディアン語も，それぞれに固有の体系と秩序をそなえているばかりか，緻密で洗練された言語である。インディアン語の真摯な理解に努めた観察者には，その表現の豊かさと構造の複雑さに感嘆を禁じえなかった人がすくなくない。おおくの無文字社会でたかく評価され，その習練が尊ばれていたのが雄弁術であり，これもはやくから外来者の注目をひき，未開民族のたかい知性の表われとして評価する人もいた (Thomas Jefferson, Heckewelder 1819: ch. 11—3.5, 6.1.1 も参照)。

　ここで注目されるのは，宣長の「言」を想起させるフンボルトのことばである。「いわゆる野蛮人の言語も，実は，日常生活に必要であるという程度を遥かに越えた，豊かで多様な表現が随所に見られるのである。やむを得ぬからでもなく，何らかの目的があるというわけでもないのに，［その］胸からは，言葉 Worte が滾々（こんこん）と湧き出してくるのであり，僻地の荒野を流浪するどんな遊牧の民でも，すでにみずからの歌を数多持っていなかったものとてなかったであろ

[*5] 今野 (1987) は，宣長にたいする従来の国語学的評価をこえ (注54)，サピア・ウォーフの言語相対主義もふくむ言語学的意義づけにおよぶ注目すべき試みだが，小林秀雄とはことなり言（ことば）のカタチ性にはふれていない。

う。動物の一種属としての人間は，歌う生物 singendes Geschöpf なのであり，歌うときでも，思考を音 Tönen に結びつけるのを忘れないのである」(亀山訳 96 [Humboldt 1836: 59-60])。あわせて，2.4.2.2 および 2.4 の「声」も参照されたい。

　たしかに，文字をもたない言語の語彙については，その集団の環境適応 (1.3.1) を反映して，いわゆる文明人の諸言語とはかたよりがおおきく，ときに貧困とすらうつることもたしかにある。しかし語彙は，おかれた環境の必要におうじて，特殊化していても環境が変わるとただちに適応し，豊富化するものである (1.3.2.1 などを参照)。語彙には臨機応変に解決する力 resourcefulness があって，その創出・拡張はたやすい（しかし，そのための形態法の新種を生みだすことは容易ではない―宮岡 1987:1)。もとより，未開民族の身振り言語は，十分な伝達が不可能な語彙の貧困をおぎなうために生まれたなどとするのは，謬見以外のなにものでもない。

　一方，文法については，言語研究者にさえ誤解や理解不能をもたらす構造をもった言語が世界各地の無文字世界に存在するのは事実である。しかし，かぎられた原理やパラダイムでそのような言語がきれいに解け，いながらにして未知の言語が既知の言語にかわると思うならば，錯覚ははなはだしく，そのような研究者にかぎっていだく文字のない言語への軽視も，笑止のかぎりである。

1.3　文化における言語，言語における文化

　言語の伝達・表現をふくむ主要な機能を把握するには，それを「文化」という広範なコンテクストのなかで，いいかえると，文化の基本的なしくみと全般的なはたらきにてらして考えてみることがたいせつだろう。とくに，言語と (非言語) 文化がどんな意味でも直接的ではない，ゆるい相関関係にしかないこと，またなぜ言語構造の多様性が文化的多様性よりおおきいかを理解するには，文化の適応的側面，つまり当の言語集団じたいがつくりあげる主観的・集団的な言語外世界，つまり「現実界 realia」としての環境への適応 (活動) を考えておくことが必須であろう。

　ただ，「環境」のとらえかたはいろいろと異なり，西田幾多郎は「人間が環境を作り環境が人間を作り，…環境は主体的なるかぎり，環境であるのである」(『日本文化の問題』1940:64, 65) といい，また今西錦司は「われわれの認識し得る世界がわれわれの環境である」(『生物の世界』1941:59) と書いている。両者

1.3 文化における言語，言語における文化　19

の「主体的」と「認識し得る」ことに意味があるのだが，のちにみる小林秀雄の考えた，言語を中心にすえた「環境」には，まさにその点において，深みも重みも異なるものがある．

　文化の発展とその多様性が，変化してやまない，人間にとっては容赦のない環境に適応する必要に結びついているのは，当然のこととして理解できるのにたいし，言語の多様性のほうは，環境適応の必要と結びついてはいるものの，かぎられた範囲と程度のこととしかふつう考えられていない．しかし，果たしてそうだろうか．

　人間集団と環境のとどまることのない動的なからみあいは，人間側からの「生態的 ecological」適応の過程である．文化とは，環境からの多種多様な圧力を軽減する緩衝体あるいはクッションとなって環境に適応しようとする，真剣な，ときには生きるか死ぬかの目的を果たすものであって，そのために極力，無駄を排し，しのぎをけずってスグレモノであろうとする．その努力の結果，（技術の絶え間ない向上とあいまって）細緻な変差が生まれてくる．狩猟採集民の鏃(やじり)であっても，木や骨に穴をあける錐(きり)であっても，一方，現代のコンピュータであっても，環境の絶え間ない締めつけがあるために，たゆまぬ改善・進歩・進化をやめない．

　人間の文化がこの適応 adaptation (vs. 外応 exaptation *6) であるかぎり，それは「直接的な意味で機能的 functional in the immediate sense」*7，つづめていえば「直接機能的」(1.4.2) である．この直接機能性は，まず人間の生存活動にかかわる物質文化に顕著に認められ，ついで芸術，宗教など，言語以外の，より象徴的な文化に当てはまる．

　これと対照的なのが人間の言語である．言語はいわゆる「記号」ではない (2.1 を参照)．たしかに記号としての側面をもつ（二面性をもち指示的作用をなす）体系ではあるが，言語は非言語的な現実にじかに働きかけたり，かけられたりするのではなく，そこからへだたったところにある—環境に敏感に反映する語

---

*6 人間の言語そのものが，元来は，生物学的な外応的発展 (例, 羽毛が暖気をあつめて浮力をえたことによる，鳥の飛翔能力) とする見方は容易に肯定しえない．'exaptation' は，言語学では近年，言語変化とりわけ文法化の一面をさして使われるようになってきている (Lass 1990 など)．

*7 'All activities may be thought of as either definitely functional in the immediate sense, or as symbolic, or as a blend of the two' (Sapir 1929 [1951:163]; italics mine).

彙はべつとして。このため言語は，環境適応の面からみると「非直接的な意味でのみ機能的 functional in the non-immediate sense」，いいかえれば「間接機能的」(1.4.1) である。たしかに，伝達というたいせつな機能ははたすとしても，それでもなお，1.4.2 にみるような直接機能的側面にくらべると間接的である。

このことは，言語は，鏃や錐，コンピュータのような，ふつうの意味での道具ではないことを意味している。環境の絶え間ない締めつけのもとでたゆまぬ改善・進歩・進化をやめない，そのような道具とは基本的にちがい，環境からの強力な直接的な締めつけはなく，したがって，ヴァージョンアップには無縁である。

こういった環境適応の点からみた，言語と (非言語的) 文化の顕著な機能性 (間接 vs. 直接) のちがい，これがまず，世界の言語的多様性を生むおおきな要因になっていると考えられる (1.4.5 も参照)。

ただし，あらかじめ混乱をさけるために追記しておくならば，実際に使われる言語には，(非言語的) 文化とまったく同じように，環境適応との関連で「直接機能的」な側面もいくつかある (1.4.2)。なお，この環境適応とはべつに，コミュニケーションと直接に結びつく言語の構造的機能 (統語法，音韻法) については，1.4.3, 1.5.1 を参照されたい。

言語はたしかに，結果的には道具としての機能をもつけれども，その本質的なはたらきは，環境の整理 tidying up にある。このことが意味しているのは，環境との関連における言語の原初的あるいは内的な機能とは，当の言語集団と話し手にとっての現実をつくりあげる「認識的 cognitive」な機能であるということであり，これは，主として環境の言語的分類 linguistic classification(Taylor 1995) による認識・思考の問題である (1.3.2)。

1.3.1 環境認識と適応戦略

人間の文化全体にとって言語がはたす基本的な役割とユニークな性格を理解するには，これを「認識 cognition」と同時に「生態 ecology」の観点からみることが不可避である。ひとつの集団・民族は，みずからその一部でありつつも，絶えず変化していく環境とのからみあいを続けていかざるをえないのは当然だが，そのような環境はカオス (まとまりなく拡散した連続体) であってはならない。人間は混沌とした環境の要素にたいし，アドホックな適応行動をとるわけではない。人間はカオスには対応することができない。人間が対応するのは，

1.3 文化における言語，言語における文化　21

一定のコスモス（非連続的に分類された世界）でなければならない。対応しつつ，なんらかの適応ができるためには，環境の分類によってもたらされる秩序が必要である。環境は「分類」され，そのことによって「理解」される，つまり万事を「分ける」ことによって，はじめて「分かる」のである。分類はすなわち理解であるとともに，言語の原初的機能としての認識と思考(1.3.2)の基底でもある。これによってはじめて，人間は，環境のもたらす，さしせまった問題へ集団としてどう対応するか，という適応戦略をとることができるのだと考えられる。

　いいかえれば，人間は，環境からのはたらきかけ（締めつけ）にむかいあい，それに適応していくにあたっては，環境にたいする「認識」を得ながら，逆に環境にはたらきかけていくという相互作用をおこなっている。つまり人間側からみると，独自の環境を構築しつつ，「生態」的に適応していくのである。環境への適応は，環境の認識が前提になってくる。前著(160–161)でものべたように，ある目的のために適切かつ有効になんらかの適応戦略をとる―つまり，なにかを「スル」―には，その対象についての認識―「ワカル」こと―がなければならない。周囲をとりまく世界は，一定の範囲を他から区別する―「ワケル」―ことによって「ワカルル～ワカル」，すなわち「ワケ」―「分け＝訳」(筋道・道理)―が「ワカル」。人間は，漠とした世界に一定の差異・区別を認めることによって整理・分類をおこなう。つまり，認識の重要な様式のひとつである「ワケル」ことによってはじめて，「モノ」や「コト」が存在し，情報がうまれ，環境適応に結びついていく。単純な例だが，周囲の環境に存在する，あるいは変化する「モノ」や「コト」を，いちおう「これ，それ，あれ」の三分法によって言及・指示して対応することに日本人の世界の基本があるとすれば，30種の指示（代名）詞から選択して言及・指示する（それによって適応戦略をきめる）ことが要求される言語世界もある(6.4.2.3)。

　泉井久之助先生の若き日の名著『ラテン語廣文典』(6.1.3)は，その「序」に「ラテン語が示す現象の細部の理解，または感じ分けに資するようにつとめた。ひとつの言語の理解には，この種の細部の理解，または感得が重要である」(1952:4)と記している。この「感じ分け」の意味するところは，もとより音声の「聞き分け」でも，たんなる語彙のことでもなく，文法的大枠から「語」の細部にまでいたる問題である。文法とその質をきめるのは，まさにこの「感じ分け」をいかにとらえて記述するかであり，つまるところ文法の根本は，この「感じ

分け」にちがいない。

　その「感じ」とは，サピアのいう 'form-feeling', 'feel (of) the word', 'feeling-tone', 'tactile-feelings' の 'feel(ing)' にほかならない。その form は，後述のように，「形式」ではなく「形態」あるいは「カタチ」であり，feeling は「感じる，ふれる」こと，まさに tactile「触覚的」である（「ふれる」については，2.1, 3.2 も参照）。一方，「分け」は，上述のように，「分ける」ことによって「分か(る)る」こと，つまり「理解，感得」（認識）にほかならない——「カタチ」としての「語」(2.1) およびそれにたいする「語感覚」(3.2) も参照。

　当の集団・民族のメンバーは，おおきくあるいは小さく「ワケ」られた，つまり範疇化された要素のまとまりにたいし，ときにゆれや逸脱はあるにしても，ほぼ共通した固有の様式にもとづく行動をさしむける。範疇のそれぞれには，そのような行動様式にくわえて，その範疇にまつわる価値観と態度，さまざまな——心情的 emotive, 比喩的 figurative, 儀礼的 phatic な——意味づけやイメージ，さらには，古くから蓄積されてきたユニークな知識や経験が結びついている。この意味で，言語には単一集約的に「文化がこめられている」ということになる (1.3.3)。そしてその前提として，環境の範疇化と範疇の操作にかかわる言語——言語の原初的機能としての認識・思考——があることになる (1.3.2)。

　そもそも言語による伝達がなりたつのは，たんにその言語を知っている，いいかえると，範疇（語彙）とそれを操作する規則（文法）を共有しているからではない。範疇に結びついた，行動様式その他のもろもろをたがいに共有しているがために，大なり小なり相手の行動や反応を理解したり予測したりできるからである。それによってはじめて円滑に環境適応をすすめることができる。いわゆる「異文化コミュニケーション」とは，「言語にこめられた文化」(1.3.3) の相互理解の謂(いい)でなければならない。

　このような環境との相互作用のなかで生み出されてきた適応戦略，いわば一種のクッションこそが文化だとするのが文化にたいするひとつの見方であろう。すなわち，このように適切な適応戦略をとるには，周囲をとりまく世界にたいする言語固有の認識が前提になるのだとすれば，人間の文化とは，その集団が受け継いできた，① 認識 cognition——環境が集団によっていかに分類かつ範疇化されるかだけでなく，その分類が思考と言語（話しことばと書きことば）のなかでいかに操作されるか，② 適応戦略——時間・期間，空間，参加者が定まった（同意された），生業活動，社会，教育，芸術，宗教，その他にかかわ

る型はめされた行動(様式)，③両者，つまり範疇と適応戦略に結びついた多量の付随物 associates—(a) 人工物，制度，技術などの物質文化，(b) 感情的・情緒的，隠喩的・象徴的，呪術的・儀礼的な価値と含意，(c) 信仰，知識，神話・伝説などの統合体であると考えることができる。

　人間にとっての環境が，こうした分類，つまり「範疇化」された世界，意味づけられた差異・区別の体系であるとすれば，文化とはサピアが見てとったように，たがいにからみあった環境適応 doing と認識 thinking の2面からなるものと考えざるをえないし，言語がこの環境の認識(範疇化と範疇の操作である思考)に深くかかわっている以上，文化と言語の強い結びつきこそ，認めざるをえない。このような言語と文化の内在的な結びつきこそ，サピアのさきの一文「文化とはある社会が為し，また考えるところの「もの」であり，言語は思考の特定の「方式」である」(注1)にこめられているものである。

　サピアは，おなじ箇所で，「カタチ」つまり言語の形態法は「集団的な思考の「術」にほかならない nothing more or less than a collective *art* of thought」(Sapir 1921［1939:233］)と書いている。集団固有の認識と思考を，当の「言語の精神 genius」*8 にしたがって包みこむ「カタチ form」の問題とみているのである(注27も参照)。「カタチ」は，本書の第2章，第3章の主たるテーマになる。

　このように理解できる文化と言語の関係については，「言語にこめられた文化」(1.3.3)も参照されたいが，あらかじめ図1のように示しておくことも可能かもしれない(宮岡1996bより)。これはあくまでも基本的なしくみであって，文字を知らないどんな単純社会でも，人のいとなむ活動であれば，簡単な一枚の図などでは片づかないぐらい多岐にわたり複雑に錯綜もしている。しかもこの図は主な活動の若干を配しただけのもので，みずから環境の一部でもある人の活動を，環境と対峙させすぎているきらいもある。ただ，いまの問題は，文化(活動)そのものの分析・分類ではなく，文化のしくみ全体のなかに言語をすえ，それによって(非言語的)文化との差異を浮きぼりにすることにあるので，さしあたっての目的にはたりるであろう。

　図1が概要的に示そうとしているのは，人はさまざまな活動とモノによって，環境全体との関係を積極的あるいは消極的に操作かつ調整しながら，環境への適応をはかるということである。その際，人と環境が相互に制限しあって

---

*8 印欧語根*gen-「産出する」(*The American Heritage Dictionary*—AHD)

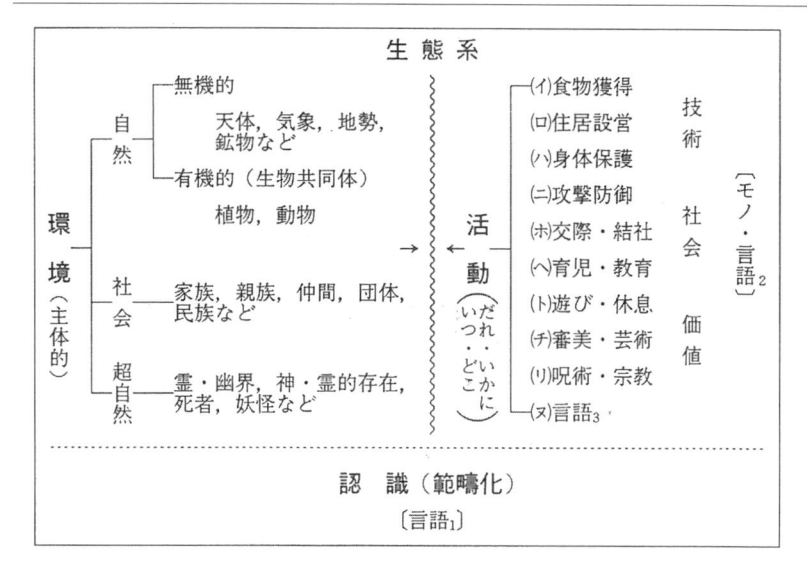

```
                        生 態 系
         ┌無機的
     ┌自─┤ 天体, 気象, 地勢,        ┌(イ)食物獲得 ┐技
     │ 然│ 鉱物など               │(ロ)住居設営 │術
     │  └有機的(生物共同体)         │(ハ)身体保護 │ 〔
環境 │   植物, 動物         →  活 │(ニ)攻撃防御 │社 モ
(主体│                    ←  動 │(ホ)交際・結社 │会 ノ
 的) ├社─家族, 親族, 仲間, 団体,    (いだ│(ヘ)育児・教育 │  ・
     │会 民族など             つれ │(ト)遊び・休息 │価 言
     │                    ・ど │(チ)審美・芸術 │  語
     │  ┌霊・幽界, 神・霊的存在,    いこ │(リ)呪術・宗教 │値 〕2
     └超─┤                   か) │           │
       自│ 死者, 妖怪など             └(ヌ)言語3   ┘
       然
              認  識 (範疇化)
                 〔言語1〕
```

【図1】 文化の基本的なしくみ (宮岡 1996b を一部改めた)

言語₁は認識と思考の言語, 言語₂は伝達の言語, 言語₃は直接機能性の言語を示す.

織りなす錯綜した関係は,「生態系 ecosystem」とよぶことができる. 関係網の織りなす目模様は, 文化によっておのずから異なる. 生態系といっても, 生物共同体とそれが相互に関係する自然の生態系とは趣を異にした, 社会的な生態系だということである[*9].

人間活動と適応戦略を中心に, 自然と人間文化とのあいだの関係を分析しようとする生態人類学をもとに, 言語をとおした外的接近 (意思疎通) のみならず内的接近 (認識の鍵) もはかるという視点をくわえた, あたらしい人類学のパラダイムを提案してきたのが煎本孝氏である. 日本の海人, カナダ・インディ

[*9] ちなみに「エコシステム」は, 渡辺仁氏 (1919〜1998) が生態人類学の立場から北海道アイヌの社会を描くにあたり導入した概念であり, 1966 年の国際会議「Man the Hunter 狩猟者としての人間」(Hitoshi Watanabe 1972) から用いだしたものである. なお, 上図のような「文化のしくみ」を考えるについては, 氏の「生態人類学序論」(1977) からおおくを学んだことを付記しておきたい.

アンの民族誌をまとめるとともに (1996)，アイヌの熊祭りの決定的ともいえる分析統合と叙述に成功している (2010)。グリーンランドからベーリング海峡域にひろがるエスキモー世界での「イヌア inua/ユア yua 信仰」(宮岡 1987:42–46) も，たんなる一種の宗教事象と理解されるものではなく，ひろくそのような環境適応の一環としてとらえることが必要であろう。

このような，言語を中心としてその集団が適応をはかっていく「生態系」としての「環境」は，あえて「言語生態系 linguistic ecosystem」とよぶならば，そのグローバルにからみあった全体が，のちにふれることになる「言語圏 logosphere」である (1.3.3)。これは，言語多様性が生むからみあい，通例いうところの「言語生態系」とはまったく別の概念である。

1.3.2 言語の原初的 (内的) 機能—認識と思考

「言語は発見をたすける heuristic」(Sapir 1933 [1951:10–11]) [*10]。これは「思考を〈形成〉する言語の，内的な創造性」を認めたフンボルトのサピア流表現ともいえるが，いいかえると，言語のカタチは，いちどできあがると，生の経験世界を分割可能な要素に分析し，そこに潜在 (可能) 的な意味を投射 project する。さらに広義には，言語の (個々の) カタチはわれわれに一定の観察と解釈の様式を用意している。この力があってこそ言語は，くだんの顕在と潜在が行き交う世界を生みだし，個々人をして，その経験上の直接的所与をこえた「文化」を構成する，共通の理解への参与を可能にする。創造性 (独創性) の源泉 (2.4) もまさにここにある。

このような言語は，環境を「ワケル」，つまり分類する。「モノゴト」，すなわち物と事は，さまざまに分類され，命名・固定化されて存在する。『創世記』冒頭では，周知のとおり「区別される」と「よばれる」という言葉が繰り返し現れている (1.4.2.1 も参照)。人間集団は，周囲をとりまく世界 (森羅万象) をそっく

[*10] サピアの 1933 年刊行の「言語 *Language*」は，ながらくカリフォルニア大学出版局刊の *Selected Writings* 所収のものが読まれてきたが，これはもともと 1933 年刊の『社会科学百科事典』の 1 項目である (「参考文献」を参照)。本書でも，*Selected Writings* 版から引用した。しかし，2008 年に Mouton de Gruyter 社から出版された「サピア全集 *Collected Works of Edward Sapir*」第 1 巻にはいった「言語」は，『百科事典』版の複製であって，両者には句読法上の異同があるという (渡辺己氏の指摘による)。おそらく，サピア没後に刊行された *Selected Writings* 版で誤植が加わった可能性がたかいとおもわれるが，くわしくはわからない。

りそのままではなく，選択的にみずからの環境にとりこみ，集団独自の認識のしかたにしたがい，細かく階層的・多重的に整理・分類する．とともに，その整理・分類に「命名」をほどこし，カタチとしての「語」などとして慣習的に固定化する．これは認識と思考の言語である．分類にはひとまず，次節以下にみるように，語彙のレヴェル，2次的な範疇化，抽象的文法範疇が考えられる．2次的な範疇化は，語彙のレヴェルにかぶさってはたらく，より抽象的な文法的範疇化である．とくに後二者はかならずしも判然とした線が引けるものではない．それぞれの範疇化は，それぞれの言語が他とは異なるさまざまな姿をとるので，際限なく例をあげることが可能だが，以下は参考程度の例示にすぎない．

1.3.2.1 語彙的範疇化

環境を看取する固有の様式にしたがって，環境を広範かつ細密に，系列的・階層的・横断的に不連続な単位 ("conceptual categories" ―Taylor 1995:174) に分類する．これは，基本的には言語人類学（古くは民俗分類，民族〇〇学）や認識人類学がながらく関心対象としてきた「語彙的範疇化」あるいは語彙分節の問題である．たとえば，バーリン・ケイの基本色彩語（発展仮説―Berlin and Key 1969），中央アンデスのアイマラ語 Aymara の「植物」「動物」，エスキモーの多種多様な「ユキ」などといった，言語によってさまざまに食いちがいをみせる，（「隠れたカテゴリー」をふくむ）分類・範疇化の例がよく知られている（細川 1986; 崎山 1989b, 松井 1983, 1991 などを参照）[*11]．さらに身近なところでは，親族名称，動物・植物名，成長魚の魚名なども周知のとおりである．言語人類学と認識人類学の諸問題については，和田・崎山編 (1984)，宮岡編 (1996)，合田編 (1982) を参照されたい．

どんな言語あるいは方言にもみられる，さまざまな語彙分野にたいするユニークな範疇化は，ここで例示するいとまもないが，ひとつの範疇は，かならずしも岡山の黍団子(きびだんご)のようなかたい仕切りに収まったものではなく，典型的といえる中心部（どう見ても赤なら赤）と，そこからしだいにぼやけていって，つ

[*11] 誤解されやすいが，「多種多様な雪」とは，エスキモー語に「雪」はないという意味である（宮岡 1978:5, 1987:153–158）．ある範囲の事象を知悉し，細分化してそれをとらえるのがその集団の環境適応に重要であったり便利であるとすれば，日本語の「雪（全般）」のような，事象全体をカバーする一般的・概括的な―ということは，人びとにはあいまいすぎる―一語は，なおさら必要がなくなる道理である．

いには隣接する範疇に連続していき，もはや一線をひきがたくなった周辺部（かろうじて赤）とからなる．線引きが困難なのは，環境を分類整理する語彙だけではない．次節の2次的範疇ならびに文法範疇にもいえることである（4.2.1「垣根」も参照）．

このようなものとして言語の語彙体系を細かくみていくことによって，当の言語集団の文化における独特な力点の置きどころをうかがうことができる．環境の範疇化はしかし，一般的な興味をつのる語彙だけの問題ではない．語彙の範疇化には，さらにそれぞれの言語としての固有な範疇化がかぶさってくる．文法が映し出す，この面での多様性には，とりわけ瞠目すべきものがあって，人を言語研究のとりこにして放さない．

こうした語彙的範疇化の具体相の一端は，山田幸宏氏の名エッセイ集『ことばの民族誌』(1996)でもふれることができる．

1.3.2.2　2次的な範疇化

この語彙的範疇化には，当の言語の文法の一部として「なにをいわなければならないか」がさまざまな「2次的範疇化」として，選択的あるいは義務的にかぶさってくる．その言語に固有の「文法化 grammaticalization」である[*12]．当の言語集団の，言語外的世界をどう解釈するかにもとづく分類であるが，ふつうは語に付随して表現される「関係概念」[*13]であるから，語彙面（辞書）でよりはむしろ，文法面で処理される．とくに名詞（体言）にかかわる数，性，所有，定・不定など，またとくに動詞（用言）にかかわるテンス，アスペクト，証拠性などである．それらは相関して動詞，名詞にも関係してくる．

文法で「数」といえば，日本語よりは英語 -(e)s が思いだされるかもしれないが，これは（英語の不規則複数をふくめた）単数・複数といった単純な問題ではない．日本語の重複法(4.6.3)によって形成される「家々，山々」は，もとより英語の houses, mountians と同じではない．1と非1だけでなく，単数のほかに双数 dual (2) と複数 (3以上) を区別する言語はめずらしくないし，さらに双

[*12] いまひとつの「文法化」は，史的過程としての，自立的な語の「接語化」や「接辞化」などである．

[*13] 「関係概念 relational concepts」vs.「基本/具体概念 basic or concrete」は，Sapir (1921) *Language* の第5章にしたがう．渡辺実(1976)も「関係概念」(vs.「素材概念」)を使っている．

数，複数と区別される三数 trial を区別している言語もある。オーストロネシア語族の言語がおおいようだが（『術語編』617–618），パプア・ニューギニアのトク・ピシン Tok Pisin，キワイ語 Kiwai（ワーム S. A. Wurm 氏の教示）などにもあるという。

　文法範疇としての数ともつながっているのが数詞である。この数詞は，けっして「一挙に整備されたものではない。きわめて応物的な一桁数詞の低位のものが整う…それ以上は単に雲塊のような「多数」であり「無数」であった」（泉井 1978:218）。その一例は，ヤマナ語 Yamana（4.6.5）に示されている。

　南米最南端は Ch. ダーウィン（1809〜1882，『種の起源』）が航行したビーグル水道をはさむフェゴ島の系統的に孤立したヤマナ語（すでに話者数 1 名という）については*14，1970 年代の初め，かぎられた滞在期間で得た多少の情報を宮岡（1992b）「ヤーガン語」にのせてあるが，簡単にいえば，数詞は「3」（4 は，まだ 3 から未分化かも）までの発達にすぎないものの，文法的（人称代名詞）にはひとまず単数・双数・複数が区別される。しかし，数詞がある 3(–4) まではいわば「有数」であって，数詞のない「無数」と対立していることを，補充法（4.6.5）によってつくられた異根動詞から知ることができる。

　数の内容のちがいにくわえて，数の言語的表現の多様さはおおきく，微妙である（6.4.2.7，また注 138 の包括的 inclusive vs. 排除的 exclusive も参照）。

　名詞的な対象としての数は，名詞（体言）だけでなく同時に動詞（用言）にも表示されたり，むしろ後者に（のみ）託されている言語もある。名詞であれ動詞であれ，数を表現する形態的手法はおどろくほど多様かつ微妙である。接辞（接頭辞・接尾辞），音交替，語幹あるいは接辞（全体・一部）の重複，補充法，あるいはそれらの組み合わせなど（ツィムシアン語など，4.6.3 を参照）。しかも，文法の一部である以上，それぞれに「漏れる」（6.4.1）部分があり，さらには頻度の問題もある。

　いまひとつ，語彙的範疇化にかぶさる，とくに体言（名詞）的な対象を範疇化する「性 genders・名詞クラス noun classes」と「名詞分類 noun classification」にふれておくならば，これまたいかにも多種多様であるが，言語によって形態法あるいは統語法のなかでさまざまに扱われる。（文法）性・名詞クラス（文法類）

---

*14 民族学史上有名な，グジンデ（Martín Gusinde, 1886〜1969）の「火の島のインディアン Indios de Tierra del Fuego」のひとつヤーガン Yahgan（おそらく地名から）―自称 Yámana は「男」の意―の言語。

1.3　文化における言語，言語における文化　29

でもっともよく知られているのは，印欧諸語の(男，中，女)性や，バントゥ諸語 Bantu にみられる数多くのクラスである。これらの言語にみるように，それぞれひとつひとつの名詞に定まった性・クラスの範疇化が他の品詞(動詞，形容詞，冠詞など)とも照応している。

　これとはひとまず区別されるべき体言の細分化，あるいは名詞的な指示物にたいする 2 次的な類別は，名詞そのものではなく，べつの語—とくにおおいのが数詞だが，所有詞，位置詞，指示詞，ときに動詞など，異なる品詞—によって表示される。たとえば日本語では，「2 箱・2 冊(本)，2 本(キュウリ)・2 個(ナス)，2 房・2 粒(ブドウ)」など，いわゆる助数詞で括弧内の名詞的指示物を範疇化する。

　その一方で，たとえば「食べる」という動詞的動作の対象がどのような形状のものかという類別を，名詞ではなく動詞によって処理する言語もある。北米北西海岸のトリンギット語 Tlingit では，動詞内部の，語根より前につく要素によってそれが示される(リア Jeff Leer 氏による教示)。また，トリンギット語に隣接する，異系統の(つまり Sapir 1915b が考えたナ・デネ語にははいらない)ハイダ語 Haida では，堀博文氏によると，「落ちる」という運動を表わすにも，その落ちる物体がどういう範疇に属するか，輪状(指輪，ブレスレット)であるとか筒状(グラス，コップ)であるかといった類別が動詞語根「落ちる」の前にくる類別接頭辞によって示されるという(堀 2003:202)。

　一方，オーストロネシア語族の一部の言語，たとえばミクロネシアのトラック語(Trukese)，メラネシアのティンリン語(Tinrin)などでは，不変化名詞の所有を表わすのに，名詞の意味内容によって選択される所有詞を用いて，所有される(被所有)物の性質や用途の類別が示される(『世界言語編 2』1362，大角編，2003:197)。これについては，エヴァンズ(2013:129)も参照されたい。

　さらにブラジルのアラワク系(Arawak)言語のひとつでは，たとえば「～のうえで」のような位置詞によって，先行する名詞が垂直状，枝状，…など，どのような形状なのかという類別が示される(Aikhenvald 2000:3)。位置詞といえば，代名詞が前置詞の目的語となるときは，人称・数におうじて特殊な形(融合)をとるケルト系諸言語もある(例，アイルランド語 agam 'at me' など—「屈折前置詞」'conjugated prepositions'『世界言語編 1』109；Lewis and Pedersen 1937:207–215 など)。

　また，日本語のいわゆる「こそあ」(この熊/その熊/あの熊)や英語 this/that の

ような3種または2種の指示詞(連体詞や代名詞)も,名詞的指示物にたいする心理的・物理的空間の範疇化とみなすことができる。6.4.2.3で略説するユピック語 Yupik―西エスキモー諸語のひとつ―では,ある対象を指示するのに,30種の指示詞からひとつの指示詞が選択され,そのうえで,前後関係から,数と格の区別が加わったひとつの形が選択されなければならない。

　以上は,名詞的な指示物の類別化の例だが,一方では,動詞で表現される動作・行為がどのような方法・手段でなされるかに細やかな類別の目が向けられる言語もすくなくない。カリフォルニアのカシャヤ語(Kashaya; ポモ語族 Pomo)では,たとえば「打つ,たたく」という動作は,「拳,投石,肩,頭,掌,重力,革紐,棒,…」など,20近い方法・手段のどれでなされるのかが,とくに動詞につく「語彙的接頭辞 lexical prefiex」のちがいによって表現されることが知られている(Hinton 1994:133–138)。さきにふれたハイダ語でも,「死ぬ」という動詞に異なる手段接頭辞(同言語での類別接頭辞とはべつ)をつけることによって,「たたいて,突いて,射て,押して(拳でたたいて),蹴って(足で押して),無理矢理に(死なせる・殺す)」が区別される(Leer 1977:91–92)。このような語彙的接頭辞は,さきに引いたティンリン語にも,台湾原住民語(Nojima 1996, Tsuchida 2000)にも,パプア系諸言語にも(大角編 2003:171–172, 199–201),さらにはひろく北アメリカ(Mithun 1999:118–126, 宮岡 1992a:1032–1033)にも見られる。おもしろいことに,このような手段表現は,上のハイダ語(死なせる・殺す)のように,使役的な意味をもたらしたりもするが,さらにいえばなぜか,接尾辞であるよりは接頭辞である言語がおおいようである。

　空間だけではなく,時間,その他も範疇化され,文法化の対象になる。時制やアスペクトなど,言語的(文化的)な時間の問題ではあるが,かならずしも動詞的に処理されるだけではない。長野編(1999)には,これにかんする幅広い考察と具体的な事例が報告されている。

　語彙だけではなく文法にもかかわってくるこのような2次的範疇化も,またその範疇化をささえる認識のありようともいうべき類別の基準も,言語によってまちまちであって,語彙的範疇化とおなじく,他言語の話者にとっては,恣意的なもの,あるいは理解困難なものに映ったり,意味的に理解不能にさえみえる(「恣意的」とは以下,でたらめなことではなく必然性のないことをいう)。さらに,その範疇化がそれぞれの言語によってどのような文法的(形態法的)カタチとして処理されるかには,これまた瞠目に値する多様さと複雑さがみられ

る*15。2次的範疇化はかならずしも形態法で処理されるのではなく，べつの語を用いて統語法的に表現されることもある。類別(詞)のタイプについては，大島(1992)も参照されたい。

サピアにとって，言語の形態法つまりカタチの問題とは「集合的な思考の術」(1.3.1)にほかならず，さらに言語と思考の水路(1.2)は「解けぬまでに織り交ぜられていて，ある意味では，同一物」*16 なのであった。

1.3.2.3　文法範疇

2次的範疇化は，語彙と文法にまたがる問題であり，まだしも具体性があり現実界(レアリア)とつながりをもっている。しかしこれら，語彙的(1次的)，2次的な範疇のうえには，さらにより抽象的な関係概念としての「文法範疇」にしたがった構造化がかぶさる。その構造パターン，つまりは水路にしたがって，話し手は，思考と言語活動をすすめていかざるをえない。

この語彙的あるいは2次的な範疇を言語構造にとりこむ方式としての「文法的範疇化」は，当の言語がある範疇を義務的に，それとも任意的に表現するのか，それらをどのような要素(自立語，接語，語幹，接辞，…)に，またどのような語類(名詞か動詞かなど)に分類し，その文法にくみいれているのかといった(言語内的な)類別である。下線で示した「接語 clitics［=］」(後接語・前接語)と「接辞 affixes［-］」(接頭辞・接尾辞)のちがいは，のちにみるように，日本語でも本質的に重要な形態法上の単位であって(= と - の区別は，以下の日本語表記でも用いる)，3.1(「二面結節」)と 4.2(「語」と「接語」)などでくわしく紹介する。接語と接辞が，音声的かつ音韻的に峻別できる可能性については，前著第6章「語にカタチをあたえる特徴」(119–129)でふれ，また本書 6.4.2.1〈アクセントと拘束句〉でもわずかにふれることにするが，日本語のいわゆる付属語をめぐる接語と接辞の解明は，分類の具体ともあわせて，なお多くの考察を必要とする問題である。

---

*15 世界の諸言語にみられる，このような形態法の絢爛たる多様性の一端は，たとえば，現在利用できるかぎりの記述資料を博捜した Aikhenvald (2000) などにみることができる。

*16 'inexplicably interwoven, are, in a sense, one and the same' (Sapir 1921 [1936:232]，泉井訳 1957:220)—注1を参照。

さてわたしたちには、どの言語であっても、たとえば名詞的な指示物「男、父、子供、舟、石、歯、…」は名詞であり、動作・行動を表わす「食べる、つくる、ある(存在)、もつ(所有)、…」は動詞であるという思いこみがある。しかし世の中には、前者(の一部)が動詞である言語、動詞にもなる言語、(語ではなく)接辞である言語、また後者が接辞である(にもなる)言語も存在する。ただし、どのような範囲あるいは範疇の語彙が名詞的なのか動詞的なのかといった、もっとも基本的と考えられがちな区別さえ、言語によって必ずしも範疇化は一致しないし、その範疇化が、どれほど画然としたものなのか、絶対的なものなのか、疑問を抱かせる言語もすくなくない。

また、「AはBだ」のような、ふつう「繋辞 copula」(あるいは be 動詞)とよんでいる要素は、抽象的関係概念の表現として日本語のいわゆる"説明存在詞"(「山田文法」; 2.2 他)にあたるが、これまた言語間での多様性がおおきい。古くから哲学的考察の対象となってきたばかりか、言語研究者にとっても、そもそも be は動詞なのか否かにはじまり、その一般的な言語機能はおおきな関心事であった(バンヴェニスト 1983:174–199 [1966])。近年は、類型論的な観点から B. ディクソンがオーストラリアの諸言語の類型論的概観からはじめて、その主張する「基礎理論」のなかで繋辞節(無動詞節もふくむ)に注目している (Dixon 2002, 2010:159–188)。日本語の「=だ-」は、(体言を用言化する)屈折的あるいは変化型の前接語と解釈されるが(5.1.1)、他方、繋辞をはさまず、いわば同格的なふたつの名詞で繋辞構文をつくる言語もあるなど、その類型論的多様性の一端については、6.4.2.4「4 種の繋辞—関係動詞」も参照されたい。

この「繋辞」のような基本的な要素からはじまって、文法(範疇)は絢爛たる多様性を示す。言語の文法的多様性がとくに集中してみられる地域は、世界中にいくつか知られているが、カナダ北西海岸はそのひとつである。同海岸と南アラスカの言語をつぎつぎに解きあかしてきた J. リア氏の解説によると、アラスカのハイダ語では、「男、女、子供、呪術師、首長」といった(当然、名詞と予想される)人を表わす概念は、「男である・男る、女である・女る、…」とでもいうべき動詞である。しかし「母、兄、…」といった親族名称は身体部位名称と同様、所有代名詞(my/your/her own)などがつかないと使えない名詞であるか、動詞「母る」からきた(抽象的な)「母るもの」だという(Leer 1977:57, 66–67)。日本語、英語、その他多くの言語では、「1, 2, 3,...」のような数詞は(「3

から 2 をひく」のように格助詞をとることからしても）名詞あるいは体言であるが，このハイダ語では，数詞は動詞の部類にはいる（堀 2003:202）。だがその一方，カリフォルニアのユーマ語（Yuman:Halpern 1942），アフリカのコイサン語のように，親族名称は動詞（しかも 2 項的な他動詞）であるという言語もある（'he fathers me'）。

　おなじく北西海岸のスライアモン語 Sliammon（セイリッシュ語族 Salish）でも，たとえば「舟（カヌー）に人が 4 人のっている」というばあい，「四」が動詞として機能するという。いわば「四る-ヒト　定=のっている（もの）　に=定=舟」なのである（- は接辞，= は接語，定はひとまず 'the'; Watanabe 2003:505）。この言語では，とくに身体部位名をはじめとした，当然，名詞と予想されるような，きわめて具体的な語彙的概念の多くが接尾辞で表わされる。「ヒト」の片仮名書きは，これが接尾辞であることを示す（「ヒト的に四る」）。またおなじく，たとえば「お前の魚を箱にいれなさい」というとき，その「箱」は動詞，つまり「箱である，箱る」であって，いわば「箱ら-せ=よ　定=お前の=いれた（もの）　定=お前の=魚」なのである（ibid:69）。頭のなかで，言語による認識・発想のちがいを理解しようとする姿勢はできていても，たんなるズレの域をこえて，「動詞」とはなにのかを考えさせる言語である。

　言語によって要求される細部の装いはまちまちであっても，名詞的ならびに動詞的な 2 項の存在は当たり前だろうと，わたしたちは想像しがちだし，たしかに世界の多くの言語がそのようなふたつの項による表現をとっている。しかしさきのハイダ語では，落ちる物体がどういう形状（範疇）のものなのかは，ひとつの動詞内部で，その動詞語根につく類別接頭辞によって表現されるにすぎない。スライアモン語の上記「箱る」もまさに動詞である。さらに同地域のヌートカ語 Nootka（ワカシュ語族 Wakashan）は，これとはちがっていて，しいていえば「石る」とでもいうべき動詞に「シタ（ムキ）」という方向を示す，いわば副詞的な接尾辞がついて，石の落下が表現されるという（Sapir 1924［1951:158–159］）。つまり，「石が落ちる」というばあい，ふつうなら，名詞的な項（石）と動詞的な項（落ちる）のふたつに分け，その上で，英語だと，定（不定）冠詞とか，主語人称（3 人称単数）とか過去とかいった装いをととのえ，The stone fell. などといった表現をとるところだが，北西海岸のセイリッシュ語族やワカシュ語族などの言語には，この日本でも知られるようになった「語彙的接尾辞 lexical suffixes」—ときに名詞的接尾辞とも（日本語の体言化接尾辞 4.4.4 と

はべつ)—があって，具体例は Watanabe(2003)，中山 (2006, 2007b) にくわしい。これについては，前著 134 ページ，宮岡編 (1992:53, 114, 122, 288) も参照されたい。名詞と動詞といった，人間言語に普遍的と考えられてきた品詞の区別がヌートカ語にはない (たんに normal words と particles の区別のみ) と指摘したのは，いまから 100 年前，この言語のフィールド調査 (ヴァンクーヴァー島西岸で 1910, 1913–14 年の 7.5 か月) をしたサピアである (Sapir/Swadesh 1939:235)。他方，トリンギット語では，「石 シタニ＝飛ぶ (空間移動)」とでもいった表現になるという具合に，物体の落下のような，重力による普遍的な自然現象でさえ，さまざまな様式で認識され，言語的に，つまり範疇化と形態法がそれぞれ異なる様式で表現されていることが知られる。

以上にあげた北西海岸の諸言語は，「語族蝟集いしゅう」(1.5.1) という分布状況のなかでの，たがいに語族 (系統) を異にする言語であることもわきまえておく必要がある。おなじくそうした系統的に孤立した (海岸) ツィムシアン語 Tsimshian は，接頭辞の発達した言語であり，複数性 (4.6.3) はもとより，「上流へ，川または海のむこうへ，—の上へ/で，—のなかに/で」のような方向や場所から，「食べる，つくる/(魚を) 釣る/(ベリーを) 摘む/(籠を) 編む/(パンを) 焼く」のような動作，「小さな，新しい，似た，ゆっくり，自慢げに」のような性質・状態，「女性，(貝の) 殻，におい」にいたるまで，語彙的範疇化のさまざまなおもしろい内容を示す，100 をこえる接頭辞が確認されているという (笹間 2006:40)。この「発想の転換をせまることば」の接頭辞については 4.6.3 を，位置の変わった前接語については 5.1.5 も参照されたい。

以上のようなすくなくとも 3 つのレヴェルの語彙・文法的範疇化のありかたには，当の言語集団が環境世界のどの部分や特徴に強い関心を向け，力点を置き，いかに構造化して表現してきたかが反映されている。そのために，ことばは往々にして，文化人類学者などのいわゆる参与観察などではもれてしまう重要なポイントを捕捉する手がかりになりうる ("ひずみのおおきな民族誌"，下記)。とくに語彙的範疇には，これにたいしてはこうするものという集団固有の平均的な行動様式，その行動のための道具・技術・制度 (物質文化) が切りはなしがたく結びついているからである。そこには，環境の認識とそれにたいする適応の密接なつながりにとどまらない，さまざまな価値観・意味づけ・態度，代々継承されてきた経験・知識・智恵・信仰が凝集している。

諸範疇を操作する，つまり流し込む思考と言語表現の「水路」は，まさに言

語そのものだが，言語には，文化がその全体から細部にいたるまでことごとく「こめられている encapsulated」といわざるをえない。個人による逸脱や世代間のずれがあるので近似的でしかないが，集団のメンバーは，言語じたい（語彙・文法）とこれにこめられた文化の全体と細部を共有しているわけで，この共有があってはじめて，適切なコミュニケーションが成立するものにちがいない。またそれによって，相手の行動予測が可能になり，ひいては環境適応が円滑になるわけである。異文化コミュニケーション（1.3.1）は，たんなる二言語使用 bilingualism ではない。

サピアの師ボアズは，ヨーロッパや西アジアの言語を学んだ言語学者は，われわれがどの言語にも探しもとめがちな（とくに文法的）範疇の体系をうちたてたが，そのような体系はある種の言語にのみ特徴的なのであって，他の体系にとってかわられうることを明らかにする必要に注意をむけた。そして，他の言語の特徴をおおいかくす，頑固・偏狭・過信の印欧語（とくにラテン語）的自民族中心主義 ethnocentrism（帝国主義 imperialism とも）から離れるべきことを強調した（Boas 1911; 6.1.4 ネブリハ文法）。その言語にたいするアプローチは，ときに語られるほど構造主義的ではないが，以後のアメリカ言語学におおきな影響をおよぼした（6.1.1〈ボアズ的伝統〉を参照）。

1.3.3 言語にこめられた文化

言語の源初的（内的）機能としての認識（1.3.2）は，適応戦略とその付随物（1.3.1）と密接につながっている。当該集団・民族とそれを取り囲む環境との，日常的な絶えざるからみ合いのなかで，叡智，工夫，機敏（臨機応変）によって発達してきた文化の全体は，おのずと言語に浸透し，つまり，文化のあらゆる側面が細大もらさず，言語に包みこまれている（ディクソン 2001:187［1997:135］）。のちにくわしくふれる本居宣長の言と事と意の密接な関係（3.4）にそくしていえば，言語そのものがまさしく事実なのである[17]。

言語は，文化の下位システムでありながら，文化の全体と細部をもれなく包

---

[17] いうまでもないことだが，宣長のいう言（言の伝へ）は，文字なかりし世のことば（音声言語）であって，文字（による書）とは混同すべきものではない。これについては，言への「僕従」としての漢字（1.2.1），対照的な文字観（3.4）を参照。また，神野志（2007:215–217）も参照。

みこんだ一種のカプセルとみることができる。どのような文化要素も，この点では言語には及ばない。このカプセル的性格が，言語の社会的諸機能や現代の危機に瀕した言語の問題につながってくる (1.4.2.2)。

これまで言語と文化に関連してのべてきたことは，人間が生きているのは，自然生態系のなかではなく，人間がつくりあげてきた生態系のなかだということである。それこそ，人間にとってユニークかつ意味をもつ生態系なのであり，自然生態系もおおきくこれに組み込まれている (Miyaoka 2001:3)。しかも，言語が文化の中核をなすとすれば，人間集団が住んでいるのは，自然環境とか文化環境といったものではなく，真の意味での「環境」，つまり「言語環境」なのである。

人間にとってのこの「環境」の意味を正しく見抜いていた小林秀雄 (1977:第35章) は，これを「既成の言語秩序に組み込まれているという事は，自然環境の中にあるように，言語環境に取り巻かれているという事ではあるまい。言語の秩序は，誰から与えられたものでもない，私達自身の手によって成ったものだからだ。…環境とよぶには，あまり私達に近すぎるもの，[言語の形に収まった] 私達の心に直結している，私達の身体のようなもの，…確かにこちらの所有でありながら，こちらが所有されている，という気味合のもの…どうとでもなるようでいて，どうにもならぬもの…」と表現している。

このような「環境」に住む相手集団の文化をその言語 (つまり，その集団の文化に固有な範疇化) をとおさずに，外側から，つまりみずからの文化のめがねを通して (意味的類似にしたがって)，相手の文化 (行動様式や物) を観察・分析・記述するのがふつうの文化人類学的レポートであるとすれば，それがはじめから"ひずみのおおきな (ある意味では，恣意的な) 民族誌"になるのは，当然とさえいえるのではなかろうか。これは，言語のカタチをおさえずに，「意味的理づけ」(2.3) によって言語 (の文法) を理解できたと思い込みがちな言語研究にもつうじるところがある。1967 年，アナクトゥブック村 (Anaktuvuk, 北アラスカ) の，すでに雪舞う夏の夕暮れ，岡正雄氏 (1898～1982) がわたしに向かってつぶやいたのが，「民族学は言語からはいらないと駄目だね」であった (宮岡 1987)。民族誌，文化人類学はすべからく，まずは「言語」人類学であるべきではなかろうかと，かつて書いた考え (宮岡 1996) はいまもかわらない。

言語の数だけ存在することになるこの「言語環境」の全体は，クラウス氏命名の「言語圏 logosphere」(Krauss 1996, 2007) にちかづくものになる。これにつ

いて氏は「言語の大量消滅と記録—時間との競争」(クラウス 2002) において，個々の言語を生物種と比較しうるのとおなじように，人類の言語多様性もまた生物多様性と比較できるという考えから，この「ちいさな惑星をとりまく精緻な膜ともいうべき生物多様性の生態系を「生物圏 biosphere」とよんでいることをモデルにして，われわれの進化の舞台となり生命体としての生き残りが完全にかかっている，文化的かつ知的かつ言語的な多様性の精緻な環境ともいうべき「言語多様性の生態系」をさすのに「言語圏」という語をつくった」といっている (193) [*18]。

1.4 間接機能性と高い多様性 vs. 直接機能性と低い多様性

　適応戦略 (1.3.1) として人々がおこなう (集団として身につけた) 活動は，生業としての耕作であれ儀礼での象徴的行為であれ，それに付随するモノ (鍬であれ護符であれ) や，ある一定の目的性がからんでいる。用いる方法がどれほど象徴的であったとしても，それらはなんらかのはっきりした目的があってなされる，究極的にいえば，環境への生態的適応である。目的をはたすそのような機能がなくならないかぎり，文化としての活動とモノは維持される。機能がはたせなくなると，いわば時代遅れの廃物になるか，ちがった活動・モノにとってかわられる。概していえば，言語以外の文化は，「直接機能的」たらざるをえない，つまり，それがもつ目的性のために，じかに環境によって条件づけられ，制約されざるをえない。しかしその反面，環境に逆作用し，それを改変することもある。ただし言語も，その話される環境のなかでの有用性が完全になくなれば，消滅せざるをえなくなる。

　はたすべき目的がときに死活にかかわりうるほど重大で，環境適応への機能性が直接的であるかぎり，文化の諸要素は，一定方向に「収斂 converge」あるいは「共謀 conspire」しがちになる。環境からのしばりあるいは制約的圧力がたかまるなかで適応をはかろうとすれば，おのずからしのぎをけずる効率の追求

[*18] これは，言語の消滅は人類にはプラスだという，ことによると世の大勢的な意見に対抗して，それはあきらかにマイナスであり悲劇であり不幸である，という同氏年来の主張の論拠のひとつである。消滅の危機に瀕した言語をなぜ問題にするのかを問うとき，文化を「言語生態系」とみる視点から，知的存在としての人間が生きる「言語圏」のもつ意味を考えてみることが，たいせつではないかという姿勢でもある (宮岡 2003a)。

(技術の向上)は必須となり，結果として高度の洗練を生む。極限状況で巧みにはかられる環境適応の結果，見かけのうえでの差異はでてきても，実際の多様性はすくなくなる。そのもっとも明らかな例は物質文化に見られるが，そこでは可能性が制限され，採用する形(外形)，型，材料，技術の選択の幅が狭いものになる。つまり，恣意的選択や不規則を許容する余地がすくなく，おおきな均一性のもとで，小さい多様性が生まれることになる。

　北方考古学の山浦清氏によると，エスキモーが酷悪の自然への極限的な適応努力の結果として生み出した独創的な回転式銛頭(もりがしら)は，近年アムール河流域でも発見されたという。銛頭は，細部における豊かな地域的かつ時間的な差異からして，エスキモー文化の年代学的推論さえ可能にするほど細緻なものとみなされているが，その反面，形，構造，材料の面ではきわめてかぎられているという(山浦 1979; 渡辺己 1992 も参照)。彼らの生存にもっともたいせつな狩猟の成功にしばられた，ごく狭い幅のなかでの細微な変差であって，構造上の根本的な変異ではない。環境からのしばりは制約的圧力が強くなればなるほど，目的性が重くのしかかり，機能性の度合いがより直接的にならざるをえなくなる。つまり，直接機能性がおおきくなると，多様性の幅はより制限され，同時に，安定性は減じ，変化が生じやすくなることを示している。逆に，機能性(合目的性)がひくくなればなるほど，多様性(細密な変差)と安定性はたかまる。

　言語についても，もし機能の面だけから説明することが可能なものならば，言語構造にはわたしたちが実際に見出すよりはるかにおおきな均一性が予想され，特定の言語とそれを用いる集団・民族の文化のあいだに，機能的な強い相関が見いだされるはずである(サピア[*19])。これについては，言語多様性の背景のまとめ(1.5.1)も参照されたい。

1.4.1　言語の間接機能性—伝達の道具

　言語はふつう，本質的に伝達の道具と考えられており，言語のはたらきはなにかと問うと，答えは伝達(コミュニケーション)とか伝え合いとか，ほぼ相場がきまっている。もちろん，言語も文化の一側面にちがいないし，文化要素のひとつとみなすこ

[*19] 'Purely functional explanations of language, if valid, would lead us to expect either a far greater uniformity in linguistic expression than we actually find, or should lead us to discover strict relations of a functional nature between a particular form of language and the culture of the people using it.'（Sapir 1927b［1951:550］）

1.4　間接機能性と高い多様性 vs. 直接機能性と低い多様性　39

とはできる。その文化全体のなかで，伝達の道具としてはたす言語の役割は，けっして否定されるものではない。しかし，すでにのべたように，言語はたんに自己充足的な道具ではない。谷崎潤一郎もかつて『文章讀本』でのべたように，言語は案外不自由なものであり欠点もある。道具としては，けっして「スグレモノ」とはいえない。

　石器時代の鏃(やじり)も，昨今のパソコンも，つねに目的の達成と機能の向上にしのぎをけずる道具であり，そうした技術や技術（物質文化）にくらべると，言語はそもそも環境適応のための道具としてできあがったと考えるには，あまりにもあいまいさや不規則が多く，でたらめ（恣意性・ランダムさ）さえすくなくない。なによりもパソコンは，年々新たな機能とたかい処理能力をもつ新機種によって旧機が駆逐されていくが，言語にはそうしたヴァージョンアップはない。

　言語伝達は，そのようなあいまいさ・不規則・でたらめさをかかえたうえで，周辺言語的(パラ)・非言語的な諸要素（声色・顔つき・視線・身ぶり，もち物，個人・社会的関係，時間・空間的コンテクストなど）と密にからみあい，それらと融合しつつ，かろうじてその用をはたしているにすぎない。

　言語は，集団・民族の全員が，細かな個人的・地域的・世代的な偏差やゆれはあっても，言語そのもの，つまりコードの共有にくわえて，その文化全体を近似的な形で共有していることが前提になっている。この集団的共有があってこそ，話し手たちは，たがいに適切な伝え合いができる。それとともに，文化を異にする相手との間ではむつかしくても，自集団・民族の相手の反応をたやすく予測して，環境適応をすすめる集団の協同を容易にする。

　言語がもつ伝えあい以外のいろいろな諸機能（1.4.2）の重要性をよく理解しないまま，それをたんなる道具（1.4.1）としか受けとめず，道具である以上は，効率的なのにこしたことはない，とおもってしまう。その結果として，話し手が数百・数千の，現代社会にあってはますます有用性がかぎられていく弱小言語は，大言語にさっさと吸収されてしかるべきだとか，わずかな数の高齢者にしか話し手がのこっていないような言語が死滅しても，それがなんだというのか，といった実用主義が，当然のように受けいれられてしまう。危機言語と言語多様性縮小の問題の根底には，このような言語の道具視があることはおそらく否めない。弱小民族の小さな言語が適用範囲のよりひろい他の言語にとってかわられることがあっても，文化変容の一齣とみなされるのがせいぜいであっ

て，グローバル化が進む今日，10人とか100人の話し手しかのこっていないような言語が地球の片隅で消滅していくのをなぜ憂える必要があるのか，などと考えられてしまう．すべての民族が同一の言語で伝達するのがよい，つまり言語の多様性は不必要であるとみなされてしまうのは，トラバント (2001:78–79) がフンボルトの反記号論的言語思想との関連でふれているように，道具主義的な名づけ，つまり言語とは独立して存在する事物ないしは概念の「記号」として言語をとらえる言語観に由来する (3.1 を参照)．意味があるからこそ言語の道具的はたらきがあるにはちがいないが，言語は符牒として生まれたものではない．

　要するに，指示の体系としての言語は，当然，伝え合いの用をはたすが，環境適応の面からみると，(非言語的) 文化とは対照的に，いちじるしく間接機能的である．もちろん，環境に敏感な語彙の一部など，言語に直接機能的な側面 (1.4.2) はあるにしても，言語のはたらき，そして「語」の本性 (2.1) からして必然的な言語の間接機能性は否定できない．

　この言語と文化の対照は，単純で表面的なものにみえるかもしれないが，全体としてみれば，言語の多様性は文化のそれよりもおおきい．これはひとつには，機能の直接性という視点から見た両者のちがいによるものとおもわれる．おなじ理由で，言語のほうが安定性がたかく，言語には文化の変化からは遅れてすすむ跛行性 (1.4.4) という性質がある．

1.4.2　言語の直接機能的諸側面

　しかし，言語は認識と思考 (1.3.2) のありようを他に伝えるだけのものではない．ひとの心を他に伝えたり，訴えたり，動かしたりする．そのために，言語もまた，言語以外の文化と同じように，環境適応との関係で直接機能的なはたらきをする．伝え合い (コミュニケーション—1.4.1) にさいしては間接機能的なはたらきをする言語にも，さまざまな直接機能性がかぶさっている．

1.4.2.1　ことばとものの相通

　言語がその直接機能性を例示した，もっとも雄大な事件は『創世記』である．「神 '光あれ' と宣いければ，光ありき」に始まり，そのことばでもって，万物を創り給うたのであった．神のなし給うたのは，ことばを発する (宣う) ことだけ

であって，そのことばが空(くう)のカオス的暗黒から昼と夜を創った。

しかし，話は『創世記』の世界だけのことにとどまらない。中国語との本質的な差を知りながら，借入した漢字でたどたどしく古代日本語の「転写 transfer」(3.3)が試みられた(天皇から下(くだ)される，もと口頭の)宣命(せんみょう)や，(天皇に申す)祝詞(のりと)の世界だけのことでもない[*20]。文字なき世界では，たとえば超自然界(1.2)との仲介者であるシャーマン(まじない師)の呪文にも，ことばとものが相通ずる原初的特性によって，望まれる結果を実現する特別な力が感じられる。神や人，死者，動物(熊)の名前や一定のことば(死ぬ)などはみだりに口にすることはできない。このかぎりにおいて，ことばは直接機能的である。いったん発せられると('utter'─注39)，みずからの生命をえて，あたかもことばとその表わすもの(物や事)が不可分の一体となって，環境へ(から)の直接的な力をもちはじめる。言語のこの不可思議な力，しかし文字をもたない人々にとっては不思議でもなんでもない力を，万葉人のように「言霊(ことだま)」とよぼうとなんとよぼうと[*21]，文字に接しはじめた人々には，文字もまた呪力を感じさせるものであった。

指示伝達の言語は，たしかに「光あれ」とはちがい，それじたいが環境に変化をひきおこすものではない。「水をくれ」といった命令表現であっても，「水が飲みたい」といった願望表現であっても，外化されたことば(音声)じたいは，発話者の渇きをみたすことにはならない。たまたま，親切な人がいてはじめて，願望が間接的にかなえられるだけのことである。しかし，呪文と呪術─ことばとものの操作─は，人類学者マリノフスキー(Bronisław Malinowski, 1884～1942)の描くトロブリアンド諸島の「西太平洋の遠洋航海者」(2010［1922］)による呪文とカヌー製作のごとく，世界各地の民族誌に記録されているように，

[*20] 祝詞の由来，性質，言語的機能などを略説する武田祐吉は，祭りにおける，からだのはたらきとしての行為である言葉は，もとは神に向かって発せられるだけでなく，神から発せられるものと考えた(1958:367–369)。

[*21] 言葉には「言霊」が宿っていると考えた古代人にしたがう宣長は，肉体の動きにつらなる抑揚や延伸ばしという「声」にやどる表現活動(表出性)として言葉をみた─小林(1982)『補記』第3章，サピアの「声」(Sapir 1927a─1.4.2.2)を参照。宣長の音声重視と文字にたいする姿勢(2.2.2)はここからでてくる。古代日本の言霊意識については，永山(1963:59–72)を参照。永山は，日本の美称「言霊のさきはふ国」(傍点宮岡)を「助来る」「幸がある」などの意とする通説の語法的吟味によって，「栄える，威力が盛んである」などの意に解すべきことを主張している(585–596)。

霊的なるものが跳梁（ちょうりょう）する世界のなかで一体となって，じかに自然，社会，超自然が渾然一体になった環境に働きかける。言と事の融即（participation―民族学者レヴィ・ブリュル Lucien Lévy-Bruhl, 1857〜1939 のことば；『未開社会の思惟』1953）である。古代日本からの言霊思想の流れを，関連諸現象をくみいれつつ，現代における「ことばの呪縛」にいたるまでをまとめたものに，豊田 (1980) と，それをふまえてさらに包括的に考察を深めた大作 (1985) がある。また，「忌詞（いみことば） word taboo」「類感（模倣）呪術 homeopathic magic」（フレーザー『金枝編』；Sir James George Frazer, 1854〜1941）などについては，宮岡 (1996b:33–35) も参照されたい。これは，つぎの表出的，動能的機能などにもつながっている。

1.4.2.2　表出性（情緒的・美的），動能性，交話性，紋章性など

　言語の直接機能の幅はひろい。おのずと人の心をうごかす表出性 expressive（心情的・情緒的 emotive/美的 aesthetic)，他者との関係を調整する動能性 conative（能動性 active とは別），儀礼性（交話性）phatic，そして紋章 emblematic（アイデンティティの証）としてのはたらきもある。それらは，さまざまな形で言語構造体 (3.1) の諸部分とからみあい，指示（伝達）的機能とあわさってはたらく。

　「声 voice」―注 21 を参照―としてのことばのカタチには，（ときに言霊がからんだ）表出性がにじみでてくる。それが宣長のとくに強調した，ことばのスガタであろう[*22]。かたやサピアは，『言語』の「言語と文学」の章で，個々の言語で完全に一致するわけではないが，音声的，リズム的，象徴法的，形態法的な美的要因をあげている (1921[1939:240])。しかしこれは，言語芸術にかぎらず，意識的な表現の技巧というよりは，音声にそなわった（内から）にじみでる個人レヴェルの表出性の問題でもある。Sapir (1927a[1951]) は，「声」―イントネーション，リズム，速度，連続性（滑らかさ），発音―ににじみでる個人的特質（個性）を，当の集団に特有の要因をときほぐしたうえで分析的に読みとっていく可能性を示唆するものであって，からだの動き（ジェスチャー）やもちもの以上に「声」が全体的な個性を無意識のうちにさらけだす象徴的指標であると考える。前科学的とはいえ，重要な論文である。他方，文字も表現性を獲得

　　[*22]『古事記伝』巻二十三は，「須賀多（スガタ）は，ただ形（カタチ）のみを云に非ず，起居進止（タチキフルマヒ）などの狀をもかけて云稱（フノ）にて威字の義も具（ココロソナハ）れり」とし，形状威儀をカホスガタと訓むべしとも記している。

し，平仮名は連綿や散らし書きの優美な，わが国独自の書芸術にたかめられた（森岡隆 2006:ii–iii, 2, 226）．

　動能的なはたらきは，一時的な流行語，「武器」としての言語，寸鉄人を刺す表現，独裁者のアジ演説，メディアのコマーシャル・コントロール，裁判の判決と証言，（踏絵的）ためしことば shibboleth（下記），言語差別など，身のまわりにある日常的な諸活動に認められる．近年とくに露骨さが目立つようになってきた，政官財界トップの"特殊話法"などは，国民を愚民化・操り人形化し，巧妙にコントロールしてきた直接機能性の隠微な活用にほかならない（注 26 も参照）．

　伝える内容そのものよりも，なにかが発せられていることじたいに意味がある，いわば人間相互の潤滑油にすぎない儀礼的機能 phatic communion も，くらしの環境を保持するという意味では，重要なはたらきをなす．きまり文句の軽い挨拶ことばであれ，内容のないおしゃべりであれ，ともかくも無言と沈黙をさけようとすることが，すくなくとも否定的ではない相互関係を確かめあって，共感的なことばの場をつくりだすこの交話的(こうわ)あるいは儀礼的機能については，宮岡（1996b:36）などを参照されたい．

　さきにふれた言語のカプセル的性格（1.3.3）は，さまざまな社会的な諸機能を生む．人間を社会化するはたらきからはじまって，言語の紋章性は，逆にいうと，「シボレテ shibboleth」（士師記 12:6）つまり踏絵的な機能でもあるが，これらはまさしく今日の危機に瀕した言語とその再活性化 revitalization の問題と関連してくる．

　なかでも，とりわけおおきな直接機能的なはたらきは，言語がその言語集団をまとめあげる「社会化 socialization」（Sapir 1933［1951:5–16］）と，それがもつ「紋章性」（1.4.2.2）かもしれない．その集団の種類，おおきさ，結束度がどうであれ（家族，仲良しグループ，組織的な犯罪者集団，一世代全体など），ときにほんのわずかな語彙（語句，固有名）を共有しているだけで，集団のつながりとアイデンティティを強め，それによってよそ者がはいり込めない紋章的なバリアを効果的につくり出す．たしかに，先祖伝来の言語を保持・共有していなくても強い集団的アイデンティティと誇りをもつ集団はあり，伝統言語の知識がその集団のよきメンバーたる必須条件とはみなされていない社会も存在する（Brenzinger et al. 1991:35–36 を参照）．

　しかし，一般的には言語名が民族名と同じであるように，ひとつの言語はひ

とつの集団あるいは民族と関連づけられて，みずからの言語が内向きには集団的・民族的アイデンティティと誇りの証とみなされ，外向きにはべつの集団や民族を疎外し差別する基準とみなされるようになる。ひとつの集団や民族が（わずかに記憶にのこる断片的な語彙ではなく）同一の言語をしゃべり，それにこめられた文化の全体をおおむね共有しているならば，社会的結束とアイデンティティは，そうでないばあい（あるいは，たがいの言語差が紋章の力をもちえないほど小さいばあいなど）にくらべると，はるかに強力になってくるだろう。

　言語の紋章的機能は，今日の危機に瀕した言語を再活性化しようとするおおきな力である。集団をまとめあげるそのおおきな機能のために，しばしば文化のさいごの砦となりうる。したがって，伝統言語のさいごの話し手が亡くなった段階では，全体としての固有の文化はもはや機能せず，その一族がたとえ生き長らえていても，固有の集団としてのアイデンティティを失っていることもすくなくない。たしかに伝統的な言語を失っても，集団的なまとまりと誇りを保持している集団や，伝統的な言語を知っていることが社会の立派なメンバーである必須要件とは考えられていない集団もあるのは事実である。したがって，言語がすなわち集団のアイデンティティというわけではない。しかし，そのことは言語がもつ紋章的機能のおおきさをはなから否定するものではない。世界の先住民族にとっての「失われるアイデンティティ」（綾部 2007）は，なによりも言語の問題であるにちがいない。

　紋章としての言語の重要さは，世界の随所で，侵略者・支配者側の施政者が先住民にたいしてとってきた同化政策の柱が言語政策—創氏改名，学校での母語使用禁止，母語環境から子供を引き裂く寄宿舎学校（アメリカ・カナダなど）—であったことに如実にあらわれている。そこでは，言語を抹殺することこそ，先住民を同化吸収するもっとも効果的な最短距離だという鋭い直感が施政者側にはたらいている。言語とアイデンティティ，その世代間継承，民族同化政策をめぐる，現代の先住民が遭遇しつつある複雑な問題についての鋭敏な考察の一端は，カナダ北西海岸地域での経験にもとづいた渡辺己（2004）にみることができる。しかしアイデンティティとしての言語は，のちに文法についても語る嶋田（2012）にみるように（6.1.3），いわゆる「方言」にかかわる問題でもあるのはいうまでもない。

　紋章性と関連する直接機能の使用には，しばしば侵略者が原住民に課してき

た個人名の(強制的な)創氏改名がある。他集団・民族に直接影響をおよぼす積極的な企てとして，北海道アイヌの人たちにくわえ，植民地支配のもとで東南アジアで進められた同化政策は，いまにいたるまで根深く，その跡が消え去ってはいない。このような他民族にたいする強制改名は，なにも日本周辺にかぎるものではないが，環境への「積極的な攻め」の姿勢であるのにたいし，おなじく名前の直接機能性によるものでありながら，名前や一定の語にたいする忌詞の習慣(1.4.2.1)は，環境からの(想定される不都合なはたらきからの)「受身的な逃げ」の姿勢である(宮岡 1996b:34–35)。

　今日，世界各地の先住民は，みずからの弱小言語の道具としての価値がきわめてかぎられていること，したがって，より有力な大言語との二言語・多言語併用はさけられないことを，重々さとっている。しかし，そのうえでなお，多くの先住民社会は，急速に衰退しつつあるみずからの伝統言語をなんとしても保持し，できれば再活性化したいという願いをふくらませ，その具体的方策を模索あるいは推進してきているのである。しかも現代社会では，たとえば亡命チベット政府 Tibetan Government-in-Exile も，故国を離れ他国へ亡命・難民化した同族のチベット性(チベット文化)の保持には，伝統衣装をまとったりチベット食事をとるだけでは不十分であるとして，児童にチベット語や道徳律を教える学校制度を設けはじめているのである。言語はたんなるコミュニケーションの道具にすぎないものではけっしてないという立場にたつ山田孝子氏は，言語学でも文化人類学でもない生態人類学の視点から，民族的アイデンティティの継承に重要なのは，伝統文化の現代社会における共生 symbiosis である可能性を考え，その継承 continuity における言語保持の重要性について，正鵠を射た指摘をおこなっている(Yamada 2011:266)。

　以上，言語の間接的ならびに直接的な機能を環境適応との関連で見たきたのは，もっぱら言語以外の文化のはたらきと対比するためにほかならない。したがって，混同や誤解をさけるためには，あらかじめ(くわしくは，2.1, 3.1 などでみることになるが)，言語内での構造的な問題にふれておかなければならない。

1.4.3　言語における構造的特性―形態法つまりカタチ性

　形態法に手こずることのあまりない中国語とか英語などをとおして「文法」という概念を身につけ，統語論だけが文法だと考える人には，言語構造といっ

てもピンとこないかもしれないが，言語という構造体は部分によってその合目的性がちがっているという基本的な差異があることは，言語(研究)にかかわる者ならまず押さえておく必要がある。千野栄一氏(1932〜2002)の名著『外国語上達法』は，その著作のつねとして，書名にはもったいないばかりの言語にたいする深い洞察と広い博識を秘めている本だが，その小見出しのひとつに，さりげなく「統語論の共通性，形態論の多様性」というのがある(1986:72–75)。この本の読者，というよりも前に，はたしてどれだけの言語研究者がこの小見出しに目をとめて，その意味を考えたことだろうか。じじつ，日本にかぎった話ではないが，「形態法 morphology」と「統語法 syntax (ときに構文論)」の機能と目的のちがいについて認識を深めないままに，文法と文法理論の研究が進んでいるのが大勢である。形態論が対象にするのは，言語の機能というよりは，まずは「カタチ」なのである。カタチ性の認識がないままに，最新理論とかその用語で武装した音韻論と統語論でつついてみても，なまの言語はおうじてくれるものではない。

　範疇と範疇(1.3.2)がつぎつぎに結びあわされて，「語」から「文」へとカタチをまとめあげていく文法的手法のなかでも，とくに形態法的手法は，「語(単語)」の組み立て(語構成; 4.1 を参照)にかかわる分野であり，その「語」によって「句」や「文」を組み立てていくルールをあつかう分野としての統語法とともに，「文法」を構成している。言語間でも一言語内でも，形態法は瞠目に値する，微細にまでおよぶ多様性と複雑さを示す。形態法と統語法は，著しく対照的であり，その差異はときに異質なものとさえ映る。後者はバラエティがおのずからかぎられるために，ルール化し類型化しやすいのにたいし，前者は複雑多岐な様相を呈し，一般化・規則化しにくい。したがって，統語法的類型論は形態法的類型論よりも，多くの普遍性があることが指摘される。形態法と統語法では，言語にとってもつ役割が本質的に異なることへの認識が，とくに形態法についての誤解のおおきな原因になっている。ただし，これが言語の共時面だけにかかわる問題ではないことに注意しなくてはならない。言語の比較方法においてまず求められる「同源形式」の認定という，「歴史言語学の原点にある」のが形態法であると説かれる(吉田和彦 2007)のは，言語の本性上しごく当然ではあるが，これまた言語における形態法のもつ中心的，第一義的な意味をただしく示すものである(注 111 を参照)。

　おなじ言語構造の基本的側面でありながら，なぜそういったおおきなちがい

がでてくるのだろうか。

　上述(1.4)のように，言語じたいは，直接的な意味で機能的なものではない（一定の条件のもとでは直接機能をはたす言語使用はあるにしても——1.4.2, 宮岡 1996:32–37)。しかし，言語の「文」には伝えるべき内容があり，「不自由なもの」(谷崎潤一郎 1.4.1)ではあっても，それなりにはたすべきコミュニケーションという目的をもっている。そのかぎりでは，目的(機能)にしばられていて，勝手きままな動きをするわけにはいかない。つまり，統語法はおのずから，とりうる可能性と方向性が収斂していて，多様性はかぎられてくる。そのために，構造のきまりとしての「文法」では，とくに音韻法，統語法上の諸機能に関連して，機能的負担量，統一性，共謀，選択などが語られる。

　ところが，文を組み立てていく「語」のほうは，当の言語の「型」にしたがって，範疇をあつめて並べていくひとつの「結節」であるとはいえ，音声的にまとまりがあたえられる「カタチ」にすぎない(宮岡 2002 を参照)。そのかぎりでは，盛りこむ中身つまり内容(文法機能や意味)は二の次である。このために，語にはいわゆる「虚辞」(3.1.2)のように，内容の空っぽなものもあると同時に，そのサイズ，つまりそこに盛りこまれる内容の多寡が大幅に異なることがあり，結果として，ひとつの言語としても通言語的にも，はなはだしい差異が生まれてくる。さらに，文がはたさなければならないコミュニケーション機能によるしばりがすくなく，とりうる自由度のたかい形態法は，統語法ではおこりえない多くの「不規則」，「特異性・風変わり idiosyncracies」，「でたらめ」さえ許容する。そこに言語の本性(創造性と表出性)につらなる絢爛たる多様性がうまれてくる。言語は，単語を順にならべていうことさえいえばよい，といったものではない。言語は「カタチ」，つまり「節(ふし)」を結んでいかざるをえない，いいかえれば形態法をはさまざるをえないというこの本性こそ，言語的多様性の背景であると考えられる[*23]。

　こうして，「語」のカタチ性そのものが，統語法(統語法的類型論)とは異なる形態法(形態法的類型論)の，おおきな多様性と複雑性をうみだす主因となっている。多様性・複雑性が相対的にひくい統語法は，言語伝達の合目的性による

[*23] 機能的なしばりがすくなければすくないほど，カタチはおのずから柔軟度や自由度を増してくるのは，1.2でふれた，ゴールデンワイザーの文化理論のもとにある「可能性制限の原理」(1913)の，いわば言語的側面である。Miyaoka (2007:150–158) を参照。

ところがおおきく，これは全体として，環境適応を目的とする(非言語的)文化が，相対的に言語より多様性・構造性が減少してくるのとおなじ原理である。

とすれば，語を文へと結節していく統語法ばかりに目を向けて，有限個の普遍的「原理」と類型的な「パラメータ」(固定的な選択肢—6.1.1 を参照)のプラスとマイナスの組み合わせ principles-and-parameters approach で言語の多様性が真に理解できるとは，とうてい考えられない。のちにみる「言語学の本当の対象は語である」(2.1.1)ゆえんである。

古典中国語などの純然たる孤立語はいい比較対象にはならないが，言語における特異性の相対的な多さは一般に，

形態法　≫　音韻法　＞　統語法

の順であることは経験的によく知られている。「ひきき所」(2.3—玉勝間)をかためることなく，つかみどころのない意味論や，多様性のごくかぎられた統語法を，それだけが文法だとみなして追及してみても，どれだけ言語研究の深化につながるかは，きわめて疑わしい。

1.4.4　言語の跛行性

概して直接機能性のひくい言語は，(非言語的)文化をたえず変化させるような再解釈や合理化からは，比較的まぬがれていると考えられる(宮岡 1996:14)。ただし，現実界 realia の変化に敏感な一部の語彙(流行語など)とか，上述(1.4.2)の直接機能的な側面はべつである。そのため，言語の音声面や文法面の現象と過程(規則)は，意識の閾(しきい)にのぼせて対象化されることが相対的にすくない。したがって語彙の改新は，意識的にはかられる(また，環境の変化につれておのずと生じる)ことはあっても，音声・文法の規則に手を加えようとすることはまずない。たしかに言語もある時期，急激な変化をみせることはあるが，文化の変化にくらべると，概してゆるやかであり滑らかである。すなわち言語は，相対的には保守的であって，「跛行的(はこう)limping」である[24]。つまり，直接機能性のひくさと関連する，言語にたいする無意識性が言語の自律性などの特性とあいまって，この相対的な意味での跛行性の背景になっている。

---

[24] 文化発展の跛行性を説いたのは，文化人類学者石田英一郎(1903〜1968, 1949 [1970:68–73])であった。

くわえて，言語研究の跛行性（ときには停滞）という問題がある．それは，言語そのもののみならず，文字そのものがもつ恒久性と規範性，カタチを見失わせやすい文字（文献）の偏重，無文字言語にたいする偏見，文法理解における意味の偏重などからもでてくるのではないのかと考えられる．こうした可能性があることを象徴的に示しているのが，とくに第4章でとりあげる日本語の"助詞，助動詞"の問題である．

ともあれ，言語をとおすことによってはじめて，文化の面（考古学や民族学）からは見えてこない集団・民族の過去や相互間の史的関係の一端をたどることができ，また言語が民族学における編年史研究に予期せぬ貢献をはたしたりするのは（Sapir 1916 を参照），ひとえにこの言語がもつ跛行性のためである．

1.5 発想の転換をせまる多様な言語世界

認識と発想と思考の様式がこめられている言語には（1.3.2），個々の民族と個人にとってのアイデンティティ，独自の文化と世界像がからんでいる．根源的な意味で「文化がこめられている」（1.3.3）言語は，当該文化の理解には必須以上のものである．

1.5.1 言語多様性の背景とその崩壊

前節までにみてきたところをまとめると，人間の言語の多様性は，① 環境の語彙的範疇化，2次的範疇化，文法的範疇化の恣意性（1.3.2.1–1.3.2.3），② 環境適応としての文化とは対照的な，伝え合いとしての言語の間接機能性（1.4.1），③「語」と形態法の間接機能性（1.4.3）に由来する．しかし，地球上における言語の構造的多様性は，その程度の大小と同様，地域的にもけっして斉一ではない．先住民言語でも，とくに辺境の地で長期間，比較的孤立してきた言語は，しばしば一定の文法特徴を独特の方向に，ときに極度にまで発達させ，狭い地域内での言語接触や相互影響はあっても，外来の大言語におおきく影響されて構造の均一化をこうむらないかぎり，それらの特徴を保持していることがおおい．1.1 でふれたように，地球上には，特異な類型的多様性に彩られた，おのずから系統的にもさまざまな，比較的かぎられた地域がいくつか存在する．

日本列島と朝鮮半島に注目すると，この点についての顕著なちがいに気づく．その南（西）と北（西）の方向には，系統関係も類型も相対的にまとまった言語群が（シナチベット，オーストロネシア，"アルタイ"など）広域に拡がっ

ているのにたいし，北東方向には，孤立した小語族あるいは小言語がつらなっている。これは，のちにふれる，F. ボアズが 20 世紀冒頭にまとめた「ジェサップ北太平洋探検 Jesup North Pacific Expedition—1897–1902」(6.4.1—谷本・井上編 2009 を参照) の地域にほぼ一致する「環北太平洋 North Pacific Rim」である。これは，前著で「語族蝟集」(2002:148–151; 宮岡 1992d) として記したように，孤立的な日本語，朝鮮語，アイヌ語，ニヴフ語 Nivx (ギリヤーク語 Gilyak)，チュクチ・コリヤーク語族 Chukchee-Koryak などから，ベーリング海峡（と北極海沿岸）のエスキモー・アリュウート語族 Eskimo-Aleut をはさんで，南にのびる北アメリカ北西海岸（島嶼ふくむ）のイーヤック語 Eyak，トリンギット語 Tlingit，その南隣りのハイダ語 Haida，ツィムシアン語 Tsimshian，さらに南にくだったカナダのセイリッシュ語族 Salish，ワカシュ語族 Wakashan など，語族のちがう異系統のインディアン諸語が蝟集の度をたかめながらカリフォルニアまでつづく「言語的〈旧世界〉」(宮岡 2009) である。(地理的発見後の新世界が主ではあるが) あらたに強力な拡散力をもつ言語 (族) によって吸収されたものの，いまだならしきられずに残っていると推定される「旧い言語世界」の謂である。

さらに環太平洋全域では，パプア・ニューギニア，北アメリカの北西部 (北西海岸域) やメキシコ湾岸地域，アマゾニア，南アメリカ太平洋岸地域，オーストラリア北端部などに語族の蝟集が認められる (Nicholas 1992 を参照)。一般的におこなわれている，原住北アメリカの 10 文化領域とそのばらつきのあるおおきな言語多様性については，宮岡編 (1992:64–65) から転載する図 2 を参照されたい。

北アメリカの言語が約 60 の系統的単位 (語族) に分かれることからしても，この地域の類型的多様性の複雑さは想像できることであって，いまだに目にする「アメリカ諸語」といったあまりにも大まかなくくり方は意味がない[*25]。

こういった言語の蝟集が目だつ地域の言語には，それぞれに固有の範疇化や

[*25] この全貌を展望しえたのは，かつてのボアズとサピアぐらいであり，現在ではミスン氏がこれに迫りうる数すくない専門家といえるかもしれない (Mithun 1999 を参照)。北アメリカ・インディアン諸語を総覧するには，スミソニアン研究所の『北アメリカインディアン・ハンドブック』の『言語編』(Goddard ed. 1996—6.4.2 を参照) が役にたち，Mithun(1999) にはさらに詳細な概観が，また宮岡 (1992a) にもごく簡単な情報がある。アメリカインディアン全体の歴史言語学については，Campbell(1997) を参照されたい。

文法特徴を保持した，特異かつ複雑にからみあった類型的世界の一端を垣間見ることができる．ただし，過去半世紀，外来の大言語が急速に勢力をのばしてきた結果，この言語蝟集と類型的多様性は影が薄らいできたことは否定しがたい．

そもそも言語の多様性がしだいに縮小・崩壊していくことは，言語の類型や普遍についての認識に新しい地平をひらく可能性を手放すことにつながるのみならず，人類の遺産ともいうべき，個々の言語にこめられた文化の豊かさや，系統や形成を解きあかす鍵（ディクソン 2001:第8章）の発見をも永久に閉ざしてしまう．認識と発想の豊かさを人類が失っていくことは，上述の生物多様性の縮小が生物界の活力喪失につながるのとおなじように人類の知的ヴァイタリティの衰微につながる可能性も考えてみなければならない．「はじめにことばありき」（ヨハネ伝）の原語「ロゴス」は，言語であり論理・理性であるが，この言語によって敷かれている認識と発想の様式が必ずしも普遍的ではないとすれば，どうであろう．他を許容しない，ひとつの言語（とそこにこめられた文化）にもとづくひとつの「合理」は，他をすべて「不合理」へとおとしめ，その力の行使が現実世界の「狂気」（M. フーコー）につらなっていく可能性を，あらためて考えてみる必要があるかもしれない．

良質の記録・記述（ドキュメンテーション）は，それじたいがかけがえのない人類の無形文化遺産であり，言語学・人類学の面での寄与であるのみならず，当該言語の再活性化（そのための言語教育）への利用といった形で現地社会への実質的な還元にもなりうる．

1.5.2 いま緊急の言語研究

周知のように，19世紀，欧米では言語学はまだ古典（文献）学から十分に独立しえぬ未分化の状態にあった．そのなかからはなばなしく比較（通時）言語学が生まれ，20世紀初頭，共時（シンクロニック）言語学が独りだちしてくるとともに，言語学は学問分野としての独自の立場を獲得していった．日本では，国語学の通時（ディアクロニック）的な研究が優勢ななかで，とりわけ本居宣長父子時代の注目すべき形態論の開花はあったものの，明治以降，十分な後続があるとは見えぬまま，分離独立はさらに遅れているかのようである (2.2)．ようやく共時的な側面に注意が向けられはじめ，近年は「日本語学」という名称も使われるようになったが，いまなお初期の「大文法」時代と実質的にかわらぬ，意味中心の言語研究にたいする疑

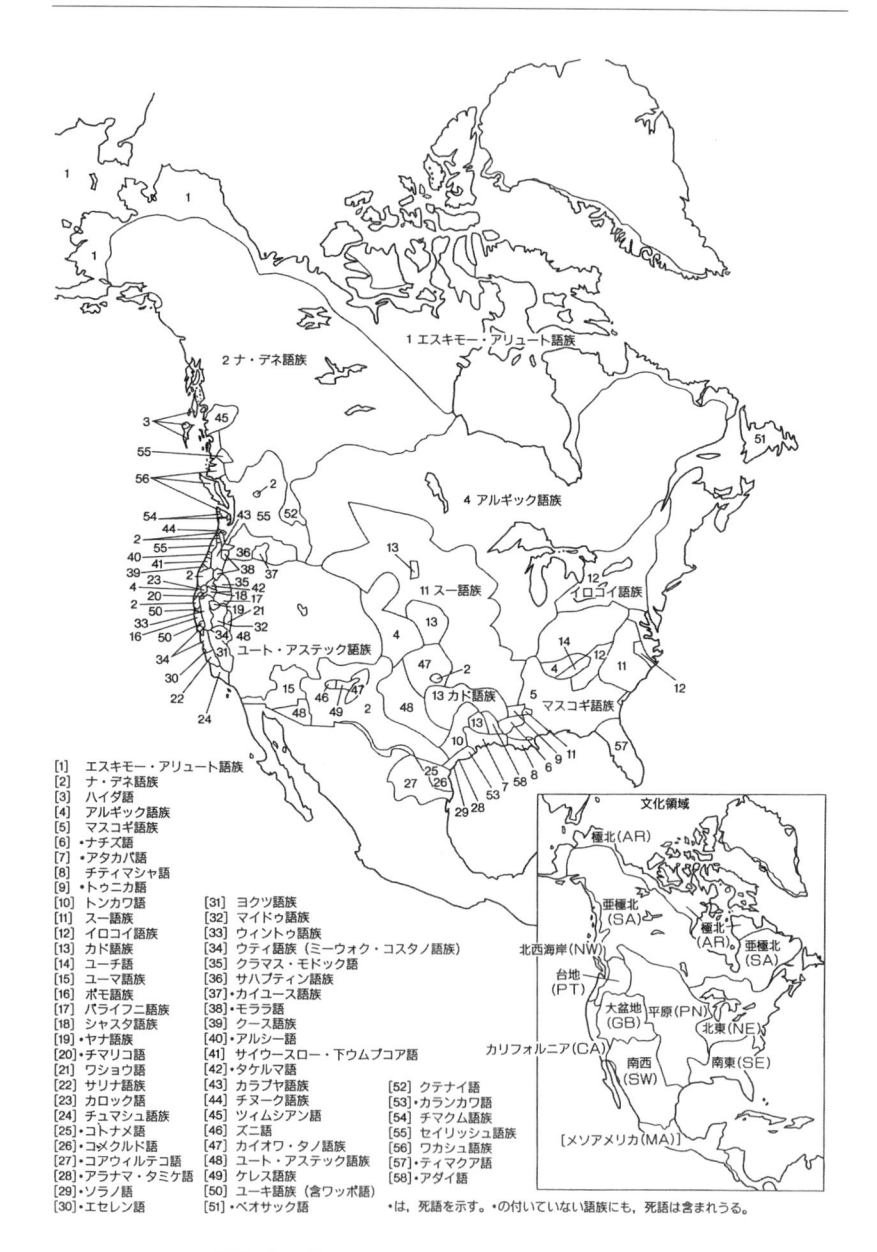

第1章　衰退の一途をたどる世界の言語

[1]	エスキモー・アリュート語族		
[2]	ナ・デネ語族		
[3]	ハイダ語		
[4]	アルギック語族		
[5]	マスコギ語族		
[6]	•ナチズ語		
[7]	•アタカパ語		
[8]	チティマシャ語		
[9]	•トゥニカ語		
[10]	トンカワ語	[31]	ヨクツ語族
[11]	スー語族	[32]	マイドゥ語族
[12]	イロコイ語族	[33]	ウィントゥ語族
[13]	カド語族	[34]	ウティ語族（ミーウォク・コスタノ語族）
[14]	ユーチ語	[35]	クラマス・モドック語
[15]	ユーマ語族	[36]	サハプティン語族
[16]	ポモ語族	[37]	•カイユース語族
[17]	パライフニ語族	[38]	モララ語
[18]	シャスタ語族	[39]	クース語族
[19]	ヤナ語族	[40]	アルシー語
[20]	チマリコ語	[41]	サイウースロー・下ウムプコア語
[22]	サリナ語族	[42]	タケルマ語
[21]	ワショー語	[43]	カラプヤ語族	[52]	クテナイ語
[23]	カロック語	[44]	チヌーク語族	[53]	•カランカワ語
[24]	チュマシュ語族	[45]	ツィムシアン語族	[54]	チマクム語族
[25]	コトナメ語	[46]	ズニ語	[55]	セイリッシュ語族
[26]	コメクルド語	[47]	カイオワ・タノ語族	[56]	ワカシュ語族
[27]	•コアウィルテコ語	[48]	ユート・アステック語族	[57]	•ティマクア語
[28]	•アラナマ・タミケ語	[49]	ケレス語族	[58]	•アダイ語
[29]	ソラノ語	[50]	ユーキ語族（含ワッポ語）		
[30]	•エセレン語	[51]	•ベオサック語		

*は，死語を示す．・の付いていない語族にも，死語は含まれうる．

【図2】　北アメリカ言語地図（宮岡編 1992 より）

（上：北アメリカの言語，右：北アメリカ北西部の言語）

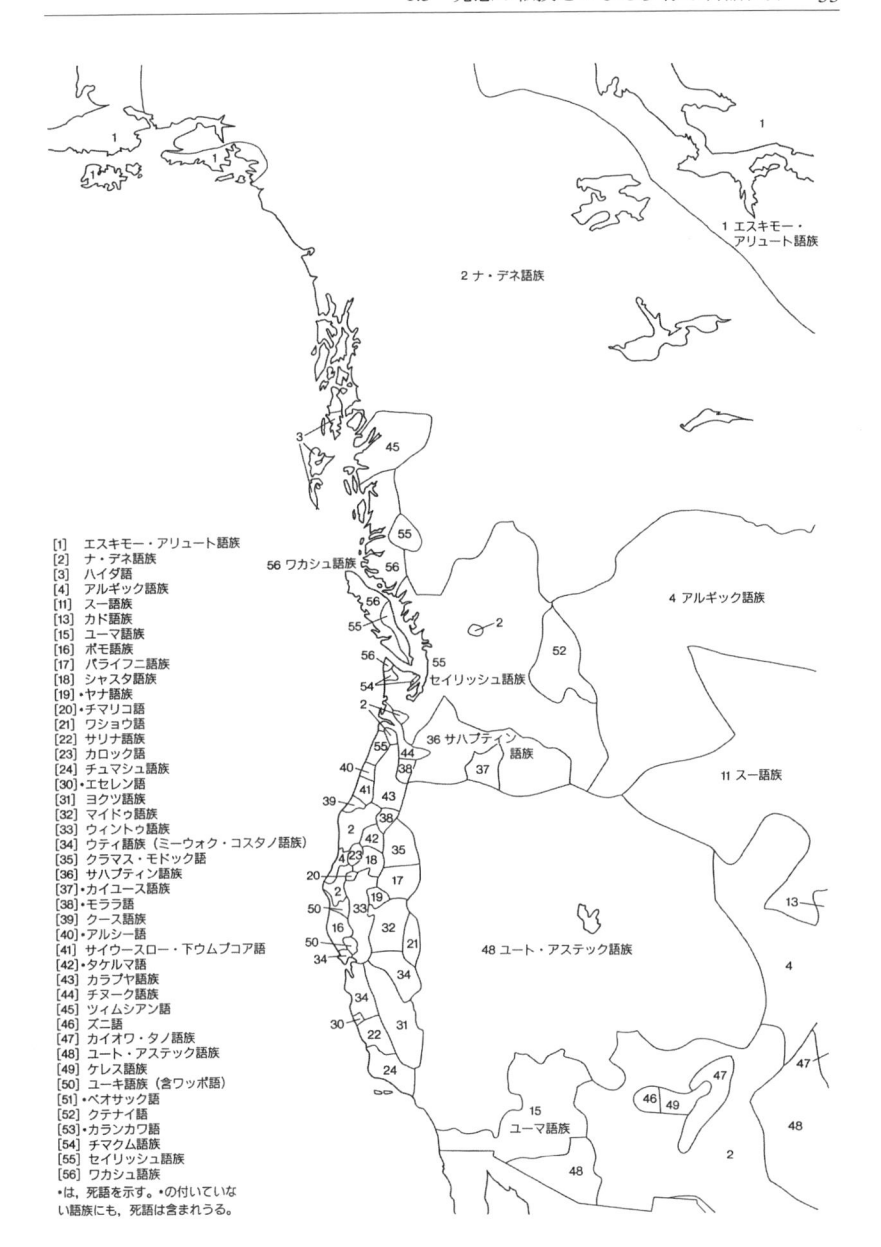

1.5 発想の転換をせまる多様な言語世界　53

[1] エスキモー・アリュート語族
[2] ナ・デネ語族
[3] ハイダ語
[4] アルギック語族
[11] スー語族
[13] カド語族
[15] ユーマ語族
[16] ポモ語族
[17] パライフニ語族
[18] シャスタ語族
[19] ヤナ語族
[20] *チマリコ語
[21] ワショウ語
[22] サリナ語族
[23] カロック語
[24] チュマシュ語族
[30] エセレン語
[31] ヨクツ語族
[32] マイドゥ語族
[33] ウィントゥ語族
[34] ウティ語族（ミーウォク・コスタノ語族）
[35] クラマス・モドック語
[36] サハプティン語族
[37] *カイユース語族
[38] モララ語
[39] クース語族
[40] アルシー語
[41] サイウースロー・下ウムプコア語
[42] タケルマ語
[43] カラプヤ語族
[44] チヌーク語族
[45] ツィムシアン語
[46] ズニ語
[47] カイオワ・タノ語族
[48] ユート・アステック語族
[49] ケレス語族
[50] ユーキ語族（含ワッポ語）
[51] *ベオサック語
[52] クテナイ語
[53] *カランカワ語
[54] チマクム語族
[55] セイリッシュ語族
[56] ワカシュ語族

*は，死語を示す．*の付いていない語族にも，死語は含まれうる．

念さえない，欧米からの「翻案言語学」（服部四郎）とその追随的な研究が続いているようにおもわれる。

　近年，世界の言語がおかれている危機的状況が加速度的に進行してきているが (1.1)，ますます脆弱化し弱小化しつつある危機言語の再活性化は，緊急性のきわめてたかい問題であるが，言語研究だけでは片づかない対処が世界全体にかかわる難題であって，ここでは容易にふれることができない。一方，言語学の問題としては，とくに前世紀後半，英語，日本語，その他，文字伝統の強固に確立した大言語中心に傾き，概して肘掛け椅子的な研究が（とくに欧米の）理論偏重と追随に流れるのと反対に，言語の具体的細部と全体の体系性を掌握しようとする「ひくき所」（後述）からの言語研究はますます遠のいていき，「方向性も目的性もない」（崎山理氏）いとも軽やかな言語研究が広まることになってきた。世界には，危機に瀕した少数民族はもとより，まだ未知・未開拓の言語がおおいなか，その多様性のもつ意味はしだいに認識されてきつつあるが，とかく全体性への視点を欠いた，重箱の隅つつき的な言語事実の寄せ集めによって，性急に「普遍性」を求めようとする傾向が 20 世紀後半をおおい，しばしば「妖怪の跳梁跋扈」（小松英雄氏）などといとわぬ一般化がおこなわれてきた。言語の具体的細部にははいりこまない軽やかな扱いは，小松氏が深憂する日本語研究にかぎったことではない。言語はその本質的な性質からして，安易な一般化や類型化には強固にあらがおうとするところがあり，そのような性急な整理や扱いはすぐにくずれさる。その怖さとむつかしさは，実証性をことのほか重んじたボアズが美しく語った文化一般の問題にたいするよりもおおきいはずである（6.4.1 の引用を参照）。

　普遍とか一般はつねに魅惑的で，知的におおきな刺激となり，「畫然として知なるもの」（庚桑楚「荘子」）の割り切った"分析"は一種の安心を与えてくれる。しかし，人間にとってもっとも身近なものであるにもかかわらず，言語は人間の文化現象のなかで，おそらくもっとも複雑であり，たやすく掌握できるものではない。ものごとの不可解をそのままにしておくのは，たしかに不安であり，それに耐えることはむつかしい。複雑な対象であっても，とかくはやく「分け」て「分かり」たい。この衝動には専門家も抗しがたく，言語に向き合いつづけることは苦しく，つい言葉の罠にはまる。地道に言語の具体と格闘し苦闘することをはやくからのがれ，眺望よさげな「たかき所」（後述）にのぼろうとして，たやすく"理論"とか"一般"に飛びつき，追随（と思いきや，節操のな

い転向)がつづく。言語研究の無駄な蓄積がふくらんでいく。しかし，言語の世界には，言語以外の文化よりもおおきな複雑さと多様さがあって，一筋縄では処理できないところがおおい。言語研究の基礎は，言語を共時的・通時的いずれの観点から迫ろうとも，言語事実に著(じゃく)することにあるにちがいなく，具体的かつ網羅的(できるかぎり詳細)な言語事実の記述と説明が求められる。にもかかわらず，すでに言語の世界を掌中に収めているかのような普遍性議論や"理論"が追随者をあつめる。かと思えば，すでに言語の世界が"読めた"とでもいうのか，具体との格闘は時代遅れとするかのごとくに，とくに日本では，フンボルトであれソシュールであれサピアであれ，それぞれの背後にある広く深い実証的言語研究にはほとんど関心を払わず，それを表面的に，言語思潮的に追って，それがたかき所に立つ言語学(言語学史)だと考える向きもあるようにおもわれる。なお，日本でのフンボルト研究の紹介には，李長波(2004)もあるが，崎山(2014)による泉井久之助評伝がでた。

　かつて「学問の女王」とか「人類最古の学問」とよばれてきた言語学(ジュラヴリョフ 1998)ではあるが，研究対象とするべき言語資料そのものが急激に，そして永遠に失われてしまおうとしている現実に，危機感をおぼえもしない，他の研究分野ではほとんど想像もしがたいであろう特殊な事態に，いま言語研究者は直面しているのである。

　言語の衰退・絶滅は可能性の問題にすぎないとされてしまいがちだが，世界で話されている言語で，最低限度の情報がそろっている(辞書と文法書が書かれている)言語の数は，驚くほどすくないのが現状である。最低限の辞書があり，とくに文法のおおまかな輪郭でもわかっている言語は，きわめてすくないとおもわれる。この現状と問題を深く憂い，言語学はまだまだ調査と記述を続けるしかない，とつねづね語っていたのは，河野六郎先生と千野栄一氏である。河野先生は，迫りくる 20 世紀末を前にした『言語学大辞典』「刊行の辞」(1988:iii)で，「さまざまな言語に見られる新しい言語事実を，もっと多く知る必要がある」ときびしく記し，千野氏も「21 世紀の言語学の筆頭にあるべき部門は言語調査の言語学でなければならない」(1999:250)を遺言にして，逝ってしまわれた。すでにおおきく浸食された言語の多様性をかろうじて記録にとどむる最期の時期にあっては，"ポスト記述時代"の到来などというのは認識不足もはなはだしい。

　言語をじかに調査研究することは，現地にでかけていって，500 の基礎語彙

と 100 の例文でも採集してくるとか，機器類をもち込んで，一定量の言語デー タ（会話・民話）を録音・録画あるいはデジタル化してくれば，それですむと いうものではけっしてない。時間と金ではすまない，さまざまな負担と犠牲が要 求される，言語の具体に密着した研究は，現地での心身を疲労させる調査，そ して帰ってからの綿密な分析が必要な言語研究であり（6.1 を参照），一部の例 外をのぞくと，理論偏重の趨勢のなかで，ないがしろにされ敬遠されている。 たとえ一定のコーパスができたとしても，どこまで分析と洞察の肩代わりを期 待できるだろうか。いまならかろうじて間にあう，しかし先延ばしはもはや許 されない「時間との競争」（クラウス 2002）である「絶滅寸前」の言語や方言につ いて，最小限度のものであれ，良質の記録・記述 documentation をのこすこと の必要性と緊急性は，一般に言語の問題がなかなか広い関心と理解をえられな いだけに，いっそう強調されなければならない。現地調査でとくに緊急を要す るのは，そのような時間との競争がとくに深刻な，つまり残るいい話し手がす くない（一部老年層のみの）言語だが，それらの言語は通例，これまで調査研究 とデータが蓄積されていない。全体像を押さえた正確かつ良質で，できるだけ 包括的な記録・記述が，流暢で豊かな言語能力をもつ話し手がかろうじて存命 しているうちに，母語感覚を掘りおこして得られることが望まれる。すでに 2 言語併用化した半話者 half-speakers しかいなくなった言語でも，そこから引き だしえた情報には（新しい変化の反映を含め）重要な価値がありうる。もちろ ん，日本語の消えつつある諸方言についてもおなじである。

　欧米や現地社会で言語の絶滅の危機が叫ばれ，危機言語を対象とした研究と 活動が盛んになったのは，1990 年代にはいってからのことである。ユネスコ などによる言語・文化の多様性重視の姿勢とあいまって，危機言語への対応に 特化した組織的取りくみも（実効性はともかく）各地で現れてきている。とは いえ，国の内外を問わず，危機言語にたいする研究者，施政者，当該言語集団 の関心は，全体としてまだきわめてひくい。英語であれ日本語であれ，ひとつ の言語のごく局所的な問題を対象とするだけで人間言語の研究はことたれりと みなす立場からすれば，地球の片隅でひとつの小言語が消えようとしているこ とに痛痒をおぼえることもないし，無文字言語の研究などは言語学に非ずとの たまう大家のように（注 95），文字の本性にたいする基本認識を欠き，さらに は少数集団・民族にたいする蔑視を抱きつづけている人々もすくなくない（2.2, 3.4.3）。

上記エヴァンズ『危機言語』(2013) のほか，C. グリンバルト「瀬戸際での出会い 危機言語の話者とのフィールドワーク」(2002) は，技術的のみならず倫理的側面をふくむ諸問題について，フィールドワーカーには見落とせないすぐれた解説になっている。おなじく，日本におけるアイヌ語研究の水準を永年にわたって引き上げることに尽力してきた田村すず子氏の「フィールド言語学者の経験からの教訓」(Tamura 2004) は，現場での諸問題，記録と分析の正確さなど，言語調査と記述・刊行の細部にいたるまで貴重な示唆に富んでいる。T. Tsunoda (2005) は，世界の危機言語とその再活性化にかかわる諸問題と文献を解説し，Miyaoka, Sakiyama, and Krauss (eds.) (2007) は，日本語方言，アイヌ語など，日本周辺から環太平洋にかけての消えゆく言語の最新の現状を，半数以上が日本人研究者からなる執筆者の論文でまとめている。なお，さすがに古くなった情報もあるが，Robins and Uhlenbeck (eds.) (1991) も世界各地域を概説して有益である。

　これまでのべてきた言語の衰退さらには消滅が，日本語にとってもけっして無縁ではないことはすでにのべた (1)。しかしながら，本書が主題とするのは，現代日本語の"みだれ"でも危機言語の問題でもない。文法研究の (宣長父子以来の長期的な)「問題」，ことにその基本的衰退 (停滞) にかかわる問題である。

　ただ，これと"正接的 tangentially"にふれておくならば，たしかに日本語には特異な環境と (内的) 条件があって，言語の姿がすっかり変化しつつあるようだが，現実はおそらくそれどころの話ではない。はやくから外国人の目にさえ映っていた (例，モリス 1970) いわゆる「みだれ」は，もはやみだれの域をこえており，巷に氾濫するのは，英語でも日本語でもない，すでに末期かとさえ響くバルバロス的言語であって，これに一方では，英語 (教育) 推進の軽佻浮薄が重なる。すくなくとも衰退，ことによると崩壊への流れが加速的にはやまっていることへの認識の深まりと広がりを願う思い切なるものがある[*26]。

[*26] 琉球語研究の上村幸雄氏は「21 世紀の日本語」(2001:11) で，その現状は，この国をながく支配しつづけてきた政党と官僚—直接には文部 (科学) 省・文化庁—の「責任」であるといみじくも指摘している。これを一心同体のように支えてきた財界の支持があったこと，また直接的な実動部隊として日本人総愚民化をみごとに成功させてきた主流派マスコミの「動能的」(1.4.2.2) な言語操作，つまり「メディア・コントロール」(N. チョムスキー) があったことが含意されているのはいわずもがなであろう。

言語はカタチにあり

❖ 第 2 章 ❖

　言語には，ある心的内容に具体的な「カタチ form」を与え（まとまりをつけ），音声的に外化するはたらきがある。第 1 章で人間の言語を言語以外の文化全体のなかでとらえようとしたように，言語外現実としての環境を範疇化し，その範疇を「結節」(宮岡 2002, 下記 3.1)していく様式（産出行動）には，言語によって異なる固有の「精神」(1.3.1, 注 27) のおおきな多様性がある。つまり，環境にたいする認識のしかたとそれを言語的にまとめあげていく様式は，けっして普遍的ではない。わたしたちは，その固有の範疇化と定まった様式（水路・敷かれた溝）にしたがって，環境とそれにたいする経験を整理し，理解し，さらには「発見」していく (1.3.2)。そのかぎりでは，言語は認識そして思考の基盤である。しかし，そのことは同時に，一定の範疇化と結節の型にはめこんでしまう一種の束縛，ときには落とし穴をも意味する。

　そのような言語による表現を待っている心的内容は，みずからの言語がつくりあげて「分節」してきた語彙的，2 次的，文法的な諸範疇にしたがって，階層的な「節ふし」に結びあげ，つまり「結節」(3.1)し，語さらには拘束句，句，節，文といった「カタチ」にまとめあげ，認識・思考と表現・伝達（コミュニケーション）がすすめられていく。つづめていうと，言語は，範疇とそれをまとめあげていく方式の全体系（すなわち文法）にほかならない。言語によって範疇化がさまざまに異なるように，範疇をまとめあげていく方式—思考と表現の「水路・溝」—もさまざまである。泉井久之助先生には，「カタチ」にかわって「塊かい」があり，その有名な「表現前塊・後塊」の，ふたつの「塊」の間を流れ，かつ通うところの「間」(the Between) が言語であると説く (1970:15–16 [1967])。フンボルトの「内的・外的言語形式」を想起させる「表現前塊・外塊」は，精神の活動形式

の二重性として，マルティネ「二重分節」の二重とはまったくことなる。「無限定で無定形な表象内容」(意識内容とも)の塊，つまり表現前塊は「要素に分割」され，「音形的に外化・表層化」されて表現後塊になるという (1976c:326–327)。「心的な団塊」がすでに 1954 年 [1956] にみられ，「一塊となった全体，無限定の音団塊」([1956, 1980, 1976c] など) という表現もあるが，注 75 の吉川幸次郎も参照されたい。

　第 2 章以下では，言葉のカタチ性と言葉にとって「語」がもつ重要性について，前著でのべた卑見をふまえつつ，いますこし考えてみたい。それが，日本語文法の再構築を考える基礎になると思うからである。

2.1　ふれられるものとしてのカタチ

　どんな対象であれ，「カタチ」があってこそ，われわれはそれに「ふれる」ことができる—「目には見えね共，声ある物は耳に聞こえ，…其外何にてもみな，触(フル)るところ有て知る事也」(本居宣長『くず花』下)。『くず花』には，のちに見るように (3.4)，文字をもたない言語が論じられているくだりがあるが，文字なき民がことばの「カタチ」にふれるのは，音声(聴覚)によってだけである。35 年をかけて『古事記伝』を書いた宣長が利用したのは，漢字だけで表記された『古事記』の「古記」のみであったが，これによってじかに聞き得た古代の人々の音声をとおして(小林 1977:第 34 章)，カタチを決めていく前代未聞の難行であった (1.2.1)。しかし，この作業によって宣長はおそらく，古代日本語の言語世界を垣間みながら，その言語観を養っていく唯一の人になることができた。その語るように，「すべて人の語は，同じくいうにも，いひざま，生きほひにしたがひて，深くも，をかしくも，うれたくも聞ゆるわざ」(『古今集遠鏡』巻一) だとすれば，「語」は動態的かつ表出的なカタチ以外のなにものかであるはずはなかった。「其の物其の言のあるかたちのままに，やすく云ひ初(そ)め名づけ初めたること」(『古事記伝』巻三)，いわばカタチの恣意性を信じていた宣長をただしく評価した小林秀雄『本居宣長』(1977:第 23 章) は，「語のうちに含まれて変わらぬ，その意味などというものはありはしない」と書くかたわら，みずから「ふれる」ことの意味を諄々と説き (1977:第 34 章)，「勾玉のカタチ」という講演ものこしている。二重分節はいざしらず，(産出行動としての) 二面結節 (3.1) などは小林が考えることもなかったにしても，ここにはカタチをつうじてサピアにつらなる思考がある。

触覚，視覚，聴覚であれ，あるいは対象が勾玉，陶器，鈴の音(ね)であれ，カタチつまり tangible (触知可能で有形) なものにふれて，はじめて感知され認識され，じぶんに取りいれる。この tangible は，三角函数の tangent 正接と同源である。すぐつぎにふれるサピアはいみじくも，発音され，書かれた語に関連して，「ふれて感知されるもの tactile feelings」という表現を，1か所だけだが，さりげなく使っている (1.3.1 を参照。Sapir [1921]1949:11—feelings の複数に注意)。

2.1.1 本居宣長 vs. フンボルト/サピア

本居宣長が文字以前の古代日本語のカタチと格闘し，『古事記伝』(1798)を完成していった頃，いまだ若きフンボルトには公人 (プロイセンの外交官，文教府の長) としてのおおきな任務があり，言語研究を一生の課題と定めてはいなかった。のちの「内的・外的言語形式」(1836; 注 28) につらなる重要な「文法形式 formes grammaticales の発生」(1822–23) は，宣長没後約 20 年の発表 (朗読) だが，レミュザの中国語文法 (1811, 1822) からの刺激があり，裨益をうけたものには新大陸 (とくに中南米) からの言語情報があった (3.6, 注 104, 106)。

フンボルトの影響を受けなかったはずのないドイツ人で幼くして合衆国に移住したサピアも，しきりに言語の form を語った。いうまでもなく，言語は ergon (成果・できあがった固成体—泉井) ではなく energeia (はたらき・エネルギー) であるとしたフンボルトにたいし，サピアは 1921 年の『言語』で，「語」をラコニックに定義し，それをすぐさま敷衍して，「語は単にひとつの形態であって，全体思惟を構成する概念的資料を多少にかかわらずその言語の精神が許容する限度までみずからに取り入れているところの，明確に型入れされたひとつの実体である」(泉井訳 30—「型入れ」を安藤訳 59 は「成形」と訳している) [27] としている。カタチ form としての「語」は，のちにみる (3.6.1)，とりわけ複

---

[27] 'The word is merely a form, a definitely molded entity that takes in as much or as little of the conceptual material of the whole thought as the *genius* of the language cares to allow.' (1921 [1939:33])

　サピアの "genius" は，日本でも関心を払われている (斉木・鷲尾 2012b など)。「フンボルトの Form は，ギリシャ語でエンテレケイアとよんでいるものとして使われていること，そしてその場合の Form はサピアが genius とよんでいるものと同じである」という考えもある (渡部 1991:92–94)。サピアも formal genius を語ってはいるし，form の energy の他の側面について書いてもいる (Sapir 1921 [1939:118])。しかし，フンボルトとサピアのカタチがエネルゲイアにつながるものであるにしても，Form/form はいぜんとしてカタチ (形態) であって，カタチすなわち genius というの

統合語の存在理由 raison d'être と考えられる。もとより「エネルゲイア」をいうフンボルトにとって，Form の「動態性 dynamism」は明白である*28。

ここでのサピアの 'form' の訳には，「形式」―『言語』安藤訳 1998，長嶋 2010 など―では具象性や可塑性 (plasticity―下記) の含みがなく，動態性の生きた味わいが伝わらないおそれがありはしないか。たしかに "form" は，「形式」と

は，すこしふにおちない。フンボルトのエネルゲイアの概念 (活動性) がギリシャ的なものであるかについては，亀山訳 (1984:544–545) の訳注に議論がある。

*28 'Language is one of the forms of expression of the universal human intellectual power, and it is continuously dynamic' (Humboldt 1836 の英語訳 [C. Buck/F. A. Raven 1971:5])。フンボルトの『カヴィ語研究序説』(1836 [1971]) 第 8 章の Form der Sprachen，第 11 章の Innere Sprachform は，日本では言語形式，内的言語形式と訳されてきたが (3.1)，英語訳では，これらを 'morphology of languages, internal linguistic morphology' としている。つまり Form は形式ではなく，「形態 (カタチ)」だというのである。Innere Sprachform の「内的」とは，外化前あるいは表現前のということにちがいない。「言語を機能的な動態としてみる」とは，泉井先生の早くからの考えでもあった ([1939] 1967:10)。

フンボルトとサピアがともに形式というよりも，動態的な「カタチ」としての Form/form を考えざるをえなかったのには，「抱合語」や「複統合語」のような言語 (3.6) に直接あるいは間接にふれえた背景がある。宣長の表出性がにじみでた「スガタ」にたいし，泉井 ([1967:133]) は，フンボルトがその「形態論」において考えた「ひとつの言語 (Eine Sprache)」が裏づけとしてひそんでいる具体的な言語を，ゲーテのいわゆる Gestalt つまり「姿」と考える。なお N. チョムスキーは，『デカルト流言語学』(1966:19–31) で，フンボルトの「言語形式 Form der Sprache」(1836:42–43，亀山訳 [下記]) を考察するなかで，「機械的な形式」と「有機的な形式」(A.W. シュレーゲル) にもふれつつ，その「言語形式」は，もっとも広義での生成文法 generative grammar に相当するように思われるという (29, 87) ―「精神は分節化した音声を思考の表現にまで高めてゆく役割を果すわけであるが，精神のこういう仕事の中にみられる恒常的なもの，同じような形態 Gleichförmig を取り続けているものを，できるだけ完全にその関連性において把握し，できるだけ体系的に表現したもの，それが言語の形式ということになる」(亀山訳 1984:75)。ことなる言語はことなるやり方で「考える」というフンボルト的見解は，サピア・ウォーフの仮説でとりあげられ，内的言語形式は近年の「認知構造」にちかいものとされてきたが，チョムスキー批判は，はやくも日本では泉井 ([1967] 1970:35, 387–391) に現われ，『デカルト流言語学』以降，その解釈は，とくにヨーロッパでは風当りがつよい (Humboldt 1836 [Losonsky ed. 1999:xxviii–xxxiv])。フンボルトにとっては，「文法形式の成立」(1822–23) から「内的言語形式」(1836) にいたるまで，その言語観の中枢であった (神秘的にさえ響く難解さはあるが) Form を，チョムスキーがその abstract underlying form (deepest structure) と結びつけ，特定言語の「文法形式」'grammatical form' (？；注 29, 104 を参照) をその general abstract schema (『デカルト流言語学』29) と等置的に考えるというのは，スガタカタチのない田に水をひきいれようとするようなものではなかろうか。これにはおそらく，'form' の多義性 (両義性) がからんでいる。

訳せるばあいもあるが，すくなくともサピアが「語」や「形態法」について使う form は，ブルームフィールド (Bloomfield, 1887〜1949; 3.1) が「語」を最小自由形式 minimum free form とか，「形態素」を拘束形式 bound form とよんだときの form，つまり「外見，外形，内容・実質の対としての形式」とは区別すべきものであろう[*29]。一方，木坂訳 (1943)，泉井訳 (1957) の『言語』が選ぶ「形態」は，「形態論/法」の形態である。「態」は「すがた，ありさま」を字義とし，「ものごとを成し遂げる」意からという。

前著 (2002) 以来わたしが用いてきた「カタチ」も，一定の型にしたがう可塑的な動態として「外化」し（形成され）た，ふれられるものとしての「カタチ」である。日本語には一体的にとらえた「スガタ・カタチ」ということばがあるが，その「スガタ」には「うしろ姿」はあっても，「まえ姿」といわないのはおもしろい[*30]。本書でもつかう「カタチ」としての「語」についてのわたしなりの理解は

[*29] サピアの 'form' は，その『言語』(1921) にかぎっても，すくなくとも 'formal units' としての「語」や 'formal/form-feeling' を語るときの 'form(al)' を「形式 (的)」としたり，第6章の '(every language is) a form language' を「形式言語」と訳していては，サピアはおそらく遠ざかっていく。ちなみに Bloomfield (1933) や服部四郎 (1950) は，英語の -ing，日本語の「-たい-」などを bound form「拘束形式」とするが，これらはいまだカタチ（つまり articuli) をなすものではない。Sapir (1921) は，語の一部は 'radical/grammatical elements' とし（後者は 'affixes' とよぶ），'grammatical elements' は 'grammatical forms' とはあきらかに区別している。また Sapir and Swadesh (1939:235–334) は，ヌートカ語の語の一般的な form について記したあと，'structural elements' として語幹と接尾辞を列挙している。サピアには，ブルームフィールド・服部的な bound forms は考えられない。フンボルトの「(内的・外的) 言語形式，文法形式」なども，「形式」という日本語訳が定着してしまっているが，その Form は，Bloomfield らのそれと等置すべきものではない（注 151 も参照）。

[*30] かめい (1995) は，音相としての「形」と区別する「かたち (語形態)」(39)，「かたちがら (形態)」(303) を使い，「ことばのすがた」でその第1節をくくっている―注 3 も参照。亀井孝先生には，まとまって説かれたものは寡聞にして知らないが，「ことば＝かたち」という表現は他にも散見される（岩波市民講座「ニホンゴという"言語"」1977 年 9 月）。

参考のために多少の語源説にふれておくならば，白川静『字訓』は，「スガタ」の「ス」はありのままの「直(すなお)」の接頭辞「ス」で，「カタチ」は「形(かた)」「型(かた)」（鋳型）に接尾語を添えた形とする。型によって作るもの。「チには「ちち，をみち」のように霊的なものを示す意味あり」とする (188)。これには，異説がいろいろある（『岩波古語辞典』，小学館『古語大辞典』，『大言海』）。

なお近年の日本語文法でも，奥田「言語における形式」(1985:31–32 [1972]) は，form の訳語としての「形式」と同義的にもちいた「かたち」を，音声形式あるいは（意味の表現者としての）表現手段としており，また鈴木重幸 (1972) には「文法的なか

2.1 ふれられるものとしてのカタチ 63

3.1 でくわしくふれるが，内容(意味)と表現(音声)が(ほぼ)対応しつつ外化した「二面結節」としてのカタチのことであって，言語外的(生理・物理的)現実としての音声(形式)のことではない。

　「語」をめぐるサピアのラコニックな定義の行間には，クローチェ(Benedetto Croce, 1866〜1952)の，言語学とは「人間の基本的能力の研究としての美学 Aesthetic に他ならない」と，美学的活動とは「カタチをつくること，カタチをつくること以外のなにものでもない」(1902[1992:156, 17])がこだましていると考えられる。クローチェの著作第 1 部最終章は，「結論，言語学と美學との同一性」で終わっている[*31]。ちなみに，サピアの『言語』は，250 ページほどの小品ではあるが，出版以来ほぼ百年になろうとしている今日，(サピアを枕詞的に使っただけの研究が日本では散見されるが) 20 世紀に現れた言語学書の洪水のなかにあって，今後もおそらく最大の古典として残るという確信にちかいものがわたしにはある。サピアの言語学については，泉井(1979)，Koerner(1984)，Darnell(1990)，宮岡(1996a)，長嶋(2010)なども参照されたい。

　サピアの「語」の定義は，『世界言語編 1』(亀井他編 1988)冒頭の河野六郎「刊行の辞 ii」[*32] がのべる，これまたラコニックな「言語学の本当の対象は語であ

　　たち」(＝文法的な意味とその表現手段との統一物)があり(奥田序説 40)，「すがた」は動詞カテゴリーとしてのアスペクトをさすとしている。三矢重松『高等日本文法』(1908:71)は，「〈相〉はスガタ也。自動他動は動詞の性質なるが，それが又被役可能使役等の言方の時はスガタを變ふる」のそれ，つまりヴォイスではないという。いずれも，言語のカタチ性の認識にたつものではない。

[*31] 英語版は第 1 部「美学」のみ，日本語訳(1998)は第 2 部「美学史」をふくむ。クローチェは，「自由な考え方に影響をもつ現代の著作家のうちで，言語の根本意義を理解したごく少数のひとり」(サピア/泉井訳『言語』)として，サピアがその序で唯一名前をあげて評価している人である(F. ボアズも W.von フンボルトも，そこにはあがっていない)。なお，平林(1993:60–68)の一節「ベネデット・クローチェの美学論」でも記されているように，サピアはクローチェを読む以前から，言語学と美学の問題に言及している。他方フンボルトは，言語のはたらきがもっとも深いところで，もっとも究明しがたい形であらわれる，言語に本質的な芸術性にふれている(亀山訳 1984:153, 444)。

[*32] わずか 4 ページの文章だが，言語学・日本語学にかかわる者がつねに振り返ってみずからの姿勢にぶれがないかを確認する指針とするべきものであり，本書でもいくどとなく引用する。朝鮮語学と中国音韻学から発し，言語学一般についての深い洞察と文字論の確立で知られる河野六郎先生(1912〜1998)については，主として文字論樹立の貢献によって，B. de Courtney, F. de Saussure, V. Mathesius, S. Karchevski, A. Martinet, I. Meshchaninov, E. Sapir, R. Jacobson, A. Meillet とならぶ，10 名の「近代言語学を築いた人々」のひとりにあげた，千野栄一氏による河野文字論の簡明な解説が

る」に通じている。この認識はしかし，河野言語学の名におおきな輝きを添える後述の文字論 (3.3 末尾) の自然な発展であるところに，サピアとはいくぶんちがった含意をみとめることができる。

　サピアの「カタチ」に話をもどすと，すくなくとも 1921 年の『言語』では，ソシュール的な「言語記号 sign(e)」といった用語は使っていないことにとくに注意したい（「言語記号」が登場するソシュールの『一般言語学講義』1972 の初版は 1916 年）[33]。ソシュール (Ferdinand Saussure, 1857〜1913) の言語記号とその恣意性などにかんするサピアへの影響の可能性については，欧米の研究者で判断が分かれるようだが（長嶋 2000:83-85, 90-92）[34]，サピアには，数学・記号論理学者が「語」を放棄して用いる厳密に単位的価値しかもたない「記号」(Sapir 1921［1939:34］) では人間言語をあつかえないという考えがあった。ちなみに，「記号，象徴」とも訳される symbol には，ふれうるものとしての「カタチ form」の具象性にも乏しい（「前カタチ的な抽象体としての音素や形態素」を参照）[35]。

　この点でサピアには，言語を「記号」として考察する古代以来の伝統的思考からの断絶をはかったフンボルトの，言語はエルゴンではなくエネルゲイアだとする基本姿勢とのつながりが当然ながら想起される―記号論史におけるフンボ

ある (2002:175-229)。短い河野六郎伝には，辻 (2012) もある。

[33] 『言語』での，「語」は「単にひとつの形態」(2.1.1―注 23) であるとする定義のすぐうえに，「語を単一の概念に対する記号的・言語的相対物であると定義すること…の不可能なことが判って来た」（泉井訳 29-30）と，symbolic という語を使ってはいるが，第 6 章には 'symbolic' は形態法的手法としての広・狭「内部変化」（重綴，母音・子音変化，長さ・強さ・高さの変化）であり，'phonetic symbolism' (1929a［1951］) は，とくに母音の語彙的差異を扱うとするくだりがある。4.6.4「象徴法」を参照。また Sapir (1934［1951］) は，'symbolism' を 'referential' と 'condensation' に分ける。両者は現実には混和するが，前者に（言語記号に匹敵する）話しことば，電信音，国旗，手旗信号などがふくまれ，後者は情緒的緊張の凝縮した感情表出であるという―例，（病的なまでに手洗いをくりかえす）脅迫神経症的「儀式」。

[34] ブルームフィールドがソシュールの名前と思想について沈黙をまもっている理由は，ムーナン/福井他訳 (1970) がこれを皮肉っている。

[35] ソシュールも「形態 forme」の用語を使っている（形態は『講義』の小林訳）。しかしそれは，「実体 substance」にたいする形態 (1972:159)，「機能」にたいする形態 (187)，あるいは「屈折」の形態 (187-188) のことであったし，『講義』の小林訳注には「形態部 morphème」(1972:425) もみえる。『術語編』は「文あるいは形式の音声的側面」を「かたち shape」(735, 1146) とよび，「有意味の単位」として「形式 form」を使っている。なお，shape (W. Chafe) については 2.1.2 を参照。

ルトについては、トラバント（[1986] 2001:74–107）を参照[*36]。

　言語類型論で、ときに特異に映り、誤解を招いてきた「抱合語」「複統合語」（3.6.1）がそもそも人間言語のなかに存在することじたい、サピアのラコニックな「語」を敷衍してのべたように（2.1.1 冒頭）、言語が動態性のあるカタチであることをわれわれは知るべきであるが、これはソシュール的な言語記号論のなかでは、どのように理解すべきなのだろうか[*37]。

　フンボルトに長ずること約 40 年、宣長はヨーロッパの言語類型論などに接することなどおそらくなかった以上、この二大巨人にとって、言語のカタチ性についての認識は、偶然の類同 coincidence あるいは収斂 convergence としか考えられないが、両者の詳細な対照研究が、たんなる言語学史の一齣としてではなく、人間言語の基本的理解そのものの問題として、すすめられることを願わざるをえない[*38]。この点については、注 58 も参照されたい。

2.1.2 「語」は意味ではない

　思想とか観念とかをもちだすまでもなく、さまざまな思いや心の動きといった心的な対象は、言葉というカタチをてがかりにして、つまりカタチに仕上げられることによってはじめて、しっかりととらえることができ、相手に伝えることもできる。人間の言葉のばあい、いいかえると、話された言葉と、その「転写」（3.3）である書かれた文字（点字）に、聴覚か視覚（または触覚）でふれることによって、広義の意味の世界にはいることができる。

　たしかに、物理的な音声そのものは聴覚によってふれることはできても、そ

[*36] ただし、言語学をこえた関心領域の広がりとともに、しだいに記号論的な傾きがみられるようになってきた。その詳細は、有馬（2003）がパース（Charles Sanders Peirce, 1839〜1914）との対照のもとに明らかにしている。

[*37] さらに立場はおなじではないが、ミスマッチの現象を日本語について検討することによって、言語記号論の限界を示し、「言語行動観」を主張する定延（1997）は、動態的なカタチ性の理解とつながっている。結節の観点からする 2 種類の「語」などの解消については、3.1.3 を参照。

[*38] なお、ヨーロッパの文献学史上の、とりわけベック（August Boeckh, 1785〜1867）に照らして見た宣長学については、村岡（1938［2006–2:14–47；解説 289, 299–304 も参照］）にふれたところがあるが、言語研究には言及していない。また、宣長がどの程度、欧米で紹介されてきたかはつまびらかではないが、『古事記伝』巻一は英語訳（Motoori/Wehmeyer 1997）があり、Yanada(1950) には「てにをは」と係り結びについての解説がある。

れによって言語がもたらす意味の世界に導きいれられることはない。人間言語は，音声あるいはその転写である文字によるなんらかのカタチとしてしか，つまり tangible なものにならないかぎり，有形化以前の「未形(びけい)」(泉井 1939[1967], 1956)としての意味はしかと捕捉することはできないし，他に伝えることもできない。自分にははっきりしているのに，その思いや感じがうまくいえないとか，いい表せないというのは，ことばというカタチがまだととのっていないということにほかならない。

　第1章でみた言語の諸機能の根底，端的にいって，言語そのものの根底にあるのが，カタチとしての「語」(2.1)である。そして，この「語」が「文」を構成し，伝達の道具としての機能ももちうる。「語」と「文」の二元性をもたない人間言語はない[*39]。わが国でものこる「語と句，文の境界が不明瞭，〈語〉を認定することが困難」(前著注19)といった誤解にたいしては，とりあえずは泉井(1970)の，言語の具体と哲理の両面からの深い考察が読まれるべきものであろうが，これは内容(意味)と表現(音声)の二面における結節によって生じる「カタチ」の問題である。したがってそれは，内容を固定的・静的 static にではなく，表現としての音声に盛りこんで二面的に結節されていく動態的 dynamic なプロセスであって，言語が「動態性」をもつのは当然である。結果として，「語」は，言語によっては驚くほどの柔軟性あるいは可塑性をもつことになる器である。語彙もまた，いわゆる"脳内辞書"にリスト化されている固定的な単語のリストにはほどとおい。「カタチ」は，能記と所記からなるとされる固定的な(1枚の紙の表裏のごとくに一体となった)「言語記号」とは区別されるべきものであって，2.1.1 でのべたように，「形式」ではなく「形態」である。

　「語」は意味ではないという言語のカタチ性は，その認識が言語のさまざまな面あるいは性質にたいする正鵠を射た理解につながる以上，いくら強調してもしすぎることはない。

　また，「語」がカタチである以上，そこには，言語集団的 collective な無意識の合意がともなうが，その言語の一定の様式，つまり鋳型の「カタ・型」pattern

---

[*39] 文の二元性は，マルティネの第1分節が語られることになる根拠ではある—3.1「二面結節」を参照。「文」はまた「発話 utterance/énoncé」ともされるが，「文」はまさに "utter" される結果として「ふれ」られるもの，つまりカタチになる。人間言語の特徴としての「語と文の二元性」と両者との関連における「合成語」(本書の複合語)についての考察は，泉井(1939[1967:9-20])をみられたい。

2.1 ふれられるものとしてのカタチ　67

にしたがって「型どる」，いわば「型づける」(泉井 1956:162) ことによってつくられていく「句」「節」「文」は，それぞれがカタチであって（表 1〈二面結節〉を参照），言語はまさに「カタチ」である。言語のばあい，いまだカタチをととのえる以前，つまり「有形」化以前の無定形もしくは「未形」にとどまっている心的な内容（心の思い・動きをふくむ広義の意味）—「表現前塊」(2)—, この動きのある無秩序かつ不安定な内容をととのえ，秩序をもたらすには，言葉というカタチによるしかない。

　結節というと，固定的かつ最小の単位あるいは節（ふし）としての語が，一定の型はめにしたがい，句，節，文がつくられていく，そうした積算的な構築が想起されやすいかもしれない。しかし，もともと音声によってカタチをととのえていく言語には，その「ととのえ」のなかに，単純な積算では計れない，固定的なものをこえて浮かびあがる（本来，音声による）「スガタ」(2.3 を参照) ともいうべき表出性が現われてくる。これは，古代日本の詩歌・民謡などだけではなく，極北のツンドラで流れてくるシャーマンの祈りや謡（うた）いでもおなじことである (2.4 を参照)。

　このように，語はカタチであり意味ではない，などといえば，意外におもう人もあろうし，意味のない言語などそれこそ無意味である，言語にたいせつなのは"形式"よりも意味である，という主張も予想できないことではない。たしかに，意味をぬきにして言語（構造）を語ることはできない。しかし，言語ならびに言語学にとっての意味とは，聴覚的 (2 次的に視覚的) なカタチを構成する一面としての内容であって，意味そのもの，つまり未形・不定形の意味ではない。ここでは，形（式）＝音声≠カタチの関係を示すために仮名書きにするが，これは，L. ブルームフィールド的な意味排斥を含意するものではない。

　なお，「言語のカタチ」にかんしては，これに時間がどう影響するかを論じたカリフォルニア大学のチェイフ (Wallace Chafe) が日本でおこなった発表がある (1999)。しかしその「カタチ」は form ではなく，shape (いわば external form 外形) の訳語であり（注 35 を参照），そのばあい，念頭にあるのは，「言語形式のカタチ（音，文字，語，文，など）とそれらの形式が表現する思考のカタチ，さらにそれらの形式と思考の間の関係」(1999:251) であり，あらゆる言語は思考を組織化し音を思考に関係づけるやり方ももっているということである。とはいえ，表現と内容の二面からなる tangible なものを「カタチ」とみる立場からすると (2)，「思考のカタチ」を語ることにはいささか問題がある。ただしチェイ

フ論文には，内容と表現がいわば「思考」の流れと「形式」の流れのそれぞれに対応する (257) など，言語のカタチと時間の関係という点では，参考にすべきところはおおい。この shape には従来気になっていたが，おなじく同論集 (長野編 1999) に寄稿しているミスン氏 (Marianne Mithun) に質したところ，shape と form は，アメリカの言語学者にとっては 'allomorph'（異形）だという答えであった。サピアのもちいた動態的な form はむしろ例外的であり，いまや外的な形式という理解しかなくなっているかのようである。

　この「カタチ」の押さえあるいは保証がないかぎり，"意味"は，いかようにも恣意的に扱うことができる（意は似せやすし，2.3）。ひたすら意味からせまる文法論（一部の語彙論を含む）や意味そのものを対象にする意味論は，（生理・物理学的）音声学と（文字の字形を扱う）文字学とおなじく，言語学とは区別されるべき分野である。致命的ともいうべき危険があるにもかかわらず，文法論あるいは文法研究で語られる"意味"が，しばしばそのような，押さえのきかない意味論になってしまっていはしないだろうか。いわゆる言語論や文法論の多くが，しばしば哲学/心理学/意味論になりすぎていはしないだろうか。かつてのブルームフィールド的な（その日本における追随者の）意味にたいする過度の警戒には疑問があるにしても，カタチをしかと固めることなく，いきなり意味から迫ろうとすれば，糸のきれた風船のように浮遊し，それをあえて空理の論で固めようとすると，言語事実の説明よりはたんなる再解釈，さらには「いじくり tinkering」(泉井 1970:185–204 [1961]) すなわち鋳掛直しにおわる[*40]。接尾辞を見わける「用言分割（ひねり）と再立ち上げ」(4.3) でも理解できるように，「カタチはカタチでもって制す」べきものである。

　さて，この言語のカタチは，本質的に線的性格のもの，つまり 1 次元的な拡がりであり，ソシュールにしたがうならば「言語記号の第 1 原理」ということになる[*41]。音声の本質上，話すことは時間の次元において成りたつ。しかし

[*40] なべ・かまをはんだや銅であちこち修理しているうちに，底はすっかり抜けおちてしまう。近年は，理論の（底までおちる）「いじくり」はおろか，言語事実そのものの探究ははなから放棄し，"便宜的"などの名で研究の慎重を装う言語研究が目立つ。同時に，カタチとしての言語の本性そのものの究明につながってこない文献学や文字学は，歴史学や宗教学に資するところはあっても，言語学とは区別されてしかるべき分野であろう (3.4; 注 85 も参照)。

[*41] Given the intrinsic linearity of human speech, constituent order in articulation is destined to take on different functions, either on the word-, phrase-, sentence-level, or further, de-

2.1　ふれられるものとしてのカタチ　69

いうまでもなく，拡がりをもつ「カタチ」とは，人間言語のような 1 次元的なものだけではない。「立体」つまり 3 次元的な拡がりは，「面」つまり 2 次元的拡がりからつくられ，その「面」は 1 次元的拡がりをもつ「線」でつくられ，その「線」は両端の「点」(はじめとおわり)からできるのであり*42，その一本の線じたいには切れ目はない。みずから発出する音声を素材にする人間言語にとって，その「点」とは「切れ目 (potential) pause」——息継ぎと音のとぎれ(発声停止)(川上 1995:130)——にほかならない。母語話者として中国語の〈語〉を定義し，漢字を表語文字と考えた趙元任の「語」も，切れ目の認識にもとづいている (Chao 1940, 1968:153–54)。Anderson(1985:151) は，"potential pause locations" ともいっている。

　ちなみに橋本進吉も，「切れ目」を重視しているが，その力点がおかれているのは，最小の(これだけは一続きに発音しなければならない)「句切り」であって，それを「文節」と名づけている (1933:6–11, 1946:212, 1959:15 など)。たしかにこの「文節」は (syntagma と訳そうと訳すまいと)，「拘束句」(3.1, 5) に匹敵する重要な概念である。しかしこの「文節」は，「またさらに小さな単位に分解する事が出来る。かようにして見出された単位は単語または語といわれる」(213) としながら，この「語」の規定には切れ目(休止)はもはや用いられていない。意味を有する言語単位の「第一種の語」である「みずからで文節をなしうべきもの」と，「みずからで一文節を形づくることなく，つねに第一種の語にともない，これとともに文節をつくる第二種の語」であって，橋本は積極的に「語」を定義することはなかった*43。

---

　　　pending upon languages (4.2.5.2, 5.4, etc.).

*42 *Shorter Oxford English Dictionary* (*SOD*) の 'figure' を参照: (Geometry) a definite form consisting of two-dimensional space enclosed by a line or line or a three-dimentional space enclosed by a surface or surfaces, any of the classes os these, as the triangle, circle, cube, etc.

*43 カタチの面から明確に(すくなくとも)4 種に区別できるものを，みずから文節を形づくらない「第二種の語」として一括してしまう文節論では，「語」の定義にはほどとおい。橋本(1933:11)があげる第二種の語でいえば，「たい」(派生接尾辞)，「た，う，よう」(屈折接尾辞)，「の，を，が，へ，だけ」(不変化型前接語)，「です」(変化型前接語)の一括である。山田文法や松下文法とは対照的に，橋本文法は，「形態[音韻]から出発」(『国語学大辞典』706)した「形式主義の文法」(金田一春彦 1983–3:109)といわれているが，切れ目重視による「文節」という重要なカタチに注目するおおきな貢献がありながら，より基本の「語」がさだまらなかった結果，(たとえば山田文法とも)比較にならない"語過多"分析が生まれている。注 145 も参照。

橋本進吉のこの「文節」はおくとして，基本的には，線的なカタチとしての「語」の内部には，休止はなく，あえて休止をいれると，不完全な形式的断片がのこってしまう。休止のない，つまり「形式的に満足できる」(服部四郎 1950)かぎりでのカタチとしての「語」には，「心理的実在性 psychological reality」(サピア)がうまれる。

ここで「カタチ」についてあらかじめ押さえておきたい性質は，たとえば二等辺三角形という 2 次元的カタチを例にとると，これは一定の特徴 (2 辺が同等の 3 辺) を備えてさえいれば，その囲いこむ拡がりあるいは平面，いわば内容は，その大小がいかようであっても，二等辺三角形とみなされる (巨大なクリスマスツリーも卓上のそれも，ひとまず相似的なカタチをしている)。このことじたい，カタチとしての「語」についても，文法的・意味的内容のおおきさがいかようであれ，それは 2 次的なことであって，語は語であることを示している。内容ははち切れんばかりになることもあれば，稀薄化し (3.1.2)，さらにゼロ化してしまうこともある。中国語にかぎらず，おそらくどの言語にも存在するとおもわれる，いわゆる「虚辞 expletive」が生まれる背景がここにある。

言語，なかんずく「語」を意味ではなくカタチとして，つまり形態法的にとらえるということは，そこに「分割」とか「挿入」が可能かどうかを確認するということである。二等辺三角形でも，拘束句的なカタチであれば，小さい二等辺三角形と小さい台形 (梯形) とに分割ができる。第 4 章で日本語を中心に「語」の構成を考える際に，接尾辞と前接語を識別するために，「用言分割 (ひねり) と再立ちあげ」(4.3) の操作 (カタチのチェック) を繰り返すのはこのためである。両者は，意味によって識別するものではない。

第 1 章でのべた「語」のカタチ性は，日本語の「語」であれ，ときに「無形態」などともいわれる中国語であれ，いささかもかわらない。中国語の「語」もカタチ以外のなにものでもない (カタチがあって文字があるのであり，文字がカタチをつくるのではない)。しかしやはり，カタチとしての「語」，その十全な理解を得るには，語が極度に複雑多様で変幻自在たりうる言語，つまり静的な語構成というよりは可塑的に語が拡張する「複統合語 polysynthetic」(3.6) に就くにしくはない。中国語やこれとさほど変わらない単純な語をもつ英語を材料にして発達してきた統語法中心の言語研究が，国の内外を問わず，とかくいびつな言語観を生みだしてきたことも思いおこす必要がある。

「無形態」とか「形態のない言語」は，いうまでもなく誤称である (注 80 の

inner formlessness を参照)。古代中国語が典型としてあげられる「孤立語」であっても，複雑多様なカタチをとる複統合語であっても，カタチとしての「語」は，必須かつもっとも基本的な言語単位であることにかわりはない。このことは，人間が本来，音声言語をつかっている事実，つまり人間が表現すべき内容(意味・思考・感情など)を物理的・生理的な(口からでる)音声によって処理するという人間言語に固有の本性からくる必然的結果にちがいない。しかし，「語」の具体的な難解さ，個々の言語における実際的な重要さは，やはり個々の言語(あるいは言語類型)によっておおいに異なる。難解さと重要さの幅はじつに広い。そのためもあって，国文法(日本語文法)学者でも言語学者でも，「語」とはなにかの定義が定まらず，むしろそれをさけるのがかえって見識であるかのようである。そこからは，もっとも基本的な問題にかかわるかぎり，他の学問分野ではおそらく考えられないような，「日本語の単語についての不一致にはこだわらない」といった，"寛容"というよりは，むしろ尊大ともいうべき発言がでてくる。

2.2 山田・松下文法以後

　江戸時代を含む国文法の歴史を言語学の立場から前向きに解説したものとしては，簡明な「国文法」(551–558)という項目が『術語編』にあって，主要文法諸説を略述しているので，大まかな流れはうかがうことができる。ただ，本書が注意を向けたいのは，もっぱらカタチの問題としての形態法であるので，『術語編』とは微妙に見方がずれることがあってもやむをえない。なお，国文法の立場からする明治以降の文法研究の歴史には，古田(1976)などがある。しかし，それなりの発展を自賛する日本語研究にむけて，「国語学者が後世の目にチンドン屋と映じないためには，やはり，言語学の伝統がきずいたその蓄積は必要である」という辛辣なことばを投げつけたのは，国語学(国文学科)の出身でありながら，つねに言語学とのジレンマを抱き続けたという[*44]，亀井孝先生であった(亀井・山田編(1966:5)『言語史研究入門』「まえがき」を参照)。

[*44] ジレンマは，その著作の数々にうかがうことができるし，小松英雄氏の「李芳古先生追憶記」(『国語学』181, 1995)に直截に描かれているが，国語学の姿を性格づけようとした「日本言語学のために」(亀井 1938[1971])，「日本語とその研究との背景」(亀井 1954[1971])は，日本語研究に向かおうとする人にとって，いまなお味読すべき文章にちがいない。

さらに，手きびしい亀井(1938)「日本言語学のために」への言及から始めた杉本(1976)「国語学の成立とその史的背景」は，とくに西欧言語学の導入以後に焦点をあわせた跡づけをおこない，また国語学史と言語学史の接点を説く斉木・鷲尾(2012b)もある。しかし，カタチをおさえることの認識からへだたった文献学的研究には，文字の陥穽(3.4)の問題が，言語史のみならず文法研究にもつきまとうことは忘れてはならない[*45]。

　これと関連して，あらかじめふれておくと，日本語の形態論研究の歴史は，用言の活用の変遷の問題に集中してきたところがあって，そのことじたい，日本語は体言が不変化(非屈折)の単肢言語であるという基本的な認識の証(あかし)にちがいない(4.5, 5.4を参照)。もとより本書がとくに関心をもつ形態法は，通時的なものではなく，すぐれて共時的な問題である。したがって，日本語文法において，まるで当然のように不問に付されてきた，いわゆる"助詞"，"助動詞"の問題，これはいうなれば「接辞」と「接語」の区分未認定の問題だが，ここにはことによると漢字受容との関連があるかもしれない。この問題については，のちに(3.4)考えることにする。

　主として伝統的な学問観を重視する国語学と，欧米風の言語学に依拠するところのおおきい日本語学のいずれを選ぼうと，日本語文法に関心をもつものには，いわゆる「大文法」時代を導いてきた大槻文彦(1847〜1928)，山田孝雄(よしお)(1873〜1958)，松下大三郎(1878〜1935)，橋本進吉(1882〜1945)，時枝誠記(もとき)(1900〜1967)などの名前は今日なお際立っておおきい。

　ただし，近世をふくめて日本人じしんが体系的な文法を書きだすはるか以前から，来日宣教師(6.3)をはじめとする西洋人による日本語研究(文法書と辞書)の歴史がすでに3世紀に及んでいた事実と，それらの貢献のおおきさは忘れてはならない。また，日本初の近代的辞書とされる『言海』(1889–1891)とともに，折衷文法と批判されはしたものの，巻頭の「語法指南(日本文法摘録)」

[*45] ただ，木田章義氏の「〈国語学〉という分野」(2013:ii)では，国語学が国文学との密接なつながり(「国文学から得ていた栄養分」)のなかで独特の総合的分野として発達してきた背景がもつおおきな重要性を考えずに，両者を分離して日本語学の名で欧米風言語学のなぞりに堕するとすれば，たいせつな栄養分以上のものを手離すことになりはしないかと案じているが，これが日本語とりわけその文法研究の衰退(注168)に追打ちをかけることにならないともかぎらない。日本語の正しい情報が外にひろまるのはたいせつなことだが，研究の国際的発信(外国語での発表)の強調・推進などは，もっともなじまない分野にちがいない。

や，すこしおくれて『廣日本文典別記』(1897) を出した大槻文彦の言語記述については，6.1.2 でふれるが，その明治初期にかけての洋学文典をふくむ諸研究の背景を押さえつつ，内容的なくわしい検討をほどこして書かれた評伝が古田東朔(とうさく)氏にある (1969–1971)。

20 世紀にはいると，山田孝雄の大著『日本文法論』(1908 [上 1902]) が刊行され，明治時代における日本文法研究の白眉として，国語学史に燦然と輝いているが，近年はさらに新たな再評価がその統語論などについて高まっている (益岡他 1997，斎藤・大木編 2010 など)。『文法論』の圧巻をなす，用言の形態論としての"複語尾"の分析など，とくに実証的な側面は，これをひもとくものに「日本語，日本文法と格闘した汗のしたたり」(古田 1976:324) を覚えさせる，まぎれもない大傑作たることを疑うものはない。この大学者にしてかつ国語学界の巨峰の深く幅広い学問には尊敬の念を禁じえず，言語事実に即した詳細な記述と透徹した洞察に疑いをはさむ余地はない。ただ本書で注意したいのは，あくまでも基本的な言語観（の一部）と，それと無関係とはいえない，いわゆる"助動詞"と"助詞"の解釈にかかわる部分だけである。注目をあつめ，今日もなお使用がつづいている"複語尾"の問題については後述することとして (4.2 など)，山田文法における語構成論については，斉藤 (2010:34–36) などを参照されたい。

山田の文法観にとって重要な出発点のひとつは，英文法学者スイート (Henry Sweet, 1845〜1912) にしたがった「單語とは言語に於ける最早分かつべからざるに至れる究意的の思想の単位 an ultimate independent sense-unit」(*New English Grammar—Logical and Historical* 1891:20) にある。たとえば「梅の花」といえば，「思想上唯一の観念」だが，「單語にあらず」(3 つの単語に分解できるゆえ) とし (『文法論』75, 77，『概論』31)，その後に著わされた『概論』『講義』では，微妙という以上に定義を改変している。その"語"にたいする考察も，『概論』第 3 章「一の語とはなんぞや」などでは (26–46) 深まったかにみえるものの，「梅の花」は『講義』では (9, 364)，「英語に phrase といへるにあたる」"連語"，つまり，「多数の語を集めて，複雑なる観念をあらわせど，完全なる思想をあらはすにあらざるもの」という，いまひとつ明瞭さを欠く説明に終わっている。おなじスイートの有名な音声学 (*Handbook of Phonetics* 1877 など) には興味を示したか否か不詳だが，山田はふんだんに『ドイツ語文法 *Deutsche Grammatik*』のハイゼ (Johann Christian August Heyse, 1764〜1829. 山田が引用した版については，

斉木・鷲尾 2009 を参照），民族心理学者ヴント（Wilhelm Wundt, 1832〜1920）を引用している[*46]。

　山田文法が「他の語を伴ひて説明の用に供する働を有する」とする"説明存在詞"「だ」（『講義』99［114］）を，"複語尾"ではなく動詞のひとつとみたことの正しさはいうまでもない。ただ遺憾なことに，その認定にあるのは形態法的配慮ではなく，ひたすら意味的に定義された概念であった。その結果，「＝だ」にたいする「＝らしい」のほうは"複語尾"扱いするなど，平仄(ひょうそく)にあわないところがでてくる（4.4.2［「−らしい−」vs.「＝らしい−」］を参照］）。"説明存在詞"は山田文法の重要な概念にちがいないが，言語構造体の基礎的押さえをおろそかにしては，研究者の恣意的な構想にすぎなくなるといわざるをえない[*47]。

　この山田文法を絶賛したのが，"助詞"にたいする意見こそわかれたものの，松下大三郎であったが（大岩 1969–2:131），このふたりの偉大な文法家には，文法論以前に基本的に共通する部分があった。松下には，初の口語文法である『日本俗語文典』（1902）もあるが，『改撰標準日本文法』（1928, 1930［1974］）での，（単）語にあたる"詞"は，山田文法と軌を一にした，つまりスイートの意味的定義をふまえた「自分だけの力で觀念を表わすもの」である（19）。たまたま橋本の「文節」に相当するものがあったとしても，それはむしろ意味的に規定された単位であった。従来の"助詞"，"助動詞"は，それぞれ"静助辭"，"動

[*46] このように，みずからは外来の言語理論をとりこもうとしながら，大槻文法らの「折衷」性をつよく非難する姿勢には，かならずしも理解しがたいものがある。これにたいして，古田氏には，「できるだけ矛盾が避けられ，妥当な結果が求められ」，逆に「そこには問題点が明示されている」とみる理解（1969–10:119）があり，「現在の文典も大なり小なりの差こそあれ，同じく折衷文典である」，「足して二で割るといった式」の折衷ではない，とする見方（1970–2:131）がある。その折衷とは，「近世の文法研究が近代文法は脱皮する」のに「通り抜けねばならなかった…近世文法を補って全備のものとした」ものであったと風間力三氏はいう（1982–12:107）。

[*47] 山田文法の"存在詞"vs."（説明）存在詞"には，「機能的にも形式的にもいきすぎな単純化」という批判（工藤 2010）がある。ただし，工藤氏の関心の出発点は，副詞といわゆる形容動詞におかれ，「＝らしい」は視野にはいっていないようである。なお，存在詞は，自立語にも準前接語にもなりうることに注意する必要がある。ちなみに，この"説明存在詞"にせよ，"複語尾"にせよ，山田独自の用語には，ことによると，外来の用語（の訳語）は潔(いさぎよ)しとせず，当時の文法家（日本人および外国人）に異を唱えなければならないなんらかの理由があったのかもしれない。しかしその一方では，日本語文法とは直接かかわらない外国語の（意味的）文法理論に追随しようとしたのは理解しにくい。

助辭"とよばれているが，これらは原辭であって詞ではない（つまり，接辞である）といい，「花を，月に」はそれぞれ一詞（つまり一語）になっている（191）。「が，の，に，を」による名詞の4格（格変化）を認めた，今日までつづく名詞屈折論（5.4）は，洋学文典にならって一時期おこなわれた，明治初期の記述（田中義康など—古田1969–10:117）を踏襲したところもあったのだろうか。さらに，アメリカ構造主義のブロック/トレーガー（1942）の形態素が「原辭」に匹敵するという読みをもって，松下文法が「もっとも形態に忠実」かつ「唯一，形態論に基づく体系」（森岡健二1965）だとする解釈には，ただちにしたがうことはできない。その「原辭」は，「語」あるいはその一部を意味するようであって，それは「形態素」ではない（2.1「カタチとしての語」）。

　ただし松下には，『日本俗語文典』の付題「遠江文典」で知られるように，方言研究の重視があった。つまり静岡の遠江での「ツキャー」（月に），「ツキュー」（月を）のような，「標準語」にたいする「卑言」を「方言研究に於いては，捨つべきにあらず」（第三版の辭—語尾變化の説）としたのは，その時代としてはきわめて注目されてしかるべき姿勢であった（無文字言語のばあいとおなじく，方言の文法にたいするいまも変わらぬ蔑視がある）。音便による語尾変化は当の方言独自のものであって，『日本俗語文典』でそのように記述されるべきは当然であるが，「屈折化（融合化）」現象は，日本語（方言）のあちこちにあって，とくに稀有なものではない。しかし，これによって現代（標準）日本語文法での名詞屈折論（5.4）が是認されてよいものではない。

　ユニークな理論，用語の難解さによって敬遠されがちであった松下文法は，著者の没後，新たな評価をえてきたようであるが，形態法の基本を考慮にいれない統語法の分野に属するゆえ，本書ではこれにはふれない。

　なお，可能性への期待のみがしきりにうたわれている感のつよい，欧米の「一般文法」あるいは「普遍文法」には，いまだイメージがわかないでいるわたしのような者は，ふれることも控えるべきなのだろうが，松下が一国語の文法の基礎の上におこなわれるべきとしている「一般的理論文法学」（1930緒言）にはこれに近づくところがあり，また山田にも普遍文法主義的な品詞分類の提案のあること，西洋の普遍文法という概念を日本に最初に紹介したのが大槻文彦であることなどは，斉木・鷲尾（2012b:67–72, 102–107, 204など）で知ることができる。

2.2.1　意味の偏重

　この山田文法と松下文法に示された意味論的立場や，いわゆる"助動詞"と"助詞"(4) にたいする姿勢は，その後の日本語文法で，いろいろと手直しがくわわりながら，脈々として受け継がれ，「大文法」時代さいごの昭和前期 (時枝誠記) はおろか，戦後に至ってもなお続く。語構成と向かいあおうとした阪倉氏の「単語のとらえかた」(1975:16) では，「もっともちいさい，意義的統一体」から出発しつつ，結論は先送りにされている。すなわち，意味へのこだわりは山田文法の定義とかわるところはない。「文法家たちには，やはり踏襲のくせが強い。推戴本能が大きいからである」(泉井 1976:294, 298)。

　「語」の定義に，いまもって"思想"とか"観念"をもち出すのは，日本語文法 (にかぎらぬことだが) の形態法や統語法にかぎらず，おおきな致命傷となり，意味に偏重した擬 (もど) きの論は，究極的には収拾のつかないものになる。「大文法」以前には，次節 (2.3) でふれる本居宣長の「意は似せやすい」という認識があり，昨今では，「意味の問題がとりあつかいうるかどうか」についての考察 (亀井 1961) があり，「いわゆる意味論と称するものは，はかない試みでしかない」(『世界言語編 1』「刊行の辞」ii) とするおなじく明敏な認識がある。

　カタチをしかと押さえた「語彙論」とか「記号意味論」は，言語学だとしても，無反省な意味の扱いは，国文法・日本語文法だけのことではなく，言語研究一般につうじる問題でもあるし (注 30 も参照)，意味から出発した山田文法 (1908 他) の，今日にまでいたる意味の偏重と密接につながっているのは，文字の偏重ならびに音声の軽視であるにちがいないが，「語を主としてその理法も説く文法」(山田 1922:110, 1936:299) の姿勢は，見逃すべきではない。

2.2.2　文字の偏重と音声の軽視

　山田孝雄『日本文法論』(1908:2) は，音声論を除外すべきことをことさらに強調 (「未，聲音を精密に記載すること能はず」) したうえで，『國語の本質』(1940:65) では，「音聲は言語ではない」とのべ，その著になる「文法」の数々には，ついぞ音声論が現われることはなかった (3.4，3.5)。おなじく，「文字が音声以上に本来的なものである」という本末転倒した解説 (森重 1965:27) などは，言語研究の基本に逆らうものでしかない[*48]。山田の，こうした文字の偏重と

[*48] ただ，山田孝雄には，どのような考えあるいは背景によるものかは定かでないが，日

音声の軽視が，おのずと方言や方言研究の軽視につらなっていたとみるのは，それほど無理な想像ではないだろう。

　3.4 でみる「対照的な文字観」の一方が，まさしく山田文法であり松下文法であるが，以後の日本語文法研究における一般的な文字の重視は，国内の方言のみならず無文字言語にたいするあからさまな偏見と蔑視 (山田 1353:3) に，さらには，外国人による日本語研究にたいする拒絶的な態度 (山田，松下；6.2.1) にもつらなっている。その裏返しとして，文字のある言語，文献による言語研究のみが価値あるものだとする考えかたはいまも根づよい。

　山田文法につづく松下文法にも，音声現象にふれるところがたしかにあって，音価とか音形 (音韻) を語ってはいるが，音声 (声音) は文法学で論ずべきものではないとして，その「文法學の部門」に音声論はいれていない (松下 1930:33, 35)。その松下文法が，「日本の文法論の中では唯一の形態論に基づく文法体系である」とする評価 (森岡健二 1965:53, 39 も参照) もあるが，形態素に相当するというその「原辭」の規定に (2.2 を参照)，音韻あるいは音声がどうかかわっているのか明らかではない。音韻とか音声の姿がはっきり見えてこない形態論 (原辭論:45–186) では，"形態"に，おおきな疑問が残る (注 137 を参照)。松下文法にかぎらないが，(一部はよいとして) いわゆる"助詞"を接尾辞扱いしたり (静助辭は不完辭扱い―松下 1930:47 他)，その姿勢を引き継いでいる現代の日本語名詞屈折論 (5.4) は，当然といえば当然だが，音声軽視と密接に結びついている。

　ちなみに，音声とか音声現象といったのは，音・音韻・音律 prosody であり，音の切れ目 (2.1) も含んでいる。たしかに日本語は，音素目録はわりにすくなく，音声体系じたいは複雑な言語ではない。放置されてきた感のある音律面には問題が残るにしても，音便や連濁現象などの形態音韻法には関心がはらわれてきた。山田・松下の文法は，先行する大槻文法『廣日本文典』(1896:20–75 節) が，喉頭(こうとう)と声帯の緊張・振動といった音声学の基本からはじまって，日本語の

　　本文法学研究の一部として日本音声学が長期的な予定にはいっていたといわれ (大野 1976:254–256)，じじつ山田 (1907) は 74 ページの冊子だが，第 2 章「声音の変遷」(6–17 ページ) で単音，音の変化，語構成上の音形態があつかわれ，第 5 章「時代的変遷」(60–74) でも時代ごとの声音 (音声) にふれられている。ただし，山田には国語音韻論はあったものの，当時の音声学・音韻論には批判的であったという (佐藤喜代治 1984–1:100 [1997])。

音声を略述したのとは，著しい対照をなしている*49。古田 (1969–10:116–117) の明らかにしたように，これが洋風文典 (蘭・英) に示唆を得たものと考えられるとしても，「折衷」批判にあたるものではない。ちなみに，言語のいかんを問わず，音声学がどうしても必要なのは，方言や言語の調査はもちろんだが，語史のなかでの音変化の可能性，借字 (1.2.1) などの正確な音価推定だけではなく，カタチをどう把握し，それによって文法の全体をどう構築するか，という基本的な問題にもかかわってくるからである。

これに反し宣長は (1.4)，みずから口頭の伝承を書きとどめたわけではないが，漢字を受けいれつつたどたどしく書かれるようになった『古事記』をとおして (「漢字の覆いを取り去って」—神野志 2007:198–201)，文字をもたない古代人の「古語」を求め，その言語世界を敏感にかぎとろうと努めたが，そこには先人の書物をとおした情報 (知識) にたいす批判的な態度があり*50，また，各地を歩いた現実の旅人として (たとえば『菅笠日記』)，行く先々で里人への，音声をとおすしかない質問や現場取材を執拗に続けるフィールドワーカーとしての姿をみることができる。ここには，宣長を『古事記』の訓詁注釈にむかわせることになった県居の大人 (賀茂真淵) の「古語を得る」ことで「ひくき所」(2.3) を固めるにあたり，「書は勿論，今時の諸国の方言俗語までも，見る度聞ごとに得ることあり」(万葉解通釈并釈例) とする態度が響いている。

本居宣長 (1.4, 2.1.1) からほぼ 2 世紀飛んで，日本ではようやく，「言語の研究者，言語の哲学者，文法家，…たちはともすれば言語を外的に視覚的に考える。…文字のなかにおいて言語を考える…。しかしそれがあやまりであったのはいうまでもない」という，フンボルト時代の西洋でもきわめて新鮮な考え方・見方が明確に語られるようになり (泉井 1976c:xii)，それとともに「文字論」(3.3) の自然な発展というべき「言語学の本当の対象は語である」という洞察に

---

*49 大槻文法の「プロソディ」は，今日理解されている prosody つまり音律素 (3.1) ではない。古い西欧の文法学の分類にならった音節編を意味するものと考え，アクセントは「定めがたき事情」のため，文法で「事々しく説く必要はなきやうなり」(『別記』例言 4–5) とした。

*50 「そもそも此物 [藻のようにうごく蟲] は，今もかく，たしかにてある物なるを，ものしり人たち，くさぐさの説有りて，さだかなるようなるは，ただ書のうへにのみ，かかづらひて，そのまことのもののうへを，尋ねぬることがなきが故也」(『玉勝間』巻十二「たまから」) といい，「昔の [學問] は，その實事にかゝりたれば，今の世のたゞ書のうへの學のみなるとは，かはり有 (リ)」(うひ山ぶみ「しなじなある学び」) ともいう。

たっしえたのである(『世界言語編1』1988:河野「刊行の辞」)—注168も参照。

ちなみに，スラヴ文献学者にして言語学者であった千野栄一氏が書きのこしたように，「言語の研究者がプロであるか，アマであるかのメルクマールが音声学の知識である。プロである限り音声学の知識は不可欠であり，アマであっても音声学の知識のあるなしで，言語研究の領域は狭くなってくるうえ，正しい理解のためのひとつの基盤が失われることになる」(千野2002:29)。言語の「カタチ」は，まずは音声で外化することを思えば当然というべきである[*51]。もちろん音声学とはいっても，音声の(物理・生理学的)実質のみを対象とする音声研究ではない。言語研究そのものにとっての「音声」の基本的な重要性は，河野六郎先生の「言語学の本当の対象は語である」における「語」が，聴覚的な音声が一面をなすカタチ(2.1)であることからくる必然である。たいせつなのは，音素であるにしても，3.1「二面結節」からも理解できるように，内容面の形態・統語的結節を「裏打ち」あるいは「裏支え」する音韻的結節にせまりうる音声学であって，これこそが言語研究にとって基礎中の基礎である。

文字をもつか否かにかかわらず，まずは音声があっての言語でありカタチである(3.1, 3.5)。カタチを押さえたうえでの「語」であり「文」である。これにかまわず，無定形あるいは未形のままの意をもどく(まねる)のは，器用な人にはむずかしいことではないかもしれないが，それでは言語の実態をとり逃がしてしまうことになる。

もちろん言語によるちがい，使われている文字の種類によるちがいもたしかにあり，死語化した言語のばあいのように，文字(資料)からしか立ち向かわざるをえない困難はあるが，通時であれ共時であれ，その本性からして，文字そのものにはすくなからぬ制約がある。これは3.4でふれる文字の「陥穽」にかかわる諸問題に関係しているが，本書のテーマである，日本語における"助詞・助動詞"の問題も，まさにこの文字に無関係ではないようにおもわれる。

漢字借用以前に話されていた古代日本語のカタチに肉薄しようとした宣長ら

[*51] 日本語をめぐる音声・音韻研究の現在は，上野編(2003)などで学ぶことができるが，フィールドワークの音声学入門というべき中川(2012)は，簡潔とはいえ，言語調査への接近法から音素分析，器械音声学までを解説する。また表記の習慣のない言語(無文字言語)における表記上の問題にせまろうとする人びとがあり(塩原・児玉2006)，表記法を考えるにも，危機言語の現場での諸問題に向かいあいつつすすめている人もいる(笹間2003)。

(1.2.1) はのぞいて，受容され確立されてきた文字を強固な基盤として，文字の陥穽にはいささかの疑念も抱かずにきた日本語研究の伝統こそ問題であるが，公平を期していい足しておくとすれば，日本の言語学一般にしてもさほど状況がちがっているわけではない。

2.2.3 そして代わりに

大野晋氏はかつて「明治以降の日本文法論」(1965:10–11) のなかで，古文解釈の文法ならともかく，言語を貫く理法を扱う文法などといった学問はあまり歓迎されなかったこと (理由) を指摘している。他の諸言語における文法とは様子がちがっていたようだが，明治の中頃以降，「大文法書」の流れが続いていくなかで，日本語の理法を探り，カタチを記述する文法 (あるいは文法書) である前に，まず「論」とか「体系」の構築 (あるいは追随) を目ざさざるをえなかったようである。江戸期の国語学に実った，言語事実の精細な実証研究という根気を要する営みは，急激に押しよせてくる外的刺激に見舞われた日本では，たちまち後回しになった。草創期の学問一般に生じてきた体系化・理論化への性急なあせりや憧れが働いたのだろうか。時枝誠記氏にも，「日本文法の組織の骨組みをつくることに追われて，充分な記述にまで手がのびなかった」という告白がある (1950:vii)。

ことによると，この延長線上にあるのが，今日ますます盛んな文法の重箱隅つつきや理論の鋳掛直しなのかもしれない。音声をとおして根気づよく言語の内奥に迫り，その内的な理法にしたがって包括的で詳細な記述を目ざしてこそ文法だという基本をわすれ，しかも言語は文化諸現象のなかでは具体的事実の把握と整理がいちばん複雑かつ困難なものであることには理解がなく，手近な言語事実や新理論をもてあそび，外来の新用語に飛びつく。前述河野六郎先生の「刊行の辞」が真っ先になげく，20世紀を終えんとする言語研究の状況は，まさに「"理論"の乱立と生煮えの術語の濫造」であった。なお本書では，「　」はなんらかのタイトル，引用，術語 (用語) であるのにたいし，" " は，とりたて (引用) あるいは強調でなければ，「いわゆる」とか，用いるのに疑義のある術語あるいは用語を意味している。

2.3 姿は似せがたく意は似せやすし

前著ではじめて語った，言語 speech のカタチ性は，サピアの「語はたんにひ

2.3 姿は似せがたく意は似せやすし　81

とつのカタチにすぎない」から出発したものであったが (宮岡 2000, 2002:131)，これを本書でもさらに追及していくためには，「ことばとものの相通」(1.4.2.1) と文字観 (3.4) とともに，表出性 (1.4.2.2) を言語のもっともたいせつな機能であると考えた本居宣長の卓見にふれておかないわけにはいかない。山田孝雄に発する「大文法」以後，今日にまでいたる日本語文法にみる姿勢とは，言語理解の点であまりにも対蹠的だからである。文献学の枠内にありながらも，稀有な言語研究者であった宣長の，これまでなぜかあまり注目されてこなかった，おのずから文・姿[*52]のほころびでる言語（音声言語）のカタチ性につらなるこの部分は，ひとり小林秀雄 (1960, 1977) の深い理解をまたなければならなかった。

　「姿ハ似セガタク，意ハ似セ易シ」は，宣長の有名な言葉である（国家八論斥非再評の評）。2.1 でのべたように，「カタチ」はふれることができるものだが，それをもとにしつつ，それをこえた（にじみでた，ときに無定形の）「スガタ」は，まともに見ることもふれることもできない（うしろ姿; 2.1.1）。姿が似せがたいのはこのためで，他方，意が似せやすいのは，「カタチ」のしばりがないからである。宣長のこの言葉は，直接的には，ことばの姿（とか粋）ととらえた和歌についての主張であった[*53]。

　小林も，意が似せやすいのは「意には姿がないから」(1960 [2004:89]；つまり意にはカタチがないから）にちがいないことを見てとり，みずからの作品でも，文章には形あるいは姿があるという主題をいくどとなく熱っぽく語っている。大作『本居宣長』(1977) の冒頭では，この書を書いてみたいと考えた背景にふれつつ，折口信夫に『古事記伝』の読後感を語ろうとした際に覚えた「一向に言葉に成ってくれぬ」もどかしさが，「殆ど無定形を動揺する感情である事に，はっきり気附いた」と書いている。これはまさしく，小林の『本居宣長』以前の作品『言葉』(1960) での中心的なテーマである「カタチ」の問題にちがいなく (2.1 の冒頭を参照)，この作品が『本居宣長』の出発点であったことは想像にかたくない。

　宣長にも小林にも，歌の姿にはとどまらないその前提としての，言語の本質

[*52] 宣長が言語表現の美しさ（表出性）を「文」という漢字で表わし，アヤともブンとも振り仮名をほどこした背景（音楽美）については，日野龍夫 (1983:253, 307) の校注を参照。
[*53] おなじく歌論の主張からであるが，宣長には意より詞の重要性を説いたくだりが『石上私淑言』(巻三) にある。日野 (1983:471–472) の解説を参照。

的なカタチ性についての洞察があった。つまり,「カタチ」があって,意味はその次,という基本の認識は,日本語にかぎらず,わたしたちの言語研究をふりかえるうえでは,とくに注目に値する。この認識は,3.5「文字なき言語でふれるカタチ」でみる,宣長の文字にたいする消極的姿勢,もしくは「文字による言葉に対して根強い不信感」(ボチャラリ 1990:170)をもっていたことにも通じていることは,容易に考えられる[*54]。『古事記』など,古典の文献学的研究にみずからの学問の基礎を置きつつ,その育んでいった音声重視の言語観(2.2.2)が,まさにこの言語のカタチ性につながっていることは注目すべきことにちがいない。文字の陥穽(3.4)に気づかぬうえに,カタチにたいする感触(実感)がないと,とかく意味に走りがちになる。

しかし,宣長の学問研究の中核というべき言語のスガタとカタチは,小林の深い洞察と解説にもかかわらず,なぜかあまり注目されずにいるようである。これはあるいは,スガタカタチといった,日本語ではごくなんでもない言葉であったために,かえってその煮つめられたさまがことさらの考察を妨げたのだろうか。小林がこれをくり返し熱っぽく説いた口吻とは裏腹に,文芸評論家にも,また日本語はおろか言語一般の専門家にも,まさに「ひくき所」としての言語のカタチとスガタに正面からむかう議論がほとんど見あたらないというの

[*54] 宣長研究の古典とされる村岡典嗣著『増補本居宣長』(1938 [2006–上:273–287]) は,「語學説」の項で,てにをは研究(とくに係り結び),動詞・形容詞の活用,音韻論,字音仮名,古書訓詁,言霊説は解説するが,甲乙二類の母音,スガタカタチ,言語の本性などと,それらについての洞察に達した背景には及んでいない (2.1.1, 2.3 を参照)。比較的最近では,たとえば菅野覚明『本居宣長』(1991) の「文法論(かくみょう)」のような論考もある (235–335)。ただ,スガタカタチや言語の本性はべつにした各分野については,つとに国語学・国語史の側から詳細な跡づけがなされ,一方,言語の専門家のあいだでも,その言(コトバ)と事(ワザ)と意(ココロ)の密接な関係(3.4),言の独立の価値,言語表現の様相など,その基本的な言語観にたかい評価が寄せられてきた。しかし,宣長の語る言語のカタチ性にとくに注目したのは,言語研究者ではなかった。文学評論の世界で「小林秀雄における言葉の問題」が取りあげられてくるなか,小林秀雄の思索を追ううえで重要な江藤淳との対談「本居宣長をめぐって」(全集第 15 巻)では,哲学的論議に深く立ちいっているわけではないが,『古事記伝』とベルクソン哲学との共通性―性質情状 vs. イマージュ―にふれている。そこでは,後者を「対象は対象自体で存在し,而も私達に見えるがままの生き生きとした姿を自身備えている」ものとのべられ,さらにこれに先だつ『感想』(第 14 章)では,「見える通りの色をもち,それ自身で存在する〈カタチ(アルカタチ)〉である」と書いている。言語の専門家では,吉川幸次郎氏の宣長考(『吉川幸次郎全集』2, 17, 18, 23, 27 の諸巻随所)がある。

は，理解に苦しむ*55。いくぶん乱暴ないいかたが許されるとすれば，そもそも小林の宣長論について書こうとするほどの評論家には，ペンやインクほどの道具にすぎない言語とその本性なんぞには興味や理解はもてない，ということなのだろうか。とかく世のなか，「たかき所」への派手な飛翔(ひしょう)のくわだてばかりが盛んである。はたせるかな，小林の本意は，言葉のカタチやスガタを軽んじた文学評論のさえづりに向けられていたのであろうか，「人々の批評は，どうしても，似せ難い姿よりも似せ易い意を手掛かりとして，起こって来る」と書いている (小林 1977:第 26 章)。小林の関心は言語研究そのものに向いているのではなかったにしても，言語芸術としての文学の評論に向けられた「姿は似せがたく意は似せやすし」は，まさに言語そのものの，とりわけ現代の言語研究が縛られている問題でもあることを考えれば，なんでもない話にちがいない。

宣長を読みこむことによってカタチ性の認識を深めていった小林の言語観は，言語の研究を心がける者には，言語の表出的・美的機能（言語芸術）ならびに，「文字を用いなれたる人々が，知らずして抱いている偏見への抗議」を含む文字論 (1977:第 48 章，1982:第 1 章) とともに，洞察に富む，興味ぶかいものがある。のちにもふれる，本居春庭を中心に発達した動詞形態法の理解は，日本語研究のなかで当然の評価を受けてきたのにたいし，この宣長の理解と言語観は，よく理解され受け継がれることはなかった。たしかにそれは，今日の分析的・"形式"的な言語学ではないし，もとより「語」の構造的理解などではないことはいうまでもないが，文献研究をとおした言語の具体とのきびしい格闘，「ひくき所」にあくまでもこだわりながら，文字をもたない言語の，いいかえると文字によって生命をそがれる以前の原初的本性をもふくむ諸機能について，深い洞察を示した鋭い言語論であり文字論であった (1.4.2.1, 3.4 など)。したがって，文字をもたない人々の言語にも生活にも実感的にせまる経験からはすでにほどとおい現代人には，宣長が古代への憧憬をいだきつつ『古事記伝』を書きつづって到達した言語観を，たやすく得ることはもはやできなくなっている。いわゆる標準語や外来の優勢言語に汚染され，衰弱しきってはいない辺鄙な土地の方言には，文字をもっていなかった古代人の世界にちかいものがの

---

*55 「漢字テキストとしての古事記」を問題にしつつも (注 3)，神野志 (2007) は，「助詞，助動詞を読み添えて，かたちをつくってゆく；文字からつくられたことばやかたちのうえに文字で書く；訓読のなかではじめて成り立ったかたち」(43, 52, 54) など，「(ことばの) かたち」を明確に選択している。注 30 も参照。

こっている可能性はべつにするならば（3.5「文字なき言語でふれるカタチ」，注102 も参照）。

　その宣長が，「皆ひきゝ所を経ずて［経ないで］，まだきに高きところにのぼらんとするほどに，ひきゝところをだに，うることあたわず」（『玉勝間』巻二：あがたゐのうしの御さとし言）と信じて，みずからを「ひきゝ所」（卑くき所）におこうとしたのは，まずは「古語を得る」考証訓詁の世界であったが，宣長には，卑近な「カタチ」をゆるがせにしたまま「意味」へと飛翔し，自分の好む方向にひきつけて，さかしらな意味的「理づけ」（解釈）をはかる[*56]，「大文法」とそれ以後の，今日にいたる日本語（言語）研究の遠景をすでに見はるかしていたかのようである。宣長はまた，つぎのようにもいっている。「やすらかに見るべき所を，さまゞに義理をつけて，むつかしく事ゝしく註せるゆえに，さとりなき人は，げにもと思うべけれど，返て，それはおろかなる註也」（『紫文要領・上』[*57]）。

　とかく人は心理的弱点として，身近なところを忘れ，いかにも高遠そうな理論の世界に走ろうとする傾向があるが，言語研究は，あくまでもリアリティのある卑近に徹する必要がある。つまり，卑近な音の支えがある「語」，すなわち形態法から出発し，足よく地を踏むという姿勢が求められるはずであり，この基本の姿勢こそが今日の言語研究に求められているのではないかとおもわれる[*58]。

　カタチとしての言語は，まずはカタチでもって制すべきところを，はじめか

[*56] 一般の言語使用者の解釈である「民間語源 folk etymology」にたいして，言語専門家がおこなう，意味にもとづく解釈・説明づけを「理づけ」とよんでいる。

[*57] たしかに数点の重要な「大文法」は書かれたものの，いろいろな問題は棚上げされ（気づかれもせずに），近年は，とくに日本語のひくき具体にはふれようとさえしないで，一般・普遍といったたかきの極みを夢想する傾向が目につく。

[*58] 宣長をはじめ，2.1.1 でふれたフンボルト，サピアといった大学者が，言語の本質とはなにかについて深く思いをはせるなかで，言語のカタチ性の認識に到達した背景には，いずれも言語の具体とのきびしい格闘のあったことを忘れてはならない。サピアの言語研究には本書でもいくどとなくふれることになるが，フンボルトの言語研究については亀山（2000:75–76）が「彼以前および彼以後の何人も匹敵し得ないほどの多くの，東西古今にわたる言語の知識に基づいて展開されている。その意味では，フンボルトは決して「天翔ける」言語哲学者ではなく，逆に，他の思弁的な言語哲学者に比べれば「大地にしがみついている」学者であり，また，そこにフンボルトの言語論の強みがある」と書いている。フンボルトについては，泉井（1976a, 1976c），フンボルト・亀山（1984［Humboldt 1936］）も参照されたい。

らことばの"意味"による理づけを語りだす（そして，それだけで終わる）論者はおおい。しかし，そのカタチをよく「感じ分け」，そこからいうにいわれぬスガタを浮かびあがらせるのはたやすいことではない。文法的とか構文的とかよぶことで，意味的あるいは統語法的な理づけが文法研究そのものと勘ちがいされてきた面があったのかもしれない。たしかに言語の伝達を考えるだけでも，言語のになう意味的・統語的機能が重要なことはいうまでもない。しかし言語についてのそのような理づけは，"証拠"や"論証"をそえれば，いかようにも恰好をつけることができる。用例を収拾して意味の差を説明しても，カタチの混同はそのままにされているかと思えば，おなじ言語事実を対象としても，一方の解釈は他方には"幻覚"だといわれ，一方は主観的表現とするものが他方からは客観的表現だといわれたりもする。明治期の外国人でわが最高学府に国語学を講じた唯一の人 R. B. チェンバレン（Chamberlain, 1850〜1935）は，「理屈っぽい理屈だけで万事が片づくと考えるのは不条理の頂上である」と随想録『鼠はまだ生きている』(1939:51) に記している。

　このような，日本語研究のみならず言語研究一般にも顕著な現実を前にすると，「意味についてあまりに素撲な素人考え」（ジルソン 1974:347 を参照）が気にならざるをえない。母語の話者はもとより研究者にも，カタチの問題としての文法にたいする意識はうすい。したがって，日本語文法の基礎というべき"助動詞"と"助詞"にしても，のちに明らかにするように，「語」つまり形態法はややもすると 2 次的（か，それ以下）なものとみなされ，「文」の意味とか機能と直接に結びついた統語法にのみ意識と関心が集まり，かくして言語は（文法は）統語法がすべてであると思いこまれやすい。「語」とその構成を意味的・統語法的な理づけで処理するのは理にかなっていない。「語」は，まずカタチとしてしか理解できない。日本だけのことではないが，現在の言語研究のさまざまな問題はここからきている。

2.4　創造性と表出性

　言語はモノゴトを伝える，いわゆるコミュニケーションの単なる道具ではない。第 1 章でみたように，このもっとも間接機能的 (1.4.1) なはたらき以外に，数多い「直接的」な機能 (1.4.2) が言語にはかぶさる。他者にたいする動能的・交話的・紋章的な機能はともかくとして，本性的に重要なのは創造性と表出性

である。

　形態素と形態素が織りなしてできる「語」そのものとおなじく，語と語が織りなしてできる句，詩歌，文，文章も，すべてカタチであるが，それぞれが単純な総和をこえた新しい価値を創造し，文・スガタ(あや・表出性)を生みだしていく(2.3)。広い意味で，思考を「形成」する言語の，内的な創造的機能を認めたのは W. von フンボルトであったが，自然あるいは意図的な表出のされかたにしたがって，人の心を動かす表出性(美的・感情的)がさまざまにくわわったスガタが得られてくる。宣長がとくに強調したのが表出性(1.4.2.2)である。そこでは，言語に本性的な美的・表出的機能がにじみでて，美と巧妙さを備えた「和歌」(文字ならば「書」)にも「文章(作品)」にもスガタが現れてくるのは自然ななりゆきである。和歌も文章も(五言七言(イツコトナナコト)の定型があろうとなかろうと)，そのもとである語じたいは，おなじくカタチの問題だからである。物理・生理的にとらえられるカタチをこえた，個性的あるいは普遍的な価値や本質を浮かびあがらせるスガタがにじみでてくるとすれば，言語芸術を生む言葉のスガタ性もまた，当の言語における(音声，リズム，象徴，形態法によって支えられる—Sapir 1921:240)ありきたりの「語」のカタチ性からくる問題でもある。これについては，クローチェの「美学としての言語」(2.1.1)も想起したい。

　『万葉集』をよく学ぶべしと説く宣長は，そのなかに「やすらかに長高(タケ)くのびらかなるすがたをならひてよむべし」(うひ山ぶみ)と書きのこした。もとより，ことばの姿(アヤ)とか文は，文字言語だけの話でもなければ，意識的に構築され，美的・表出的機能を備えた言語芸術だけのことでもない。むしろ原初的には，音声言語に本来的な，あるいはより露わな機能であり，「詞の文(ことばのあや)」は「声の文(こえのあや)」である(石上私淑言巻一)。

　「語」といえば，辞書に並べられた固定的な単語だけを想像しやすいが，これまた文字言語に慣れすぎた日本人がいつしかはまってしまった陥穽かもしれない。よく知られた言語について，文明人がいだく文字と辞書についての一般的な観念からでは，すでに理解しにくくなっているかもしれないが，本来は音声的である「語」じたいには，(おそらく，文字以前の人々にとっては「言霊 1.4.2.1」につながっている)表出性・動能性のにじみでたスガタがそなわっている。「語」は音声的にも固定性とはほど遠いものであって，「語」が「文」に相当しうる複統合的言語や抱合的言語にかぎらず(3.6.1)，「語」からはじまるカタチ

の構成はいかに複雑であっても，一定のリズムにのってすすんでいく。

言葉のスガタについて，昭和のふたりの歌人の作品からみよう。『鹿鳴集歌解』(吉野 1956) の解説 (斎藤正二:195–198) が記すように，會津八一 (1881〜1956) と吉野秀雄 (1902〜1967) という師弟が，

(1)　a. すゐえん　の　あま　つ　をとめ　が　ころもで　の
　　　　ひま　にも　すめる　あき　の　そら　かな　(會津『自注鹿鳴集』)
　　b. ひさかたの天つ時雨に水煙のをとめの纏衣ぬれそぼつらし
　　　　（あま　しぐれ　すゐえん　　　　　てんね）
　　（吉野『寒蝉集』）

のように，ひとしく薬師寺東塔を歌い，水煙を歌い，天人を歌っても，歌のスガタはかくもちがう。それぞれに，口ずさませるだけの魔力をそなえていながら，そのちがいは，たんなる語彙にあるのではない。5音7音のリズムをふくむ，カタチの問題としての，語とその組み合わせ (統語法) だけでなく，日本語に特異な2種の文字 (仮名・ルビと漢字) と書記法 (分かち書きをふくむ) までが微妙にからみあって，歌のスガタが浮び上っている。會津は，『自注鹿鳴集』の「序」でみずからのべるように，(1a.) のような和歌の総平仮名に終始固執し，品詞によって単語を切ることで知られ，その歌のスガタには，素直な語感覚が反映されている (3.2)。国文法でいう「音節切り」，「文節切り」とは異なるこの文体は，「草書の流麗にメリハリというか，心象巡礼にかなった独特の陰影を与えている」(山本太郎—會津 1982:11—月報 8)。植田 (2005:198–199) にくわえて，その「品詞切り」，つまり「語による分かち書き，語分け」については，3.3.2.1「會津八一の試み」も参照されたい。

しかしカタチをまとめ，そこにスガタをうかびあがらせていくのは，視覚的な文字による，あるいは文学の世界だけのものではない。極北ツンドラの半地下集会所「男の宿」でくりひろげられる古老の口頭伝承やシャーマンの霊界交信 séance のなかでも，ことば (音声) は，たんなる情報や意志伝達の道具ではない。聞き手は，微妙な肉声のニュアンスにのってでてくるそのことばの姿や文（あや）を，語句やリズムの流れが周りでの筆録や録音・録画によって乱されないかぎり，ことばの力 (呪力・表出性—1.4.2) とともに全身で感じとりつつ，うっとりと引きこまれていくのである。これはもはやコミュニケーションではない。

カタチとしての「語」

❖ 第 3 章 ❖

　「語」というのは，たしかにかなりあいまいなところがある概念である。古今東西の言語学者がその定義をさまざまに追い求めてきたにもかかわらず，ついに明確な定義に達することはできなかった。それは「語」のカタチ性を押さえずに，その性質がうむ多様性の一端だけを経験して，めいめい定義づけをなす（なさざるをえない）からにほかならない。20世紀前半にもちだされた「形態素 morpheme」の概念がこれにとってかわる明確なことばとして用いられたり，併用されたりしたが，その区別があいまいだなどといわれることもあった（森岡健二 1994 など）。日本語研究のなかでの語あるいは「単語」がどのように理解されてきたかについては，本章のさいごにみることにする (3.7)。

　最初に明らかにしておきたいのだが，ときにひとつの形態素がひとつの「語」になる，あるいは両者が対応することは，どんな言語にもあるし，また，基本的には，ひとつの形態素だけでひとつの「語」になる古典中国語のような単形態素的 (3.1, 3.6) な言語がある。しかし，形態素は「語」にとってかわるものでもなければ，たんに「語」を構成する (最小の) 部分とかパーツとかいうものではない。以下にみるように，語と形態素はまったく別次元のものである。前著第2章第1節〈二重分節と自然言語〉でのべたように，「あくまでも形態素は，ひとつの抽象としての「素」である」(abstracted minimum—Sapir 1921)。したがって，両者の区別があいまいになるはずのものではない。「語」とちがって「形態素」はカタチ以前のものであり (3.1)，なによりも「ふれる」(2.1) ことができない[*59]。このことは，のちに見るように，「音節」と「音素」の関係についても同

[*59] ようやくにして，この国でも「実体としての「語」と抽象としての形態素」(中山 2007:41) という認識が語られるようになったことは，今後の言語研究とくに文法研

様である。

　語がある以上，われわれはみずからの思いや考えを言語によって，いかようにも表現できると思っている。その一方で，いかなる詩人もみずからの言語の単語を創出することなどはできるものではないといった，語についての錯誤もある（注107）。しかし，話し手個人が勝手に創作のできないもの，みずからの言語に束縛されているものは，語ではなく形態素であって，さらにそれを「語」にまとめあげ，外化する「型 pattern」であろう。言語によっては，詩人ならずとも，単語の形成と創成は，一定程度まで可能であり，日常的自由とさえいえる。「語」にはしかも，カタチとしてのしなやかさと可塑性 plasticity がある。

　形態素といえば，わが国では，20世紀中葉のアメリカ構造主義言語学の，とりわけ L. ブルームフィールドの概念がひろく紹介され（2.1 などを参照），形態素論を日本語文法に適用しようとする動きのなかで，ブロック（Bernard Bloch, 1907～1965），トレーガー（Trager, George L., 1906～1992），ナイダ（Eugene A. Nida, 1914～2011）などが導入されてきたが，そのなかでは，"語の構成要素"としての日本版"形態素"が一部で説かれたこともある（森岡健二 1965, 1968, 1994—Bloch/Trager 1942, Nida 1949)[*60]。しかしこれらは，「語」の考えかたじたいが異なり，わたしなどが理解する「抽象としての形態素」とは同じものではない。

　それは前著（宮岡 2002）でものべたように，ヨーロッパの J. ヴァンドリエス（1938［Vendryes1921］）の形態素（意義素 semanteme にたいする文法的要素）とも，A. マルティネの形態素（下記）とも，同じではない。そもそも，つぎにみる

　　究に一定の変化と期待をいだかせるものである。
[*60] 構造言語学以後，理論をたからかにうたう言語学は，主として英語学と，一部日本語研究が敏感に反応したが，それらを生んだ言語観やその背景が参照されることはほとんどなかった。アメリカ構造主義にしても，日本で多少とも受容されようとしたのはブルームフィールドやブロック/トレーガーぐらいであって，それ以前から，多くの言語記述をのこしてきたボアズ等の言語学的背景と言語観などは，とくにこの国の文字偏重と無文字言語蔑視の伝統（2.2）のなかではほとんど関心をひかなかったのも理解できる。サピアにしても，その『言語』(1921) の日本語訳ははやかったが（1943, 1957—2.1.1），その正当な評価が広まってきたのは，林哲郎氏らによる「日本エドワード・サピア協会 ESSJ」の発足 (1987) あたりからといえるかもしれない。ちなみに，アメリカの言語学では，いまだに形態素は語の一部だと教えているようだが，語の部分（あるいは要素）には，語幹，接辞，語尾など，古くから定着してきた用語がある（注29を参照）。

「二面結節」(3.1) は，マルティネの有名な「二重分節」(1949) とは，すくなくとも「語」と「文」の方向性が逆になっているし，さらに，橋本進吉の「文節」(2.1) も文から語へと「分節」的にすすむ方向性からの理解であったこと，そしてこれと関連して「語」の規定にはあいまいさがのこること (橋本 1959:15–16) にも注目したい。ただし方向性は反対だが，橋本文法がその「語」と「文」のあいだに，「拘束句」に相当する「文節」をおいたのは，評価されるべき卓見である。

橋本文法でいう「文節」も，たしかに「カタチ」としての単位のとらえ方にちがいなく，結節としては「拘束句」に相当するものであるが，その文節は，(言語分析の視点により)「文」から出発し，そして「文節」から「語」に向かうという，まさにマルティネ的「分節」の方向のものであり (3.1 および前著 7–8 を参照)，本書の，「語」から出発する，つまり「結節」から出発してその上の単位としての拘束句に至るのとは正反対の方向である点に注意していただきたい。結果として，橋本文法では「語」に達するのに問題あるいはあいまいさをのこしたまま (さらに，一部の語の接語性の認識には至らないまま)，"助動詞"を品詞としてたてることになっている。たとえば，「思った」は 2 語 1 文節，「行こうけれども」と「思わせたい」は 3 語 1 文節になるようだが (橋本 1933:11―注 144 も参照)，これらのうち，「思っ-た」と「思わ-せ-たい」は 1 語，「行こ-う≠けれども」は 2 語としか考えがたい。後者は，「行こ-う　けれども」のように 2 文節で発せられることがあるにしても，2 語である。

はじめに文ありきなのか，はじめに語ありきなのか，あるいはその反対なのか (結節 vs. 分節) によって，当然，言語の部分的ならびに全体的な扱い，したがって記述のしかたは根本的に異なってくる。つまり，「分析」としての分節なのか，「形成」としての結節なのかは，言語のきわめて重要な問題なのである。語の意味は文全体から生まれでるという言語観 (古代インド文法学など) にたてば，文から「分節」への方向を考えることになろうが，本書では次節でみるように，カタチの視点からみた「結節」への方向で言語 (とりわけ日本語) を考えている。しかしこれは，言語を静的な体系とみるものではない。

3.1　二面結節

ひろく 20 世紀の言語学は，「二重分節 double articulation」という概念をマル

ティネ (Martinet 1949) から享受することができた (前著 7–16 などを参照)*61。人間言語には，語と文の二元性 (2.1.2) があるからこそ，動物の言語とは異なるユニークな経済性と生産性が出てくること，これがなければ言語は「その目的のために使える道具」(Hjelmslev 1953:29 [1943]) にはならないこと，さらにいえば，前章でみたように，人間の「文化」そのものが成立しえなかったことは疑いえない。しかし，二重分節の定義にあたってマルティネは (1960:112–113, 1965)，繰り返し最小の記号としての形態素 monème と 'mot' (カッコは本人による) の不一致を語り，後者をすえる場所が得られずに，明らかにそれを断念しているように見える (1960:102–109; Matthews 2001:88 も参照)。この点はいまはおくとして，本書も，分析の視点からする分節を否定するものではもちろんない。

ただし，この 'articulation' という用語じたいは両義的であり，『オックスフォード英語辞典 (*OED*)』も 'dividing' (分割) と 'jointing together' (結合) の両義を記載している。マルティネの，形態素への，ついで音素へのという「二重分節」は，第 1 の意味による。しかし，わたしはこの用語を第 2 の意味で使い，言語の線条的なカタチ形成 (進行) の過程を，「二面結節 bilateral articulation」としてとらえてきた (宮岡 2000:15–16; 2002:7–38)*62。分節と結節は，「上から下へ top down」vs.「下から上へ bottom up」のように正反対であるとともに，両者はたんにおなじコインの両面ではないことに注意したい*63。結節と分節のちがいは，のちにも考える。もとより「分節」は，マルティネのそれが最初ではない。分節音声 articulierte Laut を「発話の要素たらしめんとする精神の意図からでた

---

*61 ひるがえってソシュールにとっての「分節 articulation」は，音連鎖を音節へと細分することも，意義の連鎖を意義単位へと細分することもさす (1972:22)。じじつ，マルティネの第 1 次分節の対象は，「文」や「言表」ではなく，「概念」(2.2.1, 3.1.1 を参照) だとされることもある。そこにはカタチ (としての語や文) と概念あるいは意味の混同があり，分節される「概念」を代表しているのが漢字 1 字 1 字，つまり「表意文字」(3.4.3) だという，文字学の解釈ともつながっている。

*62 'articulate' を第 2 の意味で用いた例としては，サピアの '... a unifying accent. But stress has done more than articulate or unify sequences that in their own right imply a syntactic relation' を参照 (Sapir 1921 [1939:118])。これは統語関係つまり統語的結節にふれたものだが，その結節をまとめる unify する力としてのアクセントが語られている。すでにフンボルト・亀山 (1984:199–266 [1836]) は，語の統一性の表示手段としての休止・間とアクセントについて論じている。

*63 人間言語を二重分節原理の裏返し，いわば伸長にすぎないとみる見方が，〈語〉を不明瞭なものとした可能性が考えられる (マルティネ，橋本 1959)。

もの」としたフンボルトにはすでに，人間言語にとって本性的な分節音声の性質についての考察がある (Humboldt 1836:65–72［フンボルト 1984:104–112］)。

　表現後塊 (3) に外化されていくプロセスとして「結節」を考えるものにとって，言語の「カタチ」とは，二面結節における「節 articulus」である。これは，ひとつあるいはそれ以上の，範疇化された「前カタチ pre-formal」的，つまり未形の抽象的単位である「形態素」と「音素」の，当の言語に定まった「型」，すなわち「水路・溝」に沿った現実化 realization / embodiment である*64。

　「言語記号」が (伝統的な意味での「記号」が言語だとすることへの疑義はべつにして——1.4.1 を参照) ふたつの項 terms，つまり記号内容 sign-content と記号表現 sign-expression をもつということは，表1の示すように，必然的に対をなすふたつの面 planes での結節，つまり内容面では「形態・統語的結節」が，表現面では「音韻的結節」があるということを意味している*65。いずれの結節も，ボトムアップの可塑的な過程，つまり動態の問題である。語の形成とおなじく，その上にくる拘束句，句，節，文 (ひいては談話；沖 2004) の形成もまた，この結節の問題である。

[内容面 vs. 表現面]

　ひとが言語を考え，文法を構築しようとするばあい，語と音節の二面性を出発点とするのは，自然なありかたなのであろう。『インディアン語文法ことはじめ』を書き (1.2.1)，当時としてはめずらしい"インフォーマント調査"を試みた (6.3) エリオットは，その『ことはじめ』の冒頭で 'Articulate sounds are composed into Syllables (and) Words.' と述べている (Eliot 1666:1)。

　「語」は，まずは内容面 content plane の現象であるのにたいし，「音節」は表現面 expression plane の現象である。「語」は，べつべつに asunder 発しうる (形

---

*64 'thought-grooves' (1.3, 注1) を参照。
*65 この「面 plane」は，言理学で知られるコペンハーゲンの L.L. イェルムスレウが前提 postulate とした二面性 (内容と表現) を含意している (Hjelmslev 1943［1953］)。イェルムスレウの「本質的な最小の単位は音節」とそれに対応する内容面での「内容の音節 syllabes de contenu」は，実質的にはしばしば「語」に一致する「minimal 'syntagmes'」(Hjelmslev 1966:145–146) であり (1語1形態素)，これは表現と内容の言理学的同型性 glossematic isomorphism の論理的結果であった。形態上の結節とは，文字どおりの意味における「統・語法 syn-tax」である。

態的な) 最小の単位，つまり (盛り込まれる文法的・意味的内容のいかんはどうあれ) 当の言語に固有の内容面の型にしたがう，形態・統語的結節のなかでも最小の「カタチ」である。したがって，「ふれる」ことができる。かたや「語」とは区別される「形態素」は，抽象的な単位であり，「言語記号」も，ふれることができるものではない。

「内容」と「表現」は，前著 (8) でのべたとおり，ソシュール言語学を一面において継承したデンマーク学派のイェルムスレウ (Louis T. Hjelmslve 1899〜1965) らが構築した「言理学/言語素論 glossematics」からとっている。

「語」が内容面での最小の形態的単位であるのにたいし，語幹，接辞その他，カタチの基礎となる形態素は，「前カタチ的」(ということは，抽象的) な機能的単位 functional units である。「語」と「形態素」は別次元のものであり，形態素は語の部分とは考えられない。形態素の前カタチ性は，セム語，たとえばヘブライ語の語根 g-n-b「盗むこと」などにみる，いわゆる 3 子音主義 tri-consonantalism を考えると理解しやすいかもしれない[*66]。

内容面の「語」と並行的に，表現面での (独立に発しうる) 最小のカタチは「音

[*66] 鈴木重幸 (1996:276) は，「形態素は語いと文法の発達に伴って単語から分化した単位だ。…単語が基本的単位であって，形態素は単語に対して派生的な従属的な関係にある。…もちろん単語と形態素とのあいだには絶対的な壁はなく，移行の段階にあるものもありうる」としている (1・2 番目の傍点部は意味不明，形態素を語の一部とするなら，3 番目の傍点部も理解できない)。単語と形態素のあいだの壁うんぬんは，コメント以前の問題と考えて，前著ではふれなかったが，氏から頂戴した拙著についての「新刊紹介」(鈴木重幸 2003:235) には，上記引用部分を詳説するかのように，「…倚辞を単語の 1 種 (付属語…) と見るか，単語に従属する単語要素の 1 種 (膠着的な接尾辞，くっつき，助辞…) とみるかは別として，こうした単位が典型的な単語性をもつ単位と典型的な単語要素性をもつ単位 (語尾，文法的な接尾辞…) との中間に位置する単位として，言語，言語活動のなかに存在することは事実である」とのべられていた (以上，引用中の傍点は宮岡)。本節での所説にもとづく，とりわけ 5.4〈日本語名詞屈折論〉でまとめた疑義がこれにたいする，以前と変わらぬわたしの立場である。そもそも「語」と「形態素」は別次元のものである以上，"壁"をうんぬんするものではないし，後述の「垣根越え」(4.2.1) があるわけでもない。「絶対的な壁はない，はっきりした境界はひきがたい」というのも，「寛容」にもつうじる慎重な学問的姿勢だが，「語」はカタチの問題であり，「形態素」は前カタチ的な問題である以上，壁や境界はひきうるはずである。ちなみに，鈴木氏の「紹介」とは diametrical に対照的なのが定延 (2003) であるが，こちらは，語のカタチ性，二面結節，そして日本語の「語」vs.「複合体」のちがいなど，的確な押さえがあり，単語と形態素などに逸脱はない。注 37 も参照。

節 syllables/sound-joints」であるが，これまた当の言語に固有の型にしたがって形成される．したがって，「ふれる」ことができる．かたや「音素 phonemes」は，前カタチ的な機能的単位であって，ふれうるものではない．

このような並行する諸単位については，つぎに示す二面結節の概要（表1）でとらえることが可能かもしれない．

	カタチ以前	カタチ
〈内容面〉 形態・統語的結節	形態素	語 <（接語・準接語）拘束句 <（統語的）句 < 節 < 文 結節（単）articulus ｜（複）articuli
〈表現面〉 音韻的結節	音素	音節 < 音脚 < 音律的結節（長短，アクセント，音調，イントネーションなど）

【表1】 二面結節

　上段内容面の形態・統語的結節では，語と（2種の）拘束句は，ひとまず明確に区別されつつも，それぞれ単一の結節 articulus であるのにたいし，拘束句化していない，統語的な句，節，文は（ひとつ以上の）切れ目がはさまる（はさみうる）複数の結節 articuli である．切れ目—そして，そこに他のカタチを挿入しうる可能性—が，形態・統語的結節の基礎にある．基本的には，これらの結節それぞれを特徴づけ，ある程度まで「裏打ち」するのが，表1下段の表現面の音韻的結節である．これには，その結節を「まとめる unify」力をもつアクセントや音律素などがふくまれる（注62）．しかし概して，最小の結節としての「語」には，音韻的結節によるカタチの裏打ちが相対的に明瞭ではあっても変動はおおきく，拘束句以上になるにつれて，音声的諸特徴はしだいにカタチそのものよりも内容（意味や談話機能）の示差にむかう．この裏打ちの言語差はおおきく，したがって，たとえば日本語のアクセントがもつ言語的（諸）機能は，他の諸言語のそれとは大幅かつ細部にわたって異なるのもやむをえない．結節による内容面の「語」と形態法的構成の多様な姿は，第4章で日本語を中心に見ることになる．

[接語]

　接辞とは区別すべき「接語 clitics」(さらに「準接語 quasi-clitics」)は，あまりなじみのある術語ではないかもしれないが，「語」を構成する一部としての「接辞」とは区別すべき単位であり，「語」の一種である(とくに 4.2.3 を参照)。日本語では，その種類と機能の幅がとくにひろく，日本語文法の鬼門であるといわざるをえない。いわゆる"助動詞"と"助詞"がこれに深くかかわっているので，本書でも各所(4.1, 4.6 など)でこれと向かいあうことになる。古代日本語もふくめ，接語の存在は，たとえば 4.6.2 の複合法以上に言語にとって自然の理(ことわり)なのではないか，したがって，どのような言語でも，信頼できる文法としての最低の指標とは，名詞類(体言)と動詞類(用言)などの区分・細区分に先立って，まずは接語がきちんと扱われているかどうかではないかとおもわれる。接語(の大部分)は，体言や用言に前接あるいは後接して，それら主要語を効率的に機能させる潤滑油であり，「小辞のない言語は真の意味の死語である。言語の廃墟である」(泉井 1976:293)。

　さてこの接語は，語の一種であるが，単独(自立的)に現われることはなく，基本的には分析できない(つまり，単形態素的な)語である。日本語の準・複合前接語 (5.1.3) はべつにすれば，接語には接尾辞派生はきわめてかぎられている。多くの言語での接語が不変化的なのにたいし[*67]，日本語の特記すべき特徴は，このかぎられた派生にくわえて，(用言的な)屈折をする接語があることである (5.1.1 を参照)。

　接語には，主要語(ホスト host)としての直前の語に音声的によりかかる「前接語 enclitics」と，直後の主要語によりかかる「後接語 proclitics」のふたつがある(英語 incline「向ける，傾ける」―ギリシャ語 enklitikós 'leaning on', proklitikós 'leaving forward')。古典ギリシャ語・ラテン語文法の時代から使用され，印欧比較言語学で重用されてきた術語だが，風間喜代三『ラテン語とギリシア語』(1998:60–61)は，enclitic を「前接語」と訳し，簡にして要を得た解説があるし，『術語編』(841, 844) も enclitic を前倚(い)辞または前接語とし，古典語の例が示されている。マルティネ監修『言語学事典』，朝倉編『新フランス文法事典』，川島編『ドイツ言語学事典』なども，「前接(語)」である。しかしいまも，日本語文法(文典・事典)はこの術語をさけている。

[*67] このため，しばしば前接語的不変化詞 enclitic particles ともよばれる。

ふつう接語は，それ自体アクセントをもたず，音律的に自立語とは異なるふるまいをみせるとされるが，一定のアクセントをになったり，自立語のアクセントに影響をおよぼす言語もある。また接語は，ふつう1音節 (1拍) である言語もあれば，2音節 (以上) の言語もある。

　英語の冠詞 the, a(n) や t'will (it will) の t' は後続の語によりかかる後接語あるいは後接化した語 (準後接語)，I'll (I will), I've (I have), he'd (he would, he had), it's (it has, it is), didn't (did not) の 'll, 've, 'd, 's, n't などは前接化した語 (準前接語) であるが，この自立語が短縮化した (アポストロフで表示される) 接語 'll, n't などのような接語を 'simple clitics' とよぶこともある (Zwicky and Pullum 1983:510)。なお，日本語でも 5.1.4 にみるように，接語にはそれに付随する音脱落のような音特徴があったり，アクセント型の変化をひきおこしたりする (4.2.2 を参照)[68]。

　つとに W. von フンボルトは『人間の言語構造の多様性について』(Humboldt 1836) のアクセントの章でただしく enclitics を扱っているが (第28節)，接語がとくに一般言語学のなかで関心が払われるようになったのは，20世紀のことである (Nevis et al. 1994, Matthews 1974, Zwicky and Pullum 1983, Klavans 1985 など)。服部四郎 (1950 [1960]) は，西洋の諸言語，トルコ語，タタール語そして日本語からも実例をひいて，その音声形式にてらしつつ，clitics すなわちその"附属語"を説いて (1960:12, 784, 797)，enclitic を「前接的」，proclitic を「後接的」(1960:431, 432) とよんだ。1950年の論文「附属語と附属形式」(服部 [1960:461–491]—Bloomfield 1933 を参照) は，言語学的知見を整理して，日本語にかぎらぬ，「自由形式」としての"附属語"を (したがって，否定的・消極的に"附属形式"を) 見分ける3つの原則を提示している (470–479)。

(2)　**原則 I**　職能や語形変化の異なる色々の自立形式につくものは自立形式 (すなわち「附属語」) である。

　　　原則 II　ふたつの形式の間に別の単語が自由に現われるばあいには，その各々は自由形式 [単語] である。したがって，問題の形式は附属語

---

[68] 接語化する対象は，言語によってちがいがある。アイルランドの HE (Hiberno-English) では，it's ではなく，'tis [tiz] であり，これに前接語がついた 'tisn't (it is not) が，さらには 'twas, 'twasn't がある (Shimada 2010:75–80)。ただ，ホストの両脇に (「接周的」に—4.6, 4.6.1，注158) 接語がつくことじたいは，日本語でもめずらしいことではない。

である。

原則 III　結びついたふたつの形式が互いに位置を取りかえて現われ得るばあいには，後者ともに自由形式である。

　各原則は，さまざまな言語について例示されているので同論文を参照していただくとして，本書でも以下，直接関係するところで「服部原則」として言及する。ただしこの「原則」は，"附属語"でなければ（否定的・消極的に）"附属形式"とするものであるが，積極的に"附属形式"すなわち接尾辞を見わけようとするのが，4.3 以下で示す「用言分割（ひねり）と再立ち上げ」の考えかたである。服部の"附属語"については，第 4 章冒頭も参照されたい。

　統語論にたいする関心の盛り上がりのなかで，近年はとくに，接辞ではない語の問題として，接語は，形態論からのみならず，たとえば統語論者の関心をひいてきている（例，藤田 2010）。古くから前接語の統語的特徴として，自立的アクセントがないとされる接語が（文法的機能のいかんにかかわらず）文の第 2 位置をしめる現象は，「ヴァッカーナーゲルの法則」(Jacob Wackernagel, 1852〜1938; 印欧語学者）として有名だが（『術語編』108），この「法則」が当てはまる言語は印欧語以外にも多く知られている。ただし，接語がとる文中での位置（語順）といった統語的現象が，この法則で説明しつくせるわけではない（たとえば，5.1.5 を参照）。接語研究を概観するには，Nevis (1994, 2000)，パラメータを整理した Aikhenvald (2002) が有益だが，接辞と接語の同定基準についての厳密な考察が渡辺己 (2007) にある。特定言語を対象にした考究だが，語境界の同定，「語」の定義につながり，学ぶところがおおい。また，日本語もふくめ，接頭辞と後接語の見きわめは，しばしば接尾辞と前接語より困難であることが知られており，のちにみるように (4.6.1) 日本語もその例外ではない。

　前著（宮岡 2002:45, 74 など）では，文部省『学術用語集言語学編』(1997) に準じて，「後倚辞（的) enclitic, 前倚辞（的) procitic」としたが，それぞれ直前または直後の主要語によりかかる語を後倚または前倚とするのは折合いがよくないし，「倚辞」という訳語もかなり一般的ではあるが，語の一部である「接辞」（接尾辞，接頭辞）ではなく語であることを明示するために，本書ではその使用をさけ，「接語，前接語，後接語」に改めている[*69]。

[*69] 英・独・仏・西語などと日本語との対訳の中・大辞典の多くが enclitic 系のほうを前接（語・辞）としており，三谷 (1997:12–13) はクロアチア語について「前より辞，後

訳語の異同はともかく，接語はけっしてめずらしい言語現象ではない。ただし，日本語の"助詞"，"助動詞"の多くはじつは「前接語」であるが，4.2 および 5.1.1, 5.1.3 で詳細にみるように*70，漢字を受容し，万葉仮名をへた複合書記体系の問題がおそらくからんで，アルファベットのような分かち書きがはやくに定着し（やすかっ）た言語よりは，接語の認識とそれにまつわる文法理解が遅れてしまった可能性が考えられる。

通言語的に接語は，広く知られる言語単位であって，それなりに機能的に多様であるにもかかわらず，とかく文法の片隅にかろうじて存在が許され，用言や体言のはざまに置かれた小さな問題として，世界の諸言語を見渡す類型研究への動機を欠いていた。しかし，世界的な言語記述の不備のために推測でしかないが，どんな言語であっても，その語彙の 100%がつねに自立語(的)である言語などは，おそらく存在しない。そもそも，言語の専門家はべつにしても，語にたいする意識(語感覚 3.2)は一定の反省をとおして得られるものであって，すべての語を一語一語，意識の閾にのせて，自立語的に発話するなどは，おそらくあり得ない。むしろ一定の幅の語彙が，本来的に付属語である(であろうとする)のではないか。もしそうだとすれば，接語の存在には言語的普遍性すら仮定できるのではないだろうか。

より辞」と訳している。浅井(1970)は，明確にアイヌ語の「接語」と「接辞」を区別している。一方，フンボルト・亀山(1984:563)は，enclitic を後倚辞とし，近年の若手研究者の論文を収める東京外国語大学 AA 研の中山・江畑(2006)編，中山・山越(2007)編『文法スケッチ』や同研究所の『クリティックの諸相』(2007)では，その所収論文の何点かに見られるように，「接語」または「倚辞」を用い，enclitic を「後接語」，proclitic を「前接語」としている。なおこの使い方は，『術語編』の一部の項目にもあるので，使いかたに注意して読む必要がある(例，845)。また，『クリティックの諸相』の「刊行にあたって」の記すクリティックにたいする基本的姿勢については，意見が分かれるかもしれない。日本語文法について，角田三枝(2007)は「接辞 affix」と区別する clitic を「依存語」としている。注 169 でふれる，M. Tsunoda (2012) も参照。

*70 英語で書かれた日本語文法では，Onishi (1996) が，拘束句(文節)を形成する，いわゆる「助詞」「は，の」などを clitics(particles) とよんでいる。不変化詞としての"助詞"を接語 clitics とする主張は，Vance(1993) にもある。また，南琉球語宮古伊良部島方言について，下地(2006), Shimoji (2008:28–30) は，接辞と対照的に接語をたてた基本的記述を著わしているが，日本語の訳語は上記 AA 研方式であり，英語論文のほうでは，affix-like clitic と clitic-like affix という興味深い区別をおこなっている。

[語よりもおおきな結節としての拘束句]

　接語は，その後ろまたは前にくる（よりかかる）主要語とともに，「拘束句 bound phrase」（第5章）をなす[*71]。表1（二面結節）にみるように，「語」の一段上の結節である。

　さきの接語がついた英語 I've, t'will などはしばしば「音韻的な語 phonological word」であり，I have, it will は「統語的」に 2 語 syntactical words だという区別が広くおこなわれているが，「接語」はあくまでも「語」である。つまり接辞ではない。（ただし，I have, it will は，表記法はともあれ，しばしば拘束句として発話される。）拘束句を形成する接語は，機能的にも分類がきわめて微妙だが，本来，ひとつの語類に属する（品詞分類の対象となる）べきものである。かわりに，いわゆる「音韻的な語」をたてるとすれば，この拘束句にほかならないものを品詞分類の対象としてどう処理するかという，とりわけやっかいな問題になる。話し手の（母語にたいする）「言語感覚」として 2 通りの「語」が感じ分けられている言語が存在するなどとはわたしには疑わしく，文法（理論）上，2 種の「語」を理論的に措定しようとする立場には容易に賛同しがたい。

　日本語については，橋本進吉の「文節」は一種の拘束句に匹敵するものだと，ひとまず考えることができる[*72]。ただし実際の言語事実としては，おそらくこれには，広義の複合語（4.6.2 他），用言・体言複合体（5.2, 5.3）などがふくまれるばかりか，ふつう統語法的な問題として処理されている「動詞連続 serial verb (construction)—5.2」とよばれているもののすくなくとも一部にも，おそらくかかわってくる問題であろう。

[「拘束句」vs.「句」]

　「語」がふたつ（以上）結びあわさってできた，つまりそれをこえた 1 段上の

[*71] サピアが 'word-like phrase' (Sapir 1921 [1939:137, fn. 19]) で意味しようとしたのは，この bound phrase であろうと推測される。

[*72] 橋本進吉は，ヤ・マ・ハ・ナなど，音節と名づけられる単位を析出することはさほど困難ではないが，これをさらに小さな単位，すなわち単音に分解するのは，多少練習しないと困難である，との旨をのべている。その一方で，文節と名づける，必ずこれだけはひと続きに発音しなければならない最小の「句切り」もまた容易に見出すことができるとするが，語の析出は明瞭ではない (1946:190, 212)。2.1.2 および注 145 を参照。しかし，本書の立場は逆であり，最小の（内容面）結節としての「語」から文節が，つまり拘束句が形成されるボトムアップの結節を考えている。

結節は，統語的な単位としての，いわゆる「句 phrase」ではかならずしもない。名のよく知れた大言語であれ，異国風な小言語であれ，多くの言語の信用できる文法記述を見ると，「語」と「句」というふたつの範疇がかならずしも厳密に区別されているわけではないとしても，形態的固着度が中間的な，(すくなくとも) もうひとつの結節のレヴェルがあることを思わせる。そのあいだにくる「拘束句」が，どういう特徴をもつものかは，言語によって，また文法家によって意見が異なり，その名称も扱いも一様ではなさそうだが[*73]，ひとつの主要語とそれに付属的によりかかる「接語」，つまりホストが先行あるいは後続する前・後接語 (5.1.6) の問題である。

　接語 enclitics には，本来的な接語と，自立語から (恒常的あるいは臨機的に) 接語化した「準接語 quasi-enclitics」の 2 種がしばしば区別され，前 (あるいは後) 接語的拘束句あるいは準前 (後) 接語的拘束句を形成する。日本語ではとくに，多少とも文法化 (注 12) した「複合前接語」(5.1.3) が多様である。拘束句のそれら主要語と接語のあいだには，(潜在的な) 切れ目と別の語による挿入・分離の可能性があり，しばしば当の言語に固有の，一定の音韻的な特徴 (単音的 segmental および音律的 prosodic) がかぶさって，その結節を裏打ちしている。前接語的ならびに準前接語的な拘束句を音声的に区別する言語もある。日本語でも，第 5 章でみるように，部分的にはアクセント型に一定の差異が現れるとしても，その点の整理と解明は今後にのこされた重要な問題であろう。

　本来的な接語はふつう単形態素的であり，概して単音節 (あるいは 2 音節) がおおいといえるかもしれない。「複合前接語」は多形態素的で，多音節になりやすい。以下の記述では，接語的拘束句の内部境界は等号 (=) で，準接語的拘束句のそれは不等号 (≠) で示し，統語的な句 (自由句) のそれは，通例は空白か，比較の便のためには，井桁 (#) で示す。

　拘束句は，繰り返すように，ひとつの語とおなじく，ひとつのカタチつまり (上位の) 結節であり，内部の語どうしに切れ目は生じない，いわば「語的な句 word-like phrase」(注 71 を参照) であるが，ひとつの言語の内部でも言語相互でも，内的な接合あるいは結合度の強さ，生産性，種類の幅は，非常に差がおお

[*73] 寺崎 (2004) は，スペイン語における「語と統語的な構造の中間に位置する」形式を検討し，そのように「複合語とは認められないが，複合語に近い機能をもつ語の結合」にたいし，これを「単語複合 (体) complejo de palabras」とよび，とりわけ「名詞複合体 complejo nominal」を詳説している (5.3 を参照)。

3.1 二面結節　101

きい．信頼できる言語記述がすくないので，定かなことはいえないが，分類の容易さも言語によっておおいに異なることが推定される．

　拘束句でも，結合度のたかいものは，時とともに語彙化あるいは文法化がすすんで，いわゆる"複合語"にちかづき，かたやより接合度のゆるやかな拘束句は，統語的な「句」にちかづく．両極の間には，しばしば漸近的な移行が生じる[*74]．言語によっては，術語の本来の意味（原義）での複合語がない言語もあれば，語レヴェルでの語彙産出は，もっぱら接辞や重複などにたよる言語もあれば，さらには拘束句に多く依存する言語もある．日本語は，語レヴェルの産出（造語）が盛んである一方，拘束句が接合度あるいは結合度 boundness/fixedness をたかめた（とくに体言的な）語彙の産出もけっして無視できない．また，とくに拘束句レヴェルでの用言の柔軟で広範な拡張をはかる「用言複合体」(5.2) が日本語でもつはたらきは，注目にあたいする．かたや，語が語形変化をしない孤立語である中国語は，概して語レヴェルでの語彙産出性は低く，かえってその中心は，単音節優勢の語と語をあわせた（"複合語"とよばれているが，じつはおそらく）拘束句のレヴェルにあり，そこで新しい語彙要素が改新的かつ広範につくられる（借用はのぞく）．このことが，中国語を複統合語とする判断を招くことにもなった[*75]．その，ふつう"複合語"とよばれているもの（とくに名詞＋目的語型）の多くは，容易に（統語）句に移る，多少ともゆるやかな拘束句とみなされる．これが，「イオン（電解）化 ionization」と「分離 separation」として趙元任 (Chao 1968:159–160, 426–434 等) が扱った中国語の現象にあたることは，前著（宮岡 2002:143–147）で紹介した．イオン化のような，拘束句の解消あるいは融解とは，結節の分離 detachment いわば脱結節化 dearticulation の問題であるが，これはけっして異様な言語現象ではない．

　拘束句は，語と同様にひとつの結節であるが，ある種の効果を求めて「脱拘

[*74] Miyaoka (2012; 14.3.3, 16.3) の注目する，ユピック語で数詞にのみ生じた（おそらく新しい改新であろう）「等置句 juxtaposed phrases」（並置句 appositive とはべつ）など，興味ぶかい現象がある．

[*75] 孤立語タイプ (3.6) の典型として知られる中国語のゆるやかな"複合"を複統合性とよんだのは，スカリチカ (Vladimir Skalička, 1909〜1991) である—1951 Typ polysynteticky / Typ češtiny, Slovanké nakladatelství, Praha（千野栄一氏の教示による）．Miyaoka (2012:29) を参照．ただし，「単綴語の中国語の詩は，二字の連語を一塊のものとして発音し，それを純粋に一音の単語と交錯させることによって，リズムを成している」（吉川幸次郎 [1951] 1970:94）というのも，「語」を超えた，中国語特有の結節のひとつであろう．

束句化」し，もとの統語的な句に分解する。このような拘束句の解消はめずらしくない。拘束句は，当の言語が許容する範囲内で語順を逆にできる（置換 permutation 可能の）自由な「句」，つまり「統語的な句」につらなる。

　一般的にはたしかに，ふたつ（以上）の語が句（さらには節）をなし，そこに語順（語序）の問題が生まれ，文法的あるいは意味的に関係すると，このふたつ（以上）の語がたがいに隣接する傾向がある。しかしながら，しばしばふたつ（以上）の語からなる句が統語関係の異なる（とおい）語によって分割される，つまり，ふつうは拘束句として結節される。たとえば，並置的名詞句が統語的関係のとおい語によって分割されることが，ときに生じる。ふたつの並置的名詞句 {A + B} {C + D} が交差して，興味ぶかい {A + C} {B + D} のような並びになることさえある（GCAY:811–812）。この現象については，5.1.5 でふれる，まれなタイプというべき「位置が間違った前接語」も参照されたい。

　言語には伝達という重要な使命があり，そこで交わされる「文」には，自由に動かせない（直接機能的な）制約があるために，統語法は，おのずから一定程度しばられる（1.4.3）。たしかに，内容面（形態・統語面）での結節は，いわゆる形態法と統語法は本性的にひとつの連続的な過程といえるにしても，分け目（潜在的）の有無によって，ひとつのカタチかふたつ（以上）のカタチかというちがいがあり，両者はそれぞれが自律的な分野ではない。さらにいえば，総じて言語は，第一義的にはカタチの論理がはたらく問題であり，意味や機能はそれにかぶさる第二義的な問題である，と考えざるをえない。

[「水路」にしたがった「結節」]

　表 1 の示すように，「二面結節」とは，「語」と「音節」をそれぞれの面において外化・具現化する最小のカタチからはじまる「型づけ（定形化）」（泉井 1956:162）の過程とみることができる。その結節は，二面それぞれの前カタチ的，ということは抽象的な単位である「形態素」と「音素」とを結びあわせつつ進行（外化）する，ボトムアップな並行的現象である。内容面では，この結節の過程は，当の言語に固有の集合的な型あるいは表現の「水路」にもとづき，話し手の意図する情報構造にしたがって進んでいく。形態素と音素は，それぞれの面で階層的に結びあわさって，形態素は「語」，「拘束句」，「句」，「節」，「文」へと結節する。それと並行して，音素は「音節」，「音脚」，「音律的結節」へと進む。かくして，子音・母音の扱い，長さ，強さ，高さ，リズム，イントネーションのような音

声・音律の特徴，それらと関連する音調和，ライム rhyme，サンディ sandhi，気音化，鼻音化，声門化，そしてもっとも重要な，1次元的カタチ (2.1) を区切る (潜勢・実勢の) 切れ目あるいはポーズ (ときに声門閉鎖音 glottal stop であることも) が，同時的に内容面での形態・統語的結節にかぶさって，それを「裏打ち」していく。

「語」は，形態素 (連続) が外化 (カタチ化) する，言語ごとに異なる (切れ目・ポーズをふくむ) 音声・音律的特徴によって定義されるが，「接語」もおなじくカタチとして，音声・音律的特徴によって定義され，さらによりかかっていく他の語との間に (つまり，拘束句のなかに)，他の語 (接語) を挿入しうるという特徴がある。こうした「語」の境界画定的な諸特徴が，「語」にたいする「形態感覚 form-feeling」つまり「語感覚」(3.2) を支えていると考えられる。「語」は，言語によって異なる特別のばあいをのぞき，なにか「語」の言語学的な定義にてらして判別しなければ，分かち書きもできないといった代物(しろもの)ではない。言語学など知らない素朴な話者でも，(他言語の「語」によって乱されていないかぎり) みずからがもつ形態感覚によって知っているはずのものである。個々の語にいだく感じやひびきをさす，いわゆる「語感」とはもちろんべつである。

音韻的結節による裏打ち (裏支え) された形態素はひとつだけでひとつのカタチ，つまり「語」に結節化することがある。その一方で，ふたつ (以上) の形態素がひとつのカタチ，つまり「語」に結節化することもある。つまり，単形態素的 mono-morphemic な「語」もあれば，複形態素的 multi-morphemic な「語」もある。ただ，複形態素の「語」が形態素と同数の部分に分けられるとはかぎらない。ひとつのカタチのなかでふたつ (以上) の形態素が融合をおこすことはめずらしくないからである (フランス語 a le > au [o], de le > du [dy])。

基本的には，「語」がかなりの数の形態素をふくむ傾向を示すのが，いわゆる複統合語 polysynthetic (3.6.1) である。カタチの理解に役立つタイプの言語類型であるのでのちに詳説するが，その傾向のとくに著しい複統合的な言語では，ひとつの語が 10 はおろか，20 以上の形態素をふくむことさえある。したがって，そのような言語では，語を収録した辞書といったものは，不可能である。すなわち形態素どうしの組み合わせが数かぎりなく多くなり，語という単位で列挙しようとすると膨大な数になって，つねに新しい語が生成されるさまは辞書ではとらえられない。つまり (たとえば英語や日本語などの) すべての文を列挙するような辞書を想定するようなものである。そのようなことになる

のをさけるとすると，形態素結合の可能性だけを網羅することになって，もはや語を収めた辞書とはいえないものになってしまう。

　これと同型的に，ひとつの音素がひとつのカタチつまり「音節」に結節化することがある一方で，ふたつ(以上)の音素がひとつのカタチ，つまり「音節」に結節化することもある。すなわち，単音素的 mono-phonemic な音節もあれば，複音素的 multi-phonemic な音節もある。言語による音節の多様性はどうあれ，語感覚とおなじく，音節の結節化は，話し手がもつ「音節感覚」の基礎である。実質的には無制限の閉塞音(閉鎖・摩擦・破擦)連続が許容され，閉塞音だけで多くの語(あるいは拘束句)ができているという，ベラクーラ Bella Coola 語(セイリッシュ語族)のような言語もある (Nater 1984:xvii, 1–29)。

　このように，言語における，ひとつの「語」は，音韻的には1音節のことも長い音節連続であることもあり，形態的には1形態素のことも長い形態素連続であることもある。したがって，言語間のばらつきはきわめておおきい。しかし話し手の言語感覚の問題として，形態素と音素の析出には多少の訓練が必要であるのにたいし，「語」と「音節」は，いずれもカタチである(ふれられる)ために，認定は比較的容易である。結節の可触性のおかげであるが，これはまさしく，のちにふれる語感覚と音節感覚に関係している (3.2)。

　言語における結節の過程は，基本的には，リズムにのって進行していく。中国語など多くの言語について，語と語が結びつく統語的レヴェルでのリズムの重要さが説かれるが，エスキモー語のような複統合語でも，内容的に文にも匹敵しうる語そのものの内部でリズムが働き，それによって語のカタチを支える(裏打ちする)。前著第5章 (119–129) は，〈語〉にカタチを与える特徴としての音律現象をエスキモー語について略説したものであったが，この言語のように画然とはしておらず，内部的なゆれはおおきいにしても，基本的に日本語の語(とくに前接語的「拘束句」—「倚辞句」とも；宮岡 2002:28, 32, 127) にカタチを与えているのは，実勢・潜勢のいずれであれ，切れ目，高低アクセント，イントネーションのような特徴である。言語によっては，接語はしばしば他の語，つまり主要語によりかかる無アクセントの語 (Matthews 1974:168) であったり，アクセント型に変更をもたらしたりすることもある。そればかりでなく，言語によっては，接語句のなかでそのリズムにしたがって接語がアクセントを担うこともけっして異常なことではない。接語が無強勢語と規定できるのは，おそらく一部の言語にかぎられる。

音韻的結節は，形態・統語的結節の「裏打ち（裏支え）」となる。同時的に進む音韻的結節が形態・統語的結節のカタチ性を支えるのだが，その結果，「語」のカタチらしさあるいは「まとまりのよさ well-formedness」が生まれ，集団的な，つまり話し手が共有する直感的受容（下記）が生まれる。ただし，両面における結節は必ずしも完全に対応するようには進まない，つまり「ミスマッチ」(3.1.3) がしばしばおこりうる。くわえて，裏打ちといっても，言語（のおそらく類型的種類）によっても，その言語が利用する音律素の種類によっても，裏打ちのつよさと型は一様ではなく，カタチを明瞭にうきだしあげる言語とそうでない言語があって，日本語はすこぶる始末のよくない種類の言語といわざるをえないかもしれない (4.2.2〈アクセント〉)。

　内容面と表現面の並行性が意味しているのは，「語」が前カタチ的で抽象的な形態素とは区別されるものである以上，「語」はたんに形態素と「句」のあいだにくる中間レヴェルのおおきさのものではないし，音節より上位の単位といったものでもない，ということである。このことからしても，接語も語である以上，これが語と形態素のあいだの移行の段階だとか，（接語に相当するらしい）「くっつき」は「単語と語尾・接尾辞の中間にあるもの」であり，「単語」の要素であるとする鈴木重幸氏 (1987:152[1972]，1996:276[1983]) の説には与することができない*76。

　ふたたびマルティネの「分節」と対照的に「結節」を考えると，前者には（分析的に）文から語（あるいは記号素 monème —Martinet 1970[1972:16–17]）そしてさらに音素にむかう言語の見方として，カタチとしての語は考えにくくなり（橋本進吉も参照），またしばしば，文あるいは統語法をややもすると意味の問題として見ようとする傾きがでやすくなったのではないか。20世紀を走り抜けたトップダウン式言語学が終焉を迎えたなどというつもりはないが，言語の具体と格闘してきた人に，これにたいする疑問と反省が芽生えてきたことは，おおきな望みを抱かせるものである。上のような二面結節の含意する形態論の優位性は，峰岸真琴氏もこれについて語り (2006)，「動的形態論」の立場を明らかにしている (1.4.2.2 の「動態性」，注 119 を参照)。

---

*76 鈴木重幸 (1987, 1996) は，kak-u, kak-e (語尾)「書く，書け」vs. yama=ga, yama=ni (くっつき)「山が，山に」のように，いずれも「単語の要素」とするものを表記し分けているが，接尾辞と前接語を区別する，本書などの表示方法と混同しない注意が必要である。=ga, =ni は単語の要素ではない。

このような二面結節を特徴づける音素と形態素(上述のように,明確に区別されるべきものだが),そして語と文からなる言語は,大小さまざまな部分と部分が動的にからみあったひとつの全体,いわば「(言語)構造体」である(5.2を参照)。

[二面結節の意味するもの]
　二重分節の立場からすると,文から語へ,形態素から音素へという一方向的(一面的)分節とあいまって,統語法的,形態法的,音韻法的な現象のいずれかとして把握することが一般的なのにたいして,二面結節はこれと方向性が正反対(形態素から語へ,音素から音節へ)であるとともに,二面性にもとづく把握が考えられている。そこでは統語的な現象は,複統合的言語にかぎらず,語相互でも語内部でもおこりうる。また,ある文法現象が,形態論レヴェルの現象なのか,統語論レヴェルの現象なのかを峻別することはむつかしい。したがって音律現象は,語にだけかぶさるのではなく,拘束句はもとより文にいたるすべての内容面の結節を表現面(音韻)で裏打ちすることになる。いわゆる複合動詞など広義の複合語(4.6.2),日本語の用言複合体(5.2)から,いろいろな機能を示す句,節,文にいたるそれぞれの,音韻的結節とのミスマッチをふくむ対応を押さえることが本来,必要なはずである。

3.1.1　話し手にとっての「語」
　一般にわたしたちは,言語を「記号」とみなす古代から支配的な言語理解にしばられて,「語」というものは話し手個人に先立って確立し,単一の「概念」として蓄えられた,なにか静的で固定的な既成物であるかのように受けとめがちである。そしてふつう,これに音声形式をあたえた恣意的な「記号」がある,そしてそれを収録した「辞書」がある,と考えがちである。(ある時期)語彙の"固定度"が相対的にたかい言語についてはとくに,そのように考えるのは理解しやすい。しかし,とくに複統合的な言語にふれたものには,「語」は可塑的かつ柔軟な,話者の意のままにすすむカタチ形成の力動的な過程として,はじめて理解されることになる。というより,それまでうごめいてきた心的内容が,「語」というカタチとして外化するのである。ふつうの話し手が,ときには文的な内容すらもつ新しい「語」を,たんに特定のばあいのいちどかぎりというのではなく,(一定の限界はあるにしても)ごく自然に,つまり日常的に産み出してい

く。しかしこれは，その話し手の勝手気ままな流儀や独特のくせといったものではなく，厳密に，当の言語に固有の，集団共有の形態法的ならびに音韻法的な型にしたがった形成，つまりカタチづくりなのである。

もとより「語」と「文」の二元性 (2.1.2) にともなう当然の限界はあるが，「語」は，容易にひとつの「文」にもなる。必要に応じて臨機応変かつ自由に複雑な「語」をつくる複統合語でのように，多様かつ具体的あるいは抽象的な内容や文法的概念で満たされ，他の言語なら機能的には複文に匹敵しうるような「語」がつくられ，しかもそのような「語」から，さらに内容の複雑な「文」がつくられる。その一方で「語」は，かぎりなく内容がゼロに近づき，句や文の (統語的あるいは音韻的な)「スロット slot」を埋める埋め草的な虚辞・虚語になることもある (3.1.2)。しかし「語」は，「語」であることにかわりはない。

すでにのべたように，二等辺三角形にとって，その形の大小は本質的なことではない (2.1.1)。言語がカタチであるとすれば，このことは，けっして驚くにはあたらない。「語」にかんするかぎり，内容 (機能や意味)，つまりその統語法的あるいは意味論的な関連は，あえていえば，むしろ 2 次的 (な結果) である。したがって，「語」を統語法的あるいは意味論的な観点から規定あるいは定義しようとする試みは，恣意的な「語」や究極的には「語」の概念の否定につながりうることも理解できる。あるいはすくなくとも，通言語的に驚くほど多様な実体を記述するのに，慎重な検討もなく"複合語"という用語を使うことにも関連してくる。ちなみに，本書での「複合語」は，4.6.2 でふれるように，原義的な「かたい」語幹の複合語を考えている。それはあくまでも「語」であって，結びつきのゆるやかな拘束句ではない。"複合語"においてなぜ「分離」がおきるのか (例，沈 2006) も，語というよりは拘束句あっての問題であろう。

形態・統語的結節，とくに「語」レヴェルの形態的結節にそなわるカタチ性が，同時的進行の音韻的結節によってより鮮明に強化 (裏打ち) されていくさまが実感できるのは，語構成上の型にはまりつつも可塑的な造語力のたかい「非定型的 non-templatic」な複統合語である。「定型的 templatic」な，しかしそれなりに生産性 productivity のたかい複統合的言語との対比は後に示す (3.6.1)。

3.1.2 内容の希薄化:虚辞その他

「語」のカタチ性あるいは結節性からまず考えられるのは，「語」はカタチになってこそはじめてその内容は変化し，しだいに「希薄化 dilution/bleaching」し

うるという，おそらくどんな人間言語にも一般的に認められる事実であろう。多少とも不透明な，語彙化や文法化をこえた「虚辞あるいは虚詞 expletive」は，内容が空あるいは虚の，音韻的あるいは統語的なスロットを埋めるクッションのような「埋め草 fillers」でしかないものになりうる。『古事記伝』で宣長がテニヲハと対比して指摘していた，中国語の，あってもなくても「文」をなしうるが，ないとリズムがわるくなる，そのような「助字」(吉川幸次郎 1968)こそ，まさに虚辞であろう。前著(宮岡 2002)でふれたように，たいせつなのは(カタチをなす前の抽象的な)形態素じたいが内容を希薄化するのではないということである。カタチをもつ具象性のある「語」あるいは「語」連続の一部になってはじめて希薄化するということである。

英語 expletive (虚辞)のもととなったラテン語 *ex-plere* 'to fill out' (*ex-* = 'out, free from') の語幹は，英語 *plenty* や *fill, full* などともおなじく，印欧語根盈度(もしくは充実度)の *pel- 'to fill' (*AHG*—p はゲルマン語では f; 例，pata/pied vs. foot)からきている。内容的に盈ちたものが欠けて，虚辞つまりゼロになる，これは「語」がもつカタチ性の運命であろう。

こうして内容が空になりうるカタチあるいは語にたいして，いわばその根底にある抽象的単位としての形態素は，定義上 'full' である。形態素に匹敵する言理学用語「内容素 plereme」(林栄一訳述［1959］)も，上記 'to fill' の語根 *pel- の零度 pl- にでているのにたいし，音素に匹敵する「表現素 ceneme」('empty') は kenos- 'empty' からつくられていることが理解できる。「語」として外化する以前の，つまり前カタチ的な形態素には，時代的な内容変化はべつにすれば，個人レヴェルでの恣意的な内容の変化はない。はじめから記号内容がゼロの，つまり無意味な形態素を云々するのは当っていない(2002:14 ならびに下記〈無意味形態素〉を参照)。

ひとつのカタチ，とくに語(ついで一部，拘束句でも)は，内容が希薄化し，ときにはゼロに近づく。複合語のひとつの項から2次的な接尾辞化(4.2.1)がおこったり，いわゆる"実語"から「虚辞，虚詞」あるいは「接語」への内容の希薄化(3.6.2)がおこることはきわめて一般的な流れである。複合語の構成要素が内容的に希薄化したり接辞化(文法化)したりしやすいことは前著でもふれた(2002:73)。ある種の動詞，名詞などが「実質的な意味を失ってできた動詞，名詞」と定義されることがしばしばあるが，本来は意味ではなく，カタチの面

から定義されるべきものであって，たとえば，さまざまな使われ方をされている"形式動詞"という術語も，意味からこれを規定するのはむつかしい。実質的な意味を失ったから形式動詞になったというよりは，カタチのなかに（あるいはそのコンテクストのなかに）あってはじめて内容が希薄化し，ある種の文法的機能をもつ動詞（的要素）になったとみるべきであろう。いいかえると，拘束句は，もとゆるやかな接合であったものが，しだいにカタチとしての固定性が強まるにつれて，しだいに固定的な 1 語に変化したり，また複合語におけるひとつの語幹であったものが，ひとつのカタチのなかで，時とともに「文法化」し「接尾辞化」する[*77]。ひとつの語ではなく，おなじくカタチである派生語や複合語，さらには，つぎのカタチである拘束句のなかにあって，（部分的に）虚辞化・虚詞化あるいはゼロ化がすすみうることをわたしたちはよく知っている(3.1.2)。日本語のばあい，たとえば原義的な複合動詞（V + V）の先項あるいは後項が（内容の稀薄化をともない）しだいに接尾辞化（4.4.1.1）し，あるいは接頭辞化（4.6.1）し，さらにはこのうえなく虚辞に近づきうる。しかし虚辞・虚語は，内容がゼロ（に近づいたもの）であっても，談話的・文体的にはけっして無駄なものではない。語や句や文を音韻的・内容的に整えるなど，重要な潤滑油的な価値をもちうる。英語その他の言語における虚辞化（虚詞化）については，前著（135–148）も参考されたい。個々の語の希薄化はもとより，カタチの内容的希薄化は自然のなりゆきであることを考えると，もっぱら意味にもとづいた文法範疇の設定や処理には注意が必要である。

　虚辞化は，しばしば句や文のリズムと結びついて生じるが，のちにふれる「草（を）刈る」「（み）草刈る」の「を，み」などもまさにリズムの問題である。ここでは，文における虚辞的「み」のばあいをみてみよう。會津八一（2.4）の短歌，

(3)　　かすが の　み くさ　を り　しき　ふす　しか　の　つの　さへ
　　　　さやに　てる　つくよ　かも　　（『自注鹿鳴集』）

について，吉野秀雄は『鹿鳴集歌解』(1956) で，「「み」は意味のない接頭語だが，これによって言葉が和んでいる」(244) と解説し，會津は，べつの歌での「みゆき」について，『自注鹿鳴集』([1940]1998:149) で，「ただ「ゆき」ということ，…

[*77] Narrog and Ohori (2011) に日本語の文法化についての要を得た一章がある。ローマ字書き日本語例は，接語も接辞も一様に区切られている。

「深雪」は，当らず」とのべている。俳句・和歌における（五句，七句の）いわばスロット埋めに虚辞的「み」(および任意的な接語「を」)がいかされていることが知られる。接頭語はともあれ，「みくさ　をり　しき」の文法的構成をどう見るかについては，のちに名詞抱合か放出か(5.2.2)でふれるが，日本語の和歌に伝統的な五・七文節（語句）とはちがう，會津のいう「品詞切り」については，「會津八一の試み」(3.3.2.1)を参照されたい。

　内容の希薄化といえば，いわゆる"無意味形態素"(宮島1972)が想起される。「意味の無い音声形式は記号ではない」(ジルソン1974:32)という言葉をまつまでもなく，この用語には疑義がある。意味のない音(連続)とは音素にほかならない。意味や機能が希薄化して具体的には特定できないとしても，完全に無意味ではないはずである。定義上，意味をもつ最小の言語単位が「形態素」だとすれば，無意味な形態素とはそもそも意味をなさないし，記号表現と記号内容があっての形態素のはずだからである（上記の論理学用語 plereme, ceneme を参照）。もし音連続 pq の一方の音の意味が完全にゼロだといいうるならば，それはすでに2形態素ではなく，そのゼロの音は残りの形態素の一部をなす，いわば音素連続と考えるしかない。よく引かれる遊び用「ビー玉」の"無意味形態素""ビー"も，これがふつうの「玉」とはちがう，しかし一種の「ガラス玉」だとすれば，内容（意味・機能）がまったくないとはいえない。積極的な意味はもたずとも，なんらかの意味（内容，機能）をもつものを無意味形態素とよぶのは撞着語法 oxymoron にほかならない。宮島氏の"無意味形態素"は，希薄化の一面にふれようとしたものにすぎず，"無意味形態素"とはいえない[*78]。同種の

　[*78] 宮島(1972)のこの用語は，『術語編』(1996)，『国語学大辞典』(1980)，『国語学研究事典』(1977[1996⁹])のいずれにも立項されていない。この用語については前著(2002:15 他)でも考えたのだが，心外にも，これをわたしが容認しているかのように引用されることがあり(cranberry morpheme の訳語として無意味形態素という用語を使用しているなど)，その一方で「チンドン屋」(亀井孝)の列がいまだ絶えない今日，再度明らかにしておきたい。宮島氏は，その"無意味形態素"を「それ自身では積極的な意味をもっておらず，つねにほかの特定の(有意味的な)要素と結びついてあらわれる要素」(15；傍点宮岡)とし，あわせて「ごくかぎられた結びつきにしか出てこない(ビー玉のビー，cranberry の cran-のような)要素であっても，…たしかにそれ自身では積極的な意味をもっていないようにみえる。しかしその共起する要素(玉，berry)に，たとえ同定しえないほど微妙ではあれ，なにがしか一定方向へ内容的な捻り(修飾)をあたえている，そのかぎりでは，「無意味」だとはいえないものが多いように思われる」と認めているのである(同)──3.6.2を参照。しかし，和歌におけるすでに形骸化した枕詞までも(声調を助け整える機能がある以上)無意味だと解

語法には"不変化助動詞"(4.5.1.1)がある。

3.1.3 「ミスマッチ」

　二面結節の問題にもどれば，両面（表現と内容）での結節はかならずしも完全な対応をなしながら進行していくものとはかぎらない。いかなる「カタチ」の両面も，たがいに他を前提とし，相称的な対をなしているが，それぞれの面には，各面でのすべての要素がたがいに緊張した「はりあい」がある。そこには当の言語の「型づけ」によってカタチをつくっていく form-giving 過程があるのだが，その過程には各面に固有の動因があっても不思議ではない。一方の面の内部における項は種々相互にもたれあい se tenir，依存しあっているが，その関係は，他方の面内部における項とは無関係に存在するからである（Hjelmslev 1943［1953］およびソシュールの「価値 valuers」を参照）。このような各面の内部の相互依存関係は，言語以前の（つまり，脳と音声器官という心理的ならびに生理的な）制約諸条件とあいまって，異なる面のふたつの単位，あるいは「節 articuli」間での（見かけの）さまざまな不均衡あるいは「ミスマッチ mismatches」を必然的に生むことになる。もちろんこれを考慮にいれて書かれたのが『語—通言語類型論』（Dixon and Aikhenvald 2002）であり，そこで主張されているのが「形態（統語）法的/文法的語 morphological (morphosyntactical) / grammatical word」と「音韻法的な語 phonological word」という2種の区別である。後者の例には，3.1 でふれた英語 I've のような前接語句，つまり拘束句などもはいる。2人の著者の影響力はおおきく[*79]，受容されはじめているのは事実だが（例，

　　釈する人もないだろう。ちなみに，「無意味形態素」は立項していない『国語学大辞典』が，宮島の「語」はあげており，それは「いちいちの言語活動に先だって与えられている表現単位」だとし，その「語」の"現象形態"が「文節」なのだというが，これもわたしにはわかりにくい（2.1 を参照）。

　　なお，「ゼロ異形態 zero morph」という用語も Hockett (1947:340) などに使われているが，これとはちがう。音形はゼロだが内容（機能・意味）は明確に指定できるものであって，多くの言語について知られている。現代英語の屈折接尾辞である三・単・現の -s に対応する，非三・単・現の -∅，複数 sheep-∅ など。日本語の屈折接尾辞「-∅」については，(46) などを参照。"無意味形態素"については，「ゼロ形態素 zero morpheme」もときに使われているが，形態素は音をとおして意味を伝えるものである以上，「所記の無い記号はない」（ジルソン 1974:28）。また Asher (ed.) (1994:4–2139) もいうように，「ゼロ形態論は不可能である」し，「ゼロあるいは虚の語彙素 zero/empty lexemes はおこらない」。

[*79] とくにアマゾンの諸言語についての言語経験が広く，フィールド志向の「文法を書

Himmelmann 2006 など),ある主要語に接語がついた結節をよぶ「音韻法的語」は,「語」より上位の結節である「拘束句」にすぎないと考えれば,二面結節とカタチとしての「語」を考えてきた立場からは,この区分には,いまだ疑義が残らざるをえない。おなじく,両著者が動詞連続について語る「語性 wordhood」なども,拘束句を音韻論的語の一種だとする判断と関係し,最小のカタチとしての語についての原義的な語性とは区別される。

形態法的境界(語境界)と統語法的境界(句境界)が必ずしも一致せず,その意味でミスマッチが生じるのは不思議でもなんでもないが,論者らの理づけがどうあれ,2種類の「語」が話し手の言語感覚に実在するということは,わたしには考えがたい。

さらに,ひとつの「語」には,ひとつの屈折要素(名詞的であれ動詞的であれ)しかあってはならないといった,通説的な形態論での定義なども,話し手の語感覚では受けいれられるかどうか疑問なしとはしない。6.4.2.2でふれる,ふたつの屈折を示しつつ,話し手にとって疑いがたい語(100)の存在は注目に値する。また,「複合語」を厳密に規定して使うにしても,日本語のように,「(準)接語」をふくむいわゆる複合動詞,あるいは複合名詞に似た拘束句(あるいは「語的な句」)と区別する必要のある言語は,すくなくないはずである。

このような範疇的なミスマッチはおくとしても,具体的言語使用のなかでは,個別的にさまざまなミスマッチがある。たとえばサピアは,『言語』(1921)で,'inner formlessness' という表現を用いているが[*80],これは2語的な(統語的)名詞句ではなく,(フンボルトをうけたにちがいない)言語の「内なるカタチ inner form」という名詞句全体にふたつの接尾辞(-less, -ness)をつけてつくった表現であり,「内なる formlessness」なのではない。まさしくミスマッチである。

表現面の音節とは対照的に,内容面での「語」をみると,上述のように,2種の語(形態法・文法的ならびに音韻法的)を区別する必要はおそらくない。たしかに,「語」は「拘束句」(接語句あるいは準接語句—5)とは峻別され,拘束句は(自由あるいは統語的)「句」と区別される(対立する)。しかし「語」も「拘束句」

　　く」ことに情熱を注いできたディクソン氏の記述言語学・言語類型論については,6.1.3と注152および6.1.1のDixon (2004)も参照。

[*80] 中国語を念頭において,'this supposed "inner formlessness" of certain languages is an illusion' (1921 [1939:133]) とし,そのすこし上で,'form language' と 'formless languages' を区別することはできないとのべている。注29を参照。

も，それぞれに表現面の結節（アクセント，イントネーション）によって，多少とも裏支えがなされ，特徴づけられる。形態法上の「語」と統語法上の「句」のあいだに，いわばインターフェースとしての（一気に発音される）「拘束句」をはさむことによって，ミスマッチがすくなくとも部分的には解消する。あるいはこれによって，ある種の言語における"複合語"の問題も，解消することになるとおもわれる。語による分かち書き，つまり「語分け」が定着しているフランス語の，音声記号をそえた初等文法や辞書の解説などでは，ひと息で発音される一定の句あるいは語群が，（語分けの正書法にしたがいながら）切れ目のない記号連続（連音表示をふくむ）で書かれているのは，それがひとまとまりの拘束句であることを示している。

すでに指摘してきたとおり，「語」構成の基本についてさえも，言語学的な常識とされているものには，目の粗いところやとんでもない誤解があり，柔軟かつ複雑な言語世界をすくいきれない単純な一般化が，さかしらな美名のもとに通用しているようにおもわれる。

言語におけるミスマッチのおそらく最たるものは，文字あるいは書記法そのものであろう。調音が話しことばにおけるカタチづくりの過程であるのにたいし，文字が話しことばを大なり小なり「転写」(3.3)したものであることからすれば，文字も視覚的なカタチづくりにほかならない。しかし，文字は音声と正確に対応する転写ではありえず，ずれは必至である。結果として，3.4の「文字の呪縛・陥穽」の問題がさまざまな形で現われてくることになる。しかも古来の日本語文法学じたいがこれにはまってきた可能性も無視できず，あらためて考えてみる必要があるようにおもわれる。

3.2　語感覚

ここでいう「語感覚」は，ひとつのカタチそのものにたいする感覚であるが，おのずからその構成にたいする「分析意識」（阪倉 1966:25, 1997:11）あるいは「語構成意識」（小松 2000:43）にも結びつくとともに，3.1でふれた「二面結節」(3.1)にかかわり，「音節感覚」ともつながっていると考えられる。しかし，この両者は射程の広い，母語（の諸側面—アクセント，語類，方言，敬語，仮名遣い，その他）にたいする「言語意識」—永山 (1963) は，「国語意識」の名で詳説している—の一端でしかない。また，「語の認定は，表現主体（話し手）の意識

に基づいてなされなければならない」とした時枝は，その意識には「客観的な妥当性がある」こと，つまり集団的な共有性にふれ (1950:46–48, 1954:16–19)，さらに，現代語と古文の表現主体はおなじ「言語社会圏」に属するものではかならずしもないから，たとえば憶良の文法記述は，憶良の主体的意識を前提とすることが要請される (1954:17) とのべ，文法が言語意識の時代差を反映すべきものであることを説いた。ただし，その「意識」を支えているのが言語のいかなる特性なのかについての考察はない。

　話者の反応と内省をたよりに，言語の掘りおこしを続けていくうちに，人々がもつ無意識的かつ集合的な「語感覚」の存在は実感的に体得することができる。1970 年代と 80 年代，主として夏の休みになるとほぼ毎年，母語話者 (30 名前後) の二言語教師養成計画 (講習) のなかでユピック語の正書法と初等文法をその中心地ベセル Bethel (西南アラスカのモラヴィア派拠点) で数週間，教える機会があった (6.4.1, 6.4.2)。わたしよりすこし若い話者が多かったが，語性 wordhood や，語を裏打ち (3.1) する音節依存のアクセント付与のような，形態法と音韻法の型に，じつに一貫して産出的にしたがっていることに気づいたのは驚きであった。話し手たちの反応をみるために，それらの型を説明するにあたって，わざと多くの人為的な，今まで誰も聞いたことも発したこともないような，しかしただしくこの言語の型にしたがってつくった例 (長短まちまちの複統合的な語など) とともに，わざと構成や発音を間違えた例も (口頭または教材に) ときに混ぜてみた。

　しかし，かれらの反応はいつも完全に一致していた。全員が肯定あるいは否定のどちらかであり，ときに不一致があったとすれば，少々の語彙 (語幹あるいは接尾辞) のちがいはべつにすると，概して音律法にかかわる方言差であった。問いの意味がすぐにはのみこめず，判断に少々手こずった人ももちろんいた。集団的で直観的ともいえるそのような判断とは対照的に，彼らに母語話者としての分析と説明を求めてみても，これは簡単にはこたえられない。ただ，形態素や音素のような前カタチ的単位の理解がより困難なのとは対照的に，語と音節 (二面それぞれでの最小の結節) というカタチは非常に敏感に理解 (直覚) していた。いやおうなく「語」がきわめて複雑多様で，話者がいわば文をつくるのとおなじくらい自由に語をつくりうる (その結果，辞書を編むことが困難な) タイプの複統合語においても，とくにアクセント付与の型で裏打ちされた語感覚が (言語) 集団全員に共通したものであることを痛感させてくれ

た。このベセルでの，母語話者と向かいあわざるをえなかった毎夏の講習は，わたしには日々，緊張したきびしいフィールドワークであったが，多量の言語資料（文法情報）がえられただけでなく，「語」にたいするその集団的で直覚的な「カタチ感覚」[*81]，もっとも直接的には「語感覚」を一堂にしてリアルに学ぶ得がたい経験であった。

　この点をヌートカ語研究の中山（2007b:34）は，巧みに「言語の構造がわかっていなくても「語」は感じ取れる。「語」が音声的なまとまりをなし，他から切り離せるからだ。… 話者との間ではじめから共有できる。その点で，「語」は話者の言語感覚との確かなつながりの基盤であり，言語の構造分析の第一歩を支えるものだ」と書いている。

[例外としての春庭ら]

　前著（63–64）でもふれたように，近世以前の文法学，とりわけ文献博捜と素直な内省にもとづいて華々しい成果をのこした本居春庭の『詞八衢(ことばのやちまた)』（文化5年[1808]）では，当然，テニヲハの用語がつかわれてはいながら，たとえば「あ[飽]かんあかずあかじ…などをあか…とのみにては語をなさざるなり。其下に受るてにをはの<u>ン ズ ジ</u>にて語をなすなり」とのべているところからすれば（[1938:4]），語とその一部としての「ン，ズ，ジ」の接尾辞性をただしくとらえていたにちがいない。これは詞の自他の事，つまり「飽(あ)く」がてにをはの「ン，ズ，ジ」という屈折接尾辞とともにつくられた自動詞（したがって，ひとつの「語」）であることを物語っていると理解するのが自然であろう（宮岡2002:63）。

[*81] サピアがカタチ感覚もしくは形態感覚という用語を使ったのは，地理的に相へだたり歴史的にも無関係なタケルマ語（オレゴン州）とギリシャ語について，「誰にも直覚しうる類似点，同一の形態感覚」をのべたときであったが，その直後に，用語をかえ，「現在のわれわれには，到底これらの根本的な形態的直観 form inuitition がどんなものであるかを，明らかにすることはできない」とも書いている（Sapir [1921] 1949:144; 泉井訳 140–141）。こののち，心理学でもさけて通っているかにみえる intuition にたいして，'a very delicately nuanced feeling of suble relations, both experienced and possible' という説明を加えている（Sapir[1927b] 1951:548）。さらに，1.3.1 でふれたように，サピアの『言語』(1921)には，'feeling of language for form, form-feeling'（形態感覚）が随所にみえる。小松英雄氏は，直覚 intuition にたいして適切に，「母語の正誤についての，身に付いた，理屈抜きの反射的判断」と注をつけている（2000b:30）。また小林秀雄は，直観は日常経験のうちにきざした「一種の視覺(ヴィジョン)」であるとのべ，具体的な経験たるべきことを強調している（『感想』第5章）。

さらにまた,『詞通路(ことばのかよいじ)』(文政 11 年[1828])では,受身,使役の「(ラ)ル,(サ)ス」をもひとつの動詞内部の要素(詞の自他の事)として説くなど,"助動詞"を動詞活用語尾の一部,つまり「語」の一部として扱っている([1938:58-79])。すくなくともこれらはともに,日本語話者の,内省からえられた(接尾辞とは区別した)語感覚の反映にちがいないようにおもわれる[*82]。

こういった諸要素の性格,つまり接尾辞性と語性の区別は,すくなくとも春庭(や大平)の意識には,すでにあったのではないかという推定は,やはり重要である。もしそうだとすれば,この素朴な,おそらく江戸時代の国語研究者のすくなくとも一部には健全にとらえられていたようにおもわれる語感覚は,なぜしだいに("助動詞"などで)くもらされていったのだろうか。

3.3 文字の表語性

言語の話し手にとっては,「語」そして「音節」にたいして当の言語集団が共有する集合的なカタチ感覚があって,これは言語の諸要素のなかでも,もっとも直覚的に「顕著」なもの the most salient of all the linguistic categories (Tylor 1995:176 を参照)である。音声言語のなかからまずその単位である「語」あるいは「音節」をぬきだして,それに文字をあたえること(文字の採用)は,「その言語の構造に対して加えられる最初の反省である」(『日本語の歴史 別巻・言語史研究入門』1966:62)。文化人類学の川田順造(1976:212-229)は,文字は人間の意識の「立ち止り」の結果だとのべた[*83]。しかし,これは無文字社会の政治や

[*82] 上田萬年は,『詞八衢』などに現われる春庭の研究方法の源流あるいは学説の成立が容易に分からぬ,としているが(上田 1895),古田(1961)の,本居学派の活用語研究を国語学史的に跡づけた「『八衢』へ流れこむもの」によれば,鈴木朖(あきら)(1764〜1837)がこれにたいしてもっていた強い関心を知ることができ,時枝(1968)も「『詞八衢』を産み出す根源となった一つの研究」として鈴木朖をあげている。これはべつにしても,春庭らの活用研究(活用の種類)にふくまれる接尾辞性の認識には,父宣長の『古事記伝』にうかがえる稀有なカタチとの格闘の経験が伝えられていなかっただろうか。また,春庭がもはや文字(文献)では文法を掘り起こしていくことが容易ではなくなった,失明という不幸な条件のもとで育っていった鋭敏な言語感覚あるいは語感覚が働いた可能性は考えられないのだろうか。綿密に調べあげ,書きあげられた足立巻一『やちまた』(1990)にも,「春庭のねじれた嫉妬,鬱屈した劣等意識の表白」(41)ということばはあるが,いずれについての手がかりも得られない。

[*83] 川田氏の所説が,文字(書かれた通達)の初次的な機能は(語感覚の立ち止まりをこえて)人間の隷属を容易にすることにあるとしたレヴィ=ストロースの「文字の教訓」(1977:下 160-177)にたいする批判であること,さらにまた古代日本の貴族たちが

3.3 文字の表語性

支配などの問題と解するよりさきに、もっとも直(じか)な言語に即して考えるべきだとすれば、その「意識」とは、文字の本質が「語」を表わすこと、つまり「表語性」にある以上、なによりも上記「語感覚(いい)」の謂にほかならない。

　文字はそもそも、本来が音声的である言語の、可視的手段による写しかえtranser、つまり「転写」である(文字については、「転移」という用語はさけたい)。ということは、もっともカタチ感覚の顕著な(二面結節における)「語」と「音節」(3.1)を転写しようとしたところに、2種の文字組織、すなわち表語文字 word-writing と音節文字 syllabic writing (そこからの後次的な発達である単音文字すなわちアルファベット)が生まれてくる基盤があったことにほかならない。ただし文字は、音声をリアリスティックに転写しうるものではなく、両者にはこえがたい溝がある。文字による転写は、せいぜいが部分的あるいは不完全なものにすぎない。そのために当然、文字からは見えてこない言語の本質あるいは重要な側面を見失うことにもなりかねない(文字の陥穽—3.4)。

　とりわけ、いわゆる音律素 prosody (あるいは超音素 suprasegments)—音の長短、アクセント(高さ、強さ)、イントネーション—は、多くの言語では、ふつう文字表記には反映されないが、じつはこれこそ「語」およびそれ以上の結節、つまりカタチを裏打ちする重要な要因であり、談話構造 discourse などの理解にも重要な手がかりになる。日本語の用言複合体(5.2)のような拘束句はもとより、多くの言語に知られている動詞連続(5.2)のような、ふつうはもっぱら統語的な問題として扱われがちな単位にも、言語によっては、それらをカタチつまりひとつの結節としてまとめあげるなんらかの音律素の関与が考えられないだろうか。音律現象はカタチ以外にもさまざまな要因がはたらいていてゆれがおおきく、基本的な型が摘出しにくいという事情はあるとしても、文字における音律現象の不完全な扱いは、ことによると、フィールドワークをふくむ実際の言語の扱いにおける音律素の軽視(ときには無視)につながっており、文法記述の一部の不確実さのもとになってきたのではないかとさえ考えうるかもしれない。

　上にいう「表語性」とは、文字(一般)はカタチにあてるものであって、意味にあてるものではないということである。「先に語があって、それに対応する

「自分たちの氏族の系図を護り、経済と政治支配においてその優越を維持してゆくために漢字を偉大な武器とした」(『日本語の歴史 2・文字とのめぐりあい』295)ことは、ここでの問題ではない。

表記があるという当然の結果」(小松 2000a:13)だが，文字と言語の関係にかかわるこのもっとも基本的な認識を明確に説き，「文字論」を定着させたのは，河野六郎先生の「文字の本質」(1977［1980, 1994］)である。しかも，漢字ばかりでなく文字はすべて表語を目的としているとする洞察は，はやくも「古事記に於ける漢字使用」(河野 1957［1980:6–9］)に示されている[*84]。『日本語の歴史別巻・言語史研究入門』(1966:55–63)などに懇切な解説があるが，ジルソン著 (1974:221–294, 347)の「訳者あとがき」も参考になる。この文字論的な表語文字としての漢字という認識は，文字学(3.4.1)的に「最初に字形を作って，それをどの意味に充てようかと考えていた段階があったのでは」ないかとする推定とは，もちろんかみ合わない。

　ここで見落としてはならないのは，1988年の「言語学の本当の対象は「語」である」(2.1)という賢察が，じつはこの表語性を主軸にした「文字論」的立場からのいわば自然な発展であったにちがいないということである。「文字」と「語」についてのこの認識は，国の内外を問わず，言語学が達しえたもっとも重要かつ基本的な到達点というべきものであろう。次節でふれるデュポンソも，はやくに漢字の「表語性」を語るとともに，「語」がとくに特徴的な「複統合語」のタイプ(3.6.1)を認定することで重要な貢献をはたした人であるが，言語学の本当の対象は「語」であるという認識には達していない。

3.3.1　表語文字としての漢字

　言語の具体との格闘とその理解を直接のねらいとはしないで，ふつう漢字を「表意文字」とみなすのが文字学である[*85]。一方，中国言語学の大島正二氏は，「表意文字とは，意すなわち観念(アイディア)を表す文字の謂であるが，漢字は直接的に観念を表す文字とはいえない」と明快に指摘し，「表語の特質を備えた漢字という文字を獲得した古代の中国人は，語と文字とをすり替え，漢字そのものが音と

[*84] 時枝誠記(1941:188–210)の言語過程説では，文字は音声とともに言語過程の一段階としてとらえられているが，漢字は表意文字としてとらえられていて，表語文字という認識はない。

[*85] 周知のように中国では，漢字の字形についての考察が古くから文字学の伝統をうち立ててきたが，西田龍雄氏の「文字学」は，個々の具体言語について議論する文字論とは区別され，記述言語学とか歴史言語学とかいったものと類推できる分野をもつ，言語学にほとんど並行して考えられるひとつのディスプリンとして構想されている(河野・西田 1995:29–31)。

義とを表わすかのように，つまり「形」が実体であって，「音」と「義」はその属性と考えたようである」とのべている（大島 1997:4, 7—傍点宮岡）。おなじく河野「文字の本質」にしたがって，言語学的な「文字論」と「表語文字」の立場から日本語書記史をたどっているのが小松（1989, 2000）である。

　漢字を表意文字とする伝統的な解釈を踏襲してきたことが，言語における「語」についての誤解，ときには否定さえ生みだしてきた可能性のことはいまおき，漢字が表意文字ではなく表語文字であることは，中国語を母語とする趙元任（Y.R.Chao, 1892〜1982）も認めるところであった（Chao 1940）。しかし，この趙論文の文献目録にあがっているように，漢字について，それまで一般的であった（文字学的な）「表意 ideographic」ではなく，「表語 lexigraphic/logographic」の用語をはじめて提唱したのは，前著（2002:147）でもふれた，趙に先立つ 1 世紀前，フランスに生まれたアメリカニスト Peter S. デュポンソ（1760〜1844）であった（DuPonceau 1838b:xxii–xxiv, 110, etc.）—注 105 も参照。漢字，とくにその圧倒的多数の原理である「形声」（仮借＋義符，転注＋声符），まさに二面結節の力タチ性を示している。

　このデュポンソは，「六書{りくしょ}」についての紹介，日本語（琉球語をふくむ）などの文字についての比較も含む論考で，明快に「漢字は，中国語の語を表わし，それ（語）を通じてのみ概念を表わす」[*86] ことを明らかにしようとするものである，と書いている（1838b:xi）。デュポンソが活躍した 19 世紀初頭のヨーロッパといえば，印欧語比較文法が誕生し，フンボルトとも親交があった F. シュレーゲル（Schlegel, 1772〜1829）が「比較文法」という用語を使いはじめ，「孤立語」と「屈折語」の二大分類（1808）を，そして兄 A. シュレーゲル（1767〜1845）が三分法（1818）を提唱するとともに，R. ラスク（Rask, 1787〜1832）が明確に比較言語学の目的と方法をのべた論文「古代北欧語，即ちアイスランド語の起源の研究」を提出した時期である（1818; 風間喜代三 1978:34–36, 81–84 他）。孤立語の代表とされた中国語の文字として，漢字についての情報はすでにヨーロッパには伝わっていたが，何群雄（He Qun-Xiong; 2000:110, 159）も指摘するように，この時期，プロテスタント宣教師の書いた最初の中国語文法 Marshman（1814）では，漢字は意味でもなく「単語 word」であるという認識がすでに得られてい

[*86] 'the Chinese characters represent the words of the Chinese language, and ideas only through them'.

る*87。

　このように,「表語」という用語そのものを提唱したのはデュポンソであったが, 彼自身すでに, 当時の漢字と中国語について一定の知識を共有していたことはたしかであって, じじつその著作『中国語の文字体系』(1838b) は, 各所でこのマーシュマンとおなじく宣教師で中国語文法を書いたモリソン (Robert Morrison 1782〜1834, 1815), 中国語の文法的な構造をはじめて組織的に紹介したレミュザ (J. -P. Abel-Rémusat 1788〜1832, 1822) の名前にも言及している*88。ちなみにデュポンソは, みずから中国学者になるつもりも, 中国文学の深みにはいり込む意図もなく, ただひとつの目的は, この言語の文法構造と文字体系の原則に通暁することにある, と語っていた人物である (DuPonceau 1838b:5)。まさに,（西洋でも一般的な）文字学というよりは文字論的な関心である。

　ちなみに彼にはまた, のちにふれるように (3.6), 言語学関係のフランス学士院賞 Prix Volney Essay（1803 年創設）を受けた言語類型論の著作 (DuPonceau 1838a) があるが, そこではあらたな言語類型というべき「複統語性 polysynthe-

---

*87 東洋文庫所蔵（モリソン蔵書）の J. マーシュマン (1768〜1837)『中國言法』(1814) は, プロテスタント宣教師（バプテスト）としてはじめて, カトリック宣教師 P. ロドリゲス（日本語文法の J. ロドリゲスより 2 世紀のちの人）の指導とふたりの中国語話者の協力をえて, カルカッタなどで「灯りのない未知の小道」を手探りで開いていったものだが, これは古典文語に傾いた文法 (1814:ii) であった。序文 (14 ページ) でその成りたちと中国語の構造的特異性を記し, 本文全 566 ページの前半約 3 分の 1 (182 ページ) を漢字 characters と音声 colloquial medium の分析にあてている。漢字の分析には, ギリシャ語などの語構成を援用したうえで, 漢字 (4 ページ) が他の言語を構成する語に符合することを明記し, 音声の分析では, 「語」の四声 (171–175) を明らかにしている。なお, マーシュマンとその漢字論については, 何 (2000a, 2000b) も参照されたいが, マーシュマンの習ったのは, おそらく現在の普通話の基礎方言である北京語ではなく, 南官話であったと推定している (2000b:34–35)。

*88 このアメリカ哲学協会刊行の P.S. デュポンソ『漢字論』は, 第 2・3 部として他の宣教師による（デュポンソ序文つき）「コーチンシナ語 Cochinchinese 語彙, 付漢字表」（約 30 ページ）と「コーチンシナ・ラテン語辞書」（約 290 ページ）をあげている（コーチンシナは現ヴェトナム）。なお, 日本語で読める文献でデュポンソの名を出しているのは, R.H. ロウビンズ/中村・後藤訳 (1967 [1992])『言語学史』がアメリカ・インディアン諸言語の分類に短くふれたところだけだろうか。当時のヨーロッパにおける漢字の認識とデュポンソ説にたいする反応については, 堀 (1993) も参照されたい。また, デュポンソも引く, これら初期の中国語研究者（文典と辞典—モリソン, マーシュマン, レミュザ）のヨーロッパ東洋学における位置づけについては, 高田編 (1996: 矢沢俊彦 11–21, 高田 38–47) を参照。

sis」(3.6) が提唱されているのである。漢字の「表語性」と類型論の「複統合性」というふたつの概念に同一人物が到達しえたことは，おそらく偶然の一致とはいいがたく，ともに「語」の基本にかかわる問題として興味深い。この点では，漢字が世界の古代文字のなかにあってもっとも徹底した完全な表語文字であることが(『日本語の歴史 別巻・言語史研究入門』1966:62–63)，複統合語とは対蹠的な，中国語の (1 語 1 音節の) 単音節的孤立語の性格 (3.6) からきているということも興味ぶかい。

しかしこれは，古典的な言語類型論 (3.6) の二分法ないし三分法がいまだ支配的であった時代のことであった。しかしのちに複統合語として知られる無文字言語についての情報がようやく (とくにアメリカ先住民の言語から) 寄せられてくるようになった状況がからみあって，言語における「語」をひろく考えざるをえなくなった結果であったとすれば，これも理解できないことではない。

話を中国語についての趙 Chao (1940) にもどすと，その指摘にもかかわらず，「表意」の使用は中国では，1990 年代に表語すなわち「表詞」がつかわれはじめるまで続いた由であるが (堀博文氏による教示)，わが国で「表語」の名称がいつから用いだされたかは，かならずしも定かではない。ただしかし，『日本語の歴史 別巻・言語史研究入門』(1966:61) の「漢字の〈仮借〉にもとづく万葉仮名のその表音といえども，ついにめざすところは，同じく表語にあるわけである」という記述が河野六郎先生の手になるものであることは広く知られている。そこには，漢字の問題をこえ，音節文字や表音文字 (アルファベット) をもふくむいかなる種類の文字も[*89]，その基本的な機能は「語」の表記，つまり表語性 lexigraphism/word representation にあるという，その文字論につらなる鋭くかつ重要な洞察がある (河野 1957, 1977 も参照)。この洞察は，上代日本において漢字受容をすすめつつ，長い年月をへて自家薬籠中のものとしていった複雑な文字使用を，おなじく漢字を受容しつつも朝鮮語流の受容にとどめた古代朝鮮と詳細に比較した考究の産物であったことも忘れてはならない。と同時に，文字の言語的機能を扱う文字論が，中国，朝鮮，その他の多様な文字に囲まれた日本という，複合表記体系 multi-scriptal (漢字，平仮名，片仮名，ロー

[*89]「綴りは，言葉では同じ音を表わすいろいろな単語を，文字を変えて区別するのを目的とする」ことを説明するのにフランス語の音 [o] が無差別に eau (水), haut (たかい), aulx (にんにく [複数]) を示す例をあげている (ジルソン 1974:20–21)。文字 (スペルのちがい) が (べつの) 語をあらわす，表語性の好例である。

マ字，さらにはルビ）を生んだ土壌においてこそ発展していったということは，いまや一部ではよく理解されているとおりである（ルビの多機能な様相については，国境(くにざかい)/国境(こっきょう)のトンネル，ねずみのトンネル(とんねる)(絵本(おかた))，あの紳士は，一杯飲(や)るか，禁忌(タブー)，和名類聚抄(わみょうるいじゅ(う)しょう)，言理学(グロセマティクス)，国民総生産(ＧＮＰ)，中華街めぐり/神戸街(がい)めぐり(まち) 1day クーポン，などを参照）。じじつ，日本語が受容した漢字をめぐる，宣長らの比類のない苦労こそ，文字の正体をつきとめる絶好の契機でなければならぬという討究意識がはやくに示されているのである（河野 1957 [1980:5]）。さりげなく「表語文字が本来は文字のスタートで，文字のなかにはこの力が姿をみせない駆流として作用している」(2002:52)と書いた千野栄一氏にも，文字の表語性の意味についての解説がある（2002:133–143, 224–229）。

　漢字のような表語文字とは対照的に，単音文字（アルファベット）では，原則的に「文字を通していきなり音に取りかかることができると思っている」（河野 1997 [1994:2]）。そのために，いわば文字≒音声という式にはまって，両者のずれに気づかず，とくに言語学発祥の西欧ではややもすると文字は軽くあしらわれ，その結果として，プラトンのような例外はあったにしても，文字のもつ本来的な機能には考察が向かわず，言語学の一部としての文字論が育ちにくかったのも不思議なことではない。そのような（単一）アルファベット的文字世界のなかで誕生・発達してきたヨーロッパの言語学では，言語は音声であり，文字はその「かげ」にすぎないと考えられてしまう。文字の形，その成立と変遷，伝承への関心から，文字学は盛んになったが，そこで主として発達したのは，言語学としての文字論ではなかった。そのなかで上記デュポンソが，37ページの論考ながら「英語音韻論」(Du Ponceau 1818)において，視覚にまどわされぬよう，文字から話しことばのつよい連合をできるだけたちきる必要を論じたのは（宮岡 1991 を参照），漢字の表語性の認識にたっしたことと無関係ではない。

　小松氏の日本語書記史にかんする諸作（1998 [2000]）などは，文字論の立場からのものであるが，他方，文字学や文献研究からは，言語本来のカタチは十分に見えてこず，「語」の本性は捕捉しにくいものになりかねない。その「かげ」あるいは「歪んだ鏡像」（小松英雄—3.4）をとおして実体をとらえようとすれば，文字の陥穽にはまった見落としや見当ちがいがでてきてもおかしくない。本来，音声的であるべき言語の問題，なかんずく言語学の「本当の対象」で

ある「語」にたいする関心がそれらによってうすらぎ，理解が鈍ってきた可能性は考えておく必要がある．

　日本でもよくある「世界の文字」を冠した類の書物となると，文字論的な言語そのものへの関心は低く，ひたすら特定の言語（群）あるいは地域における文字の形，成立，解読，伝播（A. クローバー Kroeber［1909］の刺激伝播 stimulus diffusion をふくむ）など，文字学的な話題になるのが一般的である．そのなかで，日下部文夫 (1981) の「表意文字と表音文字」には，文字についての明快な認識が語られている．冒頭の「音声言語こそまず言語そのものなのである」とはいうまでもないことだが，「本体である音声言語を差し置いて，文字を言語の基本であるかのように取り扱う，転倒した言語観を養うことになるのである」と記したのち，同氏は「文字表記におけるもっとも基本となるのは語である．それは，文字の種類によって変わることがない．表記法，つまり文字づかいが定まるのは，語においてであって，それ以下でも以上でもない」(54–55, 傍点宮岡)と明快に説明している．そこでは，表語文字という用語こそ使ってはいないものの，傍点部はまさに，表意と表語が同義的な置き換えではなく，たとえば漢字を表語文字といってすましうるものではないこと，表語性は漢字はもとより，アルファベット表記にも音節文字にもあることを語っている．その「転倒した言語観」とは，下記にふれる (3.5)，音声は言語ではないといったリアリスティックな言語理解の欠落である．

　ちなみにわたしたち日本人にとっての文字感覚は，日本語の特性によって導かれた音節的な仮名の成立と，そのはたした重要な機能はおくとして，もともと類型的に異なる中国語の表語的な漢字がその基盤にある．『日本語の歴史 2・文字とのめぐりあい』は，この漢字は「シナ語という，この言語そのものの魂をやどすところの，それの肉体と化した」その本質的な性格によって，「シナ文化にながく君臨するところの，絶大な権威を確立し，…この背景を背負って，それは日本語という異質の言語のうえにも君臨してきたのであろう」といい，他方，「古代ギリシャ人のもとにおける文字というものに対する軽視と，古代シナ人のもとにおける文字というものに対する尊信との，その対照のいちじるしさ」(163–164) を両文字の本質，したがって文字文化のちがいにかかわるものとして語っている．この「尊信と権威」が，漢字の受容（と仮名の成立）をふくむ古代日本における文字世界の跡づけからはじまって，国語（日本語）研究の華々しい発展を支える力となったことを否定する人はいない．

それじたい表語的な，1字1語という漢字を中国語とは類型的に異なる日本語が受容し，その表記に利用するためには，一筋なわではいかない，『古事記』の文字化や宣長の涙ぐましい努力に端を発する (1.2.1 を参照)，いわば漢字の「飼いならし」(河野 1957［1980:31］) の過程が必要であった (注 101)。つまり，漢字の (唐音・漢音・呉音的) 表音および訓音利用，万葉仮名，片仮名，平仮名の成立につらなる諸過程において，それら文字のつながり (文字列) の読みとりにくさを軽減し，読みとりの容易化つまり「可読性」を保証するさまざまな解決 (方式) がとられたうえで，やっと漢字仮名まじりが定着してきた。

日本語が文字概念と文字じたいを借入したのは，個々の漢字が表語的つまり 1 語であるという，孤立語としての中国語であった以上，はじめからそこには語境界表示がなかった。そのような特質をもつ漢字と格闘しつつ，"膠着的"(3.6) で音節構造の単純な日本語の書記体系をつくりあげるべく，万葉仮名をへて，音節的な仮名文字を獲得していった，古代の日本人に語感覚が欠けていたわけではなく，むしろ一部にはあきらかに抱かれていたにちがいないことは，下記『万葉集』の家持の 2 首 (3.7) を想起するまでもない。ともあれ，受容した漢字に小注をほどこしたり，訓的にあるいは音的にと，そしてまた仮名は音節的にと，ぎこちなく書記体系を整えていく苦労のなかで，可読性を保証する「文節分け」は，すくなくとも一部 (書や短歌の世界) でははやくから達成されていった。しかも和歌の表記にかぎっては，五七音のリズムによって可読性がある程度まで助けられてはいたものの，毛筆で書かれる平仮名のばあいは，その特性をいかした連綿 (草体の続け書き)，墨継，文字の大小・濃淡などをふくむ草書体の分かち書き，つまり文節分け (に近いもの) ができあがっていた (前著 33)。仮名発達史の具体については，森岡隆 (2006:172–227) を参照されたい。

にもかかわらず，文字の表語性を発揮させ，アルファベット体系のような可読性をたかめる「語分け」(の分かち書き) までには至らなかった—例外のひとつは，次節 3.3.2.1 に示す。ぎこちなくも，漢字に主要語 (体言，用言) の表記をになわせ，ととのってきた (音節的な) 仮名に付属的あるいは形式的な部分をになわせると，文節分けでそれなりの可読性がえられる。となると，もとより実証のすべなどあるはずもない問題だが，とくに文字概念の基礎を提供した漢字 (1 字 1 語) のつよい影響のもとでは，かな文字連続のなかでは表語性の意識が立ち上がるのは鈍かっただろうことも考えられるかもしれない。あえていっ

そうの憶測を進めれば，それによって"助詞"，"助動詞"にかかわる語感覚が鈍化してしまった可能性も考えられるのではないか。すなわち，漢字の表語性，つまり1語1漢字という文字感覚と可読性がのちのちまで尾をひいて，接語と接辞の識別意識は，文法家にとっても，アルファベットのようには芽生えにくかったということも考えられるかもしれない（注92，3.4〈文字の陥穽〉）。

とすれば，漢字仮名混用がいったん書記体系としての語境界表示への方向を発展させずに，むしろそれを放棄したあとでは，日本語について語分けを試みるには，特別の条件のもとでの，かなり明確な語感覚，語分けの必要が働かなければできなかったのではないか。この点では日本語は，世界各地の言語に例のある，しばしば不規則的ではあれ，可読性をたかめようとして語（ときに拘束句さえも）の境界を表示をしようとする，さまざまな分割符（［単・複］ドット，スラッシュ，縦棒などの語分け符 word-divider）や限定符（義符，声符など）の試み，アルファベットにおけるスペース[*90]利用などとは対照的であったといわざるをえない[*91]。

3.3.2　仮名文字の分かち書き

　漢字を表音的に用いる借字が音節文字（仮名）に発展した楷書体は，個々の文字を切り離して書いているかぎり，語句のまとまりを示すことはない。しかし音節表示に成功した仮名が表語文字としての漢字と交用（漢字まじり）することによって，「俗と雅とのふたつの文体に対応する，読み取りやく書きやすい表記様式が成立した」（『世界言語編2』「日本語の歴史・書記」1653–1659—小松

[*90] スペースがないばあいは，1あるいは2文字を次行に移すなどの方策をふくんだという（Daniels and Bright eds. 1996:45）。
[*91] 語分けには，このように前後のスペースをはじめ，さまざまな試みが多くの言語でなされてきたが，形態素分けについてはどうだろうか（言語学的分析とはべつの実用正書法の問題として）。Daniels and Bright (eds.) (1996:602, 620) では，すくなくともふたつの言語について，接頭辞あるいは形態素を分割するスペース（あるいは点）にふれている。語感覚（3.3）でふれたように，語と音節というカタチは非常に敏感に理解（直覚）できるのと対照的に，形態素や音素のような前カタチ的単位は直覚的に分析するのが話し手にはむつかしいことからしても，形態素分けが実用正書法で成りたつかどうかには，疑いがある。もちろんそのような正書法（言語）があるりうることを頭から否定するものではないが，そのようなばあいでも，「語」と「形態素」が（言語学的分析ではない）文字表記において異質なとらえかたをされることは，あるいは当然かともおもわれる。

英雄執筆)とされる。たしかに，文字間隔，仮名遣い，句点・読点の使用など，いろいろな試みによる一定程度の語境界表示が読み取りやすさに貢献はした。しかし，毛筆の特性をいかした分かち書きは，語レヴェルつまり「表語」(語分けあるいは品詞分け)であるよりは，あくまでも語句あるいは(前接語は先行の主要語につづけた)文節レヴェルのことであった。

　すなわち楷書体から(草体化した草仮名を経て)平仮名が成立するなかで，毛筆の特性による運筆しだいでうまれる「連綿」や「墨継ぎ」(さらには濃淡の配合)をいかすことによって，音節文字を語句単位にまとめて，語句の分かち書き，つまり「文節分け」ができるようになったという，日本語書記史上の事実から考えるならば(小松1998[2000:172], 2000:30–32)，橋本進吉の「文節」は，その淵源が正確にはどこにあったかは知る由がないにしても，ある意味では無理なく得られた概念であったようにも推定することはできる。橋本の文節がトップダウン的なマルティネの分節から影響をうけたものとは，時期的にみても考えがたい。

　このような日本語の仮名文字は，音声つまり音節の転写であるが，これの2次的な転写が点字やローマ字である。分かち書きをしなくても文意の理解が困難ではない漢字仮名まじり文とはちがって，日本語の点字が基本的に文節分かち書きを必要としたのは自然である(『文字編』641–655「点字」—細川由紀子執筆—とくに654)。

　しかしアルファベットとおなじような語分けが日本語について試みだされたのは[*92]，ローマ字を日本語に採用しようとするローマ字運動の流れのなか

[*92] アルファベット(単音表記)の世界でも，古ラテン語には分かち書きの習慣はいまだなく，(碑文での中黒〈・〉などはべつとして)多くのばあい，単語の区切りが表されなかったし，アイルランドのオガムOgam文字(5～7c.)にも語分けがなかった(Daniels and Bright eds, 1996:340)といわれるなかで，アルファベットの分かち書きは6世紀の頃にアイルランドではじまり—scriptura continuaからscriptura discontinuaへ—，しだいに8世紀から10世紀にかけてイギリスついでヨーロッパ大陸に普及していった(長嶋・周藤2011:190)。しかし，なぜアイルランドで語分けword separationがはやかったかのだろうか。きちんと語分けをほどこした最初のラテン語文書(Vulgate)が690年頃(A. D.)の *Irish Book of Mulling* であることをつきとめたPaul Saenger (1997:83, 331–332)の考えでは，もともと語分けのないcontinuaのラテン語文書は，ラテン語が外国語であったアイルランド僧侶には黙読がおおきな負担であったために，いろいろの工夫によって「通気をよくしたaerated script」(32–39)が試みられていくうちに，空白によって規則的に語分けを示すようになって，はやい黙読が可能になったものだという。7世紀アイルランドの文法家Virgilius Moroはすでに接続詞et

であるが，これもローマ字書きしたばあいの可読性のためであった。明治中期に物理学者田丸卓郎 (1872〜1932) の語分けの提唱があったが，田丸は 1914 年 (大正 3 年) の『ローマ字國字論』で，「ローマ字文は，字を拾って読む文章でなくて，一語一語をいい，一度に見取って読んでおくべき文章であるから，一語一語がきまった形で目にはいることが必要である」としたのち，語の切り方，そのいう「切り続け」が大事である理由をのべ，若干の規則と例をあげている (1930^3:175–178)—haru no no no asobi (春の野の遊び)。これ以後，ローマ字書きの実践者や主唱者はおのずから，この接尾辞と前接語の書き分けの問題に直面し，さまざまな試みが独自に提唱されてきたが，これについては日下部文夫「日本のローマ字」(1977:367–368) が紹介している。

3.3.2.1　會津八一の試み

　このローマ字をのぞくと，語分けの例外としてよく知られているのが，ことばのスガタ (2.4) と虚辞 (3.1.2) でふれた會津八一の試みである。歌人と書家，かつ東洋芸術と英文学の泰斗であった會津は，「文字あっての言語でなく，言語あっての文字で，言語の方が基礎であり，根本であり，文字は，それを寫すだけのものであります」というまっとうな立場にたって，「漢字の認識」(1946) と題する論考 (新潟日報社講演) ものこすなど，漢字とカナの問題について深く考えるところがあった (會津 1982[3]:18, 33–110)。

　宮川寅雄氏は『秋艸道人随聞』(1982) の「歌の仮名書き」のなかで，1940 年刊 (創元社)『鹿鳴集』では，「歌の唱ふべきものなる」ことを主張し，全歌，仮名書きとし，1951 年の『會津八一全歌集』では，独特の区切り法をとったことを記し，八一には，「いやしくも日本語にて歌を詠まんほどのものが，音声を以て，耳より聴取するに最も便利なるべき仮名書きを疎んずるの風あるを見て，解しがたし」の思いがあり，区切り法の採用について「単語の識別に便ならしむるやうに，その間隔を加減し，活字の組み方に変革を断行したり」と記している。さらに宮川氏は，これを「短歌表記を…音声的本質に従属させようと志向し，…文字表現に漢字の魔力をしりぞけてきた，つまり歌を，歌にとって，非

と語尾 -et の区別を連結符の有無で示しているという (83 ページ)。もとより，表語的な漢字が併用される音節文字の日本語に語分けが生まれにくかったのとは，事情がことなる。

本質的なものから守ろうとする強い要求による」ものと解した (71-73)。

八一のいう「品詞切り」すなわち「語分け」は, 短歌においてリズム・声調をとくに重んじた彼が自作の和歌のみならず, 万葉集からの引用にも用いた書記法である (1982[4]:402, [5]:415, 『渾齋随筆』など)。會津の和歌におけるリズムについては, 斉藤茂吉と亀井勝一郎の観察がのこっている (吉野 1993:328–329, 吉野・亀井 1953:174–175)。その一方, みずから漢字併用の和歌も多くのこし, 俳句はすべて漢字併用であるが, そこでは分かち書きにはしていない。漢字仮名まじりで詠まれていた初期の和歌では, 漢字の表語性ゆえに読みやすさを問題にする必要はなかったのが, 漢字が視覚的にリズム性を壊すのをさけて仮名書き一本に徹しようとすると, おのずと品詞分けを意識せざるをえなくなったのではないか, と推測される。

會津が試みた仮名書きは, 和歌のリズムをなす五音七音的な語句 (文節) の分かち書きではなく, 語レヴェルでの分かち書き, つまり「品詞切り」であった。音節文字での表語機能 (分かりやすさ) をたかめようとしたものであるが, このような書記法の試みが, 他にも芽生えがあったのかどうか, 注目にあたいしないのかどうか, 日本語書記史にうといわたしにはわからない。しかし, 話者の言語感覚の基本にかかわる接尾辞 vs. 前接語に関心をいだく者には, 會津の品詞切りは, きわめて興味深いものがある。伝統的国文法にはまどわされず, 接尾辞は接尾辞として一語の部分として, 前接語はひとつの語として書き分けようとしているからであるが, 母語の語感覚の素直なあらわれを, さらに, テニヲハひとつゆるがせにできないのが歌なのだという姿勢のあらわれをここにみるからである。

會津とその短歌については, 吉野 (1993) に就くにしくはないが, ただ吉野には, 師會津の書における漢字・仮名にふれたところはあるものの, 歌の引用にあたっては, いっさいその品詞切りにはしたがっていないし, これにたいする意見も見当たらない[*93]。

おなじく, いわゆる"助詞"あるいは"助動詞"の扱いをうけてきたもののうち, 會津は, 本書が前接語の一部とする「=らし (い)-」や"助詞"「=の, =を, =は」などは分かち書き (品詞切り) にする一方, 接尾辞とする「-て, -ば, -ど, -ぬ,

---

[*93] 『鹿鳴集』の校注本に付された「解説」(三. 奈良の歌) も, 八一の歌を等間隔の (べた) 平仮名書きにして, その音韻声調を説いている (和泉久子―明治書院『和歌文学大系30』)。

-つ」，回想の「-し」(-き)などは分かち書きにはしない(和歌に必須の古語的語彙をふくむ)*94。つまり，これらを一律に品詞としての"助詞"扱いしてきた伝統的な文法学者を明らかにこえているようにおもわれるのである。

仮名(の表語性)については『術語編』(224–226)，分かち書き(と語の認識)については『国語学大辞典』(山口明穂 936–937)などを，日本語文法が注目してこなかった前接語と接尾辞のちがいについては，4.2.3 などを参照されたい。

かぎられた「例外としての春庭」(3.2)の認識があり，會津八一の語分け(3.3.2.1)をみたうえで，一方では近年，ローマ字運動のなかで「語分け」が採られ，接尾辞と前接語の書き分け(3.3.2)が生まれえたのは，なぜなのだろう。しだいに定着してきた文法論のなかでは，"助詞"，"助動詞"の混迷(接尾辞/前接語の無弁別)が支配し，すでに"付属語"俗説に侵された日本語研究者の語意識論や書記史が語分けの問題などを問題にもしなかったとしても不思議ではないが，そのような文法論が定着してくる段階以前には，素直かつ健全な語意識(の反映)が仮名文字部分について芽生えたことはいっさいなかったのだろうか。

3.4 対照的な文字観と文字の陥穽

文字そして文献のある言語の研究から，西欧では(比較)言語学が，日本では国語学がうまれ，それぞれ著しい発達をとげてきたことは，いうまでもない。人間の文化と文明における，文字のおおきな価値，いわば文字の徳は，だれもが認めるところであるが，そのおおきさに押しひしがれるあまり，文字がことばの本当の姿を覆い隠すかゆがめてしまう危険性には，言語研究者のほとんどが気づいていないとしても，これは自然ななりゆきかもしれない。

---

*94 會津八一の全歌集(『自注鹿鳴集』，『山光集』をふくむ)は，『全集』(全12巻，1982–1984 中央公論社版)の2巻(第3，4巻)に収められているが，生前，「歌集を編む際に思うところあり廃棄した作品群」(第4巻の3分の1を占める)以外は，すべて「品詞切り」を採用している。この「品詞切り」にはさらに精査が必要だが，万葉調の歌としての，古期日本語のちがい(例，いわゆる複合動詞など)のためとか，あるいは作者の解釈によるものとか，若干の出入り(ぶれ)はある。たとえば「-つつ，-べし-」のような2音節接尾辞が分かち書きされていたり，名詞に後続させた「=の」，「=ぞ」(と「-ぞ」)のぶれなども，散見される。それらはまた，なんらかのべつのねらい(美的効果)があってのことなのか，意図せぬ逸脱なのかは，判断が容易でない。その一方，會津が書にえがいた歌のほうは，毛筆の特性をいかした連綿体による，品詞というよりも，語の上にくるカタチとしての文節的な，つまり拘束句の分かち書きが主になっている。

ちなみに国文法といえば，2.2.2 でふれたように，明治以降の「大文法」時代をスタートさせた山田孝雄は，昭和 10 年に，「國語學者の間に往々癖説」があり，これは「口語のみが生きた國語であって，文字で書いたものなどは重きをおくに足らないとするような意見」をのべたうえで（上の會津八一とは対照的），「これは，文化という重大事實を無視して，野蠻人の言語を標準とした謬見であって，文化を有する國民の間には害有って益なく，存立せしめてはならぬ癖説である」と，その『國語學史要』(1935:3) に書いている[*95]。

言語研究における意味への姿勢とおなじく (2.2.1)，山田孝雄と本居宣長は，文字にたいする姿勢でもまっこうから対照的である (1.4.2.1 も参照)。山田には，意味の偏重にくわえ，文字の重視と，逆に音声の軽視があった。

一方，宣長は「言の伝へ」（言葉だけでの，つまり文字のなかった世のいい伝え）と文字による書き伝えの得失をよくわきまえたうえ，しかしながら文字の徳は軽んじるのではなく，明敏にいい伝えの徳を悟り，文字を用い慣れた人が知らずして抱いている偏見に抗する思いを抱いていた（『くず花』上）。文字のない人々がながらく享受し続けてきた「うきたることさらにない」言語の妙なる世界は，外来の文字と引き換えに奪われ，いまや想像の彼方(かなた)に失われたものとする[*96]。ここに注目すれば「相称(あひかな)える物」(『古事記伝』巻一総論)「そのさま

[*95] しかしながら，これなど明治で終わった話ではなく，さして驚くほどのことでもない。平成 7 年 (1994) のこと，他大学から転じてきたわたしを迎えてくれたのは，国語学主任教授から賜わった「文字のない言語って，言語学ではないですよね，宮岡さん」という御挨拶であった。文字の徳にひたりきった日本語研究者には，文字以前の言語のはたらきのおおきさにおもいをはせることもなかったのだろうが，これなど氷山の一角でしかない。明治期，外国人の日本語研究にたいする露骨な姿勢や反応 (6.2.1) は容易に想像できる。ともあれ，これはわたしにとっては新鮮な驚きではあった。その後，退官講義「〈語〉についての断想」(2000) からはじめて，「語とはなにか」といった問いかけなどすると，古今東西の言語学者が考察に考察をくわえ，悩みに悩みつづけてきた大問題にたいし，文字なき言語の専門家がなぜいまさら賽(さい)の河原なのかと，見識と慎重を装うヨーロッパ系言語専門家の言葉には，文字さえもたぬ "未開民族" の言語などからみて，なにがわかるか，といった蔑んだ偏見が秘められていた。"助動詞" とか "語(単語)" の決定的見解を先延ばしにする慎重論 (2.1.1, 4.1.1) までふくめ，「賢良(さかしら)をす」は，いにしえの「酒飲まぬ…猿」(『万葉集』巻三) だけではないのだろうか。いかにも慎重をよそおうことによって，徹底した考究からの逃避の隠れ蓑にするのは，"助動詞" 論でもみられる (4.1.1)。

[*96] この点にかかわって，「古事記と書紀のたすけとなる事ども多し」(『玉勝間』) という，斎部廣成撰『古語拾遺』(807) のよく引用される「書契以来不好淡古」は，「書契(漢字)が伝わってからは，昔のことを語ることを好まなかった」(沖森 2003:2) と解

大抵相かなひて,似たる物」(『宇井山踏』)たる言(コトバ)と事(ワザ)と意(ココロ)の,言霊を宿す「言(ムネ)」とは,文字ではなく音声つまり音声言語である(注 17)*97 ―「古へは言を主として,字にはさしも拘らざりしかば」(『古事記伝』巻一総論),「文字は全く仮の物にて,その義をふかくいふにも及ぶまじきこと也」(『石上私淑言』巻一)。文字によって,言語の原初的本性をふくむ諸機能がそがれた(2.3)と考える宣長にとっては,文字をもたない言語は,それでも十分にその役割をはたしていた(はたしている),などというのは,文字をもちいなれた人びとの偏見であり「ひがごと」であった。宣長の文字にたいするこの姿勢は,さきにふれた(2.3)ことばのカタチ性にたいする認識とつながっているようにおもわれるが,以後今日まで,どの程度受けいれられてきたのか疑わしく,むしろ言を文字言語(漢字)と等置する傾向さえいまだに根づよい。

　小林秀雄が本居宣長(小林 1977:23,第 48 節)とプラトンの文字観(『パイドロス』)を対比した『補記』第 1 章(1982)には,宣長の姿勢にたいする深い理解がある。また,上記『くず花』は宣長の論争書としてよく知られているが,その文字観を,しかもプラトンと照らしあわせつつ,正面からとりあげたのも,小林

　　説される。もちろん,文字をもたない人々が抱いていた言語(音声)観(宣長の音声評価―2.2.2 を参照)をなんらか反映している可能性はあるが,漢字使用がはじまったばかりの段階での,伝承を喪失することの意味を推断するのは容易ではない。古代社会における無文字と文字不使用について想起されるのは,ギリシャのプラトンとインドの知的エリートであろう。前者は注 98 でふれるが,後者については,徳永(1985)の明快な解説がある。それによれば,起源は定かでないにしても,すでに成立していた文字がかならずしも忌避されていなかった古代インドにおいて,文字使用のかたくなな拒否,音声言語への固執があった背景には,インド宗教の「語としての最高原理ブラフマン」が厳としてあり,その言語は情報伝達の手段ではなく,(人間の内面にすでに完全なものとしてある)宗教的知識を表現するコトバである以上,文字によって外化すべきものではなかった(その一方,文字使用の許容は,人間社会における契約など,低次のものと考えた一部の文献に限定されていた)という。中村(1956),バルトリハリ(1998)も参照。
　　「文字なきゆえの豊かさ」はまた,近年,フォークロリストが関心をよせる英雄叙事詩や口頭伝承(口承文学)の世界のことである以前に,文字をもたない少数民族の日常なのである。現代のわれわれは,そこに「文字というこざかしい文明の産物を笑い飛ばしてしまう伝統文化の厚みと誇り」(津曲 2007:161)があることに気づくとともに,これに文字を与えることにとくに反省をいだかずにきた文明人の思い上がりこそ振り返ってみる必要があるのではないか(3.5 を参照)。
*97 ボチャラリ(1991:179―注 4)も,宣長の音とその表記における態度の原点は「実際に口を以て発音し,耳で聞く音の世界である」と書き,ここでいう「言」も口頭的「言」であると明示している(127)。

であった*98。

[文字の陥穽]

　文字が議論の対象になる以前，文字の陥穽の問題に直面したのは，漢字にともなう含意（漢意）にあらがいつつ，ぎこちない漢字受容のむこうに，意識して古代日本語のカタチを見ようとした，ほかならぬ宣長であった（『古事記伝』神代の部他）。しかし，やがて『古事記』や『万葉集』がそれなりに「読める」ようになり，文字（仮名をふくむ）が定着してくると，もっぱら文字をとおしてのみ日本語を考え，その陥穽にはまっていったとしても無理のないことである。音声言語の転写である，保守性のもともと強い文字をとおして，カタチの両面である内容と表現（音声）の変動性からくる動態としての二面結節によるカタチ，つまり形態についての感覚を得ることはたやすくないからである。河野六郎先生は，「文字の何たるかを考えずに言語史を扱ってきたのは，随分暢気(のんき)な話である」と，その「文字の本質」（1977:3）の初めで語っている。

　たしかに文字もカタチではあるが，それは音声の（視覚的方法による）「写しかえ」であって，「歪んだ鏡像」（3.3.1）でしかない。文字で書かれた文献資料から言語にはいっていくかぎり，音声のものである言語にたいするカタチ感覚が身につきにくくなるのはごく自然のことわりである。漢字（表語文字）を受容

---

*98 『全集』の「解題」はもとより，『くず花』をめぐって，論争家としての宣長の議論術が論じられるばあいも（野口武彦，田中康二など），理由はともあれ，なぜか文字観は論点にあがることはなかった。漢字にたいする尊信はおいて，ともに論争形式であることに加え，宣長とプラトンには，内容面で通じるところがある。少々長くなるが，対照的に引用すれば，『くず花』は，「上古言伝へのみなりし…其世には，文字なしとて事たらざるはなし，…文字ある世の言伝へとは大いに異にして，うきたることさらになし，…文字という物のさかしらなくして，妙なる言霊(コトダマ)の伝えなりし徳」を語るのにたいし，『パイドロス』は，「（文字が）これを学ぶ人たちに与える知恵というのは，知恵の威厳であって，真実の知恵ではない。…見かけだけはひじょうな博識家である，…智者であるといううぬぼれだけが発達するため，つき合いにくい人間となるだろう」（ソクラテス 275）と書き，さらにパイドロス（276）をして，「ものを知っている人が語る，生命をもち，魂をもった言葉のことですね。書かれた言葉は，これの影であるといってしかるべきなのでしょうが」とも語らせている（藤沢令夫訳）。古代ギリシャの文字にたいする軽信（上記）と対照的な，漢字にたいする尊信のなかにあって，文字以前の（音声）言語世界に思いを馳せることのできた唯一の人かもしれない宣長が鋭く見抜いた，ことばとものの相通（1.4.2.1）や，言語の（言霊につらなる）原初的なはたらきについての洞察が，このプラトンの文字観の根底にもあったのかどうかは，専門家の比較検討と教示にまつしかない。

し，中国風に文字と言語を同一視する傾向のつよいこの国では，文字（文献資料）を扱うことではじめて言語が理解できると考える。そのため，言語のリアリティから人（研究者）を遠ざけ，転倒かつ硬直した言語観を生みだしやすかった。とくに日本語のように，（いわゆる"文法のない"）単音節言語を受容していくなかで文字—もともと語分けの必要がない漢字—の導入から出発した複合表記体系 (3.3.1) のもとでは，カタチ感覚はいっそう鈍りやすかったのかもしれない。まさにそのことが，現在に至るまでの日本語の書記や文法に響いてきた可能性のあることをあらためて考え直す必要がある（後述）。

　文字は，表音（素）文字・表音節文字であれ表語文字であれ，本来，聴覚的である言語の「音」を視覚的に「転写」したものであって，その本来の性質が「表語性」にあることを忘れてはならない。しかしその文字は，もともと完全な転写であることはまれ（音律面は，ふつう表記からはずされる）であるうえに，その役割をになっていく歴史的な過程にあって，ときにいびつさもおおきくなり，転写されるもととなる「語」，したがって言語そのものの姿が見えにくくなってしまう，またときには見失ってさえしまう。呪術的・象徴的・審美的利用をふくむ，「文字の徳」の文化的・文明史的意義の重要さはよくわきまえたうえで，文字からはいる言語研究には，陥穽のありうることを忘れるべきではない。

　日本語にはかぎらないが，おびただしい文献が蓄積されている言語では，もっぱら文字に依拠した研究（文字学，文献学，歴史言語学など）にならざるをえない。しかしそのために，構造体としてのいきた言語の扱いのコツ tact はなかなかえにくい。これには，フィールドワーク (6.4.1) の真似事ではない，生の言語との格闘にたちむかうしかない[*99]。ただこれは，音韻理解そのものが重要な基盤になる言語史という通時の問題だけではなく，文法の扱いについても考えなければならない。文法を考える（あるいは書く）というのは，ある意味

[*99] ぎこちない漢字表記のむこうに古代日本語の実態をかいま見て，そのカタチを定めていこうとした宣長をおそらく唯一の例外として，のちの日本語研究はつねに，漢字受容の結果としての日本語書記，つまり文字を通じてのみ日本語を扱ってきた文献学であった。この流れのなかでは，言語のカタチ性に目覚め，宣長が養った（文法をふくむ）言語観に理解がむかわなかったとしてもいたしかたなかったかもしれない。日本語にかぎらず，文字を通じてのみおこなわれざるをえない言語研究にはおなじ問題があるのに気づいたとしても，言語（つまりカタチ）のリアルな理解を体得するのに，ペーパー音声学，音韻・音律理論などにすがって事足れりとしているとしたら，これまた随分とのんきな話かもしれない。

では，まずは文字にたいする「意識の立ち止り」(3.3) が前提にあってのことだからである。日本語文法の研究においても，文字があるために，言語のリアリティの基本に素直にはいっていくことができなかったとすれば，それはおおきな不幸だったといえよう。

はやくから「文字の呪縛」を考えてきた崎山理氏が，その日本語形成論 (1990) をさらに強化せんとする最近の「日本語の混合的特徴」(2012:388–390, 注 183 を参照) で明快に説き明かしたのは，まさしく，確たる音声的根拠を証さないままに，その権威が現代にまで影響力をもちつづけてきた，江戸前期は契沖以来の歴史的仮名遣いにひきずられてきた音声 (音価) 理解の問題であった。

それとはべつに，国語史研究は正しい文字観にたつ言語史研究でなければならないとする小松英雄 (1986:4) は，文字 (表記) に注記された一表示 (声点) を「誤認」し，平安時代日本語における「複合動詞」の未成立を推論 (金田一春彦説) したのは言語現実 (実像) についての「歪んだ鏡像」だと考えた (くわしくは，1988 [2000:45–55])。すなわち，「書記に基づく言語史研究には，枯れ尾花を幽霊と誤認する危険のあることを」警告し，従来国語学者が，文字つまり文献によって日本語の真の姿に迫ることができるとする錯覚に気づきさえしないできたことへの痛烈な告発であった。同氏 (1999:266–270) は，五段活用動詞につづく「-ウ」(意志) を「仮名づかいが生みだした幻影」という。ただし本書では便宜上，表記「-ウ」をつかわざるをえない。

究明すべき問題としての性質は明らかに異なるが，いまひとつ考えるべき文字の陥穽が日本語書記法にはある。ときに不完全ではあるものの，「語」をそれなりに書記法上，分かち書きその他で反映させえたアルファベット体系では，注 92 でふれたように，「間隔をあけるとか符号を挿入するとかといった方式によって分かち書きは可能であった」。しかしその体系と方式をとらず，漢字を受容することによって，はじめから語分けが必要のなかった「中国の書記様式に束縛されたことも一因ではあろうが」(小松 2000:32)，このことが日本語の文法 (理解) そのものにも後々まで尾をひいてきたという可能性である。

なかんずく漢字という異言語の文字を受容し，そのいわゆる「飼い慣らし」(下記) をはたしてきた日本語では，一般に体言や用言 (幹) は一字一字が表語的である漢字にゆだね，あらたにくわえた表音節的な (万葉仮名をふくむ) 仮名に，概して文法的あるいは形式的な部分の表記を一括してになわせる特有の書記法ができあがっていった。一字一字が表語性にはかかわらない仮名 (表音

節)文字と表語的な漢字の二本立てのなかでは，とくに仮名による付属語の部分は，線条的に前接語と接尾辞(派生と屈折)が相連続し，しかもそれらがしばしば交錯していくという—4.3.4の①②③，および5.2の(84, 87)などを参照—，類型的にもまれな日本語的特性をきわだたせ，そのことが(あるいは，日本語流に解されたいわゆる膠着性にもまぎれて)両者の区分意識を芽生えにくくし，アルファベットのような「語分け」を成立させなかった可能性は考えられないであろうか。

憶測をさらにすすめるとすれば，このようにみのらなかった「語分け」感覚は，じつは書記法の問題にとどまらず，日本語文法の根本問題として長らくつづいてきた接語と接辞の不区分そのものにもつながるのではなかろうか。とすれば，これまたすぐれて日本語的な文字の陥穽の問題といわざるをえないかもしれない。アルファベットのばあい，たとえば英語だと，「語分け」感覚つまり形態法的識別は，he did ([自立]語)，he'd (前接語)，he headed (接尾辞)のような書記法に直結している。

もしかりに，すくなくとも會津八一の試みを支えていた言語感覚(語意識)が初期日本語における複合表記体系の定着に際して，(仮名表記の部分には)素朴に芽ばえかつ育って，今日のアルファベット言語のようなある種の語分けが生まれえていたとしても，もとよりそれで日本語書記法の可読性が増したかどうかはともかく，すくなくとも日本語の文法研究の初期から今日まで続いてきた"助詞"，"助動詞"の混迷はありえなかったかもしれない。つまり，"助詞"，"助動詞"も，文法理解が文字に呪縛され，語意識を眠らせたまま文法が編まれつづけてきた結果ではなかったかとおもうのである (3.5 も参照)。

既成の文字を介するすべなどはじめからなく，じかに無文字言語のカタチにふれ，その音体系を解きほぐしてゆくことによって話者の語感覚に近づこうとした経験のある人には，聴覚的にあたえられる音連続のなかに，接尾辞と前接語の差を感じ分け，それを正書法づくりに反映させることは，さほどむつかしいことではないはずである*100。とすれば，部分的ではあったにしても，古代

---

*100 日本語の表記体系の確立にかかわるなかで，漢字による文字の陥穽 (3.4) にはまってしまったかもしれない日本人にとって，漢字の受容という特殊条件はあったにしても，本来的には，接尾辞と前接語の区別は，話し手にとっても研究者にとってもむつかしいことではなかったはずである。日本語などとは比較にならないほど音声が微細で処理の困難なセイリッシュ語でも，研究者はまちがいなく，clitic を = な

の日本人，春庭，八一などがそれなりに感じ分けていたかもしれない接尾辞と前接語の差を書記法に反映させえずに終わってきた事実（つまり，文法的にことなるものを"助詞"も"助動詞"もそれぞれに混同してきた事実）に，もともと語分けをする必要のない表語文字つまり漢字を受容してきたこととのつながりをみることが可能かもしれない。會津八一（3.3.2.1）のような，鋭敏な語感覚を反映した品詞分け（語分け）の仮名文字遣いが日本語に成立しなかった事実は，文法との関連のもとに検討されるべき書記法上のおおきな問題というべきである。

「連綿体」（注94）や會津八一の「品詞切り」（3.3.2.1）にみる部分的な例外はいまおくとしても，古来のテニヲハ以来，明治以後，おおむね継承してきた"助動詞"と"助詞"には，それぞれに2種，つまり（語ではない）接尾辞的なものと（語である）前接語的なものがあるというもっとも基本的な認識が得られてこなかった事実，つまり"助動詞"の多く，"助詞"の一部は接尾辞だということに気づかずにきた事実に，文字のおおきな陥穽をみることは，あながちうがちすぎとはいえないだろう。もしそうだとすれば，これまた日本語文法研究の致命的な問題につらなっているとさえいえるかもしれない。

さいごに現実的な問題になるが，『日本語の歴史2・文字とのめぐりあい』（152–153）がいうように，世界にめずらしい「漢字の飼いならし」[*101]といわれる特異な漢文の訓読，つまり，古典語のテクストを見ながら，古典中国語にもどさずに（本格的な言語の研究をぬきにして中国語の音声をきりはなし）目で読むという訓読法によって，短時日のうちに中国文化を吸収してきたこの国の必要が，いつまでもじょうずにならない日本人の外国語というおおきな問題を

どの記号でマークするか，スペースで分けて書き，主要語（ホスト）の語にくっつけて書くことなどありえないという（渡辺己氏）。英米人でも，heel（1語）とhe'll（2語）を書記法上区別して，「短縮形」としての前接語を認識している。日本語を研究した外国人が，もし「読んだ」と「四だ」を yon-da（1語）vs. yon=da（2語）のような差に気づかず（音節形成のNもおいて），なんらかの表記上の工夫をしないでいたとすれば，言語研究者としては問題というほかはない。ただし，Dixon and Aikhenvald (eds.)（2002:57, 196）は，母語言語学者にも前接語（vs. 接尾辞）の表記にゆれのありうることをダコタ語 Dakota のデロリア（E. Deloria—ボアズの有名な協力者）について記している。

[*101] 『文字とのめぐりあい』の多くの部分が河野六郎先生の執筆になることはよく知られている。河野（1957［1980：縦31］）ならびに「飼い慣らし」の詳細な過程を解説する犬飼「漢字をアドプトする」（2008:ii）を参照。

生んできた可能性はたしかにあろう。しかしくわえて，現代の世界で突出した視覚依存度のたかい複合書記体系じたいの問題もまた考えなおしてみる必要があるかもしれない。

3.5 文字なき言語でふれるカタチ

　文字なき人々にとっては，音声こそが「ふれうる」もの，つまり「カタチ」である (2.1)。言語がまずは音声であることの意味はおおきい。ことばのもつ不可思議な力としての言霊 (1.4.2.1) は，からだのはたらきとしての音声にそなわるものである (注 17, 21)。古代日本人の歌・民謡や，呪文・祝詞・宣命や，高貴な神・人の名前には，表語的な漢字はあてはめられず，発音どおりに書きとめようとする仮借的な漢字によって書きあらわされた。音そのものが力をもちうるからにほかならないが，宣命 (1.4.2.1) が宣られる際の朗読法・韻律的な奏法として，宣長も「読揚げざま，音声の巨細，長短昂低曲節」といった音声特徴をあげ (小林 1977: 第 35 章)，『万葉集』に学ぶべき「やすらかに長高くのびらかなるすがた」のもつ表出性を語った (2.4)。

　一方，漢字そのものにも呪力があり，呪術的・象徴的な利用もあったはずだし，もとより文献学のはたした貢献と重要性はいうまでもない。ただし，そのような有徳の文字そのものが，逆に言語にたいする「カタチ感覚」(3.4) を鈍らせてしまった可能性，つまり言語研究の営みのなかで，いきた言語のカタチとしての本質を見えにくくし，ときにはおおい隠してきた可能性は無視できない。文字の確立して久しい言語，とくに「尊信」(3.4.1) の念たかい 1 語 1 文字的な漢字に浸っているかぎり，文字とそれが「転写」(3.1.3) すべき「語」の実体とのあいだにずれ（ひずみ）が生じ，「語」（前接語と接尾辞の差など）が見えなくなった，平たくいえば，歪んだ像である文字には反映されないカタチの差には，ますます注意が向けられにくくなったということが考えられるのではないだろうか。文字のないインディアン語の観察者が，かえってその学んだ言語の「語」分けはおろかその分析（接頭辞や接尾辞の析出）に，それなりに成功しているのである（例，Edwards 1788 [1823:7, 33–34]）。

　しかも，他言語からの文字借用（漢字）をとおして文字概念を獲得した人々にとっては，たとえば言語の構造上の（例，膠着語性の）差にいやでも気づき，自国語の表記にあたって訓読の際の返り点，送りなどの書記法上の手立てをつぎつぎと試みるうちに，カタチがかすんでこざるをえなかったということもあっ

たはずである。仮名を獲得し，たとえば「書く(=)そうだ」，「書き(-)そうだ」，「書き(-)たく(=)も(≠)あっ(-)た(=)から(=)でし(-)た」といった括弧内の境界表示（認識）のない書記がいったんできて，それに慣れてしまうと，もはや書記上の同一性しか映らず（音律的な音声差や形態法などに意識はさらさらむかわず），ひたすら文字だけで言語を考えることに慣れ，接尾辞(-)と前接語(=, ≠)の交錯があっても，カタチとしての差異に思いをはせることなどなくなってしまったというのではなかったか―(84b, 87) なども参照。ともあれ，文字をとおした言語理解は，それに引きずられて，現実の言語で働くカタチとしての「語」を見えにくい，ときに不可解なものにしてしまったのであろう (3.4 を参照)。文字の成立あるいは存在じたいが，以後の言語学，とりわけ文法研究の方法と方向をしばりかつ制約してしまった文字の陥穽は，いまあらためて考えてみる必要があるようにおもわれる。

　歴史的関心であれ共時的関心であれ，あるいは一般言語学的関心であれ，音声言語に直接むきあうのはむしろ例外的なことであった。そのよく知られる例外として，古代インドでは聖典の一言一句たりとも，歴史的変化あるいは誤謬による改変をさけようとする試みのなかからかえって音声学研究が発達し，形態法の高度に定型化された『パーニニ文典 Pāṇini (八巻集)』も，もとは文字では書かれず，口頭による伝承が続いた―泉井「文法学の発現とパーニニ」(1976b:302–320)，エヴァンズ (2013:55–56, 71) などを参照。

　これともおそらく関連するのは，所与の文献の，文字で固定化された文から「分析」していく，基本的にはトップダウン的な言語処理と言語観であり，そのことになんら疑いが抱かれなかった事実である。たとえば，20 世紀の言語研究の主流は，マルティネにしろ変形文法にしろ，まさに分節（分割）にむかってきたという事実も，あらためて想起すべきことであろう。

　音声にもとづく言語感覚にとりわけ秀でた個人や集団―宣長にせよ，古代インドのインテリたちにせよ―が，もしその昔，文字にとらわれずに「語」を定義しえていたとしたら，どういう形になっていただろう。古今東西の言語学者が「語」を考えあぐねる必要もなくなっていたかもしれない。母語話者が明確な語感覚をもちえたとして，後世の研究者のように文字によって目を曇らされていなかったとしたら，そこから「語」とはなにかについて正鵠を射た認識をうることは，かならずしも困難ではなかったかもしれない。日本語は，とくに豊かな文献と，世界にまれな複雑な文字体系をもつ言語であるだけに，かえって言語

本来の姿がみえず，言語分析の不徹底や誤りにも気づかずにきてしまったのではないだろうか。そのような流れのなかでは，春庭の形態法研究の成功は，文字への世界が閉ざされた不幸な病が文字の陥穽から救った可能性さえ想像される。その結果，とぎすまされた内省による母語感覚（語意識）で動詞の形態法と格闘することが，春庭を確固たる自信と正鵠を射た理解へ導いていったとは考えられないだろうか。

ともあれ，すくなくとも日本では，文字をもつ言語とその研究は，文字をもたない言語にくらべて高級あるいは価値あるものとおもわれている。そして，文字をもたない文化は，古くから強固に確立した文字伝統のなかで発達してきた文化よりも単純あるいは粗野にちがいないという憶測から，文字をもたない言語は，語彙の話はさておくとしても，いとも簡単な文法構造しかもっていないと思っている人がすくなくないようである。しかし，これはとんでもない勘ちがいである(1.2.1)。構造の複雑・精緻・審美・整序性など，どれをとっても，西欧の諸言語にも日本語にもいささかもひけをとらない言語がすくなくないことは，そのような言語のある程度まで詳細な文法書を卒読しただけで十分に看取できる。

宣長のおもいえがいた，文字をもたぬがゆえに享受しえていた言語の豊かさや美しさが，（外来あるいは新造の）文字によって薄らぎ，削られていったことが考えられるとすれば(1.2.1)，近年，文字をもたない人々にたいして世界各地で進められてきたような，すでに音声言語の世界からはるかに隔たってしまった現代の人間が文字（や実用的正書法）をつくり与えるなどといったことは，それが危機言語を保持させるひとつの有効な手段であるとはかぎらないとすればいっそう，文明人の浅はかで押しつけがましいおもいあがりであるかもしれない。文字によって危機言語が衰退と消失から守られる保証や可能性はきわめて疑わしいことがしだいに気づかれはじめている今日，文字を与えることは，口伝えあう充実した生活を枯渇させ，母語の世界から言伝えの徳と遺産を剥奪するという，おおきな過ちを押しつけることではないのか，とくにこの半世紀近く，文字づくりに励んできた言語学者や宣教師は，おもいなおしてみることがあってよい。

ちなみに，ひとつの言語の文字をつくること，そしてその文字の種類や字形のいかんは問わず，文字づかいを定めていくことは，言語のリアリティ，その出発点にふれる格好の機会であるはずである。文字をつくった人たちこそ最初

の言語学者だといわれるゆえんである。文字をつくることは，言語のカタチ，なかんずく「語」をきめていく，まさしく「表語」の作業であり，もっとも基本的な言語学的作業だからである。準じていえば，古い資料にしか残らない，他国の言語の文字を「解読」し，音声組織からはじめてその言語の全貌を明らかにしえたかぎりでは，文字学者も，宣長に比せられる，「カタチ」にふれえた数すくない言語学者といえるかもしれない。

とはいえ，たしかに言語についての考究，あるいは言語学の進歩は，文字をとおした，文字で書かれたデータ（主として文献）によって進められてきた。それは，カタチとしての言語あるいは「語」を考えるのに，いわば半透明な半紙か磨りガラス越しに見る文字をつうじて論じあうようなもので，本来のカタチを転写した歪(ひず)みのために，見えるべきものがよく見えなくなっている。これは言語研究の足をひっぱり，その跛行性(はこう) 'decline' (注168) を生む原因にもなりうる。文字学や文献学ではふつう，「語」はじかにふれることのできない，したがって実感からほどとおい，不可解な実体として映ってきたとしても不思議ではない。

日本の言語学は，文献から出発した西洋の(比較)言語学の移入からはじまったこと，そして漢字をとおして文字の権威(崇拝)がゆるがぬ力をもってきたために，いまなお文献学こそ言語学だという意識は関係者には根づよくのこっているようにおもわれる。文字(文献)のある言語であれば，文献学の目的が言語史など言語そのものでなく(亀井・山田編1966)，歴史学・宗教学などの隣接分野への補助手段にすぎなくても，言語学としてまかり通っているという，自慢にならない国柄なのである。そういう風潮のあるところでは，文字のない言語という観点から日本語を見なおそうなどというのは，言語学者にとっても国語学者にとっても，信じられない，ことによると許しがたい冒涜でさえあるのだろう。

このような，言語のリアリティへの洞察とはかかわりなくともそれを言語学とみなすつよい傾向のなかにあって，言語そのものの研究とは無関係に書かれた内容のみに注目して隣接分野に奉仕する文献学，意味そのものを対象にする意味論，生理・物理学的な音声学，文字の形を扱う文字学は，言語学とは明確に区別すべきものであろう。言語じたいに迫ろうとしない文献学と言語史のちがいについては，ヨーロッパにおける文献学の歴史にさかのぼって，亀井・山田編(1966:20–26)が説いている。

他方，理論の健全な進展には結びつかない「鋳掛直し」(2.1.2) が言語学だと信じて疑わない傾向も，ますます昂じつつあるかにみえる。

　いま期待されるのは，従来の，文字しか見ず，文字の陥穽 (3.4) に気づくことさえなかった日本語研究には欠けていたカタチ感覚を，それがじかにふれられるうちに，危機に瀕した方言の世界で体得し，それによって日本語とりわけその文法を見なおし，再構築することではないかとおもわれる[*102]。

3.6　複統合語からみえるカタチ―言語類型の 4 タイプのなかで

　「語」のカタチ性を理解する上で，とくに有益なのは「複統合的 polysynthetic」な言語である。「輯合語」とも訳されてきたが，これは，ふつう古典中国語がその典型とされる「孤立語 isolating」，日本語やいわゆるアルタイ語の「膠着語 agglutinative」，西洋の多くの言語の，融合 fusion をしめす「屈折語 inflective」(注 165 を参照) という，言語類型（タイプ）の 4 番目として，19 世紀前半から知られるようになってきた言語である。日本における言語理解（あるいは研究）の多くが，主として英語や中国語のような，一方に極度に偏ったタイプの，いいかえると形態法を無視しても問題にならない言語をとおしたものであっただけに，反対の極にある，日本語にも無関係ではない複統合的タイプとか抱合語 (3.6.1，注 28) がいますこし（直接的に）理解されてもよいのではないかとおもわれる。複統合的というのは，ドイツ語やロシア語などで有名な"長い単語"のことではなく，またスカリチカ (Vladimir Skalička, 1909～1991) が中国語の"複合語"（ゆるい複合）に注目して語った複統合語的性格でもない（注 75「一塊のもの」を参照）。この 4 タイプについては，つとに泉井 (1939, 1947) が日本語を的確な対照にすえつつ，洞見にみちた考察をのこしている。なお輯合語と混同されてきた「抱合語 incorporating」にはのちにふれるが，日本語における名詞抱合の可能性については 5.2.1 を，また，さまざまな言語類型論の対照と孤立語の視点からする再検討は，峰岸 (2002, 2004, 2006) を参照されたい。

　話は前後するが，A. シュレーゲルの三分法 (3.3.1) の中間（接辞をもつ言語）

[*102] 小林隆編冒頭の「方言文法論への誘い」(2006:v–xiii) が語る新しい方言学の前提には，まず調査研究の緊急性があるが，土地の方言や住民にとっては得るところのない，「ピクニック言語学」（注 175）的な方言調査は論外である。方言研究がいかに日本語研究の深化につながりうるかについては，まずは宮良信祥氏の首里方言文法 (2000) などを参照されたい。

に相当するものが, フンボルト (1833:26 節) でも孤立と屈折のあいだにもうけられた「膠着語」である。その用語 agglutination は, おそらくデュポンソ (3.3.1) によって, 複数の語[幹]だけではなく, 語の断片をくっつけただけのきわめてルースな"合成"にたいして用いられたもので (Heckewelder 1827:16—*OED* 初出は 1830 年), よりはやくにフンボルトにも伝わっていた可能性はある。フンボルトはこの用語にふれてはいるが, デラウェア語の例はひいていない。1836 年の大著で, 膠着とデラウェア語の情報はくわしく, ただし否定的に検討されている (Humboldt 1836:Chs. 26, 36)—注 104 を参照。

　日本語といえば, 判でおしたように膠着語だという。しかし, 上記の分類はあくまでも「語」の構成様式に注目した, ひとつのタイプであるにもかかわらず, 融合がなく, 語幹と接辞, 接辞どうしの切れ目が明白である接合という原義からはなれ, 使いかたはいまもかなりルースなようである。「動詞・助動詞・助詞の類が後から後から追加され, 膠(にかわ)で着けるようにくっつき, 続いて行く」(大野 1977:3) などといわれるように, いわゆる助詞, 助動詞をすっかりふくめている。日本語の「語」があいまいなまま, "助詞", "助動詞"のそれぞれにおける, 接辞と接語を区別しない"膠着"なのである。この解釈は, のちにみる「相互承接」(4.4.1.2) にも「用言複合体」(5.2) の扱いにも尾をひいている。これが国語学の手を離れると, テニヲハの存在, 副詞節をつなぐ連用形 (中断法屈折), 形容詞句をみちびく連体形 (後接語的) によって後につづく語とのあいだに「連続」をうみだし (暗示性で支えられる「断続」とは対蹠的に), いつまでも終止を与えない"膠着語"の姿とか"膠着語の文学"が愛でられ, 『万葉集』の長歌が引かれたりする。これはもちろん, フンボルトの形態法的原義をこえた統語法的な「連続」である。ともあれ, 広義・ルースな"膠着語"が使用されるもとは, まさに本書が主課題とする接尾辞 vs. 前接語をふるくから峻別できずにきた, 専門用語の日本的濫用にあるといわざるをえない。膠着の原義については, 注 104 などを参照されたい。

　さて「膠着」とおなじく, 「複統合語」という用語のはじまりは北アメリカにあった。この地の先住民言語の研究は, 歴史的・地理的背景から容易に理解できるように, ヨーロッパ人の開拓がもっともはやかった北東部のインディアン語, とくにアルゴンキン語 Algonquian やイロコイ語 Iroquoian について宣教師の手ではじまり, しだいに各地にひろがっていった。得られた初期の情報は (Eliot 1666 の『ことはじめ』などもふくむ—6.3), ヨーロッパの研究者なか

3.6 複統合語からみえるカタチ—言語類型の4タイプのなかで　143

んずく兄 W. von フンボルトなどにも伝えられた。すなわち，フンボルトとおなじくフランス観念学 Ideologue の洗礼をうけていたフランス生まれのアメリカ人デュポンソは，アメリカ初代大統領ジェファソン（Thomas Jefferson, 1743〜1826）の言語研究重視の方針を受けつぎ，そのアメリカ哲学協会 American Philosophical Society（フィラデルフィア）の会長職を引きついだ人物であったが，当時の北アメリカの宣教師言語学（6.3）とヨーロッパ側の言語学にも通暁し，インディアン語の情報をよく伝えてフンボルトを一面では裨益した—同哲学協会の言語研究については，宮岡（1992a:1018–1019, 1992c:263–265）も参照。

　哲学者でもあったデュポンソは，モラヴィア派 Moravians[103] 宣教師ジースバーガー（David Zeisberger, 1721〜1808）がのこしたデラウェア・アルゴンキン語 Delaware Algonquian 文法（1827; Munsee 語とも）について，同師のあとを継いだヘケヴェルダー師 John Gottlieb E. Heckewelder（1743〜1823）と交わした書簡のなかで，はじめて複統合性 polysynthesis の用語を用いている。『オックスフォード英語辞書（*OED*）』が初出とした Southey 1821 に先行する 1816 年（書簡 8/30）のなかであり（Heckewelder 1876 [1819]:390–392, 416[104]），

---

[103] モラヴィア派は，チェコの宗教改革者フス John Hus（1369〜1415）の処刑後に興ったもっとも古い新教としての同胞教団 Unitam Fratem だが，南米端から極北グリーンランド，アラスカにわたる新大陸各地でのこした言語記述（文法，辞書，聖典翻訳）の貢献はおおきい（5.3 を参照）。チェコで生まれたこの教団（フス派）の言語学的系譜については，千野（1999:143–162）を参照されたい。

[104] *OED* 第 2 版（1989）では，初出は DuPonceau 1816 に訂正された。デュポンソが polysynthesis の名称を用いだしたのには（1816/8/30; Heckewelder/DuPonceau 1819:430），とりわけジースバーガー師の『デラウェア語文法』にみいだされる，「語」の形態が表す概念結合の豊かさ，つまり文法的概念が多くくみこまれた「文法形式 grammatical forms」の豊かさへの驚きと歓喜があった。彼が活躍していたアメリカ哲学協会が世界ではじめて，それまで知られていなかったこの 'remarkable character' がグリーンランドから南米南端のケープ岬にまでひろく分布することを知らしめた，とこの『デラウェア語文法』の翻訳者デュポンソが「序文」で語っている（Heckewelder 1827:14）。しかし，新大陸の言語情報がすでに伝えられていた W. von フンボルトには，デュポンソの提示した実例と説明は，「単一な語の断片としかいえないもの」の"合成語"とみなすことができる程度のもので（上記），「もとの語を粉々に粉砕してしまう，野蛮で粗野なやり方」（亀山訳 407–408）だといった，今日のデラウェア語の記述（例，O'Meara 辞典）からみてもあきらかな誤解をまねいた。「文法形式の発生」（Humboldt 1822–23）では，アメリカ・インディアン諸言語には彼の「真の文法形式 æcte form」は認められず，「語」はギリシャ語，ラテン語，サンスクリット語のような「屈折」によってではなく，そのいう「膠着」によって形づくられると考え，これは言語の概念発達を助ける力からすると，より劣った位置づけのものであ

その定義 '... des langues qui comprennent le plus grand nombre d'idées dans le plus petit nombre de mots possible' (DuPonceau 1838a:89 [1835]) は 実質上，グリーンバーグの 'quantitative index of morphemes per word' にかわるところがない (Greenberg 1954 [1960])。

しかもデュポンソは，おなじ書簡 (1816/7/31) で言語の 5 類型論を語っており，これは *Encyclopaedia Americana* の初版 (vol. 10, 1832:82) にも載っている。*asyntactic, analytic[al], synthetic[al], mixed,* and *syntactic* or *polysynthetic* の 5 つであるが，この詳細な類型分類は，ある意味で当時のヨーロッパのシュレーゲル Schlegel 兄弟など，著名な学者の分類（二ないし三分法）とその理解をこえたものといえるかもしれない—泉井 (1976c:242–246, 360–364)，宮岡 (2002:55–注 23, *GCAY*:19–fn. 3) を参照。デュポンソの五分法は，*Encyclopedia Americana* 初版第 6, 10 巻 (1830–31:581–600, 1832:81–99) の John Pickering (1777〜1846, 注 138) が書いたとされる項目 (Indian Languages of America, Philology) にくわしく，この項目は 1834 年にドイツ語訳もされているが，ヨーロッパでの受容はかぎられていたようである[*105]—Andresen (1990:108) を参照。

このデュポンソから得た複統合性の概念にヒントを得た W. von フンボルトが，北アメリカ・インディアン諸語（の一部）の情報，そして地理学者として中南米学術調査におもむいた，みずからの弟 (Alexander von, 1769〜1859) がもたらした古典ナウア語 Nahuatl（アステカ帝国の言語，ユート・アステカ語族 Uto-Aztecan，中央アメリカ）の資料や[*106]，刊行されはじめていた中国語文法などに基づいて打ち出したのが，18 世紀初頭のヨーロッパにおける言語類型論

    るとした。遺憾ながら，フンボルトの姿勢は，デュポンソにとっては偏見であり，これを解くことにも『デラウェア語文法』刊行の目的があったとされる。（マレー・ポリネシア諸語とともに）屈折語と孤立語の中間に位置する（前者より劣ったもの）とみたフンボルトの，膠着語についての消極的な姿勢（誤解と偏見）は，McNeely・石田 (2011:135–140, 154–158) に解説がある。なおフンボルトには，デュポンソとの接触以前，すでにその大使時代にバチカン図書館で接しえた，宣教師による膨大な言語資料（辞書や文典をふくむ）との出会いがあった。

[*105] それにもかかわらず，デュポンソの名前は，一般の言語学史に載ることはない。ただ日本語訳もあるロウビンズ (1992) が，19 世紀の比較歴史言語学の章の脚注で，インディアン諸語の分類との関連からわずかにふれている。

[*106] しばしばナウアトル語 Nahuatl としても知られているが，これは nawati「（大声で）言う」の名詞化。h は声門閉鎖音，末尾の -tl は同言語の toma-tl (>「トマト」) におなじ。

(『術語編』493–500 を参照)における第 4 の類型としての「抱合語 incorporation / Einverleibung」であった (Humboldt 1836; 1994)。デュポンソの複統合性は，基本的に「1 語あたりの形態素数」(下記)といえるものであったのにたいし，デュポンソがフンボルトにもたらしたインディアン語と弟から文法書を得たナウア語は，ともに「名詞抱合 noun incorporation」をなす言語であったこともあり，以後，polysynthesis と incorporation は不幸にも混同して使われ，この混同はすくなくとも 19 世紀終わりまで続いた。ボアズには，ラテン語文法的枠組みからの脱却 (6.1.1) だけでなく，この混同された incorporation という用語でインディアン語が論じられることにたいする反対の姿勢が当然あり (Stocking Jr. 1974a:471–472 を参照)，サピア (1911) にいたって，抱合は名詞語幹と動詞語幹の一種の語幹複合 compounding というべき形態的手法であり，語にふくまれる形態素数の問題ではないと理解されて，明確な区別がなされることになった。こうして，すでに 1 世紀前に両者の明確なちがいはひとまず解決ずみであり，20 世紀後半，類型論のグリーンバーグ (Joseph H. Greenberg, 1915〜2001)，ミスン (Mithun 1984) らによって，両タイプの峻別はさらに理解が深められてきている。

　とはいえ，複統合語は過去において抱合語と混同されて用いられただけでなく，異なる立場からの定義が混同に拍車をかけて，国際的にも問題となってきた (例，Asher ed.)[*107]。それはそれとして，複統合語は，本書でもグリーン

[*107] かつて日本にも，複統合的な語は，裸の語幹または語根の特別な接続のために生じた結果で，むしろ合成語に近いとする見かたがあったが，これは派生接尾辞を語幹・語根と誤認したためであった (注 39 を参照)。旧聞にぞくするが，「エ・ス・キ・モ・ー・語のような抱合言語では，語と句，文の境界が不明瞭で，〈文〉から独立した単位として〈語〉を認定することが困難となる」(傍点宮岡) という国語学会での講演はとくに印象にのこる (前著注 19)。複統合語を抱合語とする幼いジョーク bad joke はともかくとして，「境界が不明瞭」とか「認定困難」といった，文と語の二元性 (2.1.2) に疑問をいだかせるたぐいの発言はいまも耳にする。「語分け」をしないから「語」がないという問題ではない。3.6〈複統合語にみるカタチ〉や 6.4.2.2 の例 (98) などを参照されたい。表語性をデュポンソと趙が語ったのは，さきにふれたとおり (3.3.1)，まさに漢字のことであったのだが，単語というものは字引のうえには存在するが，実際の言語あるいは現象としては存在しない，といった誤解をまねく中国文学者の説もある。しかしこれとても，実際の言語は連綿とした語の流れ (あるいは文章)，つまり「語」よりおおきな結節をなしているということならば，どんな言語にもみられる自然な現象である。おおきな結節に「語」が覆い隠されているだけのことで，これでもって「語」がないということにはならない。

バーグ，ミスンの線にしたがい，基本的には1語における形態素数の平均的な多さ，つまり統合度 synthesis のたかい言語のことであるとひとまず考えているが(4.1, 4.2.5)，これはけっしてめずらしいタイプではない。しかし，語構成の手法(4.1)と統合性に注意して細かくみていくと，この類型の複雑さの種類と幅はおおきい。言語の類型的分類にもっとも重要かつ基本的な特徴とされているにもかかわらず，これにはどのような種類の言語がはいるのか，どの範囲の言語特徴がふくめられるべきなのかについて，理解はいろいろに分かれ，言語学者の意見はいまだに一致していない（たとえば，近年の Fortescue 1994b, Evans and Sasse 2002, Matissen 2004, Mahieu and Tersis eds. 2009, Mithun 1984などを参照）。研究者によっては，幅の広い生産的な名詞抱合を複統合性にとっての主条件とみなす立場もある（例，Baker 1996）。しかしこれだと，アイヌ語，チュクチ語は複統合語だが，エスキモー語はその典型的なタイプにははいらないことになる[*108]。北アメリカ・インディアン諸語の多くに比較的よくみる道具接尾辞 instrumental suffixes 等々が必須であるとみなす立場もあれば，さらにまた，名詞＋動詞の語幹複合ではなく，名詞語幹が用言化接尾辞によって派生してできた出名動詞も抱合とする考えもある（Sadock 1980, 2003）。しかしこれだと，エスキモー語も抱合語ということになってしまう。

　ただひとつ，基本的に1語における形態素数で統合度をはかるという立場にたつとき，その語には，接語や準接語はふくめない，つまり拘束句や用言複合体は多寡をはかる対象からはずすという厳密な線が守らなければならない。「語」の形態法的性格をルースに解釈するならば，たとえば接語が連続することのおおい日本語は，アサバスカ語 Athabaskan (3.6.1)やエスキモー語に劣らぬ複統合語になってしまう。おなじように，（おそらく言語接触などもふくむ——Anna Berge 私信）独自の発展のなかで多種多様な前接語を増やしてきた（しかし，さほど統合度がたかくはない）アリュート語が，同系ではあるがその点で相対的に保守的なエスキモー諸語とおなじ複統合語として論じられるといったことがまかりとおり，類型的比較は意味を失ってしまう[*109]。複統合性はあくまでも「語」の問題であり，拘束句じたいもたしかにひとつの（よりおおきな）

[*108] この理解にたつ派の人たちは，polysynthesis を複統合ではなく，「多総合的」と訳している（ベイカー 2003）。

[*109] 形態法の問題である接尾辞より，前接語のような統語法の現象のほうが，（他言語からの影響であれなんであれ）変動をこうむりやすいことを示すものかもしれない。

結節だが，語とはべつに，接語の多様さ複雑さを検討する類型論は，いまだ試みられていない。

3.6.1　ふたつのタイプの複統合語

　おなじく複統合語とはいっても，その下位的なタイプにはいろいろあり，世界の各地で複統合語（とされている言語）はかならずしもすくなくない。ただ，複統合語の典型的な例としてよくあげられるのは，アサバスカ語とエスキモー語であり，これらふたつの言語は，諸事万端において対蹠的な複統合語である。おおきくいって，複統合的言語は 2 種にわかれる。接尾辞型言語と接頭辞型言語であるが，両者の心理的ちがいとして，つとにサピアは (i) pruning afterthoughts（下記）と (ii) diagramatic/architectural といういい方で適切に表している (Sapir 1921 [1939:135])。ともに複統合語であるアサバスカ語とエスキモー語のうち，前者は（名詞抱合をふくんだ）接頭辞型であるのにたいし，後者は接尾辞型だが抱合語ではない。

　この複統合語についてとくに重要な問題は，1 語のなかに複数個現われる接辞の承接関係である。一方，拘束句内部の前接語相互の承接関係じたいは，むしろ統語法の問題である。

　これらの言語によって代表される異なるふたつのタイプは，non-templatic vs. templatic のちがいであって (3.1.1)，これは，語の内部（あるいは拘束句の内部）での接辞（あるいは接語）が意味的・文法的な拡張にしたがって，連辞的 syntagmatic な並びを示すか，一定の（ほぼ）固定した順序によって並んで現われるかによる。エスキモー語的な複統合語は 3.6 でもすこしふれたが，後者の templatic な複統合語のよく知られている代表はアサバスカ語 Athabaskan（ナヴァホ語 Navaho/Navajo など）である。これは北アメリカの，（サピア 1915b 以後，ハイダ語をはずして再解釈された）ナ・デネ諸語 Na-dene に属し，アラスカ南東部のトリンギット語 Tlingit およびイーヤック語と同系であることが確認されている。このアサバスカ語では，語根（語幹）を中心に，そこから語頭（左端）のほうに（ただし，語尾（右端）のほうにも）いくつかのスロットがならび，そのスロットに一定数のパラダイムから接辞（接語）が選択されて，順次スロットが埋められて，語（あるいは接語句）が構成されているというタイプである（[スロット型]—宮岡 2002:65）。他方の non-templatic なエスキモー語のように，連辞的な並びを順次連ねていくと，もっぱら接尾辞型言語（[非スロット

型］）にならざるをえないのにたいし，（おおむね）接頭辞型言語であり，エスキモー語にはない名詞抱合がある。おおむね接頭辞型としたのは，語根の前の一定のスロット（接頭要素）の前後に，形態音素的ちがいのある，（語根に近い方から）共接的 conjunct な接頭辞と離接的 disjunct な要素の区別（注111，『術語編』1387–1389）があって，その後者が接辞というよりも接語と見なされうる可能性を考慮すれば，動詞としては統合性がそのぶん多少は低くなって，一種の用言（動詞）複合体 (5.2) とみなされることになる（つまり，エスキモー語などと対等な比較はできない）からである（いくぶん日本語に似た問題でもある）。「スロット型」と「非スロット型」とよんだこの性格を巧みについたサピアの区別については，前著 3.4.3 も参照されたい。サピアが後者をよんだ「後思案の刈込み pruning afterthoughts」は，5.2 でふれる日本語の用言複合体の真骨頂でもある。

　ちなみに，北アメリカにありながら唯一，非アメリカ的言語とされるナ・デネ諸語は，アラスカ南東部・内陸部のみならず，カナダ，合衆国（の4文化領域）にまたがる，広範囲な地域に分布してきた，きわめて数のおおい，しかしそのほとんどがすでに消滅またはその危機に瀕した言語群である[*110]。アサバスカ語のひとつであるアラスカの上タナナ語 (Upper Tanana) については，多少のフィールド経験をつうじて，これを略述した箕浦 (1992, 1993)，Minoura (1997) がある。アサバスカの名前は有名なわりに，現在，この語族の言語を現地で積極的に調査している日本人研究者はいないかもしれないが，近年，翻訳のでたベイカー著 (2010) は，アリゾナのアサバスカ語であるナヴァホ語 Navajo/Navaho をもっぱら引いている（ただし，同氏の解釈による polysynthesis―Baker 1996―は，本書の解釈とは多少異なっている；3.7 を参照）[*111]。

[*110] 北アメリカで話者数最大の先住民言語として知られてきたナヴァホ語（下記）も，すでに危機的状況にあるという。

[*111] 類型的興味にくわえて，ナ・デネ諸語が近年注目をひくようになったのは，地理的に遠く隔たった，旧大陸はシベリアのイェニセイ川でいまも話されているケット語 Ket などとの同系説である。とくにこの系譜的言語比較を成功にちかづけているのは，この言語が動詞（あるいは動詞複合体）の接頭的要素の形態音韻的に異なる離接 disjunct / 共接 conjunct の区別（上記，『術語編』1387–88 を参照）その他をふくむ，煩雑な形態法を備えた thematic な複統合的言語だということにある。たしかに難解な言語だが，要を得た文法概要が公刊された (Vajda 2004)。言語の比較において決め手（「歴史言語学の原点」吉田和彦 2007―1.4.3）となるのが，まさしく複雑な形態法である好例である。拙稿（宮岡 2009）で紹介したように，これは地理的分布と世界

3.6 複統合語からみえるカタチ―言語類型の4タイプのなかで   149

　「可能性制限の原理」を説いたゴールデンワイザーは (1.4) サピアのことを「手のつけようもなく込み入った文法を気味悪いほど見抜く力をもっていた」と述懐している (『アメリカ人類学』誌追悼号 1941 年)。1909 年, 23 才にして『タケルマ語文法』(Sapir 1922) を書き, F. ボアズのもとで博士号を得た E. サピアは, 文字をもたない, いまだ未知同然であった言語を数多く手がけた。日本語訳もある『イシ』は, 文明世界に現れたさいごの北米インディアンであるヤナ族のイシとサピアとの出会い, そしてそのフィールドワークを人類学者 A. クローバーの夫人が綴った感動的な記録だが (Th. クローバー 1991 [1970]), 言語については唯一, サピアがイシとの調査 (1915 年夏) によってえた貴重な『ヤナ語辞書』(Sapir and Swadesh 1960) がのこっている。しかしながら, みずから手がけてきた言語のひとつであるアサバスカ語の難解さについては, 「自分が手がけてきた言語研究のうち, 他とくらべようがないほど重要かつ徹底したものだと思えるのがナヴァホ語だ」といい, 逝去前年の 1938 年, ついに感極まったかのごとく, 師ボアズにしたためた私信で, それを「こん畜生このうえない言語 the son-of-the bitchest language of the world」とよんでいる。この言語は, 北米インディアン諸語のうちでももっとも話者数のおおい (ただし, すでに急激に消滅に向かっている) 言語で研究者の関心もたかく, 今日では日本の『新英和大辞典』(研究社) に匹敵する分量の『文典・辞典』(Young and Morgan 1991[2]) も出ているのだが, サピアにとってのこの言語のこん畜生このうえなさとは, いうまでもなく, 語の形態法のことにほかならない[*112]。

　　の言語系譜の点から, 近年の新発見として世界の言語学会に驚きをもってむかえられた。イェニセイ川下流や中流の, それじしん系統的に孤立した語族と考えられてきたイェニセイ語族 Yeniseian のなかで唯一, 話者ののこっているケット語は, 最近までロシアを中心にした研究者グループによって組織的かつ継続的な調査研究がなされてきていたが, 2000 年代にはいってシアトルのヴァイダ氏 (Edward J. Vajda) がナ・デネ大語族との系統関係を提唱した。これはしばしば世界各地で試みられてきた, おおまかな語族大統合 grouping とは類を異にしている。同氏には 2000 年代初めからこれにふれた論文もあるが, 公に唱えたのは, 2006 年 (ライプチッヒ) と 2008 年 (アラスカ) のシンポジウムであった。関係する両言語 (群) の専門家だけでなく, 北方地域に通じた (比較) 言語学者の多くが, おおむね賛同あるいはすくなくとも積極的な受けとめ方をしている。ナ・デネ語族側のもっとも積極的な賛同者はアラスカ大学のリア氏 (Jeff Leer) だが, 両グループそれぞれの長老的存在であるコムリー氏 (Bernard Comrie) もクラウス氏 (Michael E. Krauss) も, 慎重ながら基本的には賛同の方向にある。

[*112] この言語の難解さはつとに有名であり, 第 2 次大戦時, 日本軍にたいする暗号に用

これらナヴァホ語などをふくむアサバスカ語と対蹠的な non-templatic 型複統合語としてのエスキモー語は，その煩雑な構造にもかかわらず，前者よりもはるかに日本語と類似した性格の言語である。語構成の基本と，複統合的な語で文法的にどの程度まで複雑な（文に匹敵するような）内容をもりこみうるかについては，6.2 に若干の例をあげてある。たしかに日本語は，複統合語とよばれることはないにしても，ある程度の複統合性を示しうることは前著でものべたとおりだが，接尾辞と前接語とを区別する手がかりとして，4.3 などであげる日本語の「用言分割（ひねり）と再立ち上げ」と対比したエスキモー語の「彼は（誰かに）おおきな家を君につくってやってほしいと思ったようだが，（実際は）だめだったらしい」(98) という 1 語も参照されたい。わざとつくった「大人ぶらせたがらなさ」といった，ふつう聞いたことも口にしたこともないような日本語の作例には疑問をもたれるかもしれないが，「頑張りや」が派生名詞だとすれば，これもまたれっきとした派生名詞にちがいなく，きわめてかぎられた範囲ではあろうが，この程度の派生接尾辞による複統合性は日本語の語構造の許容範囲におさまっているとみていいことだけは理解されよう。これが典型的な複統合語であるエスキモー語であれば，まだこのうえに，「たがる」の程度を修飾したり，その過去時制を示したりする派生接尾辞がつき，さらには，この願望が「わたしの」1 回きりのものであることを示す屈折接尾辞がついて 1 語が完結する。このような形態法的には名詞である語が，日本語とはちがって話し手の口からすらすらと（自由に）でてくるのである。

　とはいえ，ひとまず孤立語（的）と考えられる英語の話し手にとっては，それぞれに複雑な構造をもつエスキモー語やアサバスカ語などの複統合的な語に接しても，それをひとつの語と理解することには，おおきなとまどいがあるかもしれない。しかし「語」は，古典中国語が典型とされる孤立語にしろ，アサバスカ語やエスキモー語のような複統合的言語にしろ，表現されるべき「表現前塊」を，一定の選択と制約のもとで，ひとつのカタチ（かたまり）にする，いかなる人間言語にあっても基本的かつ不可避の動態的な実体である。ただ複統合語は，世界の大多数の言語にくらべると，そのような表現前塊を「語」としてとりこみうる幅がおおきく，はたす役割が重い。そのために，「語」のカタチ性と表語性 (3.5) を理解するうえで，とりわけ有用な言語であることはまちがいない。

いられて，成功をおさめたことはよく知られている。エヴァンズ (2013) などを参照。

3.6.2　複統合と希薄化

3.1.2 でふれたように，カタチ化にともなっておきる内容の「希薄化」は，人間言語にとってきわめて自然な過程である。そしてこれがさまざまな文法ならびに語彙現象に現われることは，たやすく指摘できる。ただ希薄化の現象について想起したいのは，前書 (宮岡 2002:141–142) で提出した (形態法的) 類型論における統合度のスケールにかかわることである。

統合度については一般に，かつてデュポンソが考え，また上でものべたように，1 語がふくみこみうる形態素の多寡が語られ，一方の極には，(ひとまず) 1 語多形態素の複統合語があり，他方の極には，1 語 1 形態素を原則とする孤立語があると考えられてきた。

だがすくなくとも，この 1 語多形態素の複統合性 (統合度の高さ) は一面では，上のスケールはともかくも，複統合性の希薄化と相対しているということが考えられるかもしれない。虚辞 (化) の現象は孤立語にも複統合語にもおこりうるし，日本語のいわゆる"複合"にも希薄化がともなうことはおおい (3.1.2)。多くの内容 (形態素) がひとつのカタチ (語) にまとまるのかにたいして，複数の希薄な内容のカタチ (語) が結集してひとつの明確な内容になるのかという問題もある。

言語における希薄化現象は精査と比較が必要とされる問題ではあるが，千田俊太郎氏は，現地調査をつづけてきたドム語 Dom (パプア・ニューギニア高地シンブ Simbu 県) について，1 語以上からなる語彙要素，意味を欠いた語などの「妙 queer な語結合」や「意味的に特異 semantically idiosyncratic な語」がおおいことを記し，1 語がひとつの意味を伝えるのに十分でないとすると，平たくいえば「孤立的以上 more than isolating」に思えると書いているのは (Tida 2012:18)，興味ぶかい見解におもわれる。

3.7　日本語の単語と分類を問う

当然のことながら，言語のもっとも基本的な単位である「語」がともに結ばれ統合されてできたものがいちおう「文」であると考えるならば，ギリシャの哲学者たちが命名したように，形態法 morphology (morph- 形) があっての統語法 syntax (syn-「ともに」; 構文論とも) であり，その逆ではないことは確認しておかなければならない。すでにカタチの問題としてふれたように，ふつう形態法は，統語法にくらべてはるかに多様性と微細さをもつ。それだけに扱いは容易

ではなく，それに応じた慣れとコツが必要になってくる．

とはいえ，形態法が文法全体のなかで占める位置は，言語によっておなじではない．中国語（や，ある程度までは英語も）のように語の形態法的変化が皆無に等しい孤立語 (3.6) はむしろ特殊であり，形態論の項を欠いているのも理解できる．しかし，形態論を欠いた言語学概論や日本語文法はさまにならない．

それ以外の言語では，ふつう形態法は統語法と区別して扱われているが，複統合語 (3.6) になると，複雑微細におよぶ形態法に，ふつうの言語の統語法的現象が深くはいりこんでいるため，両者を判然と区別するのはむつかしい．とはいえ，それなりに峻別しうるものである（例，Miyaoka 2012:chs. 4, 5）．日本語は，複統合語というにはほどとおいが (3.6.1)，その膠着語的性格のゆえに，「語」の統合度がある程度までたかくなりうる言語である，そのために，統語法の基礎として形態法の記述をまず固める必要がある．ただやっかいなことに，とりわけカタチの問題である形態法は，母語話者の意識にのぼりにくく，研究者にとっても体系的で包括的な把握と記述分析が容易でない．

第4章でみる多くの例と，それらについての諸説から明らかなように，形態法の押さえをおこたると，恣意的な意味上の理づけは，いかようにもこころみることができる．しかし，すぐれてカタチの問題である形態法は，意味からは，しかととらえることのできるものではない．

言語記述の出発点としての形態法であるにもかかわらず，日本語研究のような個別言語の研究のみならず，言語研究一般の世界でも，形態法と統語法のちがいがどこに，そしてなぜあるかということには，関心が向けられず，形態法は統語法の，"パスしてもよい"程度の下位レヴェルくらいにしか理解されていないのが一般であるようにみえる．1.4.3 でふれた「統語論の共通性，形態論の多様性」（千野栄一）という明快な区別を想起されたい．じじつ近年，類型論者のあいだで，文法における撞着解決 conflict resolutions とかとよんで，さまざまなミスマッチや不整合を解く説明原理を求めようとする動きがでているが (Edith A. Moravschik)，それなりに納得できる部分があるとしたら，それはおおむね統語法上の現象にかぎられている．日本では，とくに 20 世紀後半の，中国語に似た孤立語的な英語中心の言語研究がのこした負の遺産はいまも尾を引き，形態法軽視，統語法オンリーの流れが支配的である．

ひとつの言語集団が共有している言語がある以上，品詞分類と文法記述に，研究する人の解釈のちがいが部分的に残るのはいたしかたないが，基本的に

は，ひとつに収斂すべきものとおもわれる。とくに，「語」にかかわる，もっとも基本的な分野については，変な"寛容"はさけなければならない。

　前著でもふれたように (2.1；宮岡 2002:2)，カタチとしての「語」の幅広さを前にしながら，「学界には日本語の単語についての不一致についてはこだわらない」風潮 (鈴木重幸 1996:31, 傍点宮岡) が語られている[*113]。この「単語の不一致」は，いまなお日本語文法の世界では主流派の支持をえたかのように，まともに「語」に向き合うことなく，多くの文法用語や形態法的概念の濫造と濫用を続けている。これは一面では，言語形態法の複雑さと精妙さを反映したものであるが，言語研究の立場からは，こだわらずに寛容に許容すればよいというものではない。さかしらな慎重を装った寛容は，響きはともかくも，ときには問題にたいする真剣な考究からの逃げになっているようにおもわれる (注 95 も参照)。またその一方では，"国文法"の世界にあるのは混乱ではなく，「鋭い対立や揺れ幅」だとして，現状を許容あるいは評価する姿勢 (益岡他 1997:125) があることも，知らないわけでない。問題はいずれにしろ，まずは国際的に通用する基礎にたつことではないかとおもわれる。

　分類されるべき単語の"不一致にはこだわらない"国では，どのような品詞分類であっても許容されるのかもしれない。しかし文法 (記述) の基本となる品詞分類も，その言語に固有の範疇化にほかならず，「語」の「分け」さえわかれば，かぎられた部分についての意見のちがいが残ることはあるにしても，おのずとひとつに収斂されてくるはずである。しかし日本語について，いまも多種多様な品詞認定がおこなわれているのは，ひとつにはすくなくとも形態論の問題を意味の面から恣意的にとらえ続けていることからくるものであろう。品詞分類は，文における文法機能を考慮する前に，まずは可能なかぎり形態法的特性から出発すべき問題である。

[*113] 鈴木氏じしんの「単語」観は，注 66, 76 などでもふれたように，「語彙・文法的な単位」とするもののようだが，これは基本的には奥田 (1985) にすでにみられ，今日の主流派的 (?) 日本語研究者もこれにしたがっている (5.4 も参照)。その定義は，「語」のカタチ性をくもらせ，接尾辞も前接語も (たんに「手つづきのちがい」[奥田] によって) おなじく「単語の要素」になっている。しかも，その単語観には，「文節」不要論が付随している。「単語 (自立語) に助詞・助動詞のついたものは，これまでの学校文法では，文節とよばれている。…この文節がわれわれのいうあたらしい意味での単語に相当する。…「文節」という用語はいらなくなる (じゃまである)」(1972:33)。宮島は一方，『国語学大辞典』(1980) で，「「語」の現象形態が「文節」である」といっている (注 78)。

日本古来の歌学における,「名・詞・てには」の三分法は, いくぶんギリシャの三分法を想起させるものだが, すでにかの地では, 前2世紀にディオニュシオス文法学八分説 (ラテン語) ができあがり, 16世紀末には, J. ロドリゲス (João Rodriguez, 1561～1634) などキリシタン宣教師以後の西洋人日本語研究家によってわが国にももたらされてきていた (泉井 1976b:289-298)。その刺激もあって, 明治以後の日本語文法学では, 多種多様な品詞認定が試みられ, いまだに対照表によって整理・検討してから文法研究を始めるという状況がある。なすべき重要な仕事は, はたして対象が「語」なのかどうなのかといった, 当の言語の基本を押さえた上で, いかに文法として受容できる分類をめざすかということである。古田 (1968) は, 江戸時代まで (折衷文法直前まで) の文法観の流れを, 詞辞, てにをは, 活用にたいする「意識」に注目して要約していて裨益するところがおおきい。また渡辺実 (1976) は, 西洋言語学導入以前の (江戸時代以前の和歌実作における) 語の種別への関心から始め, 富士谷成章(ふじたになりあきら) (1738～1779) の業績 (名(な), 装(よそひ), 頭挿(かざし), 脚結(あゆひ)) を略説・評価したうえで, ていねいに日本語の「単語」を整理し, アメリカの構造主義にも目配りをみせている (注 115)。

しかしいまでも, 品詞論などは「できるだけ簡略に (もっぱら統語論に)」ととなえる「文法の書き方」が目にとまるこの国では, 最新の山橋 (2013) のように, 古代ギリシャ・ローマ (プラトンら以降) にさかのぼった品詞論から整理しなおそうとする努力がかえって新鮮ではあるが, 品詞の区分についての基本的な考えかたは泉井 (1939 [1967:32-54]) につくべきであろう。ただ通言語的に品詞論を展開しようとすれば, 近年, 重要な話題になってきている, とくに北アメリカ北西海岸の名詞 vs. 動詞 (1.3.2.3) との対比などをもとに, 細部を詳細に検討することが必要とおもわれるが, 本書には, その余裕も力量もない。ただ, 日本語の品詞分類についての疑問に一点だけふれておきたい。

漢籍や仏典の流入とともに, 漢字を受容して日本語を表記しようとしたとき, あたらしく自覚するようになったのは, とくに固有名詞 (国名, 地名, 人名) を1音節ずつに「音節分け」することであり, それを1音節1字的に借字によって表記する必要であった。それによって, 中国語と類型的に異なる日本語を表記する道がひらけ, 万葉仮名がしだいに定着し, 究極的には仮名文字を生みだす結果になった。

1字が1音節に相当するいわゆる万葉仮名で表記されている上代の記紀歌謡や『万葉集』の後期の「歌」では, ほぼ「五音節・七音節の切れ目」が語句のこの

切れ目に重なり，そこに「語」がまたがることはないという事実（『時代別国語大辞典上代編』概説：32）は，音節をこえたカタチの心理的実在性を反映するものといえるかもしれない。

　これより以前，いまひとつ中国語との類型的対比が意識されるなかで，そのちがいに対処しなければならなかったのは，日本語のいわゆる膠着語性（3.6）であった。日本語の品詞分類の萌芽とはいいがたいものではあるが，概して具体概念と結びついた主要語的な「詞」にたいして，単音節が多く，概して関係概念と結びつき，文法的機能をもつ「辞」についての意識が生まれてきた。この古代人の語分類意識についてしばしばあげられてきたのは，いわゆる付属語や活用語尾にあたる部分を小さな万葉仮名でしめす表記法（宣命体）や，大伴家持が霍公鳥(ホトトギス)を詠んだ『万葉集』の 2 首（巻 19，4175 番歌，4176 番歌）に付された有名な小注（3 つないし 6 つの"辞"「も，の，は；て，に，を」を表記しない［闕之］手法）である[*114]。後者では，これらの文字を表記しないことによって逆に，「も，の，は」などに語の資格をみとめ，そこにある種の語感覚を映しだしたのではないかというのである。くわしくは，『日本語の歴史 2・文字とのめぐりあい』（241–246）なども参照されたい。

　そのような識別意識は，漢文の受容をとおした中国語との素朴な類型比較がなされるなか，音節意識とおそらくは連動的に（あとを追って）生まれてきたと推定することはおそらくただしいであろう。ただし永山勇氏は，地道かつ詳細な考察（1963:36–41, 72–124）にもとづき，奈良時代の宣命書きや『万葉集』の「辞」の表記にみられるこのような国語意識は，平安時代には「全くといってよいほど顔を表わさない」（124）という，詞・辞分類意識の特殊性にふれ，後世の品詞分類との関係もふくめ，今後にのこされた問題を指摘している。

　したがって，このような，外国語との類型的対比のなかで生まれてきた識別意識とのつながりは速断を許さないが，いまひとつ，漢文訓読のために加えられた訓点にもとづき，歌学などのなかで，歌のしらべをととのえることにもおおきなかかわりをもつ，いわゆる「てにをは」意識がとくに中世以降に成長してきたとされている。ただ，「語」を大別して，主要的な語と非独立的（付属的）な語を対立的に意識しはじめた初期の頃には，まだ"助動詞"その他をくわえて

[*114] アララギ派の土屋文明（1890～1990）は，「遊びの具としての作歌」と『私注』した（十九巻 44–45）。

よんだのはやむをえなかった (永山 1963:426)。これら「辞」や「てにをは」の委細については，専門の研究者にお任せするほかはないが，すくなくともこの段階では，まだ日本語の語意識を語ることはさほど意味をもつものではなかったかもしれない。こののち，より言語学的な品詞分類の端緒としてもっとも注目に値するのが富士谷成章の「名，装̇(よそひ)，頭挿̇(かざし)，脚結̇(あゆひ)」とされているが，その「脚結」は，いわゆる付属語（助詞，助動詞）に相当するものである[*115]。かたや「てにをは」に深く没入し，日本語の統語規則ともいうべき「係り結び」に着目（『てにをは紐鏡』，『詞の玉の緒』）した宣長は，「てにをは」を inflections/endings にふかく結びついている動詞や形容詞の屈折としての「むすび」ととらえ，「むすびとは，ことばのとじめ，ことばのきるるところ]（『玉の緒』巻一）とした。

　しかし，"助詞"と"助動詞"の明確な類別意識さえいまだ芽生えていない頃，すくなくとも主要語とは対比的にトータルに意識されただけにすぎぬないそのような要素（「辞」とか「てにをは」）が生まれはしたものの，"助詞"，"助動詞"のそれぞれの細分（接語 vs. 接辞）の検討にまではいたらない大まかさはそのままにして，文法研究が進んでいったのではないだろうか。その点では，"助詞"あるいは"助動詞"をふくむいわゆる付属語をトータルに，接語と接辞を区別 (4, 5) しないで扱っている現状も基本的にはちがっていない。つまり，古くからの大まかさを基本的には引き継いできただけではないのだろうか。3.2 でふれた春庭らの例外をのぞけば，国語研究のなかで，そのような細分意識を示す証拠はどの程度まで気づかれてきたのだろうか[*116]。本書でいう前接語—服部四郎の"附属語"—の語性にかかわる語感覚だけを問題にするのではなく，いわゆる付属語に相当する「辞」の多く—服部の"附属形式"あるいは本書の接（尾）辞—について，その非語性に気づくことはたえてなかったのだろうか[*117]。

[*115] 富士谷成章（『あゆひ抄』など）には，単語とはなにか，分類の基準，文法とはなにかといった問題意識は直接には見られないが，「そうした基本的な議論が進んだ現在の日本語研究が，科学的な手続きの末に到達する結果は，詳細にわたってはくいちがいが当然あるけれども，不思議に富士谷の結果と重なる所が大きい」(渡辺実 1976:88) という。

[*116] 鎌倉初期の歌学の集大成である上覚̇(じょうかく)『和歌色葉集̇(ワカイロハシュウ)』（建久 9 年 [1198]）が，詠歌のための歌学書的内容の整理から発展して語分類意識の萌芽を見せるにいたったことの意義を説く永山 (1963:450–464) にしたがうと，上覚が「らむ，けれ」を「詞」とよぶ一方，「不」（打消）の「ず，ぬ」を「文字の病」とよんで区別している (457) のは，断片的ながらも興味ぶかい。

[*117] たしかに，「体言（言），用言（詞），てにをは（辞）」の 3 分類は「国語の本質に即した

わたしじしん「〈語〉とはなにか」などとおおきなテーマをかかげたうえ，身のほどをわきまえずに「日本語文法と文字の陥穽」などものしようとするのは，日本語文法の要諦であり，最大の難所ともいうべき，このいわゆる"助詞"と"助動詞"の問題だけは埋没させないよう，しっかりと見きわめておきたいという気持ちからのことである。

したがって本書では，日本語文法にからむ細部の諸問題や品詞分類の全体はおいて，用言と体言を枢要な柱とする，(1)のようなおおきな枠組みを念頭において，話を進めていく。ただし，過去の学史的背景はどうであれ，内部的な形態法上の検討をぬきにして"助動詞"と"助詞"をそれぞれ一品詞とみなし，あわせて付属語とする伝統的な扱いとだけは，たもとを分かたなければならない。

下掲(4)には，まず b.「接語」と c.「接辞」の区別があることに注意していただきたいが，b. の大部分は屈折を欠いているために，下位分類はきわめて微妙である。

(4)　a. 自立語
　　　用言
　　　　　i. 動詞
　　　　　ii. 形容詞
　　　　　iii. 形容動詞 —用言化前接語「=だ-」による固定化した拘束句
　　　体言[非屈折的]
　　　　　i. 名詞，代名詞，指示詞，数詞—「格」の前接語と共起可能
　　　　　ii. 副詞，接続詞，間投詞
　　b. 接語[服部の"附属語"]
　　　　　i. 用言性前接語・用言化前接語
　　　　　ii. 体言性前接語—副助詞，接続助詞，格助詞，間投助詞など
　　　　　iii. 体言化前接語—副助詞，接続助詞，格助詞，間投助詞など

もの」であり，「後世の国語学に甚大な影響を与えている」といえるにしても(永山1963:475)，語でないものを語として扱ってきた大まかさは，2.2でふれたように1字1語で語境界無表示の中国語の影響をうけつつ漢字を受容した宿命(陥穽)だったのだろうか。あるいはまた，伝統的な，てにをは研究のなかで，用言語尾を一体とした統語法的係り結びを考えてきた必然的な結果としても，接語と接辞の区分，あるいは語尾の接辞性は意識にのぼりにくかったためなのだろうか。

iv. 後接語—連体詞［adnouns 体言性後接語］など
　c. 接辞—用言あるいは体言の一部を構成する要素にすぎず，それじたい
　　は品詞ではない
　　　i. 接尾辞(派生・屈折)—用言性・用言化・体言性・体言化
　　　ii. 接頭辞(派生)—用言性・体言性

　従来の"助詞"，"助動詞"には，それぞれ前接語と接尾辞が混在する。したがって，次章で主として扱うのは，「接語」「接辞」の問題である。ちなみに英語などの「前置詞」を，前接語としてのいわゆる助詞(の多く)につかう向きもあるが，それらは［−名詞 N，−動詞 V］としての「前置詞」とか「後置詞」の概念に合致するものではないことを考えると，日本語には適切ではないことはいうまでもない。

　本書の「前接語」のかなりがふくまれる，いわゆる"助詞"は，そもそもそれじたいが，カタチをかえることのない「不変化詞」であるために，かぎられた統語的判断はおくとすれば，概して確たる文法的細分類はのぞみがたい。このことは山田孝雄から大野晋にいたるまで，かわらぬ難題であった。ここでも，伝統的ないわゆる"副助詞，接続助詞，…"などの用語を便宜上，踏襲せざるをえない。意味による分類はいかようにも理づけできようが，「変化型，不変化型，用言性(VV)，用言化(NV)，体言性(NN)，体言化(VN)のタイプ」をいうにとどめざるをえない。接尾辞の分類もこれにしたがっている。

「語」とその構成："助動詞"と"助詞"

❖ 第 4 章 ❖

　本章でいう「語構成」とは，阪倉 (1966:193) が「語構成の問題は，つねにひとつの共時態において考えるべきものである」と記すとおり，通時的 (歴史的) な意味ではなく，共時的記述として理解された語構成のことである。ちなみに，阪倉氏にとっての「語」が「もっとも小さい意義的な統一体」であることは，あらかじめ確認しておきたい。それとともに，わたしにとっての主要な関心の対象は，語彙ではなく，あくまでも文法の問題としての語構成であることをのべておきたい。

　いうまでもなく，通時的事実 (変化) が共時態に根をおろす (反映する) ことは自然だが，共時態は部分的にしろ，体系の再編成を経た結果であるので，通時的な前段階の事実は，その理解・解釈 (記述) に参考になることはすくなくないとしても，必要以上の考慮は警戒すべきものであろう。

　語構成，つまり「語」の共時的な構成を考えるまえにまず，おそらくどんな言語にもあてはまることだが，とくに日本語では，語と接合 (隣接) し，それとカタチとして一まとまりに結節しながらも，その主要語に前あるいは後から倚りかかる「語」の存在，すなわち「接辞 affixes」とは区別すべき「接語 clitics」(3.1, 4.2) の存在を明確におさえておく必要がある。カタチの問題として当然ながら，死語でないかぎり，これは音声的に一まとまりをなすものとして押さえねばならない。音声面での裏打ちがあるカタチにたいし，それの徹底しない文字あるいは書記法には，文法理解にさえ陥穽 (3.4) のありうることに気をつける必要がある。これはすなわち，「語」の一種としての「接語」と，それのホストへの接合 (隣接) によってできる「接語句 clitic phrases」あるいは「拘束句 bound phrases」の問題であるが，接語には，完結した主要語 (動詞なら屈折形) に後ろ

から音声上，付属的によりかかる「前接語」(5.1) と，前からよりかかる「後接語」(5.1.6) が区別される。

　ここでいう「接語」は，伝統文法の（"自立語"にたいする）付属語と通じるところがあって，そのいわゆる"助動詞"と"助詞"のそれぞれの一部あるいは多くは明らかに接語とみなすべきものである（のこりは接辞）。しかし，そもそも付属語と「接語」は考え方がちがっている。接語も，単独で現れることなく，非自立的あるいは依存的ではあるが，ひとつの語の一部にすぎない非自立的な接辞（接尾辞か接頭辞）とは基本的にちがう。つまり，接語はそれなりの音声的な独自性をもつ，まぎれもない「語」そのものなのである。その点でもたしかに付属語といえなくはないが，伝統文法での，"助詞"と"助動詞"を一括した意味での（それ以外の品詞をふくめた自立語とは対照的な）付属語とはべつのものである。

　一般言語学的定義による，服部四郎 (1950[1960]) の「附属語」(3.1.5) にはいまも魅力があるし，じっさいこれを使っている研究者もなくはないが，日本語文法での"助詞"と"助動詞"をあわせた使い方との混同をさけるためにも，本書では clitics の訳語として"付属語"はとらない——前著 (2002) では，接語を「倚辞」とよんだが，音声的に「倚りかかる」ものという理解は保ちつつ，本書では「接語」を採用した。"助詞"，"助動詞"の名称を用いなかった服部は，日本語の全体的扱いを試みたわけではなかったためもあってか，あるいは自立語にたいする伝統的な付属語との混同と誤解を招いたためか，日本語研究のなかでは十分に理解されず，すくなくともひろく採用されるには至らなかったようである。そのなかで大江 (1999:93) は，服部的用法を継いで，「学校文法でいう「助詞」の中には「付属語」と認めてよいものと，動詞語尾の「-テ」のように結合関係がかぎられ「付属形式」とみとめられるものとがある」と明快にのべている（「書いーて，読んーで」の「-て|-で」は，助詞ではない——4.5.2〈中断法屈折〉を参照）。しかし，日本語研究者に重んじられることはなかったようである。もし服部の「附属語」「附属形式」が正当に理解され，"助詞"，"助動詞"の再整理につながっていたら，日本語文法研究の蘇生が過去半世紀ですすんでいたにちがいない。

　なお，『国語学大辞典』(1980) には，clitics に当る項目はない。ただ同辞典の「自立語・付属語」(林和比古執筆; 527) が，助詞・助動詞・接辞の別にふれてお

り，橋本進吉の所説に言及するところなども，混同しないように注意して読むかぎりは参考になる[118]。

「接語」については，再度 4.1 の後半でふれたうえ，「語」と具体的に対比し，これによって構成される「拘束句」を第 5 章でさらにくわしく扱うことにする。

また，語構成については，阪倉 (1966) のほか，これを表題とした斎藤・石井編 (1997) があり，「優れた基本的論文」を編んだ重要な研究資料集だが，既発表論文の集成のため，内容的統一に欠けるのはいたしかたない。

以下，「語」とその構成に関心をもつ本書は，文法全体の記述をめざすものではないので，網羅的な例示や説明にほどとおいことはいうまでもない。

4.1 語構成の手法

すでにのべたように (2.1)，「語」は意味的な単位ではなくカタチである。しかも「語」はカタチ以前の (外化するまえの) 抽象的な「形態素」とはちがって，(可聴的に，文字表記なら可視的に)「ふれる」ことができる。つまり，語と形態素は別次元の単位である。"移行の段階"(注 66) などではない。形態素は，「語」を構成する材料として，語内部の位置によって語根，語幹/「語基 base」(本節末と 4.5 を参照)，接辞などとして現れはするが，それらは「ふれ」られるものではない。語の最小の単位であるとか，その一部分をしめるとかいった形態素の定義は採らない。

なお「語構成」に関連しては，阪倉 (1966) などでも，"造語"という用語がみられ，しばしば「接頭語・接尾語よりも実質的な意味をもつ」字音語 (もと漢語) や一部の和語「ながら，がてら」(4.4.5, 4.5.2, 5.1.1) などを "造語" あるいは "造語成分" とよんでいる。(体言化接尾辞のばあいはべつにして) 不変化型前接語にあたり，一種の拘束句 (あるいは，ゆるやかな "複合語") を形成する。しかし，とくにまぎらわしい "造語，接頭語，接尾語，連語" などは本書ではさけている (4.1.1, 4.2.3 も参照)。

日本語はもとより，ほとんどの言語では，たしかにひとつの「語」は複数個の形態素からつくられ，その意味では多形態素的 multi-morphemic である。その一方，(とくに古典)中国語がふつう例に引かれるような，原則的に 1 語が 1 形

---

[118] たとえば，「山は」と「春めく」の間に相違があり，したがって「は」(語) と「めく」(接辞) を区別しなければならないといい，「行きます」と「飛ぶ」は同じ資格，すなわち語として働いていると明確にのべている。5.4〈日本語名詞屈折論を問う〉を参照。

態素に相当する，いわば一形態素的 mono-morphemic な言語もある。いわゆる「孤立的 isolating」言語である（3.6.1 を参照—これは，形態法的な意味での孤立語であって，アイヌ語その他のような言語系統的に「孤立」した言語ではない）。

　形態素から「語」をつくりあげる手法は，「形態法的手法」とよばれているが，人間言語に必須の線条性（3.1）の制約をうける以上，その手法の種類はおのずとかぎられている。死語でないかぎり，新しい語はつぎつぎとつくられうるが，ひとつの言語で新しい「手法」が生まれてくることは（すくなくとも短期間のうちには）ない。日本語でもっとも一般的なのは，

(5)　a.　接辞法 affixation: 接尾辞 suffix, 接頭辞 prefix などによる—4.4, 4.5, 4.6.1
　　　b.　複合法 compounding: ふたつ以上の語幹の複合による—4.6.2
　　　c.　重複法 reduplication: 語幹あるいは接辞の重複（部分的，全体的）による（重綴とも）—4.6.3
　　　d.　象徴法 symbolism: 音的もしくは音律的な交替による—4.6.4

などである。とくにひろく用いられているのは，接尾法，複合法，重複法だが，これらの形態的手法の利用にかんしていえば，世界の言語のなかでは，日本語はありきたりの言語であって，とくにかたよった言語ではない。ただし語彙の中核部分を構成するのは，おもに接辞法（とくに接尾辞）と複合法（複合動詞，複合名詞など）である。

　従来，"助動詞"ならびに"助詞"とよばれてきたものが直接，関係する接辞法（接尾辞），およびこれまで明確に区別されてこなかった接語（とくに前接語）を主たる対象とする本書では，上記以外の手法である，補充法 suppletion その他は 4.6.5 で簡単にふれるにとどめる。接辞法では，接頭辞か接尾辞（あるいは両者）を用いる言語がほとんどであり，日本語は接尾辞が中心である。したがって，「接尾辞型言語」とよばれる。接中辞 infix や接周辞 circumfix をもつ言語もあるが（4.6），日本語には無縁である。ただし，「お=書き≠ねがう」などを「接周語」（4.6）ということは可能である。

　これらの形態的手法について，どの程度の数の形態素がひとつの「語」に含みこまれるかという，多形態素の度合い，つまり形態的統合度 synthesis が問題になる。しかしこれまた言語によっておおきな幅があって，基本的には 1 語 1 形態素的な上記孤立語と対蹠的に，1 語が 10 以上（ときには 20 以上）もの形態

素からつくられることがめずらしくはない言語もあり,「複統合語」の名で知られている (3.6)。世界の言語は,これら孤立と複統合の両極のあいだのいわば連続体のどこかにおさまる。中国語とかなり似て,英語がきわめて孤立的な言語であるのにたいし,日本語は,のちにみるように,複統合語とはいえないまでも,それなりに統合度のたかい (たかくなりうる) 言語である。用言複合体 (5.2) など,「拘束句」における接語の数は,語の統合度にははいらない。

　従来,言語にたいする一般的な知識や関心,また言語研究の多くが,類型的にかたよった英語と中国語に向けられてきた面があったとすれば,日本の言語研究にとっては不幸なことであったといわざるをえない。語の形態法的変化が皆無に等しい孤立語である中国語のような言語であっても,「内的言語形態」はある (注 28, 80)。いうまでもなく豊富な語彙の拡張は可能である。ただし,中国語における語彙拡張の中心は,あくまでも語レヴェルにあるのではなく,1段上の結節である,「語」と「句」の中間の,本書でいう拘束句 (接語句) レヴェルにある。したがって,それは純然たる統語的な句とはちがって,多少とも語彙化をともなう。なお,「語」や (「句」とは区別される)「拘束句」のカタチ性の認識が徹底していないためもあるが,このことは,中国語やその他すくなからぬ言語のいわゆる"複合語"の一部というよりも多くが,基本的には拘束句である可能性を示唆しているようにおもわれる。

　ともあれ,古代の文法家が考えたように,「語」とその構成の基礎をなす「形態法」は,「統語法」に先立つ,文法の基礎中の基礎である (1.4.3, 3.7)[*119]。「語」は,ひとつの言語の内部でも言語相互間でも精妙で微妙な幅広い多様性と複雑性,そしてときには処理しがたい不規則性をしめす。これにたいし,複数の「語」から「文」を構成する統語法は,形態法とは対照的に,多様性・複雑性の幅がはるかにひくく,規則性もはるかにたかいのは,普遍的な言語事実である (機能の直接機能性—1.4.3)。たしかに近年になってようやく,この点での認識が (生成文法派のなかですら多少) 変わりつつあるのかもしれない。

[*119] ただし,これは文を語より下位におくものでも,言語を静的な体系として見るものでもない。他方,語にたいする文の優位をみとめる立場はふるくからあり,現今の文法論のなかには,文構成が文法論の真正の研究対象だとして,語構成を研究対象から除こうとする立場さえある (斉藤 2010:49 による)。しかし,動 (態) 的な形態論 (峰岸 2006) があってこその統語論であることは,2.1 や 2.2 で縷々のべたとおり,本書の変わらぬ立場でもある。

したがって，すべての文法は，統語法を論ずる前に，形態法をこそまずおさえるべきだという考えにたつ本書では，ひろく定着してきている基本的な術語もふくめて，穏当と考えられる形態論的立場から，つまり特別の派や主張にかたよらない，現在の言語学のなかでひろくおこなわれている解釈と術語との整合性を考えつつ，それぞれの術語を選択していきたい。もとより，明治以降，近代的な「大文法」を編むべく，多大の苦労を重ねてきた諸大家（大槻，山田，松下，橋本，時枝ら）の，それぞれに深く豊かな高見に学ぶところきわめて大であるのはいうまでもないが，このような個々の文法論をここで全体的に比較検討するなどは，とうていわたしのなしうるところではない。したがって，以下での関心はこれまでの日本語文法のなかで，基本的に「語」がどのように扱われ，それに応じて，形態論がどのように扱われてきているかを見直したいという一点にしぼられている。日本語でも，品詞の分類は重要かつ基本的な文法事項であるため，3.7〈日本語の単語と分類を問う〉で最小限ふれたが，たとえば体言や用言の下位分類とか，形容動詞をどう解釈するかといった問題の検討にふかく立ちいる余裕はない。ただし，形容動詞の位置づけについては，(4a.) iii を参照されたい。

ちなみに，西洋の諸言語とは性格を異にする日本語文法の術語としては，それ独自のものがあって当然だという意見もあるだろうが，一方では，「生煮えの術語の濫造」(2.2.3) の度合いは，ここ半世紀，いっそうましてきたようである。類型的にみると，日本語はけっして特殊な言語ではなく，「比較的簡明な文法をもつ言語」(時枝 1950:vi) である以上，日本語にアドホックなわざとらしい術語は必要ではなく，一般的な言語学用語で十分に足りるはずであり，「徒に奇を好んで新用語を創作することなどは，厳に戒める必要がある」(時枝 1950:24)。と同時に，外来の文法概念 (の訳語) もしばしば問題である。日本での"膠着 (性)"も拡大解釈 (濫用) のひとつだが，これはあきらかに「前接語」と「接尾辞」の伝統的な無差別とむすびついている。おなじく，"後置詞 (性)"などの使用も危険である。他言語との類型的対照を不確かなものとし，記述の価値をそこなうだけでなく，言語のリアリスティックな理解をさまたげるおそれがある (宮岡 2003b:311 を参照)。

[動詞 (用言) 語幹の変様としての活用]

4.5 の (46) にも記すように，動詞語幹には母音語幹 (例，tabe-) と子音語幹

(例，kak-) があり，それぞれ rV, V で拡張された語基 (tabe-rV-, kak-V-) があり，これが「活用」の基(もとい)となる．接尾辞 (派生，屈折) は，これらの語幹あるいは語基につく．接尾辞の一部は，母音語幹に直接つくが，子音語幹に直接つく接尾辞はない (語基につく)．語基は語幹の変様であって，語基形成素といったものは考えない．

　日本語文法における「動詞無活用論」をとなえ，"連結子音" と "連結母音" をたてたのは清瀬 (1971) であったが，これらの子音・母音には形態法上の根拠が定かではなく，かつての構造主義的 IA (item-and-arrangement—Hockett 1954) 方式には，問題が指摘されてきた．わたしじしんは，拙著 *GCAY* (2012) とおなじく日本語についても，基本的に IP (item-and-process) 方式をとり，伝統的な「活用」を放棄する理由は認めにくい．なお，後述する川端善明氏などの体言の活用 (1997; 4.5) は，これとはひとまず区別できる．また，日本語動詞のような語幹の変様 (母音交替など) のない言語では，派生をおえた語幹全体 (屈折をのぞく) を語基 base とよぶことがある．

4.1.1　テニヲハの周辺

　これまで日本語の文法構造が語られるばあい，そのなによりの特質として，主たる要素にたいする付属的・補助的な要素としてのテニヲハの存在があげられてきた．由緒ある国学の伝統的な「詞(コトバ) vs. 辞(テニヲハ)」を継承するこの古称は，活用語尾，接辞 (さらに副詞など) もふくみつつ，(意味的論議にかたよって) 形態法的区分の検討はほとんどなされぬまま，しかし活用する "動辞" としない "静辞" の区別はなされつつ，外国からの影響のもとで，大筋として明治以降は "助動詞" と "助詞" に引き継がれてきたようである．なお，詞と辞の識別は古くからの日本人の言語観には，それなりの実質があったにちがいなく，周知のように，橋本進吉 (1959 など) は文節論の立場から，時枝誠記 (1941 など) はその「表現過程」にてらし，統語的な要素として受け継いでいったものにちがいない (1941)．しかしその間にあって，春庭の動詞活用研究は，今日われわれの見慣れた文法書 (学校文法) と基本的にはさほどかわりがなく，以後，とくに飛躍らしきものがあったようにはおもわれない (注 168)．遠藤 (1976:221) も，明治時代以前に「助動詞の面で問題がありはするが，用言研究はほぼ大成という感じが強い」と書いているが，きわめて重要な問題の存在を忘れたかのように「ほぼ

大成」というのが，いまも平均的な受けとめかたなのだろうか．ただ，用言の活用と密接に関係するはずの助詞の問題にはふれていない．

　西洋語の auxiliary verb（例，Aston1872『文法文法』）に学んで"助動詞"を採用したのは，明治前半の田中義廉『小學日本文法書』(1874)，ついで大槻文彦『語法指南』(1889)，『廣日本文典』(1896) などであったとされ，訳語としての「助動詞」は，吉沢 (1979) にくわしい．このあと山田文法では，この術語が用言の特徴を注意しない，大なる欠点なり（『講義』42）という理由で遠ざけられ，松下文法では"動助辭"(1974:98–116) が提案された．つまり山田文法は，従来「働くてにをは」「動（助）辭」とか文法書のほとんどすべてが"助動詞"と称しているものは，「単語として取扱うことは不合理なりというべきなり」（『概論』293）とのべ，「(ラ) レル，(サ) セル，ウ，ナイ，ヌ，タ，テ」(4.4.1 を参照) などは，用言の補助部分あるいは語の一部（接尾辞）であるために"複語尾"とよび，単語ではないとする一方，体言に後続する「ダ，デス，デアル—文語ナリ，タリ；4.4.5 を参照」は，動詞（単語）つまり"説明存在詞"あるいは"形式用言"として（『概論』189），"複語尾"から排除した．前者はいまだ混成的 (4.4.1, 4.5.1, 4.5.2) なのにたいし，後者は「前接語」(5.1) に相当することに注意しておきたいが，その"複語尾"と"説明存在詞"の区分について残る多少の疑義はのちにふれたい (4.4.2 など)．

　山田が，"複語尾"に該当するものの先駆を富士谷や春庭に認め（『文法論』363; 2.4 を参照）[120]，部分的にはただしい理解を示したのは事実であり，とくにその相互承接 (4.4.1.2) をふくむ言語事実の詳細な記述 (1908 [1929⁵]:363–460, 943–995 他，1936:291–367) をのこしている．そのかたわら，西洋文法書での「空位を補う」とした"助詞"（『講義』11）は，品詞としてのこし，「文法学の研究は実にこの助詞の中心として起れるもの」としたのにたいし（『講義』11, 171），大野 (1976:251) は「山田による助詞の分類のごときは，実によく日本語の性質を洞察しており，その区分を根本的に組み替えることは，不可能であろうと思う」と書いている (4.2.3 にみる大野の 4 分類も参照)[121]．たしかに，この多く

---

[120] 春庭『詞八衢』と『詞通路』が"助動詞"を動詞活用語尾の一部として扱っていることは，3.2〈語感覚〉でふれた．

[121] 山田孝雄は，助詞が存在するのは膠着語（その"粘着語"）に「共通の現象」（『講義』171）であると書いているが，もともと膠着性というのは，語についての性質のはずである．もし拘束句についていうのであれば，接語を含む拘束句は，なにも膠着語

が語つまり本書の「接語」であるとするのはよいとして，一部には終止法，中止法の屈折接尾辞が混入しているなどを考えると（4.5.1, 4.5.2 を参照），全面的にしたがうことはできない。

　かたや松下文法は，その"動助辭"と（"助詞"に相当する）"静助辭"はそれぞれ単独では一詞をなさず，必ず"完辭"と結合してともに一詞をなすものであり，したがって「品詞にあらず」とした（1974:23, 49, 323）。このような重要な出入りと不徹底，術語のばらつきはあるにしても，以後，基本的には追随されながら，今日までの"助動詞"と"助詞"の二大区分が始まろうとしていたことが知られる。ただしそのなかにあって，"複語尾"と"動助辭"は，いずれも品詞とはみない点で一致した両大家の文法が，"助詞"では立場が反対になっていること，すなわちいわゆる格助詞が松下文法流に名詞の格変化（ふつう，屈折などとよばれる）とする見方がひろく現在までおこなわれていることは，両文法の混成ともいうべきものかもしれないが，5.4 でふれるように，これは日本語文法のおおきな問題である[*122]。

　なお，問題とされる"助動詞"の範囲には，今日，上記"説明存在詞"にくわえ，定義がまちまちになされる"補助動詞"（用言），"複合動詞"（用言），"形式動詞"（用言）などもふくまれ，近年ではまさに異分析的な誤称 misnomer とでもいうべき"ている形"（4.5.2.1 を参照）も盛んに用いられている。そのかたわらで，「接尾辞/前接語 suffix/enclitic，接頭辞/後接語 prefix/proclitic」のほうは混同がつづくなど，整理はかならずしも容易ではない。

　かくして，とくに「助動詞とは何か」については，多くの整理と解釈，そして解説が試みられてきており，松村編（1969），吉田金彦（1971），鈴木・林編（1972），北原保雄（1981）といった大（編）著もある。かりにいま，そういった流れにならい，"助動詞"を品詞とするか否かによって分けてみると，

(6)　　品詞とする立場—大槻，橋本，時枝，吉田金彦，北原保雄など

　　　だけではないのだから，どんな言語でも（孤立語，屈折語，複統合語を問わず）膠着語になってしまう。ただし，今日でも日本語の拘束句に広義の「膠着」を使う人はすくなくない（3.6）。膠着 agglutination（3.6）と接語 clitic/clination（3.1）を，用語の原義からしてもはっきり区別するのが言語学であろう。

[*122] ただし，名詞の「格変化」的処置を考えたのは，松下文法に端を発するものではなく，とくにオランダ語文法に範をとった文政年間の日本語学者にすでにおこなわれている（古田 1968:88–93）。

品詞としない立場—山田,松下,宮地裕(1972:18),森岡健二
　　　(1968–1971, 1994)など

のように,ひとまず明快そうに見える。しかし,このちがいは,おなじ「品詞とする立場」といっても,橋本の単独では「文節」をなさない「辞」と,時枝の「概念化過程」を経ない主体的なもののみを表わす「辞」のように,なにを「語」と考えるかという立場のちがいからはじまって,"助動詞"にたいして"助詞"をどうとらえるか,品詞として認めるのか否かなどについては,文法家それぞれの姿勢のちがいがある。それらの一部には,"助動詞"は「学問的には存在の危ぶまれる品詞で,…百年来の是非の論があって,決定的見解はまだ先のこと」(吉田金彦1971:7)ともされるが,慎重な姿勢をとった先送り論(さかしらな逃げ)といえるかもしれない。

　これら"助動詞"と"助詞"にかんしては,学史的にみても,おびただしい量の解釈・解説と検討・批判がおこなわれているが,それぞれをいろどる日本語文法の,主として意味的な理づけを細かに追っていく余裕はわたしにはない。しかし個々の所論を大略なりとも把握しておこうとすると,やはりこれら"助動詞"と"助詞"の概念は,日本語文法とくに形態法における混乱を引き起こしてきたことは否定できないようにおもわれる。

　はたして"助動詞"も"助詞"も,カタチの問題から考えると,それぞれ内部的に斉一,かつ二分的な範疇(語であるか否か)なのだろうか。ことさら新しい提唱をするものではないが,"助動詞"も"助詞"も,すくなくともそれぞれの一部は「語」(付属語)としつつ,他はそうではない,つまり「接尾辞」(付属形式)と見なすべきだという認識は,どうして許されないのだろうか。接尾辞型言語の日本語でははるかにかぎられてくるが,並行的な問題は"接頭辞・語"とされてきたものにもある。服部四郎氏の「附属語と附属形式」(1950 [1960])の区別は,とくに前者が伝統的な付属語の概念と混同されるためなのか,あまり普及することはなかったようであるが,本書はこれらの用語にたよらず,「接語」と「接辞」の区別を"助動詞","助詞"のそれぞれに当てはめるべきではないか,とするにすぎない。その点では,角田太作氏の『世界の言語と日本語 改訂版』(2009:21)における「学校で習う国文法でいう助動詞の大部分は接尾辞である。語ではない」(傍点宮岡)は,しごく当然の記述であろう。接尾辞などを"形式"とよぶことに抵抗があるのは,それらは「カタチ form」ではないからである。

ここに，サピアとブルームフィールドの，'form' にたいする基本的な態度のちがいがある—Sapir (1921:25–26) の '(grammatical vs. radical) elements'，ならびに注 28, 29 も参照。

　語であるものと，そうでないもの(接辞など)を，ひとつの範疇—"助動詞"であれ"助詞"であれ—にいれて(混同の意識なく)扱うことがおこなわれ続けてきたのは，日本語研究以外ではあまりきかない類の前言語学的な混同ではないかとおもわれる。たとえていえば，現代英語の did と -ed (he *did* arrive / he arriv-*ed*) がともに"助動詞"であり，heel と he'll がともに 1 語 (注 100) だと記述するようなものである。すでにのべたように，そこには漢字から出発してきた日本語特有の複合的表記体系の問題がからんでいて，文字の陥穽があったことに気づく必要がおそらくある (3.4)。

　以下ではしたがって，比較参照のばあいはのぞき，できるかぎり伝統的な"助動詞"という術語は使わない*123。"助詞"についてもおなじである。また，のちにみるように (4.5)，今日まで一部で採用されている"複語尾"のような術語，さらには"不変化助動詞"(4.5.1) のような範疇も，そこには機能的にも形態的にも異なる要素が混同されているので，さけざるをえない(後述)。

　なお，"接尾語"と"接頭語"という術語も，ふつう接尾辞や接頭辞とは明確に区別されないまま，今日までまちまちに使われてきていたようである。しかし suffix と prefix は本来，語ではなく，語の部分を意味する概念であることからして当然，"接尾語"，"接頭語"は本書では用いない。これなどまさに，接辞と接語の混同が用語上に反映されたものであろう。なお 4.1 の冒頭でふれたように，いわゆる"造語"の後項あるいは前項をさして"接尾辞・語"，"接頭辞・語"が使われてきたようだが，ふつうそれらは，「辞」による派生ではなく，語幹複合の一要素あるいは(固定的な拘束句をつくる)接語であるから，そのようなものも"接尾辞"，"接頭辞"とよぶことはしない。接尾語はすでに大槻文彦『語法指南』に使われ，阪倉 (1966, 1993) では，形態法上の，すなわち「語構成」上の"接尾語"vs"助動詞"として受け継がれている(ただし，山田文法は「辭」をえらぶ—『講義』251，『概論』571)。本書は接尾語，接頭語は用いないが，そのかわ

---

*123 最近刊行された，日本語文法の「再構築」をめざそうとする小島 (2012:17) も，"助動詞"という品詞を立てないのはともかく，「だ，です」は「繋辞」(4.4.2 他)とし，「ます，れる・られる，…ない，たい」などは，「用言複合体を形成する派生接辞」と分類している。本書の立場とは，明らかにちがっている。

りに冒頭でふれた clitic の意味での「接語」，すなわち「前接語」と「後接語」のいずれかが使われている（4.2.3, 5.1, 5.1.6. など）。ただし，"助詞"，"助動詞" をまとめた従来の意味での付属語（辞）も，まぎらわしいので「接語」のかわりには使わない。"附属語" と対照的に用いられる "附属形式"（服部四郎—3.1）についての疑義は上述したとおりである。

以上に関連して，3.2〈語感覚〉でふれた，春庭と大平の，一部であれ動詞の変化語尾つまり屈折接尾辞の接辞性（付属形式性）をめぐるただしい文法認識（範疇）が，それ以後の文法研究ではなぜ受容・定着しなかったのかという疑問がある。どうして一種の付属語のなかに埋没していったのだろうか。

これに関連してさらにふれるならば，「大文法」時代がはじまる直前，英国人日本語研究者 W.G. アストン（Aston, 1841〜1911；6.2.2 を参照）は[124]，大槻の「語法指南」（1891），山田の『文法論』（1908）に 2・30 年先だつその『古典文法』（Aston 1872:17, 29, 45, etc.）において，日本語古来のテニヲハ分類を尊重しつつ，「非屈折主要語 uninflected principal words (na)」つまり名詞，「屈折主要語 inflected principal words (kotoba)」つまり動詞，と 2 種の「てにをは teniwoha」としての「非屈折従属語 uninflected subordinate words」と「屈折従属語 inflected subordinate words」を立て，「てにをは」には，動詞・形容詞の「語尾 termination」が含まれていると明記している[125]。これは明治 45 年（逝去の翌年）に，はやくも亀田（1912:18–22）が正当に評価したものである。termination は『口語文法』（1888^3:42–43）でも使っている[126]。アストンが使っている particles（例，

---

[124] スコットランドは Belfast の Queen's College で古典語，言語学，文学を修めた日本語研究家。外交官として 1864 年（明治元年）初来日，さいごには英国領事館通訳官になったが，1888 年（明治 21 年）帰国（楠家 2005 による）。ほぼ同時期にいたサトウ（Sir Ernest Mason Satow, 1895–1910；駐日英国公使），チェンバレン（6.2.2，注 179）らとともに，日本語研究のイギリス人仲間。

[125] また，「-つつ，-たり，-な，-ば」は「非屈折てにをは」としているが（1872:57），口語の前接語「=だ-, =です-, ≠ある-, ≠おる-, ≠いる-」は "助動詞" としている（1888^3:108–117）。見事な感じ分けである。ただし，inflection は，『口語文法』では conjugation としている（1888^3:42–78）。

[126] termination あるいは ending「語尾」の用語は，言語学用語としては，とくに文法的な活用部分あるいは屈折をさして使われてきた（『術語編』を参照）。用語としての「語尾」が国語学でいつごろから登場したのかは詳らかにしないが，すくなくとも山田孝雄『文法論』（1902・明 35）は田中義康『小學日本文典』1874・明 7）の「詞尾」を引き，「語尾」にかえており，それにさきだって大槻文彦『語法指南』（1889・明 22）にも，動詞・形容詞の「語尾」が使われている。山田『文法論』は，「用言本来の/直接の語尾」に

『口語文法』6, 118–157—後置詞・接続詞とも）のほうは「語」であるのにたいし，termination は当然，上記四大分類（屈折・非屈折主要語・従属語）にしたがった英語話者（かつ言語学者）の感覚では，「語」ではなかった（接尾辞であった）にちがいない。アストンに「屈折」の用語がでているが，日本語の「接尾辞」には，（体言はべつにして）用言にかぎると，派生をつかさどるものと屈折をつかさどるものがある。孤立語をのぞく多くの言語の文法で基本的に重要なこの区別の日本語における問題については，4.4, 4.5, 5.4 で，またアストンについては，6.2.2 でもふれる。

　今日まで続く日本語形態論の現況を考えると，「大文法」時代の初期から，日本語研究は一部の例外はべつにして，明らかな意味への偏向 (2.2.1)，音声軽視（カタチ軽視），これと裏腹の文字偏重 (2.2.2) があったことはおそらく否定できない。形態論的には，伝統的な日本語文法における品詞分類で付属語（辞）として"助動詞"あるいは"助詞"として扱われてきたものは，それぞれ，ひとつにまとまった（等質的な）言語単位とはとうてい考えられないはずである。のみならず，由緒あるテニヲハ論からおなじく出てきたものであっても，"助動詞"と"助詞"とされてきたものには，品詞分類の対象になりうる前接語とともに，対象にはならない接尾辞の両方があり，さらには雑多な（主観的な）自立語までもがふくまれてきた事実がある。おなじく，これまで一律に"接頭辞（語）"とされてきたものにも，接頭辞と後接語の両方がある，ということである。

　結論的にいえば，ことはすこぶる単純であって，従来の"助動詞"と"助詞"はそれぞれが 2 種，つまり語である「前接語」と，語の一部でしかない「接尾辞」のふたつに大別できるということにほかならない。しかしこれは，"助動詞"と"助詞"についての，たんなる解釈のちがいとしてかたづけてよいようなものではない。接語を中心とする服部三原則 (3.1) にくわえて，接尾辞を中心とする

たいする「再度の語尾」を"複語尾"（1908:251, 363–460 などを参照）というが，語尾変化をになうべき「語尾」(251–252,『講義』44) については本来，その"複"とか"再度"は必ずしも適切だとはおもえない。直接の語尾に先行する"複語尾"とは，派生接尾辞にほかならず，それには，ボイス・否定その他，いろいろな文法概念がふくまれているが，-VV- 型の派生接尾辞はなにも日本語に特有なものではない。さらに，"複語尾"のあと，副詞，助詞を隔てたうえで，「接辭」(692–705) として接頭辞と (-NV-, -VN, -NN 型) 派生接尾辞を扱っているところをみると，"複語尾"と"接辭"の形態法的共通性の認識がなかったのだろうか。さらにこの"複語尾"は，量的にみてもとくに「複」といえるほどに複雑な相互承接が日本語にあるわけではない。この造語にはやはり，不適切あるいは唐突の感をおぼえる (4.4)。

用言分割（ひねり）・再立ち上げ（4.3）によって確認できる，カタチとしてゆるがせにできない言語事実のちがいなのである。

4.1.2 「接語」にちかづく

英語で書かれた日本語文法や論文等では，"助詞"を clitic としている Onishi (1996) と Vance (1993) があることは注 70 でふれたとおりである。また，マーティンの『参照文法』(Martin [1975]1988) も，clitics という用語こそ使ってはいないが，これを接尾辞ではなく語扱いをしていることは，そのアルファベット表記での分かち書きから明白である。一方，例外はあるが（注 169），20 世紀後半，国際的に発表されるようになってきた日本人による統語法，さらに今日では形態法，音韻法の日本語研究では，概して，接尾辞と前接語は区別されていない（5.4）。

接語は接辞とあわせて，「拘束形態素」として扱われたり，接辞と語の中間にあるといった，誤解をまねくまことしやかな言説も，外国での刊行物もふくめて，しばしば見うけられる（注 66 の鈴木説を参照）。ひとつには，「形態素」と「語」という，ふたつのレヴェルについての不明確な認識（3.1 を参照）がこのような言説を生んでいるにちがいないが，接語は接辞ではなく，語の一種であること，したがって基本的に，接辞は形態法（辞順，語構成など）の問題であるのにたいし，接語はカタチであるとともに統語法（語順）にからむ問題であることをまずは踏まえておく必要がある。

そこで興味をよせざるをえないのは，従来の日本語研究の流れのなかでは，一部の研究者ではあれ，「接語」にちかい概念は得られていなかったのか，あるいは，どの程度までこれに近づいていたのかである。すくなくとも「終止形を承接する助動詞」という「尋常ならざる問題」といった表現（馬淵 1968:154–163, 北原保雄 1965）には，おそらく「接語」的事実へのめざめがあったことをおもわせる。また，明らかに「接語」に近づいている（あるいはそれをさしている）かのようにおもわれるひとつに，尾上（2004, 2010）の「文末外接形式」（の一部）がある。これについては，「（食べた）ろう」などと関連して，4.5.1.1〈「-た｜-だ」の問題〉でふれる。

これらに先立って，カタチ重視のうえで成り立った「文節論」の橋本進吉には，おのずとその"接尾辞"と"助動詞"に一定の区別が認識されていた。これにしたがって，たとえば「接尾辭は，それのつく語がかぎられてゐる。…之に

反して助動詞は，概して自由につく。…」，「助動詞の方が規則的である。…助動詞は接尾辭に比しては，いくらか遊離し易く，幾分獨立性が多い」ということができるとしたうえで，この独立性のちがいのゆえにこそ，「接尾辞を単語とせず，ただ単語の成分をなすものとするにたいして助動詞を一の単語とみとめる」(橋本 1969:231–232)。ここでは，たしかに「独立性」や「選択制限」が意識されていて，服部原則 (3.1) による「接語 (付属語)」の認定につらなるものを認めることができるが，その"助動詞"と"接尾辞"は，表2の「対照表」(4.2.3) に示すような，本書における「前接語」と「接尾辞」にそのまま対応するものではない。つまり，"助動詞"の一部にはたしかに前接語がふくまれてはいるが，そのほとんどは「派生・屈折接尾辞」(4.4,4.5) にほかならず，「前接語」の認定にはいたっていない。

他方，橋本は"助詞"がついたとされる「行け－ど，行け－ば」などについて，「用言は活用するものであるから，その活用したひとつの形として，これ等をみとめてみとめられないではない」と，「(中断法) 屈折接尾辞」(4.5.2) の可能性を暗示している (同 234)。さらに"助詞"にかんして，「本=が，=の，=に，=を」における「本」の末尾音 (ン) の変形 (鼻音交替) が「発音の便宜」によるものである，つまり「活用は必ずしもさうではなささうである」として，上の「行け－ど，行け－ば」とは対照的に，名詞屈折ではないという理解をのべている (同 235)。このことは，5.4〈名詞屈折論を問う〉に関連して，あらかじめ注意しておきたい。

ちなみに日本語文法のなかでは，これら「承接，外接」などをさす要素間の接合や接触の概念がかならずしも深く検討されずにきたようにおもわれるが，これは"助動詞"と"助詞"の問題とも無関係ではない。

さらにはまた，日本語の複合表記体系とかかわる問題であるかどうかはいまおいて，カタチをあいまいにした，あるいは無視したりした"論"は，いかように構築できたとしても，それを文法とよべるのかどうかには疑問がある。じじつ日本語文法では，4.1〈語構成の手法〉などでふれたように，"助詞"，"助動詞"にかんして「承接，前接，後接，上接，下接」といった用語 (「直続，下続」などもおなじ) がひんぱんに使われてきたようである。このうち「承接」は，すくなくともすでに大槻『語法指南』にみえているが[*127]，「前接」以下は，むしろ

[*127]「天爾遠波ハ，言語ノ中間ニ居テ，上下ノ語ヲ承接シテ，種種ノ意義ヲ達セシムル語ナリ」

一般的表現にとどまり（ふつうの国語辞典にもみえない），「接（続）」の文法的意味を検討したうえで文法用語として使われてきたかどうかは疑わしい—『国語学大辞典』，『国語学研究辞典』，『日本文法大辞典』などにはみえない。また，個々のアクセントを保持した完全なふたつの動詞の「連接」を"複合動詞"とよぶこともある[*128]。しかし，本来の意味での複合動詞は，すでに一定のアクセントと連濁・音脱落によって特徴づけられる，かたい結節をもった1語とみなす。複合名詞も同様である。

　日本語文法にみる，これら「承接」などの用語は，要素と要素が続けて生じているという文字上，つまり視覚上の上下（前後）の接続とその順序に意がはらわれている感さえいなめず，カタチとして文法的意味をもつ，要素間の接続の度合い—かたい接続なのか，あいだになんらかの要素をはさみこめるのか，ゆるい接続なのかといった，形態法的な事実（結局は，本書のハイフン[-]か等号[=]かという識別）—などにはあまり注意が向けられなかった。そのかぎりでは，日本語文法でもつ重要な意味には無頓着な「接続」であったといわざるをえない。助詞，助動詞，接尾辞（語），語尾などを議論しつづけてきた日本語研究のなかでは，類型的に特異な，それらの交錯的な連続のために，「接語」と「接辞」のちがいが見えにくくなったのは，ある意味で当然だったかもしれない。つまり，今日まで続く"助動詞"と"助詞"それぞれの混沌あるいは無差別は，ここにその根があったのかもしれない。そうであるとすれば，とくに音節文字の仮名という日本語書記法の陥穽（3.4）におちた可能性がおおいに考えられる。本書でも日本語文法の一般的用語として用いられる「承接，前接，後接」を採用し，enclitic/proclitic のためには「前接語，後接語」を使っている。

　日本語研究での理解と受容の問題はともかくとして，多くの言語で注目されてきたのは，接語のなかでは後接語よりも前接語のほうがむしろおおいが，接語を接尾辞と識別する基準には，個々の言語について，その形態音韻法（日本

[*128]「連接」は，アメリカ構造言語学の 'juncture'（Bloch and Trager 1942:35–36，など）の訳語としても用いられているが，こちらは言語学的検討が重ねられ，解釈の異同はあるにしても，基本的には定着している術語である。External vs. internal juncture など，『術語編』(1413) に簡単な解説がある。『国語学大辞典』(120) も参照。松下文法にたいする評価のたかい森岡健二 (1965) は，Bloch/Trager と対照しつつ，これを詳細に紹介しているが，なぜか juncture にはふれていない。この juncture のみならず，欧米の言語学では，音韻論的・形態論的な「境界 boundary」の概念の，ひろく深い考察が重ねられてきた歴史がある (N. S. Trubetzkoy など)。

語のいわゆる連濁や母音交替なども含む），音律法（アクセント型など）におけるちがいなどがくわしく検討されてきた。また，形態法上，前接語は接尾辞よりも「選択制限」がはるかにすくないことや（服部原理Ⅰ），自立語からの短縮化（3.1）もよく知られている。

　ただ日本語の前接語は，形態音韻的現象とのかかわりはさほどつよくはない。主要語と前接語によってつくられる拘束句におけるアクセント型の変化が，あくまでも部分的には前接語の認定をたすける働きをなしてはいるものの，対立がしばしば中和するなど，全面的な決め手にはなりにくく，これまで十分な解明がすすんでいるようにはおもわれない（その一部については，4.2.2 を参照）。日本語で重要なものとして本書で強調したいのは，4.3〈用言分割（ひねり）と再立ち上げ〉である。

　とくに日本語の前接語には，すくないながら用言的前接語があって，かぎられた派生にくわえて屈折変化をする。この点では，類型論的にはめずらしいタイプの言語であることは忘れてはならない（多くは体言的前接語であるために，屈折はない）。その実例は，5.1.1「=だ−，=です−，=らしい−」などであげる。

4.2　「語」と「接語」

　日本語文法でひろく踏襲されている従来の"助詞，助動詞"がかかえる問題を再考するのに必要と考えられる「接語」は，3.1でもふれたように，直前あるいは直後にくる他の語（主要語）に音声的に，つまりカタチとしてよりかかる語（服部四郎氏の"附属語"），つまり主要語が前にたつ前接語と，後にくる後接語が区別される。日本語では，接尾辞が接頭辞よりも多種・多様でありかつ多産であるように，前接語が後接語よりも多種・多様かつ生産的である。前接語には，自立語由来ながら，「垣根越え」（4.2.1）して，接語になった「準前接語」（5.1.2—臨機的な接語もふくむ），複数の前接語が組みあわさってそれなりに文法化した「複合前接語」（5.1.3）もある。

　そのような接語がついてできる「拘束句」は，一方では「語」と異なっていながら，他方，統語的に連続するふたつ（以上）の自立語からなる，統語的な結合としてのいわゆる「句」—つまり「自由句」—とも区別されるものである。最小の結節である「語」よりは，ひとつ上の「結節」（カタチ），つまり橋本進吉の用語を借りるならば"文節"をなす。その意味では，「付属句」とよぶことも可能ではある。ふつうはアクセントやイントネーションなどがかかわってくるが，

基本的には，すぐ後にのべる「切れ目」と挿入可能性である。ただし日本語もふくめ，おおくの言語では，拘束句を画定しうる明瞭さ，つまり裏支えの強度は異なっている。さらに言語によっては，接語による拘束句と準接語による拘束句が音声的(音律的)に区別される言語もある(6.4.2.1の「弱強格アクセント」を参照)。

さてその接語は，とくに日本語では機能も種類も多様であって，いわゆる"助詞"，"助動詞"の一部，連体詞などをふくむが，言語によっては，人称代名詞，冠詞，格標示などがしばしば接語的につかわれる。しかし接語は語であるから，3.7でもふれたように，当然ながら自立語とおなじく品詞分類されるべきものである。接語は，「付属句」にちなみ，自立的に現われる自立語にたいして「付属語」とよぶことが可能ではあるが，伝統的な品詞分類としての自立語にたいする，伝統文法の(助詞，助動詞からなる)付属語ではもちろんない。

接語は，多くの言語ではふつう，屈折変化あるいは活用変化しないものとされている。しかし，類型論的には比較的めずらしい，どちらかといえば少数のタイプではあるが，前著でも指摘したように(宮岡 2002:45, 81–82 など)，活用する接語，すなわち動詞的(用言的)に屈折(ならびに派生)をなす変化型接語をもつ言語がときにはある[*129]。しかもここでとくに強調しておきたいのは，数はきわめてかぎられているものの，日本語もそのタイプだということである。日本語のそれは後接語ではなく，前接語である。

そのような屈折をする前接語は，表2(対照表, 4.2.3)の右側(「前接語」と「後接語」)にはいっている。従来，"助動詞"とされてきた「=だ-, =です-, =らしい-」，「=の=だ-」，「=よう=|=そう=|=みたい=だ-」，「=だろう」などであるが，一方，左側の「接尾辞」には，(境界が = ではない)「-らしい-」(様)，「-そう=だ-」(様態・蓋然性)がはいっている。両者とも，たとえば屈折接尾辞「-た(完了)，-て(中断)」がつきうるなど，屈折的である。接辞を示すハイフン(-)にたいして，接語は等号(=)で示されている。(「=だ-」のように)末端のハイフンが屈折変化のあることを示す。

山田文法(4.1.1)では，その"説明存在詞"「=だ-, =です-, =である-」を，"接尾辞"ではなく，ひとつの用言と考えており，そのことじたいは慧眼といえる

[*129] たとえば，ギヤムバア語 Ngiyambaa (オーストラリア—Nevis 2000:394)，ヌートカ語(Sapir and Swadesh 1939:235–241, Nakayama 2001:16–17, 29–43)。

(2.2)。その一方で，形態法からすると，「(変化型)前接語」とすべき (3b.)「(笛を吹く)らしい-」は，"複語尾"としているが，形容詞をつくる「(男)-らしい-」はもちろん接尾辞にほかならない。この識別はされてはいるが，前者が受身・使役などの(用言性)接尾辞とはちがって，「=だ-」とおなじ前接語性のものであるという認識はあったのだろうか。瑣末な問題とおもわれるかもしれないし，橋本文法(1933:60)ですでに是正されているが，山田文法には，この「らしい」のように，カタチについての視点が欠けていることは指摘しておきたい。「=らしい-」vs.「-らしい-」については，さらに(7a., b.)を参照されたい。

接辞には，直前あるいは直後の語幹につく接尾辞と接頭辞があるように，接語にも，直前あるいは直後の主要語によりかかって現れる前接語と後接語がある(5.1)。

上記のように，接辞はハイフン(-)，接語は等号(=)で境界を示すが，ふつうは接語ではなく，もと自立語でありながら，しばしば文法化し，「垣根越え」した準接語(5.1.2 など)は，不等号(≠)でこれを示す―例，「≠する-，≠いる-，≠ある-；≠こと，≠わけ」(さいごのふたつは体言であり，屈折変化がないので末尾ハイフンはつかない)。これにも主要語が前にたつ準前接語(上例)と，後にくる準後接語(不変化型のみ)がある。準接語は，一定のコンテクスト，つまり，よりおおきなカタチのなかでなにがしか形式化，あるいは一定の文法化をとげている。さらに接語には，多少とも文法化した複合前接語(5.1.3 など)がある。

これら接語と準接語，つまり(準)前接語と(準)後接語は，それぞれ直前または直後の語とともに「拘束句」をつくる。3.1 の二面結節でみたように，これは「語」よりもひとつ上の結節であるとともに，さらにひとつ上の結節としての，(ということは，音声的なよりかかりはなく，切れ目のある)いわゆる統語的な「句」とは明白に区別される。この拘束句については，第5章でくわしくみる。

さて，接尾辞をふくむ「語」と(準)前接語をふくむ「拘束句」の，基本的におおきなちがいがどこにあるかといえば，「語」は，語幹に種類も順序もかぎられた接尾辞をつけることによって，一定程度まで語を拡張つまり派生させることはできるが，原則として語のなかに他の語を挿入することはできない(ただし，注 132 のような特殊な例外はある)。これとは対照的に，「拘束句」には，一定の「切れ目」があって，そこにかなりの選択の幅のある語が挿入できる。これは，接語句が「語」と統語的な「句」との中間にあって，後者に近づくところがあることの当然の結果である。語のなかにくる接辞とちがい，統語性のある接

語は，その相対的位置(語順)が接辞(辞順)よりもはるかに自由度がたかくなるのは，これまた自然の理である。今日の言語学ではよく知られているコントラストであるが，山田文法の"複語尾"もこれに関連している。上にあげた「=らしい-」と「-らしい-」が下の(7)で対照されるように，前接語(前者)は接尾辞(後者)よりも「選択制限」がはるかにすくない(服部原則 I)。よりかかっていく語(主要語)が接辞のばあいほど制限されていないのである。

接語は語である以上，統語法に関係するものでありながら，接語をともなう拘束句はあくまでもひとつの結節つまりカタチである。したがって，拘束句は語と句の中間にあり，言語によっては接語と準接語もカタチの上で区別されうる。

しかし接辞と接語の区別は，すでにふれたように，かならずしもたやすくはない。次節でのべる「垣根」もこれにかかわっており，いわゆる接続助詞などにもおなじ問題がある(4.5.2 など)。なおそこでいう「垣根」とは，形態素と語とのあいだの"壁"(注 66 を参照)のことではない。3.1 でのべたように，そもそも語と形態素は別次元のものであるから，そこに「垣根越え」はない。

4.2.1 「垣根越え」

形態素は語に外化する際，形態法的あるいは機能的な種別の範囲を(恒常的あるいは臨機的に)こえることがある。接語の概念は，たしかに多くの言語それぞれにおいて範囲が広く，さまざまなやっかいな問題がある。ときには接辞との区別や自立語との区別が，共時的にみて不明瞭もしくは漸次移行的 gradual な言語もあるし(Nevis 2000:392, Dixon and Aikhenvald 2002:25–27, 寺崎 2004:43)，通時的にみても，(名詞「辺」>格助詞「へ」，名詞「丈」>副助詞「だけ」などのように)自立語から接語化したり，接語や複合語要素から(2 次的に)接辞化することなどはめずらしくない。いわゆる gradience の問題の一部として，漸次的(段階的)な音声の「すり減り」(小松 1981:321–328)によって異なる範疇になる「垣根越え」(「まゐらす」>…>「ます」)が語られることもある。ただし，このていねい体派生接尾辞の「-ます-」は，とくに接語にみられる，むしろ臨機的な音声弱化あるいは脱落(「(書い-て)≠い-ます」>「(書い-て)≠ます」；5.1.4)とはひとまず区別される。

その一方では，接辞，接語，自立語相互間のいわば「垣根」がたかく，截然としている言語もある(Miyaoka:*GCAY* Ch.4 を参照)。日本語は，のちに見るよう

に，垣根があまりたかい言語とはいえない。むしろ，垣根をこえた，ある程度の相通が生じやすい。たとえば，ふつう"助詞"とされる「ついで(に)」などのように，自立語にも前接語にも屈折接尾辞にもなるといった，垣根のひくいものもあれば(4.5.2)，「(書く・書い-た)=そう=だ/(書き)-そう=だ」のように，垣根(=/-)をこえて，内容的なつながりがあるものもあるし(4.4.1)，体言接続の用言化前接語「=だ-」の変化形から垣根越えして，もはや独立・分化したと考えられる用言接続の(用言性)前接語「=だろう」(5.1)もある。

ただ垣根がひくい，あるいはひくく映るのは，史的に生じた分化である可能性もさることながら，ひとつにはおそらく，日本語では用言が変化詞なのにたいし，体言が不変化詞であることと密接に関連している。しかし，これはかならずしも日本語の特異性ではない。

ちなみに『術語編』(1193–1196)では，まさに日本語の「垣根越え」の問題でもある「接辞化 affixation」と「接語化 cliticization」を区別しつつ，反対方向の「脱文法化 degrammaticalization」である「脱接辞化 deaffixation」(接辞から語へ)と「脱接語化 decliticization」(接語から自立語へ)はとくにピジン・クレオール語においてとりわけ鮮明な形で生じる現象であることを記している[*130]。脱接辞化の可能性については，4.2.1を参照されたい。

4.2.2 異なる音韻的結節

前接語・準前接語をふくむ日本語の拘束句についての，音声面からする体系的な闡明は，今後のきわめておおきな問題であろうが，ここでは，語と(接語をともなう)拘束句のもっとも基本的な対照と簡単な例をみておきたい。

まず日本語の「らしい」は，ふつう次例 a. の接尾辞「-らしい-」と b. の前接語("助動詞")の「=らしい-」が区別される。前者は様子をあらわす用言化派生接尾辞，後者は推量(間接証拠)をあらわす用言的前接語である(4.2)。

(7) a. 男-らしい(女々しくない)態度
わざと-らしい，わざと-らしかっ-た
b. 男=らしい(来るのは女でなく)，男=らしかっ-た，男-ぎらい=らしい
わざと=らしい，いつも=らしい——名詞以外の体言に後接

[*130] 典型的な 'today's syntax is tomorrow's morphology' にたいし，'yesterday's affixes as today's clitics' ともよばれる (Doyle 2002)。Trask (2000:80–81) も参照。

来る(-∅)=らしい，来-た=らしい，歩き-ながら=らしい——用言に後接

　山田文法では，4.2, 4.4.2 でふれているように，様子の a. 用言化接尾辞「-らしい-」はべつとして，推量の b. を語(前接語)の資格をもつものではない"複語尾"のなかにいれている。しかし，b. は 5.1.1 でふれる(変化型)前接語である。山田文法には，接辞 vs. 接語という認識はないにしても，「-らしい-」，「=らしい-」はふつう，なんらかの用語で区別されてきている(「わざとらしい」は，『新明解国語辞典』第二版では，"接尾辞"と"助動詞")。

　a.「男-らしい」は，英語なら man-ly と訳される派生形容詞である。これはたとえば，「男-らし-さ」man-li-ness のように，さらに(かぎられた範囲での)名詞化派生をほどこしたり，「(昔はもっと)男-らしかっ-た」のように(完了の終止法)屈折をすることができる。「わざと-らしい」もおなじく派生形容詞である。したがって，a.「男-らしい」のハイフンの位置に，なにか他の要素(語であれ接尾辞であれ)をはさむことはできない。しかし，「男-らしい」のような派生形容詞に，たとえば「すごく」のような程度を示す接尾辞をはさみこみうる言語はめずらしくない。派生接尾辞 (4.4.2) としての「-らしい-」は，意味的に許容する体言(やその語幹)につくだけである (39a.)。選択制限が強いのは，前接語ではなく，接尾辞(あるいは接辞一般)の特徴である(服部原則 I を参照)。

　一方，対照的に，b.「男=らしい」などの等号 (=) の位置には，さまざまな語(連続)を挿入することが可能である(例，「男=だけ=らしい，男=から=らしい，男=だけ=から=の=らしい，わざと=みたい=らしい」)。「来る=らしい」のような用言のばあいは，「来る」にかぎらず，「来-た (=はず|=から)=らしい，来れ-ば=らしい，来-たい (=だけ|=みたい)=らしい，来-ながら=らしい」のような(屈折，派生，挿入をふくむ)主要語があったうえでの前接語である。接辞とは異なって，選択制限は弱い。「=らしい-」のほうは，"説明存在詞"「=だ-」とおなじく，接尾辞ではなく前接語であることは明白である。

　つぎのように a. が語であるのにたいし，b. は拘束句(接語句)であるというちがいは，個人・方言差やゆれはあるにしても，アクセント型に反映される。そのアクセント表記は，金田一春彦監修『新明解日本語アクセント辞典』(2002) によると，

(7′)　a. オ￣トコラシイ，ワ￣ザトラシイ
　　　b. オト￣コ[・]ラシイ，ワ￣ザト[・]ラシイ

であるが，アクセント型のちがいにくわえて，後者では，前者にみられないみじかい音声的切れ目，ときには一定の声門閉鎖音（[˙]—3.1）をはさむこともできる。

　選択制限の弱さは，用言化派生接尾辞「-らしい-」と対照的なこの変化型前接語「=らしい-」にかぎらない。「=だけ，=から，=の，=だろう-，=そう=だ-」など，前接語（準前接語，複合前接語をふくむ）のいずれについても，前接する語の範囲がまちまちであってもかわらない。たとえば，前接語「=だろう」は，上の (7b.) にみるように，さまざまな体言や用言（の諸変化形）につき，たとえば動詞の完了形にしかつかないということはけっしてない。

　つぎに可能表現のようなものを考えてみると，文法範疇としての可能は，可能動詞とか可能形とかの呼称はべつにして，

(8)　　a. 読め-る (ヨメル)，読ま-れ-る，読め-ない，読ま-れ-ない
　　　　b. 読む≠こと=が≠できる (ヨムコトガデキル)，
　　　　　　読む≠こと=が≠でき-ない

のように，a. のような 1 語でも，b. のように，複合前接語をふくむ拘束句でも表現できる。a. の「-れ-」は可能の，「-ない-」は否定の用言的派生接尾辞 (13-I; 山田文法なら"複語尾") であり，本書では終止形に後続の「-∅」(表示略) は屈折接尾辞 (13-v; 4.5) である。b. における≠のついた「ことができる・できない」は，準前接語「≠こと」(準体名詞とか形式名詞のひとつとされる)，前接語「=が」，準前接語「≠でき-」，そしてそれを拡張 (派生) させた否定の「≠でき-ない-」からなる前接語とみなすことができる。

　これらの可能表現でも，(7b.) の「=らしい-」とおなじく，前接語 (vi)「=だろう」，複合前接語 (xi)「=そう=だ-」はかなり自由に先行の語を選択できる。

(9)　　a.　読め-る=だろう，読ま-れ-ない=だろう，読め-た=だけ=だろう，…
　　　　b.　読め-る=そう=だ (っ-た)，読ま-れ-ない=そう=だ (っ-た)，読め-た=と≠いう≠こと=だ (っ-た)…

ただし，前者「=だろう」は不変化型前接語であるのにたいし，後者「=そう=だ-」は変化型なので，たとえば「=そうだっ-た」のように変化しうる。ちなみに上の (8b., 9) は，語ではなく拘束句であるから，語内部とはちがって (かぎられた派生接尾辞のばあいをこえて)，はるかにさまざまな置換・挿入・添加による拡

張が可能である。おなじく可能性の「≠できる-」は，複合前接語「≠可能=だ-」でも表現できる。

(10)　a. 読む(≠こと)=だけ=は(≠いつも)≠でき-た=らしい
　　　b. 読む=の=だけ=さえ=も≠でき-なかっ-た=よう=な=の=よ=ね

このように，日本語はおなじ可能表現でも，拘束句をふくむ幅のひろい選択肢のなかからひとつをえらび，それぞれ文体・談話的な条件におうじて，統語的あるいは語用論上の修飾を加えて，異なる音韻結節を生みながら，柔軟に拡張させつつ，発話をすすめていくことがわかる。拘束句については，第5章でもみる。

前著(2002:89–90)でふれた「恋」と「愛」は，コイ(ガ)とアイ(ガ)のように，ともに頭高型アクセントである。しかし，形態法上の差があって，上記『アクセント辞典』(2002)では，「恋する」がコイスル，コイスル，「愛する」がアイスルになっている。このちがいは，(11)のように，前者には2種のちがいが，後者には1種のみがあることを反映していることが考えられる。

(11)　a. 恋＋する(複合動詞—語幹複合)
　　　　恋≠する(準複合動詞 4.4 拘束句—準前接語の後続)
　　　b. 愛＋する(複合動詞—語幹複合)

この対照は，4.3で説くような連用形接続の「=も，=は」その他によって用言の分割(ひねり)をかけても，明らかなちがいがでてくる。

(11′)　a.　恋し=も≠する(準複合動詞「恋≠する」の下記4.3でいう「ひねり」，つまり屈折接尾辞「-∅」の前でのひねりと「する-再立ち上げ」) vs.
　　　　　恋=も≠する(「恋≠する」の≠でのたんなる挿入; 4.3.2 ③)
　　　b.　愛し=も≠する，?愛=も≠する

4.2.3　接辞と接語の比較

以上のべてきたことの要点を繰り返すと，接辞は，その前接する語の種類と語の部分(活用形)がかぎられていて選択制限がつよいこと，たとえば，ある用言的接尾辞は動詞の一定の活用形(たとえば未然形だけ)にのみ前接するのにたいし，ある前接語は，名詞や動詞の特定の活用形にも前接すること(服部原

則 I; 3.1 を参照)である。これは，ひとつの語のなかに他の語を挿入することができないのにたいし，(接語，準接語，複合接語をふくむ)接語句の内部には，制限はあるにしても他の語を挿入することが可能であること(原則 II)を意味する。要はカタチの問題であり，たとえば日本語の"助詞"「の」が語の一部としての接尾辞でなくて前接語であるなどは，「意味の関係を基準とすることは出来ない」(服部 1960:480)ということである。服部の原則 I–III は前接語認定の原則であるのにたいし，用言的な接尾辞は，4.3 〈用言分割(ひねり)と再立ち上げ〉によって，より積極的に判定することができる。

すなわち，もしある用言のどこか(語幹あるいは派生接尾辞)に，一定の「ひねり(twist)」(「=も，は」その他)をくわえようとすれば，それを連用形にして当のひねり前接語を挿入し，そこでいったんカタチを「分割(中断)split」し，あらためて準前接語「≠する-，≠ある-」によって用言を「再立ち上げ reset」(宮岡 2002:68 他)し，中断後に残る接尾辞屈折にいたるまでをその準前接語「≠する-，≠ある-」に続ける(用言末尾にくる屈折接尾辞じたいには，ひねりはくわえられない)。こうして，連用形接続のひねり前接語のくわわった用言と，これに前接する準前接語「≠する-」あるいは「≠ある-」(プラス後続の接尾辞)で，ひとつの拘束句がつくられる。準前接語「≠ある-，≠する-」は，この機能のゆえに「支柱 prop 動詞」―あるいは「形式動詞」―とよぶこともできる。用言の分割(ひねり)・中断と再立ち上げについての詳細と具体例は，4.3 にのべる。

さて，日本語の"助動詞"と"助詞"(と，それに準ずるもの)について，どのような整理が可能であるかを示すために，これら「接尾辞」(4.4, 4.5)と「前接語」(5.1)をみてみたい。あわせて，「接頭辞」(4.6.1)と「後接語」(5.1.6)も瞥見するが，こちらにはひねり・再立ち上げは関係しない。ちなみに前接語には，準前接語(5.1.2―例，「≠する-，≠いる-，≠こと」)と複合前接語(5.1.3.―例，「=の=だ-，≠よう=だ-」)をふくむ。とくに後者は，複合の種類と幅がひろく，表 2(対照表)の右側は多分に非閉鎖的なものの若干例でしかないし，以下に提示する分類は，非専門家である一母語話者の判断によるひとつの試みにすぎない。

まず，おおきく用言と体言を区分する日本語では(3.4)，接尾辞は，両者の組み合わせにしたがった 4 種，つまり語幹が用言か体言かにもとづき，それに接尾辞がついた結果が用言になるか体言になるかによって下位区分される 4 種―「用言的」な用言性と用言化，「体言的」な体言性と体言化―に分けるのが理にかなっている。用言を V，体言を N であらわした略号を組み合わせると，つぎ

のように示すことができる。

(12) 　a. 用言→用言　用言性 (VV 型)—派生と屈折
　　　b. 体言→用言　用言化 (NV 型)—派生
　　　c. 体言→体言　体言性 (NN 型)—派生
　　　d. 用言→体言　体言化 (VN 型)—派生

　形態法的なはたらきによる接尾辞の4種だが, a. と c. は,「修飾型 elaborating」の, つまり文法的あるいは意味的な修飾をくわえる, それぞれ用言性と体言性の接尾辞である。他方, b. と d. は,「品詞 (語類) 変換型 cross-categorial」の, それぞれ用言化と体言化の接尾辞である。日本語には, 品詞類をもとにもどす「再変換型」の派生はきわめてかぎられており, 語彙的制約がつよい (4.4.2.1 を参照)。産出性 ("造語性") の程度と幅におおきなちがいはあるが, 複統合語のユピック語も, 例 (99a.–d.) が示すように, 基本的にこの4分類があてはまる。

　新しい語の「派生 derivation」の種類と程度からいえば, 現代日本語における a. 用言性接尾辞は, 比較的多様であり, 産出性はたかく, "複語尾" とよばれてきたものの多くがこれに相当する。しかしこれら用言性接尾辞についても, 相互承接あるいは辞順にはすくなからぬ制約があり, その点で基本的には, 他の型の接尾辞 (b., c., d.) と本質的なちがいがあるわけではない。用言性接尾辞には,「屈折 inflection」をになう屈折接尾辞をふくむ。派生と屈折のちがいはのちにくわしくみるが,「読ま–せる–, 読ま–ない–, 読み–たい–, 読み–かける–」などが派生なのにたいし,「[終止法] 読む–∅, 読む–まい, 読ん–だ, 読も–う, [中断法] 読ん–で, 読み–つつ, 読め–ば」などは屈折である。他方, 接頭辞は派生だけで, 日本語には屈折接頭辞はない (4.6.1)。

　漢字は表語文字として語なので, 漢字由来の "造語 (要素)" とよばれているものは接語であって, 語の一部としての接辞にはあたらない。したがって, 本来的に漢字系の接尾辞・接頭辞は日本語にはないということになる。また, 複合語 (複合名詞, 複合動詞) はふたつ (以上) の語幹の複合なので, その第2要素を接尾辞とみるのはおかしい。ただ, 複合語の第1要素あるいは第2要素が漢字系一字音の後接語あるいは前接語 ("造語要素") であるものはおおいし, また複合語であったものの第2要素が接尾辞化した「2次的接尾辞」(4.4.1.1) もすくなくない。

　このように4種に分類される日本語の接尾辞は, 全体的にはそれなりに文法

的・意味的機能の幅が広く，ひとつの語の内部で連続的に現われうる。すなわち，ひとつの語に複数個の接尾辞が現われて，さまざまな修飾が加えられるだけでなく，語内部での品詞変換 (用言化あるいは体言化) も一定範囲でおこりうる。カタチとしての語の動態性がここにもあらわれる。ただし日本語では，そのような修飾や変換の程度は，複統合語にくらべるときわめてかぎられている。これはひとつには，日本語の体言化接尾辞の顕著な特徴として，生産的に「名詞節化」あるいは「関係詞節化」するものがないこと (「=の」「=と」は前接語—5.1.1)，ましてこれをもういちど用言化する「再変換型」接尾辞などはないことによる。ちなみに英語でも，'(one) that—' にあたる名詞節・関係詞節的接尾辞を動詞化する接尾辞はないが，これが可能な言語もあることからしても，日本語の接尾辞の機能が幅のひろいものではないことがわかる。

　日本語では，山田文法以来，ともに用言性接尾辞である"複語尾"あるいは"助動詞"が特出されて，残りの種類の派生接尾辞がおおむね"接尾辞 (接尾語)"とされてきたことにも関係して，「前接語」と「接尾辞」(派生・屈折接尾辞) の区別や基本的分類には遅れがあった。一方，"助詞"については，大野 (1977:15–16 以下) が日本語の「文」表現の中で「用言と体言が相互にとる位置関係」にてらした，上記 (12) の接尾辞に並行する体言→体言，体言→用言，用言→体言，用言→用言という4通りのはたらきを識別している。

　ともあれ，接尾辞についてのこの用言性，用言化，体言性，体言化の4分類は，日本語にとっても基本的に重要な分類であるにはちがいなく，以下では，前接語も (準・複合前接語をふくむ)，基本的にこれにしたがうことにする。準前接語 (例，「≠こと，≠する–」) は，ふつう自立語であるものが，随時，前接語的に (付属語として) 現われるものである。複合接語 (例，「=の=だ，=かも≠しれ–ない–」) は，他の接語などによって拡張された接語であって，固定的な不可分の一単位としてあげられているのではなく，その内部に分析的に = あるいは ≠ がはいる。これは，挿入あるいは分割の可能性など，文法的説明には必須の情報になる。のちにみるように，接語，準接語，複合接語は，先行あるいは後続の語とともに，語のひとつ上の結節としての「拘束句」(3.1 など) をつくる。

　上述の用言性接尾辞の一種である屈折接尾辞は，日本語研究における意味的解釈のなかでも，一部に気づかれていたことだが，そのカタチの性格からして，不変化型の体言性前接語，いわゆる"終助詞"などに近いところがある。

　表2 (対照表) では，左欄に接辞 (接尾辞と接頭辞) が，右欄に接語 ([準・複

合]前接語と[準・複合]後接語)がまとめられている。右欄では，活用型の「用言性・用言化前接語」と非活用型(不変化型)がある。「Vか」は強(五段)活用，「Vい・え」は弱(一段)活用を示す。−VV−(派生)と−V(屈折)の表示の差(ハイフン)に注意していただきたい。

なお，漢語系要素を中心にした，しかし和語的な「(我)ながら，(散歩)がてら」などもときにふくまれるいわゆる"造語"は，語構成の一部として，つまり複合語の前項あるいは後項として主要語にたいする修飾のはたらきをするものであり，接辞とは考えられない。ただし，明らかに2次的な接辞化(4.4.1.1)を経た，「(呼び)だす，かける」の類はのぞく。

この対照表は，あくまでも共時的な記述としての，ひとつの整理(試案)にすぎない。日本語史における通時的変化は問題外であって，現代語の「−た」は，完了の屈折接尾辞として扱われ，文語の"助動詞"「たり」(<「つ＋あり」)由来であるとか，接続助詞的である「ので」は，体言的な複合前接語(=の=で)とみなされているが，格助詞「の」＋「で」(<「にて」)に由来するといった通時的説明は考慮されていない。

また，テニヲハの「て」は，しばしば完了の"助動詞"「つ」の連用形からきた("従属語"としての"助詞"のひとつである)接続助詞とされているが，ここには脱接辞化 deaffixation (4.2.1)のような通時的な垣根越えはおそらくない。現代語でも「(書い)−て」は，(中断法)屈折接尾辞である——4.5.2.1を参照。

いまひとつ顕著なちがいとしては，とかく"接尾辞(接尾語)"は，用言化，体言化，体言的接尾辞にかぎられ，用言的接尾辞は"複語尾"などとして説かれ，接尾辞扱いされないことがあった。本書ではこれにたいして，またいわゆる"助動詞"の一部は前接語に，いわゆる"助詞"の多くも前接語にはいっている(それら以外は接尾辞)。"助動詞"，"複語尾"と"助詞"がないぶん，前接語がくわわり，接尾辞の幅がひろくなっている。

また，複合性の意識がのこる前接語「はずだ」などは，分析的に複合接語(xi)「≠はず=だ−」としてあげられている。また，「(作家)=に≠なっ−て≠いる−」なども複合前接語とみなしているのにたいし，「書い−て≠いる」は全体で拘束句であるが，「ている」を全体として複合接尾辞とよぶことはできる(記述・説明上の不便はある)——4.5.2.1を参照。

上の説明から明らかなように，これまで文法家によって"接尾辞・接尾語"とか"複語尾"とか"助動詞"とかまちまちによばれてきたものが，以下の整理で

【表2】接辞と接語の対照表（i-xiv の分類については、4.2.3 の (13) を参照）

接　辞　i-v	前　接　語　vi-viii
i, v. 用言性接尾辞	**vi. 用言性前接語**
i. 派生接尾辞 (-VV-) ふたつ以上の連続可能（相互承接）	=らしい
未然[a] -(さ)せる- -しめる- -(ら)れる- -ない- -ぬ[ん]-	=らしい＝です- =ので＝はーない-(＋あり-ませ-ん) =よう-・=う・みたい＝だ-（＝です-　＝である-）
未然[o]	[複合前接語]
連用[i] -音便 -ます- -たい- -がる- -たがる- [2次的接尾辞] -そう- -かける- -はじめる- -おわる-|おえる- -あげる- -はたす- -きる- -しまう- -つづける- -なおす- -なれる- -すぎる- -あう- -ちがう- -やすい- -にくい- -がたい- -づらい- -ぐるしい-	-の[連用形・中断] -て|-で[中断] -たり|-だり[並列] -つつ[同時] -に[目的]
[複合接尾辞] -そう＝だ- (vs. vi. =そう＝だ-)	[不変化型] =[だ]ろう-(=でしょう-) =[なら]ば-[完了「た」「だ」の後で「のだ・ーなーの脱落]
終止連体[(r)u] -べし-	viii. 用言性・体言化前接語 =だ-(=です-　=である-)
	viii. 用言性・体言化前接語 =が　=の　=に　=を　=へ　=と　=で =の[関係節節化]　=と[名詞節節化] =し[同時]　=と（も）[反対] =さえ　=は　=か　=で　=ね　=わ　=よ* =まで　=ずつ　=だけ　=のに　=きり　=こそ　=でも =から　=より　=など　=のみ　=しか　=やら　=ほど =など　=なり　=だけ　=とか　=ばかり　=やら　=ずつ =ばかり　=だらけ　=だって　=ついでに(＝ついて) =ながら　=がてら　=がてら　=について (～ながら　=がてら　=ついて)
-0[非過去] -な[禁止] -まい[否定意志] (ruの任意脱落]	
仮定[e] -ば[条件] -ど[も][反対]	
命令[e] -0[命令]	

ii. 用言化接尾辞(-NV-)
-めく・-めかす・-ばむ・-ばる・-ぶる・-だつ・
-づく・-づける・-がかる・-じみる・
-らしい(vs. vi. =らしい) -たらしい・-くさい・-っぽい・
-がましい・

iii. 体言性接尾辞(-NN)
-ども・-さん・-がた
-ずき・-ぎらい・-ばなれ [転成名詞的]

iv. 体言化接尾辞(-VN)
-さ・-がち
-すぎ・-ぎらい・-ばなれ・-づかれ [転成名詞的]

準 前 接 語 ix-x

ix. 用言性・用言化準前接語
＊する-・＊なさる-・＊ある-・＊[再立ち上げ]
＊あらず・
＊なる-・＊ない・
＊なら-ない-(＊ね・-なければ ともに複合接尾辞)
＊できる-(＊でます-)

[不変化型]
＊けれど(も)

[動詞幹＋「-て」に前接：4.5.2.1]
＊いる-・＊いらっしゃる-・＊ある-・＊おる-・＊みる-・
＊いく-・＊くる-・＊やる-・
＊しまう-・＊ます-・＊みせる-・
＊もらう-・＊いただく-・＊やがる-・＊くださる-・
＊あげる-・＊あがる-・＊くれる-・＊いただく-・
＊ほしい-

[後接語「お[こ]」と連動]
＊なさる-・＊いたす-・＊くださる-・＊いただく-・
＊になる-

x. 体言性・体言化準前接語
＊こと [名詞的化]・＊はず・＊かた・＊もの
＊ところ・＊つもり・＊だから・＊しだい・＊について

複 合 前 接 語 xi-xii

xi. 用言性・用言化複合前接語[たぶんに非閉鎖的なリスト]
＝(な-)の＝だ・＝です・＝である・-用言化前接語 ＝だ
＝(の-)ので・＝ではない・
＝だ・＝ですが・＝から・＝ので
＝とする-・＝なる-・＊みる-
＝という・＝と＝もうしあげる・ ＝と＝いうこと＝だ

4.2 「語」と「接語」

接頭辞 xiii	後接語 xiv
用言性・体言性接頭辞 (VV-, NN-) さ-, か-, こ-, み-, さ-, す- [2次的接頭辞] うち(うっ)-, ぶち(ぶっ)-, ひき(ひっ)- なま-, もの-, かた-	お= な= この= あの= … どんな= おおきな= … きたる= いわゆる= …

xii. 体言性・体言化複合前接語
=でも、=でもあって、=のに、で、も
=に、(=に)、がかかわらず、にがたいかし、て
(=の)=とき、ところ、ため、なか、ほか、いて
=からには
=たるもの
キものの

キとこちらが、キところ、で、です-
=どころか、どころでーない、
キつもり=がつもり=だ、です-

=はず、わけーがない、
キかもしれない、
キこと、だ(=から)キことーでーある(=から)
キこと、だーがーある、=できる、=こと、=はーない、
キこと、ほどーにーなる、=する、

=にーすーる、=なーる、キちがいーない、
=(の)かもしれない、=(の)ようーだーない、
=(の)ほう=が、いい(=いい)
=(なら)ほう=が、いい(=いい) (完了「た」-だ」の後での「な」の脱落)
=そう=だ、です-、=みたい=だ、=ほど=だ、=だ、です-
=はず=だ、です-、わけ=だ、=だ、キばかり=だ、です-
=かもしれない、

は，まず「接尾辞」と「前接語」に大別され，ついで用言性接尾辞のみは派生接尾辞と屈折接尾辞が区別され，前接語も，変化型と不変化型の区別がなされている (5.1.1)。類型論的なタイプでみると，接語はふつうは不変化型であることがはるかに多く，日本語のように，屈折をもつ変化型前接語をもつ言語はむしろめずらしい。屈折接尾辞は，そのカタチの性格からすると，上述のように，いわゆる"終助詞"に近いところがあるのは自然の理である。

表2(対照表)に示した類別を旧来の解釈あるいは術語と対比すると，ひとまずつぎのようになる。派生接尾辞については，用言性，用言化，体言性，体言化の4区分がほぼ明確であるが，準・複合をふくむ前接語のほうは，かなりの部分，体言性と体言化，用言性と用言化の区分にむつかしいところがある。とくに体言的(体言性・体言化)前接語は，従来の"助詞"に相当するので，よくなされる機能的分類を踏襲している。従来の日本語文法の主要な用語を右側にあげているが，本書との対応関係は交錯し，文法家によって定義の範囲がことなるので，カバーする範囲も一様ではない。

あらかじめ確認しておくならば，伝統的な"助動詞"は，上では，i. 用言性派生接尾辞，v. 屈折接尾辞，vi. 用言的(複合)前接語に分かれている。従来，"助動詞"は，意味的とか，形態的とか，文法的性格とか，接続のしかたとか，またI〜III類とか甲乙種とかのように，いろいろな分類がなされてきた。しかし以下では，従来の分類に言及することは最低限にとどめたい。

また伝統的な"助詞"も，体言性(準・複合)前接語と屈折接尾辞に相当する。ちなみに，接尾辞は接尾辞であって，VV型の用言性接尾辞だけを(他種の要素も混入させたまま)"助動詞"とか"複語尾"として特立する意味は，理解に苦しむ。

(13) i. 派生接尾辞　用言性 (-VV-型)　　　　　　　　　　　　　　　　　複語尾
　　　　　　　　2次的接尾辞をふくむ　　　　　　　　　　　　　　　　説明存在詞
　　ii.　 〃　　　用言化 (-NV-型)　　　　　　　　　　　　　　　　　**助動詞**
　　iii.　〃　　　体言性 (-NN型)　　　　　　　　　　　　　　　　　　接尾辞・語
　　iv.　 〃　　　体言化 (-VN-型)　　　　　　　　　　　　　　　　　　形式動詞
　　v. 屈折接尾辞　用言性 (-VV-型)　　　　　　　　　　　　　　　　　補助動詞
　　　　　　　　　　　　　　　　　　　　　　　　　　　　　　　　　　複合用言 (動詞・形容詞)
　　vi. 前接語　　用言性 (=VV-・=VV型)　　　　　　　　　　　　　　**助詞**
　　vii. 〃　　　用言化 (=NV-型)　　　　　　　　　　　　　　　　　　複合助詞
　　viii. 〃　　　体言化・体言性 (=NN・=VN型)
　　ix. 準前接語　用言性・用言化 (=VV・-NV-型)
　　x. 〃　　　体言化・体言性 (=NN・=VN型)
　　xi. 複合前接語 用言性・用言化 (=VV・=NV型)
　　xii. 〃　　　体言化・体言性 (=NN・=NV型)

　　xiii. 接頭辞　　用言性・体言性 (VV・VN-型)　　　　　　　　　　　接頭辞・語
　　xiv. 後接語　　体言性 (NN=型)　　　　　　　　　　　　　　　　　連体詞 (用言連体形)

4.3　用言分割（ひねり）と再立ち上げ―接尾辞をみわける

　本節でのべるのは，用言にはかならずふくまれる境界 - (屈折直前のそれをふくむ)のところで分割(ひねり)と再立ち上げが可能である，その一方で，境界 = (拘束句内)ではこれができない(たんなる挿入は可能だが)，ということである。これによって，接尾辞と前接語が区別できる。

　古来，日本語には用言を連用形(中断法屈折)におき，"形式動詞"(山田孝雄)などとよばれる「す(る)，ある」につづける構造があった。山田(1954:『奈良朝文法史』185–186, 188)は，「連用形＋す」を「連体形を以てするものよりはその結體のすすめるもの」(185)，「実用上一の熟語の如き取扱をなすべきもの」(186)と表現している。その一方で，「形容詞は連用形[く]をとりて「あり」につづく」(196–197)と記す。これら連用形と「する，ある」のあいだにそえられうる(「ひねり」をあたえる―後述)一定の助詞については，「叙述をたすける働き」(『日本国語大辞典』)などが語られてきている―乱れや為[し]なむ人の(万葉集), わびしくも安流[ある]か(同), こまやかにはあらで(源氏物語)。

　文献資料の豊かな日本語における，これら「用言≠する, ≠ある」についての細部におよぶ来源・通時的移りゆきなど，諸種の考究は，もとより専門の方々にお任せするしかないが，現代日本語では，このような連用形につづける「する」と「ある」の後者には，形容詞にくわえて，(近世成立の)「だ」終りの，いわゆる形容動詞がふくまれる(下述)*131。ただ，「動詞≠する」構造は下降をたどっていったにしろ，「用言≠する, ≠ある」のゆるやかな接合には，(固い複合とちがって)一定の接語の挿入もあったという言語事実の下地(支え)がとくに動詞の連用形による分割(ひねり)と(再)立ち上げ構造を支えていったのではないかと考えることはできるかもしれない。

　問題の「≠する-」に関連した表現については，すくなくとも3人の大家(橋本進吉, 服部四郎, 大野晋)に言及がある。まず橋本氏は，つぎのような重要な事実を指摘する。「「僕は笑わない」という文の中の動詞「笑ふ」に, 助詞「は」又は「も」の類を附けようとしても, そのままでは附けられません。しかし之を連用形にして, 「する」という動詞を用ひますと, 「僕は笑ひは(も)しない」という風に, 「は」又は「も」を「笑ふ」に附け得る事になります。その場合の「する」

---

*131 「山高くして」(vs.「山高くありて」)や「秋深くして」のような, 「あり」との"代理[交渉]をなす""す"(山田『講義』652, 656,『文法論』788–791)はひとまずおく。

は補助的に用ひられた動詞であります」(橋本 1935:283)。

ついで服部氏は，3.1 であげた「原則 II」(2) の説明で，siroku nai と yoma-nai を区別し（"附属語" vs. "附属形式"），前者の siroku wa/mo nai に「相当する表現」として yomi wa/mo sinai をあげているが (1950 [1960:477])，sinai における si- の役割などにはふれていない。

最後に大野 (1977:24) は，たとえば「全然読まなかった」を「全然読みはしなかった」のように"強める"と，「その判断や主張が強烈なものとして受けとられ，その表現の持つ意味の輪郭が非常にくっきりと浮き上る」，という解説をしている。ただしこのばあいも，文法的なはたらき，つまりなぜこういう"強め"のあとで，「する」が現われるかについての言及はない。

さらに詳しい考察が他にもあるか否かは，寡聞にして知らないが，意味的理付けはどうあれ，三者いずれも，表面的事実以上の，すくなくとも（前接語 vs.）接尾辞にかんする洞察などにはいたっていない。

ところが，ひるがえって，「だ|です|である」を"複語尾"からのぞいて品詞扱いした山田文法には，「副助詞を中間に介することあり」(1936『概論』717—「私だけでした，愉快なことばかりです，一寸みただけです」，下線宮岡）とする一方，「複語尾と用言の本来の活用形との間に他の語の入ることは決してなきなり」（『概論』294）という*132，重要な指摘がある。なお山田文法の形式動詞「する」には，その転成名詞（「転成」は山田『文法論』以来）を意識した「連用形＋す」がはなはだ多いとし (1913b.『奈良朝文法史』184–188)，下記「ひねり」をふくんだ「思ひこそすれ，思ひだにせぬ事なり」のような例もみられる（『概論』720）。

さて現代日本語の用言は，連用形に内容的な「ひねり twist」（一種のとりたて・強調）の前接語をそえて，そこでいったん用言を中断・分割 (split) し，すぐに「形式的支え prop」をなす形式動詞「する，ある」によって，いわばその用言を「再立ち上げ reset」し，これにのこり（つまり中断以後）の接尾辞（屈折接尾

---

*132 「語」はひとつのカタチとして，基本的に他の語で「分割」（他の語を挿入）することはできないということだが，表出性のたかい一定の語（罵倒，憐憫など）が，一種の協調的効果をねらって，例外的にまるで接中辞であるかのような英語の，fan-*bloody*-tastic, kanga-*bloody*-roo, abso-*darn*-lutely, abso-*blooming*-lutely, un-*fucking*-believable, trans-*fucking*-continental における，きわめて臨機的で特殊なイタリック部の挿入は（前接注 25），語の一般的な構成原理を乱すものではない。

辞をふくむ)をくわえるという構造を示す。つまり，「する・ある再立ち上げ」は接尾辞の支えになる(再立ち上げに後続するのは前接語ではない)。上記服部氏の siroku nai(前接語) にたいする yoma-nai(接尾辞) は，ひねり＋再立ち上げ (siroku=mo nai/yomi=mo si-nai) によって，後者が接尾辞(-nai)であることがわかる。

　この用言の「ひねり」(分割)プラス「再立ち上げ」を，動詞，形容詞，さらに形容動詞(上述)と「する，ある」の対応で示すと，動詞(読む⇒読み=も≠する) vs. 形容詞・形容動詞(高い⇒高く=も≠ある，穏やかだ⇒穏やかで=も≠ある)となる。形容動詞の場合の「穏やかである」などの「で」は，「動詞，形容詞＋する，ある」(の後者)とパラレルに「=だ-」の連用形とみなす。山田が「助詞の「で」と「ある」の連語」(『講義』102, 190, 『概論』712)としたのは，その助詞観からは無理がないし，今日でもこの「で」を"(格)助詞"とする理解はのこっているが，"接続助詞"の一部は接尾辞である(4.5.2, 5.1.1)。

　重要なのは，「ひねり」プラス「≠する-/≠ある-」構造は用言の語幹にかぎられるものではなく，「-」ではじまる，いかなる用言的(用言性 VV)接尾辞にもあてはまることである。たとえば「食べ-だし-たかっ-た」は，動詞語幹にふたつの(用言的)派生接尾辞(始発，願望)と，これらを最後でくくる屈折接尾辞(完了)からなる派生動詞(1 語)だが，動詞「食べ=も≠する-」だけでなく，接尾辞「(食べ)-だし-(<-だす-)=も≠する-」が可能であるし，「(食べ)-たい-」の場合は形容詞的接尾辞なので，「する」ではなく，「(食べ)-たく=も≠ある-」が可能である。しかも，これらそれぞれだけでなく，あえて語幹と派生接尾辞のすべてにさまざまなひねりをそえようとすると，コンテクスト的にはむつかしくとも，「食べ=も≠し-だし=すら≠し-たく=は≠ある-」でさえ，すくなくとも構造上は成立する。

　「ひねり要素」(おもに前接語)の典型は「=は，=も」だが，他の"助詞"「=こそ，=さえ，=すら，=だに，(=など，=とか)」や(「=も」類似の)中断法屈折「-たり|-だり」などがこの機能をもつ—屈折接尾辞と前接語には一定の類似がある。この「食べ-だし-たかっ-た」は，語(つまり形態法の問題)であって，そこにくわえられる「ひねり要素」は，語幹，接尾辞それぞれの要素の内容(意味・機能)におうじた選択制限のおおきな問題であり，その幅(種類)はきわめてかぎられている。これは，屈折接尾辞のあとの，つまり用言全体の挿入・拡張(4.3.4 ③の「食べ-だし-た=だけ(なの)=だ」とは別問題である。

4.3 用言分割（ひねり）と再立ち上げ―接尾辞をみわける　195

　他方，この派生動詞を拡張し，たとえば「…を(食べさせたかった)=に≠ちがい≠ない=と≠いう=の≠だっ‐た」のような動詞複合体にすると，用言内部で可能なひねり・(再)立ち上げとは対照的に，じつに多様な「挿入」がいずれの(準)前接語，つまり，=または≠のまえでもおこるという，幅ひろい拡張が可能である(4.3.4)。語(内部)にたいするひねりにたいし，これは統語法的拡張である。後者には，ひねり接語とおなじものもはいる(ゆえに混同をまねく)。また，≠のいくつかは，休止(#)に代わられて，全体として複数の結節として発話されるのがふつうであるが，語幹・接尾辞の直後に要求される「ひねりプラス(再)立ち上げ」とちがって，「挿入」には「する，ある」の立ち上げをともなわない。

　この画然たる言語事実を逆手にとらえるならば，服部原則とはちがい積極的に接尾辞を前接語(5.1)から区別する手がかりがえられるはずである。

　さらにまた，用言のひねり(分割)と再立ち上げが可能・不可能のいずれであるかによって，(語幹および)派生接尾辞(4.4)と屈折接尾辞(4.5)のちがいが明らかになる。用言の最後尾をしめくくるものとしての(すでに連用形その他といった活用はなく，つまり末尾にハイフンのない)屈折接尾辞には，「ひねり」をそえることはもはやありえないからである―(14a., 46a.)「書く‐∅ ⇒書き=も≠する‐∅」(〈比較〉*書く‐な[命令]=も≠する…は不可)，(46b.)「書い‐た⇒書き=も≠し‐た」(〈比較〉*書い‐た=も≠する…は不可)，その他を参照。

　しかし日本語文法にかんするかぎり，"係助詞"は重要な問題になってきたのにたいし，用言内部での「ひねり」と連動する「≠する‐」プラス接尾辞(前接語ではなく)という構造的連関性はあまり注目されてこなかったのは，たとえば山田の重要な指摘があったにもかかわらず，そこに関与するのが接尾辞だという認識が十分でなかったためだったのかもしれない。

　「語」は，くりかえしのべてきたように，ひとつのカタチとして，基本的に他の語で分割する(他の語を挿入する)ことはできない。日本語の接尾辞と前接語のちがいを知るには，このカタチとしての「語」の性質，すなわち接尾辞は語の一部である(一種ではない)のにたいし，前接語はあくまでもべつの語であって，先行する主要語によりかかって，拘束句を形成するというちがいをこそ，確認する必要がある。

　そのうえで，用言内(‐をふくむ)での「ひねり」と用言複合体内(=≠をふくむ)の「挿入・拡張」のちがいをみるならば，用言(その語基・[派生]語幹)に内容的な「ひねり」をくわえるためには，後続の接尾辞のまえにある「ひねり

要素」(上述)をはさんで，用言はそこでいったん「分割(中断)」し，「形態的支え」としての動詞「≠する-|≠ある-」で「(再)立ち上げ」し，これに分割前の接尾辞をくわえ，全体として一種の用言複合体(5.2;拘束句)をカタチづくっていると考えられるのである―読ん-だ＞読み＝は≠し-た，読み-たかっ-た＞読み-たく＝も≠あっ-た(「ある」に留意)，読ま-せ-かける＞読み＝も≠さ-せ-かける，読ま-せ-かけ＝も≠する，読ま-せ＝も≠し-かける，読ま-せ＝も≠し-かけ-やす-さ。

このような「ひねり」は，(用言複合体内の)前接語のまえでの「挿入」(服部原則 II)とは区別しなければならない。「挿入」は，語・句であるだけでなく節であることもあるが，いずれにしろ再立ち上げはない(読ん-だ＝らしい＞読ん-だ＝だけ＝らしい，読ん-だ＝と≠いう≠こと＝らしい)。すなわち，意味・統語的拡張としての「挿入」は，前後関係による選択の幅がはるかにひろい。ただし全体としては，おなじく用言複合体をなす。ちなみに，「書きもするらしい」は一見，「書くらしい」のひねり・再立ち上げが前接語のまえでおこっているようにみえるが，これは，書く-∅＝らしい＞書き＝も≠する＝らしい，のような語幹にたいするひねりである(＝らしい，4.4.2)―〈比較〉書い-た(＝だけ)＝らしい。

以上要するに，服部原則 I–III (3.1)は，統語的にみた，つまり接語の側からの認定であるのにたいし，本節 4.3 の用言分割(ひねり)と再立ち上げによって，積極的に接尾辞の側から，用言的接尾辞は前接語とは区別できる。他方，体言的接尾辞(体言性 NN，体言化 VN － 4.4.3, 4.4.4)は，服部原則 I–III にてらすと接語性が認められず，したがって消極的に接尾辞だと判断されるにすぎない。

用言の「ひねり」が「≠する-，(形容［動］詞のあと)≠ある-」の引きがねになっているということなのだが，用言内―接尾辞の直前―での「＝は，＝も」など(後述)による「ひねり」が要求する用言分割(中断)と，「≠する-，≠ある-」による再立ち上げ(拘束句化)プラス接尾辞という構造的な連関についての認識は，従来の日本語文法ではえられていなかったのだろうか。

以下，「ひねり・再立ち上げ」と「挿入・拡張」をより明確にするために，とくに前者を「≠する-」と「≠ある-」にわけて実例をみていく。「する」による，ここでいう用言の分割(ひねり)と再立ち上げは，前著(2002:97–102)で「迂言的 periphrastic 構造」と呼んだものである。前接語から接尾辞を判別する重要性にかんがみ，本書はこれをさらにくわしくあつかい，形容詞・形容動詞(幹)にかかわる「≠ある-」をあわせ考えている(4.3.2)。なお前著の「捻り」は，一部では，用言複合体の挿入・拡張もふくめたものとしてうけとめられたようだが，4.3.4

4.3 用言分割（ひねり）と再立ち上げ—接尾辞をみわける　197

にみるように，②ひねり・再立ち上げと，③挿入・拡張が区別されていることに注意されたい。

4.3.1 「≠する-」再立ち上げ

　動詞内部（境界 -）に「=も」などの「ひねり」をくわえることによって，いったん動詞を「分割（中断）」し，ただちに「≠する-」によって「再立ち上げ」し，それに境界（-）以後の接尾辞（派生・屈折）をつづける。

(14) 　a. 書く-∅　　⇒　書き=も≠する-∅
　　　a. 書か-せる-∅　⇒　書き=も≠さ-せる-∅, 書か-せ=も≠する-∅
　　　b. 書き-だす-∅　⇒　書き=も≠し-だす-∅, 書き-だし=も≠する-∅

どの部分に「=も」による「ひねり」を与えるか，つまり，どの境界（-）のところに「=も」を挿入するかによって，それぞれ異なるふた通りである。

　他方，4.3でふれたように，「語」ではなく，前接語をふくむ「拘束句」としての用言複合体（5.2）に（主要語の後に）終止連体形接続の前接語を挿入しても，「≠する-」による再立ち上げはおこらない（服部原則IIを参照）。たとえば，つぎのような，前接語「=らしい-」の前での（屈折が完了した用言の後での）「=だけ」の挿入では，「=する-」による再立ち上げがおこらず，全体としてひとつの拘束句のままである。

　複合体の前項（主要語）をなす用言の屈折終了後の挿入を，用言内部のひねり・再立ち上げと比較されたい。

(15)　a. 書く-∅=らしい ⇒　書く-∅=だけ=らしい
　　　〈比較〉書き=も≠する=らしい
　　　b. 書か-せる-∅=らしい ⇒　書か-せる-∅=だけ=らしい
　　　〈比較〉書か-せ=も≠する=らしい

比較している「書き=も≠する=らしい」，「書か-せ=も≠する=らしい」は，「-∅」の前での挿入なので，「≠する-」によって再立ち上げされている。

　(16)の諸例には，屈折接尾辞「-∅[終止], -た[完了], -て[中断], -ば[条件], -(よ)う[推量], -な[禁止], -つつ[同時]; 4.4.1」ならびに派生接尾辞「-せる-[使役], -だす-[始発; 4.4.1.1], -たがる-[性向]」が含まれているが，各接辞境界に「=も」などのひねりをくわえた拘束句をすぐつぎにあげてある。ひねりは，屈

折をのぞくすべての接尾辞境界のところで可能である。「=も」のひねり（分割）後に，準接語「≠する-」によって動詞が再立ち上げされ，そのサ変動詞的な活用形に残りの接尾辞が続き，ひとつの拘束句がつくりあげられている。

(16)　a.　書く-∅，書く-な，書く-と
　　　　　　書き=も≠する，書き=も≠する-な，書き=も≠する-と（≠いい［前件］）
　　　　　　〈比較〉書く=だけ・から=らしい
　　　b.　書い-た，書い-て
　　　　　　書き=も≠し-た，書き=も≠し-て
　　　c.　書け-ば　　　書き=も≠すれ-ば
　　　d.　書こ-う　　　書き=も≠し-よう
　　　e.　書か-ない-∅　書き=も≠し-ない，
　　　　　　書か-なく=も≠ある（4.3.2）
　　　f.　書か-せる-な　書き=も≠さ-せる-な，書か-せ=も≠する-な
　　　　　—e., f. は，ふたつの境界（-）で分割・再立ち上げ可能。
　　　g.　書き-つつ　　書き=も≠し-つつ
　　　h.　書き-だし-たがっ-た
　　　　　　書き=も≠し-だし-たがっ-た，書き-だし=も≠し-たがっ-た，書き-だし-たがり=も≠し-た—3つの境界で分割・再立上げ可能。「-だし-」は2次的接尾辞，「-たがる-」については，4.4.1 の「-たい-」をふくむ固定化した複合接尾辞を参照。

以上における動詞最後尾は屈折接尾辞（［終止法］-∅，-た，-う，-な，［中断法］-て，-ば，-つつ）だが，先行の語幹あるいは派生接尾辞には，前接語「=も」のひねりによる分割（中断）と「≠する-」再立ち上げがおきる。

　対照的に，つぎの2例は（屈折「-て」に後続の）準前接語「≠いる-」（4.5.2.1〈"ている形"など〉を参照）および複合前接語「=みたい=だ-」（5.1.3）をふくむ。したがって，前接語「=も，=だけ」などをくわえても，「=する-」再立ち上げはおこらない。

4.3 用言分割（ひねり）と再立ち上げ―接尾辞をみわける　199

(17) a.　書い-て≠いる　　　　書い-て=も≠いる，書い-て=だけ≠いる
　　　　　〈比較〉書き=も≠し-て≠いる，書き=だけ≠し-て≠いる
　　 b.　書く-∅=みたい=だ　書く=だけ=みたい=だ，書く=みたい=だけ=だ
　　　　　〈比較〉書き=も≠する-みたい=だ―(15a.)「書く-∅=らしい ⇒ 書く=だけ=らしい」も参照。

前接語の前では，挿入にともなう「≠する-」再立ち上げはみられないのにたいし，a. の中断法屈折「-て」(4.5.2)，b. の終止法屈折「-∅」の前にたつ語幹には，ひねりと「≠する-」による再立ち上げが生じる。

　このように，語幹あるいは派生接尾辞の「ひねり」には必須の「≠する-」再立ち上げは，接語(=, ≠) の前ではおこらない。繰り返していうが，拘束句での前接語は，語内部の接尾辞とはちがい，語そのものであるから，再立ち上げの必要がない。

　「ひねり」分割プラス再立ち上げは，用言性あるいは体言化接尾辞の前にかかわるもので，体言性接尾辞はもとより，用言化などの体言接続の接尾辞にあてはまるものではない。

(18)　春-めく　　*春=も≠し-めく
　　　〈比較〉春-めき-だす　春-めき=も≠し-だす―(2 次的用言性) 接尾辞「-だす-」の前でのひねり。「春-めき=も≠する」は，「春-めく-∅」の派生接尾辞にたいするひねり。

ただし，用言性接尾辞の連用形名詞 (転成名詞) は，用言接続の体言化接尾辞 (44) として，再立ち上げが可能かもしれない。

(19)　食べ-づかれ，食べ-っぱなし ⇒ ?食べ=も≠し-づかれ，?食べ=も≠し-っぱなし
　　　〈比較〉食べ-ごろ ⇒ *?食べ=も≠し-ごろ

　このように，「ひねり」プラス再立ち上げは，用言的接尾辞を前接語と区別する手がかりになるが，(体言性，体言化) 接尾辞と前接語の区別には，再立ち上げではなく，挿入あるいは交換可能性が判断の手がかりになる。たとえば，体言性接尾辞「-ら，-ども，-さん」(iii; 4.4.3) と前接語の「=など」(viii) は，好対

照をなしている。

(20) a. 学生-ら|-ども，学生-ら|-ども=の ―接語の挿入はできない (*学生=の-ら|-ども)
b. 学生=など，学生=の|から|も=など，学生=など=の|から|も ―挿入も順序の交換も可能

4.3.2 「≠ある-」再立ち上げ

前項のひねりと「≠する」再立ち上げは，4.3 と 4.3.1 でふれたように動詞内部の語幹あるいは (用言的) 接尾辞にたいしてであったが，形容詞 (的な)「寒い-，-たい-，-ない-，…」および形容動詞 (的な)「静かだ-，=だ-，…」についても，「ひねり」による分割 (中断) と再立ち上げが生じる。ただし動詞とは対照的に，そのばあいは，「≠する-」ではなく，「≠ある-」(5.1.2) による再立ち上げになる。(21) はいずれも，形容詞語幹・形容詞的接尾辞についての「ひねり」プラス「再立ち上げ」，他方 (22) は (準) 前接語のまえでの挿入であることに注意されたい。

(21) a. 寒い-∅ 　　　　寒く=も≠ある
　　　　寒かっ-た 　　　寒く=も≠あっ-た
　　b. 書き-たい-∅ 　　書き-たく=も≠ある
　　　　　　　　　　　〈比較〉書き=も≠し-たい
　　c. 書か-ない-∅ 　　書か-なく=も≠ある
　　　　　　　　　　　〈比較〉書き=も≠し-ない
　　　　書か-なかっ-た 書か-なく=も≠あっ-た
　　　　　　　　　　　〈比較〉書き=も≠し-なかっ-た

b., c. では，「-たい-，-ない-」は「い-」終わりの形容詞的接尾辞であるから，a. と同じく「≠ある-」立上げであるが，これらと対照的に「書き=も≠し-たい，書き=も≠し-ない」のような，動詞幹直後での (「-たい-，-ない-」の前での) 分割 (〈比較〉) では，「≠する-」立上げになっている。

さらに，(21c.) 動詞の否定「書か-ない-∅」の (未然形接続の) 派生接尾辞「-ない-」とは対照的に，形容詞につく否定の準前接語「≠ない-」や推測の「=らしい-」(7b.) などでは，その直前では，つぎのように，挿入だけで再立ち上げはない。

(22) a.　寒く≠ない-∅　　寒く=も≠ない
　　　　　　　　　　　〈比較〉寒く≠なく=も≠ある (-∅ の前での挿入)
　　 b.　寒い=らしい-∅　寒い=だけ=らしい
　　　　　　　　　　　〈比較〉寒く=も≠ある=らしい

このことからしても，否定の「≠ない-」や判断の「=らしい-」は派生接尾辞（とか"複語尾"）とはみなせないことがわかる。ただし，（体言に接続する）様子の用言化接尾辞「-らしい」はこれとはべつである（男=だけ=らしい vs.*男=だけ-らしい）。

　これら (22a., b.) の形容詞的「≠ない-, =らしい-」とおなじく，つぎの (23) のように形容動詞(的)「だ」にたいしては，「≠ある-」立上げになる。ただし，形容詞の否定 (22a.) とおなじく，つぎの形容動詞(的)「だ」の否定 c. は，準前接語「≠ない-」のため，「=も」を挿入しても再立ち上げはない。

(23) a.　静か=だ-∅　　　静か=で=も≠ある
　　　　 静か=だっ-た　　静か=で=も≠あっ-た
　　 b.　猫=だ-∅　　　　猫=で=も≠ある
　　 c.　猫=で≠ない-∅　猫=で=も≠ない

　以上から，準前接語「≠ある-」は，形容詞や形容動詞語幹について，動詞にたいする「≠する-」とおなじ再立ち上げ機能をもつといえる。

　つぎの (24), (25) での a. 推量「-そうだ-」と b. 伝聞「=そうだ-」は本来，複合接尾辞「-そう(=)だ-」と複合前接語「=そう(=)だ-」であるが（後者は同意・感嘆の自立語「そうだ」につらなる），両者とも，形容動詞的「=だ-」終わりである。したがって，(24) は語幹に，(25) はそれに後続する接尾辞あるいは前接語に「ひねり」をそえるかによって，(24)「≠する-」あるいは (25)「≠ある-」による再立ち上げがでてくる。

(24) a.　書き-そうだ-∅　　書き=も≠し-そうだ，書き=さえ≠し-そうだ
　　 b.　書く-∅=そうだ-∅　書き=も≠する=そうだ，書く=そうで=も≠ある，
　　　　　　　　　　　　　*書く=も≠する=そうだ

202　第4章　「語」とその構成："助動詞"と"助詞"

　つぎのa.とb.は，ともに形容動詞的な接尾辞と前接語へのひねりと，それゆえの「≠ある‑」再立ち上げの例である。

(25)　a.　書き‑そうで=も≠ある，書き‑そうで=も≠あっ‑た
　　　　　寒‑そうで=も≠ある＜寒‑そうだ‑∅
　　　b.　書く=そうで=も≠ある，書く=そうで=も≠あっ‑た
　　　　　寒い=そうで=も≠ある＜寒い=そうだ‑∅

　ただし，「寒く=も≠あり‑そうだ」は，形容詞幹のあとへのひねりと「≠ある‑」再立上げである。

　この(25b.)の前接語「=そうだ‑」と同様，「=らしい‑」(vi)，「=よう(=)だ‑，=みたい(=)だ‑，=はず(=)だ‑」(xii)，不変化型「=だろう｜=でしょう」(viii)は，いずれも接尾辞(‑)ではなく，その前接語性(=)はつぎのような比較からも明らかである。

(26)　a.　書く‑∅=らしい　　書く=とか≠する‑∅=らしい，書く‑∅=とか=らしい，書く=らしく=も≠ある
　　　　　　──「書く‑∅」内部にくわえた「=とか」は「する」再立ち上げが生じるのにたいし，「書く(‑∅)=らしい」に挿入した「とか」はたんなる挿入であって，再立ち上げはない。b.についても同様である。
　　　b.　書く‑∅=だろう　　書き=だけ≠する=だろう，書く=だけ=だろう
　　　c.　書い‑た=だろう　　書い‑た=だけ=だろう
　　　　　書い‑た=ろう　　　*書い‑た=だけ=ろう

　b., c.の「=だろう」を断定「=だ‑」の推量形とする解釈は本書ではとらず，4.5.1.1〈「‑た|‑だ」の問題〉でみるように，すでに独立分化した(つまり不変化の，したがって「‑∅」はつかない)不変化型前接語(viii)と解している(書く=だろう vs. *書く=だ，*書い‑た=だ，も参照)。それと対照的なc.の「書いたろう」は，やはり4.5.1.1で説明されるように，前接語冒頭の「だ」脱落(「た」のあとの重音脱落)をふくみ，そのため，たとえば「=だけ」の挿入はできず，再立ち上げもないこと，つまり「ろう」はもはや生産性のある前接語とは考えられないことに注意されたい。

　また，つぎのa.は(21b.)の再掲だが，b.の拘束句と比較すると，「授与動詞(やりもらい動詞)」的な「≠あげる‑，≠くださる‑，…」などの前接語性がわかる。

(27) a. 書き-たい-∅　　　書き=も≠し-たい，書き-たく=も≠ある
　　　　　　　　　　　　—後者は，屈折接尾辞「-∅」の前でのひね
　　　　　　　　　　　　りと再立ち上げ
　　 b. 書い-て≠あげ-たい-∅　書い-て=も≠あげ-たい—準前接語「≠あ
　　　　　　　　　　　　げる」の前での挿入
　　　　　　　　　　　　書き=も≠し-て≠あげ-たい，書い-て≠あ
　　　　　　　　　　　　げ=も≠し-たい—接尾辞「-て，-たい-」の
　　　　　　　　　　　　前でのひねりと再立ち上げ
　　　　　　　　　　　　書い-て≠あげ-たく=も≠ある—形容詞的
　　　　　　　　　　　　「-たい-」の後(∅の前)でのひねりと再
　　　　　　　　　　　　立ち上げ

4.3.3　複数の接尾辞の「ひねり」・再立ち上げ

　日本語の用言は，つぎの(28)のように，複数個のとくに用言性接尾辞("複語尾")をふくむことがめずらしくない。そのばあい，すべての(屈折をふくむ)接尾辞の前の位置で，ひねりの「=も，=は」などで動詞分割することができ，その直後ではかならず再立ち上げがおこる。たとえばつぎの，動詞幹-使役-受身-始発-希望-蓋然-終止法という，5つの(用言性)派生接尾辞(i)と最後尾の屈折接尾辞(v)からなる派生動詞は，前接語はふくまず，つまり動詞複合体ではないので，a.–f.のように，いずれの分割・再立ち上げもありうる（「-はじめる-」は2次的接尾辞; 4.4.1.1）。

(28)　　食べ-させ-られ-はじめ-たがり-そうだ-∅ ⇒
　　　　'it looks like he tends to start becoming desirous of being fed (made
　　　　to eat something by someone)'
　　 a. 食べ=も|=は≠させ-られ-はじめ-たがり-そうだ
　　 b. 食べ-させ=も|=は≠さ-れ-はじめ-たがり-そうだ
　　 c. 食べ-させ-られ=も|=は≠し-はじめ-たがり-そうだ
　　 d. 食べ-させ-られ-はじめ=も|=は≠し-たがり-そうだ
　　 e. 食べ-させ-られ-はじめ-たがり=も|=は≠し-そうだ
　　 f. 食べ-させ-られ-はじめ-たがり-そうで=も|=は≠ある

　つまり，このような派生動詞は，その冒頭にたつ動詞語幹(語基)あるいは後

続の派生語幹にひねりをくわえる前接語を添えようとすると，その動詞はそこで中断・分割され，すなわち文節を完成し，あらたに"形式動詞"的な前接語「≠する-」(「≠ある-」)によって「再立ち上げ」がおき，全体として拘束句をつくる。中断のあとの(のこりの)接尾辞は，その"形式動詞"に後続させる。上例 e. までは，「≠する-」(「さ，し」)で再立ち上げしているのにたいし，さいごの f.「-そうでもある」だけは，形容動詞型接尾辞「-そうだ-」のあとだから「≠ある-」にかわっている。「-たがる-」については，4.4.1 の「-たい」を参照されたい。また，ユピック語における動詞語幹 pi-「する」(6.4.2.6)とも比較されたい。

このような"助詞"「=も」などによる「ひねり」は，1回かぎりではない。極端なばあい，実際にはあまり耳にすることのない可能性の発話にすぎないが，つぎのように，3つの接尾辞の直前のいずれにも「ひねり」をくわえることが可能ではある。

(29)　書き-はじめ-たがら-ない-∅ ⇒ 書き=も≠し-はじめ=は≠し-たがり=など≠し-ない

現実の発話では，このように長い拘束句になると，ふつうはむしろひとつの結節としてよりは，"形式動詞"「≠し(<≠する-)」のところで分割し，ふたつ(あるいはそれ以上)の拘束句に分けるほうが自然であるのはいうまでもない。つまりコンテクストによって，話者の意図や姿勢しだいで，長い拘束句は，むしろふたつ(以上)の結節(アクセント句)として発話される。

以上では，説明の便宜上，「ひねり」の語として前接語("助詞")「も，は」を主としてあげたが，その他にも，かなりの範囲の語がここにはいりうる。ただしその範囲は，主要語の用言と接語(あるいは準・複接語)の意味と連接の型による制限がある。

そのような制約はあるが，前接語あるいは準・複前接語を幾重にも重ねつつ，文以前の(小さな)「カタチ」つまり結節をつくっていくというこの形態的手法は，一種の"連続性"の選択と考えることもできる。つまり，連用形あるいは連用形接続の屈折接尾辞「-て|-で，-つつ」などで中断法屈折(4.5.2)によって用言を中断し，いつまでも終止にもちこまない，日本語における「連続の文体」につながっているということはできるかもしれない。ただし，これとても日本語特有の性質とはいえないが，それぞれの言語が固有にもつ形態・統語的性格の範囲内で，さまざまな変差は示しながらも，表現上の効果をかもしだし

ている。談話的にも文体論的にも，興味ぶかい構造特徴ではある。

　ちなみに，つぎも「再立ち上げ」にいくぶん通じるものだが，"形式動詞"としてのサ変動詞「する」の再立ち上げではなく，おなじ動詞を一種の重複法(4.6.3)として続けたものである。

(30)　書いーた　⇒　書き=も≠書いーた　〈比較〉書き=も≠しーた
　　　　　　　　　書く=だけ≠書いーた

　このような，接尾辞と後接語を区別する，"形式動詞"「≠するー,　≠あるー」による再立ち上げは，用言接続の接尾辞の前での「ひねり」を与える分断(中絶)にのみ適用され，(体言接続の)用言化，体言性接尾辞には適用されない(4.3.4)。日本語では，すくなくとも接尾辞最大のグループとしての用言性接尾辞を前接語から区別する最大の特徴であるようにおもわれる。

　ちなみに，この「する」再立ち上げ現象を日本語について考えついたのは，6.4.2.6 で略説するユピック語の，(まさしく"形式動詞"的な) prop 動詞 pi-「する」の，並置法あるいは共・従属法 cosubordinate 動詞に後続する，生産的な迂言的用法に触発されたためである。上の(28)をユピック語の(103b.)と比較されたい。

　なお山田文法の"形式用言"「する」には，「思ひ=こそ≠すーれ，思ひ=だに≠すーれ」のような例示はあるが(『概論』[1936] 1956:718–720)，「する」と「ある」が，用言の再立ち上げとの関連でとらえられていたかどうかは不明である。

　以上，「分割・再立ち上げ構造」は，「語」と「句」のあいだにくる結節としての「拘束句」—あるいは 5.2〈用言複合体〉—であるために，形態法の問題であるとともに，統語法的側面ももっている。つまり，「ひねり」に先立つ部分が副詞節的であるのにたいし，「再立ち上げ」以降の部分は主節的であるような，全体としてひとつの屈折で完結する「単文」的な構造をなしている。これにたいして，第6章でみるように，変化型前接語(「=らしい，=のだ」など)による「拘束句」は，対照的に「複文」的な構造のものである。用言的な拘束句には，最末尾でそれを全体としてまとめる屈折(終止であれ中断であれ)がある。

4.3.4　「ひねり」・再立ち上げ vs. 挿入・拡張

　用言は，①(末尾の屈折 4.5 はべつとして)派生接尾辞(–)の型や種類(VV, VN; 4.4)によってかぎられた一定の幅の拡張と変換がなされる。しかし用言は

さらに，うえでみてきたように，②一定の前接語 (=, ≠) によって内容的「ひねり」(4.3) をそえ，いったんその用言を「分割・中断」したうえで，ただちにこれと連動し，形式的な「する，ある」動詞による「再立ち上げ」をおこし，これに（残りの，屈折をふくむ）接尾辞をつづける。ただし，この「ひねり」のための接語などはかぎられている。

　この動詞にそえられる②ひねりは，①接尾辞による拡張・変換（・屈折）とはもとより，幅ひろい③用言複合体内部での (=, ≠境界における)「挿入・拡張」とも，明確に区別されるべきものである。①の接尾辞による拡張・変換と屈折は 4.4 と 4.5 で扱うので，まずは②用言のひねり（中断・再立ち上げ; 4.3.1–4.3.3）と対比的に，③用言複合体内部での挿入・拡張を押さえておきたい。②も，結果として用言複合体を生む。

　用言複合体では，数おおい前接語だけではなく，意味的に許容可能な語，句，ときには節までも挿入・拡張され，それによって，いつまでも終止にもちこまないかのごとき，ひとつの結節である拘束句をつくる。ただ，しばしば随意的に，休止をはさんだ中断はある。きわめて短い対照からはじめると，

(31)　①書い–た，③男=らしい，男=(の) だ

について，③の前接語境界=のところには，たとえば「=だけ，=だけ=と，=から=だ=と≠いう，=だけ=の≠はず=は≠ない」などのように，さまざまな挿入・拡張が構造的に可能なのは，ことの一端にすぎない。その一方，①の「書い–た」の境界–には，①の派生（書き–だし–た，書き–だし–たかっ–た，など），②の「ひねり・再立ち上げ」はありうるが（書き=は≠し–た，書き–だし–たく=も≠あっ–た，など），その内部には③のような挿入・拡張はない——「書い–，書き–」は連用形（語基），「書き」は転成名詞。一方，③「男=らしい」とは区別される，用言化した「男–らしい」のなかには，③はもとより①も②もない。

　①〜③のこのような用言と用言複合体の幅ひろい生産的な拡張の可能性に注目しつつ，しかも明確な区別はせずに混在したまま語られてきたのが，日本語の"膠着性"とか「連続の文体」とかである。日本語にかぎった性格ではないが，それぞれの言語が固有にもつ形態・統語的性格の範囲内で，さまざまな変差をいかし，表現上の効果をかもしだしうるのは事実であり，"膠着性"の濫用はともかくとして，談話的にも文体的にも興味ぶかい構造的特徴がたしかにここにはある。しかしまた，①③それぞれの細分 (4.4, 4.5, 5.1)，②と③の区別は，日

本語の形態法の重要な基礎であり，また②は（前接語と区別し）用言性接尾辞を認定する有効な特徴である．3.4 でふれたように，この認識をながらく曇らせてきた背景のすくなくとも一部には，日本語の複合文字体系をみごとに完成させた音節文字そのものに陥穽がひそんでいたことが考えられるかもしれない．

4.4 派生接尾辞

派生接尾辞は，派生 derivation をつかさどり，i 用言性（VV 型），ii 用言化（NV 型），iii 体言性（NN 型），iv 体言化（VN 型）に分かれる．

用言性接尾辞には，派生だけでなく，もはや派生接尾辞の後接しえない，用言（末尾）をしめくくる屈折 inflection (v) をなすものもある．後二者の体言的接尾辞は，派生にかぎられ，屈折的なものはない．

現代日本語の接尾辞にかんする表2の対照表は，網羅的というにはほどとおいものだが，日本語の接尾辞はもともとそれほど豊富で複雑なものではない．ただそのなかでは，用言性派生接尾辞には，4.4.1.1〈2次的接尾辞〉がかなりふくまれうることもあって，他の3種の派生接尾辞にくらべて種類と数が豊かである．山田文法の"複語尾"のほとんどがこれに相当する．用言性派生接尾辞は，それなりに日本語の統合性をたかめているが，それ以外の派生接尾辞は，現代日本語ではかなり数と種類がすくないうえに，それぞれの生起に制約があり，派生力（造語力）もかぎられている．

以下では，接辞と接語を区別するために，それぞれの接尾辞と機能的に多少とも類似する前接語 (5.1) を対応させながら提示していくが，形態法的には，接尾辞は語の一部（付属的）として派生や屈折（「書き–たい–∅, 書き–たかっ–た」など）をになうのにたいし，前接語はあくまでも語の一種であって，それが変化型前接語ならば屈折（しめくくり）が必須である．たとえば，名詞と準前接語（"形式動詞"）「≠する–」で構成される「勉強≠する，独り (+) 暮らし≠する，お=呼び≠する」などは，複合法による本来の意味での複合動詞ではないが，語彙化はあってもカタチとしては拘束句であって，「準複合動詞」とよぶことはできる．

4.4.1 用言性接尾辞

用言性接尾辞は，おおむね"複語尾"（山田）や"動助辭"（松下）にあたる．ただ，山田文法では，「書いたらしい」などの「らしい」を「終止形（連體形）より分出するもの」あるいは「終止形に属する」ものとしての"複語尾"にふくめている

が,「=らしい」は,(15a.)「書く=だけ=らしい」,(22b.)「寒い=だけ=らしい」などによって明らかなように,"複語尾"つまり接尾辞とは考えられず,変化型前接語である。また,"複語尾"には,「-た」(完了),「-(よ)う」(推量),「-まい」(否定推量)など,本書では屈折接尾辞とみなしているものも含めており(山田『概論』,『講義』),"複語尾"に派生と屈折の区別がされているわけではない。

　日本語の,いずれも用言性派生接尾辞が連続する「食ベ-ニク-ソウダッ-タ」はもとより,"複語尾"の例としてあげられる「行カ-ザラ-シメ-ラレ-タル-ベカラ-ム」も,形態法的には (28)「食ベ-サセ-ラレ-ハジメ-タガリ-ソウダッ-タ」と同様,それぞれひとつの派生動詞である。じじつ多くの言語では,このような文法範疇のものをふくめて派生接尾辞が複数個連続する,この程度の複雑さを示す派生動詞(そして名詞も)はとりたてていうほど複雑でも特異でもなく,用言複合体 (5.2) はべつにすると,用言性派生接尾辞はことさら"複"というほどのものではない。すでに大槻文彦にも,この事実の認定と一定の整理はある(『日本文典』)。

　用言を修飾・拡張する用言性接尾辞には,願望,否定,判断,推量,当然,想像,可能,丁寧など,内容的に幅広いものがあり,近年,とくに関心が向けられてきた(名詞項を追加もしくは削除する)使役,受身,被害者受身(間接受身)[*133]などの文法範疇(Malchukov et al. eds. 2011)の,動詞価にかんするヴァレンスィvalency 接尾辞もふくまれる。「-[ら]る-,-[さ]す-,-たい-」などは,"助動詞"からはぶいて"接尾語"とよばれることもあるが,あくまでもひとつの動詞内部の要素としての受身,使役の「(ラ)ル,(サ)ス」(3.2) である以上,そこに語性はない。さらに,のちにふれる英国人アストンも日本語の受身・使役など,いずれも用言性接尾辞をふくむ動詞を派生動詞 derivative verbs として扱っているだけで([文語]1872:38–42,[口語]1888[4]:78–85),特別扱いはしていない。ただし,これらヴォイス・動詞価変換は,用言性前接語の一部とも結びついて,日本語に特有な「敬語」などの重要部分を形成しているが,一方では,接頭辞と後接語 (5.1.6) がその語彙部分にも重要な役割をはたしている。

[*133] おなじ「-(ら)れる-」であっても,ふつうの受身とちがって,被害者受身 adversative passive (「子供は母に死なれた」)は,被害者の名詞項(子供)をくわえる,つまり動詞価をひとつくわえる接尾辞である。これはけっして日本語特有の特徴ではなく,これをもつ言語はめずらしくない(6.4.2.5)。そもそも自動詞受身ができるのは,1項的な自動詞([母が]死ぬ)に被害者名詞項(子供)がくわわるからである。

さらに日本語の用言性接尾辞には，本来は複合動詞の後項であったものが文法化した 2 次的接尾辞 (4.4.1.1) が多くふくまれる。

また，「(書か)-さ-せ-られ-た」のような，いわゆる相互承接 (4.4.1.2) も一定の範囲でおきる。

日本語で用言性接尾辞と明確な区別をする必要があるのは，変化型(つまり用言的) 前接語 (5.1) である。この点での明敏な認識をもてなかったことが，接尾辞と前接語の交錯に気づかず，日本語文法の致命的停滞をまねいてきたともいえるからである。これには代表的な「=らしい-，=(の) だ-」のほか，中断法屈折の接尾辞「-て|-で」に後接する「≠やる-，≠もらう-，≠くれる-，≠くださる-，…」などのような，動詞価をかえる機能をもつ自立語由来の準前接語 (5.1.2) (〈比較〉「書い-て≠もらう」vs.「本=を もらう」)，下記「-そう=だ-」などのような複合前接語 (5.1.3) がある。ここでは，いくつかの用言性接尾辞とまぎれやすい前接語を対照するにとどめる。

[願望の「-たい-」vs.「≠ほしい-」]

前者は連用形接続の用言性接尾辞だが，後者は自立語「欲しい」由来の，中断法屈折「-て|-で」に後続する用言性準前接語である。後者の依頼・要望は，いうなれば上位節での主語名詞項 (「私」) をくわえる機能をはたす (「(娘は) 来-たい」vs.「(私は) 娘=に/が#来-て≠ほしい」—6.4.2.2「複他動詞」を参照)。両者に意味的類似はあっても，異形態関係は認めがたい。「-たい-」は，次項の用言化接尾辞「-らしい-，-たらしい-，-っぽい-」と同様，派生形容詞をつくる。語幹複合ではないので，"複合形容詞"ではない。

(16h.)「-たがる-」(性向) は，この「-たい-」と「-がる-」(いや-がる，強-がる) に由来するが，すでに固定した複合接尾辞化しており，そのために，「食べ=も≠し-たがる」にたいし，*「食べ-たく=も≠あり-たがる」のような分割・再立ち上げはできなくなっている。すぐ下にみる「-そう=だ-」のようなゆるやかな複合とはことなり，「-た-がる」とのあいだにはいかなる挿入もできない。

[否定の「-ない-」vs.「≠ない-」]

否定の a. 用言性接尾辞にたいし，形容詞・形容動詞否定の b. 用言性前接語が区別されるのは，「=は」による「ひねり」をくわえたばあい，再立ち上げが必要な a.「書き=は≠し-ない」と，それがない b.「寒く=は≠ない，静か=で=は≠ない」

を比較すれば明らかである(「*書かはない」)。

(32)　a. 書か-ない，書か-なかっ-た
　　　 b. 寒く≠ない，小さく≠ない，静か=で≠ない，金=が≠ない

b. は，自立語である欠如の形容詞「無い」の(準)前接語化と考えられる。a.「-ない-」は，b.「≠ない-」とともに否定要素として，一部話者の共時的意識ではつながっているとしても(「無自覚的に混同されるおそれがすくなくない」―大野1977:14)，通時的に起源の異なるものだとすれば(a. が上代東国方言の"助動詞"「なふ」に由来するという説が正しいとすれば)，4.2.1 でふれた「垣根」とはべつの問題ということになる。両者のちがいは，ひねり分割にともなう再立ち上げの有無にもある。

(32′)　a. 書き=は≠し-ない，書き=は≠し-なかっ-た
　　　　b. 寒く=は≠ない，静か=で=は≠ない

[様態の「-そう=だ-」vs. 伝聞の「=そう=だ-」]

　様態の「そうだ」と伝聞の「そうだ」はともに，ふつう"助動詞"として扱われているが，前者は，連用接続の複合接尾辞「-そう=だ-」であるのにたいし，後者は，5.1.3 でみるように，複合前接語「=そう=だ-」であって，明確に区別される[*134]

(33)　a. 書き-そう=だ，書-け-そう=だ，寒-そう=だ
　　　 b. 書く=そう=だ，書-ける=そう=だ，書い-た=そう=だ，寒い=そう=だ
　　　 c. 書き-そう=で=も≠ある，書く=そう=で=も≠ある

c. は形容動詞的終わり「-そう=だ(-∅)」にたいする「ひねり」なので，「ある」再立ち上げになる。

　用言性接尾辞には，「-そう=だ-」のような複合接尾辞がいくつかある―「-べ

[*134] 「-そう=だ-」vs.「=そう=だ-」の不明瞭は，渡辺実(1989:1663–1664)などにも残る。その〈表2〉「助動詞の文法的性格による分類」の甲種(「だ，だろう，らしい」は前接語に相当するが，乙種「そうだ」の例示(1行前)「読ませられたそうでなかったろう」は明らかに甲種「=そう=だ」であって，次ページの説明における「ろう」もあいまいである(「ろう」<前接語「だろう」については，4.5.1.1, 注145を参照)。

き=だ-」や，構造的にはおなじではないが「-て≠いる-」(4.5.2.1) など。他方，上記「-たがる-」は，「-たい-」と「-がる-」に由来するすでに固定化した接尾辞なので，ひねりや他の接語の挿入はできない。

　ちなみに用言性接尾辞をふくむ"複語尾"についていえば，山田孝雄が（大槻らの）"助動詞"を批判（否定）しつづけたことはよく知られているが，ふつう世界の諸言語で「語尾」といえば，語末尾の屈折的な部分のことである。用言をふくらませるのは派生であって，範例（パラダイム）としての屈折部分つまり語尾ではない。したがって，連用形その他，活用形につく「(活用)語尾の複雑に発達せるもの」が"複語尾"というのはかならずしも正確ではない―派生も屈折も区別しないから"複"といえる。つまり，用言のなかで複雑化するのは，派生による語幹（いわば語基）であり，そのように複雑化した派生語幹も連用形その他に活用し，さいごに屈折接尾辞をとって用言が完結する。このことを考えれば，"複語尾"はいくぶんアドホックな用語ではないかとおもわれる。このような用言性派生接尾辞は，山田みずからが"接尾辞"としているもの（iii–v の NV，VN，NN 型をふくむ）と同様，ふつう言語学でいう接尾辞にほかならず，その理由はどうあれ，日本語特有の特徴的な単位として，ことさらに"複語尾"とよぶのは理解しにくい。つまり，山田文法の，いまなお十分検討されないままに使われている"複語尾"は，田中『文法書』や大槻『指南』などが用いだしたいわゆる"助動詞"とは，説明存在詞をはずしただけの（「=らしい-」ははずさず），実質上，あまりかわりばえしない異名にすぎないようにもおもわれる。もし"助動詞"に新たな名称を与えて，これは語の一部であって語ではないというばあい，もともとの"助動詞"としてまとめられてきたものには，品詞扱いされるべき語とそうでないのを混在させたままであったわけで，日本語に基本的な接辞と接語の形態法的区別についての反省が不十分であったといわざるをえない。山田には，「だ」の動詞性のただしい認識があるにもかかわらず，すくなくとも「らしい」の扱いは，このことを語っているようにおもわれる。

4.4.1.1　2次的接尾辞

　動詞がもはや原義的な複合動詞のふたつめの語幹としてではなく，2次的な，とりわけアスペクトなどの接尾辞として機能する用言性派生接尾辞がある。この「2次的(派生)接尾辞」は，用言分割(中断)・再立ち上げ(4.3) からしても，連用形接続の接尾辞であることがわかる。"補助動詞"とよばれることもある

が，いわゆる一部"複合動詞"の後項や前接語などとは明確にことなっている。多くの言語では，語幹の接尾辞化がみられ，たとえば英語 man-ly の派生接尾辞 -ly も形容詞 like「～に似た」に由来する。

(34)　a. (急に母の名を) 呼び-だす
　　　b. (友人を新宿に) 呼び+出す─電話などでの勧誘

の a. における「-だす」は 2 次的接尾辞であり，b. の「呼び出す」は (複合法による) 複合動詞である。a. は派生動詞であり，前接語「=も」による分割と「≠する (>し)」による再立ち上げ「呼び=も≠し-だす」が可能なのにたいし，b. は，境界+のところに，なんらの挿入もできない (*呼びもし出す)。ふたつの動詞語幹「よぶ」と「出す」からなる固定化した複合動詞だからである。ただし，a., b. ともにそれぞれ 1 語であることはかわらない。従来，"補助動詞"とよばれたり，"接尾語"とよばれたりすることもあったが，本書が"接尾語"をさける理由はすでにのべた (4.1.1)。

つぎの a., b. の「-だす-，-はじめる-」は，アスペクト (始発) の 2 次的接尾辞として，(36a.) とおなじく，「=も」による分割と「≠する (>し)」による再立ち上げが可能である。

(35)　a.　歩き-だす，歩き=も≠し-だす (*歩き=も-だす)，歩き-だし≠も≠する
　　　b.　歩き-はじめる，歩き=も≠し-はじめる
　　　c.　歩き≠はじめる，歩き=も≠はじめる
　　　d.　読ま-れ-はじめ-だす，読ま-れ-だし-かけ-はじめる，読ま-れ-だし-はじめ-かける

しかし，c. の「はじめる」は接尾辞化しておらず (転成名詞)，ゆるやかな拘束句をなしている。したがって，「=も」を挿入しても，再立ち上げはない。なお，「歩き+はじめ (の子)」は複合名詞である。a. の「-だす」は用言性 (VV 型) であり，用言化 (NV 型) 接尾辞ではないので，*「散歩-だす」はいえないが，c. は「散歩≠はじめる」が可能である。また d. にみるように，2 次的接尾辞は，意味的制約のもとで一定の相互承接 (4.4.1.2) をなし，語を拡張・派生することが可能である。

b., c. のちがいは，つぎも同様である。

(36)　a.（12時に）泳ぎ-はじめ-た
　　　b.（5才の頃）泳ぎ≠はじめ-た
　　　c.（はやくも）泳ぎ-づかれ-はじめ-た
　　　d.（ようやく）泳ぎ-きっ-た

a. が連用形接続の始発の (2次的) 接尾辞なのにたいし，b. は「泳ぎ」(運動)，つまり転成名詞が「≠はじめ-た」とともに拘束句をなす。したがって，前接語「=を，=も」などの挿入が可能である。c. は 2 次的接尾辞の連続も可能なことを示す。おなじアスペクト的な表現であっても，

(37)　a.　食べ-おわる，食べ=も≠し-おわる
　　　b.　食べ-て≠(し)まう，食べ-て=も≠しまう

の前者「-おわる-」は，「-だす-」とおなじく 2 次的接尾辞なので，「も」によるひねり後の「する」再立ち上げがあるのにたいし，後者「≠しまう-」は，それがない。「食べ=も≠し-て≠しまう」は，中断法屈折のまえでの「も」ひねりと再立ち上げであり，アスペクト表現とは関係しない。「てしまう」などは，"補助動詞"とされることもあるが，これについては 4.5.2.1〈ている形〉を参照されたい。また，b. の (し) については，5.1.4 (79c.) を参照。難易の「(書き)-やすい-，(耐え)-がたい-」など，形容詞についても 2 次的接尾辞化はすくなくない。

とはいえ，拘束句の後項と 2 次的接尾辞とのちがいはかならずしも截然としたものではなく，両者はむしろ漸次的につながっている。したがって，2 次的接尾辞を認定する用言分割・再立ち上げの可能性は，個人の語意識によってもすくなからずずれがある。たとえば「書きなおす」は，接尾辞化しているとみられても（「書き=も≠し-なおす」），「書きつぶす，食い散らす」は（後項が接尾辞化していない）複合動詞とするのがふつうであろう。これは，複合動詞後項の接辞化について「返す，-返す」を中心にくわしい意味的・語彙論的考察をした，たとえば斉藤 (1992:180–199) の「接尾辞性」の大小にかかわる問題でもある。

4.4.1.2　相互承接

いわゆる"助動詞"や"複語尾"を分類するばあい，しばしば用言内部での配列 (辞順) が注目され，とくに用言性接尾辞などの上位から下位へ続く承接順序については，いろいろな試論が提出されてきた。ちなみにおなじことは，体言

(複合体)内部での"助詞"連続についても試みられてきた。

しかし辞順は，かならずしも一本調子に並ぶものではない。そこには，逆順(倒置)を許す(それによって，異なるスコープなどを示す)接尾辞があり，倒置がもたらしうる意味のちがいもある。用言性接尾辞以外は種類と数がすくないため，承接の順列はかぎられてくるし，そのうえ，生産性(造語力)のたかい品詞(語類)変換型接尾辞(用言化あるいは体言化)がきわめてすくないこともあって，前接語と混同しないかぎり，手こずるほどに複雑な相互承接の問題は日本語にはない。しかし，現実の文法研究のなかでは，接語(前接語)と接辞(接尾辞)の混在・交錯をそのままにして相互承接を考えると，まず語分けが見えにくくなり，個々の相互承接も解きにくくなってくる(84b., 87b. など)。

すなわち，相互承接を語るには，3.6でもふれたように，膠着の意味をよく押さえたうえで，なによりも接尾辞と前接語の区別を明確にして，はじめて意味がある。たとえば，「(鉛筆は)折れませんでした」で4つの"助動詞"の重なりを説くなどは明白な誤認である。また，歴史的な変化をも考慮しつつ相互承接の意味を考察したり，日本語におけるたとえばアスペクトとか「判断の様式」とかを論ずるのも，重要なことではあろうが，そのまえにまず，共時的な文法全体にかかわる基本的な問題は，この区別の明確化にある。とくに日本語は，そのルースな"膠着性"の解釈とかさなって，相互承接がぼやけてしまうおそれがあるからである。

なかでも，体言複合体(5.3)における前接語を中心とする日本語の"助詞"は，アマゾンのタリアナ語 Tariana を想起させるような相互承接がとりわけ複雑な様相をみせる。ただし，用言内部における接尾辞の相互承接については，とくに2次的接尾辞(4.4.1.1)の認定などもふくまれるべきであるが，これも言語間の類型論的対照のもとに日本語としての性格が理解されるべきであろう。

相互承接にもかかわる接尾辞の基本分類である派生接尾辞と屈折接尾辞(4.5)のちがいについては，ミスン(Mithun 1983:238)が語る可能性の重要さが考えられる。すなわち，氏は言語の話者(集団)は一定の段階でおそらくより重要とみなした表現 expressions を派生接尾辞に形態法化(文法化)するが，なかでも必須 obligatory とみなす最も重要なものを屈折接尾辞として形態法化する可能性を考えている。表現にとって必要な概念は言語によって異なり，この異なる分類は，民族の主たる関心の歴史的反映として無意識に発達したものであるという。これはボアズ(1911)らの考え方の継承であるが，その説で

は，派生接尾辞にたいして屈折接尾辞は，一般的，拡散的でとらえどころのない (general, diffuse or elusive) 意味をもつか，それにたいする話し手のなんらかの心理的もしくは精神的態度 (psychological or mental attitude) の表現あるいは情緒的反応 (emotional reaction) にすぎないものとされている。なお，これに先立って，思考との関係で，語彙よりも無意識な形態法(的記号化)を研究することの重要性を強調した Alexander (1936) もあるが，具体性に欠けていて論調はいたって軽快である。

4.4.2 用言化接尾辞

用言化接尾辞は，体言から用言を派生する NV 型の「出名的 denominal」な接尾辞である[*135]。その多くは，名詞+動詞あるいは名詞+形容詞の複合語の後項が，ときに音変化を生じて接辞化した派生接尾辞である。

(38)　a.（大人）-ぶる，（浮き+足）-だつ，（色）-めく，（色）-めき (-だす)
　　　b.（大人）-らしい，（大人）-っぽい，（辛気）-くさい，（辛気）-くさ (-がる)

[「-らしい-」vs.「=らしい-」]

4.2.2, 4.4 でふれたように，様子の「らしい」と推量（間接根拠）の「らしい」は，区別する必要がある。上の (38b.)，下の (39a.) が体言接続の用言化派生接尾辞「-らしい-」であり，(39b.) は変化型前接語「=らしい-」である (5.1.1)[*136]。山田『文法學概論』は，口語「らしい」に"接尾辞"(例，男らしい，穏当らしい—364, 589)と"複語尾"(例，行くらしい，面倒なことがあるらしい—364)の 2 種を区別している。前者は形容詞をつくる"接尾辞"，後者は終止形に属する"複語尾"としている。しかし，"複語尾"の多くは接尾辞であるが，そこで"複語尾"とする「らしい」は (変化型) 前接語であるという認識が求められる。

つぎは (7) の再掲だが，a. が用言化接尾辞として様子の形容詞を派生するの

[*135]「出名(動詞)」という用語は，ここで意味しているように，「派生接尾辞によって名詞から派生した (動詞)」ばあいにくわえて，そのような接尾辞の添加によるのではなく，英語にひんぱんな，名詞がそのまま動詞としてはたらくような同形 (chair「椅子」→ (to) chair「椅子につかせる」) を意味することもおおい。

[*136] 推量を表わす「らしい」は，もとの形と考えられる「らし」がかつては活用しなかったためであろうか，江戸期には"助動詞"として扱わなかったものが，大槻『語法指南』において"助動詞"として処理されるようになったのだ，という (古田 1982:761)。

にたいして (出名形容詞あるいは派生形容詞), b. は間接根拠による推量の (変化型) 前接語である。したがって, ともに完了形「-らしかっ-た」などが可能である。

(39)　a.　(女々しくなく) 男-らしい, 誇-らしい, わざと-らしい
　　　b.　(来るのは女ではなく) 男=らしい, 男=だけ=らしい
　　　　　来る=らしい, 来-た=らしい, 来る=だけ=らしい, 来-た=だけ=らしい

b. は拘束句であるため,「≠する」による再立ち上げの必要はないが,「=も, =だけ」など, さまざまな語が「挿入」可能である。

　接尾辞「-らしい-」も, かぎられた範囲での拡張が可能である。

(40)　a.　男-らしく≠ない≠男
　　　b.　男-らし-そうだっ-た
　　　c.　男-らし-たがり-そうだっ-た

「=らしい-」は,「=(の)だ-」とおなじく変化型前接語である。山田文法が"説明存在詞"とよんだ「=だ-」が名詞的接語と複合したものが,「=の=だ-」や「=そう=だ-」などの複合前接語である。

4.4.2.1　用言化＋体言化

　4.4.2 によって用言化した派生用言は, さらに体言化 (4.4.4) される, つまり体言にもどされること (再変換) もある。

(41)　a.　大人-ぶり-や　←　大人-ぶる
　　　b.　大人-ぶり-や-っぽ-さ
　　　c.　大人-ぶら-せ-たがら-な-さ　←　大人-ぶら-せ-たい
　　　d.　大人-ぶら-せ-たがり-や-らし-さ
　　　e.　日本人≠たる≠もの

　a.-d. は, 冒頭の名詞「大人」にはじまり, NV 型「-ぶる-」で用言化し, 最終的に VN 型「-や, -さ」で体言にもどっている。したがって, いずれも派生名詞といわざるをえない。b. の「-や-っぽ(い)-」は体言化＋用言化, c. の「-せ, -たがる-, -ない-」はいずれも VV 型 (用言修飾 4.4.1) である。d. でも, 語末の直

前に，もう一段の体言化＋用言化「-や-らし(い)-」がくわわって，いっそう拡張されたうえでふたたび体言にもどっている。一方，e. は，前接語レヴェルでの，用言化＋体言化による体言複合体(5.3)であるが，前接語による語類変換はさらにひんぱんであり，これが(用言・体言)複合体のなかで接尾辞による変換ならびにそれと交錯しながらすすむのが日本語的特徴のひとつである。これについては，5.2〈用言複合体など〉(87) も参照されたい。

また逆に，体言化＋用言化が語頭の用言幹からはじまることもある(例，「可愛い＋っ子-ぶり-や-らし-さ」)。

この程度の例は日本語として可能(構造の許容範囲)ではあっても，この言語にはそもそも品詞転換型の接尾辞は種類がすくなく，個々の造語力はきわめてかぎられている。つまり，用言化も体言化も，意味的制約のきびしいものがほとんどであって，一般的な動詞化や名詞化の接尾辞はきわめてすくない。程度・範囲を示す「-さ」はかなり広範囲に使用可能な体言化接尾辞ではあるが，これとても共起しうる用言(幹)はかぎられており，名詞節化や関係詞節化をになう接尾辞はきわめてすくない(4.2.3—英語 that を参照)。

いいかえると，日本語ではいったん体言化したものを再度，用言化する接尾辞はきわめてかぎられている。b. とおなじく「大人-ぶり-や-っぽい」は可能であっても，「大人-ぶり-や-めかす，大人-っぽ-さ-ぶる」などはいけるだろうか。また，「-さ」による体言化の再用言化はおそらくない。そのような品詞(語類)再変換が生産的にできる言語とは対照的に，これは日本語の派生力，いわば統合性の特徴的な限界のおおきな要因である。

この品詞変換における形態法的制約を部分的に補うのが，とくに"形式動詞"的な準前接語「≠する-」である。漢語系名詞や連用形名詞(転成名詞)の動詞化にきわめて有益な手段にはなるが(感謝≠する，草刈り≠する)，語レヴェル(複合動詞)ではなく，拘束句レヴェルでの変換である。共起しうる体言(体言化・体言性接尾辞をふくむ)は漢語系語彙をのぞくと皆無にちかい(*寂し-さ≠する，*子ども-たち≠する)。

日本語とは対照的に，典型的な複統合言語では，品詞変換型の接尾辞の生産性(造語力)がきわめてたかく，ことなる型の接尾辞がいろいろ組み合わさりうるというおおきな特徴がある。その結果として，そのような言語では，統語法的に文の内部で処理されるような，文法・意味修飾(ヴォイス，テンス・アスペクト，モダリティ，証拠性 evidentiality，比較，否定など)や語彙派生をこえ

た名詞化（名詞節や関係詞節もふくむ）や節の動詞化（さらには再名詞化，再動詞化など）が，形態法的に語の内部で処理されることになる。ひとつの実例として，Miyaoka（2012:489–707, 981–1322）などを参照していただきたい。

4.4.3 体言性接尾辞

前2節でのべた用言性接尾辞（VV型）と用言化接尾辞（NV型）とは対照的に，現代日本語の体言性接尾辞と体言化接尾辞は，いちじるしく貧弱である。語幹が体言であれ用言であれ，それから派生体言を形成する接尾辞にとぼしいということである。このことは，体言に屈折（接尾辞）がない日本語の性格と連関している，あるいはすくなくとも，そのことを想起させる特質といえるかもしれない（5.4〈日本語名詞屈折論を問う〉を参照）。

とくに体言に後接して体言修飾をほどこすのに，形態法が貧弱な英語にさえある '(book)-let' のような生産性（造語力）のたかい接尾辞はほとんどみあたらない。体言修飾の多くはいわゆる"連語"（漢語系がおおい）などの不変化型前接語であって，これは5.1.1でみるように，日本語には豊富であり，体言に幅広い機能的・意味的修正をくわえたり，体言的語彙の派生に役立っている。ただし，語彙化したものはのぞく。体言性前接語(73)と比較されたい。

(42) （山田，学生）-さん，お=客-さま|-さん，お=寺-さん
親-ばなれ，子-ども-ばなれ（転成名詞）
ねえ-や，ぼう-や，ばあ-や—語彙化。〈比較〉「ばあ-や-さん」vs.「ばあ-さん=や」

4.4.4 体言化接尾辞

用言を体言化する deverbal，体言化接尾辞には，すくなくともつぎのようなもの(43–45)がある。なお，漢語的ないわゆる造語成分は複合語の一部とみなし，接尾辞とはしていない。

体言化すると，これをふたたび用言化しなおす再変換の接尾辞は，きわめてかぎられている（例，淋し-がり-や-ぶる）—4.4.2.1 と比較されたい。

(43) a. 淋し-さ，金-欲し-さ，食べ-にく-さ；尊大-さ，強硬-さ，歌い-まくり-だし-すぎ-やす-さ
—名詞化接尾辞としての「-さ」には，前接語「=の，=と」(72)のような関係詞節化や名詞節化のはたらきはない。
b. 気取り-や，やかまし-や，なんでも-や
〈比較〉屋+号，屋+敷
c. 淋し-げ (=な≠顔)，淋しく=も≠あり-げ (?)　〈比較〉人(ひと)+気
d. 休み-がち，休み-だし-がち，休み-たがり-がち (=だ)，休み=も≠し-がち (=だ)
e. 甘-み，有難-み　〈比較〉甘(かん)+味，味+覚

(連用形)転成名詞の接尾辞的使用は，体言化接尾辞とみなすことができる。用言接続なので，再立ち上げが可能である—(19)を参照。

(44) a. (遊び)-ずき，-ぎらい
b. 淋し-がり，淋し-がり-や，淋し-がら-せ-たがり-や
c. 読み-づかれ，勉強=も≠し-づかれ (＜勉強≠する) vs. 勉強+づかれ
d. 喋り-っぱなし，喋り-つづけ-っぱなし，喋ら-れ-つづけ-っぱなし，喋ら-れ-つづけ=も≠し-っぱなし
〈比較〉素人-っぽ-さ≠うけ (転成名詞由来の準前接語)
e. 買い-きり，使い-きり (2次的接尾辞のついた「買い-きる」などの転成名詞) —〈比較〉断ち+切る vs. 買っ-た+きり，今年+きり，きり=の≠いい
f. 焼き-たて [のパン] (焼き=も≠し-たて)，卒業≠し-たて

不変化的前接語「=ながら，=がてら，≠ついで」(71)が用言に後接したばあい，垣根越しした体言化接尾辞としてはたらく(用言性の2次的接尾辞 4.4.1.1 を参照)。したがって，格などの前接語や繋辞「=だ-」などが後接しうる。

(45) (歩き)-ついで [=に]，歩き=も≠し-ついで [に] —〈比較〉歩く｜歩い-た=ついで [=に]
(歩き)-ながら [=だ]，(歩き)-がてら [=の] —〈比較〉散歩=がてら

すでにのべたように，体言性・体言化接尾辞は，体言性・体言化前接語 (viii)

と並行するが，これらの(不変化型)前接語は品詞としてのいわゆる"助詞"にあたる。ただ前接語には，品詞としての"不変化助動詞"「=だろう，=でしょう」が含まれていることに注意する必要がある (4.5.1)。「=だろう，=でしょう」は，終止接続の屈折接尾辞に似たところがあるが，不変化型であり，(屈折変化した)接尾辞ではない。だからこそ，屈折接尾辞に後続しうる (4.5で示すように，屈折接尾辞は用言にひとつのみだから，相互承接はない)——例，「書いーた=(だ)ろう，書く-べき=だろう」。

以上からも明らかなように，現代日本語の派生接尾辞は，そもそも接尾辞の数と種類がかぎられ，そこに意味的な選択制限が重なるために，さほど複雑なものではない。一部に語レヴェルでのたかい統合性を示すことはあっても，類型的タイプとしての複統合的言語の姿とはほどとおい。

相互承接といえば，並行的に日本語の"助詞"の相互承接も，従来，考察の対象にはなってきたが，"助詞"の多くは接尾辞でなく前接語であった。つまり，これは統語法の問題であり，(変化型)"助動詞"つまり接尾辞のそれ以上に多種多様な相互承接がみとめられる。

さいごに，派生接尾辞一般についてのべると，言語によっては，NN型「おおきい，偽の」，NV型「つくる，食べる，狩る，もつ，いる，-である」，VV型「ひどく，-するふりをする」など，きわめて具体的な概念をあらわす接尾辞をもつ言語が，とくに複統合言語におおい。さらに，これとは性格のことなる「語彙的接尾辞」(1.3.2.3)をもつ言語があって，これについては，かなりの研究と情報の蓄積がすすむにつれ，名詞と動詞の言語普遍性にたいする疑義が議論をよんできた (中山 2007b など)。類型論的に興味ある現象である。

4.5 屈折接尾辞

印欧語をはじめとする多くの言語では，基本的に派生と屈折の区別があり，たとえば人称・数・時制・法などによる動詞の屈折変化，数・格などによる名詞の屈折変化がある。ふつう，それらの屈折接尾辞は，文法範疇が音的に融合した，つまり各範疇を形のうえで分割できない「屈折」的とよばれる変化であって，いわば横並びの範列 paradigm をなしている。動詞あるいは用言の最末尾に (ひとつだけが選択され) 義務的に現われ，その動詞あるいは用言をしめくくる要素である。派生接尾辞はふたつ (以上) が相互承接しうるが，屈折接尾辞じたいは，もはやその後にいかなる接尾辞も現れない。分割 (ひねり)・再立ち上

げ (4.3) もない。

とくに押さえておきたいのは，日本語ではそのような，派生と対立する「屈折」は，用言にしかないということである。体言にはこれがなく，つまり体言は非屈折的である。その格助詞は，西洋諸言語の格変化と機能的に似かよってはいるが，形態論的に屈折といえるものではない。解釈や定義，ましてや趣向の問題ではなく，各地方言での「屈折化・融合化」（例，遠江文典 2.2）をのぞくと，日本語には名詞屈折論は成り立たない (5.4) [*137]。ゲルマン語や古英語にくらべると，格をいわば語の外に「放出」(5.2) したかのように，語順 ('Bill loved Jane, but Jane didn't') にたよっている現代英語の格表現をもはや屈折とはいわないように，日本語の格助詞は，言語学でいう屈折ではない。

屈折語 (3.6) である西洋諸語は，動詞と名詞の両方に重点がおかれ（したがって，下記「単肢型言語」にたいする「両肢型言語」），ともに語内部の変化によって屈折が示される。動詞の主語・目的語の数や法による変化は「活用 conjugation」，名詞の格や数による変化は「曲用 declension」とよばれている。

ときに日本語の格助詞（前接語）が後続した名詞について，"曲用" の用語が使われることがあるが，これは接語を接辞と混同するのとおなじ問題であり，術語の濫用にほかならない。ただし，格や数にくわえて所有者の人称（例，わたしの［家］）が名詞屈折の一部である言語はおおい。

用言の屈折については，「語基」(4.1) にかかわる母音の交替と，一部，子音の脱落・交替をふくむ共時的な「活用形」とともに扱われている（例，須賀 1989）。その一方では，露出形・被覆形など，通時音韻論的理解にもとづく，語彙論的意味の異なりに関連した名詞の母音交替（あめ/あま，さけ/さか，き/こ等）は，名詞の「被覆形・露出形」に対応し，「体語活用」とよばれることもあった。4.1 でふれた川端善明氏 (1982 などの動詞活用はのぞき)の「活用」はこの線にのったものだが（川端 1997:序説「母音の変」3–26，古田 1961:18 なども参照），阪倉 (1966) もそのような語彙論的な名詞の「活用」を主とするが，この類の体言的活用は本書で考えている共時的形態法とただちに結びつくものではない。角田三枝 (2007) や江畑（未刊）が対象としているのも動詞の「活用」である。角田

[*137] 森岡健二「屈折論」(1968:104 など) では，「月が，山に」は「詞の格」であって，「詞」の一種の形態変化としている。森岡 (1965:47) はまた，「橋本文法の『文節』は，松下文法においては，『格』や『相』を示すための詞の一形態，つまり派生か屈折を示すための word の一形態と考えられている」（傍点宮岡）という。

氏が新しい整理として提案する「活用表」(表1の基本形シリーズ—いい切り形 vs. 非いい切り形)は，本書の(46)あるいは表2(対照表)の屈折接尾辞に基本的に対応する。5.4でみるように「名詞屈折論」の「屈折」は，川端氏らの名詞的母音交替とも異なる。

　用言だけが屈折的であって体言に屈折はないという，この日本語(述語中心の単肢型言語—『術語編』196, 896，『世界言語編2』「日本語(特質)」)のかたよりには，どういう歴史的背景があるのか，体言的な派生がきわめて貧弱なことと関連しているのか。これはもはやきわめがたい問題であるが，印欧語などについて語られる，本来的な意味での「屈折」にてらしてみると，たしかに日本語の用言だけに「屈折」を認めることには，一部にとまどいがあるかもしれない。日本語は「膠着語」とされるが，そもそも言語類型のタイプとしては，融合で特徴づけられる屈折語ではない。しかし，日本語の用言の屈折は，パラダイムからひとつを選択する範列性のゆえに屈折だといえる。ちなみに，屈折は動詞と名詞にかぎられるものではなく，アイルランド語のように，人称と数におうじて変化する「屈折前置詞」をもつ言語もある(『世界言語編1』109)。

　たしかに，印欧語をはじめとするとくに典型的な「屈折語」のばあい，派生とはっきり区別される屈折には，時制・法・(主語目的語などの)人称・数などによる動詞の語形変化，(所有者)人称・数・性・格などによる名詞の語形変化がふくまれる。印欧語は，そのような義務的な複数の文法範疇が音声的に渾然一体に融合してできる(横並びの)パラダイム的な変化をしめす。しかし，そのような融合がほとんどない日本語は(上記の方言はのぞくと)，連辞的な膠着語であるため，他の多くの言語では屈折的に手当てされる時制や法などは，派生接尾辞や前接語で処理しており，格の表現はいわゆる格助詞の前接語を利用し，分析的に，つまり2語に分けて処理している。一方で，人称，数，性には力点をおかないというか，無関心をきめこんだかのような言語である(ロドリゲス『大日本文典』冒頭にも，単複や性の区別をもたぬ，とある)。「山」は「山」であり，単数か複数か(まして，2を意味する双数か)などは明示しないし，(重複法の「山々」は「あちこちの山」を意味する分布複数でしかない(4.7.2)。1・2・3人称のどれか(まして，主語と一致することを区別する再帰3人称)などは，ふつう文法的に表現することはない。いずれもコンテクストまかせにしてしまう。

これは，通文化的な問題を招くこともある日本語の文法的特徴ではある[*138]。

屈折に話をもどすと，日本語と印欧語などとの基本的な対照については，さらに『世界言語編2』の「日本語（特質）」（河野 1989）を参照されたいが，印欧語などが主語と述語を必須とする「両肢型」言語であるのにたいし，日本語は述語一本槍の「単肢型言語」（『術語編』196, 896）であるという基本的なちがいがある。そのような言語としての日本語における用言の活用（4.1, 4.5）は，終止形，未然形，命令形，連用形のように，独立した機能をもちうるものもふくめ，接尾辞や接語がつく語幹の変様ともみなされる。その語幹に直接，屈折接尾辞がつくものと，語幹の後にある母音をくわえてから屈折接尾辞がつくものとがある。母音のついた語幹は，「語基」とよぶことができる（朝鮮語学でも―朝鮮語との比較が河野 1955:392 にある）。ここでいう屈折接尾辞（v）は，"活用語尾"とよばれてきたものに相当する。いうまでもなく，いわゆる「文末詞」とはち

[*138] 日本語（「ワ」vs.「ア」）やアイヌ語（Tamura 2000:62–64）をはじめ，多くの言語には，1・2人称に包括的（包括形）と排除的（排除形）という文法的区別があって，聞き手（相手）を含意した（包括的な inclusive）「われわれ」なのか，含意しない（排除的 exclusive）「われわれ」なのか，そこにいない人（第三者）を含意した（包括的な）「あなた方」なのか，含意しない（排除的）「あなた方」なのかが異なる代名詞で表現される。人称代名詞の包括と排除は，菅原（2006:107–108）がカラハリ砂漠の通称ブッシュマンで知られる狩猟採集民グイ・ブッシュマンの有名なクリック［吸着音］言語（コイサン諸語 Khoisan―中川 2012:33）について巧みな図示で説明し，同時に，自然破壊がもたらすグイ語衰退の一面として（1.1），若い話者はこの区別にはすでに無頓着になってきていることにも気づいている（同 115）。包括と排除の対立は，自立的代名詞のみならず動詞屈折にも知られているが，6.2.2 でふれる *WALS*（Dryer and Haspelmath eds. 2011―Cysouw）にしたがうと，200のサンプル言語のうち，63言語が自立的代名詞における区別をしめすというように，けっしてまれな言語特徴ではない。地図が示す地理的分布は，オーストラリア，新大陸に多少かたよりが見られるが，極北の言語にはめずらしい。当初，排除形は 'American plural' とか 'particular plural' (vs. 'general plural') とか 'limited plural' などとよばれていたが（Eliot 1666［1822:xix］, 3.6, Edwards 1788［1823:28］, John Pickering, 1737～1805），その情報はフンボルトにも伝えられ（3.6 を参照），『カヴィ語』(1838) では 'einschliessender' vs. 'ausschliessender' として（さらに10年前の英文論文でも）採られている―Haas 1969:1, Andresen 1990:108 も参照。かつて北アメリカ・インディアンの地にはいって，その言語（クリー語 Cree―中央アルゴンキン諸語）を習得したばかりのある宣教師が，説教中「われわれ罪びとのために神の子は亡くなり給うた」と告げたとたん，インディアンたちから喜びの大喝采がおこった（Wolfart and Carroll 1981, *Meet Cree* 24）。というのは，宣教師が1人称のふた通りの区別を知らぬままに，排除的「われわれ」，つまり聞き手であるインディアンが含意されない「われわれ」を使ったからである（そう，お前たち宣教師だけが罪びとなのだ，という含み）。

がう。

したがって本書でいう日本語の屈折接尾辞とは，つまりひとつの語としての用言(ならびに用言複合体)をその最後尾でしめくくる義務的な接尾辞である。屈折によるしめくくりは，(46)に示すように，完全な終止であるものと，つぎなる連続(継続)が予想される中断([ ]内)であるものがある—a.「終止法」と b.「中断法」。つぎの，それぞれに(ゼロ -∅ をふくむ)屈折接尾辞が範列をなし，そのなかからひとつが選択される。それらがいわゆる「(接続・終)助詞」などの前接語ではなく接尾辞であることは，いずれも「＝も」などによる「≠する-」(「≠ある-」)の再立上げはできないことからも明らかである。

日本語でも形態法がもっとも扱いにくいのは動詞(用言)である。動詞を構成するのは，a.動詞語幹(複合語幹もふくむ)と，これに後続する接尾辞だが，語幹には子音語幹と母音語幹があり，それぞれ V/rV で拡張され(語基；上記)，b. 派生接尾辞(任意)と，c. 屈折接尾辞がつづく。ここでは，旧来の"活用形"は踏襲し(a[未然]，i[連用]，u[終止・連体]，e[仮定・命令]，o[未然])，「する，くる」などの変格活用は考慮外とする。

(46) a. 動詞語幹(語基)

　　　　子音語幹　　kak-(V-)

　　　　母音語幹　　tabe- (rV-)

　　b. 派生接尾辞—用言性接尾辞(4.4.1；語類変換は考えない)

　　　　—例，-nai-, -[sa]se-, -masu-,...

　　c. 屈折接尾辞—動詞の最後にあってカタチを完成する要素(必須；いかなる接尾辞も後続せず，4.3「ひねり・再立ち上げ」なし)

　　　　終止法　-∅[終止](vs. 無屈折：連体)，-ta|-da[完了]，-mai[否定意志]，-na[禁止]，-∅|-yo|-ro[命令]，-u[意志・推量；3.4「幻影」を参照]

　　　　中断法　-∅[中断](vs. 無屈折：転成名詞)，-te|-de[中断]，-tari|-dari[並列]，-tutu[同時継続]，-to[前件]，-ba[条件]，-do(mo)[反対]，-ni[前件]

各接尾辞は，先行する語幹(語基)の選択をうける。これらの諸要素はたんに共接(並列)するわけではなく，さまざまな音的過程(連濁，音便，脱落，交替，融合など)が生じる(4.1 末尾を参照)。

4.5 屈折接尾辞

　現代日本語にいたる過程で音的形式の同一化がおこったいわゆる終止・連体形は，共時的には，終止形が語基(終止形)プラス陳述の屈折接尾辞 -∅ をとるのにたいし，連体形は(連体詞とおなじく)体言に続く形というだけの，無屈折の(もはや用言ではなく)体言だとわたしは理解している—(字を)書く-∅ vs. 書く(≠人)，-∅ 連用形 vs. -te|-de 連用形：(14a) 書き-∅ vs. 書い-て；(無屈折の)「書き」も転成名詞，-∅ 命令形：書け-∅，食べ-よ|-ろ(〈比較〉食べ(ろ)=よ)。

　繰り返すが，パラダイムをなすものとしてのこれら屈折接尾辞は，そのなかからひとつが選択される，つまり範列的 paradigmatic (横ならび) であるために，ひとつの語にふたつ(以上)の屈折接尾辞がつくことはない。いいかえると，屈折接尾辞には相互承接の問題はない。たとえば，「-た|-だ」(完了)は他の 14 種の屈折接尾辞のいずれかと隣接して現れることはなく，他の屈折接尾辞についても同様である(4.5.1.1 でみるように「(書い)たろう」などは，「た」の屈折変化とは考えていない，「(書い)-た=だろう」を参照)。前項 (4.4) でみたように，複数個がひとつの語に縦並び，つまり線状的につらなって相互承接がおきうる派生接尾辞が統辞的 syntagmatic であるのとは明白な対照をなしている。b. の中断法は，つぎにつづく主節への([ ]が示すような)副詞的な節を形成するものとして，「副動詞 converb」的な法であるということもできる(注 146 を参照)。

　a., b. の両方にふくまれている「-た|-だ」(完了)，「-て|-で」(中断)，「-たり|-だり」(並立)は，歯音の無声と有声 (/t/ vs. /d/) が形態音韻的交替をしめす(連濁がおこる)ことからも，それらが"接続助詞"などの「前接語」ではなく，語内部の要素としての(屈折)接尾辞だと考えられる[*139]。

　屈折接尾辞は派生接尾辞の後にたつもので，その逆にはならない。屈折接尾辞には，べつの語としての前接語 (=, ≠) は後接しうるが(例，「書い-た=(だ)ろう，書か-ぬ=らしい，飲も-う=で=は≠ない=か[*140]」)，いかなるものであっても，他の派生接尾辞がこれに後続することはない (*書い-た-ほしい，*書か-ぬ-たい，*飲も-う-だす)。用言をしめくくる(完結する)のが屈折だからである。推

[*139] 連濁は，基本的には接語境界 (=, ≠) ではなく，語内部の，つまり原義的な複合・重複 (+) ならびに接辞 (-) にかかわる現象だが，これがないことは接語性を意味するものではない—お=さけ vs. おお+ざけ，ひろ+びろ，さき+ざき，書い-た vs. 読ん-だ。

[*140] "推量形"「広いだらう，人間だらう，遊ぼう」が，下に「じゃないか」(<「ではないか」)などの"助動詞"(じつは複合準前接語)をともなうことがあっても (桜井 1972:170)，不思議ではない。

定の「=らしい-」は，前接語であるからこそ，「書い-た=らしい」が可能なのであって，それが接尾辞（例，「-たい-」）だとすれば，屈折接尾辞に後続しない（*書い-た-たい）ことが説明できない。同様に，「書い-た=(だ)ろう」の「だ」の脱落がおこりうるのも，4.5.1.1でみるように，「だろう」が共時的には，"助動詞"の変化形なのではなく，すでに独立した前接語だからである。

[屈折接尾辞 vs. 前接語]

このちがいは，つぎの「食べ-よ」（命令終止法）vs.「食べる=よ」（間投詞的前接語）以下で明らかである。前者は接尾辞であるからこそ，「≠する-」による「再立ち上げ」が可能である。

(47)　a.　食べ-よ，食べ=も≠せ-よ，食べ=も≠し-て，食べ=も≠すれ-ば—
　　　　　*食べ=だけ-よ
　　　b.　食べる(-∅)=よ，食べ-た=よ，食べる(-∅)|食べ-た=だけ=よ

また，つぎのa.禁止の「-な」には，b.感嘆の前接語「=な(あ)」の前のような「=のだ」の挿入ができないのもおなじ理由による。「食べる=のだ=な」は，禁止ではなく，納得の気持ちをあらわす前接語「な」である。

(48)　a.　食べる-な，食べ=も≠する-な［命令］
　　　b.　（よく）食べる(-∅)=な（あ），（よく）食べる(-∅)=のだ=な(あ)［感嘆］

(47b.)，(48b.)で示した終止屈折(-∅)は，以下でははぶく。

つぎの「で」も，a.(中断法)屈折接尾辞とb.前接語（格助詞）が区別される。

(49)　a.　（本=を）読ん-で（勉強した），書い-て
　　　b.　（本=を）読む=だけ=で（勉強した）—〈比較〉読書=で，本屋=で

b.は，「=だけ」などをはさんで（体言化して）はじめて前接語がつきうる—「=で」は4.3を参照。前接語には，「=で|=て」の交替はない。

4.5.1　終止法屈折

選択した活用形に後続し，ひとつの用言をカタチとして終結する。(46)の終止法屈折接尾辞による。その後には，派生であれ屈折であれ，もはや他の接尾

辞が後続することができないのは、ひとつの用言のしめくくりだからである。べつの語としての前接語ならば後続しうるし（例，「（食べ）-る|-た=だろう、（読ん）-だ=らしい、（食べ）-よう=ね、（読も）-う=よ」），休止をはさんで新たな節が後続することがある。

[終止形をしめくくる -∅]

一例として、アスペクト的な派生動詞「書き-だす-∅」は、ひねりが、a. 語幹にたいしてなのか、b. 派生接尾辞にたいしてなのかによって、「-する-」によるふた通りの分割・再立ち上げが生じる。

(50)　a. 書き-だし=も≠する-∅
　　　b. 書き=も≠し-だす-∅

a. の「-だし」は「=も」の、b. の「=し-」は「-だす」の選択による変化形、つまり連用形である。

[否定の意志・推量 -まい]

日本語文法や辞書の多くは、「まい」を助動詞として片づけている——「だろう」とおなじく「活用しない」助動詞とするなど。「話しは|などす（る）まい」のようにひねり・再立ち上げが可能なのにたいし、*「話すだけ|などまい」のような挿入が不可能であるのは、どう説明するのか。いうまでもなく、「話し=は|など≠す（る）-まい」のように、「話す-まい」が 1 語（つまり接尾辞「-まい」）だからであって、*「話す=まい」のような前接語がついているのではない。「=だろう」は不変化型前接語だが（5.1.1）、「-まい」も（動詞末にあって）不変化である。「まい」はまた、変化型前接語「=らしい-」とも混同され、ともに「終止・連体形より分出する"複語尾"」（山田『概論』298-299）とされる。(7) でみた「-らしい-」のような NV 型派生接尾辞とはちがい、「-まい」は屈折接尾辞である（話し-た=らしい、男-らしい vs. *話そ-う-まい）。ときに示唆される"助詞"に準ずる前接語でもない（「食べる=だけ=らしい」は可能だが、*「食べる=だけ=まい」は不可能）。マーティンは、この -mai の（食べ-まい、食べる-まい、のような）二様の接続にふれ、'[ru] optionally drops' としたが、-nai daroo とは区別し、-mai は 'bound auxiliary' (= suffix)、後者の daroo は 'clausal auxiliary' とした（Martin 1975:287, 605, 606）。ちなみにマーティンは、随意的脱落を hon datta[da]roo の

［da］にもつかっている。

[意志・推量などの -(よ)う]

"助動詞（複語尾）"扱いされてきたが，本書では前接語ではなく屈折接尾辞とみなしている。動詞活用型のちがいによる相補分布「-よう|-う」をする。ちなみに［-う］は，「仮名づかいが生みだした幻影」と説明される（小松1999:266–270; 3.4）。また，「う・よう」は「存在のあやぶまれる助動詞」ともされる（桜井1972:171）。

「-(よ)う」と「-まい」は，広義の"助動詞"「=よう=だ-, =そう=だ-, =みたい=だ-」（変化型複合前接語）とは別範疇のものであって，（意味・統語）機能を問題にするばあいも，べつに扱うべきものである。

以上と関連させていえば，本書では，推量の「=だろう」「=でしょう」と仮定の「=なら（ば）」は，不変化型前接語とみなす，つまり通時的には，それぞれ「=だ-」（<にてあり）の未然形＋「-う」，「=なり-」の未然形＋「-ば」に由来するとされているが，現代語では，用言体系からはずれた不変化の前接語になっているとみなしている[*141]。すでに屈折ずみである以上，これ以上変化しないのは，過去の「=だった，=になった」がもう変化しないのとおなじである。

[不変化助動詞]

金田一春彦（1953［2004］）にとって，"不変化助動詞"とは，上記「う，よう，まい」と，当初よりくわえられていた「だろう」をさすが，後続する名詞などとの相関で意味の変容（ずれた用法）が生じた，いわゆる連体形の「う，よう，まい」については，いまは考慮にいれない。「う，よう，まい，だろう」を，叙法とかモダリティとか表現の主観・客観にてらして語ることはたいせつなのであろうが，"主観的な表現に用いられる語"などとしての"不変化助動詞"の考察には，ここではふれない。その本質は，しばしば意味的理づけであり，それでは，"不変化助動詞"の解明にはつながらないのではないかとおもうからである。活用する辞（付属語）を"助動詞"としておいて，活用しない"助動詞"を認

[*141]「=だ-」は，変化型前接語として「=だ-∅, =だ-った，=で，=なら」のように活用するが，この「=だ-」と推量の不変化型「=だろう」との史的関連性はおくとしても，前者は非用言に下接してそれを用言化するのにたいし，後者は選択の幅がひろまって，用言（変化形）にも自由につくという，おおきなちがいがすでにある。

4.5 屈折接尾辞　229

めるというのは，渡辺実「助詞と助動詞の境」(1970:100)のいうように，まさに「話の筋が通らないという以外にない」はずである。だからといって，これら4つを，ひとまとめに"助詞"と認めてしまうわけにもいかない。

「だろう」はひとまずおき，「う，よう，まい」が不変化だということじたいは，それらが用言の最後尾にたつ屈折接尾辞（「-う，-よう，-まい」）である可能性を暗示する。一方，用言接続の「=だろう」じたいは，体言接続の「=だ」の屈折体系(=だろ-う)からすでにはなれた，もはや変化しない前接語だと考えられる。つぎのように，"助詞"「も，だけ」などの挿入にあたって，「=する」の再立ち上げが必要か否かをみれば，a. 接尾辞であるか，b. 前接語であるかは，明確に区別される。すなわち，「=だろう」は，もともと，意志・推量の屈折的要素「-う」をふくむとしても，もはやこれ以上は変化しようのない不変化型前接語だということになる。

(51) a.　食べ-よう，飲も-う　　　　　　食べ=も≠し-よう(*食べ-た-よう)，飲み=も≠し-よう

　　　　食べ-まい～食べる-まい[上述]　食べ=も≠す-まい
　　　　　　　　　　　　　　　　　　～食べ=も≠する-まい
　　　　　　　　　　　　　　　　　　(*食べ-た-まい)

　　 b.　食べる=だろう　　　　　　　　食べる=だけ=だろう，
　　　　　　　　　　　　　　　　　　　食べる=から=だろう，
　　　　　　　　　　　　　　　　　　　食べる=はず=だろう，…
　　　　　　　　　　　　　　　　　　　〈比較〉4.3.4

　　　　食べ-た=だろう，食べ-た=ろう　食べ-た=だけ=だろう(*食べ-た=だけ=ろう)
　　　　　　　　　　　　　　　　　　　〈比較〉夕食=だ，夕食=だ-ろう(*夕食=ろう)

b. にかんしていえば，「食べ=も≠する=だろう」は，動詞「食べる」の屈折接尾辞-∅ の前での「=も」の挿入であり，「=だろう」とは無関係である。なお，b. の2番目における「だ」の脱落は，完了の「-た|-だ」の直後にのみかぎられた「重音脱落」である。「食べる=ろう」は方言以外ではおこらない。

上述のように推量「=らしい」は屈折接尾辞ではなく，前接語だとすれば，b. 「=だろう」とおなじく，「食べる=らしい，食べ-た=らしい」は自然である。ただ

し、「=らしい」は体言・用言の両方に前接する (夕食=らしい)。

以上から、北原保雄 (1981) が問題としている「そうだ」「らしい」「う」「よう」「だろう」が「た」に後続 (後接) しうること (138–144) や、「た」に後接しない「う」「よう」(144–146) なども、形態法を考えれば自明のことである。「-た」も「-(よ)う、-まい」もたがいにパラダイムをなす屈折接尾辞であること、変化型「=そう-だ-」「=らしい-」と不変化型「=だろう」は、区別する必要はあるが、ともに前接語であることを知れば、はじめから後接うんぬんを問題にする必要はない。

またこれに関連して、「う」「よう」「まい」「だろう」を「終助詞に準じた/殆ど終助詞の列に入る」類の助動詞とする説明もあるが (渡辺実氏など)、その「準ずる」とか「殆ど」は、どういう意味なのか定かでないのはともかくとしても、(4.2.3 でふれたように) 屈折接尾辞がいわゆる"終助詞"(体言性接語) に通じるところがあるのは自然だし、通時的にも一方から他方への「垣根越え」があったことは不思議ではない。

上記 (51b.)「食べる=だろう、食べ-た=だろう」とおなじく不変化型だが、この「食べる、食べ-た」にいわゆる"助詞"的な「か、し、から、が、けれど、ので、のに、なら、と」がついた形を"活用形 (活用表)"にいれる類の解釈は理解しがたい。日本語の (変化型) 前接語は屈折をもつが、不変化型前接語は「活用」にはかかわらないからである。

4.5.1.1 「-た｜-だ」の問題

日本語の文法書や辞書の助動詞活用表などには、ふつう完了の"助動詞"「-た｜-だ」(連濁) があり、これは「特殊型」などとされて、その未然形「たろ(う)」と仮定形「たら(ば)」があがっている。未然形と仮定形以外は不変化、つまり「-た｜-だ」のみということである。

通時的には、古語の「たり」の連体形「たる」の「る」がしだいに脱落し、現代の"助動詞"「-た｜-だ」になったと説かれるが、後述するその未然形「来-たろう」などにおける「ろう」は、推量の「らむ」からきたものと解され (尾上 2012:17)、方言にはこれがあって (「雨降るろう」—飛騨；『日本国語大辞典』)、中世の口語に多用されたことなども知られている。

しかし日本語にかぎることではないが、記録に残る断片的・断続的な方言資料からは、ふつう一時代前にあった共時態 (の全体) をうかがい知ることはたや

すくない。もしこれが，とくに日本語のような書きとめられた継続的な文献資料がなく，通時的考慮が許されないような，したがって体系的な文語文法が書けないような，文字をもたない方言や言語のようなばあい，文法解釈は，共時的な話者の意識を考慮した形態音韻的解釈にたよることにならざるをえない。

［重音脱落：＝(だ)ろう，＝(な)らば］

　本書では，「＝だろう，＝ならば」は不変化型前接語とみなしている[*142]。それが完了の屈折接尾辞「-た｜-だ」に下接するとき(のみ)，その第1音節「だ，な」が「重音脱落 haplology」し，「＝ろう，＝らば」になると考えたい。今様の音韻規則で表すと，「だ，な → ∅/-た｜-だ__」となる。屈折接尾辞には，派生・屈折のいずれであれ他の接尾辞はもはや後続しない以上，「(だ)ろう，(な)らば」は接尾辞ではなく，前接語である。マーティンも，その tentative perfect に「読んだ(だ)ろう，おおきかった(だ)ろう，本だった(だ)ろう」をあげ，「だろう」の第1音節の任意的脱落だとしている(4.5.1)。ただし，マーティンは後述のhypothetical「ならば」と「たらば」(6.1)にふれながらも，「な」の脱落については語っていない。

　現代語ではすでに屈折接尾辞化した「-た｜-だ」に，(方言や口語資料に断片的に残るという)かつての推量の"助動詞"「らむ・らん」の変化した「ろう」を結びつけることは許されるのだろうか。共時的な承接関係からすれば，(51b.)最終例「食べ-た＝ろう」の「ろう」は，これを「食べ-た＝だろう」の，選択制限がゆるく産出力のたかい前接語「＝だろう」(食べる＝だろう，食べ-つつ＝だろう，食事＝だろう，食事+ずみ＝だろう，…)と同列あるいは同等にみなすことは妥当ではない(*食べる＝ろう，*食べ-つつ＝ろう，*食事＝ろう，*食事+ずみ＝ろう)。「食べ-た＝だろう」があってこその「食べ-た＝ろう」(「だ」の重音脱落)にちがいないとおもわれるからである。

　地域，個人，コンテクスト上の，そしてときにあるニュアンスの上での変差はおいて考えたとき，共時的事実として「食べる＝だろう｜食べ-た＝だろう 〜 食べ-た＝ろう」，(70)「食べる＝なら(ば)｜食べ-た＝なら(ば) 〜 食べ-た＝ら(ば)」の交替が考えられ，「＝だろう」と「＝なら(ば)」の共時レヴェルでの関連を

[*142]「だろう」は，『新潮国語辞典』は付記的に，1語として推量の助動詞ともされるとし，『岩波国語辞典』は"連語"とし，「ならば」は，『新潮』は立項していないが，『新明解国語辞典』は接続助詞，『日本国語大辞典』は"連語"としている。

考えることは可能ではないだろうか。もしこの解釈がゆるされるとすれば，次例にみる形容詞接続の a.「寒かろう」は，d.「寒かったろう」とは，下記のように，形態法的には区別されるべきものだということになる。

(52) 　a. 寒かろ-う 　—未然形-推量屈折
　　　b. 寒い-∅=だろう —終止形=前接語
　　　c. 寒かっ-た=だろう —連用形-完了屈折=前接語
　　　d. 寒かっ-た=ろう —「だ」の重音脱落

ここで，a.「寒く=も≠あろ-う」(「も」のひねりによる，形容詞幹ゆえの「ある」再立ち上げ) vs. c.「寒かっ-た=だけ=だろう」(たんなる挿入) を参照していただきたい。b. における「=だろう」の前での，たとえば「=だけ」の挿入には，b. とおなじく，当然ながら再立ち上げはない (「寒い=だけ=だろう」)。それにたいし，重音脱落が生じた d. のばあい，*「寒かった=だけ=ろう」は不可能である。おなじく，「寒い=だろう，寒けれ-ば=だろう，寒かっ-た=だけ=だろう」は可能だが，*「寒い=ろう，寒けれ-ば=ろう，寒かっ-た=だけ=ろう」は不可能である。

　以上からすると，「ろう」は，たしかに不変化型前接語「=だろう」に由来し，「だ」の重音脱落の結果，もはや完了「-た|-だ」に直続するだけで，すでに変化型前接語としては機能しない，「残滓的」な形というべきものと考えられる。ただしここでは表記上，残滓性はともかくも前接語由来をとどめるために，カッコ入りの等号 (=) を使っている。

　「だろう」とおなじことが，「ならば」についても考えられる (後者の省略可能の「ば」も，"接続助詞" とされてきた)。つまり，体言接続の「=だ」の屈折体系から離れて，すでに変化しない体言・用言接続の前接語「=ならば」であり，完了終止法屈折「-た|-だ」にも前接しうる。つまり，その「-た|-だ」のあとでの「な」の重音脱落 (=らば) ではないだろうか。「=(だ)ろう」と「=(な)ら(ば)」の，完了「-た|-だ」のあとでの，共時的 (形態音韻法的) な並行性が考えられる。「たら(ば)」が通時的な古語形「たら」「たれ」からきたとする継承可能性はいまおくとして，未然形接続の完了「来-た(=だ)ろ(う)，読ん-だ=(だ)ろ(う)」と仮定形接続「来-た-(=な)ら(ば)，読ん-だ=(な)ら(ば)」の，おなじ歯音 (完了「-た|-だ」) のあとでの重音脱落をおこす並行性である。

[述語外接形式]

　現代語の「た」との関連でいえば，"不変化助動詞"（金田一春彦：1953）とはなにかをめぐる叙法論の展開を追う尾上圭介論文（2012：4）では，動詞「スル」のひとつの"形態"としての「ショウ」の"2次的な語尾部分"「ウ（ヨウ）」（山田の"複語尾"である）を便宜的に"助動詞"とよぶ一方，「ダロウ」とは区別し（4.4.5を参照），その「ダロウ」を「述語外接形式」または「文末外接形式（外接形）」（2004, 2010—4.1.2を参照）とよんで，動詞述語だけでなく形容詞述語にも自由に後接することをのべている。「述語」なのか「文末」なのかはともかくとして，後者「ダロウ」は服部原則を想起するまでもなく，わたしには前接語（服部の"附属語"）以外のなにものでもない（5.1.1〈不変化型〉）。また，この「外接形式」が，多くの分類と同様，"複語尾"あるいは"助動詞"承接順位の最末尾にあることにもふれたうえで，「見たろう」にかんしては，「ヨウダ，ラシイ，カモシレナイ」などの述語外接形式が「見た」の後に付加するのと同様に，その述語外接形式ロウが「見た」の後に付加していると説いている（2012：17）。この直前にある，現代語「た」を「複語尾承接順位の最末尾にある」として，つづく「見たろう」は，「複語尾タがさらに複語尾ウ（ヨウ）を分出しているのではない」という考え（同）じたいは，（"2次的語尾部分"と"複語尾"という用語への疑問4.4.1はべつにすれば）「-タ，-ウ」両者の屈折接尾辞性を考えるものには理解しやすい。しかしなお，疑問はのこる。やはり"形式"と"形態"である。これら両者やform（サピアとブルームフィールドのちがい）の多義とあいまいさは2.1.1でふれたし，国語学では一般的なつかいかたがあるのかもしれないが，とくに"形態"の形態法的性格が明確ではないからである。

　その述語論にかかわって，さまざまな意味をあらわす"形態"には「ふたつの種類」を認め，「①動詞（存在詞を含む）の広義活用語尾の一角としての助動詞（山田孝雄の用語によれば"複語尾"），およびそれ類似のもの—ナイ・ウ（ヨウ）・タ・テイル（・ベキダ）—，②動詞（存在詞を含む）の後にも形容詞の後にも直接に続く形態で，述語の後に続いて文に意味を添えるもの。「文末外接形式」と呼ぶことにする。—ヨウダ・ソウダ・ラシイ・ダロウ・カモシレナイ・ニチガイナイ・ハズダなど」（2004：45）と書かれている。これら①②のうち，後者については，最新の「不変化動詞とは何か」（尾上2012：4）では，「述語外接形式と呼ぶのがふさわしい」としているが，「文末」から「述語」への用語上の変更についての説明はない。また，そこでふれられている「述語外接形式」の「ロウ」

については,「文末外接形式外接形」(述語文節—2010:14)という表現も使われている*143。①②にふくまれるテイル,ニチガイナイの複合性にふれていない問題とか,②でのベキダや伝統的な"助動詞(およびそれ類似のもの)"についての疑問などはべつにすると,これら①②の"形態"はそれぞれ接尾辞と前接語にほかならないもののようにおもわれる。「ロウ」は"外接"なのだろうか。

くわえて尾上(2004:8)は,「名詞項が文中での立場に応じて形態を変えることを格変化と言い,…名詞自身が形態変化をしない日本語においては[名詞＋格助詞]の形を名詞の一つの格形態と見ることになる」と書いている。ここで,「名詞自身が形態変化をしない日本語」としつつ「格変化」をいうのは,混用(濫用)のおそれはあるが(『術語編』202, 243 他),「(名詞＋)格助詞」が不変化前接語を意味すること,したがって名詞屈折論(5.4)とは袂(たもと)をわかつ立場であることは明白である。述語に①②の形態法的な区別がされているのだから,ここでの格助詞も②の類つまり前接語であることが明記されてもよかったのではあるまいか。つまり,②と格形態の接語性,つまり服部の"附属語"であることに疑問の余地がないとすれば,3.1でみたように,古代ギリシャの昔からの由緒ある術語 enclitics が,この国でも訳語の異同はともあれ,前々から多くの言語研究者によって採用されてきているにもかかわらず,なぜいまこれを考慮しない「文末外接形式(外接形)」といったパラフレーズ的な新用語をつかいつつ,enclitics あるいは前接語の概念がさけられているのか,理解にくるしまざるをえない。さらに,「文末」や「述語」とはべつに,体言に下接する"格形態以外"のばあいはどうなのだろうか。また,「ロウ」をふくむ②の術語「(述語・文末)外接形式」とは,そもそもわたしたちが言語学の術語として理解してきている「前接語(付属語)」以外の,体言接続の前接語とはべつの形態法的な種類のものなのだろうか。「(来–た)＝だろう」にたいして,名詞に下接する「(北)＝だろう」はどう名づけるべきなのだろうか。

このように,「述語(文末)外接形式」が語(前接語)なのか否(接尾辞)かは重要な問題にちがいないが,もしも上の「ロウ」を語とするのであれば,すくなくともこれを自由に(つまり,典型的な前接語として,形容詞述語をふくむ)他の語に前接しうる現代語の「＝だろう,＝らしい,＝よう＝だ–,＝か＝も＝しれない–」

---

*143 「寒かろう」のような形容詞変化形にみる「ロウ」は,もちろん文末・述語外接形式ではないので考察の対象にははいっていない。

(例，見る=らしい，来–た=だけ=らしい；4.4.2 などを参照) と同列に扱ってしまうことは，重要な問題であろう。もしうえで記したように，「=だろう」があっての歯音「た|だ」直後での重音脱落による「=ろう」であるとするならば，現代日本語では幅ひろく自由には機能しない，独特の前接語的な外接形式「=ろう」を設けることは理解しがたい[*144]。「ロウ」は，前接語というにはあまりにも生起条件 (重音脱落という) が特殊だからである。「ロウ」が可能な，完了に後続する「見たろう，小さかったろう，静かだったろう」以外は，（「=だろう」とは反対に）「*見る=ろう，*見た=だけ=ろう，*小さい=ろう，*静か=ろう，*犬=ろう，*犬=に=ろう」のように「ろう」がすべて不可能なのは，「–た|–だ」以外では，重音条件による「だ」の脱落が明らかにブロックされているからである。形容詞 (述語) については，「*寒いろう」は不可能だし，「寒かろ–う」は別問題であって (52 を参照)，従来，選択制限が接辞よりはるかにすくない統語的結合をなすものにしてはじめて接語だといえるはずである。「だろう，ようだ，らしい，…」は前接語であっても，「ろう」じたいはすでに full-fledged な前接語とみなしうるものではなく，完了の屈折接尾辞「–た|–だ」の後 (だけ) で「=だろう」の「だ」が重音脱落した結果の残滓，あるいは非生産的で残滓的な異形としか考えられない[*145]。それでも，「述語 (文末) 外接形式」なのだろうか。つまり異形「=ろう」

[*144] 北原保雄 (1981:352) も参照。
[*145] 山田文法 (『講義』118) には口語として「もううちへかえったらう」が，時枝文法には (1950:169)「汽車が着いたらう」が，いずれも「た」の活用形としてあがっている (傍線は，それぞれ原著者)。最近でも渡辺実 (1989:1663) は，「読ま–せられ–た–そうで–なかっ–たろ–う」と分析している (末尾「–う」はその甲種第 3 類助動詞—〈表 2〉；「–そうで–」は接尾辞扱い)。また，「=ろう」について小池清治 (1997:45–49) は，「(たぶん大学へは) 行かせられなかったろう」は何語かという設問にたいし，( ) をはぶいたその解は，三大文法によって 1 語 (山田)，6 語 (橋本)，4 語 (時枝) に分かれるとして，語数の決定の困難と "助動詞" の解釈によるばらつきを示している。山田の「た」は「複語尾」。橋本の語数がおおいのは，「第二種の語」(注 43) の 2 種の接尾辞による。3 人の大文法家による，ありきたりの例についての，基本にかかわる分析がこのように異なるなど，他の言語の文法にありうるだろうか。不思議なことである。可能性として考えられるのは，これは (一字一語の) 漢字表記に由来する文字の陥穽にはまった結果，読みに支障はまったくなかったにしても，日本語に「分かち書き」，正確には「語分け」の習慣がめばえなかったことが文法分析をくもらせてきた (接尾辞と前接語が明確に意識されにくかった) からかもしれず，日本語の構造じたいがあいまいということではない。わたしじしんは，もし 4.5.1.1 で提案した「–た|–だ」にかかわる重音脱落が正しいとすれば，もともとは派生動詞と前接語からなる 2 語の「拘束句」であると考えられる上記「行か–せ–られ–なかっ–た=(だ)ろう」では，未然形「行か」と不変化 (体言性) 前接語「=(だ)ろう」以外はすべて接尾辞 (「–た」は屈

は、いわゆる"助動詞"「た」がすでに屈折接尾辞化したことにたいする再編成（整理）の結果にちがいなく、おなじ意味で、「=ら(ば)」(<「=なら(ば)」)も歯音(た｜だ)のあとでの重音脱落による残滓的な異形と考えられる。

　述語外接形式とはそもそも、共時的概念なのだろうか、それとも通時的概念なのだろうか。これに関連して、「古代語には文末外接形式はない」(尾上2010:14)というが、これはどういうことなのだろうか。終止形(，連体形)接続の「べし、らし、らむ、(みゆ)」などは、それぞれどういう形式の、どういう形態なのだろうか。

　もちろん接語が他の語と固定化(化石化)した語彙要素(つまり語)が言語によってありうることは、よく知られている(Miyaoka 2012:1505)。しかしそれはあくまでも、統語的生産性を保った共時的な文法単位としての接語に、ときたま固定化が生じた周縁的な語のばあいであって、現代語において十分に機能しない残滓としての「ろう」などは、「だろう」のような接語としては見なしにくい。ましてや特殊型「た」の変化形と考えられるもの(「たろう」)の説明に述語外接形式を便宜的に援用することには、すくなからぬ疑問がある。ちなみに、不変化型前接語「=だろう」も、もとは屈折的「(よ)う」で終止完結するひとつの(用言的)変化形であったとしても、すでに屈折体系から独立してもはや変化しない接語となっている以上、"助動詞"というのは問題である。接尾辞ではなく、前接語だからこそ、屈折接尾辞のあとのみならず(「書いｰた=だろう」)、再立ち上げのないひねり挿入が可能(「書く=だけ=だろう」)なはずだからである。

4.5.2　中断法屈折

　上掲(46b.)の中断法屈折接尾辞は、いったん節を副詞節として中断し、後続の主節に連続しうることによって、継続の含意をもつ。従来、"接続助詞"とされてきたものの多くに相当するが、大多数の"助詞"とはちがって、前接語(=)ではない。

[-∅ 連用形接続]

　この -∅ は、まさに連用形をつくるはたらきをなしている(「(本を)読みｰ∅,

折接尾辞)であり、前接語=の部分に(たとえば「だけ」のような)「ひねり」を加えると、「(だ)」が現われてくるが、「ろう」はすでに前接語とはいえず、生産力のない接語的残滓とでもいわざるをえない。

（床についた）」）。つまり「-∅」つきの連用形は，いわば裸の連用形（53a.）であるが，（53b., c.）のように，他の屈折接尾辞によっても，それぞれに意味をことにする中断法は形成されうる。

(53)　a.（本を）読み-∅
　　　b.（本を）読ん-で，（本を）書い-て，小さく-て，静か=で
　　　c. 読み-つつ，読ん-だり|書い-たり，読め-ば，読め-ど（も）

これら -∅, -て, -つつ などの接尾辞性は，a.「読み=も≠し」，b.「読み=も≠し-て，=も≠し-つつ，=も≠すれ-ば，=も≠すれ-ど（も），小さく=も≠あっ-て，静か=で=も≠あっ-て」などのような，ひねり中断と再立ち上げ（4.3）が可能であることからもわかる。b. のうちの形容詞幹「小さい-」のばあいは，「ある」の再立ち上げであることに注意されたい。

　用言を完結する屈折接尾辞としては当然ながら，もはや他の接尾辞が前接することは不可能であるが，前接語はつきうる―例，（本を）読ん-で=の（≠感想），読ん-だり=など=は（≠し-ない）。

　「-∅」つきの裸の連用形（53a.）は，用言の中断法になるとともに（書=を≠読み-∅#書=を≠書く-∅），名詞用法としての機能（転成名詞）ももつ―例，「読み≠書き（=の≠クラス），読み（=に≠行っ-た），（その）読み（=は≠あまい）」。動詞的にも名詞的にも機能する，つまり両機能を「分有 participate」するという意味で，「分詞 participle」とみることはできる（英語の -ing 形を参照）。

　上記のような，いろいろな機能にしたがって接尾辞をことにする副文（副詞節）は，主文に先行してアルタイ型言語の特徴を示すものであり，「副動詞」とよぶことができる―『世界言語編 2』の「日本語（特質）」（1579）を参照。『術語編』（1142）も，「神田へ行って，雨が降ったら」を「主動詞」にたいする「副動詞」とよんでいる。この用語は最近は見かけるようになったが（Ralv Wohlgethan），下記「V-て」は，はやくからギリヤーク語研究の服部健氏が副詞的従属性をしめす "converb"，つまり非定形動詞とよんでいた（T. Hattori/Yokoo 1967:103）。この「副動詞」は，「V-て」だけでなく，∅ 連用形をふくむ中断法の動詞全体をいうのに適切な用語といえるかもしれない[146]。なお，このアルタイ型言語の構

―――――
[146] ただし，「V-て≠いる」（4.5.2.1）の（準）前接語「≠いる」のほうを converb とよぶ立場もあり（Onishi 1996:31–32, etc.），注意が必要である。

造特徴としての中断法動詞こそ，いつまでも終止にもちこまない「連続の文体」(4.3.3) を生みだすとともに，「ひねり」による用言分割と再立ち上げ (4.3) を可能にし，文法上，前接語と接尾辞を識別するはたらきをもっている．

[-て|-で 連用形接続]

山田文法は，"複語尾"の項でこの屈折接尾辞を扱っているのにたいし，橋本文法では，付属語のひとつとしての接続助詞にふくめている[*147]。通時的には，完了「-つ」の連用形であるにしても，4.2.3 でふれたように，本書では"助詞"ではなく，屈折接尾辞とみなしている—ただし，下の (54, 55) を参照．西田 (1977:280) のいうとおり，「完了の助動詞「つ」の連用形「て」から接続助詞に転化した語」だとするならば，接尾辞が語性をえて，前接語あるいは自立語になる「脱接尾辞化」の例ということになるが，4.2.1 でふれたように，ピジン・クレオール語であるならまだしも，日本語史の短い期間に，そのような一般の傾向 (接尾辞化) とは反対方向のまれな現象が生じたといえる信憑性のある証拠はあるのだろうか．古語の「つ」が消失して"助動詞"体系が再編された現代日本語においても，「-て」はいぜんとして屈折接尾辞であることを考えれば，"助詞"への脱接辞化などはそもそもなかったと考えるのが自然ではなかろうか．あるいは，"助詞"の性格を十分に明らかにしないままに，体系からもれた部分をそこに混入させただけなのだろうか．

西田論文とおなじく"助詞"説にたつ安田 (1977:326) は「前代に比して，テを連用形に添えるいい方が一般的になって，事態の確認，したがって論理的関係を明示する方向に進んで行く．この現象は，主格助詞ガの顕在化と対比すべき近代語の特徴といってよいであろう」と書いているが，"格助詞"の顕在化と中断法屈折接尾辞「-て」の用法とは，おそらくべつの問題である．

これは，終止法屈折接尾辞「-(よ)う」を付属語としての"助動詞"とみるのとおなじ類である ("不変化助動詞"の項を参照)．"助動詞"とされる「-う」も，接尾辞のままであることはおなじである．接続助詞扱いは，「-ば」についても同様である．

ひるがえって，山田孝雄が「て」を「一の単語とし助詞の類」とするのは，「迷

[*147] たとえば，『文法 II (岩波講座日本語)』(1977) の西田 (直敏)，安田，田中 (章夫) の 3 氏ともその線にしたがう．

誤を生じ来れる」ものだとし（『文法論』399），"複語尾"のなかで扱っているのは，それが派生も屈折も区別はしないにしても，一種の接尾辞である点では，たかく評価されなければならない。

ここで，「書いて，読んで」の「-て|-で」を先行の連用形動詞（音便もふくむ）とはべつのふたつの語と考えるのは，「恰も英語の loved や asked をふたつの語から成ると考えるに等しい」（河野 1949［1980:159］）。

屈折接尾辞「-て|-で」は，しばしば前接語「=も，=から，=さえ，=より」などが前接し，あわせていわば複合前接語のごとくにも用いられる。したがって当然ながら，=の部分に他の接語をはさむことができる。

(54)　書い-て=も，書い-て=より=も，書い-て=から=さえ=も
　　　〈比較〉書き=さえ≠し-て=も　（「-て」の前での分割・再立ち上げ）

さらにもうひとつの問題は，否定の（形容詞的）派生接尾辞「-ない-」である。つぎの (55a.) は，(53b.)「小さく-て」とおなじく連用接続で（「-ある-」再立ち上げで）あるのにたいし，この否定接尾辞の終止連体形は，(55b.) のように「-で」ではなく，前接語「=で」に前接し，そのため，「だけ」の挿入だけで再立ち上げはない。派生接尾辞「ないで」などは考えるべきではない。

(55)　a. 書か-なく-て，書か-なく=も≠あっ-て
　　　b. 書か-ない=で，書か-ない=だけ=で

ただし中断の「-て|-で」は，「読ん-で」にたいする「読む=だけ=で，読書=で，教室=で」の前接語につながるといえるならば，一種の垣根越えを考えることはできるかもしれない。

なお目的の中断法屈折「-に」も，「食べ-に」/「食べ=も≠し-に」のように接尾辞性を示すが，「(食事)=に (行った)」の前接語につながっていることからすると，連用形名詞（転成名詞）の問題とともに，ここでも垣根越えを考えてもよいのかもしれない。

[-つつ，-たり|-だり]

「(読み)-つつ，(読ん)-だり」は，「(読み)=ながら，(読み)=がてら」，「(読み)≠ついで」とは意味的に通じるところはあるにしても（71 を参照），これらを，たとえば"接続助詞"などとしてひとくくりにするわけにはいかない。形態的に

は，境界に3種の要素(-, =, ≠)，つまり，屈折接尾辞(4.5)，不変化型前接語(5.1.1)，準前接語(5.1.2)を区別しなければならない。

[-て|-で vs. =と]

おなじく従来"接続助詞"(的)とされてきたものでも，屈折接尾辞である前者(56a., 16a.)と，後者(56b., c., d.)は区別される。

(56) a. 読ん-で≠いい［許可］　〈比較〉「読み=も|=は≠し-て≠いい」
　　　b. 読む-∅=と≠いい (つつ)，読ん-だ=と≠いい (つつ)，(地震が)おこる-∅=と≠思う［名詞節化］
　　　c. 読む=と≠書く (とは大ちがい)［"接続助詞"］
　　　d. 彼=と≠来-た［"格助詞"］

a.「-と」は中断法屈折だから，ふたつの屈折接尾辞の連続「*読ん-だ-と≠いい」は不可能だが，b.「読ん-だ=と≠いい」は可能だし，「読ん-だ=なら(ば)≠いい，読ん-だ=から≠いい」も，「=なら(ば)，=から」が前接語なので可能である。

(55a.)の「-て|-で」や(56a)「-と」と異なり，つぎの「=し」は，接続助詞とよびうる前接語である。

(57) (手を)振る=し，振っ-た=し，(外は)暗い=し，静かだ(った)=し，(あああいう)男=だ=し
　　　〈比較〉散歩≠し (この「し」は，準前接語「(散歩)≠する」の連用形)

したがって，他の前接語(複合)「=らしい，=はず=だ」などを=の直前に挿入することができる—「振る=らしい=し，振る=はず=だ=し，振っ-た=らしい=し」。

4.5.2.1 "ている"など

進行アスペクトの"ている"はよく使われているが，それじたいはひとつの形態法的な要素とはいえない。"ている，ておく，てやる，てほしい，…"など，10種以上が"複合動詞"と認められたり(吉田金彦 1971:511–588)，"連語"とよばれたりしているが，この線でいくと，"てみせる，てやってもらう，てやってもらっている，ていてもらっている"など，リストはさらにふくれあがる。

「-て≠いる-」と解すべき"ている"の「いる」を動詞型"派生接辞"とする解釈は術語の濫用であり，"ている"を全体としてひとつの"助動詞"とする見方は，

話し手の語感覚を反映しない，文法家のいう異分析 metanalysis*148，さもなければなんでもありの無分析とでもいうほかない。外国人教育の場でも，日本語に特徴的な，語の拡張や部分的取り替えなどを学習者に理解させるには，形態素類別としての「-て≠」をふくめた形態法的な分析が必要なはずである。たとえば，「(書い)て(=は|=も|=こそ…)いる」などの挿入ひとつをとっても，自立語「居る」の文法化した準前接語(ix)「≠いる-」をふくんだ連用形接続の「-て≠いる」分析にふれなければ説明はできない。「書いている」は，これが全体としてひとつの拘束句であり，「≠いる-」のほうが屈折をになう拘束句だからこそ，「=は，=も，=こそ，…」の挿入が可能である。なお，「-て≠いる」などにおける「い」の脱落([準]接語の音声弱化)については，4.5.2.1, 5.1.4 を参照されたい。あえてよぶとすれば，連用形接続の「(書き)-そう=だ」とおなじく，「複合接尾辞」がおそらく誤解のすくない名称であろう。

　4.4, 4.5 では，接尾辞(と接頭辞)を接語との対比のもとに扱った。残る形態的手法には接頭辞，複合法，重綴法があるが，これらは"助詞，助動詞"にはあまり関係がないので，さいごの 4.6 で簡単にふれるにとどめる。

4.6　接尾辞以外

　日本語では，4.3-4.5 で扱ってきた接尾辞が文法的にも語彙的にももっとも重要な形態的手法だが，接頭辞(4.6.1)ならびに接辞法以外の手法―重複法 reduplication，象徴法 symbolism，補充法 suppletion (4.6.2-4.6.5)―は，ほとんどが語彙の周縁部にかぎられていて，他の言語におけるような文法的な機能をもたない。

　接辞法と区別される「接語法」(前接語 5.1.1-5.1.4，後接語 5.1.6)については，次章でまとめてのべる。ただ，接辞法と対照させて，本章でもいささかふれるところがあった。

　4.1 でふれたように，日本語では用いられないが，一部の言語にかぎられて用いる手法として，「接中辞 infix」(例，タガログ語 Tagalog)や語幹をその前後か

---

*148 異分析は，ふつう語史にみられる散発的な語彙上の解釈について語られる(例，阪倉 1966:26, 306, 361)。英語の語彙でよく知られている異分析には，nickname, apron がある。前者は，もと an eke name (eke < *aug- 'to increase', AHD) から不定冠詞 an の n をとりこんだ名詞，逆に後者は a naperon から n が先行の冠詞にとりこまれてできた名詞だと説明される。

ら囲む「接周辞 circumfix/共接辞 confix」(例，チュクチ語 Chukchi，アフリカの諸言語—『世界言語編』1, 2) がある。前者は，タガログ語の k-um-?ain, k-in-?ain のように，語幹 (k?ain「食べる」) のなかに割り込む接辞 (行為者焦点 -um-，目的語の焦点 -in-) である。後者のチュクチ語の接周辞には，"玉ねぎ"状の「多重接周」まであって (Michael Fortescue 氏の教示による)，世界の諸言語における，想像を絶するような形態法あるいは形態法的手法の幅の広さの一端にふれることができる。

　日本語において"無意味形態素"と混線した"接中的"という表現がとられたり，接中辞として女房詞の「やまと御うり」(大和瓜—阪倉 1966:18) などの「御」をあげるのは，割りこんだ「お=」の性格 (後接語) からいっても，強弁にすぎる濫用である。

　係り結び「な=…=そ」は，係助詞がそこで語られるように接語と倒置表現がからんだ統語法的な問題であって，接周辞ではない。これについては，前著 (41, 71, 74, 75 など) を参照されたい。しかし，前後ふたつの接語の相関性のゆえに，「お(ご)=…≠くださる-|≠いただく-|≠ねがう-|≠あそばす−；お=…=に≠なる-；お=(疲れ)≠さん」と同様，上記のような接周辞 (4.7) ではなく「接周語」とよぶことはできる。「付加形式」(『世界言語編 2』:1668–1669) という用語もあいまいである。動詞幹 (例，「食べ，覧」) を前後からはさむ「お(ご)」も，「くださる」以下も，ともに (準) 接語であることだけは注意したい。

　ただし，「−て≠くださる-|≠いただく-|≠ほしい−」は，4.5.2.1 の中断法屈折に準前接語が後続する「−て≠いる」とおなじく拘束句だが，複合接尾辞とよぶことは可能であろう。

4.6.1　接頭辞

　日本語のばあい，接頭辞は接尾辞より種類も機能もかぎられている。品詞 (語類) 変換の接頭辞，つまり用言化したり体言化する接頭辞はなく，屈折をつかさどる接頭辞もない。用言あるいは体言に内容的な修飾・強調をくわえる派生接頭辞のみであって，頭部 (vs. 従部) になる語彙もかぎられている。

(58) a. ま-新しい，ま-正面

b. さ-みだれ，さ-迷う

c. か-弱い，か-ぼそい

d. み-心，み-空，み-歌，み-草 〈比較〉虚辞・詞 (3.1.2, 4.7.1)

e. ご-様子，ご-容体，ご-自由 (=に)

f. こ-ぶね，こ-ざる，こ-ぎれい，こ-ざっぱり，こ-ばしり

〈比較〉こ+づれ，こ+だくさん （複合名詞）

g. お-ぶね (〈比較〉60a. お=ふね)，お-がわ，お-止み≠なく (降る)，お-しずかに

〈比較〉おお+がね (もち)，おお+ぶね，おお+ぐち，おお+にいさま (一番上の兄)，おお+あわて，おお+いそがし

3.1, 4.1 でふれたように，(接尾辞 vs. 前接語にくらべて) 接頭辞と後接語 proclitics の見きわめはむつかしい。後続要素との結合度から推測する以外，f., g. の一部のように，対比的な手がかりとしての連濁はかぎられている—(60a., b.) を参照。

「おお」は，「おおき (大)，おおい (多)」からきた，日本語では接尾辞にくらべて数のはるかにすくない接頭辞のなかではおそらく最多の派生語を生んだ接頭辞であるとされることもあるが，ここでは語幹複合とみている。

4.4.1.1 の 2 次的接尾辞に対応して，複合動詞 (複合名詞) の前項が内容的にさまざまな方向・程度に希薄化 (3.1.2) して接辞化した，いわば「2 次的接頭辞」になったものはすくなくない。

(59) a. うち-しずむ，うち-あける *[149]—〈比較〉打ち+殺す

b. さし-控える，さし-迫る，さし-遣わす—〈比較〉刺し+殺す

c. さき-ぼそる，さき-だつ，さき-送る—〈比較〉玄関=先，口=先

d. とり-まく，とり-かかる，とり-つく—〈比較〉取り+出す

c. の「さき」は，後接語にも前接語にもなる，日本語でも，一定範囲の接語にか

---

*[149] 「うち」と動詞の間に「も」を挿入しえた段階の日本語にあっては (「乳母はうちも臥されず」—源氏物語)，接頭辞のついた一語というよりは，ゆるやかな後接語のついた拘束句であったと推測される。

ぎられた,「両位的 ditopical」とよばれる要素である。「けれど(も)≠行っ-た」vs.「行っ-た≠けれど(も)」,「ついで(に)≠行っ-た」vs.「行っ-た≠ついで(に)」,「ね=行こ-う=よ」vs.「行こ-う=よ=ね」を参照されたい。

ちなみに,北アメリカ北西海岸のスライアモン語では,主語人称をふくむいくつかの接語は,述部の後ろにも前にもつくという。ただし,注 154 とはべつである (渡辺己氏による)。

一方,(58)の接頭辞「ご-,み-」「お-(小)」にたいして,尊敬の後接語「お=」(御)やいわゆる連体詞「この=」などは,選択制限がはるかにゆるい。「お=」にまつわる音声的傾向については,5.1.4 を参照されたい。「この=」などは,下の d. からわかるように,後続する主要語に音声的によりかかる後接語 (5.1.6—連体詞) である。日本語文法では prefix と proclitic は区別せず,「お-」「お=」ともに接頭辞とするのがふつうだが,(58g.)の接頭辞「お-」をつぎ (60a.) と比較されたい。

(60) a. お=かね, お=ふね, お=にいさま, お=くち―〈比較〉おお+がね, おお+ぶね, おお+にいさま, おお+ぐち

b. お=すがた, お=ひとり, お=小さい, お=いそがしい―〈比較〉おお+いそがし, お=すこし, お=たがい(に), お=ちかく(に), お=あわて(に)―〈比較〉おお+あわて(に), お=待ち

c. お=聞き≠する, お=待ち≠ください (転成名詞を後接語と準前接語で囲んだ点で接周的)
―〈比較〉お=聞き=も≠する vs. 聞き=も≠する (前者は「お=聞き≠する」の転成名詞と準前接語のあいだでのひねり挿入,後者は動詞「聞く-∅」における動詞語幹のあとでの分割・ひねりと再立ち上げ)

d. お=さ-湯, お=み-足, お=み-くじ

e. お=花-や(-さん), お=み-や(-さん)[屋;―〈比較〉お宮], お=いも(=さん)

f. おさがり, おしろい, おかき, おかみ vs. おかみ(-さん), おにぎり(ご飯) vs. にぎり(寿司)
―すでに語彙化した名詞と解され,「お」の後の境界=はとれている

接語にも，相互承接上，一定の選択制限はある。

(61)　この=お=忙しい≠金持ち，この=忙しい≠お=金持ち，お=忙しい≠この=金持ち，忙しい≠この=お=金持ち

この4語(のうち，「この=，お=」は後接語5.1.6–81)をふくむ名詞句的な拘束句は，たがいの位置取りかえ(服部原則 III)によるさまざまな組み合わせが可能ではあるが，形容詞「忙しい」はその主要語「金持ち」より後にはこない，後接語「お=」と「この=」はそれぞれ4語の連続の最末尾にはこない，また後接語の連続「お=この=」は不可能である，という制約があって，単純な順列組合せ(24種)のうち4通りしか可能でない。これを上掲(58g.)の「おお+」に比較すると，語彙派生力はきわめておおきいにもかかわらず，拘束句としては，「この=忙しい≠おお+金持ち」しかありえない，という顕著なちがいのあることがわかる(*「おお=忙しい=金持ち」)。

後接語「お=」(60, 81)と連鎖的に現われる「お=…≠くださる-，≠ねがう-」などは，「接周語」(接周辞ではなく—4.6)とよぶことができる。

4.6.2　複合法

ふたつ(以上)の語幹の複合であり，要素間の境界は+で示す。「複合語」という用語は，4.1などでふれたように，通言語的にも日本語についても多様な使われかたをしていて，しばしば誤解を招くことになるが，本書では，語幹間(+)のところに"助詞"その他，いかなる語も挿入できない固い結合の複合(1語)にかぎって用いている。「複合動詞」も，原義的な「複合語」に準ずる。用言分割と再立ち上げによってそれと知れる，語幹のひとつが2次的に接尾辞化した派生接尾辞(4.4.1.1)は，語幹複合からのぞかなければならない。"複合動詞"とか"動詞の連接"(4.1.2)などとよばれている，ふたつ(またはそれ以上)の語がゆるく結合してつくられる，語よりは1段上位の結節としての「拘束句」(接語的，準接語的；4.6)などとも，峻別しなければならない。

日本語にかぎることではないが，諸言語の文法で"複合語"とか"複合動詞"と名づけられているものは，言語により，また記述者により，かならずしも一定しないのが現実なので，形態法的にどの種のものであるか，原義的な真に複合語といえるものかどうかは，十分に気をつけなければならない。ちなみに，語幹複合はどの言語にも存在する形態法上の普遍だとする言語学辞典の類もみ

られるが(たとえば，アッシャー編10巻本『言語・言語学百科事典』Asher ed. 1994:5–2554)，これなどは言語にたいする性急な一般化の一例にすぎない，明らかな間違いである[*150]。

[複合動詞]

(62)　a. 呼び+出す，見+上げる，切り+殺す，噛み+切る，飛び+跳ねる
　　　b. 押し+切り+通す (覚悟)，お-見+知り+おく
　　　c. 片+向く (＞傾く)

a. 冒頭の「(電話で) 呼び+出す」は固定化した複合動詞であるのにたいして，(34a.)「(母の名を) 呼び-だす」は，2次的接尾辞 (4.2.2) をふくむ派生動詞である。後者はひとつの語幹しかないので，複合動詞とはみなせない。この派生動詞「呼び-だす」は，その接尾辞の前で「呼び=も≠し-だす」のような中断と「≠する」動詞による再立ち上げ (4.3) ができるが，複合動詞のほうはできない (*[電話で] 呼び=も≠し-出す，一方，呼び+出し=も≠する は可能である)。

　c. のような，体言+用言の組み合わせも複合動詞だが，用言化接尾辞がついた (38a.)「春-めく」は (出名的) 派生動詞であって，複合動詞ではない。

　一方，「研究≠する」なども複合動詞ではない。「=も，=だけ」などの挿入が可能な，準接語の「≠する」によるこのような拘束句の類を複合動詞にいれだすと，収拾がつかなくなる。いわゆる「統語的複合動詞」(影山1993) も拘束句の一種とみられる。

　おなじく，「草≠刈る」は，さきにみたように (4.6.1.1)，辞書項目にあがることのない拘束句 (準接語句) であって，つぎにみる「草刈り」が辞書項目にあがる複合名詞であるのと対照的である。「草≠刈る」を一種の名詞抱合と解するか否かには問題があり (5.2 を参照)，複合動詞とみなすこともできない。

[*150] サピア (Sapir 1921 [1939:68]) は，語幹複合のない言語として，エスキモー語とヌートカ語をあげている (Miyaoka 2012:26 を参照)。サピアがエスキモー語にはじめてふれたのは，1903年コロンビア大学秋学期でのボアズのセミナーであった (ボアズのセントラル・エスキモー [カナダ] 調査はあまりにも有名)。ヌートカ語についてはみずからの調査 (1.3.2.3) があり，これにもとづいたテクスト資料の刊行 (Sapir and Swadesh 1939, 1955) があって，その「構造的要素」の章にはヌートカ語の語の一般的なかたちと (形態) 音韻法の略説につづき，語幹と接尾辞のくわしいリストがあがっている。

[複合名詞]

　漢語要素の複合の例ははぶくが，日本語に顕著なのは転成名詞（連用形由来）の組み合わせである（〈比較〉5.3 の「体言複合体」）。

(63)　a.　草＋刈り，玄人＋好み，私＋好み，がん＋もどき
　　　b.　読み＋書き，立ち＋読み
　　　c.　思い＋出し＋笑い，泣き＋寝＋いり，泣き＋笑い＋疲れ，歩き＋まわり＋疲れ
　　　d.　騙さ-れ≠続け-やす-さ
　　　　　—語類の変換だが，「騙さ-れ＝も≠し-つづけ-やすい」などからしても，むしろゆるやかな体言複合体(5.3)
　　　e.　その＝日＋暮らし —［その［日＋暮らし］］でなく，［［その＝日］＋暮らし］から
　　　f.　赤い＋羽根（複合名詞），赤い＋羽根≠運動（自立語「運動」の接語化した拘束句）
　　　　　—〈比較〉「赤い(=だけ=の)≠羽根」（拘束句）vs.「赤い　羽根」（統語句）
　　　g.　種＋まき＋ロボット vs.播種（ばん）＋ロボット（漢語との複合のほうが固定度が高い—〈比較〉たねまきジャーナルは固有名詞）

　複合法は複合動詞や複合名詞にかぎらず，複合連体詞（名＋だたる，あり＋と＋あらゆる），複合感嘆詞（これや＋この）などもあり，これらにたいするのが「複合接尾辞」(4.5.2.1)，「複合前接語」(5.1.3—"複合助詞"などをふくむ)である。

4.6.3　重複法

　日本語の重複法—重綴とも—は，語彙のどちらかといえば周縁的な部分でひんぱんに使われている手法である。つぎの「象徴法」(4.6.4)にふくまれるものもある。擬声語や擬態語などにおける部分重複をふくむ，その主だった型を例示する。

(64) a. 家々, 山々, 時々
b. ほのぼの, そろそろ, うとうと―弱度
c. くろぐろ, はやばや, ぐいぐい―強度
d. 若々しい, くどくどしい, 晴れ晴れしい, 初々しい, 神々しい
e. 流れ流れて, 食べも食べた
f. 押せ押せ（ムード）, 押すな押すな（の大騒ぎ）
g. （片づけないで）おいておいて（ください）<おいておく
―ていねい感覚（厳密な意味での重複とは考えられない）
h. あかんあかん, そやそや, 早よ早よ―敬語感覚; 関西弁的受け答え（重複しない答えはぶっきら棒に感じられる）
i. キンコンカンコン―閉・開母音の象徴性と部分重複, ちゃらんぽらん（大阪弁）

　この手法は, かなり多種・多量の, しかしながら周縁的な語彙や表現に貢献しているが, 非生産的な手法であって, 他の言語におけるような文法的手段として生産的に利用されているものではない。ただ, 重複や対語は古代の祝詞で語調を壮重たらしめるのに使われているなど, 古代日本語から有効に活用されてきたとされる手法ではある―天つ御食の長御食の遠御食（武田 1958:378–379, 435）。

　a. の「家々」などは文法的な意味での複数名詞ではなく,「あちこちの, 一戸また一戸」という, 基本的には「分布的 distributive」な名詞である。このように, 重複法によって空間的分布を表わす言語はすくなくない。泉井久之助先生には, これを「複個数」として論じた作品（1978:5–69）がある。なお, 1.3.2.2 の 2 次的範疇化としての数も参照されたい。

　重複には,「部分重複」parafix（Trask 1996:256）といって, 語幹や接辞の一部だけが重複される言語はめずらしくない（例, タガログ語）。なかでもおもしろいのは, 地理的分布（「あちこちの（山々）」）ではなく, 種類の分布（たとえば「魚々」といえば, 種類のちがう「さまざまな魚」）, 動詞における時間のばらつき（いま vs. あの時の行為）, 指小性, 非現実性などを表わす, カナダ北西海岸のクワキウートル語 Kwakiutl（ワカシュ語族）の重複かもしれない（Boas 1911:444–445）。このクワキウートル語をふくんで, 異系統の言語（属）が蝟集（1.5.1）することで有名な北アメリカ北西海岸には, 異常ともみえるほどの重複

法の複雑で多様な利用がある。また，たとえばセイリッシュ語族のスライアモン語には9種の重複法のタイプが，複数性，アスペクト，指小性など，さまざまな文法機能をになっているといわれるし (Watanabe 1994, 2003—Sapir 1915a も参照)，ツィムシアン語族の海岸ツィムシアン語の複数性は，重複法，接頭法，補充法 (4.6.5)，接尾法にくわえて，それらの結合 (接頭法＋重複法，重複法＋接尾法，接頭法＋接尾法，補充法＋重複法) によって表示されるといわれる (Sasama 1998,200)。また，ツィムシアン語ナス方言のおなじく複雑多様な複数表現法については，Boas (1911a:373–383), Sapir (1921 [1939:62]) を参照されたい。ギリシャ語の重複法による完了などは，これにくらべると淡白なものかもしれない。

4.6.4 象徴法

　日本語動詞の (五段，変格) 活用は，しばしば通時的な「母音交替 Ablaut」や「ウムラウト Umlaut」(『術語編』1258, 111) などの反映ともされるが，形態法的手法としての「内部変化」(重複 [4.6.3], 母音・子音変化，長さ・強さ・高さの変化) のひとつである (サピア『言語』泉井訳を参照)。ただし日本語では，文法の一部に組みいれられた母音交替とはべつに，語彙要素 (擬声語，擬態語) として多量に存在する。動詞，名詞，指示詞などの指小性，広・狭，遠・近がかぎられた子音や広・狭の母音 (i など) と結びつく言語はめずらしくない。ただし形態法としては，象徴法は記号の恣意性の原則からはずれるところがある。

　多くの言語で，(感情) 表出的機能 (1.4.2.2) の一端を母音や子音の一部にゆだねていることも知られている。日本語でもめずらしくないこの種の音象徴は，Hinton et al. (eds.) (1994) にも，軟口蓋音化 (例，パタパタ vs. パチャパチャ) を分析した Hamano (148–157) や，青木晴夫氏のネズパース語を分析した論文 (15–22) が収載されているほか，象徴法の基本的な問題が論じられ，世界の約20言語との対比が可能である。環北太平洋の諸言語における音象徴と擬声語については，宮岡 (1992) も参照されたい。

4.6.5 補充法

　英語 go/went, good/better/best のように，ふつうは使用頻度のたかい一部の語彙で，規則的な手法にかわる語で補う補充法 suppletion は，近いところではアイヌ語に見られる。「複数動詞」とも「数による異根動詞」ともよばれるが，こ

れは，佐藤知己氏(1994:118–122—Tamura 2000:38–41 も参照)の記すように，新大陸の言語にはしばしば見られる一方，シュメール語の特徴でもあるという(吉川守氏の教示による)．

　アイヌ語とは基本的に異なり，南米最南端のヤマナ語(注13)には，数詞(3ないし4の観念はすでにあいまいである)の，いわば「有数」と，もはや数詞のない「無数」の対立があって(1.3.2.2)，これが異根動詞に反映している．若干の例は宮岡(1992b:542)にあるが，自動詞「死ぬ」なら，[有数]háffana /[無数] mamaya の対立があって，後者は「たくさんの人(5人ぐらいでも)が死ぬ」のように主語の有数・無数を表わしているし，他動詞「与える」なら，[有数]taku /[無数]yatu のように目的物によるちがいを反映させる．

「語」をこえた「拘束句」

❖ 第5章 ❖

　語と接語，接辞と接語の区別は，4.2でふれ，それらの具体は4.3などでみたとおりだが，接辞と接語とのちがいは，意味的なものである以前に，すぐれて形態法的なカタチの問題としてとらえるべきものである。一般に接辞は，それのつく頭部（ヘッド）としての語幹あるいは語基（語根＋語幹形成要素—4.5）につくとき，頭部はある種の名詞だけとか，用言なら形容（動）詞だけとか，その用言でも未然形だけとかいった限定がある。また，ひとつの「語」を構成するものとして，その語幹と接辞（または語幹）のあいだにべつの「語」を挿入することができない。一方，接語は概してそれがよりかかる（先行あるいは後続の）主要語（ホスト）の幅がよりおおきく，それと接語のあいだに一定範囲のカタチ（接語，接語句）を挿入しうる。

　語の一部でしかない接辞とは対照的に，接語は，前接（前にくる）あるいは後接（後にくる）する他の語（主要語）に音声的によりかかり，あわせて語をこえた，より上位の形態（・統語）的結節としてのカタチである「拘束句」をつくる。つまり，「接語的拘束句」である。自立語が垣根越えして付属語化したり，臨機的に他の自立語に後接あるいは前接し，音声的によりかかると，「準接語拘束句」になる。これらはいずれも，いわゆる「文節」に匹敵する。「語」よりひとつ上位の「結節」であるが，これは音声的なまとまり，つまり音韻的結節としての句であって，統語的に規定されるふたつ（以上）の結節からなる「句」とは区別される。逆にいえば，拘束句に先立つ最小の結節は，あいだに中止あるいは他の要素をはさまずに発せられる単一のカタチあるいは結節，つまりは「語」ということになる。

　これまで繰り返してきたように，日本語文法の諸概念のなかで，伝統的な

"助詞"，"助動詞"に関連する問題がもっともおおいのは，まさにこの「接語」（とくに前接語）がからんでいるからである。日本語にかぎらず，他のさまざまな言語でも大なり小なり同様で，いわゆる「複合語」とよばれているものが扱いにくく，しばしば正当に扱われてきていないのも，そこでの拘束句の認識が不十分だからである。いわゆる複合動詞にもあるいは複合名詞にも，厳密な意味では複合語といえない多少とも語彙化した拘束句，サピアのことばでは「語的な句 word-like phrase」（注71）がふくまれる。これらは概して，結節としては2語からなる「（統語的）句」よりも下位の結節としての「拘束句」である。これには，ゆるやかな結節と比較的かたい結節があり，それによって挿入できる音や接語の範囲がことなる。

　用言と体言が枢要な柱となる日本語の構造的性格からすると，拘束句も変化型と不変化型に分かれる。しかもそれぞれは，一方では結合度の固い原義的な1語としての複合語（複合動詞，複合名詞）に，他方では複雑な統語的な節に近接している。変化型，不変化型のいずれであれ，幅広い結節であるだけに，可能なかぎり，その音声・音韻の特徴に着目して記述すべきものである。

　語の内部における接尾辞とおなじく，複数の接語（準・複合接語をふくむ）がつらなって拘束句が形成されることもあり，その拘束句内部での（統語句より制約はつよいが）一定の語順（語序）あるいは相互承接の問題がでてくる。

　『術語編』(1138)の「複合体」は，「語というには構成が複雑すぎる連辞 syntagm の単位であり，また，文というにはその要素の結合がきわめて緊密」なものとして，「名詞複合体よりも動詞の複合体の方がいろいろな言語にみられる（→用言複合体）」としている。例としてシュメール語が引かれており，カタチとしてのとらえ方は明確ではないが，ひとまず「拘束句」に匹敵するものであろう。

　こういったカタチの構成をみていくと，音声的自立性の可否（有無）にしたがって，服部四郎氏の定義した"附属語"にたいする"附属形式"は理解しやすいし[*151]，「未然形，連用形，…」についてもすでに安定した定義と慣用がある。

[*151] その重要な論考（服部1950）における，いわゆる"助動詞"と"助詞"の一部をのぞく"附属語"は，英語論文（服部1960:784[1956]）にも明らかなように clitic であり，proclitic は「後接的」とされている (3.1)。複合語「花籠」を構成するハナーカゴ，動詞「読ん-だ」のヨンとダをそれぞれを"附属形式"（や，えせ自由形式）とよんでいるが，「花，籠，花籠，読んだ」は，名詞あるいは動詞にちがいない。服部（ブルームフィールド）の"自由形式"と"附属形式"をふくむその"形式"は，カタチと同じではない（注29）。

ただし「形式」という用語は，「ている形式」から「反語命令形式敬語形」などにいたるまで，カタチ構成のなかで，それらがどういう意味での形(式)なのか，つまり形態法的性格づけがかならずしも明らかにされないままに使われてきた面があるようにおもわれる。「形式」と form については，注 28, 29 を参照されたい。

日本語における語と拘束句は，臨機的な変動や語彙的特性によって型をかえるし，語幹・語根に機能的修飾をくわえる要素がついて拡張もされるが，一定程度アクセントの型の対立をそこに反映しうることは，4.2.2 その他でもみたとおりである。

拘束句はこのように，一方では統語法的側面をもちながら，他方ではすぐれて形態法の問題であるという，幅広い言語単位である。3.1 に示した表1(二面結節)のうち，記号内容の結節面だけを再掲するが，これがそのことを象徴的に示している。

(65)　語＜接語拘束句＜準・複合接語拘束句＜(統語)句＜節＜文

このように拘束句は，一方では「語」，他方では「句」(以上)の結節，つまり形態法と統語法とのあいだにたち，両者のインタフェースをなす。しかも拘束句は，ふたつあるいはそれ以上の接語が幾重にもよりかかり，主要語を幅広く，かつ柔軟に拡張していく。そして，これによって日本語における「連続の文体」も特徴づけられている。しかしこの幅広さが，日本語でもあるいは他の言語でも，しばしばひとつの言語単位としての拘束句をとらえがたくし，文法における接語の重要さを覆い隠してきた面があるといえるかもしれない。音韻法，形態法，統語法がからみあい，接尾辞(-)と前接語(=/≠)が幾重にも交錯する，すぐれて日本語的な側面があって，これは今後の精査がまたれる文法研究の重要な分野というべきであろう。

「語」と「拘束句」のちがいは，用言の分割(ひねり)と再立ち上げ(4.3)によって試すことができる。

(66)　a.　食べ=も≠する(＜食べる)，食べ-たく=も≠ある(＜食べ-たい)
　　　　　—4.3.1, 4.3.2
　　　b.　食べ-て(=も)≠いる—4.5.2.1
　　　c.　食べる=らしい，食べる=の=だ-った—5.1.1

a. は用言（動詞，形容詞）の分割・再立ち上げ構造（「も」挿入）であることは明らかだし，b. はしいていえば，準前接語「≠いる-」をふくむ「複合接尾辞」で，前接語があるゆえに「も」の挿入も可能（しかし，その先行動詞が中断法屈折と準前接語のあいだの挿入ゆえ，再立ち上げの形式動詞は不要），c. は変化型前接語，複合前接語をふくむ。いずれも拘束句であり，用言複合体である。用言複合体全体の屈折は，その最末尾にくるので，上例でも「≠する-，≠ある-，≠いる-，=らしい-，=の=だ-」のいずれをも完了屈折にかえることができる。この屈折のいかんにかかわらず，c. は前項（「食べる」）も（完了）屈折させることができるが，a., b. はそれができない。このことは，おなじく拘束句であっても，c. の「複文性」，a., b. の「単文性」を示すものということができる。前接語をふくむ拘束句あるいは「複合体」，とくに「用言的複合体」には，統語的・談話的側面がからんでくるのはいうまでもない。

以下でみるように，接語は，主要語に前接する「前接語」（5.1–5.3）と後接する「後接語」（5.1.6）に分かれるが，前者には，自立語由来（垣根越え）の「準前接語」（5.1.2）と前接語に他の接語がついた「複合前接語」（5.1.3）がふくまれる。

5.1　前接語

拘束句をつくる接語については，表2（対照表）の右欄に例示し，すでに接辞と対照させて多くの例をみたが，そのうち前接語は，日本語文法では"連体詞"をふくむ後接語（5.1.6）よりもはるかに重要である。日本語は前接語が豊富であるのにたいし，その種類がきわめてすくない言語もあって，6.4.2 でみるユピック語もその一例である。

日本語の伝統的（学校文法的）な"助詞"，"助動詞"，すくなくともそれらの一部は，さまざまな種類の（派生あるいは屈折）接尾辞であるが，残りはさまざまな前接語である。派生接尾辞にはさらに派生がくわわりうるのにたいし（相互承接），前接語には複合が多く（5.1.3），当然ながら変化型前接語に屈折はあるが，接尾辞による派生はかぎられている（例，男=らしか-った，男=らし-そう=だ）。ただし 5.1.2, 5.1.3 にみるように，準・複合前接語はべつである。後接語には屈折変化はない。

前接語は，基本的には接尾辞のように，a. 変化型と b. 不変化型に分かれるといっても，これはただちに用言的なものと体言的なものには一致しないし，接尾辞ほどの截然とした分類はできず，しばしば垣根越え（4.2.1）する。

もっとも代表的な前接語は，大きく分類すると，以下のようになる。

(67) 前接語
    a. 不変化型
        1. 体言に前接　　　=が, =の, =は, =さえ, =だらけ—いわゆる "助詞" の多く
        2. 用言に前接　　　=だろう, =なら（ば）[da, na → ∅ / 完了 -ta|-da __; 4.5.1.1]
                          ≠こと, ≠もの
    b. 変化型
        1. 体言に前接　　　=だ-[=だろ-う, =なら-ば] 〜 =です- 〜 =で
                          ≠ある-
                          ≠する-, =に≠する-
        2. 体・用言に前接　=らしい-[vs. 用言化接尾辞 -らしい-, 4.4.1]
        3. 用言に前接　　　=の=だ-, =よう=だ-, =そう=だ-[vs. -そう=だ-], =みたい=だ, =はず=だ

a.2 ≠こと, ≠もの，b.1 ≠する-, ≠ある- などは準前接語 (5.1.2)，=で≠ある-, =に≠する-, =の=だ- (b.3) などは複合前接語 (5.1.3)，-そう=だ- (cf. b.3) は複合接尾辞 (4.5.2.1) である。

(68) a.–1 雨=が, 雪=さえ, 水=だらけ
       a.–2 食べる=だろう, 食べ-た=（だ）ろう, 食べる=なら（ば）, 食べ-た=（な）ら（ば）
              食べる|食べ-た ≠もの
       b.–1 （あっちが）北=だ, 北=だろう, 北=なら（ば）, 閉店（=に）≠する
       b.–2 （来るのは）男=らしい—〈比較〉男-らしい（体格）
       b.–3 食べる|食べ-た=の=だ, 食べる|食べ-た|食べ-たい=そうだ—〈比較〉食べ-た-そうだ

いわゆる "助詞" がすなわち前接語というわけではなく，接続助詞とされてきた「（書い）-て,（読ん）-で」のほか，「（書き）-つつ,（書け）-ば,（書け）-ど（も）」などは中断法屈折 (4.5.2) の，間投助詞とされてきた「（書く）-な,（書く）-よ」も終止法屈折 (4.5.1) の接尾辞である。その結果として，たとえば「書

き=も≠して, 書き=も≠し-つつ, 書き=も≠する-な, 書き=も≠しろ-よ」のような「ひねり」と「〈する〉再立ち上げ」がある。前接語では, 服部原則 II にしたがって, 先行する語とのあいだに, 他の語を挿入しうる (例, 書く=だけ=だ, 書い-た=はず=らしい, 書く=だけ=の)。そこでは, 接尾辞のばあいのような「≠する-, ≠ある-」による再立ち上げはおこらない。

上記「体言に前接」の「体言」とは,

(69) a. 名詞(扱い)以外の形容動詞幹, 副詞, 連体詞など——ゆっくり(=らしい), など
b. 不変化型前接語——=だけ(=らしい), =だらけ(=だ), など

をもふくむ。

5.1.1 変化型 vs. 不変化型

前接語のほとんどは, (67a.)のような不変化型であり, (67b.)のような変化型前接語は通言語的にはめずらしく, 日本語の特徴のひとつといえる。

［変化型前接語］

日本語の用言は, 派生接尾辞(体言からの用言化をふくむ)をとりうるとともに, 義務的に, その最後尾に屈折接尾辞をとるが, 変化型前接語(準・複合前接語もふくむ)も, かならず屈折変化を示す。この変化型のあることが, 日本語でのきわだった接尾辞と前接語の交錯を生んでいることに注意したい。ただし, 不変化型ながら, 機能は体言的というよりは用言的であるものも少数ある (67a.–2)。

(67b.–1)の「=だ-, =です-, =で≠ある-」は接尾辞ではなく, 用言化前接語として体言に前接し, 接語句をつくる。「(吾輩=は)猫≠だ」におけるように, 山田文法の「説明存在詞」だが,「繋辞(コピュラ)」に相当する[*152]。ただし,「=だ-, =です-, =で≠ある-」は形容動詞幹にも前接する——「静か=だ」。また,「=です-」は形容詞にも前接しうる——「美しい=です」。

(67b.–3)の「=の」をはさんだ「=の=だ-(=の=です-, =の=で≠ある-)」は,「=だ

[*152] 繋辞構造 (A = B 構文) の類型化は, 最近もディクソン氏による整理が試みられているが, これは形態・統語法的に単純そうで単純ではない (Dixon 2002, 2010:159–188)。

-」が体言接続であるため，これを用言に接続するには，用言を体言化(名詞節化)する「=の」(42b.-1)が必要となるからだが，「=よう=だ-」以下の，いわゆる形式体言(名詞)の前接語「=よう, =そう, =みたい, ≠はず」なども，「=だ-」の前で，この「の」とおなじ(準体)機能をはたしている。

(67b.-3)にふくまれる「=そう=だ-」は，連用接続の(複合)接尾辞「-そう=だ-」と対照的である—(68b.-3)「食べ-た=そう=だ」vs.［食べ-そう=だ］を参照。なお，「=みたい=だ-, …」は，「=そうだ-」などとおなじく用言に前接する用言性前接語であるのみならず，体言を用言化する前接語でもある—「嘘=みたい=だ」。

(7b., 67b.-2)「=らしい-」は，用言化接尾辞(7a., 67b.-2)「-らしい-」(4.4.2)とは対照的に，上の「=だ-, =です」(と，その複合前接語)とおなじく，前接語である—〈比較〉(7a., 7b.)「男-らしい」vs.［男=らしい］，「来る=らしい, 来-た=らしい」。

マーティンの『参照文法』も，「da だ」を 'copula'(繋辞)，「rasii らしい」を 'clausal auxiliary' とよび，ともに語とみなしている(Martin［1975］1988:34, 185, etc.)。また，これに先だって服部(1960:470–471)も，これらを附属語(つまり前接語)とみなしている。

なお，マーティンが 'bound auxiliary' とよんだ(屈折)接尾辞［ru］-mai については，4.5.1 を参照されたい。

(67b.-1)「=(の)だ-」と(67b.-2)「=らしい-」は，接尾辞ではなく前接語であるにもかかわらず，すでにみたように山田文法は，"助動詞" から，前者を(語の一部としての) "複語尾"，後者を(一品詞としての) "説明存在詞" として区別した。しかし上にみたように，(用言化接尾辞「-らしい-」と前接語「=らしい-」は区別したうえで)いずれもおなじ範疇の要素にしている((3) a. vs. b. を参照)。「=(の)だ-」と「=らしい」は，ともに前接語であるから，選択制限がゆるく(服部原則 I)，先行する主要語について，ほぼ完全な並行性を示す。一方，橋本(1959:73)は，上の「=だ, =です, =のようだ, =らしい」を体言にともなうものとして，他の "助動詞" とは区別している。

［不変化型前接語］

推量の「=だろう, =でしょう」vs.「=だろ-う, =でしょ-う」における後者は，本来「=だ-」の変化形として体言につくが，前者は屈折体系からすでに独立した，用言接続の不変化型前接語であり，"不変化助動詞"(4.5.1)とよばれてきたものである。屈折要素「-う」の痕跡はみられるにしても，もはや接尾辞とはみなさ

ない。

「来る=だろう，来-た=(だ)ろう；猫=だろう」にみるように，用言の完了形(「-た｜-だ」—4.5.1)のあとでは前接語頭音の「だ」が脱落しうるのにたいし，他の屈折接尾辞や体言のあとではそのような脱落はない。脱落の生じた「来た-ろう」の「ろう」は，推量の"助動詞"「らむ」の変化した形であるというよりは，「=だろう」の独立化と連動した再編成の結果として，下の(70a.)「食べ)-た=(な)ら(ば)」とおなじく，前接語の残存的(非生産的)な異形とみなしている[*153]。不変化型前接語なので，上の「-/=そうだっ-た」のような完了屈折はとらない。

「=だろう」は，(終止法)屈折接尾辞(4.5.1)の「-(よ)う，-まい」などとも対比されるが，すでに不変化型の前接語であって，いわゆる"終助詞"にちかづく(4.2.3, 4.5.1)。したがって，他のいかなる接尾辞も後続しえないのは当然であり，前接語である以上は，「-(よ)う，-まい」とは区別しなければならない。4.5.1.1〈「-た|-だ」の問題〉にみる「(書い)-た=(だ)ろう」を参照されたい。そして，これとおなじ歯音の重音脱落(だ，な→∅；4.5.1.1)を示す「(書い)-た=(な)らば」も，用言性前接語「=(な)らば」であって，これも「=なら(ば)」vs.「=なら-(ば)」のように，用言接続 vs. 体言接続の関係にある。前者は a. のように不変化型(用言性)前接語("接続助詞")として副詞節を形成し，後者は b. のように体言接続の用言化前接語「=だ-」の仮定形である。両者とも，「ば」はしばしば脱落する。

(70)　　a. 食べる=なら(ば)，食べ-た=なら(ば)，食べ-た=ら(ば)
　　　　b. 猫=なら(ば)＜「猫=だ」
　　　　c. 来る|来-た=の=なら(ば)　　(＜「来る|来-た=の=だ」)

a. の 3 番目は，歯音の重音脱落とみなしている。ちなみに a. の 1・2 番目からは「食べる|食べた=だけ=ならば」が可能だが，*「食べた=だけ=らば」はもちろん不可能である。すなわちここでは，「-たら」を，"助動詞"「た」の活用形とはみていない。むしろ，(文語「-たり」からの)「-た」が屈折接尾辞(不変化)になったことによる共時的な再編と連動して，「-た=(な)らば」からの省略表現あるいは異形となった可能性を考えている。"助動詞"「た」の変化形とは考え

[*153] 史的事実はともかくとして，用言接続ではすでに不変化型「=だろう」になっており，措定の"助動詞"「だ」の活用形「だろ」に「う」のついたものとはみなさない。

られないのは，上段（ならびに 4.5.1.1）でふれた，重音脱落を示す「-た=（だ）ろう」とおなじ過程ではないだろうか。三省堂『新明解国語辞典』も一般的な解にしたがい，その「口語助動詞活用表」に「た，たろ（う），たら（ば）」を出しつつ，1981 年第 3 版以降には，「…た（な）らば」の省略表現としての"接続助詞"「たら」もあげている。

　c. は，「=の」による体言化と連動する用言化の「=だ-」の仮定形と解される。「=ながら，=がてら」は，いずれも体言接続の不変化型前接語である。ともに，「=ついで〜≠ついで」と分布に似たところはあるが，これは自立語にもなる準前接語であって（5.1.2 を参照），主要語の分布（選択）もいくぶん異なる。しかし三者とも，体言のみならず，垣根越えして，用言（「する動詞」もふくむ）の連用形にも前接する（c., d. については，(45) および 4.3.4 を参照）。「=に，=が，=の」その他が後接しうる体言性をしめす。

(71)　a.　貧乏=ながら，我=ながら，素人（風)=ながら，いやいや=ながら
　　　　　散歩=がてら
　　　　　散歩≠ついで（〈比較〉ついで=の≠散歩）
　　　　　散歩=だけ=ながら，散歩=がてら=ながら，散歩≠ついで=ながら
　　a′.　昔+ながら，涙+ながら，しかし+ながら―固定化した複合語の後項
　　b.　貧しい(=だけ)=ながら，貧しく(=も≠あり)=ながら
　　c.　歩き(=も-し)-ながら|-がてら|≠ついで，歩い-て≠い-ながら
　　d.　散歩(=も)≠し-ながら|-がてら≠ついで

いわゆる"助詞"の多くが不変化型前接語にあたるとはいえ，"助詞"がすべて前接語というわけではない。"接続助詞"「つつ」イコール「ながら」とする辞書もあるが，前者は中断法屈折接尾辞「-つつ」(4.5.2) である。「=ながら，=がてら」は，(71) のように不変化型前接語であって，「(歩く)≠途中(=に)」のような，名詞「途中」が準前接語化した拘束句とおなじく，「=に」がつきうるが，「-つつ」は動詞屈折なので，*「(歩き)-つつ=に」とはいえない。「=だろう，=でしょう」以外の不変化型前接語は，いわゆる助詞に相当するが，その分類は文における機能によってなさざるをえない―格助詞・副助詞・係助詞・接続助詞・終助詞・間投助詞など。ただし，山田文法以来，接続助詞とされるもののほとんどは，たしかに前接語だが，「(書い)-て，(読ん)-で，-たり|-だり，-つつ，-ば，-ど

(も)」などは前接語ではなく,「(書き)=も≠し-て,(書き)=も≠すれ-ば」のような「ひねり・再立ち上げ」のあとの中断法屈折接尾辞(4.5.2)として副詞節をしめくくりうると考えられる。

ただし,間投助詞とされてきた「(書く)-な,(書く)-よ」は終止法屈折接尾辞であり,体言化の前接語「=の,=と」も接尾辞「-さ」と区別される.

(72) a. (彼が)つくった=の=は(これ=だ)―関係詞節化
 b–1. (彼が)淋しい=の=は,(彼が)淋しく-なかっ-た=の=は(わけ=が≠ある)―名詞節化
 b–2. (彼が)淋しく-なかっ-た=と(≠いう その=分け=が≠分から-ぬ)―名詞節化,(56b.)を参照
 c. (彼の)淋し-さ―名詞化,(43a.)を参照

日本語の「=の」は,(格助詞はべつにして)英語 that に似たすくなくともふたつの機能をにない(a., b.–1),たとえば the fact the man walks vs. the man that [≒ whom] she met のように,that が名詞節化と関係詞節化の両方の機能をもっていることからしても,両者には一定のつながりが想定されている。日本語の「-さ」にはそのような可能性はないが,日本語でも両機能を区別する方言は知られている―例,熊本方言(他)「ツ」vs.「ト」(坂井 2012),ユピック語(6.4.2.8―105a. vs. b.)の例も参照。「=と」(b.–2)も,'quotation or indirect statement' としての名詞節化の that に相当する (Aston 1871 [1888:146])。

不変化型前接語で,語類変換のような文法的機能よりは語彙的派生の機能をはたすものは,漢語系以外にはすくない。これについては,体言性接尾辞(42)を参照されたい。

(73) (クラスの)友=たち vs.(クラスの)友+だち (=たち)
 ―注 139 を参照,学生-さん=たち,おまえ=ら〜たち(逆順も可能)
 ―*「友=たち+だち,学生=たち-さん」は不可能
 雑誌=など,雑誌=の=など,学生-さん=など,食べる|食べ-た=など (=する)
 餓鬼=ら,餓鬼=め,餓鬼=ども,餓鬼=め〜ども,餓鬼=ら〜ども

とはいえ,不変化型前接語のなかで,日本語でとくに重要なのは,格標示をはじめとして,さまざまな接語句,すなわち(派生名詞ではない)名詞句を形成

する，いわゆる格助詞などの"助詞"の類である．

(74)　男=が，男=の，男=を，…
　　　男=から=の　　(格重ね—5.3)

　松下文法とその後継者である現代の文法家の多くには，いまだにこれらの「=が，=の，=を」を接尾辞，つまり体言の一部だとする見かたが根強い．日本語文法の深刻な問題としての名詞屈折論 (5.4) である．接語がついたこれらの名詞句 (74) には，たとえば「=だけ」が挿入できるが (男=だけ=が)，(41, 42) の派生名詞には，それができない (*大人-ぶり=だけ-や，*お客=だけ-さま) という明白に対照的な事実だけからしても，これらが接尾辞ではないとする説明は不要なはずである (服部原則 II を参照)．とくに"助詞"に相当する不変化型前接語の，あるいはそれをふくむ連続には多くの可能性があり，それらの相互承接については，これまでも関心が払われてきた．下例 a. の「=な」と b. の「=だっ-た」は変化型前接語である．

(75)　a. 君=とか=に=だけ=な=の=かしら=ね
　　　b. お-正月=の=など=から (=だっ-た)
　　　　お-正月=など=から=の，お-正月=から=など=の=はず (=だっ-た)

　ただし，これまでの"助詞"には，終助詞や接続助詞の一部のような屈折接尾辞とすべきものがふくまれているので，相互承接にはそれらをはずしたうえでの整理と記述が求められる．

　なお，漢語系の"接尾辞・語 (接頭辞・語)"か"造語"とよばれているものは，派生接辞ではなく，前 (後) 接語としておおきな語彙派生力をもっているが，その結果として形成されるのは，一種の複合語であって派生語ではない．つまり，和語化し接辞化したものはべつとして，漢語要素は接辞法にはかかわらないものと解し，本書では扱いからはずしている．表語文字である漢字，すくなくとも「人，屋，家，社」などの一字漢語は，おおむね体言性前接語あるいは後接語 (5.1.6) として，一種の複合名詞をつくるとみる．たとえば，「大会社 vs. 各会社 (に派遣)」の「大」と「各」には区別がある (斎賀 1997:39 を参照)—後者には休止 (切れ目) を置きうるなど—とすれば，複合名詞 (大+会社，故+人) と後接語 (5.1.6) のついた拘束句 (各=会社，故=学長) という対立をここに認めることができよう．「会社+員」("接尾語"とも) vs.「会社=毎」(前接語) も同様である．

5.1.2 準前接語

準前接語は，自立語が一定のコンテクストで垣根越えし，主要語によりかかり前接的に現われた語である。「≠こと，≠もの；≠する，≠ある」のように，境界は≠で示す。

用言的準前接語には，いわゆる"補助動詞"や"形式動詞・形式名詞"がおおい。「する=の=は むつかしい」「ここ=に 村=が ある」の下線部は自立語であるのにたいし，「(自立)≠する-」，「(猫=で)≠ある-」は準前接語である。不変化型準前接語には，いわゆる形式名詞・動詞もふくまれる。ただし，臨機的に前接語として発音される (先行の語に前接される) 語 (群) には，かぎりがない。

これら「≠する-」と「≠ある-」はまた，4.3.1，4.3.2 でみたとおり，ある用言 (動詞と形容詞・形容動詞) が「ひねり接語」(「=も，=は」など) によって中断され，いったんひとつのカタチ (結節) が閉じられたのち，新たに用言を再立ち上げする一種の「形式動詞」であり，そこに全体としての拘束句を生むという重要な機能を認めることができる。

「≠する-」は，体言につく用言化接尾辞であるかのように体言に前接し，準複合動詞としての接語句を派生する—「恋≠する(8)，勉強≠する，仕事≠する，買い物≠する，独り＋ぐらし≠する」，4.2.2 および 4.4.2 を参照。しかし，「≠する-」の前に「=を，=も，=だけ」などの挿入が可能である以上，固定化した，つまり原義的な複合語としての複合動詞ではない。

他の基本的な用言「≠なる-，≠いる-」も，「=に，=と」などの体言性前倚語とともにさまざまな複合前接語をつくる (5.1.3)。したがって，「準」前接語である。

中断法屈折「-て|-で」に前接する準前接語—「≠いる-，≠やる-，≠くださる-，≠おく-，≠もらう-，≠ほしい-」などは，形態法的には，先行する屈折接尾辞「-て|-で」による中断法動詞 (4.5.2.1) とともに拘束句つまり動詞複合体をなす。"ている形"(4.5.2.1) など，これらを"助動詞"とよぶのは，構成を考えないとらえかたであって，問題がある。

前接語は，5.1 でふれたように，接尾辞による派生はかぎられているが，準前接語は自立語由来であるために，派生は比較的ひんぱんにおこる。上にあげた準前接語から少々の例をあげてみよう。

(76)　a.（X=に）≠なり-たかっ-た，≠なら-せ-たがり-だし-た
　　　b.（Y-て）≠おか-れ-がち (=だ)

次節の複合前接語にも，接尾辞派生はすくなくない。

　上代語ながら，終止形接続の「みゆ」は，自動詞「見ゆ」の準前接語化とみることができるだろう（「≠みゆ-」）。この「みゆ」は，北原 (1965:14, 18) がふるくは「一種のテニハ」として意識されていたことにふれたうえで，助動詞と考えた（「みゆ」以外には変化形をあげていない）のにたいし，井手 (1981:6, 8) は，完了の「つ」がついた「みえつ」1 例を指摘し，聴覚的「なり」に相当する，視覚的にとらえられる事態について断定を婉曲に表現する助動詞とみた。井手がその論文の英文タイトルを On the Ancient Particle "Miyu" as Auxiliary.（下線宮岡）とした背景には，北原も指摘したふるい「一種のテニハ」観があったのかもしれないが，「みえつ」1 例のみであれ，それは「みゆ」の変化型(準)前接語であることを示唆する。

5.1.3　複合前接語

　複合接語は，すでに定着している「複合辞」にひとまず相当するとみられ，認定や分析にはいろいろな扱いがなされている。ただし，接語と"辞"はまぎらわしい。

　語幹複合に並行的なところがいくぶんある複合接語は，日本語では，しばしばアスペクト，モダリティ，証拠性の標識として機能し，接語の相互承接のような，統語法上の問題もある。

　従来のいわゆる"助動詞"のほとんどが接尾辞であるのにたいし，つぎにみる一部は，変化型前接語である。ただし「=だろう」だけは，不変化型（いわば"助詞"的な）前接語 (5.1.1) である。

　名詞化前接語「=の」と「=よう, =そう, =みたい」などの不変化型前接語は，繋辞的な前接語「=だ-」（「=です-，=である-」）が後続して，用言的複合前接語を構成する—「=の=だ-」，「=よう=だ-，=そう=だ-，=みたい=だ-，=はず=だ-，=わけ=だ-，=ぐらい=だ-」。これらの複合前接語は，すべて用言に前接する。「=だ-」が体言接続の用言化前接語であるため，これと接続するには，用言を体言化（名詞節化）する「の」が要求される。

　ただし，「=みたい=だ-」は「=よう=だ-」その他とちがい，用言だけでなく，b. のさいごの例（猿）のように体言に前接して，それを用言化する。

(77)　a. 来る-/来-た/来-たい=の=だ-|=よう=だ-|=はず=だ

b. 来る‐/来‐た/来‐たい/猿=みたい=だ‐

ふたつの境界=のところで他の語（接語）を挿入しても再立ち上げがないことからも，複合前接語であることは明らかである—例，「来る=だけ=みたい=だ，来たい=よう=だけ=だ，猿=だけ=みたい=だ」。

「のだ，のです，のである」は，「複合繋辞」とよばれることもある（小島 2012:213, 238）。

いうまでもなく用言化前接語「=だ‐」（表2のiを参照）は，山田文法の「他の語を伴なひて説明の用にきょうする」"説明存在詞"（『講義』99［114］）である。ただし，用言性派生接尾辞「‐そう=だ‐」によるものにちがいない「寒さうだ，うまさうだ」も，説明存在詞のところでふれられているが（「さう」は"接尾辞"とする—『概論』283, 284, 593），連体接続の前接語「（それはそれはおもしろい事だった）さうな」とどう区別されるかは語られていない。(24) の a.「‐そう=だ‐」vs. b.「=そう=だ‐」を参照されたい。

「=に≠する‐」などの用言化前接語は，「=に，=と」などが準前接語「≠する‐，≠なる‐，≠ある‐，≠いる‐」などとともに複合前接語をつくり，体言あるいは用言に前接する—例，「町=に≠する」。

複合前接語は，閉鎖集合ではなく，列挙にいとまがないほど多くの組み合わせ（接続）が日本語では可能である—「=かも≠しれ≠ない‐，=に≠なる‐，=に=ちがい≠ない‐，=と≠いう‐，=はず=だ‐」など。いずれも変化型（用言性または用言化）複合前接語だが，とくにアスペクトやモダリティの標識となるものがおおい。"複合助詞"ともよばれる「にしたがって，につれて」などは，「=に≠したがっ‐て」と分析できる語彙化した複合前接語である。

複合接語には，不変化型のものもあるが，変化型のものより数はかぎられている。口語的ではないかもしれないが，「日本人=たる≠もの」（2次的範疇化）には，N＞V＞Nの語類変換（再体言化）がある（6.4.2.8.3 を参照）。

5.1.4 接語の音声弱化

4.2.1「垣根越え」でふれたように，形態的単位にはしばしば音声的「すり減り」が通時的に生じるが，接語も，しばしば臨機的に一定の条件のもとで，その頭音あるいは末音における脱落，縮約・融合がおこりうる（弱化）。下の (78) などにみる重音脱落にも，前接語の境界がからんでいる。また，歌のリズムを

整えるための母音脱落もめずらしくない。もちろん，語内部の形態素境界にも固有の音変化がおこることはいうまでもない。接語に関連して生じる音声変化も，形態音韻的変化(交替)とみなしうるが，言語によって多様な形をしめす[154]。

なお，3.1 にあげた英語の短縮化を受けたものは simple clitics とよばれることがあるが，日本語でも，語幹母音の「活用」，子音の濁音化，歯音の重音脱落，「い」その他の母音脱落，あるいは短縮化などがある。

歯音の重音脱落は，すでに「−た|−だの問題」(4.5.1.1)でのべたが，

(78)　a. 来−た=(だ)ろう
　　　b. 来−た=(な)ら(−ば)

にみるように，推量の前接語「=だろう」(4.4.5)，仮定の前接語「=なら(=ば)」の頭音の歯音「だ，な」が，おなじく歯音である完了の屈折接尾辞「−た|−だ」(4.5.2)の後でのみ重音脱落(da, na → ∅/ -ta|-da ＿)をおこす。歯音という共通の音が衝突したばあいにおけるその一方の脱落は，自然な音声的変化である[155]。脱落は任意的で個人差があり，意味的に微細な差をともなう。「来−た=(だ)ろう，来−た=(な)ら(−ば)」の交替にたいして，完了「−た|−だ」以外では，「来る=だろう，来−ない=だろう」などだけがあって，そこでは「だ」脱落はおこらない—*「来るろう，来ないろう」。また，歯音の重ならない「来る=なら(ば)，来−ない=なら(ば)」などにたいしては，*「来る=ら(ば)，来−ない=ら(ば)」のような「な」の脱落はない[156]。脱落の生じた「ろう」「ら(ば)」は，もはや生産的な前接語ではないことがわかる。純粋に機械的な脱落ではなく，形態音韻的変化なので，「来−た」と同音の「北=だ，北=だろう，北=なら(ば)」はいいが，*「北=ろう，北=ら(ば)」はおこらない。

---

[154] たとえばスライアモン語では，名詞項が斜格であることを表わす接語の ʔə=は，その前の語が母音で終わるとシュワが落ち，ʔ は前の語につく。つまり，ʔə=N が V=ʔN となる(渡辺己氏の私信による)。

[155] 「たろう」を「た」と別立てにする考えは，宮地(1972:14–15)が"不変化助動詞"を扱った項にみられるが，「ろう」をどう解するかはつまびらかでない。桜井(1972:172–177)も，「だら(う)」を「だ」から分離する理由を接続面(相互承接)の特異性に求め，「たろう」と「ただろう」が"ほぼ同意"なことを見ている。

[156] 用言に下接する「=(な)ら(ば)」の，「−た|−だ」のあとでの重音脱落は，ときに用法のちがいを生む—許可「食べ−た=ら≠いい」vs.「食べ−た=なら≠いい」<「=の=なら≠いい」。

ついで，他種の弱化（脱落・融合）をみると，

(79) a. 見-て≠(い)る，見て≠(い)ます，見-て≠(い)ない，見-て≠(い)はる

b. 見-て≠おる⇒見てる|見とる，見-て≠おく⇒見-とく，見-て≠やる⇒見-たる

c. 見-て≠しまう⇒見-て(≠)まう|見-ちまう

では，個々の条件はことなるが，準前接語が前接の動詞（「見る」）にたいして多少とも形式化するのにともなって生じたり，あるいはリズムを整える必要から生じるタイプの音声弱化である可能性が考えられる。微細な意味（文体）の差をともなうが，a. は連用形中断法「-て｜-で」に後接する継続の準前接語「≠いる」(4.5.2.1) の任意的な頭音母音「い」の脱落，b. の第 1 例は「お」の脱落と考えられる[*157]。a. は，「見-て=も≠い-る，い-ます」のようなたんなる挿入は可能だが，そこで *「見ても-る，見ても-ます」のような「い」の脱落はない。ところがこれにたいして，「見-て=も≠い-ない，見-て=も≠ない」の両方が可能であるのは，4.4.1 でみたように，否定の接尾辞「-ない-」vs. 準前接語「≠ない-」の「垣根越え」(4.2.1) が形容詞・形容動詞幹などでは可能なことと関係しているのであろう。

b. では，「てお」，「てや」の融合（＞「と」，「た」）がみられる。

c. では，「て≠し」の融合（＞「ち」）による接尾辞化はありうる。しかし，「≠まう」はすでに full-fledged な前接語とは見なしがたく（「見て=も≠しまう」は可能だが，*「見て=も≠まう」は不可能），音脱落後の残滓的（非生産的）な異形と考えられる。これは，とくに口語あるいは方言形において，4.5.1.1 でふれた「ろう」（＜「だろう」）と似ている。

さらに，小松英雄 (1999:204–205) によれば，「語頭にオをもつ一群の動詞（オキル／オク／オリル…など）も『お〜になる』型の尊敬表現をとりにくい」という[*158]。ただ，この「接周語」的な「お=…=に=なる」(4.7 を参照) の頭音「お」の

---

*157 たとえば，いわゆる "助動詞" の形成にかかわって，とりわけ母音連続をさけたりする。しかし，これらの音変化は個々の内容（意味・機能），語意識，それとともにアクセントが関与するので，同一の音声条件下で機械的に生じるものではない。「漕ぎいで（なむ）」＞「漕ぎで（なむ）」（『万葉集』3705）。

*158 これに前後して（小松 1999:202–206），この接周語的な「お=〜=に=なる」型の尊敬表現は，「円滑な伝達に支障を来たす…欠陥」(209) があって，1 音節動詞語幹（例，「ね

語幹選択は，話し手個人の受容度や慣用(頻用)度のちがいがかなりあって，すくなくとも規則的な音声上の制約とはいえないようにおもわれる。しかし，接語によくみられる同音をさけようとする音声的傾向を物語るものではあろう。

5.1.5　接語の相対的位置

　接語の特徴として位置の自由が説かれることがあるが，ふつう孤立語について語られる位置(語順)の自由とはちがって，接語の現われる位置にはそれなりの制約があり，日本語文法でも知られる「数量詞の遊離 floating numeral quantifiers」(例，2個の柿を食った vs. 柿を2個食った)とは混同すべきではない。

　日本語が屈折的な前接語をもち，ひんぱんに接尾辞と交錯する特徴的なタイプに属することは前にふれたが(4.1.2)，世界の言語には，統語法的にめずらしいタイプの接語がみつかってきている。比較的最近，M. シソウー氏(ライプチッヒ大学)は，「間違った位置 in the wrong place」に現われる前接語を概観している (Cysouw 2005)。

　いうまでもなく，日本語「月=が 出る，月=を 見る」は，主要語「月」とそれによりかかる前接語("格助詞")「が，を」からなるひとつのカタチとしての拘束句をなし，その後に動詞が続いていると考えられる。「=が」が主要語「月」に前接しているから前接語なのだろうと思うと，かならずしもそうではない。なにが出てくるのか予想しがたいところが言語の世界にはあって，従来あまり見向きもされなかった辺縁の地の言語には，文として「出る=が 月」とか「見る=を 月」のような構造がありうる。このばあい，「=が，=を」は「月」ではなく，「出る」に前接している。つまり，接語「が，を」はシソウー氏がいう「間違った位置」におかれている。その主要語である名詞「月」ではなく，その名詞から統語関係のとおい先行の動詞(出る，見る)に前接しているのである。常識からは予測しがたく，理解もしにくい統語現象ではあっても，これは話者が間違った表現をしたのではなく，その言語のれっきとした定型なのである。

　こういった拘束句がらみの統語法は，笹間史子氏が長年調査研究を進めているカナダ北西海岸の，危機に瀕した海岸ツィムシアン語にも見られる現象であ

る」)さらには2次的接尾辞のついた派生動詞(4.4.1.1—"複合動詞"「読みはじめる，食べのこす，返りかける」)は当てはめにくいという，前接語につながる興味深い問題を示唆した観察がある。

る (Sasama 2001)。このツィムシアン語族の言語では，名詞項の機能，つまり格標識は，その主要語である名詞に前接するのではなく，その名詞にたまたま先行する語—動詞であれ副詞であれ，はたまた他の品詞であれ—に前接するのである。つぎに示すのはそのような例だが (Sasama 2001:99 [ex. 267] も参照)，グロスの TA, 3A, REL, CN, ABS は，それぞれテンス・アスペクト，3人称他動詞主語，関係格，連結詞 connective，絶対格を表している。

(80)　jakʷa=t　káp=ta　　qá:q=a　　　　hó:n
　　　 TA 3A 　eat CN.REL　raven CN.ABS　fish
　　　'A raven is eating fish.'（オオガラスが魚を食べている）

ここでは，connective とよばれている CN が前接語だが，これが統語的に関係する語に前接するのではなく，たまたま先行する語に前接している，つまり「前置 pre-posed」された前接語なのである。=t は後続の他動詞的「食べる」の主語で，=ta は後続の他動詞主語名詞「オオガラス」によって，=a は後続の目的語名詞「魚」がひきがねになっているという (Sasama 2001:99 [267])。

　このようなばあい，もし意味とか機能だけが文構造の決定要因であって，それによって接語の語順が決まるのなら，直接，統語的に関係ある語（主要語）に後接語あるいは前接語としてつくことが予想されるところだが，わざわざ統語的に離隔した「間違った位置」をとっているのである。これは，まさしく拘束句が意味・機能ではなく，カタチの問題であることを示す好例といえるだろう。

　有名な「ヴァッカーナーゲルの法則」(3.1) も，文の第2位置ということじたい，意味・機能に左右されるのではないことが明らかな，冒頭の語と拘束句をなすカタチのうえでのきまりであることが察せられる。

　このような一見常軌を逸した，いわば「結節分離」あるいは「脱結節」(3.1) とでもいいうる現象は，語が，文法・意味的な内容に直接かつ強く束縛されているのでないとすれば，どう理解すればよいのだろうか。(80) のような主要語を飛びこえて"前置"された前接語は，いかにも不安定にみえ，いずれは機能的に説明しやすい（間違っていない，ただしい！）語順に逆もどりするだろうといったことは (Haspelmath 1996:55 を参照) 不可能とはいわないにしても，かならずしもそうたやすく予測できるものではない。この疑問をシソウー氏に向けたことがあったが，「そうなんだよ，万事に機能が優先するものなら，そもそも初めから，そんな"間違った"前置が生じることはなかったはずだよね」と答えて

くれた。語であれ拘束句であれ，言語のカタチを処理する形態法は，内容や機能とはかかわらない，みずからの動機・要因にしたがっていると見るべきであろう。カタチの気持ちは機能・内容からはつかめない。機能性（合目的性）がひくくなればなるほど多様性がたかまることは，1.4 でふれたとおりである。「語とはなにか」の一端を，このちっぽけな（単音節の）「語」（接語）は示しているのである。

　しかしこの「位置を間違った前接語」は，拘束句にかかわる語順の，つまり統語法の問題なので，「頭部表示型 head-marking」言語の形態法に通じるものが想起される。つまり，「出る-が 月」や「見る-を 月」（上例とはちがい，ハイフンでしめす）のような，動詞が「格の腕」をだす語構造（宮岡 1992d:42）とはおなじに考えることはできない―前著（2002:79）では「格の手」と書いたが，切替英雄氏によると，氏からアイヌ語を習っていたときにわたしが使ったのは，「格の腕」という言葉だったという。

　なお，(前)接語にはカタチが関与するのは当然だが，生成文法で句構造を図式的に示す樹形図上の「移動」が問題とされるように，語順にかかわる統語法的な問題であろう。

5.1.6　後接語

　自立語の臨機的な発音連続の結果としての準後接語化（例，まったく≠静かだ）や用言由来の「連体形 adnominals」をべつにすると（これらは独立の発音も可能），日本語の後接語にはすくなくとも，いわゆる尊敬の"接頭辞"，「連体詞 adnouns」などがふくまれる。

(81) 　a.　お=（人，顔，姿），お=聞き≠する―(60) を参照。(58g.) の接頭辞「お-」のような濁音化（おがわ）はない。

　　　b.　あの=（人），わが=（国），きたる=（世紀），あらゆる=（先生），名+だたる，あり+と+あらゆる―(56) を参照。「あれ」は体言のひとつとしての指示代名詞。

　　　c.　静か-な≠山道=を≠下る―統語的には，「山道」が後接語「静かな」（形容動詞の連体形）の主要語だが，「山道を」（または「下る」）までで拘束句を分断することはできる。

5.2 用言複合体など

(34b.)の「呼び+出す」は，ひとつの語としての原義の複合動詞であり，辞書の項目にあげられる。一方，「呼び-だす」は，「呼ぶ」に2次的接尾辞(4.4.1.1)がついてできた派生動詞であり，「呼んでいる」「呼んでやってもらう」「呼んでもらってくる」などとともに"複合動詞"とよぶのは適切ではない(4.5.2.1)。おなじく「勉強する」「白くなる」なども，複合動詞という用語には問題があり(4.4)，ゆるやかな結節にとどまる接語句「勉強≠する」「白く≠なる」である。これら最小の接語句からつくられる，

(82) a. 呼ん-で≠いる，見-て≠やる—4.5.2.1を参照。
b. 呼ん-で≠もらっ-て≠やる，呼ん-で≠き-て≠もらっ-て≠やっ-た
c. お=越し=に≠なっ-て≠いらっしゃ≠い-ます(=の=よ)
d. 名物=に≠旨い≠もの≠なし—固定句化
e. 草≠刈る，傷≠付ける，色≠付ける(vs. 色+づける)

のa., b., c.は，それぞれたんなる統語的拡張というよりは，語をこえた結節としての用言性拘束句への拡張である。したがって，≠のところでさまざまな前接語の挿入が可能である(用言内部ではなく拘束句内部なので，再立ち上げはない)。そこには，発話音声的あるいは語用論的な制約はあるものの，種類・組み合わせには理論的にほとんど無限の拡張の可能性がある。

ただしd.は用言化した複合体であり，e.は，「を」の添加が可能なような前述の問題があるが(4.6.1.2)，おなじく名詞から出た拘束句として，「色づける」のように連濁形との間でゆれをみせ，複合動詞に移行しているとみられるばあいもある。

こういった拡張の線上に位置づけられるのが，いわゆる「用言複合体 verbal complex」である。簡単な例からみよう。

(83) a. 書か-せ-られ-なかっ-た=らしい=の=よ=ね
b. 書か-せ-られ-ませ-ん-∅=でし-た=から

これらは，動詞語幹にそれぞれ3ないし4つの派生接尾辞とひとつの屈折接尾辞がついた，1語の動詞「書か-せ-られ-なかっ-た，書か-せ-られ-ませ-ん-∅」に，さらに変化型前接語「=らしい，=です」(プラス不変化型前接語あるいは屈折接尾辞)がついた拘束句である。

河野六郎先生がすくなくとも昭和 30 年代から (1957 [1980:縦 15] など)，朝鮮語と日本語について用いはじめたこの「用言複合体」は，「書カ–セ–ラレ–マセ–ン=デシ–タ」のような，本書でいう拘束句についてのべたものであって，ときに「動詞複合体 verb complexes」とも称するとされている (くわしくは，前著 102–103 を参照)。じじつ，『世界言語編 2』(1581) では「語よりは大きい連辞の単位である」，『術語編』(1139) では「語と文の間にある合成体」ともされている。にもかかわらず，日本語の"膠着語性"のあいまいさのかげで，この術語は十分な理解と正当な受容が得られなかったようである。しかし本質的には，この術語はひとつの動詞がたんに形態法的に複雑である，"複語尾"がある，名詞抱合がある，といった理由であいまいに用言複合体とされたのではない。ふたつ (以上) の用言が拘束句をなしているからこそ意味のある概念なのである[*159]。しかし，それで話がすむのではない。

(84)　a.　(あの観光客は) 韓国=から=だけ=だっ–た=らしい=の=だ≠けれども=ね
　　　b.　(子供はやっと) 話す≠こと=が≠でき–そう=に≠なっ–て≠き–た=らしい=と≠いう≠こと=に≠ほか≠なら–なかっ–た=の=さ

a. は，冒頭の名詞「韓国」はおいて，変化型前接語「だ」「らしい」以外はすべて不変化型のいわゆる"助詞"ということになるが，そこには屈折接尾辞「–た」と 10 個の前接語がふくまれ (–∅ 屈折はべつ)，他の言語にもめずらしい屈折する (複合) 前接語「=の (=) だ–」もはいった，まぎれもない用言複合体である。b. も，派生接尾辞，屈折接尾辞が (準) 前接語のあいだに交錯してはいっている。両者とも，複統合語の例とすることは適切ではない (3.5, 3.6)。もちろん，a. にしても b. にしても，このような長い複合体は，ひとつの拘束句として発話されることも可能だが，ふつうは，とくに≠のどこかで (たとえば，a.「≠けれども」，

　[*159] 李 (2007) は，日本語と韓国語に類似的な述語体系の対照研究であるが，動詞複合体も検討されている。日本語とちがって，「助動詞」が (おおむね) 明瞭に定義できるような言語ならば，それによって動詞複合体も規定できようが，"助動詞"という術語をさけざるをえない日本語では，動詞的な拘束句として用言複合体を理解せざるをえない。なお，古アジア諸語 Paleo-Asiatic についての特徴をまとめた金子亨氏の"動詞複合体"(1999:214–218) は，これとは理解がちがっていて，いくぶん構造の複雑な動詞を考えているようだが，これは，W. ボゴラスの「チュクチ語文法」(Borogas 1922) での "verb(al) complex" などに準じたものではないかとおもわれる。

b.「=と，≠ほか」の前で)分割した，複数の拘束句からなる発話が選択される．
　おなじく，

(85)　a. とても≠赤い≠羽根=だ=ね
　　　b. 赤い+羽根=だけ=は≠協力≠し−たく≠ない
　　　c. 赤い=だけ=の≠羽根=に≠一万円=も≠出し−た=の？

においても，≠はしばしば#(休止あるいは書記法上のスペース)に置きかえられて，ふたつ(3つ)の結節に分かれて発話されうる．
　以上のような拘束句の連続体は，ときに日本語の膠着的性格の顕現とされることもおおいが，3.6 でものべたように，本来「膠着」は，言語類型のタイプをいう術語のはずである．
　なお，つぎの大阪弁も独特の音韻的融合・変化をふくむ用言複合体としての拘束句である (境界表示は宮岡)．

(86)　(なんぼ[どれほど]門口に) 立た−さ−れ−しゃん−し−た≠こと=で≠ござり−やし−た=やろ−か (立たされておられたことでしょうか)

これについて田辺聖子氏は，「語尾によって多彩絢爛に光耀する…大阪弁を東京風にするというのは，むつかしい以上に，首をくくりたくなるような恥ずかしさがある」と書き，方言を文字にのせるむつかしさを語っている (「大阪弁おもしろ草子」1985)．これは大阪弁にかぎらない方言一般の，本来は音声で交わされてきたことばの力が，文字によってそぎおとされていくことの問題にちがいない．
　語における派生接尾辞の連続のなかで，品詞(語類)変換(体言化 VN，用言化 NV—4.4.2.1) がときにおこるように，拘束句のなかでもしばしば，前接語による変換が接尾辞と交錯しておこる．この接語と接辞の交錯は，日本語に特徴的 (4.2) な，(かぎられた数とはいえ) 変化型前接語の存在がもたらす結果である．

(87)　a.　日本人+ぎらい=だ=と≠いう≠こと=に≠なっ−て≠いる
　　　b.　食べ−させ−られ−はじめ−たがり=など=は≠し−そうで≠なく=も≠なさ−そうだっ−た=よ；な=の=よ—〈比較〉(84)

(87a., b.) は (84a., b.) とおなじく，おおくの接尾辞(派生ならびに屈折)と前接語が交錯しつつ線条的な連続体をなし，そこに修飾と語類変換，「挿入・拡張」

(さらに「ひねり・再立ち上げ」)のある用言複合体であって，ひとつの語ではない (4.3.4 の①〜③を参照)—∅ 屈折は略す。このような (形態法的に一様ではない) 用言複合体の可能性をおもえば，たやすく日本語の複統合性や膠着性が語られるべきものでないことは理解されるだろう。3.4 でのべたように，この種の連続体が (たんに可能性である以上に) かなり自由につくりだしていける日本語は，書記法上，語頭にたつ語幹のみは漢字にして，のこりは音節文字の仮名表記だけにしうるとすれば，このような書記法上の傾向のなかでは，接辞と接語の区別は意識にのぼりにくかったとしても不思議ではない。アルファベット言語のような「語分け」(接語の特別表示をふくむ)がうまれにくかったのも，無理からぬことであったかもしれない。

　たまたま引いたにすぎない用言複合体であるが，そこにふくまれる境界，すなわち –(接辞[接尾辞の派生 vs. 屈折の区別])，+(複合)，=(接語)，≠(準接語)，#または空白 (語) で示すような形態法の細部の「感じ分け」(1.3.1) にたいする無頓着・無感覚が，"助詞"や"助動詞"それぞれの無区分，そしてこれとおそらく無関係ではない仮名文字の問題の根底にありえたということは，考えてみるべき日本語の問題ではないかとおもわれる。

[拘束句としての結節]

　上記『新明解日本語アクセント辞典』(4.2.2) 所収の秋永 (2002) は，100 の「アクセント習得法則」によって，用言の変化形をふくむ詳細な (東京) アクセントを整理すべく，語を「単純語」「複合語 (癒合語，結合語，接合語)」「転成語」「分離語」に分類し，(相互のぶれを認めたうえで) 続けて用いられる場合の文節を「結合文節」「接合文節」「分離文節」とした。これらの一部は本書の (原義的つまり固い) 複合語に，他はゆるやかな拘束句に，分離文節は 2 つ (以上) の結節にほぼ一致するが，基本的には本書の「語」や「結節」とは異なる以上，完全には対応しないのはやむをえない。「文節」についての法則もふくんだ詳細な分類だが (4.2.2 を参照)，基本にある"助詞"，"助動詞"は従来どおりのものであって，接尾辞と前接語の峻別にたつものではない。また，自立語と付属語をあわせた日本語アクセント構造の宣明をめざす，全国 6 地点 (方言) の「付属語アクセント」にかんする，田中宣廣氏の秀作 (2005) も，従来どおりの"付属語"であり，接尾辞と弁別された前接語ではない。体系的な視点から，名詞，動詞，形容詞に接続する"付属語"を区別してはいるが，それでなにか有意的な「式」が浮か

びあがってくるものともおもわれない。

　日本語は方言レヴェルにいたるまで自立語(複合語をふくむ)の精緻なアクセント研究が進んでいるが，"付属語"が関与するアクセント対象の幅には一定の理解があるのだろうか。前接語によるゆれはおおきく，拡張の際限さえ定かではない。(とくに用言複合体などの)拘束句は，単純なアクセント型ですまることの困難ははなからわかっているが，日本語の結節を裏打ちする重要な音声的現われである以上，部分的ではあっても，追い求めていくべきものとおもわれてならない。

　音韻的結節の裏付けがおおむね規則的に動くような言語とは反対に，千変万化とさえみえる日本語の拘束句には，おそらくじつにさまざまな動態要因がからんでいる。神保格(1925)や川上蓁(1977, 1995)なども一部ふれているように，前接語そのものにくわえて準・複前接語の種類，幅(拍数)，機能の豊かさ，固有のアクセント価，句頭音調と意味の関係，声の高さの変化などがひきおこす型の変動，句内部にくわわる意味・語用的・談話的要因，個人的・表出的要素などがおおいにかかわってくることはもちろんであろう。しかし問題の出発点は，なによりも従来の"助詞"と"助動詞"それぞれのなかに，語でないものと語であるもの，つまり接尾辞と接語の峻別と，それらのひんぱんな交錯をときほぐしていく努力ではないかと想像される。そうでなければ，流動する広範囲な前接語句(とりわけ用言複合体)について，いたずらに"実験"データとか(一般的)音韻・韻律理論とかの適用をはかってみても，それでなにかが浮かびあがってくるものだろうか。暗中模索は解消しないまま，見えないものはやはり見えないということになってしまうのではないか，とわたしはおそれる。

[動詞連続]

　日本語の拘束句としての，ルースな意味での"複合動詞"や，用言複合体につながっていると考えられるのが，「動詞連続 serial verb / verb serialization」である。日本語の文法でどの程度この術語が使われているのかは定かでないが，すくなくとも小松(2000:53)には「仮名文の物語や日記などには，動詞連続の事例が無数に近いほどあるが，前部成素/後部成素の関係は多種多様である。典型的な複合動詞もあるし偶発的連接もあるが，それ以上におおいのは，どちらとも決めがたい事例である。同一の連続でも，文脈によって融合の度合いは流動的である」という記述がある。複合動詞と動詞連続が区別されるばあいを，

Aikkhenvald (2003:446–448) はタリアナ語について記している。

しかし「動詞連続」は，世界のかなり多くの，全体的には主として南半球（南アジア，オセアニア，西アフリカ）の，クレオール語もふくむ諸言語につかわれており，ニューギニア，北アマゾニア，メキシコ，北アメリカ（すくなくともダコタ語）にも散発的に分布するということになっている (Aikkhenvald and Dixon eds. 2006) [*160]。また，峰岸 (2006:126–127) は，屈折などの文法接辞をもたない東南アジア大陸の孤立語における動詞連続の存在に注目している。

ごく一般的にいえば，自立的にも現われうるふたつ（以上）の動詞が，連結辞をはさまずに並置されて，（ひとつの動作を表わす）ひとつの述部をなすとされるのが動詞連続構造である。どちらかといえば孤立語におおい特徴かといわれるが，動詞の屈折や派生が接頭辞にゆだねられ，それなりに複雑な形態法をもつアメリカ大平原のスー語族ダコタ語 (Dakota—de Reuse 2006) などにもある。重要な特徴として，典型的に述部最後尾型の言語がおおいことも知られている。ただし問題は，しばしば統語法的にのみとらえられ，きわめて生産的な現象であるとされ，『術語編』では，「ビー玉型動詞連続」1105–1107（角田太作執筆）のほか，「連鎖型，団子型」が区別されている。しばしば連続型 vs. 分割型と分けられたりもする。動詞連続一般の諸相についての概観は，Aikkhenvald and Dixon (eds.) (2006) の前者によるもの (1–68) がもっとも有益だが，この言語特徴をどうとらえるかについては，研究者によって（その専門の言語がちがうことなどもあって），かなりのちがいがある。

動詞連続のタイプがどうであれ，たんに統語的連続体をなすというだけでは十分ではないのかもしれない。もしひとつの言語のなかで一定の構造をなすとする以上は，なにかひとつのカタチをなすことがいえてしかるべきではない

[*160] 日本人研究者による記述のなかにも動詞連続はめずらしくない。大角翠『ティンリン語 Tinrin 文法』(Osumi 1995:212–222—ニューカレドニアのオーストロネシア Austro-nesian 語族の言語)，加藤昌彦『ポー・カレン語 Pwo Karen 文法』(2004:207–275—タイ)，藤原敬介『チャック語 Cak の記述言語学的研究』(2008:487–507—バングラデシュのチベット・ビルマ系言語) などに，それぞれくわしい記述があり，藤原 (2008:488–489) は，動詞連続と動詞複合体，複合動詞との差を否定詞の位置などの形式面から区別しようとしている。また，短いスケッチ類 (6.1.1) では，東京外国語大学 AA 研『文法を描く』3 巻（うち 1 巻は英文）収載の 21 言語のうち，約 3 分の 1 の言語が動詞連続にふれている。これは動詞連続に経験と情報がとりわけ豊かな Aikhenvald の，世界の言語を見通した推定 (3 分の 1) と一致する割合であるのはそれなりに興味ぶかい。

だろうか。3.1「二面結節」でふれたように，それを裏打ちする音韻結節的特徴が，言語によるおおきなちがいはあるかもしれないが，なにかあって不思議ではない。動詞連続をまとめた，Aikhenvald and Dixon (eds.) (2006:339［Dixon］) のディクソンによると，一般にはひとつのイントネーション群（結節）をなす（休止やイントネーション中断をはさめない）が，一方では，名詞のような他の成分による分割があるともいう。ただし，拘束句としてのまとめあるいは裏打ちは，言語によっては，イントネーションだけでなく，高低アクセント（パプア州エンガ語 Enga）など，一定のアクセント型や母音交替（例，ダコタ語—de Reuse 2006:303–305）であったりもするという。

　ゆるやかな結びつきにとどまる"複合動詞"は語とみなさない立場からすると，おそらく動詞連続もまた原義の「語」ではない。Aikhenvald and Dixon (eds.) (2006) では，一部の言語について，動詞連続の「語性 wordhood」が問題にされているが，これはその phonological word を語と考えていることとも関係するのだろう（3.1.3〈ミスマッチ〉でふれたとおり，2 種の語を両者は認めている—Dixon and Aikhenvald 2002）。しかし 2 種の語を認めない立場からすると，動詞連続についていわれる語性には疑問があり，闡明されるべきなのは語性ではなく，むしろ「拘束句性」(それを支えるカタチ性) であろう。同書の Aikhenvald (2006:37–39) は，「語性」にくわえ，「1 語的動詞連続 one-word construction」の存在にもふれている。ふたりの編者の「語」や「語性」の解釈や，複合(動詞)や語根連続の定義にもとづく記述なのかどうか理解しにくい部分もある。名詞項，接語の挿入のような特徴に言及したものはあるが，形態法的な，つまりカタチを支える音律特徴にふれる以前に，統語的な構造のひとつとして片づけておくだけでよいのであろうか。

　以上からすると，動詞連続には，おそらく日本語の拘束句としての用言複合体を生む拘束句性とおなじものが関与しているにちがいなく，統語的な連続としての一種の動詞句というだけでは片づけられないものがあるようにおもわれる。上記の諸言語にみられるこの現象は，統語的のみならず，カタチの観点から，なんらかの音声の裏打ちとあわせて考えられるべきものであろう。

[名詞抱合か放出か]

　日本語では，通時的にみると（訓点資料での「加点，省記」—小林芳規 1982b:254–255—などから推しても），本来，ヲ格的には"助詞"「を」は用い

られなかったことが知られている(間投助詞的用法はのぞく)。大野(1977:19)も,もっぱら目的格を表わす役目を帯びた助詞はなく,「水飲む,酒くれ」などは「本来の形式にそのまま従っている…多用されるに至っては,漢文の訓読において,目的語から動詞へと反読する際,必ず「を」を加えたことが,大いに力があったのだろう」といい,山口明穂(1989:47–98)は『国語の論理』の一端として,「客語感覚」をになう「を」の解釈,時代的変遷,自・他動詞との関係などを論じている。本来の形式(無表記)になぜ「を」がくわえられたのかというおおきな問題である。

「草刈る」「名付ける」などは,名詞プラス動詞型の一種の"複合"とされる名詞抱合(3.6.1)として広義的にとらえるのも,ひとつの解釈なのかもしれない。しかしこれらは,原義的な固い語幹複合(1語としての複合語)とみなすことはできず,むしろ一種の,語幹の接合した拘束句(草≠刈る,名≠付ける)である。

この「草刈る」と同様,會津八一の有名な品詞切りによる例(2)を再掲すると,

(88)　かすがの　の　みくさ　をり　しき　ふす　しか　の　つの　さへ
　　　さやに　てる　つくよ　かも

の下線部「みくさをりしき」じたいが,(中断法屈折の)拘束句であろう。

手もとの大岡信監修『短歌俳句生活表現辞典 歳時記版』を開くと,その季語「くさかり/草刈り」には,動詞形「草(を)刈る」の実例として12の短歌・俳句があがっている(時代幅はひろく,柿本人麻呂から杉田久女(ひさじょ)まで)。うち3例が「草を刈る」,4例が「草刈る」である。(「草刈男,草刈女」「草刈り(の)」「刈草(を)」の計5例は複合名詞とみなして,はぶく)。いうまでもなく,七句五句のいずれに用いられているかによる格助詞「を」のリズム的着脱である。いまひとつ,「み草刈り葺(ふ)き」(額田王)もあるが,このばあいは,「草を刈り」(連用形)の「を」の不使用が,八一とおなじく,虚辞的な「み」で置きかわっている。「草を刈る」はもちろん,拘束句としても現れ(そのように発音され)うる統語的な句であるが,問題は,「を」のない4例の「草刈る」が複合動詞なのか,名詞抱合なのかである。その着脱可能性じたいからすれば,あきらかに固定的な複合動詞ではない。したがって,当然ながら「草刈り」は名詞として辞書の項目にあげられるが,動詞的な「草刈る」はまずあげられることはない。ゆるやかに接合した拘束句というべきだろうが,問題は,これを形態法的手法のひとつとして名

詞抱合とみなしてよいかどうかである。「名づける，理屈づける，かたづける」などは，「づける」の連濁 (注 139) が 1 語化した複合動詞であることを示し，名詞抱合という解釈も成りたつが，「草刈る，かた(を)つける」には，ひとまずそのような 1 語性を示すものはないので，抱合は考えにくい。

そもそも「抱合語」は，3.6 でふれたように，フンボルト以来 (Humboldt [1836]1994)，いわば第 4 の言語類型としての古い歴史がある。それよりすこし前から存在していた術語 polisynthesis との混同は，すでに 1 世紀前にサピア (Sapir 1911) によって解決されている。つまり名詞抱合は，名詞プラス動詞型複合語のひとつのタイプと解され，その後，(本来，音律素にも関与するむつかしい問題だが) ミスン (Mithun 1984) がその史的発展を説明しようとした。その試みによっても，世界の諸言語にはさまざまな種類の名詞抱合のあることをわたしたちは知っているが，日本語に名詞抱合があると説かれることはこれまであまりなく，日本語を抱合語の類型にいれるのは，やはりむつかしい。

ここできわめて注目に値するのが，河野六郎先生が「日本語 (特質)」(1580, 1582) で提案した「放出」の概念である (『術語編』の「抱合」1297–1298 も参照)。日本語史では，格助詞の現出あるいは顕在化 (4.5.2) にかかわって，もともと名詞≠動詞のゆるやかな拘束句であったものの名詞が，動詞に「抱合」されるのとは逆方向のプロセスで，潜在的な格関係 (「=を」) を明示しようとする趨勢のもとに「放出」された可能性を積極的に考える必要を示したのが，この「放出」である。山口明穂氏の論考 (1989) はさきにふれたが，阪倉篤義氏には，「月出ず，月めず」のように，「主格や目的格に当る語の後に断裂があって，それらの語は主題として提示されるかたちになるのが最も普通ないい方であった」のが，「格関係を判然と意識することがふえて，... 目的格を「を」で示す形式が一般化するようになる」(1993:266–267) という認識がある。その「断裂」(263–266) がなにを意味するかはともかくとして，阪倉説とともに「放出」説は，言語形態論の重要な問題として類型論的 (あるいは一般言語学的) にもひろく言語学的に定着してきた名詞抱合を，日本語史の側から根底的に，つまり逆方向から見直す必要をしめすものかもしれない。

名詞抱合か放出かは，通時的にみても，日本語における重要な形態法上の問題に関連しているようである。周知のように『万葉集』などには，一見すると名詞抱合的あるいは複合動詞的にみられるものの，通言語的にみると，その意味範疇的なかたよりがとくにいちじるしい表現が多くある—「神，天，雲，黄

泉，…」など*161。これをたんなる上古に特有の慣用的なひとつの語法としてかたづける以上に言語的な関心をよせざるをえないのは，そこには，類型的にみて名詞抱合にもっとも一般的とされる他動詞目的語や自動詞主語以外の名詞がすくなくなく，連濁や（一部）母音交替などもみられるからである。もとより原義的な複合動詞扱いはできないはずだが，より一般的な名詞との複合や3項的複合もあり（「なまはらだつ，おおとのごもる（貴人がおやすみになる）」），なにか特別な名詞≠動詞の複合体なのだろうか。もしそれが今日の言語学が理解しているかぎりでの名詞抱合ではないとすれば，日本語における格（標識）の処理（顕現）の問題とともに，今後の通言語的な検討を要する，類型論的のみならず一般言語学的にみても興味深い問題ではないかとおもわれる。

5.3 体言複合体など

　最小の体言性拘束句は，いわゆる格助詞などをともなった前接語拘束句，(接頭辞というより，後接語とか"連体詞"が前にたつ) 後接語拘束句，弱化した準前接語をともなう複合名詞的連続体などである。用言複合体とおなじく，「体言結合体」も，河野（1957［1980:縦 15］）にはみえる。そこにまずふくまれるもっとも単純なものは，

(89)　　a.　　人=が，=を，=に
　　　　b.　　お=人，この=人，きたる=年

のような a. 前接語（"助詞"）が後にたつ句や，b. 連体詞をふくむ後接語が前にたつ句である。

　しかし，一般に体言性拘束句は，対応する用言性拘束句が複合動詞につながっているように，複合名詞につながってはいるが，固い結合の1語としての原義的な（複合法 4.6.2 による）複合名詞とおなじではない。(89a.) の類を屈折

---

*161 「天がける，天霧る，天くだす/る，天ごもる，天ざかる，天そそる，天づたふ，天たらす，天てる，天てらす，天とぶ，天降る」「神あがる，神がかる，神がくる，神くだす，神さる，神しずまる，神つどう，神づまる，神とどまる，神のぼる，神はかる，神はぶる，神はらう，神ほく，神やらう」「雲がくる，雲だつ，雲なす，雲居なす，雲居たつ，雲居がくる，雨雲かける」「黄泉（路）がえる」など—これらの語彙の調査・分析には笹間史子氏の助力をえた。Whitman et al. (2014) は，ama+tob-u, ama+sakar-u, ama+gaker-i (inf.) を 'morphological NV compounding' とする。

とみなさないかぎり (5.4)，そして"助詞"の相互詳説などをはぶくと，用言複合体のような形態法的問題はない．対比的に若干の例をあげるにとどめる．

(90) a. いも+がゆ，やき+いも，蒟蒻+芋(こんにゃく+だま)
—いずれも(+表示の)複合名詞だが，以下は名詞複合体とみなせるだろう．
b. 芝居・蒟蒻・芋・蛸・南瓜—かつては「婦人のとくに好きな五種」といわれた(牧村史陽編『大阪ことば辞典』)．
c. 生るほどちぎる秋茄子—副詞「なるほど」の掛け言葉(同上)．
d. もってこいの話—命令法用言複合体「もっ-て≠こい」からの名詞化(「格好の」)．ゆるい複合体の意識では，「もってこい=とか=の話」も可能か？

つぎのような構造(91)もまた，拘束句としての体言複合体である．また，用言複合体がその拘束句の内部で，(準)前接語によって語類変換をおこして最終的に体言化した(92)も体言複合体とみなすことができる．

(91) a. 世間=の≠ジョーシキ=の≠かたまり≠人間(寿岳章子)
b. そんじょ≠そこら=の≠くたびれ-きっ-た≠夫婦(同上)
c. 歌≠作り-ぬき≠押し+切り-通す≠覚悟(吉野秀雄)
(92) a. 食べ-て≠見-させ-て=やる≠こと
b. 食べ-はじめ-て≠見-させ-て-やり-たがり-さ
c. 赤い+羽根≠断り-たがり-にく-さ(〜 赤い+羽根[の]断り-たがり-にく-さ[2 結節])
d. こん-畜生≠この≠うえ≠な-さ(サピア；6.1.1)

これまで使ってきた境界のちがいは，つぎのようにまとめることができる．

(93) a. 赤-そうだ　　　　　様態(1 語)
b. 赤い=そうだ　　　　伝聞・拘束句(2 語)
c. 赤い+花　　　　　　複合語(1 語)
d. 赤い≠花　　　　　　拘束句(2 語 1 結節)
e. 赤い#花(赤い　花)　統語句(2 語)

いわゆる"助動詞"が接尾辞と変化型前接語を混同して扱ってきたことをみ

ながら，"助動詞"の相互承接についても一部ふれてきたが，おなじ問題は"助詞"にもあてはまる。日本語の"助詞"は，山田孝雄がみてとったように，「他の語を助すという，…語法上，重大な意味」をもつ「文法上に有する価値は甚だ大なるもの」(『概論』395, 398)である。接尾辞の相互承接が内的シンタクス(つまり形態法)の問題なのにたいし，いわゆる"助詞"としての体言性前接語のそれは文のシンタクスとの接点にある。接語について，服部原則 III (3.1)の位置の取りかえがきくのはこのためである。

つぎの a. にみるように，ふくまれる 3 つの前接語は，順列組合せが可能な 6 通りいずれの接語順も可能であり，b. にみるように，かなり多くの相互承接が可能である。

(94)　a.　(北海道)から=だけ=の，から=の=だけ，だけ=から=の，だけ=の=から，の=だけ=から，の=から=だけ
　　　b.　(北海道)から=だけ=の=<u>で=すら=も≠ない=みたい=だ (-∅)=から</u>=ね

このような体言あるいは用言複合体における幅の広い前接語の相互承接は，接辞しかふくまない語内部の相互承接がかなり限定され，内部挿入もむしろ例外的にしか可能でないのとは対照的である。本義的な膠着語性の問題でも，語の統合度(複統合性など)の問題でもない。

日本語の前接語は，アイケンヴァルトの詳細な記述 (Aikhenvald 2003:84–86, 155–163, 184–195, 515–536 など)がある北西アマゾニアのタリアナ語を想起させる複雑な構造を示す。日本語(和語)とおなじく後接語よりは前接語がおおいが，一定の範疇の多重表示 double/multiple marking や，軽微だが前接語に後続する接尾辞もみられる。また，名詞語幹がふたつ(以上)結びついた複合名詞があるように，ふたつ(以上)の接語からなる，固定化した複合前接語「=の(=)だ」「だ(=)から」があることは表 2 (対照表)にみるとおりだが，Aikhenvald (2002:51–52) は，おなじくタリアナ語の例をだして，これを「接語オンリー複合 clitic-only words」とよんでいる。

[接語的拘束句]

接語と，それが音声的によりかかる語からなるのが拘束句であるが，代表的な前接語のもっとも基本的な分類は (67) で示したとおりである。下の接語的拘束句では，その境界を = で示す。

(95) 前接語のついた：
  体言的接語句　前接語　　　　　男=が/の/に/を/へ/と/から/も/だけ/さえ/, …
  用言的接語句　不変化型前接語　食べる=だろう, 食べる=ならば, 昔=ならば
  　　　　　　　変化型前接語　　明白=だ, 静か=だ
  　　　　　　　　　　　　　　　男(=だけ)=らしい, 食べる=らしい, 食べる=そうだ
  　　　　　　　　　　　　　　　〈比較〉「男-らしい」, *男=だけ-らしい, 「食べ-そうだ」

ふつうは自立語であるものが，発話において付属語化し，他の語に音声的によりかかってできる準接語的拘束句がある。下例では，その境界を≠で示す。

(96) a.　寒く≠ない, 小さく≠ない, 静か=で≠ない, 金=が≠ない (臨機的; 〜金が#ない)
    b.　無い≠もの=は≠ない, 無い≠袖=は≠振れ-ない, 有る=と≠無い=と=は≠おおちがい
    c.　赤い#花 akai hana〜赤い≠花 akaihana

すでにのべたように，日本語の形態素は，比較的，垣根(4.2.1)がひくいところがあって，ふつうは自立語であるものが付属語として現れ，しばしば両者が相通する。また c. のようにきわめてふつうの現象として，とくに統語的に密接な関係のある句，つまり統語句を構成する語は，もちろん自立語＋自立語の統語句として，臨機的に両者がそれぞれのアクセントを保持したべつの結節となる(発音される)こともあるが，付属語的なひとつの結節，つまり拘束句にまとまることもある(実際の発話では，むしろそのほうがふつうである)。

さらに，主要語に「=に≠なる-」「=と≠いう-」「=かも≠しれ-ない-」「≠はず=だ-」などの複合前接語が後接して，複合接語的拘束句をつくることもおおい。

接語は，「語」の一部としての接辞とはちがい，それじたいがひとつのカタチをなす「語」であるために，拘束句内部における相互の語順が，語内における接辞相互のいわば辞順にくらべて，かなり自由になり，拘束句相互の接続関係に一定程度のゆれが生じうる。ふた通りに解釈される両義的な句や節は，複合体

連続の意味解釈の問題をひきおこすことがある[*162]。

5.4 日本語名詞屈折論を問う

　21世紀にはいった今日でも，日本語文法の主流派は，名詞のいわゆる格助詞を"屈折形態論"として扱っている。これに当惑を覚えるのは，わたしのような例外的な少数派だけなのだろうか。

　最近刊行された『現代日本語文法』全7巻（日本語記述文法研究会編 2007–2010）は，「画期的な記述文法」であり，「日本人初の参照文法」であるとされる。「参照文法」については6.1.1でみるとして，たしかに日本語としては初の大部な文法ではあり，多くの研究者が参加していることでは壮挙といえるかもしれない。しかし，これは山田文法以来の伝統に沿い，見るところ明らかに寺村秀夫氏の日本語学の延長線上にあって，テーマはあまりにも統語論にかたよっている。2,000ページをこす全7巻のうち，形態論は第1巻の74ページのみという，日本語文法の要諦部分はむしろ（あるいは意図があってか）はずしたうえで，音声・音韻・音律はまったくない（2.2）という，こういう文法は，典型的な孤立語をのぞくと，他にはお目にかかった経験は記憶にない。ユニークにすぎ，バランスを欠き，どうみても参照文法というのは躊躇される文法である。すでにのべたように（1.4.3など），人間言語の統語法は，本質的に，形態法にくらべると，おおきくかわりようがない（特異性はうまれにくい）。言語のひくき所の固めをおこたると，ときには，あぶなっかしい構築物ができあがるおそれすらなしとはしない。

　かたよりのきわだった統語論はおくとしても，形態論は結局，鈴木重幸説（1972，1996）を基本的に踏襲しているらしい。『現代日本語文法』の編集代表氏は，「いわゆる助動詞・助詞は，単語の構成要素であり，独立の単語ではな

[*162] 古来，解釈が分かれる「おくやまに もみちふみわけ なくしかの こゑきくときそ あきはなかしき［古今集］」を，
　　a. 奥山に紅葉踏み分け#鳴く鹿の声聞くときぞ#
　　b. 奥山に#紅葉踏み分け鳴く鹿の#
のa.と読めば，紅葉を踏み分けるのは人間，b.と読めば紅葉を踏み分けるのは鹿である，とされる。これも拘束句の解釈の問題だが，小松（2000:55–56）の「三十一文字の仮名連鎖に2首の和歌が組み込まれている，即ち，「奥山に紅葉踏み分け#」で作者が，「奥山に#」で鹿が紅葉を踏み分ける」，という重層構造をとるとすれば，これはカタチをどう解釈するかという問題をこえた，和歌のスガタの問題（2.4）でもあるといわざるをえない。

い」という立場だが，その自著でも，「いわゆる助詞や助動詞を，語とは認めず，語形や派生語を形成する語の内部構成要素である」としたうえで，さらにくわえてこれは，「一般言語学的にみても，通言語的なレベルで伝統的な方法に照らしても，正当なものである」と書いている (仁田 1997b:2, 202)。しかし，「一般言語学的にみても，…正当なものである」とは，どの国のいつの時代のどのようなグループあるいは個人の一般言語学なのかも明記されていないのには，なにか理由があるのだろうか。ちなみに，さらに，比較的まだあたらしい益岡他『文法（言語の科学 5）』(1997) も，その冒頭の「学習の手引き」で「一般の日本語文法論とは異なった見方」の提示だという，「いわゆる助動詞・助詞は，単語の構成要素であり，独立した単語ではない，という見方」(ix ページ) をのべている。助動詞・助詞にかんする「一般…とは異なった見方」とは，山田・松下両文法の中間をとった"混成"のユニークさでも意味するのだろうか (2.2 を参照)。

あからさまな音声無視・形態論軽視の『現代日本語文法』でも，日本語における語についての理解が定まっているように見えないのは，「不一致についてはこだわらない」(3.7)"寛容"な解釈もさることながら，「語」のとらえ方そのものと連動する，とりわけ文法概念としての「派生」にたいする「屈折」の理解にかかっている。日本語の屈折については，用言にかぎったものとしての屈折接尾辞についてふれたとおりだが (4.5)，『文法 1』第 2 部形態論第 1 章が屈折形態論の例としてあげるのは (2010:74–75)，

(97)　a.「受けた，受けながら，受けなかった」
　　　b.「本が，本を，ロシアからの」

であり，「文法的機能を果たすために単語が形を変えたり，助詞を伴ったりしたもの」とされる。

　a. には，過去，付帯状況，否定の，いわゆる"助動詞"が使われているが，それぞれのどこからどこまでをさして屈折というのか，肝心なところがいっこうわからない（「-ながら」vs.「=ながら」については，例 45, 71 と 5.1 を参照）。b. は，名詞にいわゆる"助動詞"や"助詞"の連続が前接してはいるものの，もともと屈折とはいえないはずのものである。さらにすこし先を見ると (82–83)，「書く，書こう，書け，書き，高い，高く，…」の下線部が屈折語尾だとし，「本が，本を，本に，本の，高いので，静かだったし，走るが，…」の下線部が，助詞だとしている。そしてその助詞とは，「自立しない補助的な単語」だという。屈折変化

語尾も助詞も，ともに屈折形態論のものと考えられている。日本語の助詞を接尾辞とみなす松下文法以来の考え方からすると，このような立場もでてくるのだろうが，本書で説ききたったように，納得できるものではない[*163]。ちなみに，松下文法を擁護する森岡健二(1965:42)は，「屈折」にかんしては自信なさげである。なお，「屈折」と区別すべき「曲用」については，4.5を参照されたい。森岡健二(1997:57)では，山田文法がただしく動詞と判断した"説明存在詞"も「屈折語をつくる結合形式」としての接辞(助辞)になり，「たけなわ=です」は1語になっている。ここで使われている「屈折語」「結合形式」も意味不詳である。

　鈴木重幸氏の形態論については，注30, 66, 76, 113 でもふれたが，その『日本語文法 形態論』(鈴木重幸 1972:38, 146–147, 152 など)でも，動詞の文法的な形(yom-u, yom-o, yom-e など)については「語尾のとりかえ(屈折 inflection)」，名詞の文法的な形(yama=ga, yama=o, yama=ni など)については「くっつき(付属辞)のとりつけ(膠着 agglutination)」とよび，それらは「単語の要素」だと解している。そのうえで，語尾は，「<u>語幹</u>とのむすびつきが比較的固いもの」，くっつきは「<u>語幹</u>とのむすびつきが比較的ゆるいもの」と説明している。ただし，下線(宮岡)のように，両者とも「語幹」とのむすびつきになっていることは見落としてはならない。なお屈折は，「語尾変化」ともよばれている(367)。それはさておき，両者の境界(-, =)のちがいは，本書の接辞と接語のそれにおなじだが，その「くっつき」を「単語と語尾・接尾辞の中間に位置するもの」とし，「これを単語とみとめず」と明言して，「文法的な意味の表現形式の要素」であるという(1972:152, 153)[*164]。"比較的固い・ゆるい"とか"中間に位置する"とかは，な

[*163] 本書における語幹・語基ならびに屈折接尾辞(4.1, 4.5 など)と比較されたい。

[*164] 奥田「語彙的なものと文法的なもの」(1972[1985])には，agglutination(膠着)と affixation(接辞法)の混用があって，「日本語の，いわゆる格助詞は語彙的な意味をうしないながら，構文論上の独立的な単位であることをやめて，<u>接尾辞へ移行している</u>。…膠着という用語は，一般言語学において affixation <u>のひとつのタイプをさしている</u>(3.6)。名詞と格助詞とのむすびつき方が<u>膠着的であるとすれば</u>，<u>格助詞はすでに接尾辞なのである</u>」(24, 21–29―傍点宮岡)としている。さらにその前ページには，格助詞が「格の後置詞」であるか，それとも「格の接尾辞」であるか，いまはこの問題は本質的ではない，ともいう。直接的にはこのあたりに，近年の日本語名詞屈折論(5.4)が根ざしている可能性があるのではないかとおもわれる。定義の不明確なままつかわれてきた「膠着」であったが，接辞法は語構成の手法，つまり形態的手法のひとつである(3.6, 4.1)。膠着語が接辞法をふくむのはたしかだとしても，膠着=接辞法と定義されたことはないし，膠着は接辞法以外の方法でも達成できる。日本語が膠着語だからといって，その「格助詞はすでに接尾辞」であると

にによるのだろうか。
　鈴木重幸氏の所説のうち，「格のくっつきは，起源的には単語であった可能性がある（「へ」「から」などはとくに）」(1972:153) はおくとしても，「アフリカからまでも」まで単語だというとすれば (1996:290)，くっつきの連続であれなんであれ，(102b.)「ロシアからの」も屈折とするのも無理からぬことかもしれない。「からの」は格助詞の「重用」として，古くから問題にされてきたことは周知のとおりだが，「からの，からまでも」は，文における機能がどうであれ，いずれも印欧語名詞のような屈折変化あるいは名詞の格変化（対格，奪格/生格）とも，日本語の屈折とも，まったく別ものであるのは明らかである[*165]。「から，まで，も」は，さまざまな挿入でわかるように，いずれも接尾辞ではなく前接語であり，したがって「からまでも」は，屈折要素とはいえない。つまり，不変化型前接語の連続の一種である，さきにふれた「格重ね」(5.3) である。例 (75a., b.) などを参照されたい。
　英語の 'he, his, him' と同様に，「彼が」「彼の」「彼に」を同じ単語の語形変化というのは，理論的にはひとつの立場でありうると認めたうえで，渡辺実氏ははやくに，「なおわれわれの感覚に合わない，と感じる人が多いであろう」と書いている (1976:89)。まさしく，「語感覚」に横車をおせば，いかようにも"理論"をたてるのは可能だということである。カタチにたいする感触（実感）がないと，ややもすると意味に走る (2.3) 好例であろう。
　日本語の名詞などの体言が，印欧語などとはちがって不変化詞であることは，屈折に関連してすでにのべた (4.5)―くりかえすが，方言にみられる融合化はのぞく。またそのことは，今をさる 4 世紀前のロドリゲス（キリシタン宣教師）時代から認識され，明治初期のアストン（英国人）をはじめとした日本語研究者にも熟知されていた。この両者だけでなく，古くからの外国人研究者に

　　いうのは，飛躍でしかない。現代日本語の格助詞は，(2.2 でふれた静岡遠江方言などに特徴的な変化をべつにすれば) どこをさしてどのような証拠によって，すでに接尾辞だとか，「接尾辞に移行している」とかいえるのか。後置詞であるか接尾辞であるかは形態法の問題だが，言語の性格の問題として「本質的では」ないとしてすませうることではない。とくに日本語はしかりである。奥田説に接語への考慮も理解もないことは，明らかである。

[*165] 屈折語として知られる，ギリシャ語，ラテン語，はたまた現代のロシア語，ドイツ語でも，主格であれ，属格（生格，二格）であれ，与格（三格）であれ，それらの語根（語幹）と屈折語尾（接尾辞）のあいだに「だけ，から」などに相当する形態素を挿入することはないことと比較されたい。

はほぼひとしく理解されていた日本語名詞の不変化詞性が，今日なおこのように一部（主流）の日本語研究者には理解されず，ローマ文法学の集大成としてのプリスキアヌス Priscianus 文法（6世紀前半）の伝統を受け継いできたロドリゲスらですらまぬがれていた「ラテン語文法の箍（たが）」に日本人研究者がすすんではまりこんだあげく，日本語の格助詞を「屈折」だという理解が流布したようである。しかし外国人だけではなく日本人研究者でも，すでに「大文法」時代にはいった大槻文彦『廣日本文典』(1897) は，ラテン語の格を対照し，テニヲハを名詞の語尾変化とみる可能性にふれつつも，「名詞に生得して離る」ことができないラテン語の格にたいし，テニヲハは「脱して衆に通用する」ことができ，「別語」だとしているのである（『別記』252節）。対照的に，みごとに箍にはまりこんだかのようなのが，4.1.1 等でふれた松下大三郎の"静助辭"である。

こうみてくると，やはり日本語名詞屈折論が，"一般言語学的にみても，…正当なもの"とは，わたしにはとうてい受けいれがたい。かぎられた経験からだが，いつわるところのない感触を率直にのべるとすれば，たとえば日本語をまったく知らない 10 人（でも 100 人でも）の外国人言語学者—ただし，mediocre 以下はのぞく—にこの言語事実を 10 分でも説明すれば，誤解からたやすく救いうる，その程度の話であって，さきのロドリゲスからアストン，スミルノーフらにいたる明治以前の，それぞれに苦労して日本語に向かいあった西洋人とおなじく，全員がたちどころに，日本語の体言は不変化詞だという理解がもてるにちがいない。いくら関係学会で"通用"していようとも，言語学のいろはをすでに修めた人なら，このような日本語名詞屈折論に疑念を抱かぬとはおもえない。にもかかわらず，日本の研究者が"寛容"にも，疑義申し立てすらしないでいるとすれば，これはもはや日本語文法研究 4 世紀このかたの停滞とさえいわれてもしかたあるまい。

もちろん，春庭までの動詞活用研究じたいは，その段階では「飛躍的な発展」（益岡他 1997:127）をとげたといえるにちがいないが[*166]，それ以後，わたしたちの見なれた文法教科書とそれほど変わりがない状況にあるとすれば，世界に誇れる国文法の達成があったとか，学説の鋭い対立やゆれ幅の解消に立ち向

[*166] ちなみに，動詞のパラダイムは，中国語のような"無形態"の孤立語でもなければ，文法現象の理解にとって重要な出発点であって，今日の欧米では，はじめての言語にとりかかる者が博士論文などを書こうとすると，まっさきに整理することが期待されている問題である。

かってきたとかいえるものではなさそうにおもわれる。むしろ春庭を欽慕した上田萬年(かずとし)(1867〜1937)をして「国語のため」([1895]2011:152)のなかで,「今日までの国語学者…は,国語学を以て僅かに古典学の一科となし,更に其の独立をみとめず,まして其威厳を守らざりしかば…」*167 として責を問うた,国語学における春庭以後(とくに明治以降)の沈滞は,1世紀以上を経たいまもなお脱却できぬままにあるのではないだろうか*168。

　総じて「大文法」以降,さまざまに豊かな実質的貢献が蓄えられてきた事実は,もとより疑う余地はない。それを認めたうえで,伝統的な,とりわけ"助動詞"と"助詞"をめぐる基本的扱い,ならびに日本語の"格助詞"を屈折接尾辞であるかのようにみる松下文法(2.2)や,上記のような名詞屈折論を中心とした文法理解には同調することはできない。しかもこのような名詞屈折論が外国人への日本語教育の世界にも広まってきたらしいのは,由々しいことであり,世界の秘境めく言語理解がこれ以上広まらないことを望むばかりである。松下大三郎説とか,鈴木重幸説のような「語」の理解におおむね準拠する日本語文法は,バランスのとれた言語学の基礎を身につけた若手研究者の検討にはもはや耐えられない時代なのである。そのような若手研究者のあいだにも,日本語研究の不毛が続くことを真剣にうれえるようになってきた人はすくなくない。「単語の認め方の立場によって単語の数え方が異なる」と主張するような本も知らぬではないが,これなども「語」について考えたことがある研究者の姿勢とはおもいがたい。ともあれ,文法研究の歴史がかくも長い日本でありながら,いまも主流としてまかりとおるこのような基本問題にかんする"不一致"の容認(3.7)は,現在の言語研究あるいは一般言語学の世界では珍奇きわまる現象にちがいない。しかも,このような日本語形態法の基本的理解の問題が日本国内にとどまらない状況を前にすると,陰鬱な気分におそわれる*169。これはおそ

---

*167 W. vonフンボルトの創立になるベルリン大学(現フンボルト大学)と青年文法学派隆盛のライプチッヒ大学に留学し,新しい言語学のうねりを肌で感じて帰国した上田には,当時の国語研究がどう映ったかをうかがうことのできるひとコマである。

*168 日本語研究者の某氏はある時(あえて匿名),宣長父子以後の文法研究をまさしく'decline'という表現でわたしに語られたことがある。ことの深刻な意味を理解するには,まさに宣長にさかのぼって言語のカタチ性の認識をえるとともに,文字(日本語書記)の特性と陥穽を考慮しつつ,"助詞","助動詞"の基本問題を見なおすことが必要にちがいないというのがわたしの立場である。

*169 日本語関係論文にも,日本語の節連続を扱うM. Tsunoda (2012)や日本語の動詞複合体内の辞順を扱うNarrog (2010)のように,例外的なものもなくはなく,前

らく名詞屈折論だけのことではない。日本語の不正確な基本データが国際的に広まっていく一方，何世紀にもわたって涵養されてきた国語学の貴重かつ高度な知見がなかなか海外に伝わっていかないのは，きわめて残念なことである。

者の尾注は形態的手法にふれて，'Some of them [linkage markers] are best considered suffixes,..., while some others appear to have a somewhat independent status, and they may be considered enclitics,..., or a combination of one of more enclitics and a word' として，本書同様，ハイフン (-) と等号 (=) で区別している。Whitman et al. (2014) も参照。しかし，1990 年代から国際雑誌や刊行物に発表されるようになった日本語文法記述（英文）は，形態論の観点からすると，国内の水準をそのまま反映している一例，(sushi=o ではなく) sushi-o tabe-tai の類。30 余点の論文を収める 2 種の Handbook でも，形態論関係はわずかに 2 点しかなく，しかも両者ともに接尾辞と前接語の区別は不問にふされている。とかく日本語は異国風な言語の扱いをされて欧米の類型論者の関心をひくが，いちばん基礎の部分で不正確な情報が外に広まりつつあるのである。

言語記述と文法

❖ 第6章 ❖

　みずからのことばを意識の閾にのぼせて，その断片であれ，言語事実を文字で書きとめ，しだいにまとめあげていく営みは，おそらく人類が文明の発達をとげはじめたかなり初期の段階に芽生えたものかとおもわれる。その行為と結果が象徴的にもちえたはたらきはべつにして，ことばの実用性の認識が深まるとともに，辞典と文典の整備がすすんでいくなかで，その規模も種類もしだいに拡大していった。文字が成立した世界の諸地点で，現実的要請のたかまりと知的関心の成熟にともなった語彙や文法の整備があって以降，とくにヨーロッパ人の世界規模での海外進出がこれに拍車をかけた。

　ただし，文法（書）のほうは，はじめは「文語を理解するのに，書かれだした」といった解説からはじまり，すべて実用的な目的をもって誕生したとして片づけられることもある。しかしとくに近世以降は，世界各地でくわす未知の言語にたいする，たしかに実用的な，とりわけ宣教の必要のなかから発展していった（いわゆる「宣教師言語学」—6.3），苦心惨憺の産物が重要な礎になっている。とりわけ言語学の分野としての「記述言語学」が20世紀はじめに確立されていった背景には，新大陸の先住民であるインディアンとの出会い（じつは吸収）があったことを忘れるわけにはいかない（6.1.1）。ただ例外的に，言語にたいする学問的あるいは宗教的関心からはじまることはあった（ギリシャ・ローマ，インド，アラブ世界，中国）。日本語文法との関連を視野にいれた，西洋古代とインドにおける文法学の発現については，泉井久之助先生（1976b）に簡潔ながら的確な概要がのこされている。これについては，3.5も参照されたい。

　ヨーロッパ諸言語の「文法」grammar/grammaireは，ギリシャ語のgramma「文

字」に由来する grammatikē「文字を書く術」から出たとされ,「文法は文字の産物」とさえいわれる(ボチャラリ 1990:184)。ただしこれは,ボチャラリ氏のいう「例を集め,単語を分類して,その言語の構造を解明していくこと,つまり,文法を作る作業には,どうしても文字が必要である」といった類の意味での産物ではない。文法といっても,もとは文字で書かれることなく,口頭による伝承が続いたのが,世界最高レヴェルの『パーニニ文典』(古代インド)であることはすでにふれたとおりである(3.5)。インドの形而上学的背景にたつその文法学についても,泉井(1976b)を参照されたい。

　文法を編んでいくには,話し手から情報をえるのでなければ,文字で書かれたものを解きあかしていく作業がある。そうした言語への(ときには他言語と比較するなかでの)反省が,「語」つまりはカタチにたいする意識を育てていったことは,『古事記伝』さらには『万葉集』の日本語における"助詞"の発見にも例をみることができる—『日本語の歴史 2・文字とのめぐりあい』244–246 を参照。「人間の意識の立ち止りの産物」(川田順造—3.3)としての文字は,その「表語性」(3.4.3)からして,まずは「語」意識の立ち止りであると考えざるをえないし,それがなければ「文法」ははじまらない。この意味ではたしかに,文法は文字によっている。しかし,そこには陥穽もひそんでいる。

　橋本進吉が,「文法」は「言語の内部構造」であり,「言語上の決まり」であるとしたとき(1959:3),その「内部構造」と「きまり」としての「文法」は,音声であれ文字であれ,言語のカタチをただしくとらえて,そのカタチ相互のからまりと細部(動く襞(ひだ))を,話者の言語感覚に即した形で「感じ分け」(泉井—1.3.1)かつ「解きほぐし」ながらまとめていくという持続的なねばり強い取りくみによってのみはじめてできあがっていく。文献や話者から用例を(聞き)あつめ,意味的に整理したというだけでは文法にはならない。言語は,細部から大枠までの—音素・形態素にはじまり語彙と品詞はもちろん—いたるところに,その言語に固有な範疇化がからんでいるので,この「分け」とその扱いがじつははるかにむつかしく微妙で,永年の慣れとかコツが要求される。そこに,言語以外の諸現象よりも整理や分析,一般化や理論化がはるかに困難な理由がある。

　辞書と文法(書)を中心に,ここで問題にする言語の記述 description /documentation は,あえていえば,伝統的な中・大辞典程度のものと,参照文法(6.1.1)になりうる程度の詳細かつ深みのある文典を念頭においている。いずれも一般的には,当然の前提として望まれる正確さにくわえ(Tamura 2004:262–266,

271–272 を参照），前者はまず可能なかぎり悉皆的，後者もまた包括的かつ体系的であること，さらには，テクスト類とあわせて，活力の落ちた脆弱な言語のばあいには，後の代々までその集団が実用的かつ象徴的な遺産として利用できるような記述が望まれる。

6.1 辞典と文典

6.1.1 ボアズ的伝統

　F. ボアズ (1.2) によって育まれた伝統のなかから黎明期のアメリカ言語学あるいは構造言語学が誕生かつ展開していったが，ボアズが求めた「分析的 analytical」というのは，後述する『ハンドブック』の「序説」(Boas 1911:81–82) に説くように，ラテン語文法的枠組み（前 2～1 世紀の D.Thrax 以来）などの伝統的文法から脱却し，「言語それじしんの分析から内的にえられる記述」であって，「個々の言語の内的形態 inner form に依存する心的群化 groupings」にあった―1.3.2〈範疇化〉，注 190 を参照。

　とくにアメリカ人類学の黄金時代として知られるボアズ時代には，人類学者ながらつよい言語学志向のもとで，辞書・文法・テクストが記述の「3 点セット triad」として強調されていたことはよく知られている（宮岡 1992c, T. Tsunoda 2005:245–246）。ボアズにとって，辞書と文法は範疇化 (1.3.2) のすくいあげであり，テクストはそれをささえるべき実証性の要請であった。「3 点セット」の淵源は，16 世紀新大陸におけるスペインの宣教師活動にあるといわれる (Ostler 2005:341–350)。

　対象となったのは，西洋文明に起因する文化変容のもとで消滅に向かいつつあったものの，それでもまだ活力を保持していた北アメリカインディアンの多様な諸言語（語族）である (1.5.1 の図 2 を参照)。じじつその一部については，ボアズと弟子たちの手で 3 点セットの実現をはかる努力がはらわれた。しかし言語について，それなりの訓練をえた研究者は当時多くはなく，この達成はたやすいことではなかった。辞書・文法づくりが並行的にすすめられていくことになるが，死語まじかの言語ではないかぎり，会話，伝承，民話，神話などのテクスト類は，量的に予知しがたい。しかし研究者は，つねに話し手の協力をえて，細部にいたるまで正確に表記したうえ，音声・文法ともに分析・記述しておかなければならない。録音・録画（デジタル化）しておくだけでは，世代

を経るごとに理解は遠のいていき，それとともに器具類も劣化し，しばしば博物館の収蔵庫などで無価値な記録として朽ちていくというのは，世界各地の言語のばあいでも，方言研究のばあいでもめずらしい現象ではなかった。

ちなみに，「複統合性」や漢字の「表語性」を語り，フンボルトとも交流のあったデュポンソは (3.6)，ボアズよりさらに1世紀前のアメリカ言語学草創期の人物であった[*170]。一方，そのボアズ学派が生んだ大言語学者サピアの誕生した頃 (1884年) は，すでに来日していた英国人学者アストンがつぎつぎと日本語文典を再刊しつづけていた明治はじめにあたる。なおボアズを中心とした初期アメリカ言語学と人類学の関係，その背景などは，不完全な略述でしかないものの，宮岡 (1992a, 1992c) なども参照願いたいが，アメリカ人類学の草分けとも称される第3代大統領ジェファソンのアメリカ哲学協会会長職を引き継いで，インディアン研究の興隆と言語学重視の方向を発展させたのがデュポンソであった。国をおこす重要な礎(いしずえ)に言語研究が視野にはいっていたのは，背景はかならずしもおなじではないにしても，開国後の日本にもいくぶんつうじるところがあるのは興味ぶかい (6.1.2 大槻文彦を参照)。

[こん畜生このうえない言語]

サピアがその難解さを 'the son-of-the bitchest language in the world' という表現で恩師ボアズにもらさざるをえなかったナヴァホ語が属するアサバスカ語族のことは，まえにもふれたが (3.6.1; p.149)，これは北アメリカで話されていた約60語族のうちの最大の語族である (宮岡 1992a–1.5，本書の図2「言語地図」も参照)。そのナヴァホ語の浩瀚な『文法書・辞書』は，宣教師と話者のコンビによる長年の積み重ねであったし (Young and Morgan 1991²)，その他にも刊行された辞典・文典はアサバスカ語族の言語にはすくなくない—ライスの有名な『スレイヴ語文法』(Rice 1989) など。難解きわまるだけでなく，おそらく所属言語数は北アメリカ最大で，分岐度もきわめてたかい大語族の言語にたいする強い興味と要求があったからである。近年，「多様性にひそむ普遍性をもとめ」てベイカー (2003) らが，ナヴァホ語も多く引用しつつ語る類の「パラメータ」(1.4.3) では，規則性のたかい統語法と語順につうじる辞順はまだしも，「気持

[*170] アメリカ哲学協会 (再) 発足 (1769) から L. ブルームフィールドによるアメリカ言語学会 Linguistic Society of America 誕生 (1924年) までの約1世紀半の草創期については，Andresen (1990) の好著がある。

ちのわるいほど」(サピア) の特異性 (形態法) にみちたアサバスカ語を感じわけようとするのは，至難の業であった。

　ナヴァホ語と正反対の，北アメリカにおける極小言語といえば，アサバスカ語族と同系統だが，ナ・デネ大語族 (3.6.1) の孤立した一分派をなすイーヤック語 (1.5.1, 3.6) である (10 年前に消滅)。このイーヤック語は，アラスカの独立峰セント・エライアス St.Elias 山 (世界百名山のひとつ) が直下に見降ろすアラスカ湾沿岸の一角に居住していた小民族の言語で，ナ・デネ大語族の比較言語学に重要な位置をしめるとされている。アメリカの考古学者ラグーナ女史 (Frederica de Laguna, 1906〜2004) とデンマークの民族学者ビルケットスミス (Kaj Birket-Smith, 1893〜1977) が調査 (主に考古学) にはいり，はじめて欧米の学会にこの民族の存在と独自性を報じたのは 1930 年代のことであった。

　民族学・考古学のこれらふたりがのこした少量の語彙資料をのぞくと言語情報はほとんどなかったが，もとケルト語専攻 (ハーバード大学) であったマイケル・クラウス氏が 1961 年年頭から，当時はまだのこっていた 5 (〜6) 人の話者 (コルドヴァ Cordova 在住) を相手に執拗かつ悉皆的な調査をはじめた。1970 年代初めまでに収集され，4,000 枚 (単行) にのぼっていたタイプ原稿は，マサチューセッツ工科大学 (MIT) でいったん複製されたが，その後さらに 30 年あまりにわたって続けられ，同言語の全語頭音順に体系的に音節数を増やしながら，可能な音韻連続 (の語) をことごとく採録していった。並行的にテクスト・談話を分析しつつ，さらにはレアリアを手がかりに (例，生物・植物・民俗学辞書など)，語彙の世界に探りをいれていくことによって，話し手をして「わたしの頭にはもうひとつも単語はないわよ」といわしめるほどに，文字どおりの悉皆調査であった。無文字言語についての実地調査のこの徹底ぶりは，死語ゆえにコーパスが有限である西洋古典語辞典などをべつにすれば，おそらく他の言語についてはあまり例がみられないレヴェルのものとされている。英国 BBC の 1 分間ニュースがこの言語の消滅として世界に報じた，さいごの老女性話者が亡くなったのは 2004 年のことであったが (Krauss1982 は，極小民族の消滅の意味を切々とつづる)，ようやくにして，それまでに蓄えられたおびただしい資料と考察にもとづき，クラウス氏は，すでに頭のなかでまとまってきていた文法を書きはじめ，執筆は 2014 年現在も続けられている。ボアズの夢見た 3 本柱の言語記述の，ただひとりの研究者による徹底した実現が期待されている。言語学者としての氏の姿勢には，みずから話すユダヤ語 (現代ヘブ

ライ語)が成しとげた復活への喜びと自信がみなぎっている。イーヤック語の完全な記述・研究史は，Krauss (2006) を参照されたい。

なおクラウス氏は，1992年の有名な論文「危機に瀕した世界の言語」(1)以来，とくにアラスカ先住民の危機言語(20言語)の記録，保存，復活の推進をはかる活動にあたる一方，記述がまだない言語ひとつにつき，それなりの辞書と文法をまとめるのにどのくらいの費用がかかるかといった実際面の考慮と算定もふくめて，危機言語問題のために調査と記述を推進・支援してきた人でもある (Krauss 2007:22-23) [*171]。じじつ20世紀も終盤に近づき，とくに危機言語にたいする取り組みがたかまってくると，ひとつの危機言語の記述に要する実際的費用が問題になり，危機言語の保持に役立てるという実用的観点がさらに強調され，記述の方法論はいっそう細密化されてきた (Gippert et al. eds. 2006)。

[スケッチ文法]

ボアズ以降，国際的には，学術的な言語資料としての記述の重要性が理解され，しだいに多数の言語について蓄積もすすんでいったが，その流れのなかで，「スケッチ文法」が書かれるようになってくる。しかし，もともと「スケッチ」として有名なのは，ボアズ編4巻本『ハンドブック』(Boas ed. 1911-1941) の「序説」(1911:1-83；6.1を参照)につづく20点の文法であったが，この時代は，まだ活力をとどめていた先住民言語が多く，サピアの「タケルマ語文法」(Sapir 1922)，ボゴラスの「チュクチ語文法」(Bogoras 1922) など，300ページほどの貴重な記述をのこしたものもあった。ついで20世紀後半，北アメリカインディアン研究の集大成として刊行されたのが，ワシントンD.C.のスミスソニアン研究所による『ハンドブック』であるが，その第17巻『言語』(Goddard ed. 1996) には，12点の「スケッチ」がふくまれていた。

Mosel (2006:301-302) のえがく「スケッチ文法」は，少量の言語資料(コーパス)による最初の文法記述，特定の研究主題に添えた文法入門，大部な参照文法の要約，辞書冒頭におかれる小文法，言語記述のスケッチ文法などをふくみつつ，その目的に応じて内容の幅はまちまちだが，最小限，①子音・母音の目録，音節構造，基本的な音韻過程，②品詞，文法範疇，③屈折パラダイム，④辞

[*171] クラウス (2002:204-206) にも，これにふれたところがある。

順と語順をふくむものとしている。もちろんこの程度の記述では，テクスト類の解読・理解はおろか，言語の細部にわたる把握にはあまり実効性はない「スケルトン」的な文法である。

　今日，典型的な「スケッチ文法」として一般に書かれているのは，これまで研究されたことのない言語の文法現象を分析した数おおい国内外の博士論文である。質がたかく，部分的にはおおいに参考になる記述もすくなくない。また日本では，東京外国語大学アジア・アフリカ言語文化研究所 (AA 研) の『文法を描く』シリーズ (中山・江畑 2006, 中山・山越 2007, Yamakoshi 2011) には，世界の記述言語学のレヴェルを念頭においたうえでの，基本的には無文字言語の「文法スケッチ」がのっている。まだ 3 巻 (うち英語が 1 巻，琉球語方言をふくむ) の，計 21 言語にすぎず，しかも 1 言語わずかに 35 ページ程度のものだが，ひとまず内容的には一定のバランスがとれた (超分節音，形態音韻法も押さえた) 良質の記述をめざしている。長期滞在覚悟のフィールドワーカーによる言語記述に今後の充実を期待せざるをえない。

　ミュンヘンの LINCOM EUROPA 社の *Languages of the World / Material* シリーズは，すでに 500 にちかい言語や方言について，主として 100 ページほどのスケッチ文法を出版している。概して短いスケッチだが，執筆者には一流の研究者がおおく含まれ，これにも優れた記述がすくなくない。注 111 であげた『ケット語』(Vajda 2004) もそのひとつである。

[参照文法]

　一方，「参照文法」つまりリファレンス文法 reference grammar という名称は，日本ではどれほど定着してきたか定かではないし，これに定まった定義があるのかどうかも知らないが，通念としては，特定の言語理論によって書かれた文法ではなく，ひとつの言語の文法の全域をカバーして，言語研究者にも母語話者にも外国語学習者にも，具体的に有益な手引きとなる，一面では永続的な価値をもつ百科辞書的な文法であろう[*172]。必然的にそれなりに詳細で大部な記述となる。したがって，ひとつの言語の参照文法という以上は，最低限の音

[*172] なお，Van Valin の提唱になる "role and reference grammar(RRG)" とまぎらわしいので注意が必要である (Van Valin 1993)——この 'role' は，θ 役割のことである。また，乱立する言語理論的な背景が鮮明な生成 generative 文法，機能 functional 文法，依存 dependency 文法などは，参照文法にははいらない。

声・音韻・音律論がそろい，文法の確固たる基礎としての形態論や品詞分類があったうえではじめて統語論があることが必須である。ひとつの言語の参照文法を書くのは，長期の調査研究が前提となり，並たいていでないのはいうまでもない。たしかに言語によっては，音韻組織のきわめて簡単なマオリ語には音韻論しかなく，中国語には形態法にふれるところが皆無であり，ほとんど統語法中心の文法しか書けないといった，言語類型による差異があることは当然だが，日本語はそのような極端な言語ではない（統語法だけでは日本語の参照文法にはならない）。

イェール大学から出た上記マーティンの『参照文法』(Martin 1988) は，そのTuttle 社版のカバーに「日本語文法便覧 reference grammar」と謳っており，まずは包括的な文法記述をめざしたものといえる（「便覧」のタイトルに反し，詰まった活字は 1,200 ページの大分量である）。近年出た参照文法として有名なものには，英語学の記述以外の面でもよく利用されている R. Quirk ら 3 名による A Comprehensive Grammar of the English Language (1985) があり，その後出た，十数名の執筆者をふくむ 20 章からなる Huddleston and Pullum (eds.) The Cambridge Grammar of the English Language (2002) がある。それぞれ 1,100 ページ，1,800 ページをこす大著である。しかし後者は，「諸部分間にきわめて程度のたかい統合が要求される」（序文）という理解があって，2 人の編者が全章のそれぞれに深く関与し，他の執筆者との共同執筆をおこなってできた大作である。「文法」とは名ばかりの連続講演あるいは文法事典の類と化してしまうことをはじめからさけようとした慎重な計画があったにちがいない。ともに画期的な文法ではあるが，後者はそれでもやはりどちらかといえば特化したトピック集成であり，参照文法としての評価には，いくぶん意見が分かれているようである。

こういった参照として「使える」文法をどのようにして書くかをまとめた『参照文法と現代の言語理論』(Grausteirn and Leiner 1989) は，ひとまずの参考にはなる。

これまで国際的には，「参照文法」をタイトルにつかっている文法は，ヨーロッパの大言語のみならず，中国語にもアラビア語にもトルコ語にもグルジア語にも，さらには各地の小言語にもあって，けっしてすくなくない。たとえば，近年の言語類型論のなかでよく引かれる Li and Thomson (1989) の北京官話や Paul Schafter (1972) のタガログ語には，reference grammar の名がついている。

ともにアマゾンの言語の現地調査にもとづくアイケンヴァルト（Aikhenvald 2003;タリアナ語）とディクソン（Dixon 2004;ジャラワラ語 Jarawara）は，それぞれ約700ページ，600ページ少々の，しかしいずれも，類型的にもおもしろい言語の，バランスがとれたすぐれた文法である。前者は，冒頭に reference grammar をうたっている。

日本語じたいには，これまでいくつかの大文法書が書かれてきたが，細かく読もうとすると，学説の対照表が必要になり，たとえば「行かせられなかった（だ）ろう」の分析すら意見が一致しないという，他言語にはあまり例のない現状があって（注145），バランスがとれた信頼できる参照文法としてなにをあげればいいのかとまどう。スケルトン的な文法は，いまも書店をにぎわしているが，現代日本語についての標準的な文法書がいまだにない文法研究は「世界に誇り」うるものとはとうていいえない。さきにふれた『現代日本語文法』全7巻は，その目次からして，マーティン『日本語文法』(5.2.2)とのちがいは一目瞭然である。外国人の手になる参照文法でありながら，記述の実質的な幅の広さときめ細かさ，言語学的分析の確かさにおいて，マーティンの文法ははるかにすぐれている。悪くすると今後，この7巻本が日本語についての「文法」にいびつなイメージを定着させてしまわないかが案じられると同時に，非西欧語のなかでは古くからもっともよく研究されてきた日本語だけに，非母語話者にも使えるしっかりした参照文法が，はやく日本人の手で書かれることを強く願っている。

危機言語の緊急調査を目的とした特定領域研究(1)の成果刊行 ELPR シリーズは，現状報告，語彙，テクスト類，音声資料にくわえ，文法関係では，アリゾナのインディアン語であるワラパイ語（上流ユーマ語 Upper Yuman）の *Hualapai Reference Grammar* (Watahomigie, etc. 2001) のほか，スライアモン語の本格的な形態法記述 (Watanabe 2003)，琉球語（石垣宮良・首里方言）文法 (Izuyama ed. 2003)，天草方言・由利方言文法の記録（真田編 2002）などがあり，テクストに付随した小文法では，フィリピンの南シナマ語 Sinama の Akamine (2003)，アイヌ語千歳方言の Bugaeva (2004)，ツングース系のネギダール語 Negidal (Kazama 2002)，エウェン語 Ewen (Kazama 2003) がある—残部は，東京外国語大学 AA 研，北海道立北方民族博物館で入手可能である。すくなくとも一部は電子化がすすめられている。

6.1.2　大槻文彦

　上述ボアズとほぼおなじ時期，日本語について大槻文彦 (1847 [弘化 4 年]〜1928) が並行的にすすめた辞典と文典の編纂は，国家的支援による，日本が誇りうるおおきな成果であった。並行的なふたつの作業にはおおきな利点があり，もとよりそれが理想的でもあったが，まず辞書を整備することは，近代国家に進もうとする明治日本に必要だとするナショナリズムに支えられ，洋蛮学にゆかりのある家系の大槻文彦にときの政府 (文部省) が編纂を慫慂した一大事業として，例外的に恵まれた条件下での仕事であった。洋学修業を経た大槻には，その身につけた体系的な西洋語諸文法に匹敵する日本語文法の構想があり，「…日本文法書ノ全備セル者ナキ…ハ独我国我国文学の基礎立タザルノミナラズ，外国ニ対スルモ真に外聞悪シキ事ナラズヤ」(「日本文法論」明治 8 洋々社談 7 号) という志があった。

　明治元年 (1868) の頃，横浜にでて米国人のもとで英学をまなび，英国人宣教師の発行した萬国新聞紙の記者をも経験した文彦であったが，和洋の語学書数十部を渉猟しつつ，さらにはみずから解説本『支那文典』(明治 11 年) なども刊行しながら[*173]，「文法書」の受容のしかたを学び，品詞分類をふくむ日本語文法書の枠組みをつくっていった。つぎの山田孝雄にも推測されることだが，文法編纂をすすめるにあたって，そのなかにたとえば，アストンの『口語小文典』(Aston 1869) や『文語文典』(Aston 1872) がなかったとはまず想像しがたい。

　「すべて，解釈の成れる後より見れば，何の事もなきように見ゆるも」にこめられた，編纂の苦心の一端，ひたむきな言語研究者としての一面は，『言海』最後尾の「ことばのうみのおくがき」，『廣日本文典別記』「自跋」，『復軒旅日記』「自傳」(もと明治 42 年「東京日日新聞」) などに，ひかえめな表現ながらも垣間見ることができる。のちに「折衷」文法などときびしく批判されたが，たしかにそこには的はずれもあった。しかしそれは日本語にかぎらぬ文典の必然でもあって，それよりも，その謙虚な学的慎重と誠実にこそ思いが寄せられる。

　高田宏『言葉の海へ』(1978) の，とくに辞書編纂のくわしい跡づけからも知

[*173]『支那文典』の原典である Tarleton Perry Crawford/帳儒珍 (1869)『文學書官話』については，くわしい解説が鳥井 (1995) の第 3 章にあるが (56–81)，大槻の注解には，その「文學トハ文章ノ學ノ義ニシテ今ノ世ニ言ウ所ノ文法又は文典ナリ」とある。文彦にはさらに，オランダ語辞書文法書の翻訳史を概観した「和蘭字典文典の記述起源」『史學雜誌』1898 (9–3・5・6) がある。

られるが，その『言海』(明治 8 年起稿，同 24 年完)は 17 年を閲(けみ)し，巻頭の「語法指南(日本文法書摘録)」(79 ページ)を拡大してできた『廣日本文典・同別記』(1897)は 20 年をかけてまとめあげていったものである。そのわが国辞書史に占める位置づけと前代の成果を包摂した成立の過程は，湯浅(1997)などにも読むことができる。また，辞典と文典が並行的に進められたために，「語法指南」が辞典見出し語の品詞を指定する基礎となったが，その文法面については，2.5 で一部ふれたように，内容(品詞，文章論など)の詳細に即した解説と評価を古田(1969–1971)に知ることができる。

おなじく国家的援助による辞書編纂ではあっても，グリム童話やグリムの法則で有名なグリム兄弟(Jacob/Wilhelm Grimm)の『ドイツ語辞典』は，全 16 巻 32 冊が立案後約 120 年，兄弟の死後に完成した総ページ数 34,386(1838–1961?)という絶後の大作であるのとはスケールがちがう。

「辞書は一国の文化のバロメーター」などといわれるように，日本でも『言海』以降，今日にいたるまで，時代別国語辞典，類義語辞典，逆引き辞典，二言語辞典など，用途によって種類はいかにも多様であり，かついまなお充実がはかられている。たとえば，沖森他編(1996)『日本辞書辞典』(の特殊辞典類をのぞく辞書総覧—320–348)などでもたやすくうかがうことができるように，二言語辞典は英和・和英をはじめとして，主としてアジアと欧米の相当数の言語がふくまれ，キリシタン言語学(6.2.2)の成果である『羅蘭日』(1595)や『日葡辞書』などのことはすでによく知られているほか(豊島編 2013:岸本 224–245)，日本ならではだが，『アイヌ神謡集辞典』(切替 2003 [1989])といった特殊辞典も出ている。わが国における現今の辞書の多種多様さは，こと辞書(類)にかんするかぎり，その成果は西洋を中心とした大言語のいずれにも引けをとるものではなく，量的にも質的にも種類の面でも誇りうる，世界最高水準の成果をあげているといえるであろう(たとえば，竹林他編 1992『世界の辞書』もひとつの目安になる)。しかし，これはよほど特殊な社会的条件と学的成熟があってこそ，可能であったにちがいない。なお，もちろん漢字借用の結果として，日本語ならではの漢和辞書の発達はあったが，ここでいう辞書は，漢字の国(中国)で古くから発達してきた「字典」とは，ひとまず区別している。それを厳密な意味での言語記述にふくめることには疑義がなくはないからである。音韻体系が大幅に異なっている日本語で発達したのは，辞書のほうであった。

『言海』や『ドイツ語辞典』の完成にいたる諸記録のように，辞書は成立する

までの過程がしばしば詳細に跡づけされているし,「字引の序文は[が]面白く読める」(河野與一) のにくわえ, 国内外の辞書類を比較した書き物, 編纂・刊行にまつわるエピソード集はおおい。その一方, おなじ言語記述ではあっても, さまざまの文法書を比較したものは, あまり見当たらないようである。大槻文彦の文法成立の過程は, 前章冒頭で少々ふれたところであるが, 総じて, 文法書は一般の興味をひくことがない。

6.1.3 「文法はおもしろい」か？

さて辞書・辞典とくらべて, 文法書はどうかといえば, すくなくとも外国語の上達を願うものにとっては, これも辞書同様, 頼りになる手助けではある。このたいせつなことが頭ではわかっていても, しかし人気がない。千野栄一氏には,「文法というものは限りなくおもしろいものだ」という言葉があるが (1986:66), その「文法の仕組みが解けたときは最高である」という感慨とともに, まさにさまざまな文法を広く深く読みこんで, 言語との格闘を重ねてきた人ならではの言葉である。「おもしろい」のは, まずもって言語そのもののおもしろさとのスリルさえ覚える格闘が, 文法をおいてほかにないからであろう。語彙の分析や蒐集, 言語間の系統的, 類型的な比較もそれぞれにおもしろいものではあっても, 人の心を深くゆさぶる文法に如くものはおそらくない。

学校での教育が, あまりにも有名な日本人の文法嫌いを助長した面はたしかにあって, これにはいろいろな要因が指摘されてきた。硬直した内容のつまらなさと難解な用語,「ワケ」の「ワカ」らぬ (1.3.1) 理屈抜きの暗記, 日本語の生きた姿が見えてこない, 書きことばのための規範文法などである。要するに,「日本語の息づかいにふれるような生き生きとしたとらえかた」をとおして, その「おもしろさ」や「すばらしさ」を認識させてくれる文法 (小松 1999:253–254) は, めったにないのである。学習者としてではなく, 研究者が他人の言語理論を追従的になぞってみたところで, これは言語全体との直接的な格闘にはほど遠く, 言語を実感させてくれるものではない。「なぜおもしろい」のかの詳細は, ついに千野氏にくわしく尋ねることができなくなってしまったが,「感じ分け」の微細さと多様さがその答え (のひとつ) であったろうとおもわれる。

たしかに, 読んで「おもしろい」文法が数多くあるわけではないのは事実だが, 日本語で書かれたおもしろい文法のひとつは, まさしく「細部の感じ分け

に資する」(1.3.1) べくして編まれた『ラテン廣文典』(泉井 1952［2005］) であろう。「本書味読の後では人はラテン語の (否，総じて外国語の) 修得を「ただの語学」呼ばわりすることを恥じるであろう」と，西洋中世哲学者花井一典(かずのり)氏が書いている。

　文法嫌いにくわえて，文法にたいする，もうひとつの偏見があるとすれば，無文字言語にたいするのとおなじレヴェルの偏見である (2.2.2, 3.4)。愚問の骨頂とも知らずに，文字のない言語に「文法はあるの？」とまじめ顔で聞いてくる人がいるかと思えば，方言は「悪い文法」だという認識もしばしば耳にする。「山形方言でも関西弁でもアイルランド英語 Hiberno-English でも，それじたいで合理的に整えられた (独自の体系をもつ)」文法が歴然として存在すること，「方言は間違っていない (標準語より劣った言語変種ではない)」ことを，危機にひんした World English(es) の研究者として嶋田 (2012) は，美しいことばで力強く語っている。

　「文法」にたいする感覚や反省はおろか，自覚があってなのか否か，最近になっても日本語文法研究者による「文法とは何か」とか，「文法の書き方」とかいった，文法のおもしろさの伝わってこない文章があいかわらず目にはいってくる。しかし，文法の書き方など教わったからといって身につくものではない。おもしろい文法とは，ひとつ (あるいは幾多) の言語 (文法) をその深みと細部においてみずから経験し，「おもしろい」という実感をえた人，すくなくとも当の言語を深く広く掘りさげ，その言語，つまり言語構造体 (3.1) を全体として俯瞰し掌握 (すなわち実感) しえた人によって—しかも，ひとり (ないしは，深い理解を共有する少数の執筆者) によって—書かれうるはずのものである。原則的にひとり (の文法家) が書くべき文法は，数十名の執筆者による切り貼り細工でできあがるものではない。個々にすぐれた記述はふくまれていても，それで参照文法ができるというのは，素人くさくて虫がよすぎる。

　辞書づくりとは対照的に，文法づくりがいかなるものかを紹介する一般向きの本は，まず見当たらない。「文法風物詩」はもとより「文法こぼればなし」などが書かれることはほとんどない。大著『近代英語文法 *MEG*』(7巻) を書いたデンマークの大英文法学者イェスペルセン (Otto Jespersen, 1860〜1943) にも自叙伝はのこされているが (イェスペルセン 1962［1938］)，文法との格闘，文法づくりの苦闘を描いた類のものではない。日本では，足立巻一氏が本居春庭を跡づけた評伝文学の傑作『やちまた』(1974) のなかで，人間がことばそのもの

にたいしてもつ異常な情熱にふれつつ，白江教授（神宮皇学館大学の国語学者酒井秀夫氏がモデルだという）にその文法学概論のなかで語らせていることばに，「文法はあらゆる学問のなかでも，もっとも孤独で，わびしいつつましい学問である。…文法は孤独の学問である」とあり，さらには「語学者には変人とよばれる人がふしぎに多い」とも書いている（足立 1995:12, 306）[*174]。それでも「文法はおもしろい」といえるのだろうか。

　すでにのべたように，『言海』や『廣日本文典』のような特殊条件には恵まれない未踏の言語，それまでに資料が皆無である消滅寸前の言語などについては，ひとりもしくは少数の研究者が並行的に語彙と文法の採集・整理（分析）・編集などをこなしつつ，それなりに質量を備えた記述をものすることは，予期せぬ問題にも対処しながらの，困難きわまる仕事である。ニューフランスの初期イエズス会士がグループとしてひとつの言語にむかいあったことや（Hanzel 1969:48–51, 98），ロシアの危機言語の一部について進行中の，研究者が毎年，手分けをして現地にはいり，調査と記述を完成しようという動きなども知らぬではない。しかし，文法はもとより，語彙のほうもレアリアとそれへの適応（1.3）を写しだすものだけに，動物，植物など，分野ごとの専門家との共同作業（採集と適応の記述）が望まれるにはちがいないが，その成功はさほどたやすく得られるものではなかろう。

　じじつ，さきのクラウス氏は，「ひとつの言語の記述は，百人の言語学者が百年かかっても，達しえないものだ」とのべたことがある（Krauss 2007）。イーヤック語にみるその執拗かつ悉皆的な調査研究（上記）には敬服に余りあるが，同氏とは古くから，辞書と文法とではどちらがむつかしいかを語りあってきた研究者仲間として，氏は辞書派，わたしは文法派であった。それぞれにちがった問題とむつかしさがあり，ちがった苦労があるのはよく理解しあったうえで，議論の和を保つべく，いちおう引き分けにしてきてはいるが（2007:22），氏の意見によれば，語彙は文法よりも構造性あるいは凝集性が低いために，包括的に記述しにくいし，記憶から落ちやすい。そのうえ，とくに複統合的言語のばあい，そもそも接辞も実例もふくんだ望ましい辞書は，良質の文法書が語彙

[*174] 足立氏を春庭研究にいざなった，鈴木腹（あきら）（宣長の門人；注 82 を参照）の研究者としての「白江教授・酒井秀夫先生」（1902〜1981）については，足立（1985:218–226）に回想記がある。

を記録する以上に，より多量の文法事実を記録することになるという。氏が主幹となって近年展開した IPY 言語記述プロジェクト（NSF 支援による国際極地年計画 http://www.nsf.gov/awardsearch/showAward?AWD_ID=0732787）にこの基本的方向がでている。

　たしかに言語の類型的特質によっては，とくにその言語の形態法の性格が辞書の編纂にむつかしい問題をもたらす。ふつうの状況ではなかなか実現しにくい編纂であっても，一定の基準をまっとうすることができれば，当の言語に備わった語彙の 100％採録の世界に近づく可能性は，すくなくとも考えられる。しかし文法のばあい，文法項目にしたがった文法概説は粗すぎてあまり役に立たないし，近年の類型論者によるスケッチ類には粗さが目立つものがおおい。それはそれ，直接の「感じ分け」のむつかしさからしても，どれだけ漏れなく押さえきれたかは，当の研究者にはいつまでたってもつかめなく，それを確かめるすべもないままに，まだそのあとになにが出てくるかは，おそらくいつまでたっても予想がつかない不安がのこる。語彙収集の悉皆性とは種類が異なる，この種のむつかしさが文法にはつきまとう。文法事項の 100％に近い掘りおこしなど，おそらく確信できることではない。クラウス氏は，一定の，たとえば 1 万ページのテクストのなかに，理解できない語彙要素あるいは文法の細かい事項が現われる回数を記述の到達度の目やすにすることなども，ときに漏らしてきた。これによって語彙と文法のちがいになにかがでてくるかはともかくとして，とどのつまり，ヴォルテール Voltaire の「最善は善の敵 Le mieux est l'ennemi du bien」(1764) をおもうことにするしかないのかもしれない。

　とはいえ，文法についていちばんたいせつなのはやはり，深みにある形態法レヴェルの現象の掘りおこしであり，それにたいする明確な理解と分析・説明である。はやくにフンボルトも「言語の形態（論）」(Humboldt 1936:11 章) のなかで，形態法の探査が基礎でありながら，それがいかに troublesome/tedious な営みであるかを語り，形態法の全域にわたって，どんな極微的 infinitesimal で (picayune 貨幣のような) くだらぬ事実も精査をおこたらずに理解されるべきことをのべている。

　掘りおこした文法事実の記述は，用例の蒐集とその量が問題なのではない。たんにあるがままの事実（データ）の（音声であれ映像であれ）記録ではない。とくに他言語の事実にもとづいて構築された理論を部分的あるいは恣意的に当てはめてみた類のものではなく，また意味的理づけで終わるものや理論的形式

化 formalizations でもない。細部まで掘りおこしえた，そしてそこから見えてくる当の言語に内在する理法にもとづく，事実の分析と説明である文法は，それがてごわい言語ではとりわけ，そうたやすく書けるものでない。深みにはまればはまるほど，一見して理解しがたい細部の事実がつぎからつぎにと現われてきて，休む間がない。

　文法（構造）の浅瀬にうかぶ単純な現象はすべて，時間のゆるされるかぎり，文法（ノートや草稿）のなかに書きとめていくことはできるかもしれない。しかし，それを底で支えている細部は，静かな深みに，他の諸部分とからみあいながら，ひそやかによこたわっている。深部にまで沈みこんでいるその構築物の全貌は，話し手にはほとんど意識されないままに微細な運用がすすむが，母語ではない研究者にとっては永久に閉ざされたままに終わる可能性がたかい。ただ，そういった母語話者の深い直覚をもちあわせない研究者にも，ふとしたことから表層の漂いのなかで存在が訝(いぶか)しまれ，おぼろげながら推測されてくるものがある。あちこち探りをいれていくうちに，まるで逆に向こうからつついてくるかのように，やがて暗闇のなかに全貌がぼんやりと見えはじめ，ついには掌握，記述にのぼせうる可能性を期待することはできる。

　ひとつの言語の悉皆調査・記述をはかろうとするアラスカのクラウス氏とは逆に，オーストラリアのディクソン氏 R. M. W. Dixon（1939〜）は，とくにオーストラリアやアマゾンにおける未知の言語の，きわめて良質な記述文法をつぎつぎと公刊してきた研究者として世界的に名高い（Dixon 2004 など）[*175]。その氏があるとき（2004年），なにか言語の文法をひとつ書けば，ふたつ目，3つ目はたやすいものだよ，と語ってくれたことがある。しかし，言語領域の内と外，言語系統・形成や言語類型の類同性，言語の難易度のちがいなどは，ときに乗りこえることがさほど簡単ではない問題かもしれない。もちろんできることなら，そのような達人的な大家にあやかりたくもあるが，ひとつの言語で精

[*175] 英国出身ながら，カリフォルニア大学バークレー校で言語学を修め，アメリカ構造主義の長所—とくにサピアとその弟子ハース（Mary Haas, 1910〜1996）—を引き継いだともいえるディクソン氏は，長年の共同研究者アイケンヴァルト氏とともに，一個人が書いた記述文法の数を重視し，（理論的）形式主義者 formalists や肘掛け椅子的類型論者を「ピクニック picnic 言語学者」と揶揄(やゆ)しつつ（1997b），文法と類型論の研究で多くの賛同者をえてきた。その言語学はサピアを継ぐようなひとつの学派 school というべきものではなく，ひとつの「伝統 tradition」なのだと語ってくれたことがあった（口頭）。

一杯という人とか，そうならざるをえない言語があっても，それはそれでやむをえないことであろう。要は，着実に言語の具体に取りくんでいくことだけである。

6.1.4 ネブリハ文法

　ギリシャ語，ラテン語，ヘブライ語以外のヨーロッパ最初の近代語で書かれた記述文法は，古典ラテン語文法の用語で当時のスペイン語を記した，1492年刊のネブリハ文法 (Antonio de Nebrija [1441〜1522], *Gramática (sobre la lengua castellana)*) である。この献呈をうけたスペインのイサベラ女王が「この文法とは何のためのものか」と問うたのにたいし，そばにいた僧侶が「言語は帝国の完全な道具です」と，いみじくも民族同化・支配の道具としての言語（文法）を示唆したのは有名な話である (Wikipedia 2014/9/26)。ときまさしく新大陸"発見"の年であった。

　このあと，アメリカ・インディアン語のおそらく最初の文法に，1547年のナウア語文法 (Padre Fray Andrés de Olmos) があり，さらにケチュア語文法 (1560) など，ブロカーの英文法 (William Bullokar, *Bref Grammar for English*, 1586) よりも古い，すくなくとも約20点の文法が知られる。古典語をのぞき，ネブリハ以後の文法は，Rowe (1974) によると16世紀に（すくなくとも）21言語，17世紀に41言語をかぞえ，それにつづく言語の内訳数はヨーロッパ23，アメリカ21，アジア11，アフリカ4としている。

　この時期の記述文法や辞書のほとんどが宣教師の関心事であった。ロドリゲスの『日本大文典』(1604–1608) は，イエズス会全体が使用したアルヴァレスの『ラテン文典』の影響を受け (1572，天草版1594; 豊島編2013:アスンサン・タシロ-ペレス・豊島 265)，またバスク人でフランシスコ会士のオヤングレンの『日本文典』(Oyanguren 1738，メキシコ刊) は，副題に「ネブリハ文法にしたがった」とあって，おなじくラテン語文法の枠をうけついでいる[*176]。なお，この

[*176] W. von フンボルトは，ロドリゲスの『日本小文典』(1620) のフランス語訳 (1825) や，弟のアレクサンダーから贈られたオヤングレン『日本文典』などで，日本語研究をはじめ，3つの論考をまとめたが (1826–29)，フンボルト・亀山 (1984) は，その1章を「フンボルトの日本語研究」(601–666) にあて，フンボルトの日本語研究のみならず，両文法（ロドリゲス『大文典』をふくむ）についても，くわしい考察をおこなっていて，裨益されるところがおおきい (6.3〈宣教師言語学の貢献〉を参照)。ただし，亀山はオヤングレンが「当時の鎖国の厳しさからみて，日本に来航した可能性はないと思

ふたつの日本語文典と同時代のミトリダーテスやパラスなど幾多の博言集については，宮岡 (1992a:1014–1016) でわずかにふれたことがある。

6.2 日本語の文法記述

ひるがえって日本語は，語彙はべつにすれば，奈良時代以来，複合表記体系 (3.3.1) と悪戦苦闘するなかで発展をとげてきた音韻研究，なかんずく契沖らに端を発する音韻論が通時的な日本語研究の基礎となり，また淵源を平安時代の歌学に求められる「てにをは」中心の統語論（係り結びなど），本居春庭らによって結実した「八衢」形態論あるいは活用研究にも，それぞれに豊穣な成果がのこされてきたことなど，すべて周知のとおりである。

また古い文字資料が基礎となって，言語研究は一定以上の学的成熟をしめしていたが，山田孝雄には，『奈良朝文法史』(1913)，『平安朝文法史』(1913) といった重要な（「史」はまぎらわしく，むしろ）共時的な記述もあって，それは他国にはまれな学的成熟の高さのあらわれであった。古代から近代にいたるそれぞれの時代における，具体的課題にかんする精細かつ重厚な文法研究は，築島編『文法史』(1982) などでも跡づけられている。

文法をまとめていく過程では，とくに資料収集や整理をすすめる協力者がいることは，仕事の整理と進捗へのおおきな助けになるし，じじつ大槻文彦が数年にわたる「文法会」（『廣日本文典別記』自跋，古田 1969–9:17–118 にくわしい）で内容の討議をつづけることにはおおきな意味があった。しかし，こうした文法の全体をすべて掌握したうえでのじっさいの執筆となると，大槻ひとりでなければならなかった。国語辞書や外国語辞書がアイウエオ順の割り当て分担によって執筆されることが多くなってきた近年でも，語彙よりも体系性が細部にいたるまではるかに緊密にいりくみからみあった，ひとつの言語の全体を網羅的かつ意識のレヴェルで扱わなければならない文法を，数十人による分担執筆でまとめようとするなどは，とうてい考えがたいはずである。

ひるがえって近代初期の大槻文法など，日本人によるまとまった文法の試みに先立つ 4 世紀前から，未踏未知の言語として日本語に立ち向かわねばならなかった来日宣教師をはじめとする西洋人の日本語研究は，『日葡辞書』のような

われる」(620) としたのにたいし，マクニーリー (McNeely 2011:149) は，「鎖国政策によって日本から追い出されメキシコに渡った失意のイエズス会宣教師の手になるもの」とあらためた。泉井 (1976a:93, 1976c:29, 246) も参照。

語彙研究の重要性はいうまでもないことだが，日本人じしんがいくぶんとも体系的な文法を書きだすはるか以前からすでに3世紀におよんでいる事実も，よく知られているとおりである。完全にはほどとおいことはもちろんだが，日本語文法の基本をつかもうというかれらの努力のなかには，ほぼ正鵠を射た文法理解に達した部分も多々ふくまれていた。

6.2.1 「大文法」とその後

　日本語最初の整然とした文法書と目しうる大槻文法(6.1.2)ののち，いまなお大文法として名だかい山田孝雄『日本文法論』(1908・明41年)など，いわゆる「大文法書」の刊行が明治中期以降続く。その大槻文法は，山田文法や松下文法などからの，和洋折衷だとする理解しがたいきびしい批判にさらされたが[*177]，当の大槻は，それらの批判が批判の名に価いするものとは考えておらず，「…ともすれば，わが国は言霊のさきはふ国なり，余国の言語はみな瘖舌なり，などいふ。己が国の美をことあげせむの心，悪しとにはあらねど，他国の言語を究めもせず，比べもせずして，井蛙固陋（ころう）の見もて，ひたふるに自尊のみするは心なし」(大槻1896[2002:117])とのべている。さまざまな西洋語のみならず，中国語文法まで比較選択しながら，みずからの日本語文法の枠組みを構築していった大槻の文法研究は，その後にあっても注目に値するものであったが，これについては古田(1969–1971)などを参照されたい。

　大槻文法はおくとすれば，幕末・明治になっても西洋人の日本語研究を軽視しつつ，折衷文法を批判し，さりとて日本語じたいのカタチに密着した包括的な記述文法を編むのではなく，それでいて西洋諸語の文法書は参照しつつ，言語学のみならず心理学・哲学をふくむ外国産理論(Henry Sweet, C.A.Heyes)の模倣に流れ，ひたすら文法"論"の構築を優先する日本語研究になってきた(2.2.3)。山田文法には，「語」は，スイートをそのまま引いた「究極の独立した意味単位である」にはじまり，「音声は言語ではない」(2.2.2)という，いずれも肯定しがたい言語観があった。大槻文法ののち半世紀を経た時枝誠記にして，「文法組織の骨組みを作ることに追われて，充分な記述にまで手がのびなかった」(1950:vii)といわざるをえない正直な告白もあった。以後，今日までの日本

[*177] 比較的最近になっても，大槻文法では「割り切れない部分がおおい」とか，「Xという語の品詞をいうことができない」とか，「Xという形の説明ができない」とかいった批判が続いた(金田一春彦1953[2004:702–703])。

語文法は，カタチに密着して，その全体的な記述をめざすよりは，宣長が見ぬいていた「似せやすい」意味のみを追い，今様「からごと」理論に追随する動きが主流をしめる傾向はおさまる気配をみせない．

たしかに外国人による日本研究，とくに言語以外の分野（例，美術史）では，「実につまらぬもの，間ちがいだらけ」（會津八一）などといった論評はありうるにしても，言語研究には特異な別種の性質があることは注意する必要がある．言語のばあい，日本語が外国人に理解できるはずがないと考えがちな思い上がりや偏見がある一方で，日本人の母語研究者が逆に気づかないままに（見えないで）いる側面がじつはあって，そのことへの無知をさとらずにいる可能性がすくなくない—山田孝雄（1935:5–6）を参照．現実には，「日本語学習のためのもので適用範囲が極めてかぎられて」（尾崎 1976:296）おり，採集された日本語例が方言（ロドリゲス文典では九州方言）であって「研究者にとって実用的価値は殆どなかった」（岩熊 1985:235）にもかかわらず，みずからの『俗語文典』を日本語文法書の嚆矢とする松下（1901［1997 序文］）は，アストンの『口語文法』の名をあげて「まったく見るに足らず」と片づけるなど，すくなくとも表面上は見向きもしないで，国文法研究の流れから排除しようという姿勢さえあったようである．

しかし，これは学史上だけのことではない．いまだに日本語には，世界に例をみない特殊性や難解さがあると信じる向きがある．きわめてめずらしい言語であるといったおもいちがいが日本語専門家の口からも聞かれるなど，いわゆる日本語の特異性が必要以上にとなえられる．西洋人の日本語研究史を克明にたどった杉本つとむ（1989［2008:379］）は，「幕末，宣教師と日本語研究」の最後尾で「むしろ日本人にもっとも整った日本語文法書などを提供し，日本語文法を教授したのはイギリス人学者であった」として，そのひとりに英国領事館通訳官アストンをあげている．その日本人への指導というのが，どの範囲や程度にいたるものであったかはつまびらかではないが，それとはべつにアストンやチェンバレンら西洋人の書いた，しかも日本でも出版された日本語文法に，山田や松下など当時の日本人研究者が関心をもたなかったとか参考にしなかったとは考えがたい．

当時すでに，チェンバレンなどより評価のたかまっていたアストンの文法—『文語文法』は明治5年刊，『口語文法』は第4版を明治21年に出版し，同年離日—の，たとえばその受身・使役なども当然ふくめた「派生動詞 derivative verbs」

(4.2;［文語］1872:38–42,［口語］1888⁴:78–85) などは，山田が"複語尾"の概念を生むことに影響をおよぼさなかっただろうか[*178]。「敬称」「謙称」(『概論』115–119他) もアストンの respect/honorific と humility (Aston 1871［1888⁴:ch. 11］) を連想させるが，英独の文法書は参照・引用しつつも，来日西洋人の日本語研究は「國語学とはいふことは出来ぬ」(山田 1935:5) と，一顧にも値しないという姿勢をとり (注 179 も参照)，松下 (1901［1997］例言) もまた，アストンの『口語文法』などにつき，7 行を費やしつつも，上記のように「全く見るに足らず。…吾人の参考書として何の價値あるものにあらず」と書いている。開国前後の，来日外国人のあげた業績については，『日本語の歴史 6・新しい国語への歩み』(168–71) も参照されたい。

　山田孝雄や松下大三郎の「大文法」が，それぞれにおおきな貢献として，今日なおたかい評価をうけていながら，みずからの外国理論の模倣は棚にあげ，このような近代初期の日本語文法を折衷と非難したり，外国人研究者を痛烈におとしめる傲岸の理由はどこにあったのだろうか[*179]。ここには両大家に顕著な意味重視と音声無視の姿勢 (2.2.2) が重なってみえてくる。和洋折衷を批判する側の，欧米の文法学や言語学に媚（こび）をうってきた盲信的追随の姿が逆に浮かびあがってくる。しかしこれは，今日まで続く日本語研究や日本人の言語研究一般にみられる重大かつ深刻な問題でもある。

　大槻の『語法指南』(1890 明治 23 年) から『広日本文典』(1897 明治 30 年) にいたる 8 年間に刊行された文法書は 73 点にのぼるという (山東 2012)。以後，時枝文法をこえてすでに 1 世紀以上，どのくらいの日本語文法論が刊行されて

[*178] "複語尾"という用語じたいは山田独自の考案であったとしても，すでに日本国内でもチェンバレンよりも評価がたかかったとされているアストンの，版を重ねていた『文法』(文語，口語) が，スイートの英文法 (Henry Sweet) とおなじく，山田の目にとまらなかったとは考えがたい。

[*179] 夏目漱石が東京帝国大学の英語での講義を屈辱として憤慨した当時の時代背景もあり，チェンバレンの東京帝国大学教授就任には，「国辱これに過ぎるものがない」と反発をあらわにしたひとりがまさに山田孝雄であった。帝国大学で日本人が外国人から日本語の講義をうけることを憂い，屈辱感をもつ人々や，『日本小文典』に反論し，文部省の文教政策を非難する行動にでる国粋的な人もいたという (楠家 1986:265, 280–281)。そういった時代の流れのなかでの山田，松下の露骨な反応であったが，アストンやチェンバレンの日本語 (と周辺の琉球語，アイヌ語，朝鮮語) 研究，日本研究は，当時を代表する日本の研究者にもたかく評価されていた事実にかわりはない。アストンは明治の初め，すでに日本語と朝鮮語が系統関係にある可能性を語っていた。

きたのだろうか*180 。今日，大槻が接しえた世界の言語の類型的広がりとは比較にならないほど恵まれた情報が yours-for-the-asking であるにもかかわらず，4世紀におよぶ西洋人の日本語研究の成果 (6.2.2) を学び吸収しようとする姿勢がいまだに十分でないとすれば，今後の研究に"飛躍的発展"など期待できようか。

6.2.2 外から見た日本語の研究

杉本 (1999) の詳細な「西洋人の日本語研究略年表」などからたどると，天文20年 (1551) ごろの作と推定されているキリシタン宣教師による最初の日本語文法書 (D・ダ・シルヴァ) があり，その半世紀後，はやくもロドリゲスの大作『大文典』と『小文典』が出ている。その『大文典』には「名詞は格による変化を欠き…」(5)，『日本小文法書』にも「この言語の実名詞や代名詞には語形変化がなく，…」(f. 13) とよく認識し，はなから日本語名詞屈折論 (5.4) を否定する内容である。もちろん未熟で不完全な理解の多々あることはいうまでもないが，この時代はヨーロッパで近代言語学 (言語比較，類型論) が誕生する2世紀も以前のことである。宣教師言語学の貢献については，6.3 を参照されたい。

キリシタン宣教師と同様，以後の来日西洋人にも，おおむね無から日本語を学び，その文法を解き明かしていかざるをえないおおきな苦労と過酷な外的条件があった。総じて外国人の日本語研究は，これをほとんど無視してかかる状況のもとであったにしても，そのなかにも江戸時代の日本語研究を謙虚に吸収しようとする人たちもいたし，すでに本国で近代言語学の洗礼を受けてきていた人もいた。しかし日本人の排外的な文法研究は，外からみた日本語理解をかならずしも積極的には評価せず，むしろ誤った受容の影響が今日までのこっている。西洋人の日本語研究にたいする態度は，すくなくとも一部では尊大このうえないものであり，たとえば山田孝雄 (1935:5–6) など，引用もためらわれるほどである。最近の参照文法が，ロドリゲス文典などより，ある意味で，逆に退化した理解を吹聴している現実にふれると，この国には日本語が外国人にわ

[*180] 鈴木・林編 (1973b:115–138) の「明治以降日本文法関係書目」は，明治元年 (1868) 以降昭和46年 (1971) までに刊行された日本文法論にかんする著作として900点弱をあげている (学習用文法は含まれていない)。ただし，これはたとえば細江逸記 (1884〜1947) の英文法関係から「ワカチガキ ノ ケンキュウ」(松阪忠則 1943) などまでをふくむ，かなり広義の文法関係書目である。

かるはずがないという思い上がりや一般的体質がいまも行き渡っていることを残念ながら実感せざるをえない。

　キリシタン言語学以外では、来日はなかったものの、オランダはライデン大学のホフマン (J. J. Hoffmann, 1805～1878) の『日本語文典』(1867) と浩瀚な日本語辞書 (未完—前者の亀井「解題」を参照) があり、ロシア・ソビエトにおける日本語研究 (アルパートフ 1992) があり、19世紀末 (明治前半) になると、とりわけ英国系の活躍が目立つようになる。

[アストンの日本語研究]

　官学の便宜にいたこともおそらく関係し、外国人による日本語学をきずいたとも評価されてきたチェンバレンにたいしては、それにいくぶん先行するアストンのとりわけ動詞論をめぐる再評価—三澤 (1972)、古田 (1978) —が近年たかまり、幕末・明治期の英米系日本語文法を悉皆的に比較した岩熊 (1985:233) は、チェンバレンの動詞 (句) 構造が日本語の「活用 (形)」を無視した西洋語「おしつけ」型文法であることを示し、アストンこそが「幕末・明治期の西洋人による日本語研究のうちである重要なる点に関して最高の達成を示している」と評価した。とくに動詞については一期を画するとしている。アストンについては、杉本 (1999)、楠家 (2005) も参照されたい。とくに品詞分類についてアストンは、古田 (1978:47) も認めるように、それ以前の、外国人の日本語研究者のごとく欧米諸言語の概念で日本語を処理しようとするのではなく、江戸時代の国学者の分類 (「名」「詞」「てにをは」—4.1.1) を踏まえたうえで、とくにその『文語文法』では、(8ないし9品詞分類はとらず)「てにをは」を活用のないものと活用のあるものとに分けて4つに分類し、文法記述をおこなっている (Aston 1872:17–18 [文語]、1888[4]:7–8, 118 [口語]) [*181]。ただしチェンバレンも、「名詞は語形変化をしない indeclinable」ものの、格の関係は「後置詞 postpositions によってである」(1999:37, 282—Chamberlain 1888) としている[*182]。

　おなじ時期、ロシア最初のスミルノーフの日本語典 (1890) でも、助詞はただしく後置詞あるいは不変化詞だとし、つまり接辞ではないとしている—スミ

[*181] アストンの『文語文法』と『口語文法』とで異なる用語とその理由については、岩熊 (1985:45) がふれている。

[*182] いまなお、たとえば松下文法とおなじ官風崇拝のゆえなのか、アストンよりはチェンバレンに言及する研究史がある。

ルノーフの日本語研究については，吉町（1977:375–398）およびアルパートフ（1992）を参照されたい。

[マーティンの参照文法]
　外国人による日本語記述で特記すべきは，6.1.1 ですでにふれた 20 世紀後半の，マーティン（Samuel E. Martin, 1924〜2009）による『日本語参照文法 *A Japanese Reference Grammar*』（[1975]1988）である。これは，細部に異論はあるにしても，すぐれた参照文法の名に値する，ひとまず安心して参照できる文法である。いきとどいた記述の一端をあげると，前接語 enclitic の術語こそ用いていないが，「=が，=は」は語（スペースで示す）であるとしつつ，「-て」はただしく接尾辞とし，「=らしい」には「節的助動詞 clausal auxiliary」（語扱い）という巧みな術語を用いている。本格的な音韻記述といえるものはないが，日本語に特徴的な動詞複合体（例，「元気でなかったことがなかった」，847）などにも注意をはらい，そのような語をこえた結節としての拘束句をまとめあげるアクセントにもいちおうはふれたうえで，全巻をつうじ日本語例のすべてにアクセント表記をほどこすという，利用者への配慮も忘れていない（アクセント辞典をべつにすると，研究社『新和英大辞典』第 4 版［1974］のみは例外か）。一般に，ひとつの言語の参照文法という以上は，最低限の音声・音韻・音律論をそろえた文法であるべきであり，文法の確固たる基礎としての形態論や品詞詳説があったのちに，はじめて統語論がくるべきものであることはすでにのべたとおりである。マーティンは B. ブロック (3) のイェール大学での弟子で，朝鮮語研究でも有名である。

　日本語文法の研究が，ながらくの言語学的鎖国状態もしくは日本的風土病から脱却して視野をひろげていくためには，とりあえずは「日本語」の項目をふくむ『世界言語編』5 巻や，ふたつの類型論流派ともいえる MPI（マックスプランク研究所）の『世界言語類型論地図 *WALS*』（Dryer and Haspelmath eds. 2011）とディクソンの『基礎言語理論』（Dixon 2010, 2012）などにあたって，類型論的蓄積の現況を一見するのが必要なことかもしれない。*WALS* にもとづく情報の一例は，注 138 を参照されたい。

6.2.3　母語の文法
　みずからの文化に閉じこもっているかぎり，とくに言語には気づきにくい問

題がおおい。なかんずく母語の文法は，特別なきっかけでもないかぎり，自然に自覚されるものではない。母語を外から見るなんらかの契機があって，やっと気づかれ，考えはじめるようになる (3.2 を参照)。したがって当然ながら，母語の包括的な文法を書くのは，その話し手にはかえってむつかしい。母語話者として気づかず，あるいは当たり前で意識もされない言語事実をまんべんなくすくいとり，感じ分けつつ，その理法を解明し説明していくのは至難の業である。本書が目的とする対象(主として"助詞","助動詞")とは対象がかならずしもおなじではないが，小島剛一(2012)が他言語に由来する無用な文法概念の呪縛を捨て去り，日本語に具わっている独自の豊かな構造に着目し，日本語文法を「再構築」しようと考えだしたのも，非印欧語的特徴をもつザザ語(Zaza イラン語派—『世界言語編5』)の困難な現地調査をはじめとして (『トルコのもうひとつの顔』中公新書 1991)，ながらく母語としての日本語を外側から見つづけた経験があってのことにちがいない。

　すでに過去のものとなった言語(自国語もふくめ)はべつにすると，言語の研究は音声つまり現実の発話の観察からはいっていかざるをえないが，そうして徐々にその文法の全貌を解き明かしていった経験のあるフィールドワーカーならば，当の言語(方言)の話者にたいしてでも，その文法を明瞭に説明することができるものである。相手が母語話者であることは，外来の研究者にとっては，非常にきびしい挑戦と試練の場になるが，相手の反応や言語感覚をこまかく確かめつつ仕事がすすめられるまたとない機会であって，得るところはきわめておおきい。きれいに整理し規則化しえた文法などもともとありえない。ひとつの言語(方言)についての理解の深化はもちろん，言語のリアリティにも近づけるのがフィールドワークであるだけに，話し手と向かいあいつづけることはきわめて重要である。

　逆にこの点をわきまえずに，日本語の文法は日本人にしか書けないとか解明できないといったうぬぼれや，外国人に日本語がわかるものかなどと妄言し，外国人の日本語研究を参照さえしようとしない態度については，『西洋人の日本語研究』を克明にたどった杉本つとむ(1999:10, 325)が驕りと盲信そのものだと書いているが，明治以後の文法研究に沈滞と遅れをもたらした原因の一部にちがいない。杉本は「まえがき」冒頭でも，「日本人であるから日本語がわかるということにはならない。むしろ西洋人でも充分に日本語の本質解明にメスを入れることができる」といっているのは，そのとおりだとおもわれる。

おこがましく聞こえるかもしれないが，日本人なら外国人に日本語を教えるなど，わけない仕事と思う人がいるとすれば，これはやはり間違っている，すくなくともおめでたすぎる。すこしでも経験のある人なら理解できることだろうが，日本語を学ぼうとしている外国人学生に「そうはいわない・書かない，こういいなさい」といった朱をいれるだけの指摘や添削なら，母語話者として誰にでもできる。たいせつなのは，なぜそれが間違いなのか，なぜ日本語はこういうのかについて，その学習者に納得できる文法的あるいは語彙的な説明であって，それができなければ日本語教師はつとまらない。しかし，そのような説明はそれほどたやすいことではない，どころかたいへんむつかしいことであって，ふつう母語話者というのは，いちばん不適格な外国語教師なのである。

　これには当然なわけがある。母語の話者には，ふだんのコミュニケーションでは，概して意味や語彙のちがいなどはまだしも意識にのぼりやすいのにたいし，幼児期から身につけてきた母語の文法を意識することはない。とくにカタチの問題である形態法を中心とした部分は，意識の閾にのせて考えることなど，まずできない。したがって，適切な文法的説明などを外国人学生にできないのは自然なことである。本気で日本語教育に取りくんできた人なら，痛感しているはずである。恥ずかしいことに，わたしじしんもついに2年以上アメリカの大学で日本語を教え続ける自信はなく，その仕事から足を洗うことに決めざるをえなかった。

　ただその一方で，主として夏の数週間，エスキモー地域で学校の先生をしている母語話者の人たち (10-40人) にエスキモー語文法の基礎を教えるサマースクールが10年近く続いた (3.3)。数週間で扱いうるのは，基本の基本にすぎなかったが，ゼロに近いところから自分で解き明かしていった言語であってみれば，掌をさすように話者の人たちに説得的な説明ができる。もちろん当該言語の能力 competence (母語話者としての内的知識) はもたない身だから，針のむしろの上でのフィールドワークと腹をくくったうえであったが，得がたい貴重な勉強にはなった。他方，話し手にとっては，これまでおもいもしなかった母語についてのはじめて聞く説明に目を輝かせつつ，じぶんのことばが (一部であれ) 納得できた (！) という記憶はいつまでも残るようで，いまも30年以上前の興奮と感激を書きよこしてくる。

　すでに過去のものである言語はべつにすると，母語の研究にたいして少々悲観的ないい方もしたが，日本語研究に明るいきざしも見えてきてはいる。基本

的には文字のない世界の言語について良質の記述を書きだそうとしている若い芽である (例，スケッチ文法—6.1.1)。対象言語 (方言) への浸透をふかめ，いきた言語を扱うコツを体得したそのような人たちが，日本語文法をも見直したうえで，そのレヴェルを「外から」引き上げてくれる日を鶴首してやまない。

日本語研究の国際化が求められている今日，江戸時代以後の伝統的な日本語研究のいわゆる「飛躍的な発展」とか「世界に誇る成果」とかを内部の日本流秘伝にとどめず，ひろく国際的認知をもとめるべきなのは当然だろうが，それにはまず，類型的・通言語比較をいうまえに他国の研究者の理解と評価にたえうる具体的成果をしっかりもりこんだくわしい日本語の記述を世界に向けて発信することこそが，日本語研究者の責務ではないだろうか[*183]。

国の内外を問わず，言語研究はふつう，文字を通してなすべきことに疑いをもたずに進められてきた。本居宣長 (2.1) や「文字論」をうちたてた河野六郎先生 (3.4.1) のような例外による，文字についての客観視とその呪縛からの脱却があってはじめて，言語の本質であるカタチ性と「語」についてのまっとうな理解がえられたのであった。日々の生活でも言語研究でも，すっかり文字にしばられている今日では，文字を通さずに言語に向かいあって言語の深みを経験しえるのは，直接「カタチ」に向かいあうことのできる，自国にいまなおのこされているフィールドでの方言研究であり，他民族の言語を前にしたフィールドワークしかない。じじつ漢字が「語」であることをみてとったのも，19 世紀初

[*183] もちろん外国に向けて発信されるべきは共時的な文法記述だけではない。古くから一般の関心をあつめてきた日本語の系統や起源といった問題は，海外でも関心はたかい。そのなかで，いまも日本語系統論ということばにあまり異議もでないのはなぜなのだろうか。日本語の混種性という考えはロシアの言語学者 E. D. ポリワーノフ (Polivanov, 1891～1938) に端を発し，「日本語は混成語」であるという発言も 1948 年にあった (泉井 1956:20–22)。こののち，「系統論にさきだって日本語の成立の歴史」をまず考えるのがことの理だという主張があったが (かめい [1981, 1992] 1995:5–12, 傍点宮岡)，崎山理氏主宰になるシンポジウム「日本語の形成」(1987 年) での「日本列島において縄文時代を通じ，長期間にわたる複数の言語の併存と言語接触の結果，遅くとも弥生時代に日本語は混合語として成立した」という，注目すべき「了解事項」(崎山編 1990:485) ができあがっている。くわえて，最近の言語接触研究の進捗によって，ピジン・クレオール語あるいは混合言語という現象を説明しうる理論的記述も整備されてきたとする崎山 (1998) があるにもかかわらず，国語学者のこれにたいする言及がないのは腑におちない。詳細は大野 (1994, 2000, 2007)，小松 (1999:54–71, 2000:107, 114)，松本 (2007) を参照されたいが，この「形成論」を棚上げしたままでは，行きづまった日本語の来由問題に breakthrough をもたらす可能性は望めないようにおもわれる。

頭の宣教師であったことを想起したい (3.4.1)。フィールドワークについては 6.4 でもふれるが，その前に宣教師言語学 missionary linguistics の一端をみておくことにしたい。

6.3 宣教師言語学の貢献

　日本では，文法という概念が生まれる以前の 16 世紀後半から，キリシタン宣教師が日本語文法と辞書を著してきたことはすでにふれたところである。泉井 (1972, 1976b) は，キリスト教徒によるイベリア半島でのイスラム支配の巻き返し，ルネサンス期の文化・芸術・学術の隆盛，地理的発見と拡大を背景にはじまった，とりわけイェズス会士の海外普及から説きおこし，未知の言語として日本語にたちむかうロドリゲス以下，神父(パドレ)のラテン語などの言語素養，言語記述者としての態度，両言語の類型差などにもふれつつ，キリシタンにおける日本語学の潮流を的確に概観している。新開の土地におしよせた実利一点ばりの征服者のなかにあって，一般に宣教師は土着民擁護の側にたち，しばしば豊富にして信頼性のたかい民族学，言語学の資料を書きのこしている。なお Ostler (2005) は，宣教師活動をふくむ，世界 (諸帝国) の言語 (拡散) を詳細に説いて迫力ある，スケールのおおきな著作である。

　紀元前 2 世紀のディオニュシオス文法学 (品詞八分説) をふまえた会士たちの，文法記述におけるラテン語の箍(たが)が (ボアズらをはじめ) 否定的に言及されてきたが，『ラテン廣文典』(1952) の著者は上の概観で，「イェズス会の人々は，決して無理にラテン語の枠を，無理をおかして日本語に押しつけたのではない」(泉井 1972:28) と書いている。

　イェズス会士とそれ以後の西洋人による日本語研究の詳細はとりわけ杉本 (1999) に[*184]，またロシア・ソヴィエトのそれはアルパートフ (1992) などにもうかがうことができる。西洋人の日本語理解の幅と深さにはもとよりおおきな差異があり，それぞれにあいまいさや誤解を抱えてはいても，学ぶべき見解を示しているものがすくなくない。

　4 世紀前，外国人宣教師によって書かれた日本語最初にちかいロドリゲスの著名な『日本大文典』(1604–1608, 長崎刊) などが，日本語の格助詞は，ラテン

[*184] 杉本 (1999) の再版 (講談社学術文庫 2008) からは，W. G. アストンその他についての重要な記述をふくむ一部の章が省略されているのがおしまれる。

語の格変化を含む名詞屈折とは根本的に異なることを明確に記していたにもかかわらず，今日にいたっても，悪びれもせず，すすんでラテン語の「プロクルステスの寝床 Proscrustean Bed」に日本語を押し込み，日本語を屈折語扱いする文法が出てくるというこの国の風土は，何なのだろうか。ロドリゲスの『日本小文典』は，500 ページにもみたない比較的「小」文法書だが（池上解説・訳注のぞく，上下 2 巻［1993］），大冊 2,000 ページにおよぶ近年の「大」文法とその目次だけでも比較してみると，おもしろい対照研究になるかもしれない。ちなみに，キリスト教宣教師が中国語文法をどのように構築して，それを中国人がいかに受けいれていったかを跡づける何群雄（2000a）は，対照的な興味をひく。

異域での布教をすすめたのは，もとよりイェズス会だけではないし，対象地域も日本や東南アジアだけではない。キリスト教各派（新教・旧教をとわず）が世界のすみずみにまで進出してもたらした言語資料（手書き草稿）は，おびただしい量にのぼる。近代言語学の出発以来，今日にまでいたる貴重な記述資料であるのみならず，類型的な情報源にもなっており，さらにはのちにみるように言語学の発達をうながす力にもなっていった。しかし宣教師によって辞書や文法が編まれるようになった中国語や日本語などは，すでに文字伝統（読み書き）をもっていた言語であるという，明らかに例外的な側面があった。日本語で読めるイェズス会関係書には，その発展や迫害の歴史などにかんするものはあるが，彼らの言語学的貢献についてふれたものはない─ただ豊島編（2013）は，この分野での貴重な寄与である。伊藤（2001:190–196）は，南米パラグアイのグアラニ語（Guarany ワラニー語）にたいするイェズス会士による貢献（1640 年頃の文法と辞書の出版など）にふれたところがある。

ヨーロッパにたちもどると，ライプニッツ（Gottfried W. Leibniz, 1646～1716）[*185] の遺言にしたがいピョートル大帝（Peter the Great, 1762～1725）がはじめた東方にむけてのロシア領土拡大の波は，"アルタイ語域"をこえてたちまち東端のベーリング海にまで達したが，コサックや露米会社，それと協力したロシア正教によって貴重な言語資料（主として語彙）がのこされ，その範囲は，北東アジア，アラスカ，日本にまでおよんでいる（匹田 1992 を参照）。また宣教師言

[*185] 言語学にたいしては好事家であったが，一般文法の根本的誤りを意識し，言語の系譜の問題に興味をもち，諸言語を全般にわたって比較分類すべきことを説いた。アジアとアメリカが地続きか否かを確かめるべしというその遺言が実現させたベーリング探検が，先住諸族からの言語情報を集積するきっかけになった。

語学の範疇にははいらないが，これ以後すすんだシベリア開発のもたらしたのが科学アカデミーによる東北アジアとロシア領アラスカの調査資料であり，流刑者(政治犯)による貴重な言語研究であったことも忘れてはならない[186]。

一方，北アメリカ側には，メキシコを経てきたスペイン系僧侶が進出してくる。また 17 世紀初頭には，ニューフランス(現カナダ東部)にフランスからの僧侶が，ニューイングランドにイギリスからの牧師が渡来する。とくに「一般・理性文法」盛んな当時，イェズス会士は，日本へやってきたバテレンと同様，長年ラテン語の訓練を受け，多くがその教授経験すらある人たちであった。そのため，新大陸で接した構造的に異質な言語を「ラテン語文法の箍」にはめることとなり，かれらの記述ではしばしば現地の言語の特異性がかすんでしまいがちであった。異国の言語を学ぶことじたいが容易ではなかった当時(下記)，辞書や文法書の草稿は一代でできるものではなく，後任としてやってきた宣教師がその手引きとして使いつつ，さらに長年月にわたって書き足し訂正していった。そのうち，いつしか紛失の憂き目にあい，記述がなされていた事実だけしか残らないばあいもあった。ラテン語で書かれることも多かったイェズス会士による資料は，ヴァチカンや管区古文書館・神学校に眠っている。ニューフランスへの宣教師の到来は，ザビエル来日とおなじ 16 世紀中葉のことだが，以後のイェズス会士が母国でうけてきた古典語文法(と教授訓練)や原住民語(アルゴンキン語，イロコイ語)のフィールドワーク，当時の言語状況については，Hanzeli(1969:32–54)，Salvucci(2002) などを参照されたい。

他方，ニューイングランドに渡来したイギリス人宣教師では，誤謬や誤解はあるものの，よく文法の細部をおさえた，英語では最初の著作(ナラガンセット語 Narragansett)をのこしたウィリアムズ(Roger Williams, 1604?〜1683)や，「自国語の文法との差異に注目」しながら書かれたという，記述の質がきわめてたかい『インディアン語文法ことはじめ』(ナティック語)のエリオット(J. Eliot, 1604〜1690)がとくに有名である(Williams 1643 と Eliot 1666)。いずれも東ア

---

[186] 前者アカデミーのバズネセンスキ Il'ia Gavrilovich Vosnesenkiy (1816〜1871) は，千島アイヌ語資料(約 1500 語と文例少々)などをのこし(宮岡 1985:154 を参照)，後者流刑者のヨヘルソン Waldemar Jochelson (1855〜1937) のユカギール語，ボゴラス Waldemar Bogoras (1865〜1936) のコリヤーク語，チュクチ語，シュテルンベルク Lev Jakovlevic Sternberg (1861〜1927) のギリヤーク語，オロッコ語など。服部健『ギリヤーク』(1956:144–167)，大島稔(2001)「流刑と革命の中での北方言語研究 ボゴラス」を参照。

ルゴンキン諸語に属する言語である。ともに現地の言語集団のなかに長年住みこんで言語を習得したが，とくに後者の，ひとりの話者をインフォーマントに選んで完全な語形変化表をまとめていったその記述の姿勢は，この時期としては注目に値するものであった。後者のデュポンソとピカリングの補遺がついた1822年の新版は，フンボルトも利用している。しかも両者はそれぞれ，アルゴンキン祖語の子音の一部を反映する音韻対応に注目していて，後年のブルームフィールド比較言語学を予見する人たちであった (Haas 1967:817)。

18世紀以後には，宣教師のカリフォルニアへの進出がはじまり，しだいに極北でもローマ正教やモラヴィア派 (3.6—Gonzaga University 所蔵) による文法が書かれはじめている。

フィールドノート(紙)がわりに樺(かば)の樹皮をつかい，魚獣の脂をインクがわりに，それでともしたランプのもとで書きつづり，それが何年何十年かのちの後任宣教師によってさらに書きつがれ，そのような脂ですすけた辞書や文法の草稿が運よく保存される幸運にも恵まれた結果，世界各地における初期の言語情報が今日まで残るということもあった。フンボルトにもたらされた (その『カヴィ語』にもひかれた) デラウェア語 Delaware (東アルゴンキン諸語 3.6) の情報も，そのようにして代々書きつづけられてきた文法草稿がもとになっている。ヨーロッパとは異なる環境での日々の生活の苦難からはじまって，自然条件の締めつけ(エレメンツ)，伝道にまつわる現地住民の抵抗・襲撃などのなかで，代々にわたって書きつづけられまとめられていった宣教師による言語資料は，ときに断簡であっても，精査すれば，今日すでに得られなくなっている貴重な情報がふくまれているのを発見するはずである。さきにふれた，比較言語学的に重要な言語事実がのちに判明することもあれば，今日の話者からはもはや失われているために現代の資料には採録されていないものの，かくありえたのではないかと推論していた語形をそのような資料の一部に見い出して歓喜することなどもときにある。

20世紀にはいっても宣教師の貢献はつづく。ボアズは，宣教師を素人扱いし，言語研究から排除しようとしたことで知られており，来日外国人の日本語研究をはなから否定してかかった山田孝雄や松下大三郎 (2.2, 6.2.1) と似ているようでもあるが，その比較はかならずしも当をえていない。言語や方言によっては，情報がひとえに彼らによっているものがあるばかりか，長期にわたる定住のなかで地道に蓄えていった現地語の経験にもとづいて，専門家よりもはる

かに深い理解と優れた記述をのこした宣教師もすくなくなかった．人生の大部分をナヴァホ地域ですごして，とりわけ重要な『語幹辞典』(Haile 1950–1951) をのこした B. ヘイル神父 (フランシスコ派) は，ナヴァホ語を「ナヴァホのようにしゃべった」とナヴァホみずからが語る，きわめて数すくない白人であった．ちなみにサピアは，ボアズとくらべて学会の外の宣教師にもオープンであり，ヘイル神父とのあいだでかわしたナヴァホ語についての多量のやりとりがのこっている．

　なかでも，宣教師言語学の言語学史上に名をのこす貢献には，モラヴィア派宣教師を父にもった S. P. クラインシュミット (1814〜1886) の『グリーンランド語文法』(Kleinschmidt 1851) がある．わずか 180 ページほどの文法だが，アメリカ構造主義の流れのなかで，その意義と記述の質がたかく評価されて，『国際アメリカ言語学 IJAL』誌は 1951 年から 1952 年にかけての 5 号を「クラインシュミット百年記念号 Cenntenial」とし，言語年代論などで知られるスワデッシュ (Morris Swadesh, 1909〜1967) が数点の論文を寄稿している．

　これとあわせて記しておきたいのは，有名な夏期言語学研究所 Summer Institute of Linguistics(SIL) の活動である．インディアンにたいする奉仕活動の基盤に聖書をえらび，この弘布のためにグアテマラにおもむいたタウンセンド (William Cameron Townsend, 1896〜1982) が，ラテンアメリカの言語を調査記述する宣教師兼言語学者を養成するために，サルファスプリングズ (Sulphur Springs—アーカンソー州) に設立した組織 (1934 年) が母体となったものだが，その活動の成果は北アメリカ各地でも注目をひき，しだいに北米インディアンの諸言語にも研究者を送りこむようになった．この SIL 宣教師が姉妹機関のウィクリフ聖書翻訳団 Wycliffe Bible Translators (1842 年設立) と協力してすすめた成果のなかには，主目的の聖書翻訳のほか，文字づくり，文法・辞書などの言語記述と言語比較に注目すべきものが多々あり，地域的にも広がりをみせてきている．音声学のパイク (Kenneth Lee Pike, 1912〜2000) や形態論のナイダ (3)，さらには文法素論 Tagmemics のような言語理論がこの SIL から育っていった．

　宣教師言語学は，類型論とのかかわりでは，それまでヨーロッパの諸言語では知られていなかった新しい文法概念がしだいに世界の各地で気づかれるようになるきっかけをもたらしたことも忘れてはならない．たとえばアイヌ語やタガログ語その他，各地でみられる 1 人称と 2 人称の包括形と排除形の区別は

(注138を参照)，宣教師による「発見」の一例である。イベリア半島に源を発し，とくに新大陸に展開されていったこの宣教師言語学については，もとより遺漏のきわめておおい略述にすぎないが宮岡（1992a:1016–1018）も参照されたい。たとえ記述の質・量や方法に問題があるとしても，生（なま）の言語との格闘がないアームチェア言語学者や，外国人の言語研究にはなから耳を傾けようとしない日本語研究者には，このような分野の言語学がはたしてきた実績のおおきさにもすこしは関心をもっていただければとおもう。

6.4　海図なき「文法の海」をいく—日本語の海を望見しつつ

6.4.1　海へのアプローチ

　すでにみたように，日本語にはいくつかの重要な「大文法」につづき，おびただしい数の文法書が書かれてきたが，その主だったものをひもとこうとすると，いまだに諸学説の用語対照表の類を手許におかなければならない不便がある。と同時に，たとえば「行かせられなかった（だ）ろう」といったひとつの動詞（複合体）をとってみても，文法家によるその分析がまちまちなのが現実であって（注145），ひとつの言語の記述としては問題があまりにもおおきい。スケルトン的な文法や入門書の数々はおくとして，現代日本語の参照文法といえる標準的な文法書すらいまだにないのが日本語研究の現状なのである。

　文字・文献をもつ言語の辞書づくりと文法づくりは，もちろん文字をもたない言語の調査あるいはフィールドワークとたがいに通じあうところがあるとしても，けっして同じではない。海図のできていない水域を手さぐりで進む航海は，あとから見ればなんでもないと思える困難や障害がつぎつぎと待ちかまえている。

　未知の言語のばあいは，「何？」という1語を見つけることから調べが始まるというのは，金田一京助にとってのアイヌ語初調査時の実話であったにしても（1964［1931 片言をいうまで］），これはすでに伝説の類に属する。文字をもたない人々（民族や集団）は，現在でもまだ数がすくなくはないが，文字の存在じたいを知らない人々は地球上に，すでにいないのが事実であろう。

　はるかに現実的な言語調査の細部をうかがうことのできる記録として江湖（こうこ）に名高いのが，カリフォルニア大学の青木晴夫の『滅びゆくことばを追って』

(1972)である。アメリカ・インディアンのネズパース語 Nez Perce について，フィールドの空気に読者を巧みに引きこみつつ，調査の過程から記述をまとめるまでの細部をつづっている。図2(1.5.1)の[37]サハプティン語族 Sahaptin の言語である(アイダホ州)。しかしフィールドワークは，対象とする言語・方言や，その国・場所，歴史的背景，話し手(集団)などによって多種多様であり，一般的な予見はもちがたい。フィールドワークについては Tamura (2004) が必読であり，また言語編集部編(1996)，大角翠編(2003)，津曲敏郎編(2003)などによっても，世界各地における多くの調査者の経験にふれることができるほか，国の内外を問わず，フィールドワーク入門書の類はいろいろ出ている。言語調査のための音声学については，注51でふれた中川(2012)がある。

　文法書と辞書は，かなり性格のことなる課題ではあるが，文法に専念し，その記述をすすめていくときでも，語彙収集の進展はどこまでもつづかざるをえない。辞書の編纂が直接の目標ではなくても，語彙量の増加とともに，あらたな文法事実の発見はつねにおこる。しだいに重点を文法に移しながら，その広範な整理と深い掘りおこしをすすめていくことになるが，いうまでもなく未知の言語の「文法」づくりは，家を建てる図面のようなマニュアルや，世にいう"理論"でどうにかなる仕事ではない。文法調査票の試みは内外になかったわけではないが，使ってみてあまり役にたつものではない。すでに範例となるような文法記述が断片的に，あるいは系統的に近い(構造の近い)他の言語や方言について書かれているばあいはまだしも，まったくはじめての未知の言語だと，ひとまず記述の粗い大枠をきめてかからざるをえない。しかし，これも最初から固定的に描けるようなものではない。事実の掘りおこしと理法の解明をもとめ，不透明な奥行きの深さにしだいに眼を慣らし，つまり内的視力を養いつつ分けいっていくうちに，一般化を拒む剰余と剰余(下記)，不可解と不可解が突如として，まるで1本の幾何学的補助線をうまく引きあてたかのように結びつき，ふっと見えてくるものがある。アルキメデス気分で「ユーレカ！」が口にでる[187]。

　しかし引きつづいて，なんども枠組みは修正され精緻さをまし，それとともに記述の細部も，使う用語も変わってこざるをえない。理法を敏感に察知し，

---

　[187] いうまでもなく，ユーレカ(われ発見せり)は「(言語は)発見をたすける heuristic」(1.3.2)と同源である。

「感じ分け」つつ，たえず発見の量と質をたかめ，柔軟に枠組みを変えていく覚悟が当然ながら必要になってくる。剰余の切り捨ては，せっかくの貴重な手がかりをみすみす放棄することにつながり，安易な一般化は遅かれ早かれ崩れさる。掘りおこしの量が増えるほど，累乗的に分析・総合と記述の仕事は遅れていくが，さらなる深みへの興味はつのっていく。こうして，一寸先も見えぬ霧の世界にぼんやりと浮かびあがってくるものがあり，眼が慣れてきて正体がすこし見えたかにおもえたその矢先，またもやなにがなにやらよくわからなくなったり，さらにはなにが飛びだしてくるかわからなかったりするというのが，海図なき文法の海である。この海底を究めることは，たやすくない。『やちまた』(6.1.3) の著者は，べつのかたちでこれを「ことばの法則をさぐる道は，地中に無限の坑道を手さぐりに掘っていく，その長い暗い孤独な作業に似ている」と表現している (足立 1995:318)。

ボアズは (1.2, 1.5.1, 3.6 など)，20 世紀冒頭に「ジェサップ北太平洋探検」をまとめ[*188]，その報告書の序文で，文化現象一般についてつぎのような味わうべき言葉を書きのこしている (Boas 1898–1900 [1900:3–4])。

> 事実が一見，秩序だって見えはじめたとき，研究のゴールはまぢかにおもえてくる。基本的な法則性が現れ，カオスがコスモス (美しい秩序) に変わるようにも見える。しかし，探究はたえまなく続く。
> 　新しい事物が見いだされ，確固としていたかに見えた理論の基礎がゆるぎだす。美しい単純な秩序は崩壊し，丹念に築きあげてきた構築物の均整が偽りであったことを示す事実の量と複雑さに，研究者は肝をつぶす。現象は，不完全にしか知られていないかぎりにおいてのみ，すべてを説明する雄大かつ単純な理論を生む。
> 　しかし，骨の折れる，丹精込めた探究によって，現象の複雑さが明らかになるとき，新しい基礎がすえられ，新しい構築物は，以前よりゆっくりつくりあげられる。その輪郭は，以前より複雑さはあっても，雄大ではない。手間のかかる構築作業がつづくにつれ，しだいに輪郭は一挙にではな

[*188] その修了百周年記念として，2002 年に同調査を追試検証しようとする国際シンポジウムが国立民族学博物館 (吹田) で開かれた。谷本・井上編 (2009)，宮岡 (2009) などを参照。開始百周年記念式典は，アメリカ自然史博物館 (ニューヨーク) で開催された。

く，ゆっくりと現われてくる*189。

　アメリカ文化人類学の始祖ボアズがこう書いたときに念頭にあったのは，非言語的文化のことであった。ボアズは，言語学の出身ではなかったために，かえって専門的訓練によって余計な偏見を植えつけられずにすんだのが幸いした*190。その言語研究とフィールド調査にたいする理解と重視は，すくなくとも部分的には，アメリカ・インディアン研究における独自の経験のなかから生まれたものと理解されている。しかし，みずからも良質の記述『トリンギット語文法』(Boas 1917—ナ・デネ大語族)をのこすとともに，弟子や協力者に各地での言語調査を進めさせ，20言語をふくむ4巻本『文法ハンドブック』(1911–1941)を出版したが，その第1巻冒頭の「序説」(Boas ed. 1911:1–83)には，アメリカ言語学の出発宣言ともいえる言語観と文法観が集約されている（宮岡 1992c:274–277）。

　ボアズのもとで言語学専攻に進んだサピアは，上記引用とは対照的に，ラコニックに「すべて文法は漏れる。All grammars leak.」と記している (Sapir [1921]1939:39)。すべての言語は，表現の経済性にむかう傾向を内在し，おそらくかなりの程度までこの傾向が働かなければ，文法というものは存在しない。しかし，完全に文法的になりうるならば，表現の完璧な機械になりそうに

---

*189 The fundamental laws which governed the growth of culture and civilization seem to manifest themselves conspicuously, and the chaos of beliefs and customs appear to fall into beautiful order. But investigation goes on incessantly.

　New facts are disclosed, and shake the foundation of theories that seemed firmly established. The beautiful, simple order is broken, and the student stands aghast before the multitude and complexity of facts that belie the symmetry of the edifice that he had laboriously erected... The phenomena, as long as imperfectly known, lend themselves to grand and simple theories that explain all being.

　But when painstaking and laborious inquiry discloses the complexity of phenomena, new foundations must be laid, and the new edifice is erected more slowly. Its outlines are not less grand, although less simple. They do not disclose themselves at once, but appear gradually, as the laborious constructions continue.

*190 ボアズは，W. von フンボルトの後継者を任じていたシュタインタール Heymann Steinthal(1823〜1899)には会ったことがある（講義には出なかったが）とされ，'inner form' (6.1.1) の概念を学んだのも，シュタインタールからであるという。「序説」での「内的形態」の強調は，ドイツ的伝統との重要な結びつきを暗示してあまりあり，ボアズはもとより，サピアもまた祖国の大学者フンボルトを学んでいたことが知られている。

考えられるが，幸か不幸か，この点で専制的なまでに一貫した言語はひとつもない。いうまでもなく，「漏れる」が意味したのは，まずは文法の海に浮かぶ，言語の本性としての「剰余 residues」(泉井1962)の問題であった。

　さきに象徴法(4.6.4)に関連して，「恣意性に裏づけられた純粋のカタチの問題からはずれるところがある」と書いたが，『日本語の歴史 別巻・言語史研究入門』(161)も，これについて「語の形成にあたって非合理の契機がそこにしばしばはたらいている」と書いている。ここに，「漏れる」源泉のすくなくともひとつがあると考えられる。

　わたしたちが文法に挑もうとするときには，いやおうなくさいごのさいごまで，その言語における「漏れ」，すなわち剰余に悩まされることになる。と同時に，サピアの表現じたいは，掘りおこしにいつまでも不徹底さが残る文法書のことを意味しているものともとれる。たしかに，多くの言語について—世界の言語のほんの一握りでしかないにしても—多くの剰余をのこしたままにして，いちおう文法書が書かれてきた。しかし，瑕瑾(かきん)のない文法書などは，おそらくどこにもありえない。これまた言語の本性と無関係ではないが，それとともに言語研究者みずからの悲しい性でもある。

　文法の海はけっして平穏ではない。波も流れも予測は立てがたい。航海困難な海域(理解のおよばぬ言語現象)がまだ控えているかもしれないとすれば，そのつど柔軟に対応を考えつつ克服していかなければならない。

　ちなみに，未知あるいはそれに近い言語の，はじめての海(フィールド)にはいるのに，「研究」だとか「調査」だとかは，口にするのもはばかられるはずである[*191]。はじめて英語を習う中学生よろしく，はじめのはじめから一歩一歩，相手の母語だけをたよりに，その文法を解き明かしていくプロセスは想像以上にながい。海の深みに達するには，時間がかかるし覚悟がいる。

　国の内外を問わず，フィールドにはいる前にはまず，現地での滞在許可と長期滞在の保証にはじまり，根気づよく相手をつとめてくれる協力者を見つけ，持続的なラポール(心の小道—rapport)をつけていく必要がある。たしかに最

[*191] 「調査」とか research とかいうのは，ふつう文明国の"侵略者"から過去に受けてきた扱いを経済あるいは文化の搾取と見なさざるをえなかった人たちや，被問一方にたつ母語話者の人たちにとっては，学的搾取に映ることもあって，慎重さが必要である。「インフォーマント」なども密告者，その他の含みがある地域では使えないし，これをさける「コンサルタント」なども，わたしなどにはなかなか使いにくい。

初のうちは，相手の話し手もこちらの仕事に興味をもってくれる。ことば（母語）を外来者に教えるぐらいわけないとおもう（外国人に日本語を教えるのなどわけないと思う日本人とおなじく）からでもあって，それはふつう，なによりも自分たちの言語に外来者がなにかしらの興味をもってくれることにたいする関心でしかない。そして，そのような関心はすぐに消えうせる。こちらの目的は言語学的記述だとか文法だとか説明してみても，なかなかわかってはもらえない。仕事の意味を鋭敏に理解してくれる，資質豊かな協力者に遭遇するのも運しだいのところがあって，たやすくはない。骨のおれる採録テクストの分析を手伝ってくれる協力者について，「3日間毎日，話者におつきあいいただいています。言語学でこれ以上おもしろいことがあるでしょうか」と書いてきたある研究者のことばには，何十年ものフィールドに耐えぬいてきた苦渋が背景にある。

　ともあれ，文字なき言語の文法を明らかにする基本は，文字言語のばあいとおなじく，

　① 徹底した実例の収集と透徹した分析

と，死語化した言語ではない，つまり話者がいる言語であるかぎりは，

　② 話者みずからの内省と，研究者側での構造の「掘りおこし」と「感じ分け」

以外のなにものでもない。

　言語の構造を解きあかしていく基本は，カタチをとおして，「素」つまり音素と形態素をただしく得ることからはじまる。〈素〉とそれによるカタチ（まずは音節と語）を確定していく仕事には，古代日本語に漢字が定着する以前の，『古事記伝』が描く，部分的ではあれ甲乙二類の母音に到達しえたような，たどたどしい漢字のみの表記との格闘（1.2.1, 3.3.1, 3.4）に通じるところがある。それはまさに漢字という情報源に立ち向かうフィールドワークであった。古記録や木簡とおなじで，無文字言語の話し手や記録CDの前にただ座っていても，音素や形態素が自動的に出てきてくれるものではない。いわゆるミニマルペアを求めながら「素」を確定していくわけだが，語彙やテクストの収集，分析と並行的に続けていかざるをえないし，得られるペアが僅少あるいは微妙で，かなりあとまで判断しにくい「素」も残りうる。形態素のほうはとくに，辞典の編集にも似て，いつまで続くかわからない作業である。有限個の音素や多量の形

態素に，それらの動態をつかみつつ立ち向かっていく作業は，どちらも抽象的な単位だから，それらが話し手によって発音され，聴覚的にふれうるカタチとして外化した「語」をとおして抽出していくしかない。ことあるごとに話者のチェックをうけ，誤認の"バグ"をとりのぞいていく必要がある。音素も形態素も，コーパス言語学がかわりをつとめてくれるなどとおもうフィールド研究者は多くないはずである。最新の電子テクノロジーにどっぷりつかればよい仕事ができるなどとは信じるな，絶対にそんなことはない，とディクソン氏も忠告のメッセージを送っている（エヴァンズ 2013:71［Evans 2010:38］）。

　音声学的にただしく記録した語を巧みに分析することによってはじめて摘出しうる音素と形態素（とくに後者）は，いまだカタチではないために，かなりの程度に内省のできるレヴェルに達しないかぎり，話し手の意識の閾(しきい)にのせることはできない。音声表記（IPA 他）を選択して，実用的文字をきめていくという，ときにやっかいな実際的問題もそこにはある。

　音素目録のつぎには，音律素（音の長短，アクセント［高さ・強さ］，イントネーション）の闡明になるが，これは意味解釈をふくむ文法や談話情報がじかにからんでくるために，文法の解きほぐしがかなりの程度までいかないと見えてこないものであろう。

　これらの面でいつまでものこる問題をかかえつつ，あとはひたすら文法の掘りおこしをすすめていくのだが，「語」を分析していくなかで，語構成の様式，派生と屈折，後者のパラダイムなどがすこしずつかたちをなしてくる。統語法の整理は，並行的にすすめうる部分はあるにしてもまだそのあとである。統語法的（ましてや意味的）基準から形態法の問題にせまろうとするのは，もちろん前後が逆である。

　全体として，文法は底がはかりしれず，見極めがつきにくい。文法についての安易な一般化や法則化（形式化）は，言語の現実と内省の深みにはいるにつれ，もろくも崩壊していく（上掲ボアズの序文を想起されたい）。辞典編纂とはちがった類の，苦渋が先々に潜んでいる。

　母語話者との共同の掘りおこしが 1 年また 1 年とすすむにつれ，相手も自分の母語にいつしか興味を深め，こちらの仕事の意味がつかめだし，みずから言語的な内省をはじめるようになってくる。こんな風にもいえるのだけれどとか，このあいだのあの語や表現はこれとはどうちがうのだ，とかいった具合に疑問をもちはじめてくるようになれば，しめたものである。

6.4 海図なき「文法の海」をいく―日本語の海を望見しつつ

しかしその一方で，ある語（ある表現）について質問すると，たちまち直感的に「いえる yes」「いえない no」の返事がでてくる話し手もいれば，しばしば考えこんでしまう（いろいろと内省をめぐらし，慎重な判断をしようとしてくれる）話し手もいる。すぐれた協力者が示す直観的な反応には，なにか実質があるものである（と，ひとまず考えるべきである―その土地で「権威」とされる古老から得る民族誌的情報と似て―宮岡 1987:12–14）。こちらの"常識"や"理解"にあわないような情報であっても，またそれが当初，いかに意外や異常であるように見えても，いちおう額面どおりに受けとめてノートにかならず記載する。あたためておいて，間違いと判明できるまでは，なにか真があるものと見なしておくべきである。ただし，はじめから「話し手は神様だ」などと考えるのもまた問題であって，その反応を全面的に信用し，ことごとく鵜のみにするのは危険をともなう。言語を掘りおこしていく現場では，ある種の話し手とそこからふともれでる情報の，豊かさや正確さをこえた深い洞察によって，相手が神さまのように見えだすのは，かかわりが深まって，年数もかなり経てからのことになるかもしれない[*192]。

反応が直感的か否かにかかわらず，どちらのタイプの協力者にも，それぞれに信用できるものがあるにはちがいないが，たいせつなのは，相手の反応がどういう意味で yes なのか no なのかである。言語構造上の可能性だけの問題なのか，脈絡的・談話的なことなのか，たんなる個人の好みなのか，方言的広がりのある許容なのか，はたまたこちらの発音あるいは聞き取りの不正確のため

[*192] かつて「フィールドワーク」のことをすこし書いたとき（宮岡 1987:27–30），「神様にも映るインフォーマント」にふれて，話し手からでてくる，しかし理解をこえた「情報は，とかく無意識に，あるいは，きわめて特殊な例外かなにかだろうと思って，考慮の対象から外してしまいがちになる。とくに，母語その他，じぶんの知っている特定言語のバイアスがしばしばはたらき，得られた情報にそれらの言語の型を投影し，それに合わない部分は無意識に避けるか，じぶんの仮説や理論に都合のいい部分しか目にはいらないことなってしまう。しかしそういった，じぶんの"常識"に一致しないような情報こそ，フィールドノートにはきちんと記しておく必要がある。こちらの理解の枠に収まらないのは，その枠の狭さこそ問題であって，のちにそのような情報がより深い理解への新しい展開をもたらす契機になったりすることもあるからである」とのべた姿勢はいまも変わらない。また，「インフォーマントに耳を傾ける」(12–14)で記したように，文字のない社会のとくに古老などには，並はずれたもの知りの，土地でも「権威」として知られている人がいるもので，じぶんが提供する情報に自信をもっており，なん年かのちに，もういちどおなじ質問をしても答えが首尾一貫していて，いいしれぬ畏敬の念におそわれる。

なのか，このあたりを一歩一歩おこたらず，慎重に(ばあいによっても，時を隔てても，あるいは他の話し手にも)確かめていかなければ，記述データとしてとる価値が怪しいものになってしまうおそれがある。ただしかし，その場で不確かだとか，ありえなそうだとかいって，そのまますっかり忘れてしまうわけにはいかない。フィールドノートの片隅に書きとめておくと，ときにはこちらに力がついてきた5年，10年，さらにはもっと先になって，その no の意味が急に解け，貴重な情報あるいは手がかりになってくることもあるから，文法づくりがいよいよ最終という段階にくるまで，油断は禁物である。

　海図なき海の精査は，相手がまずは話し手である以上，その本人や現地住民とのラポールの保持にも長期にわたる絶えざる注意と忍耐がいる。そこに定住・永住するために当の言語を実用として1日もはやく身につけたいというならまだしも，記述や文法がこちらの目的というのはわかってもらいにくい。しだいに相手をつとめることに興味が薄れてくる。さらに，調査の進行をさまたげ，ついには挫折や調査の断念にもつながりうる言語以外の要因には，集団的・個人的かつ現地の事情(農作・狩猟など生業活動の時期)，異人・外来者にたいする偏見，長年の相手をつとめることへの興味喪失，ときには過去における国際不和(戦争など)といった背景などがあって，際限がない。言語のフィールドは柔ではつとまらない。

　わたしのばあい，訪ねていく時期(生業活動の集中する多忙で短い夏)がまず極度にいやがられ，そのうえ第2次大戦の記憶もからんでいた。'Kick the Jap out!!' と村中，長らく叫びまわっていた老女もいた。そもそも1967年の夏，「海」への接近をはかるべくフィールドへ初めて降り立ち，以後いくどとなく乗り降りすることになったベセル Bethel 空港(アンカレッジを離陸した成田行きが西方に飛行，約660km あたりで南西に向きを変えるあたり)は，道路ではアクセスできない，アラスカ西南部の中心地につくられた最初の，しかも大戦当時の日本軍侵攻に備えた空港であった。そこからさらに西南の海岸一帯に点在するエスキモーの村々では，大戦当時の日本軍侵攻警報態勢が終戦後20年たった60年代中頃でもまだ人々の記憶にのこっていて，ネルソン島 Nelson Island (ベセルのさらに西150km)では，スパイ視されたわたしたちのグループ(すでに故人となった文化人類学の蒲生正男氏，考古学の岡田宏明氏とわたし)が海辺に設営することを許可されたテントが，夜中じゅうライフルで丘の上から監視されていたのを知らされたのは，のちのことであったし(宮岡 1987:8–10)，

のちに信頼できる調査協力者になってくれたイヴァン (故 Evon Asean 氏―カゲゲナック村 Kangirnak) も，じぶんも昔は日本軍にたいする警備軍の隊員だったことを打ち明けた (Muktuk Marstron, *Men of the Tundra—Alaska Eskimos at War*, 1969 という本がニューヨークで出版されている)。人々にすりこまれてきた"侵略者"への懐疑は，いつまでも尾をひいていたのだろう。フィールドさいごの夏 (2010 年) になって，30 年以上助けてくれた他の協力者から，わたしの純学術的営みのつもりで書きつづけてきた文法について，(第 2 次大戦の記憶があとをひいていたのかもしれないが) 外来者による文化的搾取 exploitation ということばを聞いたのは，ショック以外のなにものでもなかった。

6.4.2 ユピック語文法の深みへ

1967 年夏，ネルソン島でのはじめてのフィールドワークを終えてからの 2 年間，アラスカ大学 (フェアバンクス) で日本語を教えながら，ほぼ毎日，畏友パット (故 Paschal Afcan 氏―ユーコン河口 Akulurak 村出身) ら 3 名の話し手と，ユピック・エスキモー語 (正確には，西エスキモー諸語のひとつである Central Alaskan Yupik) の文法を掘りおこしていったのが，わたしにとってもっとも張りつめた言語入門期であった。音声や文法の基本をひとまず 100 ページほどの手引き書にまとめあげて，いったんアラスカを去ったが，以後，2010 年までほぼ毎年のアラスカ遍歴が続いた (おおむね夏，ときには通年)。その間，北米最後の総覧になる，スミソニアン研究所の『北アメリカインディアン・ハンドブック』の第 17 巻『言語編』(Goddard ed. 1996―6.1.1) に「文法スケッチ」(Miyaoka 1996) を書いているが，これはすでに 1970 年代初期に原稿を提出したものの，編集・出版の事情のために，20 年以上出版が遅れたものであって，内容的にはあまり誇れるようなものではない。

しかし文法の海は，深さ，広さ，透明度 (静けさ) などの面で，けっして一様ではない。研究者の眼力によるちがいがおそらくあるだろうが，すくなくとも一挙にすべてが見えるといったことはけっしてない。ただ，わたしのばあい，おなじ言語学科で日本語を教えながら，ユピック語文法の掘りおこしとまとめを同時的にすすめることから出発できたために，たえず母語との無意識な比較のもとに対象言語を考えることができたのはしあわせであった。

以下では，解きほぐしていったユピック語の文法事象のなかから，多少とも日本語文法の問題にもつながる事象を，ほぼ時代順にその展開を略説するが，

もちろんここではごく要点を記すにとどめざるをえない。それぞれの事象が位置づけられる文法の全体をつかんだり，日本語あるいは他の言語の現象と比較対照するためには，上記「文法スケッチ」(1996)よりはくわしくなった最新の拙著『中央アラスカ・ユピック語文法 *A Grammar of Central Alaskan Yupik*』(2012)—GCAYと略記—の関係箇所(章，ページ，例番号を指示する)をご覧いただければさいわいである。

冒頭(6.4.2.1)は当然ながら音韻法にかかわるものだが，他はすべて形態法と統語法が深く細かくからみあっている。まずは形態法，ついで(前接語をふくむ)統語法といった順序での記述はそもそも不可能なのである。どんな言語にも，本来的な形態法と統語法のあいだには必然的なからみあいがあるだろうが，複統合的言語であるユピック語は，はじめから形態法を切り離して，あるいは無視して統語法に集中したり，逆に形態法と統語法を混同したりしていると，よい記述にはならない。言語記述にとって肝心なのは，細部の精妙なからみあい(陰影と含蓄)の闡明あるいは感じ分けなのだとおもわれる。

6.4.2.1 アクセントと拘束句

音声の面からみると，ユピック語はけっして複雑な言語とはいえない。音素目録は，調音点を唇音，歯音，歯茎音，前部軟口蓋，後部軟口蓋，(前部唇音化軟口蓋，後部唇音化軟口蓋)の順に並べると，閉鎖音—p, t, c, k, q，無声摩擦音—f, ł, s, x, x̣, (xʷ), (x̣ʷ)，有声摩擦音—v, l, z, ɣ, ɣ̣, (ɣʷ), (ɣ̣ʷ)，接近音—w, y，無声鼻音—m̥, n̥, (ŋ̊)，有声鼻音—m, n, ŋとなる。括弧内の摩擦音は，かぎられた形態素のみの(前部・後部)唇音化摩擦音であり，無声鼻音はまれである。(半母音でなく)「接近音 approximant」は，Catford (1977)の定義による。母音は，簡単な4母音体系をなす:高—i, i[非円唇], u，低—a。

表層でのphonemicな音素には，有声と無声の摩擦音の対立が前部軟口蓋と後部軟口蓋にもあり，有声と無声の対立は鼻音にもある。無声鼻音は，基底の子音+/t/+有声鼻音＞子音+無声鼻音の形態音韻的変化による。深層でのphonologicalな音韻(対立)から導かれてくる表層のphonemicな音素は，それなりに複雑で，順序づけられたordered形態音韻的変化processesの段階stagesをたどっていくが，そこには固有形態素(群)にidiosyncraticな変化が各所に控えている。音韻については，GCAYのとくにChs. 3.2, 3.3, 7を参照されたい。音素目録の単調さにひきかえ，わたしのユピック語研究のほぼ前半が，この形

態音韻規則の闡明についやされた感がある。

　音声表記は IPA（アメリカ版）にしたがっているが，教育・公用の場で定着してきた実用正書法は，アラスカ大学で 1968 年から 1970 年にかけて確定（1972 年改訂）したものを本書でも使っている。学術的な音素との対応と変換の規則は *GCAY*（Ch. 3.6）に示したが，理解はさほどやっかいではない。ただし，表層の音素体系と（最）深層の音韻体系が区別（上記）されるなかで，実用正書法のレヴェルは完全に表層にしたがったものではない。つまり，いくぶん抽象的な部分があるために一部の話者には習得がむつかしかったり，時間がかかったりするのが難である。

　アクセント表記のうち，鋭記号 acute (　́) は，語頭音節から前進的・リズミカルに付与されていく順行的 progressive な弱強格 iambic アクセント（つまり 2 音節音脚），重記号 grave (　̀) は，一定の型の音節連続のもとで，この弱強格アクセントを阻止し，（先行音節に）逆進させる逆行的 regressive アクセントであり，この逆進と連動して単音節音脚がでてくる。音節境界は . で，音脚 foot の前後境界は | で示す（例 98 を参照）。

　表層的に，前者は母音の長音化，後者は子音の重音化 gemination と結びついている。ただし，語末は無アクセント。ひとつの語が複数個のアクセント（音脚）をもちうるが，語最後尾のアクセント（順行・逆行いずれであれ）が主アクセントとして，強さ・高さのピークに（ついで急下降と）なる。これらのアクセントは，冒頭（左端）を = で表示する前接語と，（臨機的な自立語由来の）≠ で表示する準接語を区別する「拘束句」の全体にまたがる。固有の前接語が比較的少数なこともあって，いったん見えてくると，音律現象は日本語にくらべると単純なところがあり，そのことが複統合的な「語」をまとめるのに役立っている。

　深層 underlying から表層をみちびく重層的，序列的 ordered な形態音素的変化，長母音と重子音をみちびくアクセント付与をふくむ音韻・音声実現の具体は，前著第 5 章「語に〈カタチ〉を与える特徴　エスキモー語の音律現象」（宮岡 2002:119–129）で実例によって説明しているが，さらにくわしくは *GCAY*（Ch. 8）も参照されたい。

　ちなみに，強さアクセントの付与，長母音化などの条件は，はやくにわかっていた接尾辞 (-) と前接語 (=) の区別とからんでいることに気づいていたものの，(準)前接語境界がかかわるたいせつなところでどうしても説明できないままになっていた。そのため，池上二良氏編の論集への原稿（Miyaoka 1970）がな

かなかまとまらず，悶々とした日々が続いた。が，ふと幾何の問題のように補助線がうまく引けて姿が見えてくると，じつにたわいないことであった。真冬のフェアバンクスはまる3週間，二重窓も凍てつく零下60度(摂氏)の日がつづいたある夜，昔，英詩概論で習った「弱強格音脚 iambic foot」がフッと思いだされ，まさにこれが補助線となって，突如姿が見えだし，いろいろ意味するところもわかってきた(Miyaoka 1970, 1971)。基本的には，弱強アクセントの阻止と逆進に前接語がからんでいて，それによって単一の語と拘束句(前接語=あるいは準前接語≠をふくむ。*GCAY*:Chs. 4.1, 4.2, 52–53 を参照)が区別されるという認識であった―つまり，4.2.2〈異なる音韻結節〉に対応する。アメリカの研究者たちが強さアクセント中心の理解ですすめようとしたユピック語の音律現象を日本語的なモーラ中心に見ようとしたことが，のちに彼らのひとりが認めたように，深い理解に導いてくれた(*GCAY*:222)。

　弱強格的なアクセント付与がユピック語につきとめられて以後，いくぶん複雑化した付与の型が隣接するシベリア・ユピック語やアルーテック語 Alutiiq (ともに西エスキモー諸語)についても明らかにされた。さらには，北接するイヌピアック語(Inupiaq―グリーンランドにまでのびる東エスキモー語)の一方言について，カナダの人類学者 Dimond Jenness が報告(1927)した，母音間での子音の緩音現象(lenition―閉鎖音系列の摩擦音への柔らげ)には，言語下層(substratum)としてユピック語型の音律現象が推定されるという認識がえられるようになってきた(ジェネスは，オタワの地学協会人類学部門におけるサピアの後任)。いわばグリムの法則(第1次子音推移)を想起させるものであった(関係論文は，Krauss ed.1984 を参照)。なお，シベリア・ユピック語(St. Lawrence Island)については永井佳代(2003)，イヌピアック語(Upper Kobuk)については永井忠孝(2006)の博士論文がある。

6.4.2.2　複統語的な語

　日本語と対照するまでもなく，エスキモー語は，形態法そのものである「語」の構成についても類型的に稀有な複雑さを示す。また，中国語や英語のような分析的(孤立的)な言語とは対蹠的(たいせき)で，きわめて長い語―つまり，おおきなカタチ―を話し手がかなり自由につくりだすことができ，そこに他の言語の「文」に匹敵するほどに複雑な内容(意味と機能)を盛り込みうる。

　日本語と対比するためには，『世界言語編2』「日本語(特質)」(1581)で引か

6.4 海図なき「文法の海」をいく—日本語の海を望見しつつ 335

れているユピック語にほぼ等しい例 (103) がよい手引きになる。この言語の複雑多様な派生接尾辞を日本語とおなじように分類 (4.4) したものは，(99) にみることができる。まずこの例についてすこしくわしくみると，日本語の動詞とおなじく (46 を参照)，冒頭の語幹のあとに派生接尾辞がつき，さいごに屈折接尾辞 (98′ の下線部) によって語がしめくくられている。

(98) qayar-pa-li-yu-kapigte-llru-nri-caaq-sungnarq-*a-at-nga*
|qa.yár|pa.lí:|yu.ká:|pig.téll|rùn|rìc|(c)a.áq|sug.nár|qa.át|nga|
(. は音節境界，| は音脚境界)
「彼らは私におおきなカヤック (皮舟) はあまりつくってくれたくはなかったらしいのだが (実際はつくってくれた)」

これなどは，言語研究者にとってさえ，言語記号とその恣意性についての理解 (通念) には収まりにくく (2.1.1 を参照)，「語と句，文の境界が不明瞭で，〈文〉から独立した単位として〈語〉を認定することが困難となる」といった声 (注 107) がきかれるのも不思議ではない。あるいは，語の定義さえ断念させかねない例といえるかもしれない。しかし，これを形態素分析した (98′) では，まるで山田孝雄流"複語尾"の連続のようにみえるかもしれないが，この言語の話し手にとっては，ありきたりの派生動詞でしかない。「カヤックづくり」のことではあっても，複合動詞でも名詞抱合でもなく，前接語のついた拘束句でもない (前接語境界=はなく，用言複合体ではない—5.2 を参照)。これは，ふつう日常的な発話で耳にする程度の「カタチ」つまり語であって，しかも例外的あるいは異常な長さの語ではない。

(98′) カヤック・おおきい・つくる・願望・強度・完了・否定・逆現実・推測・<u>他動詞/彼ら/私に</u>

この 12 形態素 (17 音節) をふくむ，文に匹敵する表現内容を，日常的なひとつの音声的な器 (カタチ)，すなわちひとつの形態的単位としての語にいれこんだものである。分析からみて，基本的な概念としての動詞ではないかと予想される「つくる」は，それに相当する動詞幹はここにはなく，名詞につく動詞化接尾辞 -li-「つくる」があるにすぎない。したがって，「彼らはカヤックをつくる」はひとつの (出名) 動詞 qaya-li-*ut* である。範列的な屈折接尾辞の異なる選択をすれば，「彼は，わたしたちに，…」などに変わるし，疑問法，希求法の動詞にす

ることもできる。冒頭の qayar-pa(g)-「おおきなカヤック」は派生名詞幹であって，目的語ではない。さらに，これを動詞化する NV 型派生接尾辞 -li-「つくる」がついて出名動詞幹ができたあとは，動詞的修飾をなす 6 つの VV 型派生接尾辞によって語が拡張され，さいごに 3 形態素に分析はできるが，パラダイムの一環である動詞屈折接尾辞 -a/at/nga（下線部）がきて，ひとつの語つまり 2 項 bivalent 動詞（他動詞）が完結している。主語「彼ら」と目的語「私に」が表示される 2 項動詞である。つまり，これが他動詞であるというのは，いわゆる「対象活用」であって（『術語編』873–875; 表 1），抱合名詞ではないからである。qayar- は目的語ではなく，出名動詞の語幹であるにすぎない。ちなみに，上記の「彼らが私に」と人称関係が逆になった「私は彼らに（とてもおおきなカヤックを彼らにつくってくれるように頼んだのだが，実際はまだやってくれていないらしい）」とするには，末尾の屈折接尾辞を -a-n-ka（他動詞/彼らに/私）に置き換えればよい。ただし，3 人称複数と 1 人称単数の要素が音形も順序もちがうことに注意していただきたい。屈折が統辞的にみえるが，印欧語などのそれに典型的な融合もあり，全体としてパラダイムをなす。

なお，ここでの直接の問題ではないが，「カヤック」の a/the に相当する定・不定の区別とか単数・複数の区別は，英語のような冠詞ではなく，指示詞とか数・格の屈折変化をする名詞といった，べつの方法で明示することができる。また，チュクチ語，コリヤーク語のような言語でも，「～をつくる」はおなじように出名動詞をつくる。

(98) は，このままの形で辞書の見出しに載っているような，通念的な類の 1 語とはたしかにへだたっている。しかし，ひとつのカタチであり語であることは，すべての話し手の人たちが，その形態感覚にてらして例外なく認めるところである (3.2)。この言語の辞書 (Jacobson 2012) にあがっているのは，わずかに語幹 qayaq/qayar-「カヤック（する）」だけであって，それ以外はそれぞれ辞書の末尾にある派生接尾辞部門と，文法書にあがっている（直説法）屈折接尾辞範例表をみて解いていくしかない (GCAY:Ch. 46, 1325)。じじつ，分析された形態素のうち，自立語になるのは qayaq（単数絶対格）だけであって，これ以外の形態素は自立語にはけっしてならない，つまり語の一部でしかない純然たる接尾辞なのである[*193]。そのひとつ，たとえば -pa(g)-「おおきい」が接尾辞であ

[*193] 過去において誤認されることがあったような語幹や語基ではなく，合成や複合を語

るのは，英語の -let (book-let, brace-let) が little とは語源的に無関係な接尾辞であるのとおなじであり，一方，-li-「つくる」は，いくぶん英語 -ize (symbol-ize, item-ize) に似た，名詞幹を動詞化する接尾辞であり，したがって辞書の見出し語にはならない。動詞語幹としての「おおきい」には，べつに ange- がある。

　一見すると複雑に見えるかもしれないが，このように語構成を分析してみると案外に単純であって，日本人にとっては理解しやすい類の言語ではないかとおもわれる。すくなくとも，おなじく複統合的とよばれるアサバスカ語 (3.6.1) とはおおちがいの理解しやすさである。ただ，派生接尾辞が上記のように分析できること，完了・否定の辞順が日本語「(し)なかっ・た」と逆になっているといった細かな差異はすくなくない。

　表記の問題はカタチに関係するのでふれておくならば，「カヤック」の語幹を後続の接尾辞群から，あるいは「つくる」を前後から切り離して書く，つまり分かち書きをする話者は絶対にいない。切り離してのこった -pa- 以下，qayar-pa-...-yu-... は，話し手には発音もできなければ，意味もなさない発話の断片にすぎないからである。カタチをなすか壊すかの語感覚は，どの話者にも明快であるのにたいし，語内部の「分析意識」のほうは個人差（言語感覚の深浅）があって，上のような形態素への分析，つまり接尾辞の析出を話し手に理解してもらうには時間がかかる。直覚的に「語分け」はたやすいが，カタチ以前（語内部）の「形態素分け」は，言語分析にある程度慣れてきた話し手にしてようやく可能なのである。

　たまたま (98) で完了の派生接尾辞 -llru- がでてきた関連でふれておくならば，言語によっては，名詞に完了や未来の時制が表示されると説かれることもなくはないが，ユピック語で「カヤック」にこれをつけた qaya-lleq とか qayar-kaq のような派生接尾辞（下記 99c. の NN 型）がついた派生名詞は，完了とか未来の時制とはいいがたい。せいぜいのところ，「もともとカヤックであったもの（残骸）」とか，「これからカヤックになるもの（材料）」を意味するにすぎない。気づかれるにちがいない -llru- と（完了）関係詞節化接尾辞 (105b.) -lleq (< -llr) の類似には，6.4.2.4, 6.4.2.8 でふれる繋辞的な関係動詞 (-u-) が関与している。

ることはできない（注 107 を参照）。(103) のみならず，(104a.–d.) も意味の具体性にもかかわらず，いずれも自立語にはならない派生接尾辞である。そして，前接語でもない。虚辞的な語幹 pi-「する，もの」に後続し，派生接尾辞連続のさいごに，なんらかの屈折接尾辞をともなってはじめて自立的な語となる。

このように生産的な語であるが，語を構成する派生接尾辞を日本語とおなじように分類 (4.4) すると，以下のようになる。

(99)　a.　用言性 (VV 型) ― 上でふれた動詞価，充当相 applicative，否定，時制，アスペクト，推量，証拠性，様態・強弱・強意・大小，時間関係，不実現，親愛・見下し，比較などにくわえて，この言語の「複合動詞」の上位節「-とさせる，-てくれと頼む，-という，-と考える，-かどうかわからぬ」にたいする主語項添付など (*GCAY* Chs. 39–45)。

　　　b.　用言化 (NV 型) ― 「-である，-が良い・悪い，-が快・不快だ，-が痛い，もつ，つくる，食べる，与える，捕る，-へ行く，-に居る，…」など (*GCAY* Chs. 37, 38)。

　　　c.　体言性 (NN 型) ― 多くの形容詞的概念「小さい，真の，偽の，過去の，未来の，元の，仲間の，-に所属・同種の，親愛・見下し，…」など (*GCAY* Ch. 20)。

　　　d.　体言化 (VN 型) ― きわめて生産的に動詞 (節) を関係詞節化あるいは名詞節化する接尾辞がそれぞれ数種づつある (*GCAY* Chs. 17, 18)。

これを，日本語の派生接尾辞 (4.4.1–4.4.4) と比較してみていただきたい。派生接尾辞にくわえ，動詞と名詞類の屈折接尾辞があるが，日本語用言の屈折 (4.5) とちがって人称・数がからむため (e., f.)，範列は比較にならないほど複雑である。語幹と屈折接尾辞のあいだにたつ複数個の派生接尾辞 (語類変換もふくむ) の数えがたい組合わせ数は考慮にいれないで，ひとつの動詞が選択しうる範列の総数 (e.) は，基本的には 444 = 288 (72 [9 + 9 × 7] × 4 [法 mood]) + 144 (9 × 16) + 12 [等位法] になり，名詞類 (f.) が選択しうる範列の総数は，252 = 12 × 3 × 7 になるが，少数欠いた部分，他方では古形があるため，目安でしかない。くわしくは，*GCAY*:Ch. 32, Tables 46–51 を参照されたい。

e. 動詞屈折接尾辞—法(直説法, 分詞法, 疑問法, 希求法；従属法[副動詞的], 等置法—6.4.2.6), 人称・数[主語・目的語：1人称, 2人称, 3人称, 再帰3人称のそれぞれ単数, 双数, 複数]。
f. 名詞類屈折接尾辞—格(絶対格[絶]absolutive, 関係格[関]relative(= 能格 ergative—『術語編』1050「能格構文」), 奪格・様態格 ablative-modalis, 向格 allative, 位格 locative, 沿格 perlative, 等格 equalis, 呼格 vocative), 数(単数, 双数, 複数), 人称[所有者：1人称, 2人称, 3人称, 再帰3人称]—GCAY:Chs. 21–31. さいごの再帰3人称は主動詞(述部動詞)の主語に一致する。なお, 名詞類には名詞, (名詞的・副詞的)指示詞, 数詞などの小区分がなされうる。

f. の名詞類の格(沿格・等格・呼格をのぞく)は, 自動詞, 他動詞, 逆受動 antipassive (6.4.2.5), 3項動詞 trivalent—『術語編』(1010)では「3価動詞」[194], 上記充当相, 下記複他動詞など, 動詞価の増減と連動的に交替する。

誤解をさけるためにつけ足しておけば, ユピック語だけでなく複統合語なら, どんな表現内容でもひとつの語で処理できるなどと推測するのは, もちろんおおまちがいである。たとえば, 上の a. または b. に「昨日」といった時間表現をくわえたり,「彼ら」のかわりに「お前の兄さんたち」などとするばあいは, それぞれに, 副詞的な不変化詞, 人称(所有者)変化した名詞(絶対格または関係格[能格]を参照)を足さなければならない。複統合的に1語でまとめられる範囲は, この言語が, どのような表現内容を語幹に, あるいは派生接尾辞に, さらには屈折接尾辞にゆだねているか(接尾辞があるか否か)という区別, つまりそのほどこしてきた範疇化 (1.3.2) しだいというしかない。サピアのラコニッ

---

[194] いわゆる「授与動詞」give を代表とする3項動詞は, 近年, 1項的な自動詞, 2項的な他動詞をこえた動詞価との関連でおおきな関心を集めている (Malchukov et al. eds. 2012, Malchukov and Comrie eds. 2015)。これには2種, すなわち (T)RA の3項をもつ secundative[奪格-絶対格-関係格の格指定] と (R)TA の3項をもつ indirective[向格-絶対格-関係格の格指定] が区別される—A = 動作主, T = "直接目的語", R = "間接目的語"。ユピック語の3項動詞には, cikir- 'to supply 人 (with 物)' vs. nasvag- 'to show 物 [to 人]' の類だけでなく, 派生語幹はべつにしても約40の3項動詞幹が認められる—GCAY:941–942, secundative vs. indirective. 3項的とはいえ, 授与動詞の概念をはるかにこえた意味範囲(除去, 超過, その他)にまたがっている (Miyaoka 2015:1161)。

クな「語」の定義 (2.1.1) に直続の敷衍を想起されたいが，現在の話者が恣意的に選択しうる類のことではない。したがって日本語にも関連して文法的な興味をひくのは，たとえば (99a.) の依頼・要望・指示 (〜[に/が] してほしい，くれと頼む) の派生接尾辞 -sqe- である。これは，ひとつの動詞に (英語なら that でみちびかれる) 上位節の名詞項 (主語) を追加するという機能面では，日本語の依頼・要望の準前接語「([-て|-で]≠ほしい) —5.1.2」に匹敵するが，日本語では拘束句のなかで上位節の名詞項を追加することになるのにたいし，この言語では派生接尾辞であるといったちがいがある。つまり，拘束句のなかではなく，語 (動詞) のなかに，上位節を埋めこむわけである。しかも重要なのは，依願・要望だけでなく，すくなくとも使役・許容・放任 (make/let)，発言・伝達 (say/tell that)，考え (suppose that)，無知 (be ignorant that)，待望 (expect that) の接尾辞があることである (英語なら，名詞節を導く自立的な動詞に匹敵するものであることに注意されたい)。実例は，(109b.) に発言・伝達 (〜という -ni-) がある[*195]。しかもそのような上位節をくわえる派生接尾辞が複数個重なることもめずらしくない。たとえば，「A′ が A に [P を] つくってほしがっていると A″ が思っていると A‴ がいっている」は，形態法的にはひとつの重層的な 5 項動詞である。つまり，それらの 5 項は，一定の型にしたがって，それぞれ格指定された自立的な名詞を恣意的に表現することができる，ひとつの派生動詞としての「複他動詞 complex transitives」である (GCAY:Ch.40, Miyaoka 2015:1178–1183)。

　日本語でも，複数の用言性接尾辞 ("複語尾") がひとつの語に現れうるが，複統合的なこの言語では，用言性以外や語類変換をふくむ 2 桁の数の接尾辞さえもが 1 語のなかに現れうる。日本語では見られないような意味修飾や文法範疇の機能と種類が豊富で，かつ内容が具体的な数多くの派生接尾辞のストックがあるからこそ可能なことだが，それらを幾重にも重ねていく相互承接 (4.4.1.2) の問題は，日本語とは比較にならない複雑な動態をえがくことになる。

　シンタックスの理解にとってきわめて重要な問題であるだけに，文法とくに

[*195] 機能的には，英文法でいう連鎖関係詞節 concatenated relative clause に匹敵することに注意されたい—we feed children who/whom we think hungry。現象じたいは，イェスペルセンがその Philosophy の「補遺」(Jespersen 1924:349–351) で多くの実例をだし，他の西欧語にもふれつつ考察しているが，'concatenated' の用語が使われたのは MEG, pt. 3 (1927; 10.7, 10.8)，'concatenated relative clause' は Essentials (1933; 34.5, 35.5) が最初のようである。日本語の訳語がいつごろから定着しだしたかはつまびらかでない。

形態法では細部まで注意深く，もれのないように記述されなければならない。

　自動詞・他動詞，3項動詞（注194, 200），使役，受身，逆受動，充当相，上位節の動詞（上記）など，名詞項の数，すなわち動詞価にかかわる要素はすべて派生接尾辞であり，これらは概して（日本語からも部分的に類推できるように）頭部つまり語幹に近いところから順次，（スコープの問題もからんで）一定の辞順にしたがって並ぶ。たとえば証拠性の表現は，語末にくる屈折接尾辞の直前にくる。しかし形態法全体からみると，これら動詞価関係の接尾辞だけを動詞性派生接尾辞のなかで（複語尾風に）特立させる意味があるわけではない。

　形態法の重要な問題として，通念として知られる1語1屈折の原則をやぶるかのように，1語が2屈折をもつ型の注目すべき現象がある（3.1.3）。くわしくは *GCAY*:Ch. 32, 141–142, 801–809 を参照されたいが，a. 位格動詞 locative verb と，b. ある女性をさすのに，その子供（性問わず）の名前を「〜の母」につけた形で女性の本名をさけるテクノニミー teknonymy である。

(100)　a.　qayá-mn-etu-t　　　　　　　　'they are inside my kayak'
　　　　　　kaya-LOC.1sg-IND-3pl.　　　〈比較〉qayá-mnì ≠èt'-ut
　　　b.　Àrna-m-árna-an　　　　　　　'Arnaq's mother'(female name)
　　　　　　name-REL.sg-woman-3sg.sg.(?)　〈例〉árnà-m≠árna-a
　　　　　　　　　　　　　　　　　　　　　'woman's woman'

このa. には LOC. 1sg. sg. -mni の母音消失があり，b. には arna-a に n がついている。なによりも拘束句の特徴である逆進アクセントが消えていることから，すでに1語化していることがわかり，2語に分けて書く話者はけっしていない。

　このような複雑な語構成や次節の指示詞などがあるからといって，ユピック語の文法全体が極度に複雑で収拾がつかないのものと想像する必要はない。複雑と単純のあいだでうまくバランスがとれている。たとえば数（複数と両数）の表示は，数が関係する名詞，動詞（3人称主語の代名詞要素）において，つねにおなじ標識 (-t, -k|-g) によるといった完全な規則性をしめす。この点でユピック語と対極にあるのは，ツィムシアン語の複数表示 (4.6.3) であろう。その極まりもなく不規則な様相をかいま見ると，英語の不規則複数など児戯にひとしいというほかない。なお，ユピック語には数（単，複，双）にかんする形態法的な不規則はまったくない。

6.4.2.3　30種の指示詞（こそあ）

　日本語の「こそあ」に匹敵する指示詞が，ユピック語では30種（語根）にのぼり，独特な指示詞の体系をなしている。日本語流に分類すると，その「こ」系が3種，「そ」系が2種，「あ」系が25種で（英語では，yonderをのぞけばhereとthereのわずか2種），それらは3つの軸，すなわち，①話し手自身を中心とした（心理的・物理的）空間，②点vs.（平面的・水平的）拡がり，あるいは，静vs.（水平的）動，③遠近＝可視・不可視，に分かれ，そのうち①の空間は，表3にみるように，話し手vs.聞き手，内vs.外，上(うえ)vs.上(かみ)，下vs.下流・出口，接近・遠離，介在物の有無，承先性による12の領域に分割され，しかも格と数による屈折変化をする（下記）。②は，点的に存在するか点のような狭い範囲で動きまわっているか，横長の線か横に動いているかの区別である（上下の動きには区別しない）。

　音象徴（4.6.4）が，一部の指示詞幹（狭母音vs.広母音）に認められることに注意されたい。

　あちこちに点在する村々は，上空（飛行機など）からの指示言及であれば，地図上の点であるかのように「点」系指示詞を用いて表現することになるが（Miyaoka 1994a），（ほぼ）水平的に隣りあわせの村は，不可視の点のような村であっても，上流下流・河口・海岸線にしたがった区分がなされる。目の前の立ち木や小屋はひとつの点（una）だが，同じく目の前にあって横たわっている木や自分がいまいる「この村」は，ひとつの水平的な拡がり（man'a）である。一方，川向こうにみえる「あの」小屋やツンドラは遮り(さえぎ)・介在物のある，それぞれ点（ikna）や拡がり（agna）である。指示詞であるから，発せられる文内部の統語関係による，義務的な格や数（単・双・複数）の屈折変化のために，精細な区分のある定冠詞としてのはたらきをもつ。ちなみに，名詞にたいする不定冠詞的な指示言及は，名詞の格指定などの統語法にたよって表現する。

　ユピックの人たちは，たとえば猟師が気づいた1頭の熊の存在を仲間に伝達（指示）するにも，これら30種の指示詞幹のうちのどれかひとつを選択し，発話のコンテクスト（文中の機能）によって屈折変化させなければならない。上記のような領域区分にくわえ，動いているばあいには，眼前を水平（横長）に（つまり話し手の目も左右に）動いているのか，点的にうろうろ回っているだけなのか，話し手のほうに近づいてこようとしているのか，遠ざかろうとしているのかなど，指示対象を類別的にとらえる。このように複雑な体系は，エスキ

【表3】　ユピック語の指示詞

	〈広がり[左右]〉	〈点的〉		
		遠/不可視	近/可視	
I	mat-		u-	「こ」話し手
II	tamat-		tau-	「そ」聞き手
III		im-		承先/既知
IV		uk-		話し手への接近(時空)
V	aw-	am-	iŋ-	水平(話し手とのあいだに遮りなし)
VI	aɣ-	akm-	ik-	水平(話し手とのあいだに遮りあり)/向こう側
VII	paw-	pam-	piŋ-	上(かみ)
VIII	paɣ-	pakm-	pik-	上(うえ)
IX	un-	cam-	kan-	下(しも/した/河岸)
X	unɣ-	cakm-	uɣ-	下(下流/河口)
XI	qaw-	qam-	kiu-/kiw-	内(上流/内陸)
XII	qaɣ-	qakm-	kix-	外(北)

例(pik- うえ)：
代名詞・絶対格単数 pik-na ほか，副詞・位格 pik-a-ni ほか，存在動詞・3 人称単数 pik-a-net-uq（うえにいる/ある）ほか，呼格形 pik-suuq，間投詞形 pik-a=i。さらに，移動，方向，経由の動詞，繋辞形が派生する（それぞれ，人称・数による変化）。

モー民族が古来住処(すみか)としてきた亜寒帯（ツンドラ）の自然環境，そこで営んできた狩猟・漁労中心の生業活動と無関係ではない。環境認識と生態適応がからみあった，独特の「文化が言語にこめられている」(1.3.1, 1.3.3)のである。

　ただ，文法上やっかいなことに，この言語の指示詞には，指示代名詞と指示副詞（と，これらからさらに派生する指示動詞も）の区別があり，代名詞は数

(3種；単数・双数・複数)と格(7種)によって屈折変化をして、名詞や動詞と呼応し、副詞にも(数はないが)7種の格形がある。したがって、1頭の熊を指示する(30種から選択される)ひとつの指示詞も、28の形を使い分けなければならないことになる。「あの熊」をめぐる物理的(ときに心理的)な領域区分は、宮岡(1987:138–148)を参照されたい。

代名詞的なひとつの指示詞は主要語としての名詞に数と格が呼応し、いわば定冠詞が30種あるかのように機能する。副詞的な指示詞は動詞と連動する。両種の指示詞からでた派生動詞もあるが、これにもかぎられた範囲での派生があるし、指示詞的な呼格形や間投詞形もある。くわしくは、宮岡(1987:136–151, 1988[世界言語編1]:904–905)、*GCAY*:Ch. 12を参照されたい。また、『術語編』の「指示代名詞」(631–632)にあげた実例なども参考にされたい。

6.4.2.4 4種の繋辞—関係動詞

ふつう「be動詞」とよばれる繋辞(的な動詞)—あるいは繋辞構造—は、ユピック語でももっとも基本的な動詞だが、名詞幹につく動詞化派生接尾辞によってつくられる。これにたいし日本語では、5.1でみたように、おなじく名詞につくが、用言化前接語の「=だ–」("説明存在詞")によってつくられる。1.3.2.3でふれたように、繋辞の類型論的な多様性はさほどおおきくはないとしても、とくにユピック語の関係動詞は、自動詞であるだけでなく、べつの接尾辞によってつくられる他動詞(下記)でもありうることは特記に値する。この繋辞を基礎とする形態・統語法上の生産的な利用は、その一端を6.4.2.8にみるように、広範にわたる。

英語の"A *is* B"、日本語の「吾輩は猫だ」は、いずれも1項的な自動詞(文)である。しかし、繋辞的な動詞がかならずしも自動詞ではなく、他動詞でもありうるという認識は、すくなくともバスク語(Basque)や北アメリカのコアサティ語(Koasati)などからも得られていた(*GCAY* 155; fn. 6)。ユピック語の繋辞が名詞から派生した自動詞であるのみならず他動詞でもあることにははやくから気づいていたが(宮岡1997:161–162)、これを「関係動詞 relational verbs」という名称でとらえなおしていくことによって(ただし、Bloomfield 1928がアルゴンキン言語学で用いはじめた "relational verb" とはことなる)、たんに派生接尾辞による形態法の問題であるだけでなく、下記の比較構文や動詞の拡張など(6.4.2.8)、統語法の基本をこえた広範囲に関係するものであることがしだいに

6.4 海図なき「文法の海」をいく―日本語の海を望見しつつ　345

わかりだしたのは，ようやく1990年代になってからのことであった。Dixon (2002, 2010) にも他動詞的繋辞をもつバスク語などはあがっているが，これは語彙的他動詞であって，この機能が広範な統語的拡張にも関係する，エスキモー語的なタイプの派生接尾辞による繋辞を基盤にした関係動詞構文は，バスク語にはみられない。比較構文 (6.4.2.8.2) の基礎に関係動詞があるという事実は (Miyaoka 2004)，類型論的常識にはおさまりにくい。ラテン語文法的呪縛からときはなたれて「基礎」言語理論をこしらえるといっても，しょせん「自己体験中心主義からくる偏向」(社会人類学者リーチ Edmund Leach / ニーダム Rodney Needham) は，とくに言語のばあいには，まぬがれがたいものがあるのかもしれない。

　まずは基本的な繋辞をみるために，a. 自動詞と，b. 他動詞としての関係動詞を例示する。

(101)　a.　qaya-u-guq（それは）カヤックだ
　　　　b.　qaya-q-aqa（それは）わたしのカヤックだ

もちろんいずれも1語であるが，日本語ならば，明らかに"説明存在詞"としての前接語「=だ-」(4.1.1, 5.1 など) をふくむ自動詞文である。

　ユピック語でも，a.「（それは）カヤックだ」は名詞語幹 qayaq- からの（出名）自動詞であり，「それ・あれ」を強意的に表現しようとすれば主語としての単数絶対格の指示詞 (6.4.2.3) を用いて表現することはでき，それに呼応するこの自動詞述語が3人称単数主語の屈折をもつ。繋辞は，自立語ではなく名詞語幹に後続する，異なった NV 型派生接尾辞の a. -u- と，b. -q- である (GCAY:Chs. 37.1, 37.2)。それぞれ自動詞と他動詞の屈折接尾辞 -guq と -aqa がついている。しかし，b.「（それは）わたしのカヤックだ」にも，なんらカヤックを修飾する (my にあたる) 所有代名詞的な表示があるわけではなく，かわりにこの -aqa が (1人称単数) 主語 (3人称単数) 目的語をあらわす（おなじく出名）他動詞的屈折接尾辞なのである。つまり，分析的に訳せば，「私が（それを）カヤックとしてもつ」という，所有を表わす繋辞的な関係動詞なのである。「それ（・これ・あれ）」は，a. とおなじく単数絶対格の指示詞 (30種) だが，このばあいは他動詞の目的語である。能格言語として，自動詞主語 S=他動詞目的語 P [絶対格]≠他動詞主語 A [関係格または能格] の型をしめすことは，他動詞構文 (101a.) などでもみられる。おなじ（他動詞的）関係動詞 -ke- (-qe-) に1人称単数主語・2人称単数目

的語の屈折接尾辞 -mken をつけた aa-k-amken は,「あなたは私の母だ」となる(つまり,1人称単数主語が所有者)。

　これだけなら,自他の対立がある繋辞構文(関係動詞)というだけですますこともできるが,この自他対立にはさらに,状態・性質(静的 stative: −である) vs. 変化(動的 dynamic/inchoative: -になる)の対立がからんでいる。そのため,たとえば「(彼は)(わたしの)父親である・になる」は,静的 vs. 動的の対立がある他動詞(各1語)になる(内容的には,英語なら he is/becomes (a/my) father の自他対応がある4語)。「私は老人だ」はもちろん自動詞,「私は年をとった(老人になった)」は変化の自動詞,「彼はわたしの父だ」は他動詞(私は彼を父としてもつ),「彼はわたしの父になった,養父になった」は変化の他動詞という,つごう4項の対立である (*GCAY*:Chs. 37.3, 37.4 も参照)。要するに,幅広い繋辞関係や所有関係などのとらえかたが相対立する関係動詞のもとにまとめられ,この言語に特有の,静と動がからんだ「水路・溝」の引かれかたをしているのである。

　しかし,この広大な領域にまたがる海の深みにさらにはいっていこうとすれば,眺めはこれだけでは終わらないことがわかってくる。この4項対立はのち (6.4.2.8) に略説するように,さまざまな分野の内容表現に通底していることが判明してくるとともに,これら4種の関係動詞は動詞にとどまらず,動詞幹の名詞化が後続すると繋辞的な出動名詞,とりわけ名詞節と関係詞節になり(父親であること,父親である人),それを再動詞化することによって,比較構文とかさまざまな動詞(節)的拡張が可能なことがわかってきた。

6.4.2.5　逆受動動詞と被害者動詞

　受動(態) passive 動詞とよべるものはユピック語にもあるが,さほど生産性はたかくなく,はるかに一般的なのは「逆受動動詞」である。多くの言語の受動構文 (be -ed) に対応するのが逆受動だが,基本的には,受動構文では他動詞の P 名詞項が S として現われる(一方,A は「降格 demotion」もしくは「削除 deletion」される)。その逆に,逆受動構文では,つぎの b. のように,他動詞の P 名詞項(網)のほうが降格し,A が自動詞の S(男) となる。おなじ「網」が a. の他動詞構文 (-aa) では絶対格の目的語なのにたいし,b. の自動詞的な逆受動構文 (-uq) では奪格(斜格のひとつ)名詞になっており,意図・無意図の含意差がでている。

(102) a. angute-m   kuvya-ni   allg-aa
       男–関・単   網–絶・再3・単 破る–直・3A・3P
      「男が（じぶんの）網を破った」(= *GCAY*:Ch. 34(29))
    b. angun   kuvya-minek   allg-i-uq
       男・絶・単   網–奪・再3・単 破る–逆受–直・3S
      「男が（じぶんの）網を（うっかり）破った」(= *GCAY*:Ch. 34(55))

 とくに注目されるのは，日本語にも受身の（用言性）派生接尾辞「-れる-」(4.4.1) によってつくられる被害者受動構文あるいは被害の受身（「(雨に) 降られた，(母に) 死なれた」）があるのにたいし（注133），ユピック語では，(102b.) のように，逆受動 -(g)i- が被害者 adversative 動詞（「(〜の不利に，意図せず) 破った・破られた」）をつくることである。
 ユピック語は，2項動詞（幹）が動作者動詞 agentive（「食べる，使う」など）と受動者動詞 patientive（「破る，閉める」など）に分かれ，後者が日本語の自他対応のある他動詞にほぼ匹敵するが，数のうえでは前者と大差はない。受動者動詞は，P の昇格，A の降格によって1項の自動詞化すると，自他対応のある他動詞のように P 項が主語に昇格してしまうので，逆受動動詞とはまさに「逆に」A を昇格させ，P を降格させる（適用動詞 applicative 動詞もおなじだが）ことから鏡像的に名づけられたものである。
 逆受動構文のない日本語と対照しつつ簡潔な説明をするのは容易ではないし，ことなる解釈もありうるかもしれないが，ひとまず，2項動詞「(A が P を) 殺す」の受身とされる「(P が) 殺さ-れる，(喉がつまるなど，他因的に) 死ぬ」については，P が主語に「昇格」し，もとの主語 A が斜格に「降格」すると考えて話をすすめれば，これには（「閉める，閉まる」のような）自他対応のある他動詞が関係してくる。日本語では，P が昇格するのとは「逆に」，P が降格し，A が昇格するとみられる。
 しかし逆受動動詞じたいは，かなり多くの言語に知られている―角田太作 (2009:116, 118) のワロゴ語 Warrongo, Nagayama (2011:286–287) のアリュートル語 Alutor その他；『術語編』281–282, 1052–1053 の「逆受動」，925–926 の「中性動詞」，999–1000 の「統語論」；さらに 714, 1052–1053 の「昇格，降格」，これらと密接に関連する 1048–1054 の「能格（構文）」も参照されたい。
 ユピック語でも，生産性のきわめてたかい逆受動動詞は，antipassive ではな

く half-transitive という用語ではやくから知られていたが，問題は，それまでこの逆受動化の標識と考えられていた派生接尾辞 -(g)i- がかなり生産的に被害者動詞をつくることがしだいにわかってきたことである．つまり，経験者 E (experiencer—被害・受益者) を付加するこの接尾辞 -gi- が，受動的 patientive 他動詞のみならず，動作者 agentive 他動詞，自動詞，またまれではあるが 3 項動詞とさえ共起する事実である．しかし，動作者動詞 vs. 受動者動詞，動詞の項数，そこに生産性の地方差などが複雑にからみあった全体像が浮かびあがってきたのは 1980 年頃だった．E を付加するこの接尾辞が，じつは逆受動動詞の接尾辞とおなじものであることがようやく確信されるようになり，そのからみあいを「アンバランスな両義性」[*196] の名のもとに解きほぐしていくと，この言語における逆受動をふくむ全体的な関係と含意がしだいに明白になってきたのである (Miyaoka 1984)．

　当時，さっそく柴谷方良氏から質問をうけたが，明快な説明にはならなかったかもしれない．その後 2000 年代にはいり，それまではうすうす関連が感じられていただけだったのが，おなじく E の付加 (こちらは受益者，「～の有利に」) による「充当相動詞」(派生接尾辞 -uc- で表示) が逆受動動詞をめぐる全体像のなかに (おそらくは意味上の理由も関係してか，生産性ははるかにおちるものの，格指定，中動化などがまったく類同的なこともあって) はいりこんでくることになり，これが 2012 年の *GCAY* (Chs. 39.5, 39.6) におけるまとめにつながった．

　このユピック語の被害者動詞には，方言差・個人差・年代差がすくなからずある．そのうえ，動詞語幹の種類によっても，当の解釈が可能であるか否かにゆれがおおきいために，当初はよく型がつかめなかったが，上述 1980 年前後のサマースクール (3.2) は出身方言が幅ひろい話し手が集まっていたのをよい機会に，細かく調べさせてもらった結果，ようやく基本的な型が見えはじめた．それを記述するなかで，じつは逆受動動詞が，被害者・受益者動詞の全体系に基礎をおく亜種だという理解にたどりつくことができた．要は，PA あるいは PEA における中動化 medialization，つまり P=A との並行性が問題であって，結論的にいえば，逆受動動詞とは，E のくわわった受動者動詞 E, A, P のう

[*196] A と B の両義が可能ではあっても，その一方はきわめてかぎられたばあい (動詞，前後関係，話者・地域など) にわずかに認められるにすぎないこと．

ち，Pが降格し，E=A のように中動化 medialize した結果であるという理解である。この解釈にエレガンスを認めてくれる研究者もいたが，このあたりの説明は煩雑にすぎるので，本書では例示・説明はさけざるをえない。GCAY の上述部分 (Chs. 39.4–39.6) を中心に，Ch. 30 [格指定]，Ch. 34 [2 項動詞] などを参照し，検討していただきたい。

こうして長らくつながりに気づきもせず，茫漠とした海底の広がりにしかみえなかったが，派生接尾辞 -gi- の機能の背後にひとつの論理が横たわっているのを看取することが可能になった。繋辞的な関係動詞と比較構文，その他との関連など (6.4.2.8)，さらに広い海域への拡張にも，また共・従属法動詞 (6.4.2.6) vs. (いちばんふつうの) 迂言的な加法による数詞 (6.4.2.7) といった，べつの海域の広がりにも続いていることがみえてきたのである。

6.4.2.6　動詞の分割（ひねり）・再立ち上げと並置法

日本語の接尾辞と前接語を峻別する形態的手法としての，「ひねり接語」による用言分割（ひねり）と「≠する-/≠ある-」動詞による再立ち上げ (4.3) を考えはじめたのは，機能と表現の型にいくぶん類似したところがあるユピック語の並置法 appositional mood を再考しはじめた比較的新しい段階のことであった。この並置法は，ユピック語でそれぞれ多様な機能をもつ，直説法 indicative, 分詞法 participial, 疑問法 interrogative, 希求法 optative, 従属法 subordinative にならぶ 6 つ目の動詞法である——(99e.) [197]。名詞の並置句 appositive phrase との機能的な並行性から名づけたものだが，基本的には『世界言語編 2』「日本語 (現代日本語の輪郭)」(南不二男執筆) がふれている Foley/Van Valin の 3 つの「節 clause」(coordinate, subordinate, cosubordinate—Van Valin 1993, Van Valin and La Polla 1997) の 3 番目をになう法であり，日本語の中断法屈折「-て」(4.5.2) がもつ機能に似たところがある。つまり，共起・従属法を並置法と訳しているのにたいし (GCAY:Ch. 51)，『術語編』(1142) では副動詞 converb (注 146) とよんでいるが，近年は，cosubordinate とあわせて，insubordinational という用語も使

---

[197] 分詞法は関係代名詞の一部に関連し，疑問法は (yes-no 疑問ではなく，疑問詞と共起する) ユカギール語 Yukaghir 動詞にも類似したところがあり，従属法は主節 (動詞) にたいする理由，条件，譲歩など，10 種類以上の副詞節をつくる。ユカギール語などの，シベリアの孤立言語については，GCAY 168, fn. 9 を参照。

われている (Evans 2007:367)*198。もちろん，完全にパラレルな現象であるわけではないが，日常のふつうの会話はもとより，とくに物語風文体などで連綿と続く一種の連用形連続のように，繰り返し用いられる。地域類型的にも興味ぶかい現象であるが，北方の諸言語の動詞構文を類型的観点から比較したものに，Malchukov (forthcoming) がある。

基本的には，主節にたいする (従属法による副詞節ではなく，英文法でいう dangling participle にいくぶん類似した) 並置法的な「準節」としてはたらく。ユピック語には，日本語の用言分割にみたような「ひねり前接語」の挿入はなく，この中止法的な並置法動詞によって中断・分割されるだけで，その直後に日本語の形式動詞的な「≠する-」に匹敵する虚辞的な動詞語幹 pi-「する」をおいて，直後に (休止なく) 再立ち上げされた主節動詞が後続する。日本語の「する」による再立ち上げに似て，並置法動詞での中断の後にのこった接尾辞がその主節的 pi- 動詞にひきつがれる迂言的構文である—6.4.2.7 の④〈迂言的数詞構文〉も並置法動詞が主要語である。このさいの中止法的な並置法 (共・従属法) 動詞と主節動詞は，ひとつの拘束句 (≠) をなす。2 語に分かれて (切れ目をはさんで，ともに自立語的に) 発音されることはあるが，それはむしろ特別なばあいである。*GCAY* (1467–1473) に例はおおいが，そのひとつを略号 (ST 語幹，SF 接尾辞，INF 動詞屈折，*-lu-ni* 並置法-再帰 3 人称単数，pi- 形式動詞) を付して (103b.) にあげる。

---

*198 'conventionalized main clause use of what, on prima facie grounds, appear to be formally subordinate clauses'.

(103) a.　ST-SF1-SF2-SF3-SF4-SF5-...SFn-INF
　　　⇒　ST-SF1-SF2-SF3-*luni ≠pi*-SF4-SF5-...SFn-INF
　　b.　ene-rpa-li-vkar-yug-yaaq-sugnarq-a-a-ten
　　　　家–おおきなつくる–使役–願望–不実現–推測–直説法・3人称単数［主語］・2人称単数［目的語］
　　　　「彼は（だれかに）おおきな家を君につくってやってほしいと思ったようだが，（実際は）だめだったらしい」
　　　　⇒ ene-rpa-li-*luni ≠pi*-vkar-yug-yaaq-sugnarq-aaten
　　　　⇒ ene-rpa-li-vkar-*luni ≠pi*-yug-yaaq-sugnarq-aaten
　　　　⇒ ene-rpa-li-vkar-yug-*luni ≠pi*-yaaq-sugnarq-aaten
　　　　⇒ ene-rpa-li-vkar-yug-yaaq-*luni ≠pi*-sugnarq-aaten
　　　　⇒ ener-pa-li-vkar-yug-yaaq-sugnaq-*luni ≠pi*-aten (*GCAY*:1472)

語幹や接尾辞などにいくぶんのちがいはあるが，上例 (98) と統合度などにおいて大差がないこと，3項動詞構造であることにも注意されたい。彼，君のつぎにくる3番目の名詞項（だれかに）は動詞の屈折標示には現われないが，斜格名詞で表現することはできる。「おおきな家」は目的語（つまり名詞項）ではなく，出名動詞の頭部である[*199]。

日本語例 (28)「食べ–させ–られ–はじめ–たがり–そうだ–∅」をさまざまに分割（ひねり）・再立ち上げさせた6例 (a.–f.) とおなじように，動詞の分割は，語幹やどの派生接尾辞のあとでも現われることができ（可能な6通り），並置法をつくり，残りの接尾辞は pi- 動詞語幹につけられているわけだが，分割はそこにフォーカスをあてる。ただし，名詞語幹 ene- に続く -rpa- は NN 型名詞性接尾辞（「おおきな」）だから，その前での分割はない。4.3.1 でみた日本語のばあいとおなじく，動詞の分割ではないので当然といえる。

ちなみに，ユピック語の虚辞的な pi- 動詞は，たしかに日本語「≠する–」に似て，再立ち上げの支柱 prop として代動詞 pro-verb 的に用いられるが（『術語編』878–879 を参照），この言語では，代名詞 pronoun（もの，ひと）としても用いら

[*199] ひとつの動詞内で1項から多項へと増やしていける名詞項と，これに直接的に関係する動詞価とその増減のプロセスは，名詞項のヒエラルキーと名詞の格指定が連動する重要な現象であるが，本書で扱うことはさけざるをえない。*GCAY* の関係する節 (Chs. 30, 33, 34, 35 など)，ならびに，他の多くの言語との対照が可能な Miyaoka(2010) を参照されたい。

れる両義的な形態素であって，'to do'のほか，'thing/person'とも訳しうる。中断には，並置法動詞がつねに利用されるが，日常的発話はもとより物語風文体などで繰り返し用いられる点では，日本語についていわれる「連続の文体」を想起させるものがある。ただし，上述のように，拘束句として1結節として発話される。

なお，並置法動詞の機能は日本語の中断法動詞よりはるかに多様であり，例示は GCAY を参照していただくしかないが，副詞節的共起性，副詞的修飾語（ゆっくり），準等位節，複他動詞(6.4.2.2)への共起・従属，準主節動詞，（とくに主語としての）名詞節，関係詞節，英語の分詞に似た懸垂的 dangling 修飾語（GCAY:Chs. 51.2–51.6）などとして機能する。とくにさいごの懸垂的機能が，それまで不可解であった迂言的な数詞構文（次項）の理解につながったのは，2000 年代にはいってからのことであった。

6.4.2.7　数詞:3項動詞の並置法構文として

狩猟採集民などの言語ではよくあることだが，ユピック語でも，ものを数える数詞，とくに低位の数は「応物的」（泉井 1978:208）に，とくに手（足）の指を用いる数えかたを反映しているようである。

① 1 から 5 までは，分析がおそらくできない 1 次的な語幹だが，6 は（他方の手に）「移る（もの）」の語幹，10 は「（肢体の）上部」，2 は「人（肢体）全体」の語幹である。
② それらの 1 次的な語幹の間を埋める数詞は，派生接尾辞のついた派生語幹である。つまり，7 は(5 に)2 が，8 は(5 に)3 がくわわったものという「加数法」による派生語幹，15 は「反対側」という語幹からつくられた派生語幹，また 9 は 10 に 1，14 は 15 に 1，19 は 20 に 1 足りないものという「減数法」による派生語幹であり，これらは語形成の問題になる。
③ 11, 12, 13 は 10 にそれぞれ 1, 2, 3 をくわえたもの，16, 17, 18 は 15 にそれぞれ 1, 2, 3 を加えたものという「加数法」による 2 語からなる並置的数詞句（拘束句）である。これら単独語幹，派生語幹，並置的数詞句よりも文法的には特徴的であり，理解に手こずったものに，以下がある。
④ 加数法（まれに減数法も[*200]）による句構造の数詞がある。たとえば，「21」

[*200] ユピック語の減数法は，「マイナス 1, 完全に X ではない」の派生接尾辞によるか，

は「20 に，1 を足して」という 3 語からなっていて，その「20 に」は「20 yuinaq」の絶対格単数，「1 を」は「1 atauciq」の奪格単数，「足して」は「余分に与える・こえる cipc-」という "secundative" な 3 項動詞（注 194）の並置法である。この yuinaq atauci-mek cip-luku「21 = 20 に 1 を余分に与える」を意味する 3 項動詞の並置法形は，20 の yuinaq を目的語としてうけるから，3 人称単数 (cip)-luku になる。

ユピック語世界の日常生活では，もの (たとえば人や魚など) を厳密に数えあげて数詞を用いることはまずないが，あえて「21 匹の鮭が (いまここにある)」などといわなければならないとすれば，この 3 語からなる句を「ここにある」という自動詞（指示詞的位格副詞に由来，6.4.2.3）の主語としての「魚」neqe-t (絶対格複数) の前か後に懸垂的につけ足せばよい (「ここにある，魚，20 に 1 を足して」—GCAY:404)。きわめて生産的な数詞表現だが，これについて Jacobson の文法 (1995:417) は，「この言語の名詞・動詞の体系にしたがった厳密に文法的な分析はできない」と記しているが，これではみずから文法放棄を宣言しているようなものである。文法は事実の羅列ではなく，剰余の部分が残ることはあるにしても，「分析的」な説明ができるものでなくてはならない。

⑤ さらに高位の 30, 40, 50, ..., 400 は，20 + 10，20 × 2，(20 × 2) + 10, ..., 20 × 20 のように 20 が基数となり，100 になると，ロシア語からの借用 (tiissicaaq) になる。これは，露米会社 (6.3) の進出にはじまるロシア語の語彙的影響の一端である。

6.4.2.8 繋辞（関係動詞）からのさらなる拡張

[基本的な文法標識の形成]

ユピック語の繋辞つまり関係動詞 (6.4.2.4) は，そのいくつかの名詞（節）化あるいは関係詞節化接尾辞に後続して，基本的な動詞概念のさまざまな文法標識を形成している。ここでも，完全ではないが，4 種の対立（おもに自動・他動

「～には達しない」を意味する secundative 3 項動詞の並置法構文による (GCAY:409–410)。減数法による数詞形成をおこなう言語は，ラテン語の 18 (20 マイナス 2), 19 (20 マイナス 1) のように (泉井 [1952:318, 1978:201])，さほどめずらしいものではない (GCAY:399, fn. 3)。

と静的・動的) が保持される。(98) ででてきた完了標識 -llru- は VN 型 -llr- についたもの，次節の比較標識 -nru-/-nqe- は名詞節化 -nr- についたものだが (いずれも 99d.)，ここではおなじく名詞節化 -ucir-，関係詞節化 -gar- から形成されたそれぞれふたつの標識だけをあげておく (-qe- は，他動詞繋辞 -ke- から)。さらなる例は，*GCAY*（1003–1004）を参照されたい。

(104) a.　-uci-u- / -uci-qe-　　様態 similative: 'to be like, in that state'
　　　b.　-ga-u- / -ga-qe-　　　静的受動 stative passive: 'to be/have -ed'

[比較構文]

　6.4.2.4 の関係動詞がきわめてユニークな類型的特徴として注目に値するのは，これが名詞からでた (出名) 派生動詞として自動詞的および他動詞的な繋辞になるというだけではない。この 4 種ある繋辞 (自動・他動，静的・動的) としての動詞化派生接尾辞は，6.4.2.4 でふれたように名詞幹に直続して関係動詞をつくるだけでなく，動詞幹からの (出動) 派生名詞をもさらに動詞化して，さまざまな形態・統語的拡張をおこなう。

　まず，自動詞幹 mike- 'small' / 他動詞幹 nere- 'eat' に代表的な名詞化接尾辞 -nr- (名詞節化)，-llr- (完了関係詞節化) がついて，つぎのような出動名詞を派生する。

(105) a.　mik-neq　　'being small, smallness itself'
　　　　　　　　　—mike-nr-a 'one smaller than it; its being small'
　　　　ner-neq　　'eating, that (one) eats'［名詞節的］
　　　b.　mik-leq　　'one that was small'
　　　　　　　　　—mike-llr-a 'one that was smaller than it'
　　　　ner'-lleq　　'one who ate'［関係詞節的］
　　　　　　　　　—nere-llr-a 'one that he ate'

　日本語の前接語「の，さ」(72) は不変化型のために語や句の拡張はなしえないが，これら a., b. の名詞節化および関係詞節化接尾辞は，(不完全ながら) 人称・数・格の変化のみならず，名詞的修飾および動詞化をほどこすことができるので，形態論的 (つまり複統合的) 拡張のおおきな基礎になる。一例として，(105) に繋辞 (自動詞的 -u- / 他動詞的 -ke-) をくわえると，比較級動詞と過去形

動詞(3人称主語)が派生する。

(106) a. mike-nr-u-uq　　　　　　'S [絶対格主語] is smaller than L [位格名詞]'

　　　　　 mike-lq-aa　　　　　　　'P [絶対格目的語] is smaller than A [関係格主語]' ('A has P as being small [smaller]')

　　　 b. mike-llr-u-uq　　　　　　'S [絶対格主語] was small'

　　　　　 nere-llr-u-a 〜 nere-lq-aa　'A [関係格主語] ate P [絶対格目的語]'

　名詞化＋繋辞の複合接尾辞が，固定化した a. 比較級，b. 完了形の標識になっている。それぞれ前者が自動詞，後者が他動詞である。a. の比較級動詞は，若い話者は概して前者の自動詞 mike-nr-u-q しかもはや使えない。b. の他動詞 -llrua 〜 lqaa は方言差(前者が改新)である。

　なお，「(Aは) Bである」型の自動詞的繋辞が比較構文と関連していることは，6.3 でふれた『グリーンランド語文法』にすでに記述があった。東エスキモー語にも他動詞的繋辞 (-gi- 'have as') はあるが，すでにその生産性のほどは定かでなく，これによる比較構文は語彙化したようである (Fortescue 1984:71, 198)。さらに，これらの静的繋辞は動的繋辞と交替しうる (is smaller than 〜 becomes smaller than)。この対立にくわえ，比較級と最上級の対立もある。ただし，最上級には 2 通りの手法があって，まず (107a.) の第 1 例の S (絶対格主語) は単数にしたまま L (位格目的語) を複数にするか，第 2 例の P (絶対格目的語) は単数にしたまま A (関係格主語) を複数にすればよい。

(107) a. tallima-ni　　angya-ni　　angya-qa　　　　mike-nru-uq
　　　　　 5-位・複　　船-位・複　　船-絶・1単・単　小さい-比較-3単
　　　　　 'my boat is the smallest of the five boats'
　　　 b. tallima-n　　angya-t　　angya-qa　　　　mike-nq-aat
　　　　　 5-関・複　　船-関・複　　船-絶・1単・単　小さい-比較-3複・3単
　　　　　 'the five boats have my boat as the small (on)' = 'my boat is the smallest of the five boats'

　2 番目の手法として，強意の接尾辞 (2 種) を比較級標識化した上記 -nr-

に付加することによっても，最上級の表現が可能になる。具体例は，GCAY (1302–1304) を参照されたい。

[動詞の内容的拡張]

　動詞幹を名詞化し，さらに動詞化繋辞によっておこなわれる再変換が生む，比較級や完了の標識形成がこの一例であった。さらに一般的に，名詞節化＋動詞節化（あるいは動詞節化＋名詞節化）という語類変換に関係動詞（自動詞的あるいは他動詞的）を後続させる形態法的な拡張によって，動詞節の内容的修飾あるいは2次的範疇化（微細な意味の差）をそこにくわえることができる。日本語の「日本人 (=に=は) vs. 日本人=たる=もの (=に=は)」(5.1.3) と比較し，4.4.2.1〈用言化＋体言化〉も参照されたい。(108) (109) は，ともに GCAY (1004–1005) からの例である。

(108)　　tang　　pissu-*qenga-qe*-tu-kenka
　　　　 see　　 hunt-*VN-have.as*-habitual–分詞法 1 単 3 複
　　　　 'see, they are the ones (of the kind) I always hunt'
　　〈比較〉　pissur-anka
　　　　　　hunt–直説法 1 単 3 複
　　　　　　'I hunt them'

直訳的には，「いつも獲られたものとしてもつ，いつも獲る（種の）獲物だ」で，-qenga(r)-は受動的関係詞化 (VN —されたもの)。2次的範疇については，「私が獲った獲物」vs.「私が獲った（類の）獲物」を比較されたい。

　つぎの a. は，ひとつの動詞のなかで名詞節化＋動詞節化が2回重なって，結果として自動詞になっている例である。一方 b. は，この a. にさらに，6.4.2.2 でふれた発言・伝達の上位節派生 (-ni-) がかかり，さいごに（他動詞的）関係節化 (-qi-) がおこって，結果として絶対格名詞になっている，つまり名詞屈折 (-it) で閉じられている。招待祭り inviting-in feast という伝統的な儀礼に招待され，村に到着した客のことである。

6.4 海図なき「文法の海」をいく——日本語の海を望見しつつ

(109) a. tekit-*a-u-lriar-u*-llru-uq
arrive-*VN-be-VN-be*-past-直説法3単
'he was a guest, lit. the one who was in the category of having arrived'
〈比較〉tekit-uq
　　　arrive-直説法3単

b. tekit-*a-u-lriar-u*-llru-ni-la-*qi*-it
arrive-*VN-be-VN-be*-past-*say-used.to-VN*-絶3複単
'the one [単] that they [複] *used to say* was a guest'
着きし(もの)たる(たりしもの—招待客)といわれし(もの/人)

ちなみに，b.のような上位節の添加は語構成の一部であり，1語で3重の関係詞節化が生じ，英語の連鎖関係詞節(注195)に匹敵するが，日本語訳では体言複合体のようになっている。

このようなユピック語の複統合的な語は，6.4.2でみた繋辞，複合動詞，比較構造，関係詞節構造がからんだものだけではなく，さらにさまざまな類の表現で達成される。とりわけ生産的で，機能的に多種多様な派生接尾辞の活用によって可能になる複統合性であるが，その点で，日本語の接尾辞と前接語が連続し交錯する，原義の複統合性とはみなしがたい複合体(例84など)とはおおいに異なっている。ほぼおなじ表現内容であっても，カタチづくりは言語によって想像以上に多様でありうることを示す一例としてお読みいただきたい。

参考文献

會津八一（[1953] 1998）『自注鹿鳴集』新潮社，岩波文庫.

──────（1982-1984）『會津八一全集』中央公論社.

合田 涛編（1982）『認識人類学』(現代のエスプリ別冊) 至文堂.

青木晴夫（1972［1998²］）『滅びゆくことばを追って』三省堂，岩波書店.

秋永一枝（2002）「付 東京アクセントの法則について，他」金田一春彦監修『新明解日本語アクセント辞典』三省堂，(1) – (109).

秋吉 望（1978）「万葉集付属語の用字にあらわれた語感覚について」九州大学国語国文学会『語文研究』44-45号（春日和男氏退官記念号），138-146.

浅井亨（1970）「アイヌ語の文法──アイヌ語石狩方言文法の概略」アイヌ文化保存対策協議会編『アイヌ民族誌』第一法規出版，771-800.

朝倉季雄編/木下光一校閲（2002）『新フランス文法事典』白水社.

アジア・アフリカの言語と言語学編集委員会（2007）『クリティックの諸相』(アジア・アフリカの言語と言語学 2) 東京外国語大学アジア・アフリカ言語文化研究所.

足立巻一（1985）『人の世やちまた』(ノア叢書 8) 編集工房ノア.

──────（1974［1968-1973］）『やちまた 上・下』河出書房新社 441, 445 [1995 朝日文芸文庫].

綾部恒雄監修・編（2007）『失われる文化・失われるアイデンティティ(講座世界の先住民族 10──ファースト・ピープルズ──の現在)』明石書店.

有馬道子（2003）「サピアとパース──記号的言語観」『日本エドワード・サピア協会研究年報』17, 11-23.

アルパートフ，ウラジーミル・ハイロヴィッチ/下瀬川慧子・山下万里子・堤正典訳（1992）『ロシア・ソビエトにおける日本語研究』東海大学出版会.

李 泓馥［イ ホンポク］（2007）「日・韓述語体系の対照研究──叙法論的把握から──」『日本語学論集』(東京大学大学院人文社会系研究科国語研究室)3, 108-124(35-19).

イェスペルセン，O./前島義一郎訳（1962）『イェスペルセン自叙伝──ある一語

学者の一生』研究社.［*En sprogmands Levned.* Copenhagen: Gyldendal 1938］

イェルムスレウ，L./林栄一訳述（1959）『言語理論序説』（英語学ライブラリー 41）研究社.［*Omkring sprogtheoriens grundlægglese.* Copehhagen: Munksugaard. / *Prolegomena to a theory of language*, Memoire 7 of *IJAL*, Indiana University, 1953］

石田英一郎（［1949］1970）「文化史的民族学成立の基本問題」『石田英一郎全集第2巻』筑摩書房，64–96.

泉井久之助（1939［1967］）『言語の構造』弘文堂書房.［1967 紀伊國屋書店］

――――（1947）『言語構造論』創元社.

――――（［1947］1970）「言語の構造と精神の形態」『季刊文芸学』1.［泉井 1970, 90–145.］

――――（1952［2005］）『ラテン廣文典』白水社.［2005 復刊］

――――（1956）『言語の研究』有信堂文庫.

――――（1960［1970］）「サピアについて―その Language を中心として」『英文法研究』III–11.［泉井 1970, 70–80.］

――――（1962［1970］）「言語と言語の研究における「剰余」の問題」『言語研究』42.［泉井 1970, 167–184.］

――――（1970）『言語の世界』筑摩書房.

――――（1972）「吉利支丹における日本語学の潮流 河合忠信解題」『天理図書館善本叢書 洋書之部 Classica Japonica』（解説 1），天理大学出版部.

――――（1976a）「フンボルト」『月刊言語』大修館書店 5 (1)，88–94.

――――（1976b）「言語研究の歴史」『日本語と国語学（岩波講座日本語 1）』岩波書店，275–349.

――――（1976c）『言語研究とフンボルト―思想・実践・言語―』弘文堂.［『フンボルト』弘文堂書房，1938］

――――（1978）『印欧語における数の現象』大修館書店.

――――（1979）「サピアの『言語』」『月刊言語』大修館書店 8 (2)，28–30.

井手至（1981）「助動詞として追加すべき上代語『みゆ』について」『人文研究』（大阪市立大学文学部）33–1, 1–9.

伊藤滋子（2001）『幻の帝国 南米イェズス会士の夢と挫折』同成社.

犬飼隆（2008）『漢字を飼い馴らす 日本語の文字の成立史』人文書館.

今西錦司（1941）『生物の世界』弘文堂書房.

煎本孝（1996）『文化の自然誌』東京大学出版会.

─── （2010）『アイヌの熊祭り』雄山閣.

岩熊幸男（1985）「十九世紀の西洋日本語学　アストンとチェンバレン」吉田光邦編『十九世紀日本の情報と社会変動　京都大学人文科学研究所研究報告』京都大学人文科学研究所, 233–271.

ヴァンドリエス, ヨセフ/藤岡勝二訳（1938［1921］）『言語學概論: 言語研究と歴史』刀江書院.

上田萬年（[1895]2011）「本居春庭伝」『国語のため』平凡社（東洋文庫）, 151–157.

植田重雄（2005）『秋艸道人 會津八一の學藝』清流出版.

上村幸雄（2001）「21 世紀の日本語」『国文学解釈と鑑賞』至文堂, 66-1, 6–15.

上野善道編（2003）『音声・音韻（朝倉日本語講座 3）』朝倉書店.

エヴァンズ, ニコラス（2013）/大西正幸・長田俊樹・森若葉訳『危機言語 言語の消滅でわれわれは何を失うのか』（地球研ライブラリー 24）京都大学学術出版会.[Evans 2010]

江畑冬生（未刊）「統語法から見た日本語用言の活用体系」東京外国語大学 AA 研 16.

遠藤嘉基（1976）「日本語研究の歴史（1）」『日本語と国語学（岩波講座日本語 1）』岩波書店, 177–230.

大岩正仲（1968–1969）「山田孝雄伝（一—五）」『月刊文法』昭和 43 年 11,12 月, 昭和 44 年 1,2,3 月, 明治書院.

大江孝男（1999）『新訂言語学』放送大学教育振興会.

大岡 信監修（2003）『短歌俳句生活表現辞典 歳時記版』遊子館.

大島正二（1997）『中国言語学史』汲古書院.

大島稔（1992）「北アメリカ北西部を中心として」宮岡伯人編（1992）, 109–140.

─── （2001）「流刑と革命の中での北方言語研究 ボゴラス」『言語の 20 世紀』（『言語』2001-2 別冊）, 22–23.

大角 翠（2003）「言語のモザイク模様」大角翠編（2003）, 175–205.

大角 翠編（2003）『少数言語をめぐる 10 の旅　フィールドワークの最前線から』三省堂.

大槻文彦（1889–1891）『言海』六合館.

─── （[1896]2002）「広日本文典序論」『復軒雑纂 1 国語学・国字問題編』平

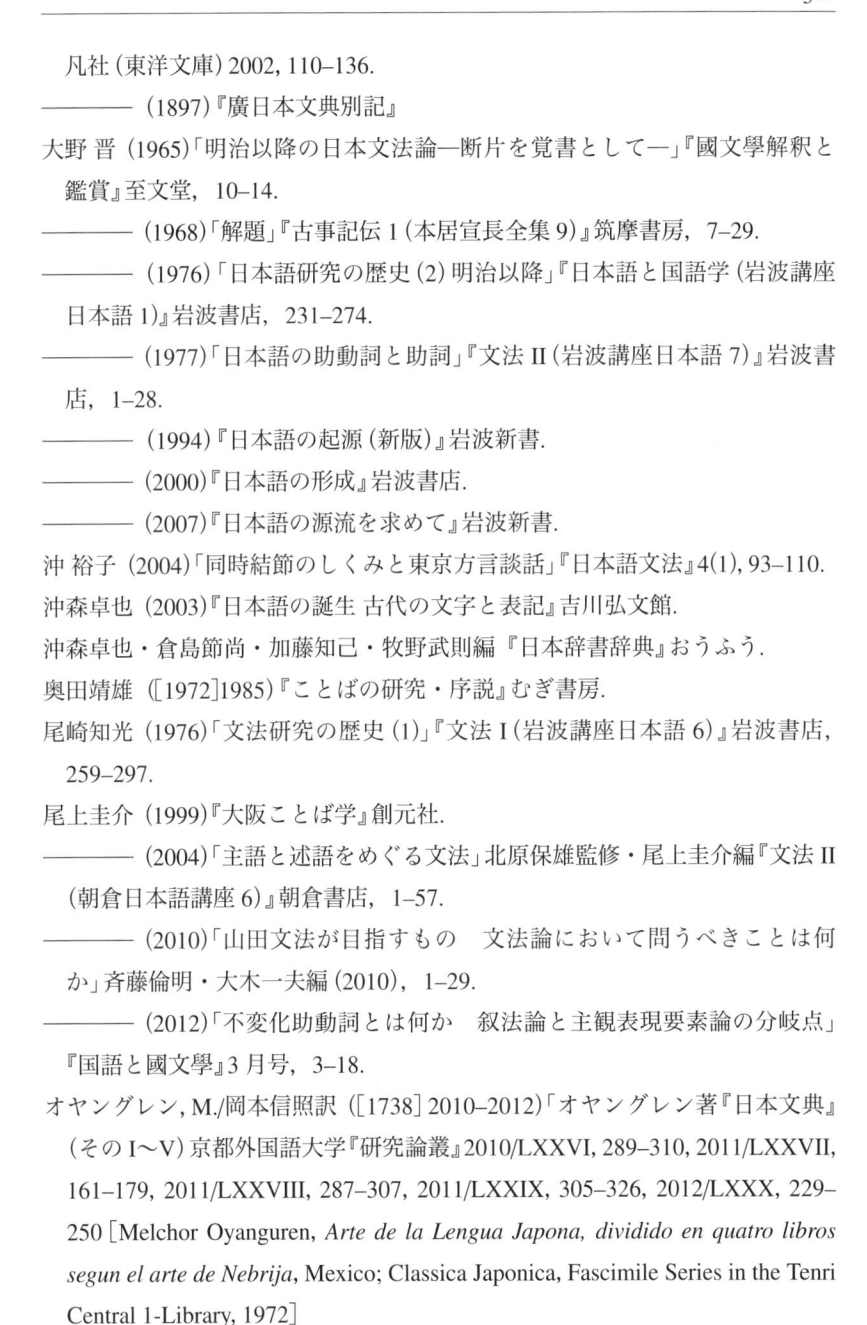

凡社 (東洋文庫) 2002, 110–136.
――― (1897)『廣日本文典別記』
大野 晋 (1965)「明治以降の日本文法論―断片を覚書として―」『國文學解釈と鑑賞』至文堂, 10–14.
――― (1968)「解題」『古事記伝1 (本居宣長全集9)』筑摩書房, 7–29.
――― (1976)「日本語研究の歴史 (2) 明治以降」『日本語と国語学 (岩波講座日本語1)』岩波書店, 231–274.
――― (1977)「日本語の助動詞と助詞」『文法 II (岩波講座日本語7)』岩波書店, 1–28.
――― (1994)『日本語の起源 (新版)』岩波新書.
――― (2000)『日本語の形成』岩波書店.
――― (2007)『日本語の源流を求めて』岩波新書.
沖 裕子 (2004)「同時結節のしくみと東京方言談話」『日本語文法』4(1), 93–110.
沖森卓也 (2003)『日本語の誕生 古代の文字と表記』吉川弘文館.
沖森卓也・倉島節尚・加藤知己・牧野武則編『日本辞書辞典』おうふう.
奥田靖雄 ([1972]1985)『ことばの研究・序説』むぎ書房.
尾崎知光 (1976)「文法研究の歴史 (1)」『文法 I (岩波講座日本語6)』岩波書店, 259–297.
尾上圭介 (1999)『大阪ことば学』創元社.
――― (2004)「主語と述語をめぐる文法」北原保雄監修・尾上圭介編『文法 II (朝倉日本語講座6)』朝倉書店, 1–57.
――― (2010)「山田文法が目指すもの 文法論において問うべきことは何か」斉藤倫明・大木一夫編 (2010), 1–29.
――― (2012)「不変化助動詞とは何か 叙法論と主観表現要素論の分岐点」『国語と國文學』3月号, 3–18.
オヤングレン, M./岡本信照訳 ([1738] 2010–2012)「オヤングレン著『日本文典』(その I〜V) 京都外国語大学『研究論叢』2010/LXXVI, 289–310, 2011/LXXVII, 161–179, 2011/LXXVIII, 287–307, 2011/LXXIX, 305–326, 2012/LXXX, 229–250 [Melchor Oyanguren, *Arte de la Lengua Japona, dividido en quatro libros segun el arte de Nebrija*, Mexico; Classica Japonica, Fascimile Series in the Tenri Central 1-Library, 1972]
何 群雄 [カ グンユウ/He Qun-Xiong] (2000a)『中国語文法学事始 「馬氏」文通

にいたるまでの在華宣教師の著書を中心に』三元社.
——— (2000b)「J. マーシュマン及びその漢字論について」『中国研究月報』54 (6), 33–41.
影山太郎 (1993)『文法と語形成』ひつじ書房.
風間喜代三 (1978)『言語学の誕生　比較言語学小史』岩波新書.
——— (1995)『ラテン語とギリシア語』三省堂.
風間喜代三・上野善道・松村一登・町田健 (1993)『言語学』東京大学出版会.
風間伸次郎 (1992)「接尾辞型言語の動詞複合体について：日本語を中心として」宮岡伯人編『北の言語　類型と歴史』三省堂, 241–260.
風間力三 (1982–1983)「日本語学者列伝　大槻文彦伝 (1) – (3)」『日本語学』明治書院 1982–11: 104, 1982–12: 106–111, 1983: 109–114.
加藤昌彦 (2004)『ポー・カレン語文法』東京大学博士学位請求論文,〈http://www.sfs.osaka-u.ac.jp/user/burmese/pwogram.pdf〉
金子亨 (1999)『先住民族言語のために For Indigenous Languages』草風館.
かめいたかし (1995)『ことばの森』吉川弘文館.
亀井孝 (1938 [1971])「日本言語学のために」『文学』昭和 13 年 2 月.『日本語学のために (亀井孝論文集 1)』吉川弘文館, 1971, 1–17.
——— (1954 [1971])「日本語とその研究との背景」『一橋論叢』昭和 29 年 9 月, 同上 1971, 27–48.
——— (1957)「古事記は読めるか　散文の部分における字訓およびいわゆる訓読の問題」武田祐吉編『古事記大成 3—言語文字編』平凡社, 97–154.
——— (1961 [1971])「意味のはなし」『言語研究』第 40 号, 1–21, 同上 1971, 179–211.
亀井孝・大藤時彦・山田俊雄編 (1963)『文字とのめぐりあい (日本語の歴史 2)』平凡社.
——— (1965)『新しい国語への歩み (日本語の歴史 6)』平凡社.
——— (1966)『言語史研究入門 (日本語の歴史・別巻)』平凡社.
亀井孝・河野六郎・千野栄一 [編著] (1988–1996)『言語学大辞典 全 6 巻・別巻』三省堂.—『世界言語編 1–5』『術語編』『世界文字辞典』と略記。別巻の『世界文字辞典』のみは, 河野六郎・千野栄一・西田龍雄 [編著] (2001).
亀田次郎 (1912)「國語學上に於けるアストンの業績」『國學院雑誌第拾八巻第壹號』通巻二百七, 1–25.

亀山健吉 (2000)『言葉と世界 ヴィルヘルム・フォン・フンボルト研究』法政大学出版局.

川上蓁 (1995)『日本語アクセント論集』汲古書院.

川島淳夫編 (1994)『ドイツ言語学事典』紀伊国屋書店.

川田順造 (1976)『無文字社会の歴史 西アフリカ・モシ族の事例を中心に』岩波書店.

川端善明 (1982)「動詞活用の史的展開」森岡健二他編『文法史（講座日本語学2）』明治書院, 184–216.

——— ([1988–89]1997)『活用の研究 I, II』清文堂出版.［大修館書店 1997］

菅野覚明 (1991)『本居宣長 言葉と雅び』ぺりかん社.

木田章義編 (2013)『国語史を学ぶ人のために』世界思想社.

北原美紗子 (1977)「助動詞 (3)」『文法 II (岩波講座日本語 7)』岩波書店, 147–189.

北原保雄 (1965)「〈なり〉と〈見ゆ〉—上代の用例に見えるいわゆる終止承接の意味するもの」『国語学』61 集, 11–28.

——— (1981)『日本語助動詞の研究』大修館書店.

清瀬義三郎則府 (1971)「連結子音と連結母音と—日本語動詞無活用論」『國語學』86, 42–56.

切替英雄 ([1989]2003)『アイヌ神謡集辞典 テクスト・文法解説付き』大学書林.［北大言語学研究報告第 2 号, 1989］

金水敏 (1997)「国文法」益岡隆志他著『文法』, 119–157.

金田一京助 (1964)『心の小道をめぐって—金田一京助随筆選集 1』三省堂.

金田一春彦 ([1953] 2004)「不變化助動詞の本質 主観表現と客観表現の別について (上), 時枝博士・水谷氏・両家に答えて (下)」『国語国文』22-2, 22-3.［金田一春彦著作集第 3 巻, 玉川大学出版部 2004, 303–351, 353–363.］

——— (1983)「日本語学者列伝 橋本進吉伝 (1) (2) (3)」『日本語学』明治書院, 1983-2:98–102, 3:107–113, 4:107–114.

金田一春彦監修 (2002)『新明解日本語アクセント辞典』三省堂.

釘貫亨 (1996)『古代日本語の形態変化』和泉書院.

日下部文夫 (1977)「日本のローマ字」大野晋・柴田武編『文字 (岩波講座日本語 8)』岩波書店, 341–383.

——— (1981)「表意文字と表音文字」西田龍雄編『世界の文字 (講座言語 5)』, 大修館書店, 43–71.

楠家重敏（くすや）（1986）『ネズミはまだ生きている―チェンバレンの伝記（東西交流叢書 2）』雄松堂出版.

――― (2005)『W.G. アストン―日本と朝鮮をむすぶ学者外交官（東西交流叢書 11）』雄松堂出版.

工藤 浩（2010）「〈情態副詞〉の設定と〈存在詞〉の存立」斎藤・大木編，171–180.

クラウス，マイケル（2002）「言語の大量消滅と記録 時間との競争」宮岡・崎山編，170–206.

クリスタル，デイヴィット/斎藤兆史・三谷裕美訳（2004）『消滅する言語 人類の知的遺産をいかに守るか』中公新書.［*Language Death*, Cambridge University Press, 2000］

グリンバルト・C（2002）「瀬戸際での出会い 危機言語の話者とのフィールドワーク」宮岡・崎山編（永井忠孝訳），239–281.

クローチェ/長谷川誠也・大槻憲二訳（1998）『美學』（昭和 5 年春秋社版復刻）ゆまに書房.（イタリア語原著タイトルは英語訳―Croce 1902［1992］）

クローバー，シオドラー/行方昭夫訳（1991［1970］）『イシ 北米最後のインディアン』岩波同時代ライブラリー.［Theodora Kroeber 1961, *Ishi in two worlds: a biography of the last wild Indian in North America*. University of California Press.］

言語編集部（1996）『ことばのフィールドワーク アウトドア言語学入門』（月刊言語第 25 巻第 6 月号）大修館書店.

小池清次（1997）『現代日本語文法入門』筑摩書房（ちくま学芸文庫）.

河野六郎（1949）「言語學」『河野六郎著作集 3』平凡社 1980, 147–307.

――― (1957［1980］)「古事記における漢字使用」『古事記大成―言語文字編』平凡社，155–205.［『河野六郎著作集 3』平凡社 1980，右 3–53.］

――― (1977)「文字の本質」『文字（岩波講座 日本語 8）』［『河野六郎著作集 3』平凡社 1980, 左 107–125,『文字論』三省堂 1994, 1–24.］

――― (1989)「日本語の特質」亀井 孝・河野六郎・千野栄一編著『世界言語編 2』三省堂，1574–1588.

河野六郎・西田龍雄（1995）『文字贔屓』三省堂.

神野志隆光（こうのし）（2007）『漢字テクストとしての古事記』東京大学出版会.

国語学会編（1980）『国語学大辞典』東京堂出版.

小島剛一（2012）『再構築した日本語文法』ひつじ書房.

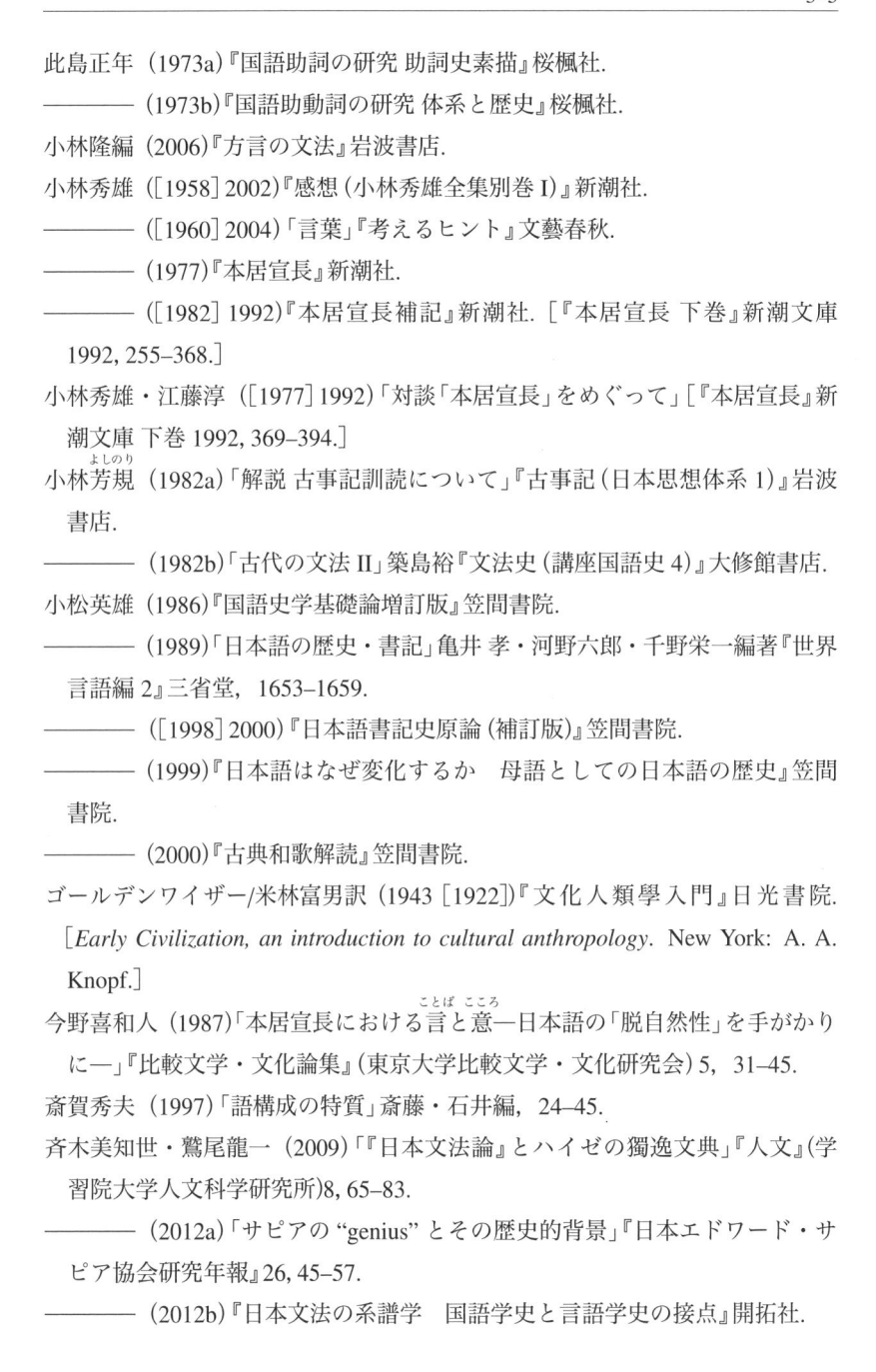

此島正年（1973a）『国語助詞の研究 助詞史素描』桜楓社.

―――― (1973b)『国語助動詞の研究 体系と歴史』桜楓社.

小林隆編（2006）『方言の文法』岩波書店.

小林秀雄（[1958] 2002)『感想（小林秀雄全集別巻 I)』新潮社.

―――― ([1960] 2004)「言葉」『考えるヒント』文藝春秋.

―――― (1977)『本居宣長』新潮社.

―――― ([1982] 1992)『本居宣長補記』新潮社.［『本居宣長 下巻』新潮文庫 1992, 255–368.］

小林秀雄・江藤淳（[1977] 1992)「対談「本居宣長」をめぐって」[『本居宣長』新潮文庫 下巻 1992, 369–394.］

小林芳規（1982a）「解説 古事記訓読について」『古事記（日本思想体系 1)』岩波書店.

―――― (1982b)「古代の文法 II」築島裕『文法史（講座国語史 4)』大修館書店.

小松英雄（1986）『国語史学基礎論増訂版』笠間書院.

―――― (1989)「日本語の歴史・書記」亀井 孝・河野六郎・千野栄一編著『世界言語編 2』三省堂，1653–1659.

―――― ([1998] 2000)『日本語書記史原論（補訂版）』笠間書院.

―――― (1999)『日本語はなぜ変化するか 母語としての日本語の歴史』笠間書院.

―――― (2000)『古典和歌解読』笠間書院.

ゴールデンワイザー/米林富男訳（1943 [1922]) 『文化人類學入門』日光書院. [*Early Civilization, an introduction to cultural anthropology*. New York: A. A. Knopf.]

今野喜和人（1987）「本居宣長における言と意—日本語の「脱自然性」を手がかりに—」『比較文学・文化論集』（東京大学比較文学・文化研究会）5, 31–45.

斎賀秀夫（1997）「語構成の特質」斎藤・石井編，24–45.

斉木美知世・鷲尾龍一（2009)「『日本文法論』とハイゼの獨逸文典」『人文』(学習院大学人文科学研究所)8, 65–83.

―――― (2012a)「サピアの "genius" とその歴史的背景」『日本エドワード・サピア協会研究年報』26, 45–57.

―――― (2012b)『日本文法の系譜学 国語学史と言語学史の接点』開拓社.

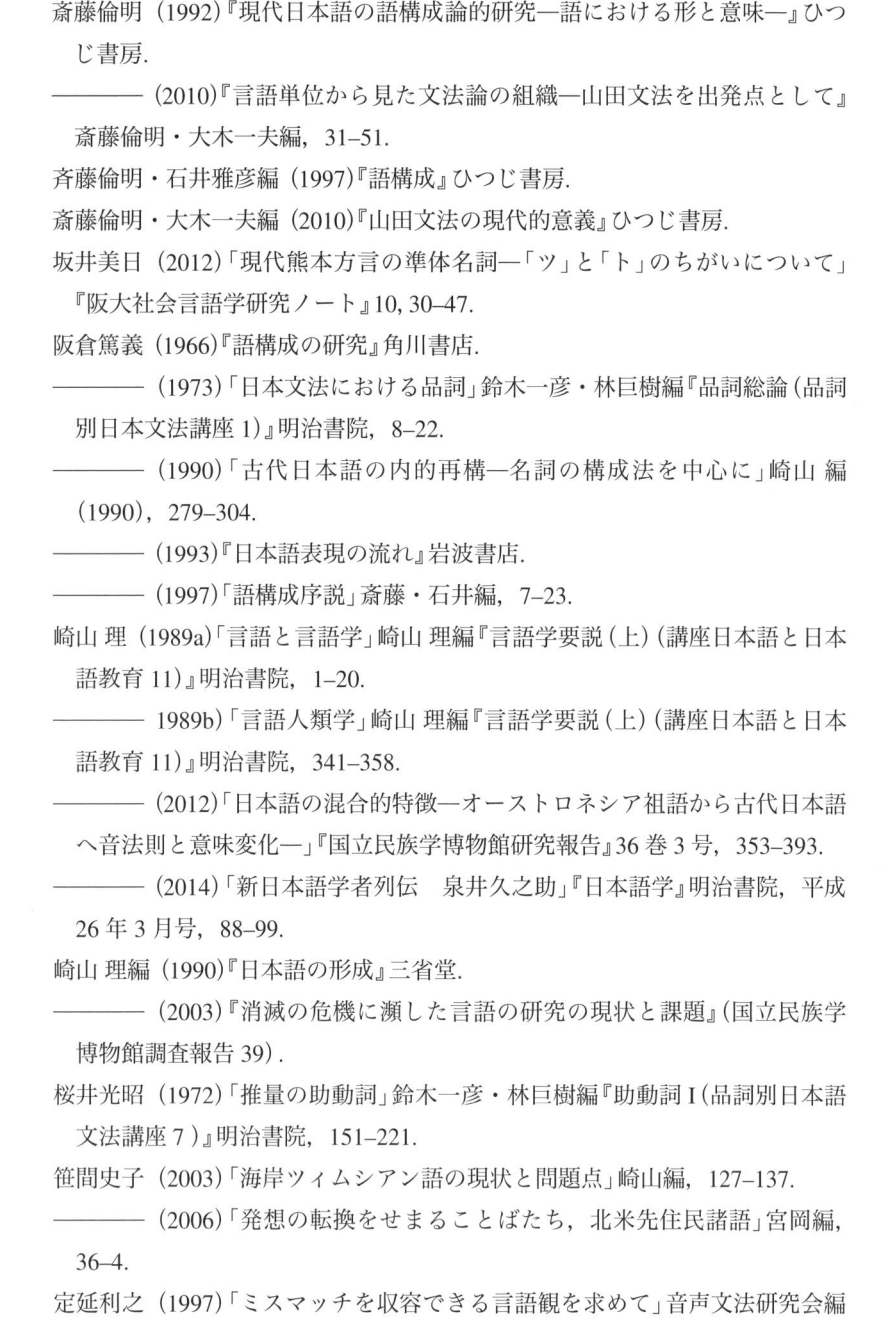

斎藤倫明（みちあき）（1992）『現代日本語の語構成論的研究―語における形と意味―』ひつじ書房.
─── (2010)「言語単位から見た文法論の組織―山田文法を出発点として」斎藤倫明・大木一夫編，31-51.
斉藤倫明・石井雅彦編（1997）『語構成』ひつじ書房.
斎藤倫明・大木一夫編（2010）『山田文法の現代的意義』ひつじ書房.
坂井美日（2012）「現代熊本方言の準体名詞―「ツ」と「ト」のちがいについて」『阪大社会言語学研究ノート』10, 30-47.
阪倉篤義（1966）『語構成の研究』角川書店.
─── (1973)「日本文法における品詞」鈴木一彦・林巨樹編『品詞総論（品詞別日本文法講座1）』明治書院，8-22.
─── (1990)「古代日本語の内的再構―名詞の構成法を中心に」崎山 編 (1990)，279-304.
─── (1993)『日本語表現の流れ』岩波書店.
─── (1997)「語構成序説」斎藤・石井編，7-23.
崎山 理（1989a）「言語と言語学」崎山 理編『言語学要説（上）（講座日本語と日本語教育11）』明治書院，1-20.
─── 1989b)「言語人類学」崎山 理編『言語学要説（上）（講座日本語と日本語教育11）』明治書院，341-358.
─── (2012)「日本語の混合的特徴―オーストロネシア祖語から古代日本語へ音法則と意味変化―」『国立民族学博物館研究報告』36 巻 3 号，353-393.
─── (2014)「新日本語学者列伝　泉井久之助」『日本語学』明治書院，平成26 年 3 月号，88-99.
崎山 理編（1990）『日本語の形成』三省堂.
─── (2003)『消滅の危機に瀕した言語の研究の現状と課題』（国立民族学博物館調査報告 39）.
桜井光昭（1972）「推量の助動詞」鈴木一彦・林巨樹編『助動詞 I（品詞別日本語文法講座 7 ）』明治書院，151-221.
笹間史子（2003）「海岸ツィムシアン語の現状と問題点」崎山編，127-137.
─── (2006)「発想の転換をせまることばたち，北米先住民諸語」宮岡編，36-4.
定延利之（1997）「ミスマッチを収容できる言語観を求めて」音声文法研究会編

『文法と音声』くろしお出版，167–196.
─── (2003)「宮岡伯人著『「語」とはなにか：エスキモー語から日本語を見る』(書評論文)日本語文法学会編『日本語文法』くろしお出版，3(1), 135–146.
佐藤喜代治 (1983–1984)「山田孝雄伝」『日本語学』1983–12: 97–101, 1984–1: 97–100, 1984–2: 104–108.(明治書院企画編集部編『日本語学者列伝(日本語学叢書)』明治書院，1997, 94–119.)
佐藤喜代治編 (1979)『国語学研究辞典』明治書院.
佐藤知己 (1994)「アイヌ語の単複の別を有する動詞について」北方言語研究者協議会編『アイヌ語の集い—知里真志保を継ぐ』北海道出版企画センター，115–122.
真田信治編 (2002)『消滅に瀕した方言文法の記録—天草方言・由利方言—』ELPR, A2–009.
サピア，エドワード [1921]/木坂千秋訳 (1943)『言語 ことばの研究序説』刀江書房・泉井久之助訳 (1957)『言語 ことばの研究』紀伊国屋書店・安藤貞雄訳 (1998)『言語 ことばの研究序説』岩波文庫.
山東功 (2012)「大槻以後 学校国文法成立史研究」『言語文化学研究(日本語日本文学編)』大阪府立大学人間社会学部言語文化学科，第7号，1–20.
塩原朝子・児玉茂昭編 (2006)『表記の習慣のない言語の表記』東京外国語大学アジア・アフリカ言語文化研究所.
嶋田珠巳 (2012)「方言のコミュニケーションとアイデンティティ」山形大学人文学部編『とおい方言，近い方言—山形から世界まで』46–56.
下地理則 (2006)『南琉球語宮古伊良部島方言』中山・江畑編 (2006), 85–117.
ジュラヴリョフ，V. K./山崎紀美子訳 (1998)『言語学は何の役に立つか—クロマニヨン人から遺伝子解読まで』大修館書店.
ジルソン・E 著/河野六郎訳 (1974)『言語学と哲学—言語の哲学定理についての試論—』岩波書店. [Etienne Gilson 1969, *Linguistique et philosophie, essai sur les constants philosophique du langage.*]
沈力 (2006)「北京語における動詞の「コピー」と「分離」」峰岸編(2006), 129–148.
須賀一好 (1989)「活用」『日本語の文法・文体(上)(講座日本語と日本語教育 4)』明治書院，143–168.
菅原和孝 (2006)「自然破壊と言語破壊 カラハリ砂漠の狩猟採集民グイ・ブッシュマンのばあい」宮岡編，100–116.

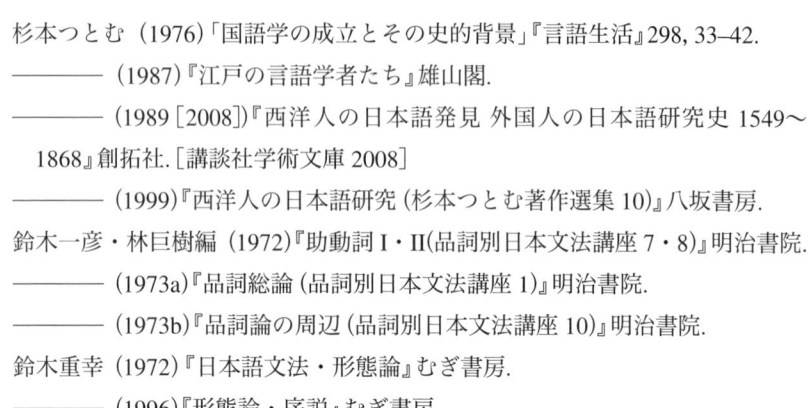

杉本つとむ（1976）「国語学の成立とその史的背景」『言語生活』298, 33–42.
――――（1987）『江戸の言語学者たち』雄山閣.
――――（1989［2008］）『西洋人の日本語発見 外国人の日本語研究史 1549～1868』創拓社.［講談社学術文庫 2008］
――――（1999）『西洋人の日本語研究（杉本つとむ著作選集 10）』八坂書房.
鈴木一彦・林巨樹編（1972）『助動詞 I・II（品詞別日本文法講座 7・8）』明治書院.
――――（1973a）『品詞総論（品詞別日本文法講座 1）』明治書院.
――――（1973b）『品詞論の周辺（品詞別日本文法講座 10）』明治書院.
鈴木重幸（1972）『日本語文法・形態論』むぎ書房.
――――（1996）『形態論・序説』むぎ書房.
――――（2003）「新刊紹介　宮岡伯人著『〈語〉とはなにか』」『国文学解釈と鑑賞』至文堂, 67-7, 234–235.
ソシュール, フェルディナン・ド/小林英夫訳（1972［1949］）『一般言語学講義』岩波書店.［Ferdinand de Saussure 1949, *Cours de linguistique generale*, publié par Charles Baille et Albert Sechehaye. Paris: Payot.［1916; 言語学原論 1920］］
髙田時雄編著（1996）『東洋学の系譜［欧米編］』大修館書店.
髙田宏（1978）『言葉の海へ』新潮社.
武田祐吉校注（1958）「祝詞」, 倉野憲司・武田祐吉『古事記 祝詞』（日本古典文學体系 1）岩波書店, 363–382.
竹林滋・千野栄一・東信行編（1992）『世界の辞書』研究社.
田中章夫（1977）「助詞（3）」『文法 II（岩波講座日本語 7）』岩波書店, 359–454.
田中宣廣（2005）『付属語アクセントからみた日本語アクセントの構造』おうふう.
田辺聖子（1985）『大阪弁おもしろ草子』講談社.
谷本一之・井上紘一編（2009）『「渡鴉のアーチ」(1903–2002) ジェサップ北太平洋調査を追試検証する』(国立民族学博物館調査 82)
田丸卓郎（［1914］1930³）『ローマ字國字論』岩波書店.
チェイフ, ウォーレス［Wallace Chafe］（1999）「時間は言語のカタチにどのように影響するか」長野泰彦編『時間・ことば・認識』ひつじ書房, 251–270.［'How Time Affects the Shape of Language', Yasuhiko Nagano (ed.) 1998, *Time, Language, and Cognition*, Senri ethnological studies 45, 235–250.］
チェムバレン, B. H/吉阪俊藏訳（1939）『鼠はまだ生きている』岩波新書.

チェンバレン/大久保恵子編・訳 (1999)『日本語口語入門』第 2 版翻訳付索引, 笠間書院. (Chamberlain 1888)
千野栄一 (1986)『外国語上達法』岩波新書.
——— (1999)「21 世紀の言語学 消えゆく言語」『ことばの樹海』青土社.
——— (2002)『言語学 わたしのラブストーリー』三省堂.
築島 裕編 (1982)『文法史 (講座国語史第 4 巻)』大修館書店.
辻 星児 (2012)「新日本語学者列伝 河野六郎」『日本語学』平成 24 年 4 月 78–86.
土田 滋 (2003)「台湾原住民諸語調査こぼればなし」大角翠編, 148–174.
角田太作 (2009)『世界の言語と日本語改訂版 言語類型論から見た日本語』くろしお出版.
角田三枝 (2007)「日本語の動詞の活用表」『平成 18 年度立正大学国語國文 45 号』1–7.
津曲敏郎 (2007)「無文字言語のゆくえ 北方少数民族言語はどう生き残れるか？」*LNPR* 14, 津曲編, 159–166.
津曲敏郎編 (2003)『北のことばフィールド・ノート―18 の言語と文化』北海道大学図書刊行会.
ディクソン，R.M.W./大角 翠訳 (2001)『言語の興亡』岩波新書.［Dixon 1997a］
寺崎英樹 (2004)「スペイン語における語の概念について」『語学研究所論集』第 9 号，東京外国語大学語学研究所，39–57.
——— (2011)『スペイン語史』大学書林.
時枝誠記(もとき) (1941)『國語學原論』岩波書店.
——— (1950)『日本文法口語編』岩波書店.
——— (1954)『日本文法文語編』岩波書店.
——— (1968)「時枝文法の成立とその源流―鈴木朖と伝統的言語観」時枝監修『文法論の展開 (講座日本語の文法 1)』明治書院，1–28.
徳永宗雄 (1982)「インド文明と文字の不使用」『民博通信』国立民族学博物館，21, 50–54.
——— (1985)「インド文明と文字使用の問題」『民博通信』国立民族学博物館，28, 15–21.
豊島正之編 (2013)『キリシタンと出版』八木書店.
豊田国夫 (1980)『日本人の言霊思想』講談社学術文庫.

―――― (1985)『言霊信仰』八幡書店.

トラバント, ユルゲン/村井則夫訳 (2001)『フンボルトの言語思想』(テオリア叢書) 平凡社.［Jürgen Trabant: *Apeliotes oder Der Sinn der Sprache: Wilhelm von Humboldts Sprach-Bild*, 1986. München: Wilhelm Fink Verlag.］

鳥井克之 (1995)『中国文法学説史』関西大学出版部.

中川 裕 (2012)『フィールド音声学』(論文執筆支援シリーズ VIII), 東京外国語大学大学院.

長嶋哲也・周藤多紀 (2011)「中世の言語哲学」神崎繁・熊野純彦・鈴木泉編『「知」の変貌・「信」の階梯 (西洋哲学史 II)』講談社, 151–210.

長嶋善郎 (2000)「ソシュール (1916) とサピア―言語研究の視点と対象」『日本エドワード・サピア協会研究年報』第 14 号 79–94.

―――― (2010)「言語学史におけるサピア」『日本エドワード・サピア協会研究年報』第 24 号, 39–53.

長野泰彦編 (1999)『時間・ことば・認識』ひつじ書房.

中村 元 (1956)『ことばの形而上学』岩波書店.

中山俊秀 (2003)「〈意外〉との出会い ヌートカ」津曲敏郎編 (2003), 213–224.

―――― (2006)「品詞について―あるから見えるのか, 見ようとするから見えるのか」峰岸編 (2006), 93–107.

―――― (2007a)「ヌートカ語」中山・山越編 (2007), 7–228.

―――― (2007b)「記述の現場から見た形態論」『月刊言語』36(8), 34–41.

中山俊秀・江畑冬生編 (2006)『文法を描く 1　フィールドワークに基づく諸言語の文法スケッチ』東京外国語大学アジア・アフリカ言語文化研究所.

中山俊秀・山越康裕編 (2007)『文法を描く 2　フィールドワークに基づく諸言語の文法スケッチ』東京外国語大学アジア・アフリカ言語文化研究所.

永山勇 (1960)「語分類意識の源流」『山形大学紀要 (人文科学)』第 4 巻第 3 号, 83–138(61–116).

―――― (1963)『国語意識史の研究』風間書房.

「21 世紀後半の世界の言語」シンポジウム企画班編 (2005)『21 世紀後半の世界の言語はどうなるのか―情報化・国際化のなかの言語』明石書店.

西田幾多郎 (1940)『日本文化の問題』岩波新書.

西田直敏 (1977)「助詞 (1)」『文法 II (岩波講座日本語 7)』岩波書店, 191–289.

仁田義雄 (1997a)「文法とは何か」益岡他著『文法 (言語の科学 5)』岩波書店,

1–40.

─── (1997b)『日本語文法研究序説 日本語の記述文法を目指して』くろしお出版.

─── (2005)『ある近代日本文法研究史』和泉書院.

日本語記述文法研究会編 (2003–2010)『現代日本語文法 1』(全 7 巻) くろしお出版.

丹羽一彌編 (2012)『日本語はどのような膠着語か 用言複合体の研究』笠間書院.

ネトル, ダニエル/ロメイン・スザンヌ/島村宣男訳 (2001 [2000])『消えゆく言語たち 失われることば, 失われる世界』新曜社. [Daniel Nettle and Susanne Romaine, *Vanishing Voices—The Extinction of the World's Languages*. Oxford University Press.]

野田時寛 (2011)「文法の書き方─現在の日本語記述文法の流れと問題点─」中央大学人文科学研究所編『文法記述の諸相』中央大学出版部, 3–40.

橋本進吉 (1933)『國語法要説 國語科學講座 VI 国語法』明治書院.

─── (1935)『新文典別記上級用』冨山房.

─── (1936)『新文典別記初級用』冨山房.

─── (1941)『国語学原論』岩波書店.

─── (1946)『國語學概論』岩波書店.

─── (1959)『國文法體系論』岩波書店.

─── (1969)『助詞・助動詞の研究』岩波書店.

服部健 (1956)『ギリヤーク民話と習俗』楡書房.

服部四郎 (1949)「「文節」とアクセント」『方言と民俗』3, 4. (『言語学の方法』岩波書店 1960, 428–446.)

─── (1950)「附属語と附属形式」『言語研究』15, 1–26. (『言語学の方法』岩波書店 1960, 461–491.)

林栄一 (1959)「語とは何か?」『大阪外大英米研究』1, 38–63.

バンヴェニスト, E. /岸本通夫監訳/川村正夫・木下光一・高塚洋太郎・花輪光・矢島猷三共訳 (1983)『一般言語学の諸問題』みすず書房.

匹田 剛 (1992)「帝政ロシアの東方進出とロシア語の先住民諸言語に与えた影響」宮岡伯人編 (1992), 327–341.

日野龍夫校注 (1983)『本居宣長集 (新潮日本古典集成)』新潮社.

平林幹郎 (1993)『サピアの言語論』勁草書房.

藤井信男 (1953)「古代における言語意識の展開—「こと」から「ことば」へ」『大倉山論集』大倉山文化科学研究所, 第三輯 63–76.

藤田 健 (2010)『ロマンス語再帰代名詞の研究 クリティックとしての統語的特性』北海道大学大学院文学研究科研究叢書, 北海道大学出版会.

藤原敬介 (2008)『チャック語の記述言語学的研究』京都大学博士学位申請論文.

古田東朔 (1961)「『八衢』へ流れこむもの」『国語學』45, 15–28.

―――― (1968)「江戸時代までの文法観—詞辞の意識・てにをは・活用」松村明・森岡健二・宮地裕・鈴木一彦編 (1968)『文法論の展開 (講座日本語の文法 1)』, 明治書院.

―――― (1969–1971)「大槻文彦伝 (1) 〜 (17)」『月刊文法』1969–5, 6, 7, 8, 9, 10, 1970–1, 2, 4, 7, 9, 10, 11, 12, 1971–1, 2, 3, 明治書院.

―――― (1976)「文法研究の歴史 (2)」『文法 1 (岩波講座日本語 6)』岩波書店, 299–356.

―――― (1978)「アストンの日本文法研究」『國語と國文學』東京大学国語国文学会, 昭和五十三年八月号, 41–60.

―――― (1982)「現代の文法」『文法史 (講座国語史 4)』大修館書店, 615–792.

フレーザー, ジェイムズ ジョージ/永橋卓介訳 (1954)『金枝編』全 5 巻, 岩波文庫 (Frazer 1890–1936, *The Golden Bough*)

フンボルト/亀山健吉訳 (1984)『言語と精神　カビィ語研究序説』法政大学出版局. [Humboldt 1836]

ベイカー, マーク C./郡司隆男訳 ([2003] 2010)『言語のレシピ　多様性にひそむ普遍性をもとめて』岩波現代文庫.

細川弘明 (1986)「言葉と文化—言語人類学—」西田龍雄編『言語学を学ぶ人のために』世界思想社, 149–175.

ボチャラリ, ジョン [John Boccellari] (1990)「「言霊の定まり」—本居宣長の言語論について」『歴史と民俗 (神奈川大学常民文化研究所論集)』平凡社, 6, 169–188.

―――― (1991)「「口語理論」と国学」『歴史と民俗 (神奈川大学常民文化研究所論集)』平凡社, 8, 110–133.

堀 博文 (1993)『閩南語音韻論 付 表語文字としての漢字—デュ・ポンソの所説を中心に』北大言語学研究報告第 3 号 1, 117.

―――― (2003)「トーテムポールに刻まれた願い　ハイダ」津曲敏郎編, 199–

211.

益岡隆志 (1997)「文法の基礎概念 1 構造的・形態的概念」益岡他著 1997, 41–78.

益岡隆志・仁田義雄・郡司隆男・金水敏 (1997)『文法 (言語の科学 5)』岩波書店.

松井 健 (1983)『自然認識の人類学』どうぶつ社.

―――― (1991)『認識人類学論攷』昭和堂.

松岡洸司 (1982)「オヤングレンの日本文典の一側面 (1)」『上智大学国文学論集』15, 53–77.

松下大三郎 ([1901]1997)『日本俗語文典 付遠江文典』(新訂：徳田政信編集解説 [勉誠社 1997])

―――― ([1930]1974)『改撰標準日本文法』中文館書店. [勉誠社 1974]

松村 明編 (1969)『古典語現代語 助詞助動詞詳説』学燈社.

―――― (1971)『日本文法大辞典』明治書院.

松本克己 (2007)『世界言語のなかの日本語　日本語系統論の新たな地平』三省堂.

馬淵和夫 (1968)『日本文法新書 上代のことば』至文堂.

マリノフスキ，ブロニスワフ/増田義郎訳 (2010)『西太平洋の遠洋航海者』講談社学術文庫. [1922, *Arognauts of the Western Pacific*, Routledge & Kegan Paul]

マルティネ，A. 編著・三宅徳嘉監訳 (1972)『言語学事典　現代言語学―基本概念 51 章』大修館書店.

三澤光博 (1972)「アストン〈日本語文法〉(A GRAMMAR OF THE JAPANESE WRITTEN LANGUAGE) における動詞論」『日本大学文理学部研究年報』通号 21, 1–13.

三谷恵子 (1997)『クロアチア語ハンドブック』大学書林.

三矢重松 ([1908]1926)『高等日本文法』明治書院.

峰岸真琴 (2002)「類型分類の再検討―孤立語の視点から」『アジア・アフリカ言語文化研究』63, 1–36.

―――― (2004)「言語の類型とその分布」『日本語学』23, 56–64.

―――― (2006)「形態論と統語論」峰岸編 (2006) 109–128.

峰岸真琴編 (2006)『言語基礎論の構築へ向けて』東京外国語大学アジア・アフリカ言語文化研究所.

箕浦信勝 (1992)「北アメリカの非アメリカ的言語　アサバスカ語」宮岡伯人編

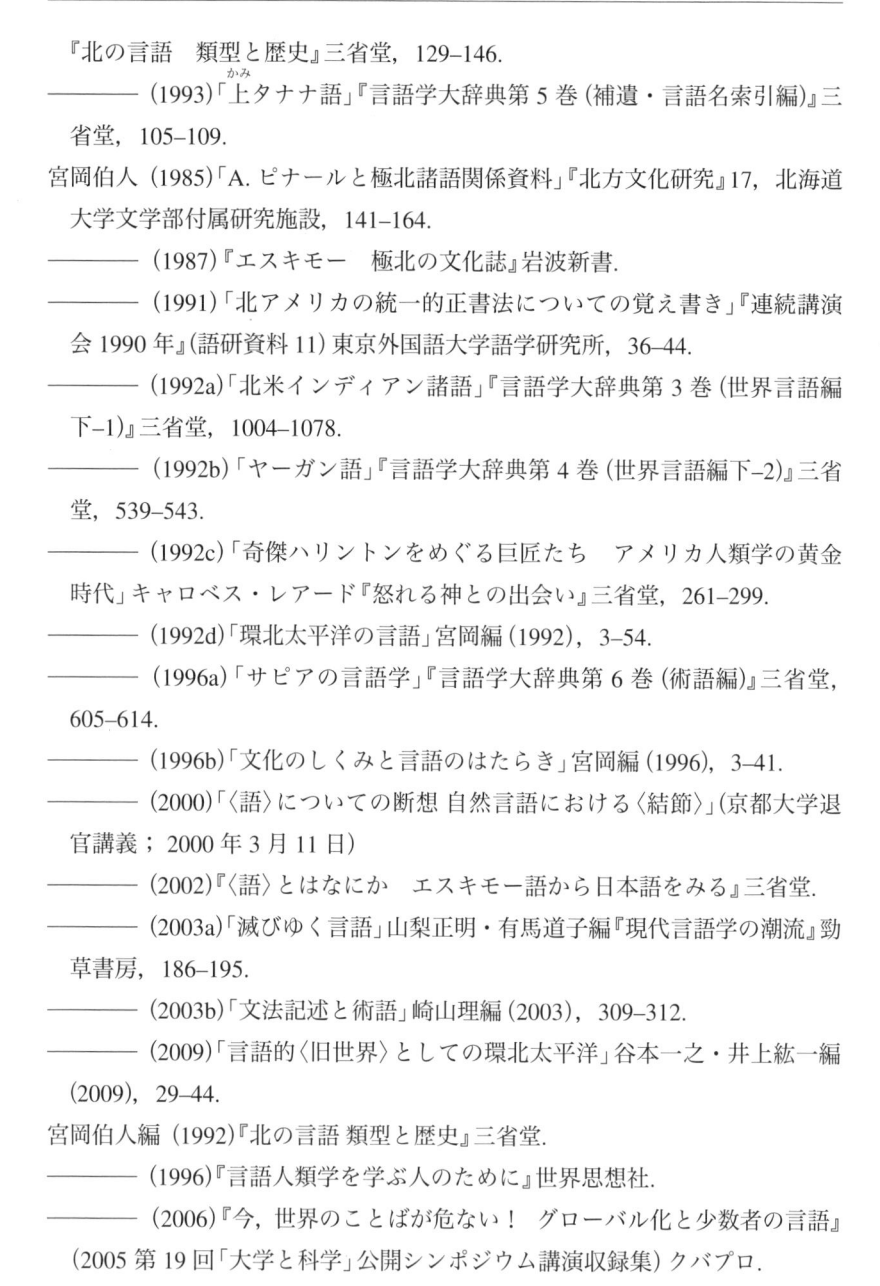

『北の言語 類型と歴史』三省堂, 129–146.

——— (1993)「上タナナ語」『言語学大辞典第 5 巻 (補遺・言語名索引編)』三省堂, 105–109.

宮岡伯人 (1985)「A. ピナールと極北諸語関係資料」『北方文化研究』17, 北海道大学文学部付属研究施設, 141–164.

——— (1987)『エスキモー 極北の文化誌』岩波新書.

——— (1991)「北アメリカの統一的正書法についての覚え書き」『連続講演会 1990 年』(語研資料 11) 東京外国語大学語学研究所, 36–44.

——— (1992a)「北米インディアン諸語」『言語学大辞典第 3 巻 (世界言語編下-1)』三省堂, 1004–1078.

——— (1992b)「ヤーガン語」『言語学大辞典第 4 巻 (世界言語編下-2)』三省堂, 539–543.

——— (1992c)「奇傑ハリントンをめぐる巨匠たち アメリカ人類学の黄金時代」キャロベス・レアード『怒れる神との出会い』三省堂, 261–299.

——— (1992d)「環北太平洋の言語」宮岡編 (1992), 3–54.

——— (1996a)「サピアの言語学」『言語学大辞典第 6 巻 (術語編)』三省堂, 605–614.

——— (1996b)「文化のしくみと言語のはたらき」宮岡編 (1996), 3–41.

——— (2000)「〈語〉についての断想 自然言語における〈結節〉」(京都大学退官講義；2000 年 3 月 11 日)

——— (2002)『〈語〉とはなにか エスキモー語から日本語をみる』三省堂.

——— (2003a)「滅びゆく言語」山梨正明・有馬道子編『現代言語学の潮流』勁草書房, 186–195.

——— (2003b)「文法記述と術語」崎山理編 (2003), 309–312.

——— (2009)「言語的〈旧世界〉としての環北太平洋」谷本一之・井上紘一編 (2009), 29–44.

宮岡伯人編 (1992)『北の言語 類型と歴史』三省堂.

——— (1996)『言語人類学を学ぶ人のために』世界思想社.

——— (2006)『今, 世界のことばが危ない！ グローバル化と少数者の言語』(2005 第 19 回「大学と科学」公開シンポジウム講演収録集) クバプロ.

宮岡伯人・崎山理編/渡辺己・笹間史子監訳 (2002)『消滅の危機に瀕した世界の言語——ことばと文化の多様性を守るために』明石書店.

宮川寅雄（1982）『秋艸道人随聞』中央公論社（中公文庫）.
宮島達夫（1972）「無意味形態素」『ことばの研究4』国立国語研究所 15–30.［1994『語彙論研究第4集』むぎ書房, 121–136.］
宮地 裕（1972）「助動詞とは何か」鈴木一彦・林巨樹編『助動詞I（品詞別日本文法講座第7巻）』明治書院.
宮良信詳（2000）『うちなーぐち講座 首里ことばのしくみ』沖縄タイムス社.
ムーナン, G./福井芳男・伊藤晃・丸山圭三郎訳（1970）『ソシュール 構造主義の原点』大修館書店.［G.Mounin, *Saussure ou le structuraliste sans le savoir*, 1968］
村岡典嗣（1928［2006］）『本居宣長』岩波書店.［前田勉校訂全2巻, 平凡社東洋文庫.］
本居宣長（1938）『増補本居宣長全集』吉川弘文館.
本居春庭（［1808］1938）『詞八衢』「本居春庭全集本居大平全集」『増補本居宣長全集第十一』吉川弘文館, 1–54.
――――（［1828］1938）『詞通路』同上, 55–122.
森岡健二（1965）「松下文法の方法」『國文學解釈と鑑賞』至文堂, 39–53.
――――（1968）「屈折論―詞（松下）・文節（橋本）・句（時枝）をめぐって―」『國語學』72, 99–109.
――――（1994）『日本文法体系論』明治書院.
――――（1997）「形態素論」斉藤倫明・石井雅彦編『語構成』ひつじ書房, 57–87.
森岡 隆（2006）『図説 かなの成り立ち事典』教育出版.
森重 敏（1965）「山田文法批判」『國文學解釈と鑑賞』至文堂, 23–38.
モリス, アイヴァン（1970）「日本語の危機」『月刊文法』昭和45年10月, 125–127.
文部省編（1997）『学術用語集言語学編』学術振興会.
李 長波［Li Chambo］（2004）「泉井久之助の言語研究について―ソシュール受容とフンボルト受容について―」『DYNAMIS ことばと文化』（京都大学大学院人間・環境学研究科文化環境言語基礎論講座）8, 36–64.
――――（2005）「言語研究に寄せる断章」『DYNAMIS ことばと文化』9, 39–53.
レヴィ＝ブリュル/山田吉彦訳（［1953］1939）『未開社会の思惟』小山書店.［全2巻 岩波文庫 1953］
レヴィ＝ストロース/川田順造訳（［1955］1977）『悲しき熱帯（上・下）』中央公

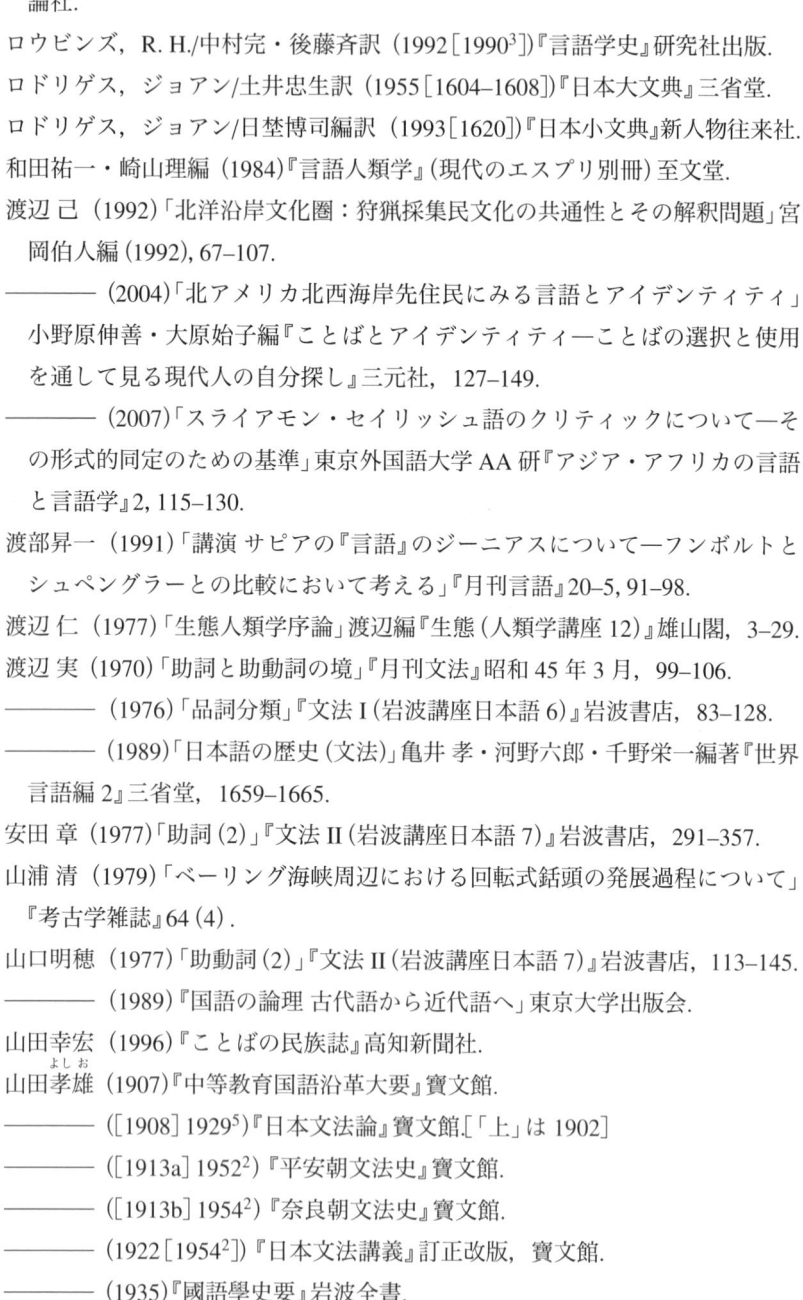

論社.
ロウビンズ, R. H./中村完・後藤斉訳 (1992 [1990³])『言語学史』研究社出版.
ロドリゲス, ジョアン/土井忠生訳 (1955 [1604–1608])『日本大文典』三省堂.
ロドリゲス, ジョアン/日埜博司編訳 (1993 [1620])『日本小文典』新人物往来社.
和田祐一・崎山理編 (1984)『言語人類学』(現代のエスプリ別冊) 至文堂.
渡辺己 (1992)「北洋沿岸文化圏：狩猟採集民文化の共通性とその解釈問題」宮岡伯人編 (1992), 67–107.
——— (2004)「北アメリカ北西海岸先住民にみる言語とアイデンティティ」小野原伸善・大原始子編『ことばとアイデンティティ—ことばの選択と使用を通して見る現代人の自分探し』三元社, 127–149.
——— (2007)「スライアモン・セイリッシュ語のクリティックについて—その形式的同定のための基準」東京外国語大学 AA 研『アジア・アフリカの言語と言語学』2, 115–130.
渡部昇一 (1991)「講演 サピアの『言語』のジーニアスについて—フンボルトとシュペングラーとの比較において考える」『月刊言語』20–5, 91–98.
渡辺仁 (1977)「生態人類学序論」渡辺編『生態 (人類学講座 12)』雄山閣, 3–29.
渡辺実 (1970)「助詞と助動詞の境」『月刊文法』昭和 45 年 3 月, 99–106.
——— (1976)「品詞分類」『文法 I (岩波講座日本語 6)』岩波書店, 83–128.
——— (1989)「日本語の歴史 (文法)」亀井孝・河野六郎・千野栄一編著『世界言語編 2』三省堂, 1659–1665.
安田章 (1977)「助詞 (2)」『文法 II (岩波講座日本語 7)』岩波書店, 291–357.
山浦清 (1979)「ベーリング海峡周辺における回転式銛頭の発展過程について」『考古学雑誌』64 (4).
山口明穂 (1977)「助動詞 (2)」『文法 II (岩波講座日本語 7)』岩波書店, 113–145.
——— (1989)『国語の論理 古代語から近代語へ』東京大学出版会.
山田幸宏 (1996)『ことばの民族誌』高知新聞社.
山田孝雄 (1907)『中等教育国語沿革大要』寶文館.
——— ([1908] 1929⁵)『日本文法論』寶文館.「「上」は 1902]
——— ([1913a] 1952²)『平安朝文法史』寶文館.
——— ([1913b] 1954²)『奈良朝文法史』寶文館.
——— (1922 [1954²])『日本文法講義』訂正改版, 寶文館.
——— (1935)『國語學史要』岩波全書.

―――― (1936)『日本文法學概論』寶文館.

―――― (1940)「國語國文の本旨と教育」『國語の本質』[白水社 1943, 55–95.]

―――― (1954)『奈良朝文法史』宝文館.

山橋幸子 (2013)『品詞論再考 名詞と動詞の区別への疑問』ひつじ書房.

湯浅茂雄 (1997)「『言海』と近世辞書」『国学学』188 集, 1–14.

「ユミヤ」http://toxa.cocolog-nifty.com/phonetika

吉川幸次郎 ([1951] 1970)「膠着語の文学」『吉川幸次郎全集 18』筑摩書房, 75–95.

―――― ([1962] 1968)「漢文の話」『吉川幸次郎全集 2』筑摩書房, 56–202.

―――― ([1978] 1996)「言語のリズム」『吉川幸次郎講演集』筑摩書房, 189–200.

吉沢典男 (1979)「訳語としての「助動詞」」『田邊博士古稀記念国語学論叢』桜楓社, 665–676.

吉田英人 (2009)「近代文法論考察―本居宣長をめぐって」『佛教大学大学院紀要 文学研究科編』第 37 号, 57–75.

吉田和彦 (2007)「歴史言語学の原点にある形態論―比較の対象の認定」『月刊言語』36–8, 60–67.

吉田金彦 (1971)『現代語助動詞の史的研究』明治書院.

吉野秀雄 ([1947] 1981)『鹿鳴集歌解』創元社 [中公文庫 1981]

―――― (1993)『秋艸道人會津八一(上・下)』春秋社.

吉野秀雄・亀井勝一郎 (1953)「人と作品 対談會津八一」『芸術新潮』9 月 166–177.

吉町義雄 (1977)「露都創刊日本語典」『北狄和語考』笠間叢書.

Aikhenvald, Alexandra Y. (2002) *Typological Parameters for the Study of Clitics*, in Dixon and Aikhenvald (eds.) *Word—A Cross-Linguistic Typology*. Cambridge: Cambridge University Press, 42–78.

―――― (2003) *A Grammar of Tariana, from Northwest Amazonia*. Cambridge: Cambridge University Press.

―――― (2006) 'Serial Verb Constructions in Typological Perspective', in Aikhenvald, Alexandra Y., and R.M. W. Dixon (eds.) (2006), 1–68.

Aikhenvald, Alexandra Y., and R.M. W. Dixon (eds.) (2006) *Serial Verb Constructions — A Cross-Linguistic Typology*. Oxford Univerisity Press.

Akamine, Jun（2003）*A Basic Grammar of Southern Sinama*, preface by Hiroaki Kitano. Endangered Languages of the Pacific Rim, Publications A3–012. 大阪学院大学情報学部/中西印刷.

Alexander, H. G.（1936）'Linguistic Morphology in Relation to Thinking', *Journal of Philiosophy* 33(10), 261–269.

Anderson, Stephen R.（1992）*A-morphous Morphology*. New York: Cambridge University Press.

Andresen, Julie Tetel（1990）*Linguistics in America 1769–1924, A Critical History*. London and New York: Routledge.

Asher, R. E.(ed.)（1994）*The Encyclopedia of Language and Linguistics, 10 Vols*. Oxford: Pergamon Press.

Aston, W. G.（1869）*A Short Grammar of the Japanese Spoken Language*. Nagasaki.

―――― ([1871] 1888⁴) *A Grammar of the Japanese Spoken Language*. Yokohama / London.

―――― (1872) *A Grammar of the Japanese Written Language, with a Short Chrestomathy*. London.

Baker, Mark C.（1996）*The Polysynthesis Parameter*. New York: Oxford University Press.

Berlin, Brent and Kay, Paul（1969）*Basic Color Terms: Their Universality and Evolution*. University of California Press.

Bloch, Bernard and G. Trager（1942）*Outline of Linguistic Analysis*. Special Publications of the Linguistic Society of America.

Bloomfield, Leonard（1926）'A Set of Postulates for the Science of Language', *Language* 2, 153–164.

―――― (1928) The Plains Cree languages. *Atti del XXII Congresso Internazionale degli Americanisti (Rome, September 1926) 2*（Annual Report of the Bureau of American Ethnology）: 427–431.

―――― (1933) *Language*. New York: Holt.

Boas, Franz（1858–1942）*The Professional Correspondence of Franz Boas*, 44 microfilm reels. WA: Delaware, Scholarly Resources, 1972.

―――― (1900) Introduction, *Publications of the Jesup North Pacific Expedition*, Vol. 1.

―――― (1911a) Tsimshian. in Boas (ed.) (1911), 283–422.

―――― (1911b) Kwakiutl. in Boas (ed.) (1911), 423–557.

―――― (1917) *Grammatical Notes on the Language of the Tlingit Indians*. University of Pennsylvania. The University Museum Anthropological Publications Vol. Viii, No. 1.

Boas, Franz (ed.) (1911 [〜1941]) *Handbook of American Indian Languages, Part 1*. Smithsonian Institution, Bureau of American Ethnology, Bulletin 40. Washington: Government Printing Office.

Bogoras, Waldemar (1922) Chukchee, in Franz Boas (ed.) (1922) *Handbook of American Indian Languages, Part 2*. Smithsonian Institution, Bureau of American Ethnology, Bulletin 40. Washington: Government Printing Office, 631–903.

Brenzinger, M., Heine, B., and Sommer, G. (1991) 'Language Death in Africa', in Robins, R. H. and Uhlenbeck, E. M. (eds.), 19–44.

Bugaeva, Anna (2004) *Grammar and Folklore Texts of the Chitose Dialect of Ainu (Idiolect of Ito Oda)*, preface by Tomomi Sato. Endangered Languages of the Pacific Rim, Publications A2–045, 大阪学院大学情報学部/中西印刷.

Catford, J. C. (1977) *Fundamental Problems in Phonetics*. Edinburgh: Edinburgh University Press.

Campbell, Lyle (1997) *American Indian Languages: Historical Linguistics of Native America*. New York/Oxford: Oxford University Press.

Chamberlain, Basil Hall (1888) *A handbook of colloquial Japanese*. London: Trübner.

Chao, Yuen R.［趙元任］(1940) 'A Note on an Early Logographic Theory of Chinese Writing', *Harvard Journal of Asiatic Studies*, 5, 189–191.

―――― ([1968] 2000) *A Grammar of Spoken Chinese*. University of California Press［復刻版 2000: 世界言語学名著選集第 III 期東アジア言語編 (2) 第 4 巻, ゆまに書房］.

―――― (1976) 'Rhythm and Structures in Chinese Word Conceptions', in *Aspects of Chinese Sociolinguistics: Essays by Yuen Ren Chao*. Selected and Introduced by Anwar S. Dil. California: Stanford University, 275–292.

Chomsky, Noam (1966) *Cartesian Linguistics, A Chapter in the History of Rationalist Thought*. New York and London: Harper & Row.

Croce, B. (1992[1902] 1912⁴) *The Aesthetic as the Science of Expression and of the Linguistic in General*, translated by Colyn Lyas. Cambridge: Cambridge University Press. (*Estetica come scienza dell' espressione e linguistica generale*. Parte 1, 1902)

Cysouw, Michael (2005) 'Morphology in the wrong place. A survey of preposed enclitics', in Wolfgang U. Dressler (ed.) *Morphology and its Demarcations*. 17–37. Amsterdam: John Benjamins.

Daniels, Peter T. and William Bright (eds.) (1996) *The World's Writing Systems*. New York & Oxford: Oxford University Press.

Darnell, Regna (1990) *Edward Sapir: Linguist, Anthropologist, Humanist*. University of California Press.

De Reuse (1996) 'Serial Verbs in Lakota (Siouan)', in Aikhenvald, Alexandra Y., and R.M. W. Dixon (eds.) (2006), 301–318.

Dixon, R. M. W. [Bob Dixon] (1997a) *The Rise and Fall of Languages*. Cambridge: Cambridge University Press.

———— (1997b) 'Mary Haas: A Real Linguist of the Nith Degree', *Anthropological Linguistics* 39(4), 611–616.

———— (2002) 'Copula Clauses in Australian Languages', *Anthropological Linguistics* 44(1), 1–36.

———— (2004) *The Jarawara Language of Southern Amazonia*. Oxford University Press.

———— (2010–2012) *Basic Linguistic Theory, Vol. 1 Methodology, Vol. 2 Grammatical Topics, Vol. 3 Further Grammatical Topics*. Oxford: Oxford University Press.

Dixon, R. M. W., and Alexandra Y. Aikhenvald (2002) 'Word: a typological framework', in Dixon and Aikhenvald (eds.) *Word—A Cross-Linguistic Typology*. Cambridge: Cambridge University Press, 1–41.

Dixon, R. M. W. and Alexandra Y. Aikhenvald (eds.) (2002) *Word—A Cross-Linguistic Typology*. Cambridge: Cambridge University Press.

Doyle, Aidan (2002) 'Yesterday's Affixes as Today's Clitics', in Ilse Wischer and Gabriele Diewald (eds.) *New Reflections on grammaticalization*, 67–81.

Dreyer, Matthew S. and Martin Haspelmath (eds.) (2011) *The World Atlas of Lan-*

guage Stractures. MPI Digital Library (http://wals.info/).

DuPonceau, P. S. (1818) *English Phonology; or, an Essay Towards an Analysis And Description of the Component Sounds of the English Phonology*, Transactions of American Philosophical Society, n.s. 1.

———— (1838a) *Mémoire sur le system grammatical des langues du quelques nations indienne de l'amérique du nord;* .... Paris: A. Pihan de la Forest. [1835 Prix Volney Essay]

———— (1838b) *A Dissertation on the Nature & Character of the Chinese System of Writing, in a Letter to John Vaughan, Esq*. Transactions of the Historical and Literary Committee of the American Philosophical Society, Vol. 2. Philadelphia.

Edwards, Jonathan (1788 [1823]) *Observations on the Language of Muhhekaneew Indians*. [1823; new edition with notes by John Pickering, Boston: Phelps and Farnham.]

Eliot, John (1666) *The Indian Grammar Begun: or, an Essay to Bring the Indian Language into Rules,....* Cambridge: Marmaduke Johnson, 64. [1822 new edition, with notes and observation by Peter S. Du Ponceau and an introduction and supplementary observations by John Pickering, Bostol: Phelps and Farham. Reprint—Bedford, MA: Applewood Book 2001]

Evans, Nicholas (2007) 'Insubordination and its uses', in I. Nikolaeva (ed.) *Finiteness : Theoretical and empirical foundations*. Oxford: Oxford University Press, 366–431.

———— (2010) *Dying Words—Endangered Languages and What they have to Tell us*. West Sussex: John Wiley & Sons.

Evans, Nicholas, and Hans Jürgen Sasse (eds.) (2002) *Problems of Polysynthesis*. Studia Typologica, Neue Reihe. Berlin: Akademie Verlag.

Fortescue, Michael (1984) *West Greenlandic*. London: Croom Helm.

———— (1994) 'Polysynthetic Morphology', in Asher (ed.) (1994) Vol. 5, 2600–2602.

Gippert, Jost, Nikolaus P. Himmelmann and Ulrike Mosel (eds.) (2006) *Essentials of Language Documentation* (Trends in Linguistics Studies and Monographs 178). Berlin and New York: Mouton de Gruyter.

Goddard, Ives ed. (1996) *Languages*, vol 17 of William C. Sturtevant (gen. ed.)

Handbook of North American Indians; Ives Goddard (vol. ed.). Washington, D.C.: Smithsonian Institution.

Goldenweiser, Alexander (1913) 'The Principle of Limited Possibilities in the Development of Culture'. *Journal of American Folk-Lore* 26, 259–290.

―――― (1933). *History, Psychology, and Culture*. London: K. Paul, Trench, Trübner.

Graustein, Gottfried and Gerhard Leitner (eds.) (1989) *Reference Grammars and Modern Linguistic Theory*. Tübingen: Max Niemeyer Verlag.

Haas, Mary R. (1967) 'Roger William's Sound Shift: A Study in Algonkian', in *To Honor Roman Jakobson, Essays on the Occasion of his eventith Birthday*, vol. 1, 816–832.

―――― (1969) ' "Exclusive" and "Inclusive": a look at early usage', *IJAL* 35(1), 1–6.

Haile, Berard (1950–1961) *A Stem Vocabulary of the Navaho Language*. Arizona: St. Michaela Press.

Hamano, Shoko (1994) 'Palatalization in Japanese sound symbolism', in Leanne Hinton, Johanna Nichols, and John J. Ohala (eds.), 148–157.

Hanzeli, Victor Egon (1969) *Missionary Linguistics in New France, A Study of Seventeenth- and Eighteenth-Century Descriptions of American Indian Languages*. The Hague: Mouton.

Haspelmath, Martin (1996) 'Word-class-changing inflection and morphological theory'. in *Yearbook of Morphology 1995*, Geert Booij and Jaap van Marle (eds.). Dordrecht: Kluwer Academic Publishers, 43–66.

Hattori, Shiro ([1956] 1960) 'The Analysis of Meaning'『言語学の方法』岩波書店 (1960), 783–790.

―――― ([1957] 1960) 'Can We Understand Foreigners?'『言語学の方法』岩波書店 (1960), 793–803.

Hattori, Takeshi / Wakako Yokoo (1967) *Japanese in a Nutshell*. Institute for Language Study. N.J.: Montclair.

Heckewelder, Rev. John and Du Ponceau / annonymous (1819), *Transactions of the Historical and Literary Commmittee of the American Philosophical Society, held at Philadelphia, for Promoting Useful Knowledge, vol. 1*. Include *report* of Du

Ponceau on the Languages of the American Indians (xvii–xxiii), 1st to 3rd *questions* by Du Ponceau (xxiv–xlvi), *catalogue* of manuscript works, on the Indians and their Languages (xlvii–l), *No. 1 An Account of History, Manners, and Customs of the Indian Nations who once Inhabited Pennsylvania and the Neighboring States* by Heckewelder, 29–348, *No. 2 A Correspondence (1816) between Heckewelder and Du Ponceau, respecting Languages of the American Indians*, 357-448, *No. 3 Words, phrases, and short dialogues of Lenni Lenape (or Delaware)* by Heckewelder, 451–464 — New and Revised edition [1 published in 1876 with introduction and notes, without the 'An Accout of' in the title, Philadelphia: The Historical Society of Pennsylvania.

――――― (1827) *Grammar of the Language of the Lenni Lenape or Delaware Indians*. Translation & Preface by Peter Stephen du Ponceau, Philadelphia 188.

Hepburn, J. C. ([1867] 1872^2) *A Japanese-English and English-Japanese Dictionary*. Shanghai: American Presbyterian Mission Press.

Himmelmann, Nikolaus P. (2006) 'The Challenge of segmenting spoken language', in Gippert, Jost, Nikolaus P. Himmelmann, and Ulrike Mose (eds.) (2006), 253–274.

Hinton, Leanne, Johanna Nichols, and John J. Ohala (eds.) (1994) *Sound Symbolism*. Cambridge: Cambridge University Press.

Hjelmslev, L. (1953) *Prolegomena to a Theory of Language*, translated by F. J. Whitfield. *IJAL*, Memoir 7, Baltimore: Waverly Press. [*Omkring sprogteoriens grundlæggelse*, 1943]―林栄一訳述『言語理論序説』研究社 1959

Hoffmann, J.J. (1867) *Japansche Spraakleer*. Leiden. [J. J. ホフマン著/亀井孝解題『日本語文典』英語版初版 (1867) 複製，東洋文庫 1968]

Huddleston, Rodney & Pullum, Geoffrey K. (eds.) (2002) *The Cambridge Grammar of the English Language*. Cambridge: Cambridge University Press.

Humboldt, Wilhelm von (1822–23) 'Über das Entstehen der grammatiscen Formen, und ihren Einfluss auf die Ideenentwicklung', *Abhandlungen der Königlichen Akademie der Wissenschaften in Berlin* (1822–23), 401–430.

――――― (1836 [1971]) *Über die Verschiedenheit des Menschlichen Sprachbaues und ihren Einflus auf diegeistige Entwickelung des Menschengeschlechts*. Ferd: Dümlers Verlag. [*Linguistic Variability & Intellectual Development*, tr. by George

C. Buck and Frithjof A. Raven. University of Miami Press, 1971; *On Language, On the Diversity of Human Language Construction and its Influence on the Mental Development of the Human Speech*, ed. by Micheal Losonsky. Cambridge University Press, 1999］

Izuyama, Atsuko (ed.)（2003）*Studies on Luchuan Grammar*, A4–024, 大阪学院大学情報学部/中西印刷.

Jacobson, Steven（2012）*Yup'ik Eskimo Dictionary*. Second edition, 2 vols. Fairbanks: University of Alaska, Alaska Native Language Center.

Jenness, Diamond（1927）'Notes on the Phonology of the Eskimo Dialect of Cape Prince of Wales, Alaska', *IJAL* 4, 168–180.

Jespersen, Otto（1924）*The Philosophy of Grammar*. London: George Allen & Unwin.［半田一郎譯『文法の原理』岩波書店 1958］

——（1927）*A Modern English Grammar on Historical Principles*, Part III Syntax: 2nd volume. Heidelberg: Carl Winter.

——（1933）*Essentials of English Grammar*. London: George Allen & Unwin.

Kazama, Shinjiro（2002）*Negidal Texts and Grammar*. ELPR, A2–021.

——（2003）*A Ewen Texts and Grammar*. ELPR, A2–040.

Klavans, Judith L.（1979）'On clitics as words'. *The Elements: A Parasession on Linguistic Units and Levels, Papers from the Annual Regional Meeting of the Chicago Linguistic Society* 15(2), 68–80.

Kleinschmidt, Samuel Petrus（1851）*Grammatik der grönländischen Sprache*. Berlin［JW1］: Druck und Verlag von G. Reimer［Reprint 1968, Hildesheim: Georg Olms Verlagsbuchhandlung.］

Koerner, Konrad（1984）*Edward Sapir—Appraisals of his Life and Work*, ed. With an Introduction. John Benjamins.

Krauss, Michel E.（1982）*In Honor of Eyak: The Art of Anna Nelson Harry*. Fairbanks: Univeristy of Alaska, Alaska Native Language Center.

——（1992）'The World's Languages in Crisis', *Language* 68 (1), 4–10.

——（1996）'Linguistics and Biology: Threatened Linguistic and Biological Diversity Compared', in *Papers from the Parasession on Theory and Data in Linguistics*, CLS 32. Chicago: Chicago Linguistic Society, 69–75.

——（2006）'A History of Eyak Language Documentation and Study: Fredericæ de Laguna in Memoriam', *American Anthropologist* 43(2), 172–217.

——— (2007) 'Keynote—Mass Language Extinction and Documentation: The Race against Time', in Osahito Miyaoka, Osamu Sakiyama, Michael E. Krauss (eds.) (2007), 3–24.

Krauss, Michel E. (ed.) (1992) *Yupik Eskimo Prosodic Systems: Descriptive and Comparative Studies*, Alaska Native Language Center Research Papers Number 7. Alaska Native Language Center, University of Alaska Fairbanks.

Kroeber, Alfred L. (1909) 'Stimulus Diffusion', *American Anthropologist* 42(1), 1–20.

——— (1939) *Cultural and Natural Areas of Native North America*. Berkeley: University of California Press.

Lass, Roger (1990) 'How to do things with junk: exaptation in language evolution', *Journal of Linguistics* 26, 79–102.

Leer, J. (1977) *Haida Dictionary*. Alaska: The Society for the Preservation of Haida Language and Literature / University of Alaska's Alaska Native Language Center.

Lewis, Henry and Holger Pedersen (1937) *A Concise Comparative Celtic Grammar*. Göttingen: Vandenhoeck & Ruprecht.

Li, Charles N. and Sandra A. Thompson (1989) *Mandarin Chinese, A Functional Reference Grammar*. Berekeley: University of California Press.

Mahieu, Marc-Antoine and Nicole Tersis (eds.) (2009) *Variations on Polysynthesis*. Amsterdam: John Benjamins.

Malchukov, Andrej L., Martin Haspelmath, and Bernard Comrie (eds.) (2010) *Studies in Ditransitive Constructions, A Comparative Handbook*. Berlin: De Gruyter Mouton.

Malchukov, Andrej L. and Bernard Comrie (eds.) (2015) *Valency Classes in the World's Languages*. Berlin: De Gruyter Mouton.

Marshman, Joshua (1814) *Elements of Chinese Grammar: with a preliminary dissertation on the characters and the colloquial medium of the Chinese, and an appendix containing the Ta-hyoh of Confucius with a translation* [*Claris Sinica* 中國言法], Serampore.

Martin, Samuel E. ([1975] 1988) *A Reference Grammar of Japanese*. [New Haven: Yale University Press] Rutland and Tokyo: Charles E. Tuttle.

Martinet, André (1949) 'Les double articulation linguistique', *Travaux du Cercle Linguistique de Copenhague* 5, 30–37.

―――― (1965a) 'Le mot', *Diogènes* 48, 39–53.

―――― (1965b, 1975⁵) *La linguistique synchronique*. Presses Universitaires de France.［渡瀬嘉朗訳 1977『共時言語学』白水社.］

―――― (1970) *Éléments de linguistique générale*. Paris: Librairie Armand Colin.［三宅徳嘉訳 1972『一般言語学要理』岩波書店］

Martinet, André (direction) (1968)：*Encyclopédie de la Pléiade—Le Langage*. Paris: Gallimard.［泉井久之助監修 1971-1972『言語の本質　近代言語学体系1〜4』紀伊國屋書店］

Matsumoto, Shigeru (1970) *Motoori Norinaga, 1730–1801* (Harvard East Asian series 44). Cambridge, MA: Harvard University Press.

Mattews, Peter H. (1974, 1991²) *Morphology* (Cambridge Textbooks in Linguistics). Cambridge: Cambridge University Press.

―――― (2001) *A Short History of Structural Linguistics*. Cambridge: Cambridge University Press.

Mattissen, Johanna (2003) *Dependent-Head Synthesis in Nivkh, A contribution to a typology of polysynthesis*. Amsterdam/Philadelphia: John Benjamins.

―――― (2004) 'Structural Typology of Polysynthesis', *Word* 55(29), 189–216.

McNeely, Lan F. (2011) 'Wilhelm von Humboldt and the World of Language'『立命館言語文化研究』23-2, 131-147.［石田文子訳/ヴィルヘルム・フォン・フンボルトと言語の世界 149-166］

Minoura, Nobukatsu (1997) 'A Note on Possessive Construction in Upper Tanana Athabskan', in Hayashi, Tooru and Peri Bhaskararao (eds.) *Studies in Possessive Expressions*, A Report of the Joint Research Project, ANALYSIS AND DESCRIPTION OF INDIVIDUAL LANGUAGES AND LINGUISTIC TYPOLOGY. Tokyo University of Foregin Studies: Institute for the Study of Languages and Cultures of Asia and Africa, 177–196.

Mithun, Marianne (1984) 'The Evolution of Noun Incorporation', *Language* 60(4), 847–894.

―――― (1999) *The Languages of Native North America*. Cambridge University Press.

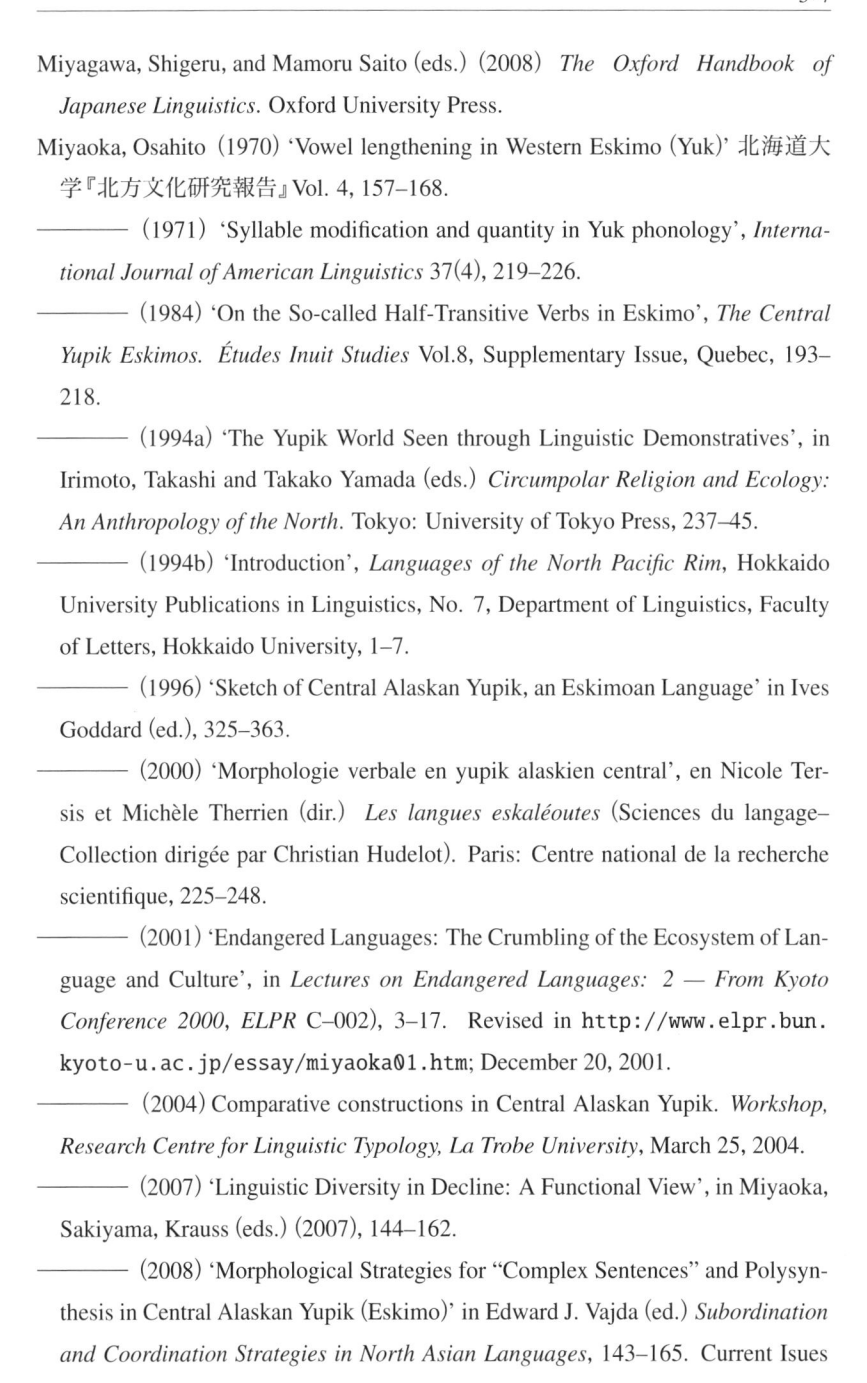

Miyagawa, Shigeru, and Mamoru Saito (eds.) (2008) *The Oxford Handbook of Japanese Linguistics*. Oxford University Press.

Miyaoka, Osahito (1970) 'Vowel lengthening in Western Eskimo (Yuk)' 北海道大学『北方文化研究報告』Vol. 4, 157–168.

―――― (1971) 'Syllable modification and quantity in Yuk phonology', *International Journal of American Linguistics* 37(4), 219–226.

―――― (1984) 'On the So-called Half-Transitive Verbs in Eskimo', *The Central Yupik Eskimos. Études Inuit Studies* Vol.8, Supplementary Issue, Quebec, 193–218.

―――― (1994a) 'The Yupik World Seen through Linguistic Demonstratives', in Irimoto, Takashi and Takako Yamada (eds.) *Circumpolar Religion and Ecology: An Anthropology of the North*. Tokyo: University of Tokyo Press, 237–45.

―――― (1994b) 'Introduction', *Languages of the North Pacific Rim*, Hokkaido University Publications in Linguistics, No. 7, Department of Linguistics, Faculty of Letters, Hokkaido University, 1–7.

―――― (1996) 'Sketch of Central Alaskan Yupik, an Eskimoan Language' in Ives Goddard (ed.), 325–363.

―――― (2000) 'Morphologie verbale en yupik alaskien central', en Nicole Tersis et Michèle Therrien (dir.) *Les langues eskaléoutes* (Sciences du langage–Collection dirigée par Christian Hudelot). Paris: Centre national de la recherche scientifique, 225–248.

―――― (2001) 'Endangered Languages: The Crumbling of the Ecosystem of Language and Culture', in *Lectures on Endangered Languages: 2 — From Kyoto Conference 2000, ELPR* C–002), 3–17. Revised in `http://www.elpr.bun.kyoto-u.ac.jp/essay/miyaoka01.htm`; December 20, 2001.

―――― (2004) Comparative constructions in Central Alaskan Yupik. *Workshop, Research Centre for Linguistic Typology, La Trobe University*, March 25, 2004.

―――― (2007) 'Linguistic Diversity in Decline: A Functional View', in Miyaoka, Sakiyama, Krauss (eds.) (2007), 144–162.

―――― (2008) 'Morphological Strategies for "Complex Sentences" and Polysynthesis in Central Alaskan Yupik (Eskimo)' in Edward J. Vajda (ed.) *Subordination and Coordination Strategies in North Asian Languages*, 143–165. Current Isues in Linguistic Theory. Amsterdam: John Benjamins.

―――― (2009a) 'Comparative constructions in Central Alaskan Yup'ik' in Mahieu, Marc-Antoine and Nicole Tersis (eds.) *Variations on Polysynthesis*, 81–93. Amsterdam: John Benjamins.

―――― (2009b) 'My Two Endangered Languages—Japanese and Alaskan Yupik'. *Globalizations & Language: Building on Our Rich Heritage*, 100–103. Paris: United Nations Educational, Sientific, and Cultural Organization.

―――― (2010) 'Ditransitives in Central Alaskan Yupik' in Malchukov, Andrej L., Martin Haspelmath, and Bernard Comrie (eds.) *Studies in Ditransitive Constructions, A Comparative Handbook*. Berlin: De Gruyter Mouton, 529–562.

―――― (2011) 'Impersonal verbs in Central Alaskan Yupik' in Malchukov, Andrej and Anna Siewierska (eds.) *Impersonal Constructions: A Cross-linguistic Perspective* (Studies in Language Companion Series 124). Amsterdam: John Benjamins, 459–488.

―――― (2012) *A Grammar of Central Alaskan Yupik: An Eskimoan Language* (Mouton Grammar Library 58). Berlin/New York: De Gruyter Mouton.

―――― (2015) 'Valency Classes in Central Alaskan Yupik, an Eskimoan Language' in Malchukov, Andrej and Bernard Comrie (eds.) *Valency Classes in the World's Languages*, 2 vols., 1165–1204. Berlin: De Gruyter Mouton.

Miyaoka, Osahito, Osamu Sakiyama, Michael E. Krauss (eds.) (2007) *The Vanishing Languages of the Pacific Rim*. Oxford and New York: Oxford University Press.

Morrison, Robert (1815) *A Grammar of the Chinese Language*『通用漢語之法』. Serampore.

Mosel, Ulrike (2006) 'Sketch grammar' in Gippert, Jost, Nikolaus P. Himmelmann, and Ulrike Mose (eds.) (2006), 301–309.

Motoori Norinaga/Ann Wehmeyer trans. (1997) *Kojiki-den Book* 1 (Cornell East Asia Series 87), Ithaca: Cornell University.

Nagai, Kayo (2004) *A morphological study of St. Lawrence Island Yupik: three topics on referentiality*. Litt. D. dissertation, Kyoto University.

Nagai, Tadataka (2006) *Agentive and patientive verb bases in North Alaskan Iñupiaq*. Ph. D. dissertation, University of Alaska Fairbanks.

Nagayama, Yukari（2011）'Alutor' in Yasuhiro Yamakoshi (ed.) (2011), 257–302.

Nakayama, Toshihide（2001）*Nuuchahnulth (Nootka) Morphosyntax*. University of California Publications in Linguistics, Vol. 134, University of California Press.

Narrog, Heiko（2010）'The order of meaningful elements in the Japanese verbal complex', *Morphology* 20, 205–237.

Narrog, Heiko, and Toshio Ohori（2011）"Grammaticalization in Japanese" in Heiko Narrog and Bernd Heine (eds.) *The Oxford handbook of grammaticalization*. Oxford University Press, 775–796.

Nater, H. F. (1984) *The Bella Coole Language*. Canadian Ethnology Service Paper 92.

Nevis, Joel A. (1994) *Clitics: A Comprehensitve Bibliography 1892–1991*. John Benjamins.

———— (2000) 'Clitics', in Geert Booij et al. (eds.), *Morphologie : ein internationales Handbuch zur Flexion und Wortbildung / Morphology : an international handbook on inflection and word-formation*. Berlin: Walter de Gruyter, 388–404.

Nicholas, Johanna（1992）*Linguistic Diversity in Space and Time*. Chacago: University of Chicago Press.

Nida, Eugene A（1949）*Morphology, The Descriptive Analysis of Words*. University of Michigan Press.

Nojima, Motoyasu（1996）'Lexical Prefixes of Bunun Verbs', *Gengo Kenkyu, journal of Linguistic Society of Japan*『言語研究』110, 1–27.

Norinaga, Motoori /Ann Wehmeyer (translated)（1997）, *Kojiki-den Book 1* (Cornell East Asia, No. 87). Ithaca, New York: East Asia Program, Cornell University.

Onishi, Masa（1996）*Japanese*. Research Centre for Linguistic Typology, Grammar Summarization Series 68.

Ostler, Nicholas（2005）*Empires of the Word, A Language History of the World*. London: HarperCollins Publishers.

Osumi, Midori（1995）*Tinrin Grammar*. Oceanic Linguistics Publication 25, University of Hawai'i Press.

Quirk, Randolph, Sidney Greenbaum, Geoffrey Leech, Jan Svartvik（1985）*A Comprehensive Grammar of the English Language, with Index* (1665–1679) by David Crystal. Harlow: Longman.

Rice, Keren (1989) *A Grammar of Slave* (Mouton Grammar Library 5). Berlin and New York: De Gruyter Mouton.

Robins, R. H. and Uhlenbeck, E. M. (eds.) (1991) *Endangered Languages.* Oxford / New York: Berg Publishers Ltd.

Rowe, John Howland (1974) 'Sixteenth and Seventeenth Century Grammars', in Dell Hymes (ed.) *Studies in the History of Linguistics. Traditions and Paradigms.* Bloomington-London: Indiana University Press, 361–379.

Sadock, Jerrold M. (1980) 'Noun Incorporation in Greenlandic: A case of syntactic word formation.' *Language* 56: 300–319.

—————— (2003) *A Grammar of Kalaallistut (West Greenlandic Inuttut).* Languages of the World/Materials 162. München: Lincoln Europa.

Saenger, Paul (1997) *Space Between Words: The Origins of Silent Reading.* California: Stanford University Press.

Salvucci, Claudio R. (ed.) (2002) *American Languuages in New France, Extracts from the Jesuits Relations.* Bristol, PA: Evolution Publishing.

Sapir, Edward (1911) 'The Problem of Noun Incorporation in American Languages'. *American Anthropologist* 13: 250–82.

—————— (1915a) *Noun Reduplication in Comox, a Salish Language of Vancouver Island.* Memoir 63, Anthropological Series 6, Geological Survey, Department of Mines, Ottawa, Canada.

—————— (1915b) 'The Na-dene Languages, a Preliminary Report', *American Anthropologist, n.s.*, 17: 534–558.

—————— ([1916] 1951) *Time Perspective in Aboriginal American Culture, A Study in Method.* Canada Department of Mines, Geological Survey, Memoir 90, Anthropological Series 13. [D. G. Mandelbaum (ed.) 1951, ibid., 389–462.]

—————— ([1921] 1939) *Language: An Introduction to the Study of Speech.* New York: Harcourt, Brace and Co.

—————— (1922) 'The Takelma language of southwestern Oregon', in *Handbook of American Indian Language, Part 2*, ed. by Franz Boas. Smithsonian Institution Bureau of American Ethnology Bulletin 40, 1–296.

—————— ([1927a] 1951) 'Speech as a Personality Trait', *American Journal of Sociology* 32, 892–905. [D. G. Mandelbaum (ed.) 1951, ibid., 533–543.]

―――― ([1927b] 1951) 'The Unconscious Patterning of Behavior in Society', in E. S. Dummer (ed.). *The Unconscious: A Symposium*. New York: Knopf, 114–142. [D. G. Mandelbaum (ed.), *Selected Writings of Edward Sapir*. Berkeley and Los Angeles: University of California Press, 1951, 544–559.]

―――― ([1929a] 1951) 'A Study in Phonetic Symbolism', *Journal of Experimental Psychology* 12: 225–239. [D. G. Mandelbaum (ed.) 1951, ibid., 160–166.]

―――― (1929b [1951]) 'The Status of Linguistics as a Science', *Language* 5: 207–214. [D. G. Mandelbaum (ed.) 1951, ibid., 61–72.]

―――― ([1933] 1951) 'Language', in *Encyclopaedia of the Social Sciences*. Vol. 9. New York: Macmillan, 155–169. [D. G. Mandelbaum (ed.) 1951, ibid., 7–32.]

―――― ([1934] 1951) 'Symbolism', in *Encyclopaedia of the Social Sciences*. Vol. 14. New York: Macmillan, 492–495. [D. G. Mandelbaum (ed.) 1951, ibid., 564–568.]―なお，サピア選集 Mandelbaum ed.[1951] *Selected Writing* については本文の注10を参照。

Sapir, Edward and Morris Swadesh (1939) *Nootka Texts—Tales and Ethnological Narratives, with grammatical notes and lexical material* (Special Publications of the Linguistic Society of America). Yale University.

―――― (1955) *Native Accounts of Nootka Ethnography* (Publication One of the Indiana University Research Center in Anthropology, Folklore and Linguistics = International Journal of American Linguistics 21–4, part 2).

―――― (1960) *Yana Dictionary* (ed. by Mary R. Haas). Berekeley and Los Angeles: University of California Press.

Sasama, Fumiko (1998) 'On the occurrence of plural forms in Coast Tsimshian', *Gengo Kenkyu, Journal of Linguistic Society of Japan*『言語研究』, 113, 1–30.

―――― (2001) *A Descriptive Study of the Coast Tsimshian Morphology*. Litt.D. dissertation, Kyoto University.

Schafter, Paul and FE T. Otanes (1972) *Tagalog Reference Grammar*. Berkeley: University of California Press.

Shimada, Tamami (2010) *English in Ireland—Beyond Similarities*. Hiroshima: Keisuisha.

―――― (2011) 'The 16th IAWE [International Association for World Englishes]: World Englishes today' — Conference Review, *Asian Englishes*, 13–2, 76–81.

Shimoji, Michinori（2008）'Descriptive units and categories in Irabu'『思言（東京外国語大学記述言語学論集）』第 4 号, 21–56.

Stocking, Jr.（1974a）'The Boas Plan for the Study of American Indian Languages', in Dell Hymes（ed.）（1974）*Studies in the History of Linguistics. Traditions and Paradigms*. Bloomington: Indiana University Press, 454–484.

——— （1974b）*A Franz Boas Reader—The Shaping of American Anthropology, 1883–1911*. The University of Chicago Press.

Sweet, Henry（1891）*New English Grammar—Logical and Historical*. Oxford University Press.

Tamura, Suzuko（2000）*The Ainu Language*. Tokyo: Sanseido.

——— （2004）'Endangered Fieldwork, Documentations and Publication: Lessons from the Experience of a Fieled Linguist', *ELPR A2–043, Languages of the North Pacific Rim Vol. 9*（ed. by Osahito Miyaoka and Fubito Endo）, 197–278.

Tida, Syuntarô（2012）'Multi-word lexical items in Dom', Adam Mickiewicz University Poznan, 6th February 2012.

Trask, R. L.（1996）*A Dictionary of Phonetics and Phonology*. London & New York: Routledge.

——— （2000）*The Dictionary of Historical and Comparative Linuistics*. Edinburgh University Press.

Trumbull, James Hammond（1903）*Natick Dictionary*, Bureau of American Ethnology, Bulletin 25.

Tsuchida, Shigeru（2000）'Lexical prefixes and prefix harmony in Siraya'. *Grammatical Analysis: Morphology, Syntax and Semantics: Studies in Honor of Stanley Starosta*, ed. by Videa P. de Guzman and Byron W. Bender. Honolulu: University of Hawai'i Press, 109–128.

Tsunoda, Mie（2012）'Five-level classification of clause linkage in Japanese,' *Studies in Language*, 36(2), 382–429.

Tsunoda, Tasaku（2005）*Language Endangerment and Language Revitalization*（Trends in Linguistics Studies and Monographs 148）Berlin and New York: Mouton de Gruyter.

Tylor, John R.（1995^2）*Linguistic Categorization—Prototypes in Linguistic Theory*, Oxford: Clarendon Press.

Vajda, Edward J.（2004）*Ket*. Languages of the World/Materials, Vol. 204. Munich: Lincom Europa.

Van Valin, Robert D., Jr.（1993）'A synopsis of role and reference grammar' in *Advances in Role and Reference Grammar* (ed.) by Robert D. Jr. Van Valin, 1–164. Amsterdam: John Benjamins.

Van Valin, Robert D. Jr., and LaPolla, Randy. J.（1997）*Syntax. Structure, Meaning and Function*. Cambridge: Cambridge University Press.

Vance, Timothy J.（1993）'Are Japanese Particles Clitics?', *The Journal of the Association of Teachers of Japanese* 27 (1), 3–33.

Watahomigie, Lucille J., Jorigine Bender, Philbert Watahomigie, Sr., and Akira Y. Yamamoto（2002）*Hualapai Reference Grammar (Revised and Expanded Edition)*, *ELPR*, A2–003. [First Edition: American Indian Studies Center, UCLA, 1982]

Watanabe, Hitoshi（1972）*The Ainu Ecosystem. Environment and Group Structure*. University of Tokyo Press.

Watanabe, Honoré（1994）'A report on Sliammon (Mainland Comox) Reduplication', Papers for the 29th ICSNL. Vancouver: University of British Columbia. 321–342.

────（2003）*A Morphological Description of Sliammon, Mainland Comox Salish*. *ELPR*, A2–040.

Weijer, Jeroen van de, and Tetsuo Nishihara (eds.)（2001）*Issues in Japanese Phonology and Morphology*. Berlin and New York: Mouton de Gruyter.

Whitman, John, Kerri Russel, and Yūko Yanagida（2014）*Was Old Japanese a Polysynthetic Language?*, International Symposium on Polysynthesis in the World's Language, 2014.2.21.

Williams, Roger（1643 [1936^5]）*A Key into the Language of America*. London: Gregory Dexter.

Yamada, Takako（2011）'Anthropology of Continuity and Symbiosis of Traditional Cultures', 261–271, in Yamada, Takako, and Takashi Irimoto (eds.)（2011）, *Continuity, Symbiosis, and Mind in Traditional Cultures of Modern Societies*. Sapporo: Hokkaido University Press.

Yamakoshi, Yasuhiro (ed.)（2011）*Grammatical Sketches from the Field*. Research Institute for Languages and Cultures of Asia and Africa (ILCAA)「文法を描く」

シリーズ 3, Tokyo University of Foreign Studies.

Yanada, S. (1950) 'Motoori-Norinaga's Contribution to a Scheme of Japanese Grammar', *Bulletin of the School of Oriental and African Studies, University of London*, volume 13, issue 02, 474–503.

Young, Robert W. and William Morgan Sr. *The Navajo Languages: A Grammar and Colloquial Dictionary. Revised Edition.* Albuquerque: University of New Mexico Press.

Zwicky, Arnold M., and Geoffrey K. Pullum (1983) 'Cliticization vs. inflection—English *n't*', *Language* 59(3), 502–513.

〈略号〉

ELPR: *Endangered Languages of the Pacific Rim*『環太平洋の「消滅に瀕した言語」にかんする緊急調査研究（文部科学省特定領域研究）』2000–2005, 120 巻, 大阪学院大学（中西印刷株式会社）—http://www.elpr.bun.kyoto-u.ac.jp

LNPR: *Languages of the North Pacific Rim*『環北太平洋の言語』1994–2007, 1–14, 北海道大学, 京都大学, 大阪学院大学.

主要人名索引

アイケンヴァルト（Aikhenvald, A. Y.）281, 298, 305（注175）
會津八一（秋艸道人）87, 109, 127–9, 135, 136, 277
　『自注鹿鳴集』87, 109
青木晴夫 249
　『滅びゆくことばを追って』322
県居の大人（賀茂真淵）14, 78
秋永一枝 273
浅井亨 98（注69）
アストン（Aston, W. G.）170, 299, 309–13, 317（注184）
　『口語文法』309, 312（注181）
足立巻一 116（注82）, 302, 303（注174）, 324
アルバートフ 317
イェスペルセン（Jespersen, O.）302, 340（注195）
イェルムスレウ（Hjelmslev, L.）92（注65）, 93
石田英一郎 48（注24）
泉井久之助 16, 55, 61（注28）, 66, 67, 248, 290, 302, 317, 326, 352
　『言語研究とフンボルト』59
　『言語の世界』58
李泓馥（イホンボク）271（注159）
今西錦司 18
煎本孝 24
岩熊幸男 312
ヴァイダ（Vajda, E. J.）149（注111）
ヴァッカーナーゲル（Wackernagel, J.）97, 268
ヴァンドリエス（Vendryes, J.）89

ウィリアムズ（Williams, R.）319
上田萬年 116（注82）, 288
上村幸雄 57（注26）
ヴント（Wundt, W.）74
エヴァンズ（Evans, N.）6, 8
　『危機言語』57
エリオット（Eliot, J.）92
　『インディアン語文法ことはじめ』17, 142, 319
大島正二 118
大角翠 275（注160）
大槻文彦 72, 74（注46）, 75, 77, 173, 287, 299–301, 307, 308
　『（大）言海』72, 300, 303
　『語法指南』166, 169, 211, 310
大伴家持 155
大西正幸 98（注70）, 237（注146）
大野晋 14（注3）, 80, 185, 192, 193, 210, 277, 316（注183）
岡正雄 36
奥田靖雄 62（注30）, 285（注164）
オスラー（Ostler, N.）317
尾上圭介 172, 233–6
オヤングレン（Oyanguren, M.）306
何群雄（カグンユウ）119, 318
風間喜代三 95
亀井孝 14（注3）, 62（注30）, 76
　「日本言語学のために」72
亀山健吉 84（注58）, 306（注176）
川上蓁 69, 274
川田順造 116, 291
川端善明 221
木田章義 72（注45）

主要人名索引

北原保雄　　　　　　　　167, 230, 263
金田一京助　　　　　　　　　　　322
金田一春彦　　　　134, 228, 308 (注 177)
日下部文夫　　　　　　　　　　　123
グジンデ (Gusinde, M.)　　　28 (注 14)
クラインシュミット (Kleinschmidt, S. P.)
　　321
クラウス (Krauss, M.)　8, 36, 149 (注 111),
　　294–5, 303, 304
　　　The World's Languages in Crisis　　4
　　「言語の大量抹殺と記録 時間との競
　　争」　　　　　　　　　　　　　56
グリーンバーグ (Greenberg, J. H.)　　144,
　　145, 146
グリム兄弟 (Grimm, J. & W.)　　300, 334
グリンバルト (Grinevald, C.)　　　　57
クローチェ (Croce, B.)　　　　　63, 86
クローバー (Kroeber, A.)　　　　　123
クローバー (Kroeber, Th.)　　　　　149
神野志隆光　　14 (注 3), 35 (注 17), 78, 83
　　(注 55)
河野六郎　　　　　　　　　14 (注 3),
　　16, 55, 118, 121–2, 124, 132, 136 (注
　　101), 223, 239, 271, 278, 279, 316
　　「刊行の辞」(言語学大辞典第 1 巻)　63,
　　79, 80
　　「文字の本質」　　　　　　　　118
ゴールデンワイザー (Goldenweiser, A.)
　　11, 12, 47 (注 23), 149
小島剛一　　　　　169 (注 123), 264, 314
小林秀雄　36, 41 (注 21), 81, 82, 83, 115 (注
　　81), 131
　　『本居宣長』　　　15 (注 4), 59, 81
小林芳規　　　　　　　　14 (注 3), 276
小松英雄　　54, 115 (注 81), 134, 178, 228,
　　266, 274, 283 (注 162), 316 (注 183)
コムリー (Comrie, B.)　　　149 (注 111)
阪倉篤義　　　　　　　　　　159, 278

『語構成の研究』　　　　161, 169, 221
崎山理　　　10, 54, 55, 134, 316 (注 183)
笹間史子　　34, 79 (注 51), 267, 279 (注 161)
定延利之　　　　　65 (注 37), 93 (注 66)
サピア (Sapir, E.)　　10–3, 22, 23, 25, 31, 34,
　　60 (注 27), 68, 80, 91 (注 62), 99 (注
　　71), 115 (注 81), 145, 147, 149, 169,
　　246 (注 150), 293, 321, 325
『言語』　　　42, 60, 63, 89 (注 60), 112
ジースバーガー (Zeisberger, D.)　　143
ジェネス (Jenness, D.)　　　　　　334
シソウー (Cysouw, M.)　　　　267, 268
嶋田珠巳　　　　　　　　　　　44, 302
下地理則　　　　　　　　　　98 (注 70)
ジュラヴリョフ (Zhuravlev, V. K.)　　55
シュレーゲル兄弟 (Schlegel, A. W. & F.)
　　119, 141, 144
上覚（じょうかく）　　　　　　156 (注 116)
ジルソン (Gilson, E.)　　　　85, 110, 118
スイート (Sweet, H.)　　　　　73, 74, 308
杉本つとむ　　　　　　　72, 311, 314, 317
鈴木腴（あきら）　　116 (注 82), 303 (注 174)
鈴木重幸　　　93 (注 66), 105, 285, 286
スワデッシュ (Swadesh, M.)　　　　321
ソシュール (Saussure, F.)　64, 68, 91 (注
　　61), 93, 111
　　『一般言語学講義』　　　　　　64
田中宣廣　　　　　　　　　　　　273
谷崎潤一郎　　　　　　　　　　　 39
田村すず子　　　　　　　　　　　 57
チェイフ (Chafe, W.)　　　　　　　 67
チェンバレン (Chamberlain, B. H.)　　85,
　　309, 310 (注 179), 312
千野栄一　　　　　46, 55, 79, 122, 152, 301
　　「近代言語学を築いた人々」　64 (注
　　32)
趙元任　　　　　69, 101, 119, 145 (注 107)

チョムスキー (Chomsky, N.) 57 (注 26), 61 (注 28)
角田太作 275, 288 (注 169)
　『世界の言語と日本語 改訂版』 168
角田三枝 98 (注 69), 221
津曲敏郎 131 (注 96)
ディクソン (Dixon, R. M. W.) 32, 112 (注 79), 276, 305, 313, 328
デュポンソ (DuPonceau, P. S.) 119–20, 122, 143, 145, 151, 293, 320
　Mémoire sur le system grammatical... 144
寺崎英樹 100 (注 73)
天武天皇 14 (注 3)
時枝誠記 72, 76, 80, 118 (注 84), 235 (注 145), 308
徳永宗雄 131 (注 96)
豊島正之 306, 318
トレーガー (Trager, G. L.) 75, 89
ナイダ (Nida, E. A.) 89, 321
中川裕 79 (注 51)
中山俊秀 34, 88 (注 59), 115
永山勇 41 (注 21), 113, 155, 156
ナロック (Narrog, H.) 109 (注 77), 288 (注 169)
西田龍雄 118 (注 85)
仁田義雄 284
ネトル (Nettle, D.) 6, 8, 9
ネブリハ (Nebrija, A.) 306
ハース (Haas, M. R.) 305 (注 175), 320
パース (Peirce, C. S.) 65 (注 36)
パーニニ (Pāṇini) 138
　『パーニニ文典』 291
ハイゼ (Heyse, J. Ch. A.) 73
橋本進吉 69, 72, 90, 99, 126, 172, 173, 192, 235 (注 145), 238, 291
服部四郎 54, 62 (注 29), 96, 192, 193
　「附属語と附属形式」 96, 168

バンヴェニスト (Benveniste, É.) 32
稗田阿礼 14 (注 3), 15
ピカリング (Pickering, J.) 144, 320
日野龍夫 81 (注 52), 81 (注 53)
富士谷成章 154
フス (Hus, J.) 143 (注 103)
プラトン (Plato) 131 (注 96)
　『パイドロス』 131
古田東朔 71, 73, 78, 300, 308, 312
フレーザー (Frazer, J. G.) 42
ブロック (Bloch, B.) 75, 89, 174 (注 128)
フンボルト (Humboldt, W. von) 7, 13, 17, 60–5, 84 (注 58), 86, 142–5, 278, 304, 306 (注 176), 320
　『カヴィ語研究序説』 61 (注 28)
　『人間の言語構造の多様性について』 96
ベイカー (Baker, M. C.) 146, 148, 293
ヘケヴェルダー (Heckewelder, Rev. J. G. E.) 143
ボアズ (Boas, F.) 12, 35, 50, 50 (注 25), 54, 89 (注 60), 145, 149, 214, 246 (注 150), 292, 293, 294, 320, 321, 324–5
　『アメリカ・インディアン諸語ハンドブック』 292
ボチャラリ (Boccellari, J.) 82, 131 (注 97), 291
ホフマン (Hoffmann, J. J.) 312
堀博文 121
ポリワーノフ (Polivanov, E. D.) 316 (注 183)
マーシュマン (馬氏 Marshman, J.) 120, 120 (注 87)
マーティン (Martin, S. E.) 227, 231, 257
　A Reference Grammar of Japanese 172, 257, 297, 298, 313
松下大三郎 72, 74, 75, 77, 221 (注 137), 261, 284, 285, 287,

288, 308, 309, 310, 320
マリノフスキー (Malinowski, B.)　　41
マルティネ (Martinet, A.)　59, 66 (注 39), 89, 90, 91, 105, 126
ミスン (Mithun, M.)　50 (注 25), 68, 145, 146, 214, 278
峰岸真琴　　105, 141, 275
箕浦信勝　　148
宮岡伯人　50, 91, 130 (注 95), 322, 331
　『「語」とはなにか』　　21, 89, 151
　A Grammar of Central Alaskan Yupik 332
宮地裕　　168
宮島達夫　　110, 153 (注 113)
ムーナン (Mounin, G.)　　64 (注 34)
村岡典嗣　　65 (注 38), 82 (注 54)
本居大平　　116
本居宣長　14, 35, 41 (注 21), 42, 51, 59–65, 78, 81, 130–2, 137, 139
　『くず花』　　59, 130
　『古事記伝』 42 (注 22), 59, 65 (注 38), 130, 132, 327
本居春庭　16, 83, 115–6 (注 82), 136, 139, 165, 170, 303 (注 174)
　『詞通路』,『詞八衢』　115, 166 (注 120), 307
森岡健二　75, 89, 168, 174 (注 128), 221 (注 137), 285
山浦清　　38
山口明穂　　277, 278
山田孝子　　45
山田孝雄　72, 76 (注 48), 130, 166 (注 121), 211, 281, 283, 307, 310, 335
　『日本文法論』　73, 76, 166, 170 (注 126), 239, 308
山上憶良　　114
吉川幸次郎　　82 (注 54), 101 (注 75)
吉田和彦　　46, 148 (注 111)

吉田金彦　　167, 168, 240
ライス (Rice, K.)　　293
ライプニッツ (Leibniz, G.)　　318
ラスク (Rask, R.)　　119
リア (Leer, J.)　　32, 149 (注 111)
李長波　　55
ロウビンズ (Robins, R. H.)　120 (注 88), 144 (注 105)
ロドリゲス (Rodriguez, J.)　120 (注 87), 154, 286, 317
　『日本（大・小）文典』　222, 306, 309, 311, 317–8
渡辺己　　12, 44
渡辺仁　　24 (注 9)
渡辺実　27 (注 13), 154, 156 (注 115), 210 (注 134), 229, 286

事項名索引

articulation の多義　91–2
　　　調音 phonetic articulation　113
　　　分節 dividing vs. 結節 jointing together　91
auxiliary verb（助動詞）　166
bound and clausal auxiliary　227, 257
decline　288（注 168）
diagramatic/architectural　147
Eine Sprache　61（注 28）
ELPR　5, 298
Ethnologue　3
form language　112（注 80）
Gestalt　61（注 28）
grammatical elements vs. grammatical forms　62（注 29）, 169
HE (Hiberno-English)　96（注 68）, 302
IA (item-and-arrangement) vs. IP (item-and-process)　165
inner formlessness 内的形態を欠くこと　71, 112
Innere Sprachform　61（注 28）
Irish Book of Mulling　126（注 92）
Language　4
S-O-V / A-N　7
scriptura continua　126（注 92）
secundative vs. indirective　339（注 194）, 353（注 200）
simple clitics　96, 265
symbolic/symbolism　64（注 33）
WALS　313
World Englishes　5

挨拶ことば　43
會津八一の試み（語分け）　127–9, 135
アイデンティティ　42, 43, 44, 45, 49
アイヌ
　　　熊祭り　25
　　　北海道アイヌ　45
アイヌ語　50, 57, 146, 162, 223（注 138）, 269, 298, 300, 319（注 186）, 321, 322
　　　異根動詞（複数動詞）　249
　　　接語と接辞　98（注 69）
アイルランド（語）　29, 96（注 68）, 126（注 92）
アイルランド英語　302
　　　（接周的）接語　96（注 68）
アクセント（型）　117, 174, 180–2, 253, 276
　　　言語的機能　91（注 62）, 94, 113
　　　高低アクセント　104, 276
　　　付与　114
　　　変化　96, 100, 104, 175
　　　無アクセント　96, 97, 104
アクセントと拘束句　274, 282, 313
アサバスカ語（族）　146, 147, 148, 149, 150, 293, 294, 337
　　　接頭辞型　147
　　　ナ・デネ諸語/（大）語族　29, 147, 148（注 111）, 149（注 111）, 294, 325
アスペクト　211, 213
アポストロフ（表示）　96
アマゾンの言語　111（注 79）, 214, 298
アメリカ言語学，初期の　35, 292
　　　会誌 *Language*　4
アメリカ構造主義　75, 89, 154, 165, 305（注 175）, 321

事項名索引

アメリカ(・インディアン)諸語　13, 50, 144, 146, 149
　北アメリカ言語地図　52, 293
　分類　144(注105)
アメリカ人類学　11, 12, 149
　の黄金時代　12, 292
　の父ボアズ　12
文(あや)　81, 86, 87
アラスカ　294, 305, 318, 331
　言語　32, 147, 148, 295
　西南アラスカ　114, 330, 331
アリュート語(エスキモー・アリュート語族)　146
アリュートル語　347
≠ある-(再立ち上げ)　200-5
アルゴンキン語(族) Algonquian　17, 142, 223(注138), 319, 320, 344
アルゴンキン祖語　320
アルタイ(型)言語　49, 141, 318
　特徴　237, 238
アルファベット(単音表記)　98, 117, 121-7
　語分け(分かち書き)　126(注92), 134, 172, 273
安泰な/安定した言語　4-5, 6
イーヤック語　50, 147, 294, 295, 303
イエズス会　303, 307(注176)
意義素　89
意義的統一体　76
異国風(イグゾティック)(言語)　100, 289(注169)
倚辞　93(注66), 98(注69)
蝟集、語族の　34, 50-1, 248
石(いし)る、箱(はこ)る、母(はは)る、四(よん)の類　32, 33
依存語　98(注69)
位置
　取りかえ　97, 245, 281
　間違った位置(前接語)　102, 267-9

1語1漢字　125
1語1形態素　92(注65), 151, 162
1語多形態素　151
位置詞　29
　後置詞　158, 164, 285(注164), 312
　前置詞　29, 158
1次元的な拡がり　68
五言七言(イツコトナナコト)の定型　86
一般化(規則化)　46, 54, 113, 291, 323, 324, 328
一般言語学　96, 138, 284, 287, 288
一般的理論文法学　75
一般文法　75, 318(注185)
意は似せやすい(宣長)　76, 80-1, 83
異文化コミュニケーション　35
異分析　241
意味　25, 65, 67, 68, 76
忌詞　42, 45
意味的定義　74
意味的に特異な語　151
意味排斥　67
意味偏重　49, 76, 130
意味論　48, 68, 76, 107
イロコイ語　17, 142, 319
印欧語　97, 222, 223, 286, 314
　屈折　220, 221, 222, 286
　語根　23(注8), 108
　比較文法　119
インディアン(語)　13, 17, 137, 223(注138), 290, 293, 298, 323, 325
　『アメリカ・インディアン諸語ハンドブック』　292, 295
　カナダ・インディアン　25
　北アメリカ・インディアン(諸)語　120(注88), 144, 146, 149, 321
　『北アメリカインディアン・ハンドブック』　50(注25), 295, 331
　火の島のインディアン　28(注14)

イントネーション　42, 102, 104, 113, 117, 175, 276, 328
　　結節　94
インフォーマント（コンサルタント）　326（注 191）, 327, 329（注 192）
　　調査　92, 320
-う├よう（終止法）　134, 208, 224, 228, 229, 233, 238
ヴァッカーナーゲルの法則　97, 268
迂言的　196, 205, 349
歌（歌謡・民謡）　17, 67, 81, 137, 154
歌う生物　18
埋め草（虚辞・虚語）　107, 108
裏打ち（裏支え；強化）　79, 94, 100, 103–7, 114, 117, 159, 276
英語
　　-(e)d, -ing, -(e)s, -ize　7, 169, 237, 337
　　英語学　89（注 60）, 297
　　格表現　221
　　冠詞　33, 96, 176, 241（注 148）, 342, 344
　　懸垂的（分詞）　352, 353
　　古英語　221
　　孤立語性　152
　　不規則複数　27, 341
　　連鎖関係詞節　340（注 195）, 357
エスキモー（諸）語
　　西エスキモー諸語　30, 331, 334
　　東エスキモー語　334
エスキモー文化/世界　25, 38
　　イヌア/ユア信仰　25
　　回転式銛頭（もりがしら）　38
エネルゲイア（はたらき）　13, 60（注 27）, 61, 64
エルゴン（固成体）　64
音韻（的）結節　79, 94, 105, 106, 179–82, 251, 274, 276, 334
音韻的な語　111, 112

音韻的変化（交替）　265
　　形態音韻的変化　332
音韻法/論　48, 77（注 48）, 106, 114, 253, 297, 332
　　英語音韻論　122
　　形態音韻法　77, 174, 232, 296
　　通時音韻論　221, 307
　　日本語の　172
音価（推定）　77, 78
音脚　94, 102, 333, 334
音交替　28
　　鼻音交替　173
　　母音交替　221, 224, 249, 276
音声，物理的・生理的な（聴覚）　71
　　写しかえ/転写　117, 133
　　音声のかげ/歪んだ鏡像　122
　　言語外的現実としての　63
音声学　73, 77（注 48）, 77–9, 323, 328
音声学（生理・物理学的）vs. 文字学（文字の字形）　68
音声形式　62（注 30）, 96, 106, 110
音声言語　71, 86, 123, 131, 132, 139
音声現象　77
音声体系　15, 77
音声の軽視（無視）　76–80, 130, 171, 283
音声表記・記号（IPA など）　328, 333
音節，表現面の結節　88, 92, 94, 96, 104, 105, 106, 112, 116, 117, 126, 155, 327, 335
　　多様性　104
　　内容の音節　92（注 65）
　　閉音節　15
音節感覚（意識）　104, 113, 155
音節境界　335
音節切り　87
音節構造　124, 295
音節脱落（重音脱落）　231
音節文字　117, 121, 123, 125, 127（注 92）,

事項名索引

128, 133, 135, 154, 174, 207, 273
音節連続　104, 333
音素　91, 94, 105, 106, 110, 291, 332
 vs. 音節　104, 106
 vs. 形態素　64, 92, 102, 106, 327
 機能的単位　94
 前カタチ的(抽象的)　64, 94, 114
 体系　333
 単音素的　104
 超音素　117
 と正書法　333
 複音素的　104
 分析(析出)　79(注51), 104
 目録　77, 328, 332
 有限個の　327
 連続　110
音団塊, 無限定の　59
音調　94, 274
音調和　103
音便　75, 77, 224, 239
音変化の可能性　78
音律(的・法)　77, 96, 100, 103, 114, 138, 162, 175, 176, 276, 283
 音律素　94, 105, 117, 278, 328
 音律(理)論　133(注99), 297, 313
 音律現象　104, 106, 117, 333, 334
 音律的結節　94, 102
塊(カタマリ)　58, 59, 101(注75)
 心的な団塊　59
外化(カタチ化)　41, 58, 59, 62, 89, 92, 103, 106, 178, 328
外的言語形式 vs. 内的言語形式　58, 60, 61 (注28)
カオス vs. コスモス　20, 41, 324
係り結び　15, 65(注38), 82(注54), 156, 157(注117)
垣根越え　175, 177, 178–9, 186, 219, 239, 251, 259, 262

格重ね　261, 286
拡散(地理的)　4, 50, 317
格助詞　221, 238, 260, 277, 283
格の腕　269
格のくっつき　93(注66), 105, 285, 286
格変化　167, 221, 234, 318, 336, 342
隠れたカテゴリー　26
仮借(かしゃ)　14(注3), 121, 137
可塑的/性　61, 62, 66, 70, 89, 92, 106
形(かた), 型(鋳型, 水路・溝)　62(注30), 89, 92
 集団共有の　107
 による外化/現実化　89, 102
型入れ　60
カタチ (form)　23, 58–60, 61(注28), 64, 88–9, 141, 168
 Sapir vs. Bloomfield　62(注29)
 音相をもつ　62(注30)
 訓読のなかで成り立つ　83(注55)
 柔軟度/自由度　47(注23)
 前カタチ(的)　64, 92, 93, 94, 102, 105, 108, 114, 125(注91)
 二面的/性　19, 66, 92(注65), 106
 立体, 面, 線, 点　69
カタチ以前　88, 94, 161, 337
かたちがら(形態)　62(注30)
カタチ感覚　116, 117, 132, 137, 141
カタチ形成(線条的, 力動的)　91, 106
カタチ性　15(注4), 16, 45–8, 65, 66, 80–7, 105, 107–8, 141, 316
カタチづくり　107, 113, 357
かたち(shape)(外形としての)　64(注35), 67–8
カタチと時間　67
カタチとして外化した語　106, 328
カタチとしての語　185, 195
カタチの心理的実在性　70, 155
カタチの大小　70, 107

カタチをつくる	63, 70
助詞・助動詞を読み添えて	14 (注 3), 83 (注 55)
型づけ(る)(定形化)/型どる	67, 102, 111
型はめ(された行動)	23
価値	111
学校文法	153 (注 113), 160, 165, 254
活字	127, 297
活動とモノ	23, 37
活用(用言の)	72, 82 (注 54), 116 (注 82), 154, 164-5, 186, 195, 211, 221, 223, 230, 265
活用型 vs. 非活用型(不変化型)	186, 312
活用形	182, 193, 198, 211, 221, 226, 230, 258, 258 (注 153), 312
活用研究	16, 165, 170 (注 126), 287, 307
活用語尾	116, 165, 166 (注 120), 211, 223, 233
活用しない助動詞	227
活用表	222, 230, 259
活用変化	176
五段活用	249
体語活用	221
対象活用	336
動詞無活用論	165
変格活用	249
仮定形	258, 259
仮名	
運筆	126
楷書体/草書体	87, 124
仮名書き	33, 128 (注 93)
漢字仮名まじり	124, 125, 126, 128, 174, 207
草仮名, 草体化	126
万葉仮名	14 (注 3), 98, 121, 124, 134, 154, 155
毛筆	124, 126, 129 (注 94)
連綿(体)	124, 126, 129 (注 94)
仮名(文字；表音節文字)	123-7, 273
カナダ	148, 334
カナダ・インディアン	25
(北)東部のインディアン	319
北西海岸の言語	32, 248, 267
可能性制限の原理	12, 47 (注 23), 149
間接的/直接機能性	37-47
カプセル的性格	36, 43
上タナナ語	148
借字(訓仮名/音仮名—漢音/呉音)	15, 78, 125, 154
緩音現象	334
環北太平洋	50, 249
環境(自然,社会,超自然界)	11, 18
文化環境	36
環境からの受身的な逃げ	45
環境適応/認識と適応戦略	10, 20-5
環境にたいする認識	10, 21, 58
環境の締めつけ(しばり)	19, 20, 320
環境の整理	20
環境の範疇化	22
語彙的範疇化	26-7
2 次的範疇化	27-31, 49, 248, 356
文法的範疇化	26, 31, 34, 49
環境の分類(認識・言語)	21
環境への生態的適応	37
関係概念	27, 31, 32, 155
関係概念と辞 vs. 具体概念と詞	155
関係詞節(化)	185, 217, 260, 346, 357
関係動詞(ブルームフィールド)	344
冠詞	29, 96, 176, 336, 342
定 vs. 不定	33, 241 (注 148), 344
漢字	
飼いならし	124, 136
語と文字のすり替え	118
の呪力(呪術的・象徴的利用)	137

の認識，ヨーロッパ 119
の分析 120 (注87)
表語的・性，意味ではなく 14 (注3),
　　69, 118, 128, 184, 293, 316
　　への尊信 14, 132 (注98)
　　僕従としての 15, 35 (注17)
漢字仮名混用 125
漢字系接辞 184
漢字受容　14 (注3), 72, 98, 121, 123, 132,
　　133 (注99), 136
　　朝鮮語の 14 (注3), 121
感じ分け (泉井)　21, 99, 273, 301, 304, 327
間接機能性
　　と高い多様性 (vs. 低い多様性)　37–48
環太平洋 5, 57
間投助詞 157
漢文の訓読 136, 277
気音化 103
危機言語
　　課題 (問題) 4–6, 57, 79 (注51)
　　記録・保存 295
　　緊急調査 298
　　研究者の役割 57
　　研究と活動 295
　　衰退と消滅 139
　　組織的取りくみ 56, 295
　　多様性の縮小 4
　　保持と再活性化 54, 57, 139
聞き分け 21
記号 (象徴) 64, 92, 106
　　最小の 91
記号意味論 76
記号素 105
記号内容 vs. 記号表現 92, 110
記号論 (史) 64
　　反記号論 40
記述言語学　112 (注79), 118 (注85), 290,
　　296

基礎理論 32
機能的負担量 47
　　単位 93, 94
希薄化，内容の 107–11, 151, 243
義符 vs. 声符 125
基本色彩語 (発展仮説) 26
旧世界 (言語的) 50
境界 (語・内部)　100, 125, 174 (注128),
　　177
強 (五段) 活用 186, 249
共　時 vs. 通　時　51, 55, 159
（シンクロニック）（ディアクロニック）
共時言語学 51
共時態 159
共時的 (記述，構成) 186, 214, 307
共接辞 (接周辞) 242
共接的 vs. 離接的 148 (注111)
共謀 37, 47
共有 (文化，言語の) 22, 35, 39, 107
　　集団的共有 114, 116, 152
虚辞/虚語　47, 107–10, 151, 337 (注193)
　　談話的・文体的機能・価値 109
虚辞化 (虚詞化) と句・文のリズム 109
切り方/切り続け，語の 127
ギリシャ語　115 (注81), 143 (注104), 286
　　(注165), 306
　　enklitikós vs. proklitikós 95
　　grammatikē 291
語構成 120 (注87)
重複法 249
ギリヤーク語 (ニヴフ語) 50, 237
切れ目・休止 (ポーズ) 69, 94, 177
　　潜在 (潜勢) 的 100, 103
　　記　録・記　述，良質の　51, 56
　　（ドキュメンテーション）
句 (統語的自由句)　46, 67, 99–102, 105,
　　163, 175, 177, 205, 251, 253
偶然の一致/類同 65, 121
句切り 69, 99 (注72)

具体概念	27 (注 13)
vs. 詞	155
具体との格闘	55, 83, 118, 133, 301
屈折	64 (注 35), 143 (注 104), 156, 171, 184, 197, 205, 207, 220, 221, 222, 284, 295
1 語 1 屈折	341
印欧語的	222, 223, 336
屈折化 (融合化)	75, 221
屈折語	119, 141, 221, 222, 318
屈折前置詞 (人称・数による)	29, 222
屈折的前接語	95, 170, 176, 190, 224, 267
終止法 vs. 中断法	160, 192, 204, 205, 224, 236, 238, 239, 259, 260
日本語的	135, 217, 218, 221, 222, 223, 253, 338
派生 vs. 屈折	13, 158, 165, 176, 184, 186, 197, 208, 211, 220, 239, 328
派生と屈折の交錯	135, 174
非 (無) 屈折的な体言	72, 157, 170, 171, 175, 207, 221, 222, 318
無屈折	224
屈折接尾辞	220–41
vs. 前接語	226
vs. 派生接尾辞	224
クリック (吸着音)	223 (注 138)
グリムの法則	300, 334
(ピジン・) クレオール (語)	12, 179, 275, 316 (注 183)
訓詁	14 (注 3)
訓読	83 (注 55), 136, 137, 277
返り点，送り，訓点	137, 155
繋辞 (構文，無動詞節ふくむ)	32, 219, 257, 344
形式 (form)	61, 64 (注 35), 233
形式と思考	67
ブルームフィールド vs. サピア	169
形式化/的	14 (注 3), 70, 124, 134, 305, 328
形式主義の文法	69 (注 43)
形式的断片，不完全な	70
形式動詞	109, 183, 192, 217, 262, 350
形式名詞	181, 262
形態 (form)	22, 60 (注 27), 233
動態性，具象性，可塑性	61, 108, 185
形態音韻法 (的)	77, 174, 225, 231, 232, 265, 296, 332
形態音素	148, 333
形態感覚	103, 115 (注 81), 336
形態素 (ヴァンドリエス)	89
形態素 (抽象としての)	62, 88 (注 59)
単形態素的	88, 95, 100, 103
定義上 'full' な	108
複形態素的	103
形態素 (マルティネ)	91
形態素数，語の	145, 146
形態素と音素，前カタチの抽象的単位	88, 92, 108
形態素連続	104
形態的固着度	100
形態的単位	93, 264, 335
形態・統語的	92
形態のない (無形態の) 言語	70
形態部	64 (注 35)
形態法 (論)	7, 45–6
あっての統語法	151, 163 (注 119)
vs. 統語法	47–8
集団的な思考の術/水路としての (サピア)	23, 31
複雑と多様性	7, 8, 30, 46, 94, 153, 163
形態法的境界 (語境界) vs. 統語法的境界 (句境界)	112
形態法的手法	46, 64 (注 33), 162, 242, 249, 277
形態法的類型論	46, 47

形態論	46, 321
vs. 統語論	163 (注 119)
多様性	46, 152
動(態)的	105, 163 (注 119)
系統的単位(語族)	50
形容詞	157
形容詞・形容動詞/=ある-(再立ち上げ)	200–3
形容動詞(=だ-拘束句)	157
ケチュア語文法	306
結節	94
vs. 分節(形成 vs. 分析)	91
音韻的	92
形態・統語的	92, 103
語を超えた(語から文への)	58, 90, 99, 112, 182, 206
単一の	94
複数の結節, ボトムアップの	91, 92, 94, 99 (注 72)
をまとめる	91 (注 62), 94, 105
結節の分離(脱結節化)	101
ケット語	148 (注 111), 296
ケルト語(系)	29, 294
ゲルマン語	108, 221
言語	
エネルゲイアとしての	13, 60 (注 27), 61, 64
汚染	12, 83
機能性(合目的性)	38, 269
機能的な動態としての	61 (注 28)
原初的(内的)機能・本性	15, 20, 22, 25–35, 41, 83, 86, 131
構造的特性	45–8
交話的機能	42–3, 85
コーパス	56, 294, 295, 328
細部と全体の体系性	54
思考(思惟)の特定の方式	10, 23
社会的事実としての	10
自律性/的	48, 102
創造性と産出性	47, 85–7
直接機能的諸側面	102
道具視	39
動能的機能	42, 57 (注 26), 85
動物の	91
跛行性/的	48
発見をたすける	25, 323 (注 187)
美的機能	83, 86
表出的機能	42, 59, 83, 86, 249
武器としての	3, 43
文化がこめられた	22, 23, 35–7, 44, 49, 51, 343
類型的に異相な	7
言語(語族)拡散	50, 317
言語意識	113, 114
言語外現実(世界, 現実界)	18, 58
言語学	
学問の女王, 人類最古の学問	55
西欧, 欧米風	72, 129
対象は語である(河野)	78–9, 118, 123
21世紀の	55
人間の基本的能力の研究としての美学(クローチェ)	63
言語学史	16, 55, 65, 120 (注 88), 144 (注 105), 321
国語学史との接点	72
言語学書の洪水	63
言語下層	334
言語過程説	118 (注 84)
言語観, いびつな/転倒した	70, 123
言語感覚	99, 104, 112, 115, 116 (注 82), 128, 135, 138, 291, 314, 337
言語環境	36
言語記号	64, 65, 66, 92, 93
言語記号の第1原理	68
の恣意性	64, 335

言語記述―ポスト記述時代	55	言語相対主義(サピア・ウォーフ仮説)	17 (注5)
言語規模(サイズ, 話者数)	8	言語多様性	8, 10, 12, 25
言語教育	51	vs. 文化多様性	10, 50
言語記録(記述) 89 (注60), 143 (注103), 291, 294, 296, 321, 332		縮小/衰退	4, 5, 9, 39
		生態系	37
言語形式	61 (注28), 67	生物多様性との相関/共進化	8
言語芸術	42, 83, 86	生物多様性との比較	8, 37
言語圏	25, 36–7	の幅	49–51
言語研究	16, 27, 60, 79, 80, 82, 84	背景(要因)	12, 38, 49–51
外国人の	320, 322	崩壊/消滅	49–51
緊急/21世紀の	51–7	言語秩序, 既成の	36
サピアの	63, 84 (注58), 149	言語調査	55
統語法中心の	70, 152	記録/分析/記述	57
肘掛け椅子的(アームチェア)	54, 305 (注175)	現地への還元	51
文献による	77, 307, 316	正確と細密	57, 322
フンボルトの	84 (注58)	倫理的側面	57
流刑者の	319	言語データ(会話・民話・実験・文献) 56, 140, 274, 289	
言語構造(体)	7, 31, 38, 42, 46, 74, 302		
多様性	18	記録・録音・録画・デジタル化	56
言語行動観	65 (注37)	言語哲学(者)	84 (注58)
言語差別	43	言語(方言)とアイデンティティ	42, 43, 44, 45, 49
言語史(研究)	72, 132, 134, 140		
言語事実 54, 55, 68, 73, 80, 85, 99, 163, 166, 172, 287, 290, 318		言語と思考	31
		言語と文化(非言語/言語外的)	3, 10–3, 23, 35, 40
言語集団(的) 8, 18, 20, 27, 34, 43, 56, 66, 116, 152, 320		言語にこめられた文化	23, 35–7, 44, 51
		言語能力(内的知識)	56, 315
言語消滅	8	言語のカタチと思考のカタチ	67
言語資料 55, 115, 144 (注104), 295, 318, 320		言語の危機度	4–5, 6
		言語の死滅	39
言語人類学(者)	11, 12, 26	言語の衰退・消滅	3, 6, 8, 45, 55, 57, 139
言語数(推定)	3, 4, 5, 293	言語の精神	23, 58, 60
食物革命直前の	3	言語の世界	55, 267
の減少(縮小)	8	文字以前の	14–8
言語生態系	25, 37 (注18)	言語の大量消滅と記録	37
言語世界, 辺鄙な土地の	83	言語の統合・吸収	3, 4, 6, 8, 39, 50
旧(ふる)い言語世界	50	言語の特性	17, 45–8, 114
言語接触	12, 49, 146, 316 (注183)		

言語の普遍（的側面，言語普遍性） 46, 51, 54, 55, 84（注 57）, 98, 163, 220, 245, 293
言語の分岐（度） 12, 293
言語（文法）の掘りおこし 114, 304, 323, 324, 326, 327, 328, 329, 331
言語の抹殺 44
言語のリアリティ 133, 134, 139, 314
言語変化 19（注 6）
言語名と民族名 43
言語理論 74（注 46）, 296, 301, 345
言語類型のタイプ 141–7, 222
　屈折語 141, 222
　膠着語 141, 143（注 104）, 152, 222, 271
　孤立語 101, 119, 121, 124, 141, 150, 163
　シュレーゲルの 144
　デュポンソの 144–5
　複統合語・輯合語 141–7, 150
　抱合語 145
原辞 75, 77
現実界 18, 31, 48
懸垂的（修飾） 352, 353
減数法 352
言理学/言語素論 92（注 65）, 93, 108
原理とパラメータ 48, 293
語
　音韻（法）的な語 vs. 形態（統語）法的/文法的語 111
　可塑的かつ柔軟な 70, 106, 107
　カタチとしての 112
　語概念の否定 107
　語から文へ 46, 163
　語的な句 100, 112, 252
　語と音節 102, 104, 117
　語と形態素（別次元） 88, 161, 178
　語と形態法 49, 94
　語と接語 175–9
　語と文の二元性 66, 107
　語と文の方向性 90
　自立的 95, 176, 337（注 193）
　第一種の語 vs. 第二種の語 69, 235（注 145）
　単語（中国語）＝漢字 119
　単語（日本語研究で） 88, 154, 288
　直覚的に顕著なもの 116
　定義 60, 63, 69（注 43）, 76, 97, 144, 340
　内容の音節 92（注 65）
　内容面 92, 93, 94, 105, 112
　の拡張（派生，複合など） 241, 313, 336, 356–7
　の完結（屈折） 150, 211, 236, 336
　の析出 99（注 72）
　の本性 40, 122
　の要素（単語要素） 105（注 76）, 153（注 113）, 285
　話し手にとっての 106–7
　表記 121
　複文に匹敵しうる 107
　付属的/非独立的 155, 160
古アジア諸語 271（注 159）
語彙
　エスキモー語の「ユキ」 26
　基礎語彙 56
　固定度 106, 247
　中心部 vs. 周辺部 27
　の改新 48, 101
　無文字言語の 18
語彙（語句，固有名）の共有，わずかな 43
コイサン（諸）語 33, 223（注 138）
語彙産出 184
　語レベル vs. 拘束句レベル 101
語彙収集 304, 323
語彙体系 27

語彙的概念	33
語彙的接尾辞（名詞的接尾辞）	33, 220
語彙とレアリア	31, 294, 303
語彙の貧困	18
語彙派生（力）	217, 261
語彙分節（語彙の範疇化）	26
親族名，成長魚名，動物・植物名，色彩名，…	26
動作・行為（方法，手段）	30
動詞的対象や被所有物（性質，用途，形状…）	29
語彙論	68, 76, 221
甲乙二類（母音）	327
口語	74, 130, 230, 231
考古学	49, 294, 330
交錯，接尾辞と前接語の	135, 174, 217, 253, 271, 274
合成（語）	66（注39）, 142, 145（注107）
後接化	96
後接語	95, 97, 175, 243, 254, 269
準後接語	96, 177, 269
構造	7, 12, 47, 49, 116, 139, 150
構造化	31, 34
構造パターン	31
拘束句	58, 69, 90, 94, 99–107, 112, 147, 161, 163, 179, 205, 245, 251–89, 313, 332–4, 340, 350, 352
固定化した	157
語をこえた結節	251
準前(/後)接語的	282
前(/後)接語的	251, 281
の解消/融解	101
拘束形式	62
膠着(性)，日本語の	135, 164, 167（注121）, 206
口頭伝承	87, 131（注96）
行動様式	22, 34, 36
合目的性（機能性）	38, 46, 47, 269
交話性，無言と沈黙をさける	42, 43
交話的/儀礼的機能	43, 85
声	42
からだのはたらき	41（注20, 注21）, 42, 137
喉頭/声帯の緊張/振動	77
声の文	86
語過多分析	69（注43）, 235（注145）
語幹	93, 161, 165
の変様	164–5
複合語幹	145, 146, 169, 245, 277
母音/子音語幹	164, 165, 224
語感覚	87, 103, 113–6, 135, 136, 286
集団的共有	114–5
語基	161, 165, 195, 221, 223, 224, 251
語境界（表示）	97, 112, 124, 125, 126
国語意識	113, 155
国語学，江戸期の	80, 215（注136）
国語学史	72, 73, 82（注54）
国文法，伝統的	71, 76, 128, 130, 153, 168, 287, 309
語形成・創成	352
の型	89
古語，古代人の	14（注3）, 78, 84
語構成	76, 159, 163（注119）
許容範囲	150, 217
手法（形態法的）	161–5
語根	147–8, 161, 251, 286（注165）
3子音主義，セム語の	93
語史	78, 241（注148）
語順（語序）	97, 102, 178, 221, 267, 268, 293, 296
辞順	172, 178, 214, 282, 293, 341
接語順	281
のタイプ	7
コスモス	21, 324
語性	112, 114, 116, 276

こそあ	342
これ，それ，あれの三分法	21
語族（系統）	34, 293
小語族	50
大語族/大統合	149（注111), 293
古代インド（文法学）	90, 131（注96), 138, 291
古代ギリシャ（人，古典）	16, 123, 132（注98), 154, 234
古代シナ人（文字）	123
古代朝鮮	14（注3), 121
古代日本語	17, 41, 59, 95, 133（注99), 248, 327
のカタチ	60, 79, 132
古典学	288
言霊	15, 16, 41, 42, 82（注54), 86, 131, 132（注98), 137, 308
言（言の伝へ）コトバ	35（注17), 130
ことば＝かたち	62（注30)
言と事の融即ゆうそく	42
ことばともの	41
相通	41, 81, 132（注98)
不可分の一体	42
言と事と意コトバ ワザ ココロ	35, 82（注54), 131
ことばの呪縛ことば	42
言への僕従（漢字）ことば	15, 35（注17)
語にカタチをあたえる特徴	31
語による句や文の組み立て	46
語は意味ではない	65–71
語尾（変化）	75, 89（注60), 105, 170, 284, 285, 287
複語尾	73, 74, 166, 169, 171（注126), 177, 178, 186, 193, 207, 227, 233, 238, 239, 310, 335
固有名詞，1音節ずつ表記	154
孤立語	
単音節的	121
孤立語（族），系統的孤立	28, 34, 49, 149（注111), 162, 294
語類変換	217, 260, 272, 280, 338, 356
語分け	87, 113, 124–9, 133, 135, 337
アルファベット	135
語分け符	125
日本語ローマ字書き	109（注77), 127, 129
語分けなし（連続体）	126（注92)
混成語	316（注183)
-さ（体言化）	218
再解釈（合理化）	48
再活性化，危機言語の	43, 54, 57
支え/支柱（形式動詞）	84, 193
-(さ)せる-	184, 197
参照文法	172, 291, 313
サンディ	103
参与観察	34
詩歌	67, 86
恣意性/的	13, 38, 59, 106, 249, 326
使役	30, 208
ジェサップ北太平洋探検	50, 324
ベーリング探検	318（注185)
ジェスチャー	42
刺激伝播	123
死語（化）	79, 292
自己体験/自民族中心主義	35, 345
指示（代名）詞	157, 269
指示副詞	343
自然生態系	11, 36
悉皆性，調査記述の	292, 294, 303
実語 vs. 虚辞・虚詞	108
辞典・辞書と文典・文法書	290–307
脳内辞書	66
しばり（カタチ，環境，機能，文字）	37, 38, 47, 81, 138
シベリア	319
シボレテ（踏絵的機能）	43

シャーマン	41
祈りや謡い	67
霊界交信	87
社会化	43
社会的結束	44
弱・一段活用	186
借字	15, 78, 125, 154
弱小言語	4, 6, 7, 39, 45
借用（漢字，語彙）	79, 137, 353
ジャラワラ語	298
重音脱落（だ，な）	231, 232, 235, 264
自由形式	
vs. 拘束形式	62, 96, 252（注151）
最小自由形式	62
終止形	223, 225, 227
を承接する助動詞	172
終止法（vs. 中断法）	184, 198, 224–5
修飾型（vs. 語類変換型）	184, 272
終助詞	185, 230, 259, 261
従属法	339, 349
共・従属法	205, 349, 350
重複（綴）法	162, 247–9
部分重複	162, 248
分布的	222
収斂	11, 37, 65
手段接頭辞	30
述語（文末）外接形式	233–6
術語の濫造	80, 164, 240
出動名詞	216, 346, 354
出名動詞	146, 215, 336
受動	346
静的受動	354
受動者（P）	347, 348
シュメール語	250, 252
呪文	41, 137
と呪術（渾然一体）	41
主要部（語）/ホスト	95, 100, 175, 251
vs. 頭部/ヘッド	251
授与動詞（やりもらい・3項動詞）	202, 339（注194）
狩猟採集（民）	3, 4, 8, 352
準前接語	100, 175, 177, 181, 262–3, 334
前接語化	210, 259
臨機的	262
準体名詞	181
照応（一致）	29
小言語/語族	50, 56, 100
証拠（性）	27, 217, 263, 338, 341
小辞	95
少数民族	4, 6, 54
上代特殊仮名遣い	14（注3）
小注	124, 155
象徴法	162, 249
声点	134
情報構造	102
剰余	323, 326, 353
すべて文法は漏れる（サピア）	325
書記法	15, 87, 128, 134–6, 137, 159, 174, 273
句点・読点	126
語分け（した）	113, 124–9, 134–6, 273, 313, 337
語分け符，分割符	125
文節分け（した）	124, 126
植民地（主義，支配）	8, 45
書芸術	43, 86
助詞	159–86
助詞，助動詞それぞれの混同	125, 273
助詞，助動詞の問題	49, 72, 73, 79, 157, 173
助数詞	29
触覚，視覚，聴覚	22, 60, 65
助動詞	166–72
品詞とする/しない	167–8
所有関係	346
所有詞	29

事項名索引

所有代名詞　　　　　　　　　　32, 345
自立語　　　　　　　157, 160, 175, 282
新大陸（の言語）　　　　　17, 60, 290
　　　　地理的発見　　　　50, 306, 317
心理的実在性，音節/語の　　　　70, 155
水路・溝，思考/表現の（サピア）　11, 31,
　　　　34, 58, 102–6, 346
数
　　　多数 vs. 無数　　　　　　　　28
　　　単数，双数，三数，複数　　27, 222
数詞
　　　応物的な一桁/低位の　　　28, 352
　　　減数法（vs. 加数法）　　　　　352
スガタ/すがた/姿　　　16, 42（注22）, 87
　　　歌の　　　　　　87, 283（注162）
　　　　スガタカタチ　　　　　　　　82
　　　表出性　　　　　　　　　　67, 85
スケッチ文法　　　　　　　　　　295–6
スケルトン文法　　　　　　　　　　296
スコープ　　　　　　　　　　214, 341
スペース　　　　　　　　136（注100）, 313
　　　　アルファベットでの　　　125, 272
≠する-（再立ち上げ）　　　197–200, 349
スロット　　　　　　　　　　　　107
スロット埋め　　　　　　　　　　147
　　　　俳句・和歌での五句・七句の　110
スロット型 vs. 非スロット型　　　　148
性（文法性；男・中・女性）　　　27, 28
生産性　　　　91, 100, 107, 202, 236, 348
静助辞　　　　　　　　　　74, 167, 287
正書法，実用的　　　113, 125（注91）, 333
精神，言語の　　　　　　　　　　23, 58
生成文法　　　　　　　　　　61（注28）
生態系　　　　　　　　　　　　　24–5
生態人類学　　　　　　　　　　　24, 45
声調　　　　　　　　　110（注78）, 128
聖典　　　　　　　　　138, 143（注103）
生物圏　　　　　　　　　　　　　11, 37

生物多様性　　　　　　　　　　5, 8–10
　　　vs. 言語多様性　　　　　　　8, 37
　　　の縮小　　　　　　　　　　　51
声門化　　　　　　　　　　　　　103
声門閉鎖音　　　　　　　144（注106）, 181
節　　　　　　　　　　　58, 67, 92, 94
接近音　　　　　　　　　　　　　332
接語　　　99, 100, 160, 168, 172, 175–92
　　　アクセント（型の変化）　　104, 175,
　　　　180, 273, 274
　　　vs. 接辞　　　　　　　　　182–6
　　　音声弱化　　　　　　　　178, 264–7
　　　音脱落　　　　　　　　　178, 266
　　　準（前・後）接語　　95, 100, 177, 262
　　　単/複形態素的　　　　　　　103
　　　と接辞の混同　　　　136, 169, 214, 221
　　　複合（前）接語　　183, 185, 263–4, 282
接合度/結合度　　　　　　　　　100, 101
接語オンリー複合　　　　　　　　281
接語化　　　　　　　　　　27（注12）, 179
接語句　　　　　　　　　94, 159, 177, 180
接辞（法）　　　　　　　　　　　31, 162
　　　形態的手法の一　　　　285（注164）
　　　接辞 vs. 接語　　　95, 98（注70）, 99,
　　　　182–6, 273, 274
接周辞（語）/共接辞　　　　　　162, 242
接中辞　　　　　　　　　　　162, 241
接頭辞（日本語は派生のみ）　　　162,
　　　242–5
接頭辞 vs. 後接語（判定困難）　97, 243
接尾辞（派生・屈折）　　　　　　184
接尾辞以外の形態法　　　　162, 241–50
前カタチ性　　　　　　　　　　　93
脱接辞化　　　　　　　　　　　　179
接続詞　　　　　　　　　　　　　157
　　　vs. 中断法屈折　　186, 194, 225, 236
接続助詞　　　　　　　　　　　　157
折衷（文法）　　　　　　　　72, 154, 308

接尾辞 (派生/屈折) 207–41
   vs. 前接語の混同と交錯 135, 174, 217, 253, 271, 274, 357
   辞順・相対的位置 (語内) 178, 184, 282, 341
   2 次的 211–3
   派生 (体言・用言) vs. 屈折 (用言) 207–41
   変化型 vs. 不変化型 256–61
   用言性・用言化・体言性・体言化 158
   連辞的 vs. 範列的 147, 224, 225
接尾辞化 109, 212
   2 次的接尾辞 108, 184, 213
接尾辞性 (vs. 語性) 115–6, 213, 233, 237, 239
説明存在詞 32, 166, 176, 191, 256, 285
ゼロ異形態 111 (注 78)
ゼロ屈折 (-0—終止, 命令, 中断) 224, 227, 236
前カタチ (的, 性) /カタチ以前 88, 92, 93, 94, 161, 337
宣教師言語学 143, 290, 317–22
   プロテスタント宣教師 119
   来日 (切支丹) 宣教師 72, 307
漸次 (性), 漸次移行的 178, 213
先住民 (北米インディアン) 4, 44, 45, 121, 290, 295
   言語 49, 142, 148 (注 110), 295
線条 (状) 性 68 (注 41), 135, 225, 272
   カタチ形成 91, 106
前接語/前倚辞 95, 97, 254–69, 281
   準前接語 262–3
   複合前接語 263–4
   変化型/不変化型 158, 190, 256–61
選択制限 173, 178, 180, 194, 245
宣命 (体) 15, 41, 137, 155
造語 (要素) 161, 184, 186, 261
創氏改名 (強制改名) 44

『創世記』 40
創造性 (独創性) 25
   と表出性 47, 85–7
創造的機能, 内的な 86
-そう=だ- vs. =そう=だ- 201, 202, 210–1, 280
挿入, 他の語 (とくに接語) 251
   たんなる挿入 vs. ひねり 205–7
挿入・分離の可能性 70, 176, 185, 195
-た|-だ (終止法) vs. =だ-|=です- 176, 230, 256–7
-たい- 194, 200, 209
体系 80, 159
   再編 (成) 236, 238, 258
体言 [非屈折的] 72, 157, 179, 183, 185, 218, 256
   活用 165
体言/名詞複合体 (vs. 用言/動詞複合体) 100 (注 73), 279–83
体言化接尾辞 (VN 型) 33, 158, 184, 185, 207, 216–7, 218–20
大言語 (化) 3–5, 49, 100
   による吸収 39
対照表, 接辞と接語の 187–9
大文法 (書) 51, 72, 76, 80, 308–11
代名詞 157
たかき所 vs. ひき (く) き所 48, 78, 83, 283
タガログ語 297
タケルマ語 115 (注 81), 295
多言語主義 (vs. 単言語主義) 9, 10
多言語併用 45
ダコタ語 136 (注 100), 275, 276
-だす- (2 次的接尾辞) 197, 212
脱結節化 101, 268
脱拘束句化 102
脱接辞化 179, 186
脱文法化 179
ためしことば (踏絵的) 43

-たり|-だり (中断法) 194, 225, 239–40
=(だ)ろう 179, 181, 228–30, 231–2
単位, 義務的 (vs. 任意的) 220, 222, 224
単音素的 vs. 複音素的 (音節) 104
単音的 100
単音文字 (アルファベット) 117, 122
単形態素的 vs. 複形態素的 (語) 88, 95, 100, 103
単肢型言語 vs. 両肢型言語 221, 223
短縮化 96, 175, 265
単純社会 23
談話 (構造) 92, 94, 117, 206, 328
置換 102, 181
中国語
 vs. 日本語 124, 154
 音韻学 63 (注 32)
 漢字の表語性 119
 漢字の分析 120 (注 87)
 研究者, 初期の 120 (注 88)
 語彙拡張の中心 163
 構造的特異性 120 (注 87)
 孤立語の代表 71
 四声 120 (注 87)
 複統合語 141
中断法 (vs. 終止法) 192, 352
チュクチ・コリヤーク語 (族) 50, 295, 336
調音 (点) 113, 332
超自然 (霊界・幽界・神話) 3, 11, 41
朝鮮語学 63 (注 32), 223
直接機能性 37–45
 と低い多様性 (vs. 高い多様性) 37–8
直感的受容, 話し手の共有 105
地理的分布 148 (注 111), 223 (注 138), 248
ツィムシアン語 (海岸) 34, 50, 267
 複数表示 249
通言語的 47, 98, 107, 245, 256, 278
通時的 (説明) 159, 186

-つつ (中断法) vs. =ずつ (不変化型) 197, 204, 239–40
-て|-で (中断法) vs. =で (不変化型) 224, 226
ている形 (-て|-で≠いる-) 240–1
適応 (行動) 18, 19, 23
適応戦略 20–5, 35, 37
テクノニミー (「〜の母」式命名) 341
でたらめさ (恣意性・ランダム) 30, 39, 47
てに [を] は観/論 171, 173 (注 127)
デラウェア語 142, 143, 320
点字 (2 次的転写) 126
転写/写しかえ 41, 117, 132
 視覚的・可視的 (文字) 133
 2 次的―触覚的 (点字) 65, 126
 部分的あるいは不完全な 133
テンス/時制 27, 30, 217, 220, 222, 338
転成名詞 193, 217, 219, 225, 247
伝達 (コミュニケーション) 9, 20, 42
 合目的性 47
 道具性 38–40, 66, 87, 131 (注 96)
伝統言語 43–5
 再活性化 43, 51, 54, 57
-と (中断法) vs. =と (不変化型) 240
ドイツ語 141, 286 (注 165)
同化政策 44
道具接尾辞 146
同源形式の認定 46
統合度 146, 151, 162, 163, 281
統語的な句 (自由句, #) 94, 100, 163
統語法 (構文論) 7, 12, 46, 47, 48, 70, 151, 152, 297
 可能性と方向性の収斂 47
 小さい多様性 13, 47
統語法的類型論 46, 47
統語論 45, 97, 163 (注 119), 283
 統語論の共通性, 形態論の多様性 (千野) 46, 152

動作者 (A)	347, 348	−ない−(接尾辞) vs. ≠ない−(準前接語)	181, 200, 209–10, 266
動詞	157	内的/外的言語形式	61 (注 28)
vs. 名詞の区別	32–4	内なるカタチ	112
多項的	340, 351 (注 199)	内部変化	64 (注 33), 249
2 項的	33, 339 (注 194)	内容 (意味・機能)	47, 58, 63, 66, 71, 334
動詞価/ヴァレンスィ	208, 338, 341	希薄化 (カタチが故の)	107–11, 151, 243
の増減	208 (注 133), 351 (注 199)	心的内容	58, 106
動詞化接尾辞	335	ゼロ化 (ゼロに近づく)	70, 109
動詞形態法	83	内容 vs. 表現	67, 92 (注 65), 93, 132
動詞語幹	145, 164–5, 204, 224	言理学	93
動詞語根	29, 33, 251	内容面・表現面の並行性	93
統辞的 (連辞的)	147, 222, 225, 336	内容素 (言理学)	108
動詞内部の要素	29, 116, 197, 200, 208	盈度の *pel- 'to fill' /零度 pl-	108
動助辞	75, 166, 167, 207	内容変化, 通時的な	108
動詞連続	99, 112, 117, 274–6	ナウア (トル) 語	144, 145, 306
ビー玉型, 連鎖型, 団子型	275	ナヴァホ語 Navaho (Navajo)	147, 148, 149, 293, 294, 321
動態 (性/的)	59, 61, 66, 92, 328, 340	こん畜生このうえない言語 (サピア)	149, 293
動 (態) 的形態論	105, 163 (注 119)	日本軍にたいする暗号	149 (注 112)
撞着語法 (術語, 文法)	110	名づけ	40, 59
動能的	42–5, 57 (注 26)	ナティック語	17, 319
頭部/ヘッド (vs. 従部)	242, 251, 341	名前, 高貴な神・人の	137
頭部表示 (型)	269	名, 装, 頭挿, 脚結	154, 156
遠江文典	221	ナラガンセット語	319
時枝文法	235 (注 145), 310	=(な)ら(ば)	231–2
トク・ピシン	28	二言語併用 (使用)	35, 114, 300
特異性・風変わり	47	二重分節 (ボトムダウン的)	90, 91, 106
特殊話法	43	と自然言語	88
トップダウン (上から下へ)/ボトムアップ (下から上へ)	92, 99 (注 72), 102, 105, 138	二等辺三角形	70, 107
ドム語 (パプア・ニューギニア)	151	日本エドワード・サピア協会	89 (注 60)
−ど(も) (中断法屈折) vs. −ども (体言性派生)	218	日本語	
トリンギット語	29, 34, 50, 147, 325	危機言語性 (弱体化)	6
−な (終止法)	224	形成論 (形成・混成)	134, 316 (注 183)
ナ・デネ語族 (post-Sapir)	29, 147, 294		
とケット語の同系性	148 (注 111)		
ナ・デネ語族 (Sapir; ハイダ語ふくむ)	29		

416　事項名索引

古代　41, 59, 79, 95, 133 (注 99), 236, 248, 327
混合性 (的特徴)　316 (注 183)
外から見た　311–3
文法記述　114, 289 (注 169), 297, 307–17
平安時代　134, 155, 307
方言差　180, 348, 355
琉球語 (方言)　57 (注 26), 98 (注 70), 141 (注 102), 296, 298, 310 (注 179)
日本語学　51, 72 (注 45), 312, 317
日本語研究
　　外国人研究者への拒絶的な態度　77
　　西洋人による　308, 313, 317
日本語書記史　119, 122, 126
日本語の主要特性　123, 135
日本語文法　153
　　英語で書かれた　98 (注 70), 172
　　基礎/根本問題　85, 95, 135
　　再構築　141, 169 (注 123), 314
　　衰退 (停滞) と蘇生　57, 72 (注 45), 160, 170, 287
日本語文法学，古来の　113
日本人の外国語　136
二面結節 (内容/表現)　90–113
認識　11, 20
　　集団独自の　26
　　と思考　20, 22, 25–6
　　と生態　20, 343
認識人類学　10, 11, 26
人称代名詞　28
年代学 (的推論，民族誌上)　38
　　言語年代論　321
能記 vs. 所記　66
能動 (性)　42
祝詞 (のりと)　41, 137, 248
宣長学/宣長論　65 (注 38), 83
宣長父子ら，例外としての　51, 57, 288

(注 168)
-ば (中断法)　184, 224
排除形/的 vs. 包括形/的　223 (注 138), 321
ハイダ語　29, 30, 32, 33, 50, 147
跛行性/的　48, 48 (注 24)
バスク語　344
派生 (vs. 屈折)　158, 173, 175, 184, 190, 203, 207, 214, 224–6, 239
　　印欧語など　220
派生接尾辞　190, 207–20, 254
　　vs. 屈折接尾辞　224
派生動詞　208, 246, 309
派生名詞　150, 216
服部原則　96–7, 160, 183, 196
発話　66 (注 39), 91, 270, 314, 342
話しことば　22, 64 (注 33), 113, 122
話し手 (話者)，母語の素朴な　103, 314, 341
　　vs. 聞き手　87, 223 (注 138), 342
高齢者　4, 39
反応と内省　114
半話者　56
話者数　3, 28, 148 (注 110), 149
パラダイム/範列　18, 211, 224, 225, 295, 335
範疇化　23, 26–35
範疇と適応戦略　22, 23
鼻音化　103
被害者/受益者　208 (注 133), 347, 348
被害者受身　208, 208 (注 133), 347
美学 (史, 的)　63 (注 31), 86
比較言語学　119, 320
　　印欧語　95
　　ナ・デネ大語族　294
比較文法　119
　　言語比較の決め手　148 (注 111)
ひきき所 (卑くき所) (宣長)　48, 83–4

ピクニック言語学　141 (注 102), 305 (注 175)
未形(泉井)　67, 79
卑言　75
非言語的要素　9, 39
非語性　156
必須(要素)　71, 207, 214
美的効果/要因　42
表意　119, 121, 123
表意文字　118–9, 123
表記(法, 体系)　79 (注 51), 123, 125
　　表記しない手法　155
表現(音声)　92, 103, 111, 132, 215
表現過程　165
表現前塊 vs. 表現後塊　58–9, 67, 92
表現素(言理学) vs. 内容素　108
　　印欧語根 kenos- 'empty'　108
表語(表詞)　119, 120, 121, 126
表語性　14 (注 3), 116–8, 121, 133, 293
　　の意識　124
　　の意味　122
表語文字　69, 118–25, 132
　　vs. 音節文字　117
表出性/的(情緒的/美的)　9, 16, 42, 64 (注 33), 81, 85–7, 137, 193 (注 132), 249
標準語　75, 83, 302
品詞分類
　　体言(言), 用言(詞), てにをは(辞)　156 (注 117)
　　ディオニュシオス文法の八分説(ラテン語)　154, 317
　　「名・詞・てには」の三分法　154
　　日本語　156, 299, 312
品詞(語類)変換(NV/VN 型)　185, 217
　　再変換型　185, 218, 356
フィールドワーカー　57, 78, 296, 314
フィールドワーク(調査)　15, 57, 115, 133, 314, 316, 322, 323, 327, 329 (注 192)

ラポール　326, 330
不一致にはこだわらない　71, 153, 284, 288
不完辞　77
複合語　101, 141, 245
　　固い(原義的)　245, 252, 270, 273
　　広義の　99, 106
複合接尾辞　186, 241
複合前接語　100, 263–4
　　多形態素(多音節)　100
複合動詞(V + V)　109, 182, 246, 252
　　平安時代　134
複合表記(文字)体系　16, 121, 133, 135, 173, 207, 307
複合法　162, 245–7
　　語幹複合　145, 243, 245, 263
複合名詞(N + N)　184, 247, 252, 281
複語尾　207, 233, 257, 335
副詞　74 (注 47), 157
副詞節　142, 205, 236, 237, 260, 352
副助詞　157
複数動詞　249
複統合語　103, 121, 142
　　後思案の刈込み(サピア)　148
　　接尾辞型 vs. 接頭辞型　147
　　対蹠的な 2 タイプ　141–50
　　定型的 vs. 非定型的　107
　　の存在理由　61
複統合性　101 (注 75), 121, 143, 145, 151
　　多総合的　146 (注 108)
副動詞　225, 237, 349
複文(性)　107, 254
節　47, 58, 67
　　階層的(ボトムアップ)　102
付属語(接語)　160
附属語(助詞, 助動詞)　156, 160, 168
附属語 vs. 附属形式(服部)　96–7, 156, 160, 168, 170, 233, 252, 257

417

事項名索引

物質文化　19, 23, 34, 38, 39
不変化詞　158, 179, 286, 287, 312
不変化助動詞　233, 265 (注 155)
普遍性　46, 54, 55, 98, 220, 293
普遍文法　75
フランス語の拘束句　113
ふれる (触知可能/有形的)　22, 59–60, 88, 93, 137–41, 161
プロソディ (大槻文彦)　78 (注 49)
文　46–7, 58, 67
　二元性 (語との)　66
文化 culture　3, 10, 23, 25
　基本的なしくみ　7, 23, 24 (注 9)
　言語外的 (非言語的)　7–8, 10, 12, 13, 20, 23, 40, 48
　言語にこめられた　35, 49, 343
　成立と拡散　4
　と言語の結びつき　23
　における言語　18–37
　の下位システム　35
　の (構造的) 均一性　38
　の合目的性　38, 48
　の収斂　11, 37
　のバロメーター，一国の　300
　の変化　40, 48
文化現象　9, 54, 324
文化人類学　11, 34, 36, 45, 48 (注 24), 116, 325, 330
文化変容　39, 292
文化領域，北アメリカの　12, 50, 148
　北洋沿岸文化圏　12
文化理論　47 (注 23)
文献学　15, 81, 133, 137, 140
　vs. 言語史　140
文献学史　65 (注 38)
文献資料　132, 192, 231
分詞　237, 352
分析意識　113, 337

分析的 (内的) 記述　292
分節
　文からの　90
　未分節な発音　17
文節　69, 74, 90, 99, 126, 172, 175
文節切り　87, 124
文節論　165, 172
文典 (文法書)　292–307
　洋風文典 (蘭・英)　78
文法　22, 45, 80, 290, 317
　孤独の学問　303
　における撞着解決　152
　文法 (規則性) の欠如　17
　文法はおもしろい　301–6
　包括的な記述　56, 80, 292, 297, 308
　母語の　313–7
　を書く/考える　112 (注 79), 133, 297, 314
文法化　19 (注 6), 27, 30, 101, 108, 109 (注 77), 214
　脱文法化　179
文法家　76, 78, 163, 302
文法観
　江戸時代まで (折衷文法直前まで)　154
　大文法以降　73
文法記述　100, 117, 295, 317, 323
　日本語　307–17
　日本語 (英文)　289 (注 169), 297, 312, 313
文法形式　60, 61 (注 28), 62 (注 29), 143 (注 104)
文法研究/文法学　16, 85, 138, 308, 309
　の衰退 (停滞)　287
　の部門　77
　の歴史　71–3, 135, 287, 288
文法特徴　7, 9, 49, 51
文法範疇　28, 31–5, 109, 220, 295, 340

抽象的	26, 107	松下文法	71–7, 261, 285
文法(理)論		マレー・ポリネシア諸語	144 (注 104)
『日本文法論』	299	万葉仮名	14 (注 3), 121, 124, 154, 155
文法(理)論，意味からせまる	82 (注 54),	み-(接頭辞)	243, 244
163 (注 119), 164		ミスマッチ	65 (注 37), 111–3, 152
フンボルト研究，日本における	55	未然形	182, 223, 252
文明人の思い上がり	131 (注 96), 139	ミニマルペア	327
分離	101, 107, 268	≠みゆ-(準前接語)	236, 263
分類意識，古代人の	155, 156 (注 116)	民間語源	84 (注 56)
閉塞音(閉鎖・摩擦・破擦)	104	民族学	36, 49, 317
ヘブライ語	306	編年史研究	49
現代ヘブライ語	295	民族誌	25, 27, 36, 41, 329
変格活用	224	民族○○学	26
ボアズ的伝統	292–8	民俗分類	26
母音		無意識(集団的)	66, 114
ウムラウト	249	無意識，言語にたいする	48, 215, 331
甲乙二類	82 (注 54), 327	無意味形態素	110, 242
母音交替(アブラウト)	165, 175, 221, 224, 249	無形態(式)	70, 287 (注 166)
連続	266 (注 157)	無文字言語	
方言研究	75, 141 (注 102), 316	の研究	56
緊急性	141 (注 102)	への偏見と蔑視	49, 77, 89 (注 60),
軽視/重視	77	130 (注 95), 131, 302	
方言調査	141 (注 102)	名詞(体言)	95, 157, 183, 185
放出 (vs. 名詞抱合) (河野)	110, 221, 276–9	無屈折	218, 283–9
北西海岸(カナダ)諸言語	32–4, 44, 50, 154, 244, 248, 267	名詞 vs. 動詞	154
母語	56, 139	名詞(体言)化接尾辞 (VN 型)	180, 196, 216, 218–20
の使用禁止	44	名詞屈折論	75, 77, 167, 173, 221, 222, 234, 261, 283–9
話者	69, 114, 138, 152, 305, 314, 315, 326 (注 191), 328	名詞句の交差 ({A + B}{C + D} > {A + C}{B + D})	102
補充法	241, 249–50	名詞クラス(文法類)	28
補助動詞	191	名詞(体言)性接尾辞 (NN 型)	196, 218, 351
翻案言語学	54	名詞節(化)	185, 217, 260, 338, 346, 356–7
-まい(終止法)	224, 227–8	名詞的接尾辞(語彙的接尾辞)	33
前より辞，後より辞	98 (注 69)	名詞分類	28
マオリ語	297	所有詞，位置詞による	29
-ます-(VV 派生接尾辞)	178		

名詞抱合	145, 146, 278		77, 83, 89 (注 60), 130 (注 95), 131, 302
複統合との混同	145		
名詞抱合か動詞複合体か	277, 278	文字とのめぐりあい	123, 136, 155, 291
名詞抱合か放出か	276–9		
命名	25	文字のスタート (表語文字)	122
面	92 (注 65)	文字の病 (上覚)	156 (注 116)
内容面と表現面	92–4	文字はすべて表語 (河野)	118
黙読	126 (注 92)	文字を与える (文明人)	131 (注 96)
文字		文字を最初につくった人	140
意識の立ち止り	116, 134, 291	文字をつくること	139
オガム文字	126 (注 92)	有徳の (文字の徳)	15, 137
音声以上に本来的	76	文字化	
音律現象の不完全な扱い	117	原『古事記』の	14 (注 3), 15
解読	15, 16, 123, 140, 296	方言を文字にのせる	272
仮の物	131	文字学	68, 91 (注 61), 118, 122, 140
陥穽・呪縛	14, 16, 113, 129–37, 141, 316	文字観	15, 131, 134
		対照的な	129–37
言語あっての	127	文字感覚, 日本人の	123, 125
言語的機能	14, 121	文字づかいを定める	139
恒久性と規範性	49	文字づくり	139, 321
呪術的・象徴的・審美的利用	133, 137	文字伝統	54, 139, 318
		文字表記	117, 123, 125 (注 91), 161
成立と変遷	122	文字偏重 (と音声軽視)	49, 76–80, 171
大小・濃淡	124, 126	文字列 (つながり)	124
の教訓	116 (注 83)	文字論	14, 16, 64, 78, 83, 118–23, 316
の軽信	132 (注 98)	確立と定着	63 (注 32)
の権威・尊信	14, 123, 140	もたれあい (依存しあい)	111
の呪力	41, 137	≠もの (準前接語)	255, 262
の正体	122	モノゴト	25, 85
の保守性	132	物と事	25
不完全な扱い	117	モラヴィア派	114, 143, 320, 321
複合助詞	191	銛頭 (もりがしら)	38
複合表記・書記体系	16, 121, 133, 135, 173, 307	紋章 (的)	42–5
		山田文法	71–7, 166, 169, 176, 180, 193, 205, 207, 235 (注 145), 238, 308
不信, 消極的姿勢	82		
文法にとっての陥穽	159, 169, 174, 207, 235 (注 145), 291	語構成論	73
		有形化	66, 67
偏見と蔑視, 無文字言語にたいする		融合, ふたつの形態素 (間) の	29, 103,

　　　　141, 142, 220, 222, 264, 266, 272,
　　　　274, 286, 336
雄弁術　　　　　　　　　　　　　17
遊離，数量詞の　　　　　　　　267
ユカギール語　　　　　349 (注 197)
歪んだ鏡像，書記テクストの　122, 137
ユピック語 (西エスキモー諸語)　　30
　　正書法 (実用)　　　　　　　114
　　フィールドワーク　315, 329 (注 192)
ユピック語動詞　　　　　　　344–57
　　位格動詞　　　　341, 351 (注 199)
　　拡張 (形態統語的)　　336, 344, 345,
　　346, 353–7
　　関係動詞 (4 種の繋辞)　　337, 344–6,
　　349
　　　拡張 (所有表現他)　　　　353–7
　　希求法　　　　　　335, 339, 349
　　疑問法　　　　　　335, 339, 349
　　逆受動 vs. 被害者動詞　　　346–9
　　虚辞語幹 (する)　　　　　204, 350
　　経験者 (E；被害・受益者)　　348
　　3 項動詞　　　　　339, 353 (注 200)
　　　3 項動詞的数詞　　　　　352–3
　　充当相　　　　　　　　　338, 348
　　中動化 E=A，E=P　　　　　348
　　比較級 (動詞) vs. 最上級　　355–6
　　複他動詞　　　　　　　　　　340
　　複統合性　　　　　　　　　　357
　　分割・再立ち上げ　　　　349–52
　　分詞法　　　　　　339, 349, 356
　　連鎖関係詞節　　　　　　　　357
ユピック語文法　　　　　114, 331–57
　　アクセント付与　　　　　333, 334
　　迂言的　　　　　　205, 350, 352
　　　数詞構文　　　　　349, 350, 352
　　鋭記号 vs. 重記号　　　　　　333
　　格指定　　339 (注 194), 340, 342, 348,
　　349, 351 (注 199)

関係詞節化接尾辞　337, 338, 346, 353,
　　354, 357
虚辞的語幹 pi-　　　　　　　350, 351
降格 vs. 昇格　　　　　　346, 347, 349
拘束句　　　　　　　　　　　332–4
再帰 3 人称　　　　　　222, 339, 350
指示 (代名，副) 詞　　　　336, 342–4
弱強格音脚　　　　　　　　　　333
順行的 vs. 逆行的アクセント　　　333
昇格 vs. 降格　　　　　　　　　347
前接語　　　　　　　　　　　　254
単音節音脚　　　　　　　　　　333
長母音 vs. 重子音　　　　　　　333
動詞/名詞屈折　　　　　　　　339
等置句　　　　　　　　　101 (注 74)
能格/関係格 vs. 絶対格　　　339, 345
文法標識の形成　　　　　　　　353
並置法/句　　　　　　102, 205, 349–52
名詞節化接尾辞　　　　　　338, 353–7
-よ (終止法) vs. =よ (終助詞)　　225–6
用言　　　　　　　　　　　　　157
用言化　　　　　　　　　　158, 183
用言化＋体言化　　　　　　　216–8
用言化接尾辞 (NV 型)　　　　215–8
用言性接尾辞 (VV 型)　158, 184, 207–15
用言複合体/動詞複合体 (河野)　101, 117,
　　142, 205, 206, 270–9, 281
用言分割 (ひねり) と再立ち上げ　192–207,
　　349–52
　　vs. たんなる挿入　　　182, 202, 232
抑揚 (声点)　　　　　　　　41 (注 21)
ライム　　　　　　　　　　　　103
-らしい- (NV 型) vs. =らしい- (変化型)
　　179, 181, 215–6, 255
ラテン語　　　　　　　　353 (注 200)
　　ex-plere 'to fill out' (*ex-* = 'out, free
　　from')　　　　　　　　　　108
　　古ラテン語　　　　　　126 (注 92)

ラテン語文法　　　21, 95, 154, 306
　　からの脱却　　　　145, 292
　　の籠(枠組み)　　　287, 317, 319
-(ら)れる-(VV派生)　　208 (注133)
濫造と濫用，文法用語や形態法的概念の
　　　80, 153, 164
連音(リエゾン)　　　　　　　　　　113
六書(りくしょ)(象形，指事，会意，形声，仮借，転
　　注)　　　　　　　　　　119
リズム(性)　　101 (注75), 128, 264, 277
理づけ(意味による)　　　36, 84-5, 152
琉球語(方言)　　57 (注26), 98 (注70), 141
　　(注102), 296, 298, 310 (注179)
流行語　　　　　　　　　　43, 48
両位的　　　　　　　　　　244
理論の乱立　　　　80, 296 (注172)
理論偏重(追随)　　　　　　54, 56
臨機応変　　　　　　18, 35, 107
臨機的　　100, 178, 253, 262, 264, 269, 282
隣接(語の)　　　　　　102, 159
類感(模倣)呪術　　　　　　42
類型化　　　46, 54, 256 (注152)
類型論，言語　32, 46, 111, 120, 151, 311,
　　313, 321
　　古典的　　　　　　121, 141
　　デュポンソの　　　　143-5
類別，形状の　　　　　　29
類別化，動詞的/名詞的　　　29
類別接頭辞　　　　　　29, 33
ルビ　　　　　　　　　87, 122
歴史言語学　　50 (注25), 118 (注85), 133,
　　144 (注105)
　　原点　　　　　46, 148 (注111)
歴史的仮名遣い，契沖以来の　　134
連結子音/母音　　　　　　165
連語　　　73, 161, 218, 231 (注142), 240
　　中国語，一塊の　　101 (注75), 141

連接　　　　　　174 (注128), 274
　　動詞の　　　　　　174, 245
　　連体形(後接語的)　　142, 225
連続の文体　　　204, 206, 238, 352
連体詞(体言性後接語)　　158, 176, 191,
　　244, 256, 269, 279
連濁(現象)　77, 175, 224, 225 (注139), 243
連綿(体)　　124, 126, 129 (注94), 136
連用形　　142, 182, 192-5, 199, 206, 211,
　　217, 223, 225, 236-9, 247, 350
ローマ字(日本語)　　　122, 126-7
ロゴス　　　　　　　　　　51
ロシア語　　　141, 286 (注165), 353
和歌　81, 86-7, 110, 128, 155, 283 (注162)
　　総平仮名表記　　　　　　87
分かち書き　87, 113, 124, 125-9, 235 (注
　　145), 337
　　アルファベットの　98, 126 (注92),
　　134, 172
　　仮名文字　　　　125, 154, 273
　　草書体　　　　　　　　124
分け/ワケ/訳　　　　　　　　21
=を　　　　　　128, 261, 267, 278

あとがき

　再度「『語』とはなにか」を考えつづけようとした本書は，あえて副題で「日本語文法」に触れている。いうまでもなくわたしは，日本語文法が専門ではない。長年手がけてきたのは，いまだ文字も確立していなかった南西アラスカのエスキモー語（ユピック語）であり，1960年代半ばから現行の正書法を作成かつ広める仕事にも協力しながら，「文法」を解きあかし，まとめようとしてきたものでしかない。その間，毎年のように訪れたフィールドは，Elsie Mather ならびに故 Pat Afcan と Evon Azean からの協力がおおきく，彼らへの思いは濃い。

　もともと勉強の方向づけと具体的なきっかけを与えてくださったのは，泉井久之助先生であり，日本でもっとも早く環北太平洋域の言語に注目を払われた民族学の高橋盛孝先生であった。くわえて服部健先生と池上二良先生からは，北方の言語研究につき，ねんごろなご指導をいただいた。言語にたいする基本姿勢を養ってくださったのは，泉井先生にくわえて，河野六郎先生と千野栄一教授である。諸先生がたへの言いつくせぬ感謝の思いは，いまも変わることがない。

　考究の蓄積も文献の厚みも世界に誇りうる日本語研究について，ずぶの素人が大胆不敵に蟷螂（かまきり）の斧をふりあげるなど，軽率のそしりは覚悟のうえであり，好んで Devil's advocate を演じようとするものではない。ただあるのは，言語なかんずく「語」のカタチ性を再確認し，日本語文法の出発点にちがいない伝統的な「付属語」のおおまかさだけはきちんと言っておきたいという願いばかりである。ただ，所詮は門外の徒，内容の不徹底や不均衡はいうにおよばず，不十分な考察も果たせぬまま今日に至ってしまった。先学の尊いお仕事にたいして，いたずらに批判がましい筆に流れすぎていないかを懼れるが，真意はご察しいただきたい。ともあれ老来，続編が刊行できることになったのは，望外の喜びである。

　前著（2002）の出版後数年たった頃，続編を考えてみてはとのご示唆をいただいたのは，三省堂編集部の柳百合さんであった。もちろんたいへん有難いお話で，すでに気づいてきていた訂正や改訂をもりこみ，すぐにも書きだしたい思いはあったが，まずは，若い頃からのエスキモー語文法の締めくくりを優先

せざるをえず，ELPR（1999–2004 文部科学省特定領域研究）の終了をまって，現地フィールドと客員研究員の恵まれた環境を行き来しつつ，この仕事に専念することになった．2011 年夏，ひとまずこれに目鼻がつき，やっと日本語文法を中心の話柄とした本書にとりかかったが，もう時間はあまり残っていない．初稿もどきを柳さんと松田徹さんに見ていただいたのは，13 年夏のはじめだった．

2012 年刊行の『ユピック語文法（*GCAY*）』(Mouton de Gruyter) では，約 1,800 ページの原稿整備からはじまる本づくりに，さすがグーテンベルグ（ヨハネス）の末裔に引き継がれた伝統かと感じ入ったものだったが，三省堂による今回の続編刊行には，これを思いださせてくれるものがあった．第一読者としてじっくり目をとおしてくださった松田さんは，初稿から最後の最後まで，悪路の，伴走というよりも並走を続けてくださった．また，1992 年の拙編著から三たび，とくに今回はきびしいスケジュールのなか，白川俊氏が TEX による組版にあたってくださった．高橋昭氏指揮のもとですすめられた『言語学大辞典』の築いた伝統にちがいない．これらのかたがたには，あつくお礼申しあげたい．

言語の問題という，かぎられた範囲ではあれ，前著には好意的な書評・解説をふくんでの関心がいろいろと寄せられ，残部の問い合わせや反応は最近も聞こえてくる．なかでも，遅ればせながら，再校校正刷を待つ昨年暮れちかくに，たまたま存在に気づいた 2 点，そのうちの丹羽編著 (2012)「あとがき」には，「文法研究は形式面から始めるべきである」という，まさしく「デ–カルト的 (de-cult)」日本語文法への動きが読みとられるし，他方，「ユミヤ」氏のサイト（参考文献欄を参照）では，會津八一の語分け (2008) のことや，「国文法のおかしなところ」(2005) などがあって，丹羽氏編著ともども，おおきな感銘を覚えた．ただいずれも，すでに気づいた時期が時期，くわしい紹介などはもはや控えざるをえなかった．

ここ数年，しばしばお目にかかる機会に恵まれた崎山理氏とは，幅広く言語学を語り合えたのはまことに幸せなことであった．専門的細部の疑問には，木田章義，中山俊秀，箕浦信勝，渡辺己，笹間史子，千田俊太郎，嶋田珠巳の各氏が貴重な教示で応じてくださり，渡辺氏は 2013 年秋段階の素稿にも目をとおしてくださった．

宮岡伯人

［著者］

宮岡伯人（みやおか・おさひと）

1936年(昭和11)神戸市生まれ。
大阪外国語大学，京都大学で英語学，言語学を専攻。文学博士。
小樽商科大学商学部，東京外国語大学外国語学部，北海道大学文学部・文学研究科ならびに京都大学文学部・文学研究科言語学講座教授を経て，2000年定年退職。2007年まで大阪学院大学情報学部教授。
2004年 La Trobe 大学 (Research Centre for Linguistic Typology)，2007–2010年 Max Planck Institute (Department of Linguistics) の各客員研究員。2009年，アメリカ言語学会 (LSA) 永年名誉会員。
著書：『エスキモーの言語と文化』(弘文堂1978)，『エスキモー 極北の文化誌』(岩波新書1987，サントリー学芸賞)，『「語」とはなにか』(三省堂2002)，*A Grammar of Central Alaskan Yupik (CAY)* (Mouton de Gruyter 2012)。
編著：『北の言語 類型と歴史』(三省堂1992)，『言語人類学を学ぶ人のために』(世界思想社1996)ほか。

「語」とはなにか・再考　日本語文法と「文字の陥穽(おとしあな)」

2015年10月1日 第1刷発行
2018年1月10日 第2刷発行
　著　者　　宮岡　伯人
　発行者　　株式会社　三　省　堂　　代表者　北口　克彦
　印刷者　　三省堂印刷株式会社
　発行所　　株式会社　三　省　堂
　　　　〒101-8371　東京都千代田区神田三崎町二丁目22番14号
　　　　電話　編集 (03)3230-9411，営業 (03)3230-9412
　　　　http://www.sanseido.co.jp/

Ⓒ O. Miyaoka 2015　　Printed in Japan
ISBN978-4-385-36093-5
落丁本・乱丁本はお取替えいたします

> 本書を無断で複写複製することは，著作権法上の例外を除き，禁じられています。
> また，本書を請負業者等の第三者に依頼してスキャン等によってデジタル化することは，たとえ個人や家庭内での利用であっても一切認められておりません。

〈語とはなにか再考・432pp.〉